U0811994

企业所得税纳税调整

税会差异·风险识别
应对指引·实务案例

吴健 沈茂松 吴冠桦◎著

TAX ADJUSTMENTS OF ENTERPRISE INCOME TAX

中国市场出版社
China Market Press
·北京·

图书在版编目（CIP）数据

企业所得税纳税调整：税会差异 风险识别 应对指引 实务案例 / 吴健，沈茂松，吴冠桦著．—北京：中国市场出版社有限公司，2022.1

ISBN 978-7-5092-2170-9

Ⅰ．①企…　Ⅱ．①吴…　②沈…　③吴…　Ⅲ．①企业所得税 – 税收管理 – 中国　Ⅳ．① F812.424

中国版本图书馆 CIP 数据核字（2021）第 243446 号

企业所得税纳税调整：税会差异 风险识别 应对指引 实务案例

QIYESUODESHUI NASHUI TIAOZHENG: SHUIKUAI CHAYI FENGXIAN SHIBIE YINGDUI ZHIYIN SHIWU ANLI

作　　者：吴　健　沈茂松　吴冠桦

责任编辑：张　瑶（zhangyao9903@126.com）　白　琼

出版发行：中国市场出版社 China Market Press

社　　址：北京月坛北小街 2 号院 3 号楼

邮政编码：100837

电　　话：编 辑 部（010）68032104　读者服务部（010）68022950

发 行 部（010）68021338　68020340　68053489

68024335　68033577　68033539

总 编 室（010）68020336

盗版举报（010）68020336

印　　刷：河北鑫兆源印刷有限公司

规　　格：185 毫米 ×260 毫米　16 开

版　　次：2022 年 1 月第 1 版

印　　次：2022 年 1 月第 1 次印刷

印　　张：35.25

字　　数：740 千字

定　　价：98.00 元

书　　号：ISBN 978-7-5092-2170-9

版权所有　侵权必究　　印装差错　负责调换

序言

PREFACE

在我国现行税种中，从收入规模上看，企业所得税是仅次于增值税的第二大税种。企业所得税税制复杂、规定多，算得上是“税中之王”。而企业所得税税会差异纳税调整，由于事项多、要求高、把握难、风险大，一直令广大纳税人和基层税务干部感到“头大”。

有鉴于此，笔者与有着多年税收征管、税务稽查、税政管理、财税培训、企业财务以及涉税咨询等丰富实战经验的沈茂松、吴冠桦合作，编著了这本《企业所得税纳税调整：税会差异 风险识别 应对指引 实务案例》，期待本书能为广大纳税人以及税务工作者学习、理解税会差异的纳税调整及其税收风险识别与应对提供具有操作性的帮助和指导，以有效化解税收风险。为此，本书力图做到：

一是突出风险管理。税收风险管理是税务机关加强企业所得税管理的有效方法和手段。本书专门突出了税会差异纳税调整风险的识别与应对，在主要章都专设了一节“风险识别与应对”内容，探讨主要纳税调整事项的风险表现、识别指标、应对措施、风险自查等内容，如纳税调整金额为零风险、增值税与所得税申报收入差异率异常风险、房地产开发企业预售收入不实风险、增值税收入与企业所得税收入比对异常风险、未取得合法有效凭证的支出税前扣除风险、预提费用税前扣除少缴税款风险等。

二是突出典型案例。本书突出纳税调整的实操指导性，对法人合伙人分得的应纳税所得额、广告费和业务宣传费、政府补助、股权激励、准备金、政策性搬迁、亏损结转弥补的纳税调整等典型案例加以解析。

三是突出税收新政。2021年12月31日，《国家税务总局关于企业所得税年度汇算清缴有关事项的公告》（国家税务总局公告2021年第34号）发布，对《中华人民共和国企业所得税年度纳税申报表（A类）》（A100000）和《资产折旧、摊销及纳税调整明细表》（A105080）等10张表单及填报说明进行了修订。2021年，《国家税务总局关于企业所得税若干政策征管口径问题的公告》(国家税务总局公告2021年第17号)等新政相继发布，对公益性捐赠支出相关费用的扣除、可转换债券转换为股权投资的税务处理、跨境混合性投资业务的处理、文物艺术品资产的税务处理、政府财政资金的收入时间确认等明确了新的政策征管口径。本书在对每一纳税调整事项详细比较会计处理与税收规定、深入分析税会差异纳税调整方法的基础上，突出投资资产、捐赠支出、职工薪酬支出、政府补助等新政新规，依据2021年12月31日最新修订后的企业所得税年度纳税申报表，以案例形式详细分析了相关税会差异处理。

四是突出纳税调整。本书紧紧围绕企业所得税税会差异纳税调整事项展开，具体包括：纳税调整概述、视同销售、房地产开发企业特定业务、未按权责发生制确认收入、投资收益、政府补助、职工薪酬、广告和业务宣传费、捐赠支出、资产折旧(摊销)、资产损失、政策性搬迁、准备金等的纳税调整，以及亏损及其结转弥补和税前扣除凭证管理，共15章、60余万字。

本书的顺利出版，得到了各方面的支持和帮助。中国市场出版社两位编辑为本书的出版付出了辛勤的劳动。本书的出版也凝聚了新沂市供电公司沈茂松、中国建设银行宿迁市分行吴冠桦的辛勤劳动，他们整理资料、校对书稿、复核数据，并负责编写部分章节。在此谨向他们表示衷心的感谢!

虽然我们已经尽己所能，力求做到书中内容完整准确，方便读者阅读和理解，但由于企业所得税纳税调整事项多、内容复杂，加之时间、精力和水平所限，书中疏漏和不足之处在所难免，敬请读者批评指正，与我们共同探讨、改进。联系邮箱：896659584@qq.com。

本书依据的现行有效税收政策规定截至2021年12月31日。我们会根据企业所得税的政策变化，适时通过“财税健谈”微信公众号更新相关内容，读者可以关注阅读或下载。

吴　健

2022年1月18日

CONTENTS 目录

第一章　纳税调整项目及其风险识别与应对

第四章　未按权责发生制确认收入纳税调整及其风险识别与应对

第五章　投资收益纳税调整及其风险识别与应对

第七章 职工薪酬支出纳税调整及其风险识别与应对

第八章 广告宣传费与佣金手续费纳税调整及其风险识别与应对

第九章 捐赠支出纳税调整及其风险识别与应对

第十四章　亏损结转弥补及其风险识别与应对

第一章

纳税调整项目
及其风险识别与应对

Tax Adjustments of

Enterprise

Income Tax

TAXING

第一节　纳税调整项目概述

一、税会差异与纳税调整

（一）税会差异的产生原因

企业会计准则将财务报告的目标确定为：向财务报告使用者提供与企业财务状况、经营成果和现金流量等有关的会计信息，反映企业管理层受托责任履行情况，有助于财务报告的使用者做出经济决策。税收是国家为了实现其职能，凭借政治权力，按照法律规定标准，对一部分社会产品进行无偿分配，以取得财政收入的一种形式。会计与税收的目标不同，形成了对相同经济业务的不同处理，从而产生税会差异。

（二）税会差异的分类

税会差异可以分为永久性差异与暂时性差异。永久性差异，是因会计和税法之间计算口径不同而产生的差异，这种差异在当期产生，不能在以后各期转回。通常是费用类、损失类项目，会计核算时进行了扣除，但税法不允许全部或部分在税前扣除，需要进行纳税调增处理，如业务招待费、税收滞纳金、赞助支出、与收入无关的其他支出等。暂时性差异，是因会计和税法之间计算口径一致但确认时间不同而产生的差异，这种差异产生后，按税法规定需在当期调整，但可以在以后一期或若干期内转回，整个纳税期间税前会计利润和应纳税所得额一致。常见于收入类、资产类事项。

（三）税会差异的协调

《中华人民共和国企业所得税法》（以下简称《企业所得税法》）第二十一条规定，在计算应纳税所得额时，企业财务、会计处理办法与税收法律、行政法规的规定不一致的，应当依照税收法律、行政法规的规定计算。纳税人在计算企业所得税应纳税所得额及应纳税额时，会计处理与税收规定不一致的，应当按照税收规定计算。税收规定不明确的，在没有明确规定之前，暂按国家统一会计制度计算。

基于《企业所得税法》第二十一条，《国家税务总局关于企业所得税应纳税所得额若干税务处理问题的公告》（国家税务总局公告2012年第15号）第八条“关于税前扣除规定与企业实际会计处理之间的协调问题”进一步明确，对企业依据财务会计制度规定，并实际在财务会计处理上已确认的支出，凡没有超过《企业所得税法》和有关税收法规规定的税前扣除范围和标准的，可按企业实际会计处理确认的支出，在企业所得税税前扣除，计算其应纳税所得额。

在《企业所得税年度纳税申报表》（A类，2017年版）中，与纳税调整相关的表单主要有：《企业所得税年度纳税申报基础信息表》（A000000），《中华人民共和国企业所得税年度纳税申报表（A类）》（A100000）第15行“纳税调整增加额”和第16行“纳税调整减少额”，《纳税调整项目明细表》（A105000）及其附表。企业涉税事项的会计处理与税务处理差异的纳税调整，集中通过《纳税调整项目明细表》（A105000）进行填报。除固定资产加速折旧（无形资产加速摊销）以及固定资产一次性扣除优惠外，其他税收优惠项目都不通过纳税调整表填报。

二、纳税调整项目明细表

《纳税调整项目明细表》（A105000）（见表1-1）由纳税人根据《企业所得税法》及其实施条例、相关税收政策以及国家统一会计制度的规定，填报企业所得税涉税事项的会计处理、税务处理以及纳税调整情况。该表是企业所得税汇算清缴申报的重点和难点，涉及调整项目内容较多，每一项内容和项目基本都涉及一项或多项税收政策规定。因此，要求纳税人与基层税务干部必须熟悉税收政策规定。

纳税调整项目按照“收入类调整项目”“扣除类调整项目”“资产类调整项目”“特殊事项调整项目”“特别纳税调整应税所得”“其他”六类分项填报汇总，并计算出纳税“调增金额”和“调减金额”的合计金额。

数据栏分别设置“账载金额”“税收金额”“调增金额”“调减金额”四个栏次。其中“账载金额”是指纳税人按照国家统一会计制度规定核算的项目金额，“税收金额”是指纳税人按照税法规定计算的项目金额。

对需填报下级明细表的纳税调整项目，其“账载金额”“税收金额”“调增金额”“调减金额”根据相应附表进行填报。

表1-1　A105000 纳税调整项目明细表

行次	项　目	账载金额	税收金额	调增金额	调减金额
		1	2	3	4
1	一、收入类调整项目（2+3+…+8+10+11）	*	*		
2	（一）视同销售收入（填写 A105010）	*			*
3	（二）未按权责发生制原则确认的收入（填写 A105020）				
4	（三）投资收益（填写 A105030）				
5	（四）按权益法核算长期股权投资对初始投资成本调整确认收益	*	*	*	
6	（五）交易性金融资产初始投资调整	*	*		*

续表

行次	项　　目	账载金额	税收金额	调增金额	调减金额
		1	2	3	4
7	（六）公允价值变动净损益		*		
8	（七）不征税收入	*	*		
9	其中：专项用途财政性资金（填写 A105040）	*	*		
10	（八）销售折扣、折让和退回				
11	（九）其他				
12	二、扣除类调整项目（13+14+…+24+26+27+28+29+30）	*	*		
13	（一）视同销售成本（填写 A105010）	*		*	
14	（二）职工薪酬（填写 A105050）				
15	（三）业务招待费支出				*
16	（四）广告费和业务宣传费支出（填写 A105060）	*	*		
17	（五）捐赠支出（填写 A105070）				
18	（六）利息支出				
19	（七）罚金、罚款和被没收财物的损失		*		*
20	（八）税收滞纳金、加收利息		*		*
21	（九）赞助支出		*		*
22	（十）与未实现融资收益相关在当期确认的财务费用				
23	（十一）佣金和手续费支出（保险企业填写 A105060）				
24	（十二）不征税收入用于支出所形成的费用	*			*
25	其中：专项用途财政性资金用于支出所形成的费用（填写 A105040）	*	*		*
26	（十三）跨期扣除项目				
27	（十四）与取得收入无关的支出		*		*
28	（十五）境外所得分摊的共同支出	*	*		*
29	（十六）党组织工作经费				
30	（十七）其他				
31	三、资产类调整项目（32+33+34+35）	*	*		
32	（一）资产折旧、摊销（填写 A105080）				
33	（二）资产减值准备金		*		
34	（三）资产损失（填写 A105090）				
35	（四）其他				
36	四、特殊事项调整项目（37+38+…+43）	*	*		
37	（一）企业重组及递延纳税事项（填写 A105100）				

续表

行次	项　目	账载金额	税收金额	调增金额	调减金额
		1	2	3	4
38	（二）政策性搬迁（填写 A105110）	*	*		
39	（三）特殊行业准备金（39.1+39.2+39.4+39.5+39.6+39.7）	*	*		
39.1	1. 保险公司保险保障基金				
39.2	2. 保险公司准备金				
39.3	其中：已发生未报案未决赔款准备金				
39.4	3. 证券行业准备金				
39.5	4. 期货行业准备金				
39.6	5. 中小企业融资（信用）担保机构准备金				
39.7	6. 金融企业、小额贷款公司准备金（填写 A105120）	*	*		
40	（四）房地产开发企业特定业务计算的纳税调整额（填写 A105010）	*			
41	（五）合伙企业法人合伙人应分得的应纳税所得额				
42	（六）发行永续债利息支出				
43	（七）其他	*	*		
44	五、特别纳税调整应税所得	*	*		
45	六、其他	*	*		
46	合计（1+12+31+36+44+45）	*	*		

第二节　年度纳税申报表主表

一、年度纳税申报表主表及其适用

（一）主表的适用范围

《中华人民共和国企业所得税年度纳税申报表（A类）》（A100000）为企业所得税年度纳税申报表的主表（见表1-2），纳税人应当根据《企业所得税法》及其实施条例、相关税收政策，以及国家统一会计制度（企业会计准则、小企业会计准则、企业会计制度、事业单位会计准则和民间非营利组织会计制度等）的规定，计算填报利润总额、应纳税所得额和应纳税额等有关项目。

表A100000是在纳税人会计利润总额的基础上，加减纳税调整等金额后计算出“纳税调整后所得”。会计与税法的差异（包括收入类、扣除类、资产类等差异）通过《纳税调整项目明细表》(A105000)集中填报。

纳税人在计算企业所得税应纳税所得额及应纳税额时，会计处理与税收规定不一致的，应当按照税收规定计算。税收规定不明确的，在没有明确规定之前，暂按国家统一会计制度计算。

2021年底修改后的该表包括利润总额计算、应纳税所得额计算、应纳税额计算与实际应纳税额计算四部分。

表1-2　A100000中华人民共和国企业所得税年度纳税申报表（A类）

行次	类别	项　　目	金　额
1	利润总额计算	一、营业收入（填写A101010\101020\103000）	
2		减：营业成本（填写A102010\102020\103000）	
3		减：税金及附加	
4		减：销售费用（填写A104000）	
5		减：管理费用（填写A104000）	
6		减：财务费用（填写A104000）	
7		减：资产减值损失	
8		加：公允价值变动收益	
9		加：投资收益	
10		二、营业利润（1-2-3-4-5-6-7+8+9）	
11		加：营业外收入（填写A101010\101020\103000）	
12		减：营业外支出（填写A102010\102020\103000）	
13		三、利润总额（10+11-12）	
14	应纳税所得额计算	减：境外所得（填写A108010）	
15		加：纳税调整增加额（填写A105000）	
16		减：纳税调整减少额（填写A105000）	
17		减：免税、减计收入及加计扣除（填写A107010）	
18		加：境外应税所得抵减境内亏损（填写A108000）	
19		四、纳税调整后所得（13-14+15-16-17+18）	
20		减：所得减免（填写A107020）	
21		减：弥补以前年度亏损（填写A106000）	
22		减：抵扣应纳税所得额（填写A107030）	
23		五、应纳税所得额（19-20-21-22）	
24	应纳税额计算	税率（25%）	
25		六、应纳所得税额（23×24）	
26		减：减免所得税额（填写A107040）	
27		减：抵免所得税额（填写A107050）	

续表

行次	类别	项　　目	金　额
28		七、应纳税额（25-26-27）	
29		加：境外所得应纳所得税额（填写 A108000）	
30		减：境外所得抵免所得税额（填写 A108000）	
31		八、实际应纳所得税额（28+29-30）	
32		减：本年累计实际已缴纳的所得税额	
33		九、本年应补（退）所得税额（31-32）	
34		其中：总机构分摊本年应补（退）所得税额（填写 A109000）	
35		财政集中分配本年应补（退）所得税额（填写 A109000）	
36		总机构主体生产经营部门分摊本年应补（退）所得税额（填写 A109000）	
37	实际应纳税额计算	减：民族自治地区企业所得税地方分享部分：（□ 免征 □ 减征：减征幅度____%）	
38		十、本年实际应补（退）所得税额（33-37）	

（二）修改情况

1.增加行次

为便利民族自治地区企业所得税地方分享部分减免优惠政策计算，将该事项由《减免所得税优惠明细表》（A107040）调整至《中华人民共和国企业所得税年度纳税申报表（A类）》（A100000），并增加第38行“本年实际应补（退）所得税额”，用于计算享受优惠政策后实际应纳所得税额。即2021年12月31日修改后的最新的《中华人民共和国企业所得税年度纳税申报表（A类）》（A100000）新增第四部分“实际应纳税额计算”。

2.明确填报规则

为与《财政部关于修订印发2019年度一般企业财务报表格式的通知》（财会〔2019〕6号）规定衔接，财政部修订了“利润总额计算”部分的填报说明，明确采用一般企业财务报表格式（2019年版）的纳税人相关项目的填报规则；规范分支机构（须进行完整年度纳税申报且按比例纳税）第31行“实际应纳所得税额”的填报规则；根据附表的调整情况，对表间关系进行了相应调整。

3.调整行次顺序

为使纳税人可最大限度享受所得税税前弥补亏损政策（有限定期限）和抵扣应纳税所得额优惠政策（无限定期限），按照有利于纳税人原则，2017年版《中华人民共和国企业所得税年度纳税申报表》（A100000）将原2014年版表A100000第21行“抵扣应纳税所得额”与第22行“弥补以前年度亏损”的行次顺序进行对调。调整后，纳税人先用纳税调整后所得弥补以前年度亏损，再用弥补以前年度亏损后的余额抵扣可抵扣的应纳税所得额。

在2014年版表A100000中，第21行为“减：抵扣应纳税所得额”，第22行为“减：弥补以前年度亏损”，这在一定程度上引起了是先弥补亏损后享受抵扣应纳税所得额，还是先享受抵扣应纳税所得额优惠后弥补以前年度亏损的争议。

为提高政策的确定性，2017年版表A100000调整了上述行次的顺序，即将“减：弥补以前年度亏损”调到“减：抵扣应纳税所得额”之前。这就进一步明确了纳税人可以先弥补以前年度亏损，再用余下的所得享受抵扣应纳税所得额优惠。

（三）企业所得税的计算步骤

现行的企业所得税年度纳税申报表采用间接法计算应纳税所得额，再计算应纳税额，境外所得抵免所得税额，最后计算出实际应纳税额。具体步骤如下：

第一步，计算利润总额。

现行企业所得税年度纳税申报表第一部分“利润总额的计算”按照企业会计准则原利润表的格式设计、计算确定会计利润总额。

第二步，计算境内所得应纳税所得额。

在企业会计利润总额的基础上，减去“境外所得”，加减纳税调整额，再减去“免税、减计收入及加计扣除”优惠，加“境外应税所得抵减境内亏损”后计算出“纳税调整后所得”。会计与税法的差异（包括收入类、扣除类、资产类等永久性和暂时性差异）通过《纳税调整项目明细表》集中体现。

在此基础上，享受所得减免优惠、弥补以前年度亏损、抵扣应纳税所得额优惠后，计算出境内所得应纳税所得额。

第三步，计算境内所得应纳税额。

应纳税所得额乘以法定税率25%得到应纳所得税额，在应纳所得税额的基础上，减去“减免所得税额”和“抵免所得税额”计算出境内所得的应纳税额。

第四步，计算境外所得应补税额。

从境内外所得的利润总额中扣除的境外所得，首先用于弥补境内当年亏损（表A100000第18行“加：境外应税所得抵减境内亏损”）和境内以前年度亏损后的余额，按规定计算境外所得应纳所得税额，减去境外所得抵免所得税额，计算出境外所得应补税额。

第五步，计算境内外实际应纳所得税额和应补（退）所得税额。

境内所得应纳税额（表A100000第28行“应纳税额”）加上境外所得应补的所得税额，计算出境内外所得实际应纳所得税额。再扣除累计实际已预缴的所得税额后，计算出“本年应补（退）所得税额”（即境外所得应补所得税额与境内所得应补（退）税额之和）。

第六步，计算实际应纳税额计算。

本年应补（退）所得税额，减去“民族自治地区企业所得税地方分享部分”后，得到“本年实际应补（退）所得税额”。

自2021年度起，根据《国家税务总局关于企业所得税年度汇算清缴有关事项的公告》（国家税务总局公告2021年第34号）第二条的规定，纳税人在纳税年度内预缴企业所得税税款超过汇算清缴应纳税款的，纳税人应及时申请退税，主管税务机关应及时按有关规定办理退税，不再抵缴其下一年度应缴企业所得税税款。

二、利润总额计算

“利润总额计算”中的项目，按照国家统一会计制度规定计算填报。实行企业会计准则、小企业会计准则、企业会计制度与分行业会计制度的纳税人，其数据直接取自利润表（另有说明的除外）；实行事业单位会计准则的纳税人，其数据取自收入支出表；实行民间非营利组织会计制度的纳税人，其数据取自业务活动表；实行其他国家统一会计制度的纳税人，根据该表项目进行分析填报。

表A100000第1至第13行参照国家统一会计制度规定填写。本部分未设“研发费用”“其他收益”“资产处置收益”等项目，对于已执行《财政部关于修订印发2019年度一般企业财务报表格式的通知》（财会〔2019〕6号）的纳税人，在利润表中归集的“研发费用”通过《期间费用明细表》（A104000）第19行“十九、研究费用”的管理费用相应列次填报；在利润表中归集的“其他收益”“资产处置收益”“信用减值损失”“净敞口套期收益”项目则无须填报，同时第10行“二、营业利润”不执行“第10行=第1-2-3-4-5-6-7+8+9行”的表内关系，按照利润表“营业利润”项目直接填报。

根据《财政部关于修订印发2019年度一般企业财务报表格式的通知》（财会〔2019〕6号）印发的一般企业财务报表格式，利润总额的计算公式如下：

净利润（净亏损）=利润总额-所得税费用

利润总额=营业利润+营业外收入-营业外支出

营业利润=营业收入-营业成本-税金及附加-期间费用-研发费用-资产减值损失+公允价值变动收益（减损失）+其他收益+投资收益+资产处置收益（减损失）

不过，现行企业所得税年度纳税申报表“利润总额计算”部分仍按原企业会计准则利润表格式设置。现行企业所得税年度纳税申报表中利润总额计算公式如下：

利润总额=营业利润+营业外收入-营业外支出

营业利润=营业收入-营业成本-税金及附加-期间费用-资产减值损失+公允价值变动收益（减损失）+投资收益

利润表中新增“资产处置收益”行项目，反映企业出售划分为持有待售的非流动资产（金融工具、长期股权投资和投资性房地产除外）或处置组时确认的处置利得或损失，以及处置未划分为持有待售的固定资产、在建工程、生产性生物资产及无形资产而产生的处置利得或损失。债务重组中因处置非流动资产产生的利得或损失和非货币性资产交换产生的利得或损失也包括在该项目内。该项目应根据在损益类科目新设置的“资产处置损益”科目的发生额分析填列；如为处置损失，以“-”号填列。

利润表中新增“其他收益”行项目，反映计入其他收益的政府补助等。该项目应根据在损益类科目新设置的“其他收益”科目的发生额分析填列。

（一）营业收入

表A100000第1行“营业收入”：是会计口径。营业收入包括主营业务收入和其他业务收入。

“其他业务收入”，执行企业会计准则企业其他业务收入是指：销售材料收入、出租固定资产收入、出租无形资产收入、出租包装物和商品收入。执行小企业会计准则的企业，其他业务收入是指出租固定资产、出租无形资产、销售材料等实现的收入，出租包装物和商品收入计入营业外收入。

其他业务收入是计算广告费、业务招待费扣除限额的基数之一，而营业外收入不是。计算广告费、业务招待费的扣除限额的基数是主营业务收入（会计口径）+其他业务收入（会计口径）+视同销售收入+房地产企业当年净增加的预收账款（或合同负债）。

房地产企业当年净增加的预收账款＝预收账款期末数－预收账款期初数
＝预收账款期初余额－当年新发生的预收账款－当年预收账款转为主营业务收入部分

如果是从事股权投资业务的企业，计算业务招待费扣除限额的基数还包括其从被投资企业所分配的股息、红利以及股权转让收入。

（二）税金及附加

表A100000第3行“税金及附加”：填报纳税人经营活动发生的消费税、城市维护建设税、资源税、土地增值税和教育费附加等相关税费。该行根据纳税人相关会计科目填报。纳税人在其他会计科目核算的税金不得重复填报。

《小企业会计准则》中的税金及附加除了核算消费税、城市维护建设税、资源税、土地增值税和教育费附加等，还包括城镇土地使用税、房产税、车船税、印花税、矿产资源补偿费和排污费。

根据《财政部关于印发〈增值税会计处理规定〉的通知》（财会〔2016〕22号）的规定，全面试行营业税改征增值税后，“营业税金及附加”科目名称调整为“税金及附加”科目，该科目核算企业经营活动发生的消费税、城市维护建设税、资源税、教育费附加及房产税、城镇土地使用税、车船税、印花税等相关税费；利润表中的“营业税金及附加”项目调整为“税金及附加”项目。

根据会计将“营业税金及附加”名称调整为“税金及附加”的规定，将表A100000第3行“营业税金及附加”项目名称调整为“税金及附加”，以与企业会计处理和利润表项目相适应。

（三）资产减值损失

表A100000第7行“资产减值损失”：填报纳税人计提各项资产准备发生的减值损

失。该行根据企业“资产减值损失”科目的数额填报。实行其他会计制度的比照填报。

由于《小企业会计准则》不提取资产减值准备，因此只有执行《企业会计准则》的纳税人才有可能填报此行。

对于固定资产、在建工程、无形资产减值,《企业会计制度》规定计入“营业外支出”,《企业会计准则》则规定计入“资产减值损失”。对于存货减值,《企业会计制度》和《小企业会计制度》都规定计入“管理费用”,《企业会计准则》则规定计入“资产减值损失”。对于长期股权投资减值,《企业会计制度》规定计入“投资收益”,《企业会计准则》则规定计入“资产减值损失”。对于发生的坏账准备,《小企业会计制度》和《企业会计制度》都规定计入“管理费用”,《企业会计准则》则规定计入“资产减值损失”。

（四）公允价值变动收益

表A100000第8行“公允价值变动收益”：填报纳税人在初始确认时划分为以公允价值计量且其变动计入当期损益的金融资产或金融负债（包括交易性金融资产或负债，直接指定为以公允价值计量且其变动计入当期损益的金融资产或金融负债），以及采用公允价值模式计量的投资性房地产、衍生工具和套期业务中公允价值变动形成的应计入当期损益的利得或损失。该行根据企业“公允价值变动损益”科目的数额填报，损失以“-”号填列。

执行《企业会计准则》的企业填报此行，执行《企业会计制度》和《小企业会计准则》的企业则不填报。根据《企业会计准则》的规定，资产负债表日，交易性金融资产的公允价高于其账面余额的差额，借记“交易性金融资产——公允价值变动”科目，贷记“公允价值变动损益”，公允价低于其账面余额的，做相反分录。资产负债表日，交易性金融负债的公允价高于其账面余额的差额，借记“公允价值变动损益”科目，贷记“交易性金融负债——公允价值变动”科目，公允价低于其账面余额的，做相反分录。

资产负债表日，采用公允价值模式计量的投资性房地产的公允价值高于账面价值的，借记“投资性房地产——公允价值变动”科目，贷记“公允价值变动损益”科目，公允价低于其账面余额的，做相反分录。

（五）利润总额

表A100000第13行“利润总额”：填报纳税人当期的利润总额。根据上述项目计算填报。

本行是计算公益性捐赠税前扣除限额的基数。作为计算公益性捐赠扣除限额的计算基数，必须是符合国家统一会计制度规定的正确的会计利润。如果会计处理不规范，导致会计上利润总额不正确的，要进行调整。这与纳税调整是不同的。

这里的“利润总额”取自符合国家统一会计制度口径计算的正确的利润表，如果利润表错了，要修正利润表，不能通过纳税调整项目进行调整。这里强调的是正确的利润表，而没有强调是正确的会计分录和会计账簿。有时，利润表与会计分录或会计账簿是不一致的，如资产负债表日后调整事项，涉及损益的，在资产负债表日与财务报表批准报出日之间发生的调整事项，会计分录和会计账簿是计入“以前年度损益调整”，然后转入“未分配利润”，但反映在报告年度的利润表上。“以前年度损益调整”贷方发生额还原为收入，“以前年度损益调整”借方发生额还原为费用。如果是会计差错，其与资产负债表日后事项的处理不一样，这两个准则在财务调整的方法和科目的运用上都是相同的，所不同的是在报表的调整上。按照规定，会计差错更正处理不调整报告期会计报表，而是在账务调整当月月底编制会计报表时，调整资产负债表相关项目的年初数和利润及利润分配表相关项目的上年实际数。当然，会计舞弊作为资产负债表日后事项时要调整报告年度利润表上的相关项目数字（如收入或成本费用等）。

案例1–1　2020年11月，甲公司销售给乙公司产品一批，销售价格100 000元（不含税，增值税适用税率13%），销售成本80 000元。货款于12月对账日尚未收到。2021年2月，因产品质量问题，经协商乙公司将该批产品全部退回。此时，甲公司的财务报告尚未经批准报出。甲公司对该销售退回作为应调整的日后事项进行会计处理。（属于资产负债表日后调整事项。）

要求：进行相关的财税处理。

解析：

（1）会计上调整2020年度销售收入：

借：以前年度损益调整	100 000	
应交税费——应交增值税（销项税额）	13 000	
贷：应收账款		113 000

（2）会计上调整2020年度销售成本：

借：库存商品	80 000	
贷：以前年度损益调整		80 000

（3）调整所得税：（100 000–80 000）×25%=5 000（元）。

借：应交税费——应交所得税	5 000	
贷：以前年度损益调整		5 000

（4）将“以前年度损益调整”科目余额转入利润分配：

借：利润分配——未分配利润	15 000	
贷：以前年度损益调整		15 000

（5）调整利润分配：

借：盈余公积	2 250	
贷：利润分配——未分配利润		2 250

（6）调整2020年度会计报表：

调整2020年资产负债表相关项目：应收账款减少113 000元，库存商品增加80 000

元，应交税金应减少18 000元，未分配利润减少12 750元，盈余公积减少2 250元。调整2020年利润表相关项目：主营业务收入减少100 000元，主营业务成本减少80 000元，所得税费用减少5 000元，净利润减少15 000元。

案例1-2 2020年12月，甲月饼生产企业（会计核算适用企业会计准则）将自产月饼作为福利发给职工，成本60万元，同期市场价为100万元（适用的增值税税率为13%），企业会计做如下分录：

借：应付职工薪酬——应付福利费 730 000
　贷：库存商品 600 000
　　应交税费——应交增值税（销项税额） 130 000

在此基础上，当年会计核算的利润总额是400万元。2020年账已全部结转完毕。在2021年2月发现上述错误。

问：应如何填报企业所得税申报表？

解析：

这属于一笔会计差错。

2020年12月这笔业务发生时的正确处理是：

借：应付职工薪酬——应付福利费 1 130 000
　贷：主营业务收入 1 000 000
　　应交税费——应交增值税（销项税额） 130 000
借：主营业务成本 600 000
　贷：库存商品 600 000

到2021年2月发现时，由于2020年度账已结，应根据企业会计准则规定做如下调整分录：

借：应付职工薪酬——应付福利费 400 000
　贷：以前年度损益调整 400 000

假设不考虑其他因素：

借：以前年度损益调整 400 000
　贷：利润分配——未分配利润 400 000

此种情况下，会计上不需要对企业2020年的利润表进行调整，而是在2021年度编制会计报表时，调整资产负债表相关项目的年初数和利润分配表相关项目的上年实际数。

本例中，填报主表A100000的第1至第13行时，仍按企业2020年12月31日的利润表进行填报，主表第13行的利润总额仍填企业2020年利润表上的数字。注意：在计算2020年应纳税所得额时要通过纳税调整表A105000和表A105010来进行调整（视同销售收入100万元，视同销售成本60万元）。

三、应纳税所得额

（一）应纳税所得额的计算

企业所得税应纳所得税额的计算依据是应纳税所得额。根据《企业所得税法》第五条的规定，企业每一纳税年度的收入总额，减除不征税收入、免税收入、各项扣除以及允许弥补的以前年度亏损后的余额，为应纳税所得额。用公式表示为：

应纳税所得额＝收入总额－不征税收入－免税收入－各项扣除－允许弥补的以前年度亏损

上述公式表明，企业的不征税收入、免税收入不再应用于弥补以前年度亏损，企业因此实实在在得到了“优惠”；同时也表明，企业的收入总额包含不征税收入和免税收入。

（二）确定应纳税所得额的一般原则

1.权责发生制

（1）权责发生制是企业会计基础。

《企业会计准则——基本准则》[1]（以下简称基本准则）第九条规定，企业应当以权责发生制为基础进行会计确认、计量和报告。权责发生制基础要求，凡当期已经实现的收入和已经发生或应当负担的费用，无论款项是否收付，都应当作为当期的收入和费用，计入利润表；凡是不属于当期的收入和费用，即使款项已在当期收付，也不应当作为当期的收入和费用。

收付实现制是与权责发生制相对应的一种会计基础，它以收到或支付的现金作为确认收入和费用的依据。

《行政单位会计制度》第九条规定，行政单位会计核算一般采用收付实现制，特殊经济业务和事项应当按照该制度的规定采用权责发生制核算。

《事业单位会计准则》第九条规定，事业单位会计核算一般采用收付实现制；部分经济业务或者事项采用权责发生制核算的，由财政部在会计制度中具体规定。

由此可见，行政事业单位的会计核算采用权责发生制的，由财政部在相关会计制度中规定，企业会计则采用权责发生制。

（2）权责发生制是计算应纳税所得额的基本原则。

《中华人民共和国企业所得税法实施条例》（以下简称《企业所得税法实施条例》）第九条规定，企业应纳税所得额的计算，以权责发生制为原则，属于当期的收入和费

[1] 2006年2月15日财政部令第33号发布，自2007年1月1日起施行。2014年7月23日根据《财政部关于修改〈企业会计准则——基本准则〉的决定》修改。

用，不论款项是否收付，均作为当期的收入和费用；不属于当期的收入和费用，即使款项已经在当期收付，均不作为当期的收入和费用。该条例和国务院财政、税务主管部门另有规定的除外。

可见，权责发生制是企业计算应纳税所得额的基本原则，但不是唯一的原则。《企业所得税法实施条例》和国务院财政、税务主管部门另有规定的可以例外。例如，房地产开发企业预收售房款需要根据预计计税毛利率计算毛利额，计入当期应纳税所得额计算缴纳企业所得税等。

（3）权责发生制原则与税前扣除的真实性原则并不矛盾。

真实性是企业所得税税前扣除的基本前提，除税法规定的研究开发费用和安置残疾人员及国家鼓励安置的其他就业人员所支付的工资等，可以实行加计扣除外，一项费用只有确属已经实际发生，才可以在税前扣除。

但是，这里的实际发生，并非指“实际支付”，某些尚未支付但确属企业当期应该负担的费用，只要企业能够提供适当的凭据，就可以认定其已经真实发生，当期可以税前扣除。相反，即使是当期实际支付的费用，如果不属于当期应该承担的费用，也不是企业当期已发生的费用，当期税前不得扣除。

由此可见，税前扣除的真实性原则与权责发生制原则是一致的。

2.税法优先原则

（1）会计与税法的适度分离。

制定税法的主要目的是保证国家财政收入，对经济和社会发展进行调控，公平税负、公平竞争，保证纳税人权益。其中最重要的一点就是财政原则，保证税收任务完成。通过公平税负为企业创造平等竞争的外部环境，并运用税收这一经济杠杆调节经济活动的运行。

然而，财务会计报告的目标是向财务会计报告使用者提供与企业财务状况、经营成果和现金流量等有关的会计信息，反映企业管理层受托责任的履行情况，有助于财务会计报告使用者做出经济决策。

可见，会计的目标主要是真实、完整地反映企业的财务状况、经营成果和现金流量，财政部制定企业会计准则根本点在于让企业的投资者、债权人及社会公众等了解企业资产的真实性与盈利的可能性。会计准则（制度）与税法的制定主体不同，目标不同，内容就不可能完全相同。

（2）会计与税法差异的协调。

会计与税法具有不同的体系、制定两套体系的主体不同、目标之间存在本质差异，使得会计准则（制度）对于收入、费用和损失的确认、计量标准与企业所得税法的规定之间，产生并长期存在一系列的差异，这是必须认真对待的会计与税务问题。

但是，我们不能因此割裂会计与税法之间的内在联系：会计核算是税收征纳的必要基础和条件，查账征收仍是主要的税收征收方式。

企业在进行会计核算时，应当按照国家统一会计制度的规定，对各项会计要素进行确认、计量、记录和报告。按照会计准则（制度）规定的标准进行会计处理，与税法规定的税务处理不一致的，不得调整会计账簿记录和会计报表相关项目的金额。企业在计算当期应交企业所得税时，应在按照会计准则（制度）计算的利润总额的基础上，按企业所得税法的相关规定调整为应纳税所得额，并据以计算当期应交企业所得税。

（3）税法优先。

根据《企业所得税法》第二十一条的规定，在计算应纳税所得额时，企业财务、会计处理办法与税收法律、行政法规的规定不一致的，应当依照税收法律、行政法规的规定计算。

根据现行《中华人民共和国企业所得税年度纳税申报表（A类）》填报说明的规定，企业在计算应纳税所得额及应纳所得税时，企业财务、会计处理办法与税法规定不一致的，应当按照税法规定计算。税法规定不明确的，在没有明确规定之前，暂按企业财务、会计规定计算。

在处理税法与会计关系上，我国采取的是“纳税调整体系”，即在计算应纳税所得额时，《企业所得税法》有明确规定的，按税法规定执行；税法没有明确规定的，一般可按国家统一的财务会计制度规定执行；税法与财务会计制度规定不一致的，按会计制度（准则）规定进行会计处理，纳税时按税法规定进行纳税调整。

关于税前扣除规定与企业实际会计处理之间的协调问题，《国家税务总局关于企业所得税应纳税所得额若干税务处理问题的公告》（国家税务总局公告2012年第15号）进一步明确，根据《企业所得税法》第二十一条的规定，对企业依据财务会计制度规定，并实际在财务会计处理上已确认的支出，凡没有超过《企业所得税法》和有关税收法规规定的税前扣除范围和标准（如折旧年限的选择等）的，可按企业实际会计处理确认的支出，在企业所得税前扣除，计算其应纳税所得额。这主要是为了减少会计与税法差异的调整，便于税收征管。

（三）直接法与间接法

应纳税所得额的计算方法有两种：一种是直接根据《企业所得税法》第五条有关应纳税所得额的规定计算；另一种是在企业会计核算的利润总额的基础上，调整税法与会计的差异，扣减税基优惠和弥补以前年度亏损等后，计算出境内所得的应纳税所得额，进而计算应纳税额。前者通常称为直接法，后者通常称为间接法。

1.直接法

在应纳税所得额计算的直接法下，企业直接根据企业所得税法律、法规的规定确定收入总额，并从收入总额中扣除依据税法规定确定的不征税收入、免税收入、各项扣除以及允许弥补的以前年度亏损，以其余额为应纳税所得额。

在直接法下，企业应纳税所得额的计算与企业的会计核算相分离，需要企业在现行会计核算体系之外，另建一套所得税会计，来核算应纳税所得额。企业一方面需要依照财务会计制度计算利润总额，另一方面还要依据税法规定核算应纳税所得额，工作量自然会增大。现实工作中很少有企业这样做。

2.间接法

在应纳税所得额计算的间接法下，企业依据财务会计制度的规定核算利润总额，然后对同一业务或事项在财务会计处理规定与税法规定之间的差异进行纳税调整，再减除允许弥补的以前年度的亏损等后，以其余额确定应纳税所得额。其计算公式如下：

应纳税所得额＝纳税调整后所得－所得减免－弥补以前年度亏损－抵扣应纳税所得额

纳税调整后所得＝利润总额－境外所得＋纳税调整增加额－纳税调整减少额－免税、减计收入及加计扣除＋境外应税所得抵减境内亏损

在间接法下，企业应纳税所得额的确定以企业财务会计核算的利润总额为基础，在此基础上，企业依照企业所得税法律、法规的规定对利润总额进行纳税调整，间接计算应纳税所得额。与直接法相比，工作量相对较小。

为便于企业所得税征管，减轻企业所得税纳税人申报的工作量，2014年版和现行企业所得税年度纳税申报表（A类）均采用间接法确定应纳税所得额的设计思路，因此，这种方法又称为报表法。

现行《企业所得税年度纳税申报表（A类）》第二部分应纳税所得额的计算，是在企业根据国家统一会计制度核算的利润总额的基础上，扣除境外所得，加（减）纳税调整增加（减少）额，减除免税、减计收入及加计扣除，再加上境外应税所得抵减境内亏损后计算出纳税调整后所得。再扣减所得减免和抵扣应纳税所得额，弥补以前年度亏损后得出应纳税所得额。会计与税法的差异通过《纳税调整明细表》集中体现。

（四）应纳税所得额的填报

“应纳税所得额计算”和“应纳税额计算”中的项目，除根据主表逻辑关系计算以外，通过附表相应栏次填报。

1.境外所得

表A100000第14行“境外所得”：填报已计入利润总额以及按照税法相关规定已在《纳税调整项目明细表》（A105000）进行纳税调整的境外所得金额。该行根据《境外所得纳税调整后所得明细表》（A108010）填报，即：表A100000第14行＝表A108010第14列合计－第11列合计。

这里的境外所得，既不是境外的税前所得也不是境外的税后所得，而是境外税前所得减去间接负担的所得税，或等于境外的税后所得加上直接缴纳的所得税（含直接缴纳的所得税和预提税，不含间接负担的所得税）。

根据主表A100000第14行的填报说明，“表A108010第14列－第11列＝主表A100000第14行”。表A108010第14列包含表A108010第3列，而表A108010第3列又含受控外国企业视同分配的利润，既然是视同分配，就说明实际上并未分配，企业不可能计入利润总额。而主表A100000第14行是将境外所得减掉的，造成并未计入利润总

额却又通过本行将其减掉的不妥。将受控外国企业视同分配的利润同时填报至《纳税调整项目明细表》（A105000）第44行第3列“特别纳税调整应税所得”调增金额。因为该数字并没有体现在企业的利润总额里，所以应通过填报表A105000的第44行第3列“特别纳税调整应税所得”调增金额，把这一项加入应纳税所得额中，这样先减后加，从申报表的逻辑上就讲得通了。而受控外国企业视同分配的利润应交的所得税通过表A108000然后进入主表第29行。

将来企业实际取得该分配的利润时，再做纳税调减就行了，因为实际取得时是不纳税的。

2.境外应税所得抵减境内亏损

表A100000第18行“境外应税所得抵减境内亏损”：当纳税人选择不用境外所得抵减境内亏损时，填报0；当纳税人选择用境外所得抵减境内亏损时，填报境外所得抵减当年度境内亏损的金额。用境外所得弥补以前年度境内亏损的，还需填报《企业所得税弥补亏损明细表》（A106000）和《境外所得税收抵免明细表》（A108000）。

当境内当年纳税调整后有所得（表A100000第13–14+15–16–17行≥0）时，不需用境外所得抵减境内亏损，表A100000第18行填0；

当境内当年纳税调整后为亏损（表A100000第13–14+15–16–17行＜0）且境外有所得（表A108000第5列合计行≥0），选择用境外所得抵减境内亏损（表A108000第6列合计行＞0）时，表A100000第18行填“境外应纳税所得”合计与境内当年亏损额的孰小值（第18行=表A108000第5列合计行与表A100000第13–14+15–16–17行绝对值的孰小值）；

当境内当年亏损（表A100000第13–14+15–16–17行＜0）且境外应纳税所得额合计大于零（表A108000第5列合计行≥0），但不选择用境外所得抵减境内亏损（表A108000第6列合计行=0）时，表A100000第18行填0。

不过，根据《企业所得税法》第十七条的规定，企业在汇总计算缴纳企业所得税时，其境外营业机构的亏损不得抵减境内营业机构的盈利。

3.纳税调整后所得

表A100000第19行“纳税调整后所得”：填报纳税人经过纳税调整、税收优惠、境外所得计算后的所得额。

纳税调整后所得＝利润总额－境外所得＋纳税调整增加额－纳税调整减少额－免税、减计收入及加计扣除＋境外应税所得抵减境内亏损

结合表A106000及表A107020的填报说明，本行“纳税调整后所得”为负数的金额，即为可以向以后年度结转的可弥补的亏损数。本行为正数，且本行减第20行（该行永远大于等于0）后可用于弥补以前年度亏损。

从纳税调整后所得的计算过程看，一是“纳税调整后所得”是境内纳税调整后所得加上境外应税所得弥补境内当年亏损后的金额；二是不征税收入和免税收入全额享受优惠，不考虑当年是否有足够的利润，且不征税收入和免税收入不得弥补当年及以前年度

亏损，在计算亏损时将其剔除；三是加计扣除允许全额享受优惠，即使企业亏损也可以享受加计扣除优惠；四是在当年企业亏损时，减计收入仍可以享受减计优惠；五是境外应税所得可以弥补境内当年亏损和以前年度亏损，不过这是纳税人的选择权，纳税人既可以用境外应税所得弥补境内亏损，也可以放弃弥补。

4. 所得减免

表A100000第20行“所得减免”：填报属于税收规定的所得减免金额。该行根据《所得减免优惠明细表》（A107020）填报。

当本年境内亏损（表A100000第19行≤0）时，不享受所得减免优惠（第20行填报0），不论当年所得减免项目是亏损还是盈利；

当本年境内有所得（表A100000第19行＞0）时，第20行“所得减免”填《所得减免优惠明细表》中“减免所得额”合计与“纳税调整后所得”的孰小值，即应在“纳税调整后所得”金额范围内享受“所得减免”优惠。

根据表A107020的填报说明可知，本行不可能为负数。本行填报的是项目优惠，某一个项目的收入减去相应的成本费用等扣除后的所得，主要指《企业所得税法》第二十七条（企业的下列所得，可以免征、减征企业所得税：从事农、林、牧、渔业项目的所得；从事国家重点扶持的公共基础设施项目投资经营的所得；从事符合条件的环境保护、节能节水项目的所得；符合条件的技术转让所得）以及一些专项优惠（如实施清洁发展机制项目）；符合条件的节能服务公司实施合同能源管理项目等。

表A100000第20行“所得减免”与第26行“减免所得税额”的区别在于：前者填的是项目所得减免，后者填的是企业的全部应纳税所得额因税率优惠等原因减免的所得税额。表A100000第20行与第17行“免税收入”的区别在于，第17行是指毛收入（而不是所得）不计入应纳税所得额。

另外，根据表A107020的填报说明及表间关系可知，表A100000第19行－第20行的结果不可能为负数，至多减至0。

5. 应纳税所得额

表A100000第23行“应纳税所得额”：填报第19-20-21-22行金额。按照上述行次顺序计算结果为负数的，本行按0填报。

应纳税所得额＝纳税调整后所得－所得减免－弥补以前年度亏损－抵扣应纳税所得额

四、应纳税额计算

（一）应纳税额的计算公式

应纳所得税额＝应纳税所得额 × 法定税率（25%）

应纳税额＝应纳所得税额－减免所得税额－抵免所得税额

实际应纳所得税额＝应纳税额＋境外所得应纳所得税额－境外所得抵免所得税额

本年应补（退）的所得税额＝实际应纳所得税额－本年累计实际已预缴所得税额

（二）应纳税额的填报

1.税率

表A100000第24行“税率”：填报税法规定的税率25%。

对于高新技术企业享受15%低税率优惠，符合条件的小型微利企业享受普惠性优惠（包括应纳税所得额不超过100万元的部分再减半优惠），符合条件的技术先进型服务企业享受15%低税率优惠等企业，本行仍填25%法定税率。该类低税率优惠转化为税额优惠填入第26行“减免所得税额”中。

2.应纳所得税额

表A100000第25行“应纳所得税额”：填报第23×24行金额。即：

应纳所得税额＝应纳税所得额 × 税率

3.减免所得税额

表A100000第26行“减免所得税额”：填报纳税人按税收规定实际减免的企业所得税额。该行根据《减免所得税优惠明细表》（A107040）填报，即：表A100000第26行＝表A107040第34行。

减免所得税额是指企业的全部应纳税所得额（不分项目）享受的税收优惠。如小型微利企业和高新技术企业等优惠和其他专项规定的税率式优惠等。

4.抵免所得税额

表A100000第27行“抵免所得税额”：填报企业当年的应纳所得税额中抵免的金额。该行根据《税额抵免优惠明细表》（A107050）填报，即：表A100000第27行＝表A107050第7行第11列，且表A107050第7行第11列≤表A100000第25–26行。

由此可见，当企业有减免所得税额优惠，也有抵免所得税额优惠时，先享受减免后享受抵免优惠。

根据填报说明，表A100000第29行扣除第30行后的境外应补所得税，不用于境内专用设备投资抵免。

5.应纳税额

表A100000第28行“应纳税额”：填报第25–26–27行金额，即：应纳税额＝应纳所得税额－减免所得税额－抵免所得税额。

6.境外所得应纳所得税额

表A100000第29行“境外所得应纳所得税额”：填报纳税人来源于中国境外的所得，按照我国税收规定计算的应纳所得税额。该行根据《境外所得税收抵免明细表》（A108000）填报。即，表A100000第29行＝表A108000合计行第9列。

表A100000第30行“境外所得抵免所得税额”：填报纳税人来源于中国境外所得依照中国境外税收法律以及相关规定应缴纳并实际缴纳（包括视同已实际缴纳）的企业所

得税性质的税款（准予抵免税款）。该行根据《境外所得税收抵免明细表》（A108000）填报，即：表A100000第30行＝表A108000合计行第19列。

境外所得限额抵免的计算思路是：

首先，分境内、境外所得分别计算纳税。

在主表A100000第13行“利润总额”中包含境内外利润总额（境外所得体现在投资收益中或境外收入、成本费用体现在账中）的基础上，通过主表第14行“减：境外所得”（先填附表A108010，再进入主表第14行，即附表A108010第14行－附表A108010第11行＝主表第14行），将已计入利润总额的境外所得减掉后计算境内所得应纳税额。

再通过主表第15行“纳税调整增加额（先填附表A105000第28行“境外所得分摊的共同支出”），将应由境外所得负担而已在本年损益中列支的共同支出部分进行调增，进而将境内、境外所得分开计算应纳（补）税额。

其次，选择用境外所得弥补境内亏损。

主表A100000第18行“加：境外应税所得抵减境内亏损”（先填写A108000第6列合计，然后将弥补境内当年亏损的部分填入主表第18行），用一部分境外所得弥补境内当年亏损。再用一部分境外所得弥补境内以前年度亏损，填入主表A100000第21行“减：弥补以前年度亏损”，

最后，单独计算境内外所得和应纳税额。

主表A100000第28行之前，计算的是境内所得的应纳税额。

在此基础上，通过主表第29行“加：境外所得应纳所得税额”（A108000第9列合计＝主表A100000第29行），计算境外所得应纳税额。通过主表第30行“减：境外所得抵免所得税额”（A108000第19列合计＝主表第30行），减去境外所得抵免金额，从而计算出境外所得在当年实际应补税款。

境外所得应纳所得税额的计算过程如下：

第一，计算境外税前所得。境外税前所得＝境外税后所得＋直接缴纳的所得税额＋间接负担的所得税额＋享受税收饶让抵免税额。

第二，计算境外所得纳税调整后所得。境外所得纳税调整后所得＝境外税前所得＋境外分支机构收入与支出纳税调整额－境外分支机构调整分摊扣除的有关成本费用（或境外所得对应调整的相关成本费用支出）。

第三，计算境外应纳税所得额。境外应纳税所得额＝境外所得纳税调整后所得－弥补境外以前年度亏损（有实际亏损额和非实际亏损额之分）。

第四，计算抵减境内亏损后的境外应纳税所得额。抵减境内亏损后的境外应纳税所得额＝境外应纳税所得额－抵减境内亏损。

第五，计算境外所得应纳所得税额。境外所得应纳所得税额＝抵减境内亏损后的境外应纳税所得额 × 税率。

7. 实际应纳所得税额

表A100000第31行“实际应纳所得税额”：填报第28+29–30行金额。其中，跨地

区经营企业类型为“分支机构（须进行完整年度申报并按比例纳税）”的纳税人，填报（第28+29-30行）×“分支机构就地纳税比例”金额，即：表A100000第31行=第28+29-30行。其中，跨地区经营企业类型为“分支机构（须进行完整年度申报并按比例纳税）”的纳税人，第31行=（第28+29-30行）×表A000000“102分支机构就地纳税比例”。

此处与中石油、中石化分支机构无关，仅指部分省份存在的参照中石油、中石化申报模式管理的汇总纳税企业。中石油、中石化须进行完整年度申报并按比例纳税的分支机构的主表计算顺序维持不变：

第28行“应纳所得税额”=应纳税所得额×税率×分支机构就地纳税比例-减免所得税额（即A107040减免所得税额×分支机构就地纳税比例）-抵免所得税额。

8.本年累计实际已缴纳的所得税额

表A100000第32行“本年累计实际已缴纳的所得税额”：填报纳税人按照税收规定本纳税年度已在月（季）度累计预缴的所得税额，包括按照税收规定的特定业务已预缴（征）的所得税额，建筑企业总机构直接管理的跨地区设立的项目部按规定向项目所在地主管税务机关预缴的所得税额。

本年累计实际已缴纳的所得税额，是指截至填报申报表时，已预缴的税款所属期为汇缴年度的企业所得税之和。

根据《国家税务总局关于跨地区经营建筑企业所得税征收管理问题的通知》（国税函〔2010〕156号）的规定，建筑企业总机构直接管理的跨地区设立的项目部，应按项目实际经营收入的0.2%按月或按季由总机构向项目所在地预分企业所得税，并由项目部向所在地主管税务机关预缴。

案例1-3 某建筑企业A公司在2020—2021年度预缴（补缴）的企业所得税额情况如下：

（1）2020年1月12日，预缴2019年度第四季度企业所得税额20万元；

（2）2020年4月10日，预缴2020年度第一季度企业所得税额22万元；

（3）2020年4月18日，补缴2019年度汇算清缴企业所得税额6万元；

（4）2020年6月20日，补充申报主管税务机关评估发现2018年度申报有误企业所得税额16万元；

（5）2020年7月13日，预缴2020年度第二季度企业所得税额24万元；

（6）2020年10月11日，预缴2020年度第三季度企业所得税额26万元；

（7）2021年1月9日，预缴2020年度第四季度企业所得税额23万元；

（8）由总机构直接管理的跨省设立的项目部按规定向项目所在地主管税务机关预缴2020年度的所得税额为20万元；

（9）其设立的分支机构2020年度预缴的所得税额为40万元。

要求：计算本年累计实际已预缴的所得税额。

解析：

2020年度表A100000第32行“本年累计实际已预缴的所得税额”填报数额为：22+24+26+23+20+40=155（万元）。

9. 总机构分摊本年应补（退）所得税额

表A100000第34行“总机构分摊本年应补（退）所得税额”：填报汇总纳税的总机构按照税收规定在总机构所在地分摊本年应补（退）所得税额。该行根据《跨地区经营汇总纳税企业年度分摊企业所得税明细表》（A109000）填报，即：表A100000第34行=表A109000第12+16行。具体为：总机构分摊本年应补（退）的所得税额+境外所得抵免后的应纳所得税额=（表A100000第31行“实际应纳所得税额”－第29行“境外所得应纳所得税额”+第30行“境外所得抵免所得税额”－本年累计已预分、已分摊所得税）×25%+第29行“境外所得应纳所得税额”－第30行“境外所得抵免所得税额”。

这就是说，境外所得应补税额不用于境内分支机构的分配，在总机构所在地入库。因此，表A100000第34行除了填按规定应参加分配的总额的25%外，还要加上境外所得在境内补缴的所得税。

五、实际应纳税额计算

2021年12月31日新修订后的企业所得税年度纳税申报表新增第四部分，包括第37行“减：民族自治地区企业所得税地方分享部分：□免征　□减征：减征幅度　　%）”和第38行“十、本年实际应补（退）所得税额”两行内容。

（1）表A100000第37行“减：民族自治地区企业所得税地方分享部分：□免征　□减征：减征幅度　　%）”：

根据《中华人民共和国企业所得税法》《中华人民共和国民族区域自治法》《财政部 国家税务总局关于贯彻落实国务院关于实施企业所得税过渡优惠政策有关问题的通知》（财税〔2008〕21号）等规定，实行民族区域自治的自治区、自治州、自治县的自治机关对本民族自治地方的企业应缴纳的企业所得税中属于地方分享的部分，可以决定减征或免征，自治州、自治县决定减征或者免征的，须报省、自治区、直辖市人民政府批准。

纳税人填报该行次时，根据享受政策的类型选择“免征”或“减征”，二者必选其一。选择“免征”是指免征企业所得税税收地方分享部分；选择“减征：减征幅度____%”是指减征企业所得税税收地方分享部分。此时需填写“减征幅度”，减征幅度填写范围为1至100，表示企业所得税税收地方分享部分的减征比例。例如：地方分享部分减半征收，则选择“减征”，并在“减征幅度”后填写“50%”。

企业类型为“非跨地区经营企业”的，本行填报“实际应纳所得税额”×40%×减征幅度－本年度预缴申报累计已减免的地方分享部分减免金额的余额。企业类型为“跨地区经营汇总纳税企业总机构”的，本行填报《跨地区经营汇总纳税企业年度分摊企业所得税明细表》（A109000）第20行“总机构因民族地方优惠调整分配金额”的金额。

（2）表A100000第38行“十、本年实际应补（退）所得税额”：

填报纳税人当期实际应补（退）的所得税额。企业类型为“非跨地区经营企业”的，本行填报第33–37行金额。企业类型为“跨地区经营汇总纳税企业总机构”的，本行填报《跨地区经营汇总纳税企业年度分摊企业所得税明细表》（A109000）第21行“八、总机构本年实际应补（退）所得税额”的金额。

第三节　收入的纳税调整

企业所得税的收入类调整项目主要包括：视同销售收入、未按权责发生制原则确认的收入、投资收益、按权益法核算长期股权投资对初始投资成本调整确认收益、交易性金融资产初始投资调整、公允价值变动净损益、不征税收入、销售折扣、折让和退回以及其他九类。由于对有附表的纳税调整项目本书有单独章节阐述，本节只涉及没有附表的收入类纳税调整项目。

一、按权益法核算长期股权投资对初始投资成本调整确认收益

（一）财税处理

1. 会计处理

在权益法下，长期股权投资的初始投资成本大于投资时应享有被投资单位可辨认净资产公允价值份额的，不调整已确认的初始投资成本；长期股权投资的初始投资成本小于投资时应享有被投资单位可辨认净资产公允价值份额的，其差额应当计入当期损益，同时调整长期股权投资的成本。会计处理为：

借：长期股权投资（投资成本）

　贷：营业外收入

取得投资时所支付价款中包含的已宣告未发放的现金股利或债券利息，应作为应收款项，即：入账成本为买价减去已经宣告但未发放的现金股利（或已到付息期但未收到的利息）后的余额。

2. 税务处理

根据《企业所得税法实施条例》第五十六条的规定，企业的各项资产，包括固定资产、生物资产、无形资产、长期待摊费用、投资资产、存货等，以历史成本为计税基础。历史成本，是指企业取得该项资产时实际发生的支出。

因而，长期股权投资的初始投资成本无论大于还是小于投资时应享有被投资单位可辨认净资产公允价值份额，都不调整长期股权投资的计税基础。在权益法下，长期股权

投资的初始投资成本小于投资时应享有被投资单位可辨认净资产公允价值份额的，其差额计入当期损益（营业外收入），同时调整长期股权投资的成本。这里的“营业外收入”以及调整的“长期股权投资——投资成本”，企业所得税税法上不予认可。

根据《小企业会计准则》的规定，长期股权投资采用成本法核算，因而不会出现企业会计准则中规定的这种情况，不需要填报此行。

（二）案例解析

案例1-4 2019年2月，甲公司（境内居民企业）以1 500万元的银行存款投资取得乙居民企业25%的股权，取得股权时被投资单位可辨认净资产账面价值为8 000万元。假定甲公司和乙企业会计政策、会计期间一致，同时，被投资单位各项可辩认资产、负债的公允价值与其账面价值相同。

因能够对A企业实施重大影响，甲公司对该长期股权投资采用权益法核算。

要求：分析说明按权益法核算长期股权投资对初始投资成本调整确认收益的纳税调整并填报相关年度纳税调整表。

解析：

（1）会计处理。

甲公司应享有被投资单位可辨认净资产公允价值份额为2 000万元（8 000万元×25%），实际出资1 500万元，因此需要确认营业外收入500万元。会计分录为：

借：长期股权投资——乙公司　　20 000 000

　贷：银行存款　　15 000 000

　　营业外收入　　5 000 000

（2）税务处理。

甲公司应按照实际出资额1 500万元确认该项长期股权投资的计税基础，不确认营业外收入500万元。

该收入确认差异500万元，通过表A105000第5行“（四）按权益法核算长期股权投资对初始投资成本调整确认收益”第4列调减应纳税所得额（见表1-3）。

表1-3　A105000 纳税调整项目明细表（部分）

行次	项　目	账载金额	税收金额	调增金额	调减金额
		1	2	3	4
1	一、收入类调整项目	*	*		5 000 000
5	（四）按权益法核算长期股权投资对初始投资成本调整确认收益	*	*	*	5 000 000
46	合计	*	*		5 000 000

二、交易性金融资产初始投资调整

（一）财税处理

1. 会计处理

交易性金融资产，是指企业为了近期内出售而持有的债券投资、股票投资和基金投资等。如以赚取差价为目的从二级市场购买的股票、债券、基金等。

根据《企业会计准则》的相关规定，企业初始确认金融资产或金融负债，应当按照公允价值计量。对于以公允价值计量且其变动计入当期损益的金融资产或金融负债，相关交易费用应当直接计入当期损益；对于其他类别的金融资产或金融负债，相关交易费用应当计入初始确认金额。

借：交易性金融资产——成本（公允价值）

　　投资收益（发生的交易费用）（差异，需调整）

　　应收股利或利息

　贷：银行存款等

根据《企业会计准则第22号——金融工具确认和计量》的规定，自2018年1月1日起，金融资产分为：以摊余成本计量的金融资产；以公允价值计量且其变动计入其他综合收益的金融资产；以公允价值计量且其变动计入当期损益的金融资产。也就是说，自2018年1月1日起，“交易性金融资产”属于“以公允价值计量且其变动计入当期损益的金融资产”。

根据《小企业会计准则》的规定，短期投资应当按照以下规定进行会计处理：以支付现金取得的短期投资，应当按照购买价款和相关税费作为成本进行计量。长期债券投资应当按照购买价款和相关税费作为成本进行计量。长期股权投资应当按照成本进行计量，以支付现金取得的长期股权投资，应当按照购买价款和相关税费作为成本进行计量。这一规定与企业所得税相关规定一致。

2. 税务处理

交易性金融资产初始投资成本税会差异，主要体现在对交易费用的处理上：会计上取得交易性金额资产发生的交易费用计入当期损益，企业所得税处理时则计入资产计税基础。

根据《企业所得税法实施条例》第五十六条的规定，企业的各项资产，包括固定资产、生物资产、无形资产、长期待摊费用、投资资产、存货等，以历史成本为计税基础。历史成本，是指企业取得该项资产时实际发生的支出。

根据《企业所得税法实施条例》第七十一条的规定，投资资产按照以下方法确定成本：

（1）通过支付现金方式取得的投资资产，以购买价款为成本；

（2）通过支付现金以外的方式取得的投资资产，以该资产的公允价值和支付的相关税费为成本。

由此可见,《企业所得税法》与《小企业会计准则》对购买交易性金融资产时发生的相关税费处理是一致的,均计入投资成本,而《企业会计准则》对购买投资时发生的相关税费要求计入当期损益。

本行只有执行企业会计准则的纳税人填报。交易性金融资产在初始取得时的相关交易费用在会计上是计入当期损益的,而企业所得税上是计入交易性金融资产成本的,因此在购入环节存在税会差异。本行反映的是税法上在交易性金融资产初始取得的当年要对这一税会差异进行的纳税调增,当然在以后处置环节要进行相反的纳税调减。

(二)案例解析

案例1-5 2019年10月20日,甲公司以每股10元的价格从证券市场购入乙公司股票10万股,支付银行存款100万元,另支付相关交易费用3万元。甲公司将购入的乙公司股票作为以公允价值计量且其变动计入当期损益的交易性金融资产核算。

要求:分析说明该金融资产初始投资纳税调整并填报相关年度纳税申报表。

解析:

(1)会计处理。

甲公司应确认该项金融资产成本100万元,同时将交易费用3万元计入投资收益借方。会计分录为:

借:交易性金融资产——成本　　1 000 000

　　投资收益　　30 000

　贷:银行存款　　1 030 000

(2)税务处理。

甲公司应按照实际支出103万元确认该项金融资产计税基础。

该收入差异3万元,通过表A105000第6行“(五)交易性金融资产初始投资调整”第3列调增应纳税所得额(见表1-4)。

表1-4　A105000 纳税调整项目明细表(部分)

行次	项　目	账载金额	税收金额	调增金额	调减金额
		1	2	3	4
1	一、收入类调整项目	*	*	30 000	
6	(五)交易性金融资产初始投资调整	*	*	30 000	*
46	合计	*	*	30 000	

三、公允价值变动净损益

（一）财税处理

1. 会计处理

企业会计准则的一个重要变化就是：某些资产（如交易性金融资产），当公允价值发生变动时，企业会计准则要求确认损益，但税法不承认公允价值变动损益，所以要做相应的调整处理。执行《小企业会计准则》和《企业会计制度》的企业不涉及此项调整。

公允价值变动损益，是指一项资产在取得之后持有期间的计量，即后续采用公允价值模式计量时，期末资产账面价值与其公允价值之间的差额。该项目反映了资产在持有期间因公允价值变动而产生的损益，主要涉及以公允价值计量且其变动计入当期损益的交易性金融资产和投资性房地产等。

根据《企业会计准则》的相关规定，企业应当按照公允价值对金融资产进行后续计量。资产负债表日，以公允价值计量且其变动计入当期损益的金融资产的公允价值与其账面余额的差额，应记入“公允价值变动损益”科目。

公允价值升高时：

借：交易性金融资产——公允价值

　贷：公允价值变动损益（差异，调整减少应纳税所得额）

公允价值降低时：

借：公允价值变动损益（差异，调整增加应纳税所得额）

　贷：交易性金融资产——公允价值

《小企业会计准则》一般不采用公允价值模式计量。

2. 税务处理

根据《企业所得税法实施条例》第五十六条的规定，企业的各项资产，包括固定资产、生物资产、无形资产、长期待摊费用、投资资产、存货等，以历史成本为计税基础。历史成本，是指企业取得该项资产时实际发生的支出。

企业持有各项资产期间资产增值或者减值，除国务院财政、税务主管部门规定可以确认损益外，不得调整该资产的计税基础。

（二）案例解析

案例1-6　2019年1月20日，甲公司以每股10元的价格从证券市场购入乙公司股票10万股，支付银行存款100万元，另支付相关交易费用3万元。甲公司将购入的乙公司股票作为以公允价值计量且其变动计入当期损益的金融资产核算。

2019年12月31日，上述股票收盘价为每股8元。

要求：分析说明该金融资产公允价值变动净损益纳税调整并填报相关年度纳税申报表。

解析：

交易性金融资产初始投资纳税调整事项，前文已解析，此处不再赘述。

2019年12月31日，甲公司财务处理应确认公允价值变动损益借方发生额20万元，其会计处理为：

借：公允价值变动收益　　　　　　　　　　　　　　200 000

　贷：交易性金融资产——公允价值变动　　　　　　　　200 000

税务上不确认该金额。该收入确认差异20万元，通过表A105000第7行“（六）公允价值变动净损益”第3列调增应纳税所得额（见表1–5）。

表1–5　A105000纳税调整项目明细表（部分）

行次	项　　目	账载金额	税收金额	调增金额	调减金额
		1	2	3	4
1	一、收入类调整项目	*	*	200 000	
7	（六）公允价值变动净损益	–200 000	*	200 000	*
46	合计	*	*	200 000	

四、销售折扣、折让和退回

（一）销售折扣的税务处理

1.增值税处理

根据《增值税若干具体问题的规定》（国税发〔1993〕154号印发）第二条第（二）项的规定，纳税人采取折扣方式销售货物，如果销售额和折扣额在同一张发票上分别注明的，可按折扣后的销售额征收增值税；如果将折扣额另开发票，不论其在财务上如何处理，均不得从销售额中减除折扣额。

根据《国家税务总局关于折扣额抵减增值税应税销售额问题通知》（国税函〔2010〕56号）的规定，纳税人采取折扣方式销售货物，销售额和折扣额在同一张发票上分别注明是指销售额和折扣额在同一张发票上的“金额”栏分别注明的，可按折扣后的销售额征收增值税。未在同一张发票“金额”栏注明折扣额，而仅在发票的“备注”栏注明折扣额的，折扣额不得从销售额中减除。

根据《国家税务总局关于纳税人折扣折让行为开具红字增值税专用发票问题的通知》（国税函〔2006〕1279号）的规定，纳税人销售货物并向购买方开具增值税专用发票后，由于购货方在一定时期内累计购买货物达到一定数量，或者由于市场价格下降等原因，销货方给予购货方相应的价格优惠或补偿等折扣、折让行为，销货方可按《增值税专用发票使用规定》的有关规定开具红字增值税专用发票。这一规定主要针对销售后发生的由于购货方在一定时期内累计购买货物达到一定数量，或者由于市场价格下降等原因，销货方给予购货方相应的价格优惠或补偿等折扣、折让行为。

根据增值税相关规定，企业为促进商品销售而在商品价格上给予的价格扣除属于商业折扣，商品销售涉及商业折扣的，应当按照扣除商业折扣后的金额确定销售商品收入金额。实务中，商业折扣有两种做法，一是折扣销售，即按照折扣后的金额开具发票，确认收入，计算销项税额；二是销售折扣，即将未折扣前的销售额与折扣额开在同一份发票上。这两种做法均符合现行流转税、所得税处理及会计处理的规定。

2. 企业所得税处理

《国家税务总局关于确认企业所得税收入若干问题的通知》（国税函〔2008〕875号）规定，企业为促进商品销售而在商品价格上给予的价格扣除属于商业折扣，商品销售涉及商业折扣的，应当按照扣除商业折扣后的金额确定销售商品收入金额。债权人为鼓励债务人在规定的期限内付款而向债务人提供的债务扣除属于现金折扣，销售商品涉及现金折扣的，应当按扣除现金折扣前的金额确定销售商品收入金额，现金折扣在实际发生时作为财务费用扣除。企业因售出商品的质量不合格等原因而在售价上给予的减让属于销售折让；企业因售出商品质量、品种不符合要求等原因而发生的退货属于销售退回。企业已经确认销售收入的售出商品发生销售折让或销售退回，应当在发生当期冲减当期销售商品收入。

（二）销售折让的税务处理

1. 增值税处理

根据国税函〔2006〕1279号文件的规定，纳税人销售货物并向购买方开具增值税专用发票后，由于购货方在一定时期内累计购买货物达到一定数量，或者由于市场价格下降等原因，销货方给予购货方相应的价格优惠或补偿等折扣、折让行为，销货方可按《增值税专用发票使用规定》的有关规定开具红字增值税专用发票。

因此，销售折让是指企业销售商品后，由于商品的品种、质量与合同不符或其他原因，而给予购货方价格上的减让，销售方应按规定开具红字发票后冲减当期销售收入。

2. 企业所得税处理

根据国税函〔2008〕875号文件的规定，企业因售出商品的质量不合格等原因而在售价上给的减让属于销售折让，企业已经确认销售收入的售出商品发生销售折让和销售退回，应当在发生当期冲减当期销售商品收入。

由国税函〔2008〕875号文件的规定可知，已确认收入的售出商品发生的折让和退回，税收上不再考虑其发生在汇算清缴前后，更不考虑报告期和发生期，在哪年发生，就冲减哪年的收入。这也是表A05000第10行第1列填报说明中所说的“销货退回的追溯处理的净调整额”和第2列填报说明中的“销货退回业务影响当期损益的金额”发生的原因。

根据企业所得税年度纳税申报表将“不符合税收规定的销售折扣和折让”作为纳税

调增处理，可知主表中的营业收入是净额。

（三）销售退回的税务处理

根据《企业会计准则》的规定，属于资产负债表日后事项涉及的销售退回，作为资产负债表日后调整事项，调整报告年度相关的收入、成本等。也就是说，报告年度的利润表上的收入和成本是冲减了销售退回后的金额（但会计分录通过“以前年度损益调整”科目反映）。但表A100000第1至第13行是按其会计报表上的数字填报的。

按照国税函〔2008〕875号文件的规定，企业发生的销售退回，只要购货方提供退货的适当证明，应冲减退货当期的销售收入及相应的成本。也就是说，不论是否属于资产负债表日后事项，发生销售退回，税法上均作为退回年度的收入、成本的减项。

除属于资产负债表日后事项的销售退回，产生会计与税法对销售退回相关的收入、成本等确认时间不同以外，对于其他的销售退回，会计准则的规定与税法规定是一致的。

资产负债表日后事项是指年度资产负债表日至财务会计报告批准报告日之间发生的需要调整或说明的事项。资产负债表日后事项所涵盖的期间，是指报告年度次年的1月1日至董事会、经理（厂长）会议或类似机构对财务报告的批准报出日之间的期间。

例如，某企业2019年度财务报告于2020年3月29日经董事会、经理（厂长）会议或类似机构批准报出。这里的“报告年度”是指2019年，“当年度”是指2020年。假如该企业于2020年2月21日发生退货，该货物的销售发生在2019年11月，属于资产负债表日后事项。这时候该退回业务产生的对损益影响的金额，会计上作为2019年度的（已反映在2019年的利润表上），企业所得税上则作为2020年度的。这就是需要对销售退回进行纳税调整的原因。

如果企业有不符合税收规定的折扣、折让和退回，将其填入《纳税调整项目明细表》（A105000）该行，进行相应的纳税调增处理。

需要说明的是，这里不含现金折扣，现金折扣的会计与企业所得税税法规定基本一致。

根据《企业会计准则》的规定，销售商品涉及商业折扣的，应当按照扣除商业折扣后的金额确定商品销售收入。发生销售折让时，应在确认收入时直接扣除销售折让后的金额确认；企业已确认销售商品收入的售出商品发生销售折让，且不属于资产负债表日后事项的，应当在实际发生时冲减当期销售商品收入，但销售折让属于资产负债表日后事项的，适用《企业会计准则第29号——资产负债表日后事项》。销售退回应当在实际发生时直接冲减退回当期的销售收入和销售成本等。属于资产负债表日后事项涉及的销售退回，作为资产负债表日后调整事项调整报告年度相关的收入、成本等。

因而，对于销售退回及销售折让会计与税法的差异在涉及资产负债表日后事项时，对资产负债表日后事项，会计上调整报告年度金额，企业所得税上直接冲减发生年度金额。

《小企业会计准则》对销售折扣、折让、退回的处理与企业所得税基本一致，也不考虑报告年度、发生年度之分，直接冲减发生年度的收入。

（四）案例解析

案例1-7　A公司销售生产的B商品，销售价格为每件1万元，每件成本0.8万元。2019年10月，销售给甲公司100件、乙公司50件。当月收到货款并开具增值税专用发票。（增值税税率13%，不考虑其他税费）。A公司为一般纳税人、执行企业计准则。

2019年12月，收到甲公司退回的商品。经核查，该批商品的性能不稳定，A公司同意了甲公司的退货要求。当月甲公司办妥了退货手续，并退回货款。

2020年2月，乙公司也要求退货，A公司予以办理退货手续，并于当月进行了退款。（乙公司2019年度财务报告批准报出日是2020年4月20日。）

要求：进行相关的财税处理。

解析：

（1）2019年12月甲公司退回商品：

借：主营业务收入	1 000 000	
应交税费——应交增值税（销项税额）	130 000	
贷：银行存款		1 130 000
借：库存商品	800 000	
贷：主营业务成本		800 000

在销货退回当期冲减收入，并调整成本，与税收规定一致，无差异。

（2）2020年2月乙公司退回商品：

借：以前年度损益调整——营业收入	500 000	
应交税费——应交增值税（销项税额）	65 000	
贷：银行存款		565 000
借：库存商品	400 000	
贷：以前年度损益调整——营业收入		400 000

追溯至2019年度进行会计处理，税收规定应在2020年发生退货时冲减收入，存在差异（50−40=10）。填报2019年度企业所得税申报表时应调增10万元，填列在表A105000第6行第3列，填报2020年度纳税调整项目明细表时应调减应纳税所得额，填列在表A105000第6行第4列。

案例1-8　甲公司2019年1—12月实现销售收入10 000万元，成本为6 000万元。2020年2月1日，2019年10月销售给乙公司的销售收入1 000万元的某批产品因质量原因退回，对应的成本为600万元。甲公司2018年度的财务会计报告经董事会批准报出日为2020年3月20日。

要求：分析说明与销售退回相关的纳税调整并填报相关年度纳税申报表。

解析：

（1）会计处理。

根据《企业会计准则第29号——资产负债表日后事项》的规定，如果销售退回是在资产负债表日至财务报告批准报出日之间发生的，则应将此退货业务作为资产负债表日后事项处理，即通过以前年度损益调整账户进行调整，并直接反映在报告年度利润表中。

甲公司2019年度的财务会计报告批准报出日为2020年3月20日，销售退回日为2020年2月1日，会计处理时销售退回应冲减2019年度的销售收入与销售成本。即2019年度会计确认的销售收入为9 000万元，销售成本为5 400万元。会计分录为（单位：万元）：

借：银行存款　　–113 000

　贷：以前年度损益调整　　–100 000

　　应交税费——应交增值税（销项税额）　　–13 000

借：以前年度损益调整　　–80 000

　贷：库存商品　　–80 000

借：以前年度损益调整　　–20 000

　贷：利润分配——未分配利润　　–20 000

（2）税务处理。

根据《国家税务总局关于确认企业所得税收入若干问题的通知》（国税函〔2008〕875号）的规定，企业因售出商品质量、品种不符合要求等原因而发生的退货，属于销售退回。企业已确认销售收入的售出商品发生退回，应当在发生当期冲减当期销售商品收入。

因而，企业所得税上应冲减2020年度的收入，2019年企业所得税收入为10 000万元，销售成本为6 000万元。税法对甲公司2020年企业利润报表上冲减的收入、成本不认可，调增应纳税所得额400万元。在对2019年度企业所得税进行年度申报时，表A105000第10行第1列填报400万元，本行第2列填报0，本行第3列填报400万元。

我们认为，作为计算2019年业务招待费、广告费和业务宣传费税前扣除的基数应是不扣除退回销售收入1 000万元之前的销售额，因为税法不认可在2019年退回。但也有不同观点。

销货退回的净调整额税会差异400万元，通过表A105000第10行“（八）销售折扣、折让和退回”第3列调增应纳税所得额（见表1–6）。

表1–6　A105000纳税调整项目明细表（部分）

行次	项　　目	账载金额	税收金额	调增金额	调减金额
		1	2	3	4
1	一、收入类调整项目	*	*	4 000 000	
10	（八）销售折扣、折让和退回	4 000 000	0	4 000 000	
11	（九）其他				
12	二、扣除类调整项目	*	*		
46	合计	*	*	4 000 000	

五、其他收入类调整项目

（一）接受捐赠收入

企业接受捐赠收入，根据企业会计准则规定，接受捐赠的货币性及非货币性收入通过“营业外收入”账户核算，与税法规定一致，无须调整。只有执行企业会计制度的企业，将接受捐赠收入纳入“资本公积”账户核算，且转入资本公积的是捐赠收入与相关费用的差额，与税法存在差异，需通过表A105000第11行“（九）其他”做调增处理。

（二）存货和固定资产盘盈

1.会计处理

根据《企业会计准则第28号——会计政策、会计估计变更和差错更正》的规定，前期差错，是指由于没有运用或错误运用下列两种信息，而对前期财务报表造成省略或错报。一是编报前期财务报表时预期能够取得并加以考虑的可靠信息；二是前期财务报告批准报出时能够取得的可靠信息。前期差错通常包括计算错误、应用会计政策错误、疏忽或曲解事实以及舞弊产生的影响以及存货、固定资产盘盈等。企业应当采用追溯重述法更正重要的前期差错，但确定前期差错累积影响数不切实可行的除外。追溯重述法，是指在发现前期差错时，视同该项前期差错从未发生过，从而对财务报表相关项目进行更正的方法。

在实务中，存货的盘盈一般通过“待处理财产损溢——待处理流动资产损溢”科目核算，最终冲减管理费用；固定资产的盘盈一般通过“以前年度损益调整”科目，最终结转至“利润分配”科目。

2.税务处理

企业取得的除《企业所得税法》第六条第（一）项至第（八）项规定的收入外的其他收入，包括企业资产溢余收入，应计入收入总额。因此，无论存货盘盈，还是固定资产盘盈，均应计入企业收入总额。

由于存货的盘盈虽然税会处理不同，但不直接影响最终的应纳税所得额，因此笔者认为可以不做调整。而固定资产的盘盈需要通过表A105000第11行“（九）其他”栏目进行纳税调增。此外，企业发生存货和固定资产盘盈时，需要特别注意的是，西部大开发企业所得税优惠、研究开发费用加计扣除优惠等政策中的收入总额应包含上述金额。

第四节 扣除的纳税调整

企业所得税扣除类纳税调整项目主要包括：视同销售成本，职工薪酬，业务招待费支出，广告费和业务宣传费支出，捐赠支出，利息支出，罚金、罚款和被没收财物的损失，税收滞纳金、加收利息，赞助支出，与未实现融资收益相关在当期确认的财务费用，佣金和手续费支出，不征税收入用于支出所形成的费用，跨期扣除项目，与取得收入无关的支出，境外所得分摊的共同支出，党组织工作经费以及其他十七类。由于对有附表的项目有单独章节阐述，本节只涉及没有附表的扣除类纳税调整项目。

一、业务招待费支出

《企业所得税法实施条例》第四十三条规定，企业发生的与生产经营活动有关的业务招待费，按照发生额的60%扣除，但最高不得超过当年销售（营业）收入的5‰。

（一）业务招待费扣除限额的计算依据

1.销售（营业）收入与视同销售收入

《国家税务总局关于企业所得税执行中若干税务处理问题的通知》（国税函〔2009〕202号）第一条“关于销售（营业）收入基数的确定问题”规定，企业在计算业务招待费、广告费和业务宣传费等费用扣除限额时，其销售（营业）收入额应包括《企业所得税法实施条例》第二十五条规定的视同销售（营业）收入额。也就是说，作为计算业务招待费、广告费和业务宣传费税前扣除限额依据的销售（营业）收入，包括企业的主营业务收入、其他业务收入和视同销售收入，但不包括营业外收入、投资收益等。对于投资性公司，投资收益应作为主营业务收入处理。销售退回、销售折扣与折让，应从销售（营业）收入扣减。

因转让不动产、机器设备等财产收入不作为计算业务招待费、广告费和业务宣传费等费用扣除限额的基数，“视同转让”上述不动产、机器设备等财产也不能作为计算业务招待费、广告费和业务宣传费等费用扣除限额的基数。

2.股息、红利与股权转让收入

根据《国家税务总局关于贯彻落实企业所得税法若干税收问题的通知》（国税函〔2010〕79号）的规定，对从事股权投资业务的企业（包括集团公司总部、创业投资企业等），其从被投资企业所分配的股息、红利以及股权转让收入，可以按规定的比例计算业务招待费扣除限额。

3.销售未完工开发产品取得的收入

房地产开发企业销售未完工开发产品取得的收入，可以作为计算业务招待费、广告费和业务宣传费的基数，但开发产品完工会计核算转销售收入时已作为计算基数的未完工开发产品的销售收入不得重复计算业务招待费、广告费和业务宣传费。

企业所得税年度纳税申报时，计算业务招待费扣除限额的基数“当年销售（营业）收入”，需要根据企业所从事的经营行业不同分别确定：

（1）对于一般行业企业而言，是指企业根据国家统一会计制度确认的当年主营业务收入、其他业务收入以及根据税收规定确认的视同销售收入；

（2）对于房地产开发企业，计算扣除限额的基数为：当年主营业务收入+其他业务收入+视同销售收入+销售未完工开发产品取得的收入–未完工产品转完工产品收入；

（3）对于从事股权投资业务的企业（包括集团公司总部、创业投资企业等），计算扣除限额的基数为：当年主营业务收入+其他业务收入+视同销售收入+从被投资企业所分配的股息、红利以及股权转让收入。

（二）餐费与业务招待费

业务招待费是企事业单位为生产经营业务活动的需要而合理开支的招待费用。企业投资者或雇员的个人娱乐支出和业余爱好支出不得作为业务招待费申报扣除。但不是一切餐费都是业务招待费，不能将餐费与业务招待费划上等号。这是因为餐费的用途有很多，不一定都是用于业务招待。如，年底全体员工聚餐，是一种福利活动，发生的餐费应当列入福利费；员工因公到外地出差，途中发生的餐费，应列入差旅费；企业如到某个安静的山庄召开会议，中午安排工作餐，这属于会议费的一部分；企业召开董事会，安排董事们就餐，餐费应属于董事会费的一部分；企业请装修工装潢办公室，中午为其提供盒饭，这时的餐费应列为装潢成本等。

在业务招待费的范围上，不论是财务会计制度还是税法都未给予规范的界定。在税收实践中，招待费具体范围可按以下要求把握：

（1）因企业生产经营需要而宴请或工作餐的开支；

（2）因企业生产经营需要赠送纪念品的开支；

（3）因企业生产经营需要而发生的旅游景点参观费和交通费及其他费用的开支；

（4）因企业生产经营需要而发生的业务关系人员的差旅费开支。

企业应将业务招待费与会议费严格区分，不得将业务招待费挤入会议费。纳税人发生的与其经营活动有关的差旅费、会议费、董事费，主管税务机关如要求其提供证明资料的，应能够提供证明其真实性的合法凭证。

一般来讲，外购礼品用于赠送的，应作为业务招待费，但如果礼品是纳税人自行生产或经过委托加工，对企业的形象、产品有标记及宣传作用的，也可作为业务宣传费。业务招待费仅限于与企业生产经营活动有关的招待支出，与企业生产经营活动无关的支出不得列入招待费。

（三）筹办期业务招待费的税前扣除

根据《国家税务总局关于企业所得税应纳税所得额若干税务处理问题的公告》（国家税务总局公告2012年第15号）第五条的规定，企业在筹建期间发生的与筹办活动有关的业务招待费支出，可按实际发生额的60%计入企业筹办费，并按有关规定在税前扣除；发生的广告费和业务宣传费，可按实际发生额计入企业筹办费，并按有关规定在税前扣除。

这里税前扣除的有关规定，是指筹办费税前扣除的相关规定。根据《国家税务总局关于企业所得税若干税务事项衔接问题的通知》（国税函〔2009〕98号）的规定，开（筹）办费未明确列作长期待摊费用，企业可以在开始经营之日的当年一次性扣除，也可以按照《企业所得税法》有关长期待摊费用的处理规定处理，但一经选定，不得改变。

根据《企业会计准则》的规定，企业发生的业务招待费，不论是哪个部门发生的，统一在“管理费用”科目核算。部分企业出于会计核算可理解性原则的要求，将专设的销售机构发生的业务招待费放在“销售费用”科目核算，将其余的业务招待费放在“管理费用”科目核算，对企业会计损益没有影响。

（四）案例解析

案例1-9 某工业企业2020年取得主营业务收入4 000万元，其他业务收入800万元，视同销售收入200万元，股权投资收入为300万元。

问：（1）实际支出的业务招待费为60万元，在企业所得税年度纳税申报时业务招待费应如何纳税调整？

（2）假设实际支出的业务招待费为40万元，在企业所得税年度纳税申报时业务招待费应如何纳税调整？

解析：

计算业务招待费税前扣除限额的基数为：4 000+800+200=5 000（万元）。

（1）实际支出的业务招待费为60万元，在企业所得税年度纳税申报时：

业务招待费最高扣除额=（4 000+800+200）×5‰ =25（万元）；

实际发生额的60%：60×60%=36（万元）＞25万元。

因而，2020年准予在税前扣除的业务招待费为25万元。应调增应纳税所得额35万元（60–25）。在填报企业所得税年度纳税申报表时，直接在《纳税调整项目明细表》第15行“（三）业务招待费支出”第1列“账载金额”填入60万元，第2列“税收金额”填入25万元，第3列“调增金额”填入35万元（见表1–7）。

表1–7　A105000纳税调整项目明细表（部分）

行次	项　　目	账载金额	税收金额	调增金额	调减金额
		1	2	3	4
1	一、收入类调整项目	*	*		
12	二、扣除类调整项目	*	*	35 000	
15	（三）业务招待费支出	600 000	250 000	350 000	*
46	合计	*	*		

（2）假设实际支出的业务招待费为40万元，在企业所得税年度纳税申报时：

业务招待费最高扣除额为：（4 000+800+200）×5‰ =25（万元）；

实际发生额的60%为：40×60%=24（万元）＜25万元。

因而，2020年准予在税前扣除的业务招待费为24万元。应调增应纳税所得额16万元（40–24）。在填报企业所得税年度纳税申报表时，直接在《纳税调整项目明细表》第15行“（三）业务招待费支出”第1列“账载金额”中填入40万元，第2列“税收金额”列填入24万元，第4列“调增金额”列填入16万元（见表1–8）。

表1-8　A105000 纳税调整项目明细表（部分）

行次	项　　目	账载金额	税收金额	调增金额	调减金额
		1	2	3	4
1	一、收入类调整项目	*	*		
12	二、扣除类调整项目	*	*	160 000	
15	（三）业务招待费支出	400 000	240 000	160 000	*
46	合计	*	*		

二、利息支出

（一）借款费用税前扣除的一般原则

根据《企业所得税法实施条例》第三十七条的规定，企业在生产经营活动中发生的合理的、不需要资本化的借款费用，准予扣除。企业为购置、建造固定资产、无形资产和经过12个月以上的建造才能达到预定可销售状态的存货发生借款的，在有关资产购置、建造期间发生的合理的借款费用，应当作为资本性支出计入有关资产的成本，并按照《企业所得税法实施条例》的有关规定扣除。

根据《企业所得税法实施条例》第四十九条的规定，非银行企业内营业机构之间支付的利息，不得扣除。

根据《国家税务总局关于融资性售后回租业务中承租方出售资产行为有关税收问题的公告》（国家税务总局公告2010年第13号）的规定，融资性售后回租业务中，承租人出售资产的行为，不确认为销售收入，对融资性租赁的资产，仍按承租人出售前原账面价值作为计税基础计提折旧。租赁期间，承租人支付的属于融资利息的部分，作为企业财务费用在税前扣除。

根据《房地产开发经营业务企业所得税处理办法》（国税发〔2009〕31号文件印发）的规定，企业为建造开发产品借入资金而发生的符合税收规定的借款费用，可按企业会计准则的规定进行归集和分配，其中属于财务费用性质的借款费用，可直接在税前扣除。企业集团或其成员企业统一向金融机构借款分摊集团内部其他成员企业使用的，借入方凡能出具从金融机构取得借款的证明文件，可以在使用借款的企业间合理的分摊利息费用，使用借款的企业分摊的合理利息准予在税前扣除。

根据国税函〔2008〕875号文件的规定，采用售后回购方式销售商品的，销售的商品按售价确认收入，回购的商品作为购进商品处理。有证据表明不符合销售收入确认条件的，如以销售商品方式进行融资，收到的款项应确认为负债，回购价格大于原售价的，差额应在回购期间确认为利息费用。

（二）利息支出的扣除与同期同类贷款利率的确定

根据《企业所得税法实施条例》第三十八条的规定，企业在生产经营活动中发生的下列利息支出，准予扣除：

（1）非金融企业向金融企业借款的利息支出、金融企业的各项存款利息支出和同业拆借利息支出、企业经批准发行债券的利息支出；

（2）非金融企业向非金融企业借款的利息支出，不超过按照金融企业同期同类贷款利率计算的数额的部分。

根据《国家税务总局关于企业所得税若干问题的公告》（国家税务总局公告2011年第34号）的规定，非金融企业向非金融企业借款的利息支出，不超过按照金融企业同期同类贷款利率计算的数额的部分，准予税前扣除。鉴于目前我国对金融企业利率要求的具体情况，企业在按照合同要求首次支付利息并进行税前扣除时，应提供“金融企业的同期同类贷款利率情况说明”，以证明其利息支出的合理性。

“金融企业的同期同类贷款利率情况说明”中，应包括在签订该借款合同当时，本省任意一家金融企业提供同期同类贷款利率情况。该金融企业应为经政府有关部门批准成立的可以从事贷款业务的企业，包括银行、财务公司、信托公司等金融机构。“同期同类贷款利率”是指在贷款期限、贷款金额、贷款担保以及企业信誉等条件基本相同的情况下，金融企业提供贷款的利率。既可以是金融企业公布的同期同类平均利率，也可以是金融企业对某些企业提供的实际贷款利率。

（三）企业融资费用的税前扣除

根据《企业会计准则第17号——借款费用》规定的原则，以及《企业所得税法实施条例》第三十七条的相关规定，《国家税务总局关于企业所得税应纳税所得额若干税务处理问题的公告》（国家税务总局公告2012年第15号）规定，企业通过发行债券、取得贷款、吸收保户储金等方式融资而发生的合理的费用支出，符合资本化条件的，应计入相关资产成本；不符合资本化条件的，应作为财务费用（包括手续费及佣金支出），准予在企业所得税前据实扣除。

（四）企业向个人借款利息的税前扣除

根据《国家税务总局关于企业向自然人借款的利息支出企业所得税税前扣除问题的通知》（国税函〔2009〕777号）的规定，企业向股东或其他与企业有关联关系的自然人借款的利息支出，应根据《企业所得税法》第四十六条及《财政部 国家税务总局关于企业关联方利息支出税前扣除标准有关税收政策问题的通知》（财税〔2008〕121号）规定的条件，计算企业所得税扣除额。企业向除此以外的内部职工或其他人员借款的利息支出，其借款情况同时符合以下条件的，其利息支出在不超过按照金融企业同期同类贷款利率计算的数额的部分，根据《企业所得税法》第八条和《企业所得税法实施条例》第二十七条的规定，准予扣除。具体要求包括：

（1）企业与个人之间的借贷是真实、合法、有效的，并且不具有非法集资目的或其他违反法律、法规的行为；

（2）企业与个人之间签订了借款合同。

根据《最高人民法院关于审理民间借贷案件适用法律若干问题的规定》（法释〔2015〕18号）第二十六条的规定，借贷双方约定的利率未超过年利率24%，出借人请求借款人按照约定的利率支付利息的，人民法院应予支持。借贷双方约定的利率超过年利率36%，超过部分的利息约定无效。借款人请求出借人返还已支付的超过年利率36%部分的利息的，人民法院应予支持。

此外，根据个人所得税法的相关规定，个人取得的利息收入应按“利息、股息、红利所得项目”适用20%的税率计算缴纳个人所得税，税款由企业在支付个人利息时代扣代缴。根据增值税的相关规定，个人取得的借款利息收入，还应按贷款服务缴纳增值税。

（五）投资未到位而发生的利息支出不得扣除

根据《国家税务总局关于企业投资者投资未到位而发生的利息支出企业所得税前扣除问题的批复》（国税函〔2009〕312号）的规定，凡企业投资者在规定期限内未缴足其应缴资本额的，该企业对外借款所发生的利息，相当于投资者实缴资本额与在规定期限内应缴资本额的差额应计付的利息，不属于企业合理的支出，应由企业投资者负担，不得在计算企业应纳税所得额时扣除。

具体计算不得扣除的利息，应以企业一个年度内每一账面实收资本与借款余额保持不变的期间作为一个计算期，每一计算期内不得扣除的借款利息按该期间借款利息发生额乘以该期间企业未缴足的注册资本占借款总额的比例计算。公式为：

企业每一计算期不得扣除的借款利息＝该期间借款利息额×该期间未缴足注册资本额÷该期间借款额

企业一个年度内不得扣除的借款利息总额为该年度内每一计算期不得扣除的借款利息额之和。

利息支出税前扣除的具体规定，可参见表1–9。

表1–9 利息支出税前扣除

<table>
<tr><th>项 目</th><th colspan="3">税务处理</th></tr>
<tr><td>非金融企业向金融企业借款</td><td colspan="3">非金融企业向金融企业借款的利息支出可据实扣除。</td></tr>
<tr><td rowspan="3">非金融企业向非金融企业借款</td><td>无关联关系</td><td colspan="2">利率制约：不超过按照金融企业同期同类贷款利率计算的数额的部分可据实扣除，超过部分不允许扣除。①</td></tr>
<tr><td rowspan="2">有关联关系</td><td>利率制约</td><td>处理原则同①。</td></tr>
<tr><td>本金制约</td><td>接受关联方债权性投资与其权益性投资比例为：金融企业，5:1；其他企业，2:1②。
特例：能够证明相关交易活动符合独立交易原则的，或该企业的实际税负不高于境内关联方的，其实际支付给境内关联方的利息支出，在计算应纳税所得额时准许扣除。</td></tr>
</table>

续表

<table>
<tr><th>项　目</th><th colspan="2">税务处理</th></tr>
<tr><td rowspan="2">向自然人借款</td><td>股东或关联自然人借款</td><td>处理原则同①②。</td></tr>
<tr><td>内部职工或其他人员借款</td><td>受利率制约的同时还应具备：借贷是真实、合法、有效的，并且不具有非法集资目的或其他违反法律、法规的行为；签订借款合同。</td></tr>
<tr><td>投资者投资未到位发生的利息支出</td><td colspan="2">凡企业投资者在规定期限内未缴足其应缴资本额的，该企业对外借款所发生的利息，相当于投资者实缴资本额与在规定期限内应缴资本额的差额应计付的利息，不得在计算企业应纳税所得额时扣除。</td></tr>
</table>

案例1-10·单选 2020年1月1日，某有限公司按银行同期同类贷款年利率7%向甲工业企业借款2 800万元，期限为1年；同时，公司接受张某投资，约定张某于2020年4月1日和7月1日各投入400万元；张某仅于2020年10月1日投入600万元。该公司2020年企业所得税前可以扣除的利息费用为（　）万元。

A. 171.5　　B. 178.5　　C. 175　　D. 196

解析：

2020年税前利息支出金额：2 800×7%=196（万元）；

2020年税前可以扣除的利息为：2 800×7%-（2 800×7%×3/12×400/2 800+2 800×7%×3/12×800/2 800+2 800×7%×3/12×200/2 800）=171.5（万元）；

纳税调整金额为：196-171.5=24.5（万元）。

《纳税调整项目明细表》的填报见表1-10。

表1-10　A105000 纳税调整项目明细表（部分）

行次	项　目	账载金额	税收金额	调增金额	调减金额
		1	2	3	4
1	一、收入类调整项目	*	*		
12	二、扣除类调整项目	*	*	245 000	
18	（六）利息支出	1 960 000	1 715 000	245 000	
46	合计	*	*	245 000	

（六）利息支出的会计处理

根据《企业会计准则第17号——借款费用》的规定，企业发生的借款费用，可直接归属于符合资本化条件的资产的购建或者生产的，应当予以资本化，计入相关资产成本；其他借款费用，应当在发生时根据其发生额确认为费用，计入当期损益。符合资本化条件的资产，是指需要经过相当长时间的购建或者生产活动才能达到预定可使用或者可销售状态的固定资产、投资性房地产和存货等资产。自行开发的无形资产的成本，由符合资本化条件后至达到预定用途前发生的支出（含相关的借款费用）构成。

借款费用同时满足下列条件的，才能开始资本化：

（1）资产支出已经发生，资产支出包括为购建或者生产符合资本化条件的资产而以支付现金、转移非现金资产或者承担带息债务形式发生的支出；

（2）借款费用已经发生；

（3）为使资产达到预定可使用或者可销售状态所必要的购建或者生产活动已经开始。

根据《小企业会计准则》第二十八条的规定，自行建造固定资产的成本，由建造该项资产在竣工决算前发生的支出（含相关的借款费用）构成。经过1年期以上的制造才能达到预定可销售状态的存货发生的借款费用，也计入存货的成本。借款费用，是指小企业因借款而发生的利息及其他相关成本，包括：借款利息、辅助费用以及因外币借款而发生的汇兑差额等。

根据《小企业会计准则——会计科目、主要账务处理和财务报表》的规定，在建工程在竣工决算前发生的借款利息，在应付利息日应当根据借款合同利率计算确定的利息费用，借记"在建工程"科目，贷记"应付利息"科目。办理竣工决算后发生的利息费用，在应付利息日，借记"财务费用"科目，贷记"应付利息"等科目。

《小企业会计准则》与《企业会计准则》的规定不同。《小企业会计准则》强调在竣工决算前在应付利息日，根据利率计算的应付利息作为资本化金额，《企业会计准则》则强调要通过较为复杂的计算得出。

（七）利息支出的填报

《纳税调整项目明细表》（A105000）第18行"（六）利息支出"：此行填报企业向非金融企业借款计入财务费用的利息支出需做纳税调整的部分。企业在所得税年度纳税申报时：首先，应核实本年度"财务费用"中记载的向非金融企业借款的利息支出；其次，核实从非金融企业借款是否超过税法规定的扣除标准；最后，计算会计核算的金额和税法规定允许扣除的金额的差额，按差额通过《纳税调整项目明细表》第18行调增应纳税所得额。

本行只调整非资本化的利息支出，资本化的利息支出在税收与会计上的差异通过附表A105080调整。此外，当会计上做资本化处理而税收上作为当期损益处理时，需调减应纳税所得额。

三、罚金、罚款和被没收财物的损失

（一）财税处理

罚金是指人民法院判处犯罪分子强制向国家缴纳一定数额金钱的刑罚方法；罚款是行政处罚的一种，是指行为人的行为没有违反刑法的规定，而是违反了治安管理、工商、税务等行政法的规定，行政执法部门依据行政法规的规定和程序决定对行为人采取的一种行政处罚；没收财物，是指将违法人的财物、现金、债权等财产收归国家所有，以弥补因其违法造成的损失。按照企业会计准则，上述支出均在“营业外支出”科目核算，期末冲减当期利润总额。

根据《企业所得税法》第十条的规定，罚金、罚款和被没收财物的损失不允许税前扣除，如果企业有上述支出则通过《纳税调整项目明细表》第19行做纳税调增处理。但是合同违约的补偿金、罚款、逾期偿还银行贷款加处的罚息以及诉讼费可以在税前扣除的，无须进行纳税调整。

（二）填报方法

表A105000第19行“（七）罚金、罚款和被没收财物的损失”：第1列“账载金额”填报纳税人会计核算计入当期损益的罚金、罚款和被没收财物的损失，不包括纳税人按照经济合同规定支付的违约金（包括银行罚息）、罚款和诉讼费。第3列“调增金额”填报第1列金额。

四、税收滞纳金、加收利息

根据《企业所得税法》第十条的规定，在计算应纳税所得额时，下列支出不得扣除：

（1）向投资者支付的利息、红利等权益性投资收益款项；

（2）企业所得税税款；

（3）税收滞纳金；

（4）罚金、罚款和被没收财物的损失；

（5）《企业所得税法》第九条规定以外的捐赠支出；

（6）赞助支出；

（7）未经核定的准备金支出；

（8）与取得收入无关的其他支出。

这里讲的是税收滞纳金，不包括社会保险费、工会经费、基金等的滞纳金。

根据《企业所得税法》第四十八条的规定，税务机关依照规定做出纳税调整，需要补征税款的，应当补征税款，并按照国务院规定加收利息。根据《企业所得税法实施条例》第一百二十一条的规定，税务机关根据税收法律、行政法规的规定，对企业做出特别纳税调整的，应当对补征的税款，自税款所属纳税年度的次年6月1日起至补缴税款之日止的期间，按日加收利息。按上述规定加收的利息，不得在计算应纳税所得额时扣除。

根据《国家税务总局关于发布〈特别纳税调查调整及相互协商程序管理办法〉的公告》（国家税务总局公告2017年第6号）的规定，税务机关对企业实施特别纳税调整的，应当根据《企业所得税法》及其实施条例的有关规定，对2008年1月1日以后发生交易补征的企业所得税按日加收利息。特别纳税调查调整补缴的税款，应当按照应补缴税款所属年度的先后顺序确定补缴税款的所属年度，以入库日为截止日，分别计算应加收的利息额。利息率按照税款所属纳税年度12月31日公布的与补税期间同期的中国人民银行人民币贷款基准利率（以下简称基准利率）加5个百分点计算，并按照一年365天折算日利息率；企业按照有关规定提供同期资料及有关资料的，或者按照有关规定不需要准备同期资料但根据税务机关要求提供其他相关资料的，可以只按照基准利率加收利息。

如果企业有税收滞纳金、加收的利息支出，则通过《纳税调整项目明细表》第20行进行纳税调增处理。

五、赞助支出

根据《企业所得税法》第十条的规定，在计算应纳税所得额时，赞助支出不得扣除。这里所称赞助支出，是指企业发生的与生产经营活动无关的各种非广告性质支出。根据该规定，认定赞助支出，主要是要将它与公益性捐赠和广告性赞助支出区分开。非广告性赞助支出所捐助范围一般也不具有公益性质。广告性赞助支出与企业的生产经营活动密切相关，而非广告性赞助支出与企业生产经营活动无关。

广告性赞助支出是指赞助单位为达到广告宣传的目的而自愿为组织和制作广播、电视等节目提供各种形式的资助。广告性赞助支出属于广告费支出范畴，可以按规定在税前扣除，非广告性赞助支出则不能在税前扣除。广告性质的赞助是为赞助企业的产（商）品经营活动进行宣传，收取赞助费单位开具广告业专用发票，非广告性赞助则不具备这两个基本条件。广告性的赞助支出按广告费和业务宣传费的规定处理，在表A105000第16行“广告费与业务宣传费支出”填报。

捐赠在税法上分为公益性和非公益性两种，公益性捐赠可按比例扣除或全额扣除，而赞助支出一般不得在税前扣除，具有广告性质的赞助支出比照广告费扣除。非公益性捐赠支出在表A105070填报，只填报非广告性的赞助支出的纳税调整情况。广告性赞助支出在表A105060填报。

六、与未实现融资收益相关在当期确认的财务费用

（一）财税处理

1.会计处理

根据《企业会计准则》的规定，如果采用分期付款方式购买资产，且在合同中规定的付款期限比较长，超过了正常信用条件（通常在3年以上），则该项购货合同实质上具有融资性质，购入固定资产的成本不能以各期付款额之和确定，而应以各期付款额之和的现值确定。各期实际支付的价款之和与其现值之间的差额符合《企业会计准则第

17号——借款费用》中规定的资本化条件的，应当计入固定资产成本，其余部分应当在信用期间内确认为财务费用，计入当期损益。会计处理为：购入固定资产时，按购买价款的现值，借记“固定资产”或“在建工程”科目，按应支付的金额，贷记“长期应付款”科目，按其差额，借记“未确认融资费用”科目。以后年度，如果不符合资本化条件，则：

借：财务费用

贷：未确认融资费用

如果符合资本化条件，则：

借：固定资产或在建工程

贷：未确认融资费用

而企业所得税是按付款总额及相关税费之和确认固定资产原值。

根据《企业会计准则》的规定，对于采用递延方式分期收款（3年以上）、具有融资性质的销售商品，企业应按合同或协议价款，借记“长期应收款”科目，按应收合同或协议价款的公允价（折现值），贷记“主营业务收入”科目，按其差额，贷记“未实现融资收益”科目。以后分期收回货款时，借记“银行存款”科目，贷记“长期应收款”科目，同时，根据实际利率法对“未实现融资收益”进行摊销：借记“未实现融资收益”科目，贷记“财务费用”科目。

企业所得税处理时应按合同规定的收款日期确认收入，对这一类的“财务费用”不予认可。相应的资产的计税基础与会计成本，以及税收上的收入与会计上的收入也不同。

而《小企业会计准则》对分期收款或分期付款的规定与企业所得税完全一致。如《小企业会计准则》第五十九条规定，销售商品采用分期收款方式的，在合同约定的收款日期确认收入。

2. 税务处理

根据《企业所得税法实施条例》第二十三条的规定，以分期收款方式销售货物的，按照合同约定的收款日期确认收入的实现。

根据《企业所得税法实施条例》第五十八条的规定，固定资产按照以下方法确定计税基础：外购的固定资产，以购买价款和支付的相关税费以及直接归属于使该资产达到预定用途发生的其他支出为计税基础；自行建造的固定资产，以竣工结算前发生的支出为计税基础。

纳税人采取分期收款方式销售商品的，企业所得税上应根据合同约定的金额按照合同约定的收款日期确定收入的实现。因此，在企业所得税上不认可上述财务费用，需要进行纳税调整。

当会计上做借记“财务费用”科目、贷记“未确认融资费用”科目时进行纳税调增；当会计上做借记“未实现融资收益”科目、贷记“财务费用”科目时进行纳税调减。这是因为企业所得税上不认可上述所称的财务费用。

（二）案例解析

案例1–11　某公司于2019年1月1日采用分期收款方式销售大型设备，合同价格为1 000万元，分5年于每年年末收取，设备成本为600万元。假定该大型设备不采用分期收款方式时的销售价格为800万元，不考虑增值税。该应收款项的收取时间较长，相当于对客户提供信贷，具有融资性质，应按800万元确认会计收入，合同价格1 000万元与800万元的差额应当作为未实现融资收益，在5年内采用实际利率法进行摊销，冲减财务费用（见表1–11）。根据1元年金现值系数表，计算得出年金200万元、期数5年、现值800万元的折现率为7.93%，即为该笔应收款项的实际利率。该笔应收款项账面余额，减去未实现融资收益账面余额后的差额，即为应收款项的摊余成本；摊余成本和实际利率7.93%的乘积即为当期应冲减的财务费用（不考虑企业所得税外的其他税费）。

表1–11

单位：万元

项　目	①未收本金（= 上期①－本期④）	②财务费用（= 上期① ×7.93%）	③收现总额	④已收本金（= 本期③－本期②）
2019.1.1	800			
2019.12.31	663.44	63.44	200	136.56
2020.12.31	516.05	52.61	200	147.39
2021.12.31	356.97	40.92	200	159.08
2022.12.31	185.28	28.31	200	171.69
2023.12.31	0	14.72	200	185.28
总　额		200	1 000	800

要求：进行相关的财务与税务处理。

解析：

（1）销售成立时的会计处理：

借：长期应收款　　10 000 000

　贷：主营业务收入　　8 000 000

　　未实现融资收益　　2 000 000

同时，结转成本：

借：主营业务成本　　6 000 000

　贷：库存商品　　6 000 000

（2）2019年末收款时的会计处理：

借：银行存款　　2 000 000

　贷：长期应收款　　2 000 000

借：未实现融资收益　　634 400

贷：财务费用　　634 400

税务处理：当年企业所得税年度纳税申报时需调减收入：800−200=600（万元），同时调减成本：600−120=480（万元）。对冲减的财务费用634 400元通过《纳税调整项目明细表》第22行"（十）与未实现融资收益相关在当期确认的财务费用"进行调整：第1列"账载金额"填报纳税人按照会计规定实际发生的，与未实现融资收益相关并在当期确认的财务费用−634 400元；第2列"税收金额"填报0；将第1列减第2列余额的绝对值填入第4列，进行纳税调减处理（见表1−12）。

表1−12　A105000 纳税调整项目明细表（部分）

行次	项　　目	账载金额	税收金额	调增金额	调减金额
		1	2	3	4
1	一、收入类调整项目（2+3+4+5+6+7+8+10+11）	*	*		6 000 000
2	（一）视同销售收入（填写A105010）	*			*
3	（二）未按权责发生制原则确认的收入（填写A105020）	8 000 000	2 000 000		6 000 000
12	二、扣除类调整项目	*	*	4 800 000	
22	（十）与未实现融资收益相关在当期确认的财务费用	−634 400	0		634 400
30	（十六）其他	6 000 000	1 200 000	4 800 000	
46	合计	*	*	480 000	6 634 400

（3）2020年末收款时的会计处理：

借：银行存款　　2 000 000

贷：长期应收款　　2 000 000

借：未实现融资收益　　526 100

贷：财务费用　　526 100

税务处理：2020年企业所得税年度纳税申报时需要调增收入200万元（填入附表A105000第2行），同时调增成本120万元（填入附表A105000第30行"其他"）。对未实现融资收益相关冲减的财务费用526 100元通过《纳税调整项目明细表》第22行"（十）与未实现融资收益相关在当期确认的财务费用"进行纳税调减处理。

（4）2021年末收款时的会计处理：

借：银行存款　　2 000 000

贷：长期应收款　　2 000 000

借：未实现融资收益　　409 200

贷：财务费用　　409 200

税务处理：2021年企业所得税年度纳税申报时需要调增收入200万元（填入附表A105000第2行），同时，纳税调增销售成本120万元（填入附表A105000第30行"其他”)。对与未实现融资收益相关冲减的财务费用409 200元通过《纳税调整项目明细表》第22行“(十)与未实现融资收益相关在当期确认的财务费用”进行纳税调减处理。

(5)2022年末收款时的会计处理：

借：银行存款　　2 000 000

　贷：长期应收款　　2 000 000

借：未实现融资收益　　283 100

　贷：财务费用　　283 100

税务处理：2022年企业所得税年度纳税申报时需调增收入200万元(填入附表A105000第2行)。同时，纳税调增销售成本120万元(填入附表A105000第30行“其他”)。对与未实现融资收益相关冲减的财务费用283 100元通过《纳税调整项目明细表》第22行“(十)与未实现融资收益相关在当期确认的财务费用”进行纳税调减处理。

(6)2023年末会计处理为：

借：银行存款　　2 000 000

　贷：长期应收款　　2 000 000

借：未实现融资收益　　147 200

　贷：财务费用　　147 200

税务处理：2023年企业所得税年度纳税申报时需调增收入200万元(填入附表A105000第2行)。同时调增成本120万元(填入附表A105000第30行“其他”)。对与未实现融资收益相关冲减的财务费用147 200元通过《纳税调整项目明细表》第22行“(十)与未实现融资收益相关在当期确认的财务费用”进行纳税调减处理(见表1-13)。

表1-13　A105000纳税调整项目明细表(部分)

行次	项　目	账载金额	税收金额	调增金额	调减金额
		1	2	3	4
1	一、收入类调整项目(2+3+4+5+6+7+8+10+11)	*	*	2 000 000	
2	(一)视同销售收入(填写A105010)	*			*
3	(二)未按权责发生制原则确认的收入(填写A105020)	0	2 000 000	2 000 000	
12	二、扣除类调整项目	*	*		1 347 200
22	(十)与未实现融资收益相关在当期确认的财务费用	−147 200	0		147 200
30	(十六)其他	0	1 200 000		1 200 000
46	合计	*	*	2 000 000	1 347 200

七、跨期扣除项目

（一）维简费和安全生产费的财税处理

1.会计处理

根据《企业会计准则解释第3号》的规定，高危行业企业按照国家规定提取的安全生产费，应当计入相关产品的成本或当期损益，同时记入“4301专项储备”科目。

企业使用提取的安全生产费时，属于费用性支出的，直接冲减专项储备。企业使用提取的安全生产费形成固定资产的，应当通过“在建工程”科目归集所发生的支出，待安全项目完工达到预定可使用状态时确认为固定资产；同时，按照形成固定资产的成本冲减专项储备，并确认相同金额的累计折旧。该固定资产在以后期间不再计提折旧。

“专项储备”科目期末余额在资产负债表所有者权益项下“减：库存股”和“盈余公积”之间增设“专项储备”项目反映。

企业提取的维简费（“维持简单再生产资金”的简称）和其他具有类似性质的费用，比照上述规定处理。

2.税务处理

跨期扣除项目，是指会计上计入损益的时点与企业所得税允许税前扣除的时点不在同一年度的情形，如维简费、安全生产费用、预提费用、预计负债等。

（1）煤矿企业维简费和高危行业安全生产费的扣除。

《国家税务总局关于煤矿企业维简费和高危行业企业安全生产费用企业所得税税前扣除问题的公告》（国家税务总局公告2011年第26号）就煤矿企业维简费和高危行业企业安全生产费用支出企业所得税税前扣除问题做出如下规定：

自2011年5月1日起，煤矿企业实际发生的维简费支出和高危行业企业实际发生的安全生产费用支出，属于收益性支出的，可直接作为当期费用在税前扣除；属于资本性支出的，应计入有关资产成本，并按《企业所得税法》相关规定计提折旧或摊销费用在税前扣除。企业按照有关规定预提的维简费和安全生产费用，不得在税前扣除。

（2）其他企业维简费的扣除。

自2013年1月1日起，除煤矿企业以外的其他企业的维简费支出，按《国家税务总局关于企业维简费支出企业所得税税前扣除问题的公告》（国家税务总局公告2013年第67号）的如下规定执行：

企业实际发生的维简费支出，属于收益性支出的，可作为当期费用税前扣除；属于资本性支出的，应计入有关资产成本，并按企业所得税法规定计提折旧或摊销费用在税前扣除。

企业按照有关规定预提的维简费，不得在当期税前扣除。

（二）预提费用的财税处理

1.会计处理

采用《企业会计制度》进行会计核算的单位，应设置“预提费用”科目，核算企业按照规定从成本费用中预先提取但尚未支付的费用，如预提的租金、保险费、借款利息、固定资产修理费用等。

按规定预提计入本期成本费用的各项支出，借记“制造费用”“营业费用”“管理费用”“财务费用”等科目，贷记“预提费用”科目；实际支出时，借记“预提费用”科目，贷记“银行存款”等科目。实际发生的支出大于已经预提的数额，应当视同待摊费用，分期摊入成本。

本科目期末贷方余额，反映企业已预提但尚未支付的各项费用；期末如为借方余额，反映企业实际支出的费用大于预提数的差额，即尚未摊销的费用。

2.税务处理

根据《企业所得税法》第八条的规定，企业实际发生的与取得收入有关的、合理的支出，包括成本、费用、税金、损失和其他支出，准予在计算应纳税所得额时扣除。根据这一规定，预提费用、预计负债等并没有实际发生，因此不能在税前扣除。

根据《企业所得税法》及其实施条例的规定，除税法另有规定外（如房地产企业三项特定预提），企业根据《企业会计制度》规定核算的在成本费用中预提的费用，不得在税前扣除。

3.房地产企业特定预提费用

根据《房地产开发经营业务企业所得税处理办法》第三十二条的规定，除以下几项预提（应付）费用外，计税成本均应为实际发生的成本。

（1）出包工程未最终办理结算而未取得全额发票的，在证明资料充分的前提下，其发票不足金额可以预提，但最高不得超过合同总金额的10%。

（2）公共配套设施尚未建造或尚未完工的，可按预算造价合理预提建造费用。此类公共配套设施必须符合已在售房合同、协议或广告、模型中明确承诺建造且不可撤销，或按照法律法规规定必须配套建造的条件。

（3）应向政府上交但尚未上交的报批报建费用、物业完善费用可以按规定预提。物业完善费用是指按规定应由企业承担的物业管理基金、公建维修基金或其他专项基金。

（三）预计负债的财税处理

1.会计处理

《企业会计准则》取消了预提费用，但有预计负债。执行《企业会计准则》的单位应设置“预计负债”科目，核算企业确认的对外提供担保、未决诉讼、产品质量保证、重组义务、亏损性合同等预计负债。该科目可按形成预计负债的交易或事项进行明细核算。

企业由对外提供担保、未决诉讼、重组义务产生的预计负债，应按确定的金额，借记“营业外支出”等科目，贷记“预计负债”科目。由产品质量保证产生的预计负债，应按确定的金额，借记“销售费用”科目，贷记“预计负债”科目。由资产弃置义务产生的预计负债，应按确定的金额，借记“固定资产”或“油气资产”科目，贷记“预计负债”科目。在固定资产或油气资产的使用寿命内，按计算确定各期应负担的利息费用，借记“财务费用”科目，贷记“预计负债”科目。

实际清偿或冲减的预计负债，借记“预计负债”科目，贷记“银行存款”等科目。

根据确凿证据需要对已确认的预计负债进行调整的，调整增加的预计负债，借记有关科目，贷记“预计负债”科目；调整减少的预计负债做相反的会计分录。

该科目期末贷方余额，反映企业已确认尚未支付的预计负债。

2. 税务处理

弃置费用是指根据国家法律和行政法规、国际公约等规定，企业承担的环境保护和生态恢复等义务所确定的支出。

《企业所得税法实施条例》第四十五条规定，企业依照法律、行政法规有关规定提取的用于环境保护、生态恢复等方面的专项资金，准予扣除。上述专项资金提取后改变用途的，不得扣除。

（五）案例解析

案例1–12 A上市公司2019年初“专项储备”科目核算已在税前扣除的维简费期初余额为100万元。2019年度企业维简费的提取与使用情况如下：

（1）3月份，A公司使用提取的维简费资金支付当期维简费支出60万元：

（2）6月份，按国家相关规定提取维简费200万元，其中160万元应计入当期损益、40万元应计入制造费用（当期已全部结转到当期损益）。

（3）5—11月，“在建工程”科目归集了使用提取的维简费资金120万元购建固定资支出。

（4）12月5日，使用维简费资金购建的固定资产达到预定可使用状态，转入固定资产。

要求：进行相关的会计处理与纳税调整，并填报纳税调整相关表单。

解析：

会计处理如下：

（1）3月份，A公司使用提取的维简费资金支付当期维简费支出60万元：

借：专项储备　　600 000

　　贷：银行存款　　600 000

（2）6月份，按国家相关规定预提维简费200万元，其中160万元应计入当期损益、40万元应计入制造费用（当期已全部结转到当期损益）。

借：管理费用　　1 600 000

制造费用　　400 000

贷：专项储备　　2 000 000

（3）5—11月，在建工程科目归集了使用提取的维简费资金120万元购建固定资支出。

借：在建工程　　1 200 000

贷：银行存款　　1 200 000

（4）12月5日，使用维简费资金购建的固定资产达到预定可使用状态，确认为固定资产。

借：固定资产　　1 200 000

贷：在建工程　　1 200 000

同时，按形成固定资产成本冲减专项储备，并确认相同的累计折旧：

借：专项储备　　1 200 000

贷：累计折旧　　1 200 000

税务处理如下：

本案例中，A公司当期实际发生维简费支出180万元，其中60万元属于收益性支出；120万元购建固定资产，属于资本性支出。专项储备账户核算的维简费本期余额为120万元（100–60+200–120）。

2019年初企业预提的已在税前扣除的维简费余额为100万元，应首先抵减2019年实际发生的维简费（其中60万元按收益化进行处理，40万元按资本化进行处理），本年支出余额80万元（180–100）资本化支出，应计入固定资产计税基础，并按税法规定计提折旧扣除。

本期会计上预提进入成本费用的200万元维简费不得在税前扣除，应填报附表A105000《纳税调整项目明细表》第26行“跨期扣除项目”第1列“账载金额”。

因而，本期允许税前扣除的维简费金额为0（180万元支出中100万元使用期初余额，80万元属于资本性支出），需填入《纳税调整项目明细表》第26行“跨期扣除项目”第2列“税收金额“。本期纳税调整增加额为200万元（第1列－第2列）填报附表《纳税调整项目明细表》第26行“跨期扣除项目”第3列（见表1–14）。

表1–14　A105000纳税调整项目明细表（部分）

行次	项　　目	账载金额	税收金额	调增金额	调减金额
		1	2	3	4
1	一、收入类调整项目	*	*		
12	二、扣除类调整项目	*	*	2 000 000	
26	（十三）跨期扣除项目	2 000 000	0	2 000 000	
46	合计（1+12+30+35+41+42）	*	*	2 000 000	

案例1–13 （承上例）2020年A公司维简费预提及相关支出情况如下：

（1）3月份，A公司使用提取的维简费资金支付当期维简费支出60万元：

（2）6月份，按国家相关规定提取维简费200万元，其中160万元应计入当期损益、40万元应计入制造费用（当期已全部结转到当期损益）。

（3）5—11月，在建工程科目归集了使用预提的维简费资金120万元购建固定资产支出。

（4）12月5日，使用维简费资金购建的固定资产达到预定可使用状态，转入固定资产核算。同时，按形成固定资产成本冲减专项储备，并确认相同的累计折旧：

要求：进行相关的会计处理与纳税调整，并填报纳税调整相关表单。

解析：

本案例中，2020年度A公司当期实际发生维简费支出180万元，其中60万元属于收益性支出，可作为当期费用税前扣除；120万元购建固定资产，属于资本性支出，应计入有关资产成本，按税法规定计提折旧在税前扣除。专项储备账户核算的维简费本期余额为140万元（120–60+200–120）。

2019年初企业预提的已在税前扣除的维简费余额为100万元，已全部抵减2019年实际发生的维简费（其中60万元按收益化进行处理，40万元按资本化进行处理），本年支出额180万元其费用化支出60万元可在当期扣除，资本化支出120万元应计入固定资产计税基础，并按税法规定计提折旧扣除。

本期会计上预提进入成本费用的200万元维简费不得在税前扣除。

因而，本期允许税前扣除的维简费金额60万元应填入表A105000第26行，本期纳税调整增加额为140万元（第1列–第2列）（见表1–15）。

表1–15 A105000纳税调整项目明细表（部分）

行次	项 目	账载金额	税收金额	调增金额	调减金额
		1	2	3	4
1	一、收入类调整项目	*	*		
12	二、扣除类调整项目	*	*		
26	（十三）跨期扣除项目	2 000 000	600 000	1 400 000	
46	合计	*	*		

上期使用维简费资金购置的固定资产，由于会计账面原价与计税基础不同形成的应纳税暂时性差异，通过附表A105080《资产折旧、摊销情况及纳税调整明细表》相关项目填报。

八、与取得收入无关的支出

根据《企业所得税法》第十条的规定，在计算应纳税所得额时，与取得收入无关的其他支出不得在税前扣除。根据《企业所得税法实施条例》第二十七条的规定，与取得收入有关的支出，是指与取得收入直接相关的支出。

企业为第三方担保发生的担保损失通常与本企业生产经营无关，不得税前扣除，企业所得税年度纳税申报时应通过《纳税调整项目明细表》此行做调增处理。

根据《企业资产损失所得税税前扣除管理办法》（国家税务总局公告2011年第25号发布）第四十五条的规定，企业按独立交易原则向关联企业转让资产而发生的损失，或向关联企业提供借款、担保而形成的债权损失，准予扣除，但企业应做专项说明，同时出具中介机构出具的专项报告及其相关的证明材料。

根据《房地产开发经营业务企业所得税处理办法》第十九条的规定，企业采取银行按揭方式销售开发产品，凡约定企业为购买方的按揭贷款提供担保的，其销售开发产品时向银行提供的保证金（担保金）不得从销售收入中减除，也不得作为费用在当期税前扣除，但实际发生损失时可据实扣除。

九、境外所得分摊的共同支出

根据《财政部 国家税务总局关于企业境外所得税收抵免有关问题的通知》（财税〔2009〕125号）的规定，在计算境外应纳税所得额时，企业为取得境内、外所得而在境内、境外发生的共同支出，与取得境外应税所得有关的、合理的部分，应在境内、境外（分国（地区）别，下同）应税所得之间，按照合理比例进行分摊后扣除。

《企业境外所得税收抵免操作指南》进一步明确，在计算境外应纳税所得额时，企业为取得境内、外所得而在境内、境外发生的共同支出，与取得境外应税所得有关的、合理的部分，应在境内、境外（分国（地区）别，下同）应税所得之间，按照合理比例进行分摊后扣除。这里所称共同支出，是指与取得境外所得有关但未直接计入境外所得应纳税所得额的成本费用支出，通常包括未直接计入境外所得的营业费用、管理费用和财务费用等支出。企业应对在计算总所得额时已统一归集并扣除的共同费用，按境外每一国（地区）别数额占企业全部数额的资产比例、收入比例、员工工资支出比例或其他合理比例中的一种比例或几种比例的综合比例，在每一国别的境外所得中对应调整扣除，计算来自每一国别的应纳税所得额。上述分摊比例确定后应报送主管税务机关备案；无合理原因不得改变。

境外所得分摊的共同支出，是指境外分支机构调整分摊扣除的有关成本费用和境外所得对应调整的相关成本费用支出。因为境内外应纳税所得要分开计算，而境外所得分摊的共同支出已在境内的利润中反映了，所以要通过该行调增境内应纳税所得额。主表A100000第14行“减境外所得”是指已计入本年利润的能够独立辨认的境外收入减除境外支出后的净所得，而通过表A105000第28行要调增的是应由境外所得承担但由于是境内外的共同支出而核算时已进入境内账上的部分。主表第14行=表A108010第14行－第11行，而表A105000第28行第3列=表A108010第16列合计+第17列合计。

十、党组织工作经费

（一）财税处理

根据《中共中央组织部 财政部 国家税务总局关于非公有制企业党组织工作经费问题的通知》（组通字〔2014〕42号）的规定，非公有制企业党组织工作经费主要通过纳入管理费用、党费拨返、财政支持等渠道予以解决。同时，鼓励采取企业赞助、党员自愿捐助等方式，拓宽经费来源。

非公有制企业党组织工作经费纳入企业管理费列支，不超过职工年度工资薪金总额1%的部分，可以据实在企业所得税前扣除。

非公有制企业党组织工作经费仍然不足的，上级党组织要从留存的党费中适当拨补。党员交纳的党费，可根据企业规模、党员数量等具体情况，全额或大部分返拨给企业党组织，用于开展党的活动。

党组织工作经费必须用于党的活动，使用范围包括：召开党内会议，开展党内宣传教育活动和组织活动；组织党员和入党积极分子教育培训；表彰先进基层党组织、优秀共产党员和优秀党务工作者；走访、慰问和补助生活困难党员；订阅或购买用于开展党员教育的报刊、资料和设备；维护党组织活动场所及设施等。

根据《中共中央组织部 财政部 国务院国资委党委 国家税务总局关于国有企业党组织工作经费问题的通知》（组通字〔2017〕38号）的规定，国有企业（包括国有独资、全资和国有资本绝对控股、相对控股企业）党组织工作经费主要通过纳入管理费用、党费留存等渠道予以解决。纳入管理费用的部分，一般按照企业上年度职工工资总额1%的比例安排，每年年初由企业党组织本着节约的原则编制经费使用计划，由企业纳入年度预算。纳入管理费用的党组织工作经费，实际支出不超过职工年度工资薪金总额1%的部分，可以据实在企业所得税前扣除。年末如有结余，结转下一年度使用。累计结转超过上一年度职工工资总额2%的，当年不再从管理费用中安排。

（二）案例解析

案例1-14 甲私营有限公司2019年度发生党组织工作经费支出20万元，都通过“管理费用”科目核算。当年发生的合理的工资薪金总额1 500万元。

要求：就党组织工作经费支出进行纳税调整，并填报纳税申报表。

解析：

党组织工作经费支出税前扣除限额：

1 500×1%=15（万元），当年实际发生额20万元，

超标：20-15=5（万元），需调增应纳税所得额。

《纳税调整项目明细表》的填报见表1-16。

表1-16　A105000 纳税调整项目明细表（部分）

行次	项　目	账载金额	税收金额	调增金额	调减金额
		1	2	3	4
12	二、扣除类调整项目（13+14+……+29）	*	*		
28	（十五）境外所得分摊的共同支出	*	*		*
29	（十六）党组织工作经费	200 000	150 000	50 000	
30	（十七）其他				
46	合计（1+12+30+35+41+42）	*	*		

第五节　其他项目的纳税调整

一、资产减值准备金

（一）财税处理

《企业所得税法》第十条规定，在计算应纳税所得额时，未经核定的准备金支出不得扣除。根据《企业所得税法实施条例》第五十五条的规定，未经核定的准备金支出，是指不符合国务院财政、税务主管部门规定的各项资产减值准备、风险准备等准备金支出。

（二）填报方法

表A105000第33行“（二）资产减值准备金”：填报坏账准备、存货跌价准备、理赔费用准备金等不允许税前扣除的各类资产减值准备金纳税调整情况。第1列“账载金额”填报纳税人会计核算计入当期损益的资产减值准备金金额（因价值恢复等原因转回的资产减值准备金应予以冲回）。若第1列≥0，第3列“调增金额”填报第1列金额。若第1列＜0，第4列“调减金额”填报第1列金额的绝对值。

该行反映的是不允许税前扣除的准备金的税会差异，而允许税前扣除的准备金如金融保险类、中小企业信用担保机构、证券业等的准备金在表A105120中填报。而且，该行仅调整持有期间（提取、价值转回等）的资产减值准备金情况，涉及资产处置发生损失的，填报《资产损失税前扣除及纳税调整明细表》（A105090）调整。通常准备金提取时调增、转回时调减应纳税所得额。由于会计上冲回准备金时会导致利润增加，而税法上是不认可的，故应调减应纳税所得额。

（三）案例解析

案例1-15　甲企业采用备抵法核算坏账，2020年初“坏账准备”科目贷方余额为0元（假设会计与税法无差异），本年收回往年已经批准核销的坏账200万元，本年发生坏账50万元，本年在当期损益中计提坏账准备500万元。

要求：进行相关的财税处理，并填报纳税申报表。

解析：

（1）会计处理：

收回坏账200万元：

借：应收账款　　2 000 000

　贷：坏账准备　　2 000 000

借：银行存款　　2 000 000

　贷：应收账款　　2 000 000

发生坏账50万元：

借：坏账准备　　500 000

　贷：应收账款　　500 000

本期计提坏账准备金500万元：

借：管理费用（或资产减值损失）　　5 000 000

　贷：坏账准备　　5 000 000

（2）税务处理：在本案例中，首先，收回的坏账要缴纳企业所得税，而会计处理时并未计入当期损益，因此应调增应纳税所得额200万元；其次，发生的坏账50万元，会计处理也未计入当期损益，因此应调减50万元。最后，本期计提的坏账准备500万元计入了当期损益，但根据《企业所得税法》第十条和《企业所得税法实施条例》第十一条的规定，未经核定的准备金支出不得在税前扣除，因此应调增应纳税所得额500万元。共计应调增应纳税所得额：200+500−50=650（万元）。

《纳税调整项目明细表》的填报见表1−17。

表1−17　A105000 纳税调整项目明细表（部分）

行次	项　目	账载金额	税收金额	调增金额	调减金额
		1	2	3	4
31	三、资产类调整项目（32+33+34+35）	*	*		
32	（一）资产折旧、摊销（填写A105080）				
33	（二）资产减值准备金	7 000 000	*	7 000 000	500 000
34	（三）资产损失（填写A105090）				
35	（四）其他				
43	五、特别纳税调整应税所得	*	*		
44	六、其他	*	*		
45	合计（1+12+31+36+43+44）	*	*		

二、合伙企业法人合伙人应分得的应纳税所得额

（一）财税处理

常见的法人合伙人一般为有限合伙人，但是《中华人民共和国合伙企业法》第三条规定，“国有独资公司、国有企业、上市公司以及公益性的事业单位、社会团体不得成为普通合伙人”，除上述禁止性规定外，一般的法人合伙人可以成为普通合伙人。因此，法人合伙人若作为普通合伙人，达到对合伙企业控制、共同控制或重大影响时，可将该投资作为长期股权投资核算，否则可作为金融资产核算。

根据《财政部 国家税务总局关于合伙企业合伙人所得税问题的通知》（财税〔2008〕159号）的规定，合伙企业以每一个合伙人为纳税义务人。合伙企业合伙人是自然人的，缴纳个人所得税；合伙人是法人和其他组织的，缴纳企业所得税。合伙企业生产经营所得和其他所得采取“先分后税”的原则。生产经营所得和其他所得，包括合伙企业分配给所有合伙人的所得和企业当年留存的所得（利润）。合伙企业的合伙人按照下列原则确定应纳税所得额：合伙企业的合伙人以合伙企业的生产经营所得和其得所得，按照合伙协议约定的分配比例确定应纳税所得额；合伙协议未约定或者约定不明确的，以全部生产经营所得和其他所得，按照合伙人协商决定的分配比例确定应纳税所得额；协商不成的，以全部生产经营所得和其他所得，按照合伙人实缴出资比例确定应纳税所得额；无法确定出资比例的，以全部生产经营所得和其他所得，按照合伙人数量平均计算每个合伙人的应纳税所得额。合伙协议不得约定将全部利润分配给部分合伙人。合伙企业的合伙人是法人和其他组织的，合伙人在计算其缴纳企业所得税时，不得用合伙企业的亏损抵减其盈利。

根据上述规定，作为合伙企业的合伙人，不论合伙企业是否做出利润分配决定，只要合伙企业有利润（含已分配和留存的），对其按税法规定进行调整后的所得就应按规定的分配比例计算纳税，合伙企业合伙人是自然人的，缴纳个人所得税，合伙人是法人和其他组织的，计入法人企业当年的应纳税所得额计算缴纳企业所得税。

由于对有限合伙企业的生产经营所得合伙人已按规定缴纳个人所得税或者企业所得税，因而该合伙企业合伙人实际取得分配的税后利润无须再缴纳个人所得税或者企业所得税。

另外，从将法人合伙人在合伙企业计算应分得的所得计入主表A10000第15行或第16行可以看出，法人合伙人投资合伙企业取得所得应在法人合伙人所在地缴纳企业所得税。同时，法人合伙人计算分回的所得可以弥补法人合伙人本身的亏损。

根据《财政部 税务总局关于创业投资企业和天使投资个人有关税收政策的通知》（财税〔2018〕55号）的规定，有限合伙制创业投资企业采取股权投资方式直接投资于初创科技型企业满2年的，其法人合伙人可以按照对初创科技型企业投资额的70%抵扣法人合伙人从合伙创投企业分得的所得；当年不足抵扣的，可以在以后纳税年度结转抵扣。

（二）案例解析

案例1–16 2018年12月1日，A创业投资有限责任公司与王某等自然人成立甲有限合伙制创业投资企业，合伙人合计认缴出资2亿元，A创业投资有限责任公司出资占比为75%，合伙协议约定A有限公司按60%分享利润（承担亏损）。

2018年12月10日，A创投公司向甲合伙企业实缴出资15 000万元，其他合伙人实缴出资5 000万元。

甲合伙创投企业与法人合伙人A公司2019年、2020年和2021年三年经营所得与分配利润情况如表1–18所示（假设A公司经营所得与利润总额相同，不考虑本身的纳税调整和税收优惠）。

表1–18 应纳税所得额与利润分配表

单位：万元

年　份	甲合伙企业应纳税所得	实际分配利润	A公司本身经营所得
2019	–100	0	300
2020	10 100	0	3 000
2021	10 000	5 000	4 000

假设A公司向甲合伙企业投资作为长期股权投资按成本法核算。

要求：分析说明A公司与向合伙企业投资相关收益的纳税调整情况。

解析：

（1）2019年度。

2019年度，甲合伙企业亏损100万元，由合伙企业用以后5年的所得弥补，不得抵减合伙人的盈利。因而，当年从合伙企业应分得的所得为0。《纳税调整项目明细表》的填报如表1–19所示。

表1–19 A105000 纳税调整项目明细表（2019年，部分）

行次	项　目	账载金额	税收金额	调增金额	调减金额
		1	2	3	4
1	一、收入类调整项目	*	*		
12	二、扣除类调整项目（13+14+……+29）	*	*		
30	三、资产类调整项目（31+32+33+34）	*	*		
35	四、特殊事项调整项目（36+37+38+39+40）	*	*		
41	（五）合伙企业法人合伙人分得的应应纳税所得额	*	0	0	*
43	五、特别纳税调整应税所得	*	*		
44	六、其他	*	*		
46	合计（1+12+30+35+41+42）	*	*		

A公司本身的经营所得为300万元，《中华人民共和国企业所得税年度纳税申报表》（A100000）的填报如表1–20所示。

表1–20 A100000中华人民共和国企业所得税年度纳税申报表（A类）（2019年，部分）

行次	类别	项 目	金额
13		三、利润总额（10+11–12）	3 000 000
14	应纳税所得额计算	减：境外所得（填写A108010）	
15		加：纳税调整增加额（填写A105000）	0
16		减：纳税调整减少额（填写A105000）	0
17		减：免税、减计收入及加计扣除（填写A107010）	
18		加：境外应税所得抵减境内亏损（填写A108000）	
19		四、纳税调整后所得（13–14+15–16–17+18）	3 000 000
20		减：所得减免（填写A107020）	
21		减：抵扣应纳税所得额（填写A107030）	
22		减：弥补以前年度亏损（填写A106000）	
23		五、应纳税所得额（19–20–21–22）	3 000 000

（2）2020年。

2020年合伙企业实现所得10 100万元，首先用100万元弥补上年亏损。弥补以前年度亏损后的所得为10 000万元。由于长期股权投资采用成本法核算，会计上没有确认投资收益。按照合伙协议约定A有限公司按60%分享利润，根据税法规定应确认6 000万元的所得。因而，应通过《纳税调整项目明细表》第41行调增应纳税所得额，如表1–21所示。

表1–21 A105000纳税调整项目明细表（2020年，部分）

行次	项 目	账载金额	税收金额	调增金额	调减金额
		1	2	3	4
1	一、收入类调整项目	*	*		
12	二、扣除类调整项目（13+14+……+29）	*	*		
31	三、资产类调整项目（31+32+33+34）	*	*		
36	四、特殊事项调整项目（36+37+38+39+40）	*	*	60 000 000	
41	（五）合伙企业法人合伙人应分得的应纳税所得额	*	60 000 000	60 000 000	*
43	五、特别纳税调整应税所得	*	*		
44	六、其他	*	*		
46	合计（1+12+30+35+41+42）	*	*	60 000 000	

再根据《纳税调整项目明细表》（A105000）填报《中华人民共和国企业所得税年度纳税申报表》（A100000）（见表1–22）。

表1–22　A100000 中华人民共和国企业所得税年度纳税申报表（A类）（2018年，部分）

行次	类别	项　　目	金　　额
13		三、利润总额（10+11–12）	30 000 000
14	应纳税所得额计算	减：境外所得（填写 A108010）	
15		加：纳税调整增加额（填写 A105000）	60 000 000
16		减：纳税调整减少额（填写 A105000）	0
17		减：免税、减计收入及加计扣除（填写 A107010）	
18		加：境外应税所得抵减境内亏损（填写 A108000）	
19		四、纳税调整后所得（13–14+15–16–17+18）	90 000 000
20		减：所得减免（填写 A107020）	
21		减：抵扣应纳税所得额（填写 A107030）	
22		减：弥补以前年度亏损（填写 A106000）	
23		五、应纳税所得额（19–20–21–22）	90 000 000

（3）2021年。

2021年合伙企业实现所得10 000万元，由于长期股权投资采用成本法核算，法人合伙人会计上没有确认投资收益。根据合伙协议，法人合伙人应分回6 000万元。因而，当年所得应调整应纳税所得额6 000万元。

合伙企业当年宣告分配以前年度所得5 000万元，法人合伙人分回3 000万元，会计核算时计入了当年的投资收益，由于该所得在2020年度已缴过所得税，因而应调减应纳税所得额。《纳税调整项目明细表》的填报如表1–23所得。

表1–23　A105000 纳税调整项目明细表（2020年，部分）

行次	项　　目	账载金额	税收金额	调增金额	调减金额
		1	2	3	4
1	一、收入类调整项目（2+3+4+5+6+7+8+10+11）	*	*		
12	二、扣除类调整项目（13+14+……+29）	*	*		
31	三、资产类调整项目（31+32+33+34）	*	*		
35	（四）其他				
36	四、特殊事项调整项目（36+37+38+39+40）	*	*	30 000 000	
41	（五）合伙企业法人合伙人应分得的应纳税所得额	30 000 000	60 000 000	30 000 000	
43	五、特别纳税调整应税所得	*	*		
44	六、其他	*	*		
46	合计（1+12+30+35+41+42）	*	*	30 000 000	

再根据《纳税调整项目明细表》（A105000）填报《中华人民共和国企业所得税年度纳税申报表》（A100000）（见表1-24）。

表1-24 A100000 中华人民共和国企业所得税年度纳税申报表（A类）（2020年，部分）

行次	类别	项　目	金　额
13		三、利润总额（10+11-12）	40 000 000
14	应纳税所得额计算	减：境外所得（填写A108010）	
15		加：纳税调整增加额（填写A105000）	30 000 000
16		减：纳税调整减少额（填写A105000）	
17		减：免税、减计收入及加计扣除（填写A107010）	
18		加：境外应税所得抵减境内亏损（填写A108000）	
19		四、纳税调整后所得（13-14+15-16-17+18）	70 000 000
20		减：所得减免（填写A107020）	
21	应纳税所得额计算	减：抵扣应纳税所得额（填写A107030）	
22		减：弥补以前年度亏损（填写A106000）	
23		五、应纳税所得额（19-20-21-22）	70 000 000

三、特别纳税调整应税所得

（一）财税处理

企业与其关联方之间的业务往来，不符合独立交易原则而减少企业或者其关联方应纳税收入或者所得额的，税务机关有权按照合理方法调整。由居民企业，或者由居民企业和中国居民控制的设立在实际税负明显低于《企业所得税法》第四条第一款规定税率（25%）水平的国家（地区）的企业，并非由于合理的经营需要而对利润不作分配或者减少分配的，上述利润中应归属于该居民企业的部分，应当计入该居民企业的当期收入。企业与其关联方共同开发、受让无形资产，或者共同提供、接受劳务发生的成本，在计算应纳税所得额时应当按照独立交易原则进行分摊。企业从其关联方接受的债权性投资与权益性投资的比例超过规定标准而发生的利息支出，不得在计算应纳税所得额时扣除。企业实施其他不具有合理商业目的的安排而减少其应纳税收入或者所得额的，税务机关有权按照合理方法调整。

（二）防止资本弱化

资本弱化，是指企业通过加大借贷（债权性投资）而减少股份资本（权益性投资）比例的方式增加税前扣除，以降低企业税负的一种行为。

企业投资方式有权益投资和债权投资。由于以下两方面原因，企业往往愿意采用债权投资，相应减少权益投资。第一，由于债务人支付给债权人的利息可以在税前扣除，而支付给股东的股息不能在税前扣除，因此从税收的角度来说，选择借债的融资方式比权益的融资方式更具有优势；第二，许多国家对非居民纳税人获得的利息征收的预提所得税税率，通常比对股息征收的企业所得税税率低，采用债权投资比采用股权投资的税收负担低。对于债务人和债权人同属于一个利益集团的跨国公司来说，就有动机通过操纵融资方式，降低集团整体的税收负担。纳税人在为投资经营而筹措资金时，常常刻意设计资金来源结构，加大借入资金比例，扩大债务与权益的比率，人为形成“资本弱化”。因此，许多国家在税法上对关联方之间的债权性投资与权益性投资比例做出限制，防范企业通过操纵各种债务形式的支付手段，增加税前扣除、降低税收负担。

1.不得扣除的利息

（1）不得扣除利息的计算。

《企业所得税法》第四十六条规定，企业从其关联方接受的债权性投资与权益性投资的比例超过规定标准而发生的利息支出，不得在计算应纳税所得额时扣除。这里所称利息支出包括直接或间接关联债权投资实际支付的利息、担保费、抵押费和其他具有利息性质的费用。

《财政部 国家税务总局关于企业关联方利息支出税前扣除标准有关税收政策问题的通知》（财税〔2008〕121号）规定，在计算应纳税所得额时，企业实际支付给关联方的利息支出，不超过以下规定比例和《企业所得税法》及其实施条例有关规定计算的部分，准予扣除，超过的部分不得在发生当期和以后年度扣除。

企业实际支付给关联方的利息支出，除另有规定外，其接受关联方债权性投资与其权益性投资比例为：

①金融企业，为5∶1；

②其他企业，为2∶1。

企业同时从事金融业务和非金融业务，其实际支付给关联方的利息支出，应按照合理方法分开计算；没有按照合理方法分开计算的，一律按有关其他企业的比例计算准予税前扣除的利息支出。

不得在计算应纳税所得额时扣除的利息支出按以下公式计算：

不得扣除利息支出=年度实际支付的全部关联方利息×（1–标准比例/关联债资比例）

实际支付利息是指企业按照权责发生制原则计入相关成本、费用的利息。企业自关联方取得的不符合规定的利息收入应按照有关规定缴纳企业所得税。

（2）关联债资比例的计算。

关联债资比例，是指根据税法规定，企业从其全部关联方接受的债权性投资（以下简称关联债权投资）占企业接受的权益性投资（以下简称权益投资）的比例，关联债权投资包括关联方以各种形式提供担保的债权性投资。

关联债资比例的具体计算方法如下：

关联债资比例=年度平均关联债权投资金额/年度平均权益投资金额

权益投资为企业资产负债表所列示的所有者权益金额。如果所有者权益小于实收资本（股本）与资本公积之和，则权益投资为实收资本（股本）与资本公积之和；如果实收资本（股本）与资本公积之和小于实收资本（股本）金额，则权益投资为实收资本（股本）金额。

（3）不得扣除利息的分配。

不得在计算应纳税所得额时扣除的利息支出，不得结转到以后纳税年度。应按照实际支付给各关联方利息占关联方利息总额的比例，在各关联方之间进行分配，其中：分配给实际税负高于企业的境内关联方的利息准予扣除；直接或间接实际支付给境外关联方的利息应视同分配的股息，按照股息和利息分别适用的所得税税率差补征企业所得税，如已扣缴的所得税税款多于按股息计算应征所得税税款，多出的部分不予退税。

2.超标利息税前扣除的条件

企业如果能够按照《企业所得税法》及其实施条例的有关规定提供相关资料，并证明相关交易活动符合独立交易原则的；或者该企业的实际税负不高于境内关联方的，其实际支付给境内关联方的利息支出，在计算应纳税所得额时准予扣除。

$$实际税负=\frac{实际缴纳所得税性质的税种的税款金额（扣除各种税收返还）}{所得税性质的税种的应纳税所得额}\times 100\%$$

所得税性质的税种的应纳税所得额小于零的，按零填报。

企业关联债资比例超过标准比例的利息支出，如要在计算应纳税所得额时扣除，应准备、保存、并按税务机关要求提供以下同期资料，证明关联债权投资金额、利率、期限、融资条件以及债资比例等均符合独立交易原则。根据《国家税务总局关于完善关联申报和同期资料管理有关事项的公告》（国家税务总局公告2016年第42号）第十七条的规定，资本弱化特殊事项文档包括以下内容：

（1）企业偿债能力和举债能力分析。

（2）企业集团举债能力及融资结构情况分析。

（3）企业注册资本等权益投资的变动情况说明。

（4）关联债权投资的性质、目的及取得时的市场状况。

（5）关联债权投资的货币种类、金额、利率、期限及融资条件。

（6）非关联方是否能够并且愿意接受上述融资条件、融资金额及利率。

（7）企业为取得债权性投资而提供的抵押品情况及条件。

（8）担保人状况及担保条件。

（9）同类同期贷款的利率情况及融资条件。

（10）可转换公司债券的转换条件。

（11）其他能够证明符合独立交易原则的资料。

企业未按规定准备、保存和提供同期资料证明关联债权投资金额、利率、期限、融资条件以及债资比例等符合独立交易原则的，其超过标准比例的关联方利息支出，不得在计算应纳税所得额时扣除。

3. 关联方统借统贷不受资本弱化制约

“统借统贷”是指“集团公司统一贷款，所属企业申请使用”的资金管理模式。即集团公司统一向金融机构借款，所属企业按一定的程序申请使用，并按规定将贷款利息支付给集团公司，由集团公司统一与金融机构结算的资金管理模式。

集团公司统一向金融机构借款，所属企业申请使用，只是资金管理方式的变化，不影响所属企业使用银行信贷资金的性质，不属于关联企业之间的借款。凡集团公司能够出具从金融机构取得贷款的证明文件，其所属企业使用集团公司转贷的金融机构借款支付的利息，不高于金融机构同类同期贷款利率的部分，允许在税前全额扣除。

根据《房地产开发经营业务企业所得税处理办法》第二十一条的规定，企业集团或其成员企业统一向金融机构借款分摊集团内部其他成员企业使用的，借入方凡能出具从金融机构取得借款的证明文件，可以在使用借款的企业间合理分摊利息费用，使用借款的企业分摊的合理利息准予在税前扣除。也就是说，该办法进一步明确了在《企业所得税法》实施后，统借统还仍不受防止资本弱化的制约，只要利息合理并符合税法其他相关规定，就可以全额税前扣除。

（三）案例解析

案例1–17 A公司是一家大型工业制造企业，股票在上交所上市。为扩大经营规模，2021年初，向甲、乙、丙、丁4个非金融企业关联方借款11 000万元扩建厂房。借款情况为：向甲公司借款1 000万元，利率为6%，付利息60万元；向乙公司借款2 000万元，利率为7%，付利息140万元；向丙公司借款3 000万元，利率为5%，付利息150万元；向丁借款5 000万元，利率为8%，付利息400万元；同期银行贷款利率为6%。2021年各月平均所有者权益金额为2 000万元。

2021年该企业支付给4家关联方借款利息，根据《企业会计准则》的规定，300万元计入财务费用，450万元计入在建工程。

该企业向4家关联方借款交易中，只有向丁企业借款符合独立交易原则，其他3家不能提供资料证明符合独立交易原则。该企业和甲、乙、丙、丁4家企业的适用税率分别是25%、25%、10%、15%和15%。

要求：分析说明A公司支付的关联方利息应如何进行纳税调整。

解析：

（1）计算暂时不能扣除的关联方利息支出。

不得扣除利息支出=年度实际支付的全部关联方利息×（1–标准比例/关联债资比例）

=750×{1–2÷［（11 000×12）÷（2 000×12）］}=477.27（万元）。

（2）将暂时不能扣除的借款利息按实际支付给各关联方利息占关联方利息总额的比

在各关联方之间分配。

甲企业应分配的金额为：477.27×（60÷750）=38.18（万元）；

乙企业应分配的金额为：477.27×（140÷750）=89.09（万元）；

丙企业应分配的金额为：477.27×（150÷750）=95.45（万元）；

丁企业应分配的金额为：477.27×（400÷750）=254.55（万元）。

（3）因符合独立交易原则和实际税负高于企业的境内关联方的利息准予扣除。对上述关联各方利息支出是否可以税前扣除进行判定。

甲企业税负率和该企业的税负率相同，不存在因超比例发生的永久性不可扣除的关联方借款利息。

乙企业税负率低于该企业税负率，且该借款不能提供资料证明符合独立交易原则，乙公司分配的关联方利息支出89.09万元，就是不可扣除的利息支出。

与乙企业类似，丙公司应分配的暂时不可扣除关联方利息支出95.45万元，就是不可扣除的利息支出。

丁企业税负率低于该企业税负率，但符合独立交易原则，不存在因超比例发生的不可扣除的关联方借款利息，即符合规定的关联方利息支出可以在税前扣除。

由此可知，不可扣除的关联方借款利息为：89.09+95.45=184.54（万元）。

（4）计算上述可扣除的关联方利息，因利率高于银行贷款利率而需要进行调整的金额。

向甲企业借款产生的关联方利息，因借款利率等于银行贷款利率，全部可以扣除。

向乙企业借款产生的关联方借款利息140万元，剔除因债资比例超标而分摊的89.09万元不可扣除的利息支出后，剩余50.91万元（140–89.09），因贷款利率7%超过银行利率6%，须调增金额为7.27万元［50.91÷7%×（7%–6%）］。

向丙企业借款产生的关联方借款利息150万元，剔除因债资比例超标而分摊的95.45万元不可扣除的利息支出后，剩余部分54.55万元（150–95.45），因贷款利率5%低于银行利率6%，无须调增。

向丁企业借款产生的关联方借款利息，因符合独立交易原则，无须对债资比例超标而分摊的利息支出进行调整。但借款利率8%超过银行贷款利率6%，因利率超过标准需对关联方借款利息进行纳税调增100万元［400÷8%×（8%–6%）］。

因利率超过同期银行贷款利率而需调整的应纳税所得额为：7.27+100=107.27（万元）。

综上所述，该企业共产生永久不可扣除的关联方借款利息291.81万元（184.54+107.27）。

（5）将不可扣除关联方借款利息进行费用化与资本化分摊。

费用化不可扣除的金额为：291.81×300÷750=116.72（万元）。

通过企业所得税年度《纳税调整项目明细表》第44行“五、特别纳税调整应税所得”第3列“调增金额”调整应纳税所得额116.72万元。

表1-25　A105000纳税调整项目明细表（部分）

行次	项　　目	账载金额	税收金额	调增金额	调减金额
		1	2	3	4
1	一、收入类调整项目	*	*		
43	五、特别纳税调整应税所得	*	*	1 167 200	
44	六、其他	*	*		
46	合计	*	*	1 167 200	

资本化不可扣除的金额为：291.83–116.72=175.11（万元），在备查簿中登记此金额，在建工程的计税基础（利息支出）金额为：450–175.11=274.89（万元），将来在建工程转为固定资产后，企业须对该固定资产的账面价值与计税基础不同产生的永久性差异进行纳税调整。

四、“其他”调整项目

表A105000第45行“六、其他”：填报其他会计处理与税收规定存在差异需纳税调整的项目金额，包括企业执行《企业会计准则第14号——收入》产生的税会差异纳税调整金额。

第六节　风险识别与应对

一、业务招待费调整异常风险

（一）风险识别

1.业务招待费不实风险识别

若某公司《纳税调整项目明细表》（A105000）第15行“（三）业务招待费支出”账载金额–《期间费用明细表》（A104000）第4行“四、业务招待费”金额＜0，且业务招待费账载金额≥10万元，《企业所得税年度纳税申报基础信息表》“109小型微利企业”选“否”，则可能存在多列支业务招待费的风险。

2.业务招待费支出异常风险识别

识别指标：表A105000第15行“（四）业务招待费支出”第2列“税收金额”不等于表A105000“第15行第1列×60%”与当年销售（营业）收入×5‰的孰小值。

该指标用于识别企业业务招待费支出扣除未正确纳税调整风险，超过可扣除比例计算的金额则可能存在多税前扣除费用、少申报企业所得税风险。

3.无业务招待费风险识别

若某公司表A105000第15行“（四）业务招待费支出”第3列业务招待费纳税调增额=0,《期间费用明细表》（A104000）第4行“四、业务招待费”申报的业务招待费金额=0，营业收入＞1 000万元或营业成本＞1 000万元,《企业所得税年度纳税申报基础信息表》“109小型微利企业”选“否”，可能存在多列支业务招待费的风险。

（二）风险应对

税务人员应充分利用风险管理系统开展全面的分析工作，结合金税三期综合征管软件中的纳税人信息、企业所得税年度纳税申报表确定的计入期间费用的业务招待费、《纳税调整项目明细表》（A105000）中业务招待费支出账载金额，对纳税人的业务招待费情况进行全面分析，初步确定是纳税人申报表填写错误还是政策适用错误，再根据情况确定是否需要纳税人提供资料或者开展实地检查，并根据获取的资料或者实地检查结果进行相应的处理。

该项目应对主要包括以下内容：

—核查企业基础登记信息和认定信息的准确性。

—核查业务招待费明细清单，了解业务招待费的具体构成，判断是否存在超额税前扣除。

—核查纳税人实际发生的业务招待费，并核查是否按税法规定在税前扣除。

—比对企业列支业务招待费的成本、费用类科目明细账等相关账证资料，审阅“管理费用”、“销售费用”等科目的明细账，核实当期实际发生的业务招待费，确认企业申报的业务招待费金额是否准确，是否将发生的业务招待费计入其他成本费用类账户明细账，未如实申报；

—存在少缴纳税款情形的，通知纳税人补缴并按规定加收滞纳金。

（三）风险提示

若某公司《纳税调整项目明细表》（A105000）填报的业务招待费支出账载金额小于《期间费用明细表》（A104000）填报的业务招待费，则可能存在多列支费用，存在填报问题或者少缴企业所得税风险。

若某公司企业所得税年度纳税申报表附表A105000第15行第2列“税收金额”与业务招待费扣除限额［企业所得税年度纳税申报表附表A105000第15行第1列（业务招待费支出之账载金额）×60%与当年销售（营业收入）（营业收入+视同销售收入）×5‰的孰小值］不一致，则可能存在填报问题或者少缴企业所得税风险。

（四）风险自查

纳税人根据企业所得税年度纳税申报表确定填报的表A104000期间费用的业务招

待费、表A105000中业务招待费支出账载金额，对自身业务招待费情况进行全面分析，初步确定是纳税人申报表填写错误还是政策适用错误，再根据情况进行相应的处理。

该项目应对主要包括以下内容：

—核实业务招待费明细清单，了解业务招待费的具体构成，判断是否存在超额税前扣除。

—存在少缴纳税款情形的，纳税人自行补缴并按规定缴纳滞纳金。

—如有调整，需自行更正申报企业所得税年度汇算清缴表。存在少缴纳税款情形的，需补缴税款并按规定缴纳滞纳金。

二、纳税调整金额为零的风险

（一）风险识别

若某公司表A105000“合计”行的纳税调整增加额－纳税调整减少额=0，且纳税调整增加额＞10万元，营业收入＞2 000万元，则可能存在纳税调整不实风险或人为调节收入、成本风险。

（二）风险应对

税务人员需充分利用风险管理系统开展全面的分析工作，结合金税三期综合征管软件中的纳税人信息、营业收入、纳税调整增加额、纳税调整减少额等数据，对纳税人可能存在纳税调整不实风险或人为调节收入、成本风险的情况进行全面分析，初步确定纳税人申报表填写错误还是政策适用错误，再根据情况确定是否需要纳税人提供资料或者开展实地检查，并根据获取的资料或者实地检查结果进行相应的处理。

该项目应对主要包括以下内容：

（1）核查企业基础登记信息和认定信息的准确性。

（2）核查企业会计处理与税法规定存在差异的台账资料，企业账务处理、记账凭证及其附件资料，审核确认企业会计处理是否符合会计制度、会计准则的规定。纳税调整是否符合税法的相关规定，计算是否准确。是否存在企业纳税调整不实或人为调节收入、成本。调整核查的重点主要包括：

—收入类调整，主要核查作为不征税收入调减的专项用途的财政性资金是否符合规定，是否有资金拨付文件、资金管理办法或具体管理要求、专项用途财政性资金是否单独进行核算。财政性资金是否全额入账核算，调减金额是否与资金拨付文件所反映的金额一致。作为不征税收入调减的政府性基金和行政事业性收费是否按法律、法规及国务院有关规定收取，是否已上缴财政。

—扣除类调整，主要核查纳税年度内实际发放职工薪酬大于计提金额，调减应纳税所得额，是否进行账务处理、账务处理是否正确、金额是否准确。广告费和业务宣传费支出调减，审核广告费和业务宣传费年度纳税调整明细表及以前年度的调整表，是否准确填报。利息支出、与未实现融资收益相关在当期确认的财务费用、跨期扣除项目调减金额等税会差异项目、特别是其他调减金额项目，通过审核记账凭证及其附件资料，确认相关业务内容的真实性、财务核算的正确性、报表填报的准确性，是否符合相关规定。

—资产类调整，主要核查固定资产加速折旧、摊销的主要留存备查资料，审核固定资产的功能、预计使用年限短于规定计算折旧的最低年限的理由、证明资料及有关情况的说明、被替代的旧固定资产的功能、使用及处置等情况的说明、固定资产加速折旧拟采用的方法和折旧额的说明、集成电路生产企业认定证书、拟缩短折旧或摊销年限情况的说明、核算有关资产税法与会计差异的台账，对于六大重点行业、两大领域的企业还需核实企业属于重点行业、领域的说明材料（以某重点行业业务为主营业务，固定资产投资使用当年主营业务收入占企业收入总额50%以上）、购进固定资产的发票、记账凭证等有关凭证、凭据（购入已使用过的固定资产，应提供已使用年限的相关说明）等资料，核实核算有关资产减值准备金的税法与会计差异的台账，核实资产损失的账务处理资料以及根据企业资产损失企业所得税税前扣除管理办法的要求，审核资产损失的真实性、合法性、核算的准确性、资料的完整性。

—特殊事项调整，主要核查企业重组适用特殊性处理的，是否符合相关规定；核实政策性搬迁的相关证明，是否符合政策性搬迁。核实搬迁协议签订时间及搬迁完成年度的相关资料，确认适用相关的搬迁政策文件。核实企业搬迁收入、支出、搬迁所得确认是否准确核算；核实企业特殊行业准备金的提取、缴纳是否符合相关规定，申报贷款损失是否符合相关规定。

三、增值税与所得税申报收入差异率异常风险

（一）风险识别

若某公司排除固定资产销售、进出口等因素，增值税与所得税申报收入差异率=（增值税销售额合计－所得税年报营业收入）/所得税年报营业收入＞10%或＜－10%，则大于预警上限，可能存在少计企业所得税应税收入。

（二）风险应对

充分利用风险管理系统开展全面的分析工作，结合金税三期综合征管软件中的纳税人信息、企业所得税年度纳税申报信息清册中的营业收入、中华人民共和国企业所得税月（季）度和年度纳税申报表（B类）中税务机关核定的应税所得率、增值税申报表（12月）中的本年累计销售额等数据，对纳税人的所得税申报收入和增值税申报收入情况进行全面分析，初步确定是纳税人申报表填写错误还是政策适用错误，再根据情况确定是

否需要纳税人提供资料或者开展实地检查，并根据获取的资料或者实地检查结果进行相应的处理。

该项目应对主要包括以下内容：

—核查企业基础登记信息和认定信息的准确性。

—核实本年增值税申报表（12月）中累计申报增值税销售额和开具的增值税发票金额。

—核实已开发票未确认收入的业务是否符合收入确认的条件，对照会计准则正确确定企业收入确认的条件，重点关注增值税销项发票开具三流一致（票流、物流、资金流）。

—核实企业未开票收入是否及时如实入账，重点关注销项发票已开具通过往来不确认收入或滞后确认收入（重点核实收入不计、成本不结转的）。

—核实企业申报表的收入总额是否包含了企业所得税列举的各种收入，重点关注其他各种收入的核算和确认是否正确。

—关注部分行业、部分业务的开票与会计上确认收入的条件、时间的差异影响，如部分业务预先收取价款等。特别关注前期开票且未确认收入的，在满足收入确认条件后是否按规定确认收入。

—存在少缴纳税款情形的，通知纳税人补缴并按规定加收滞纳金。

四、纳税调整增加率异常风险

（一）风险识别

若某公司纳税调整增加率=纳税调整增加额/营业收入，营业收入＞5 000万元，纳税调整增加率介于0~0.01%之间，则调增率过低，可能存在调增不实的风险。

（二）风险应对

充分利用风险管理系统开展全面的分析工作，结合金税三期综合征管软件中纳税人信息、营业收入、纳税调整增加额等数据，对纳税人可能存在因调增不实而导致调增率过低的情况进行全面分析，初步确定是纳税人申报表填写错误还是政策适用错误，再根据情况确定是否需要纳税人提供资料或者开展实地检查，并根据获取的资料或者实地检查结果进行相应的处理。

该项目应对主要包括以下内容：

—核查企业基础登记信息和认定信息的准确性。

—核查企业会计处理与税法规定存在差异的台账资料，企业账务处理、记账凭证及其附件资料，审核确认企业会计处理是否符合会计制度、会计准则的规定。纳税调整是否符合税法的相关规定，计算是否准确。是否存在企业纳税调整不实或人为调节收入、成本等问题。

—存在少缴纳税款情形的，通知纳税人补缴并按规定加收滞纳金。

五、纳税调整减少率异常风险

（一）风险识别

识别指标：纳税调整减少率=纳税调整减少额/营业收入＞5%，且营业收入＞2 000万元。

该指标用于识别企业纳税调整减少率异常风险，调减率过高可能存在调减不实的风险。

（二）风险应对

充分利用风险管理系统开展全面的分析工作，结合金税三期综合征管软件中的纳税人信息、企业所得税申报明细清册中列示的应纳税所得额、纳税调整项目等数据，对纳税人的纳税调整减少情况进行全面分析，初步确定是纳税人申报表填写错误还是政策适用错误，再根据情况确定是否需要纳税人提供资料或者开展实地检查，并根据获取的资料或者实地检查结果进行相应的处理。

该项目应对主要包括以下内容：

—核查企业基础登记信息和认定信息的准确性。

—核查企业会计处理与税法规定存在差异的台账资料，企业账务处理、记账凭证及其附件资料，审核确认企业会计处理是否符合会计制度、会计准则的规定。纳税调整是否符合税法的相关规定，计算是否正确。

—存在少缴纳税款情形的，通知纳税人补缴并按规定加收滞纳金。

六、公允价值变动净损益调整异常风险

（一）风险识别

若某公司主表A100000第8行“公允价值变动损益”＜0，公允价值变动损益+表A105000第7行“（六）公允价值变动净损益”调增金额＜0，则可能存在会计按公允价值计量且其变动计入当期损益的公允价值变动损益未做调整的风险。

（二）风险应对

充分利用风险管理系统开展全面的分析工作，结合金税三期综合征管软件中的纳税人信息以及第三方情报等数据，对纳税人的公允价值变动净损益情况进行全面分析，初步确定是纳税人申报表填写错误还是政策适用错误，再根据情况确定是否需要纳税人提供资料或者开展实地检查，并根据获取的资料或者实地检查结果进行相应的处理。

该项目应对主要包括以下内容：

—核查企业基础登记信息和认定信息的准确性。

—核查企业公允价值变动损益的具体内容，同时关注以前年度该项目的调整情况，对当年公允价值变动损益小于0、公允价值变动损益与公允价值变动净损益调增之和小于0的情况予以重点关注，核实企业是否存在会计按公允价值计量计入当期损益的公允价值变动损益未做调整的风险。

—存在少缴纳税款情形的，通知纳税人补缴并按规定加收滞纳金。

七、赞助支出未调整异常风险

（一）风险识别

若某公司附表A105000表第21行“（九）赞助支出”第1列账载金额大于0，第3列为0，则可能存在赞助支出纳税调整不到位的风险。

（二）风险应对

充分利用风险管理系统开展全面的分析工作，结合金税三期综合征管软件中的纳税人信息，以及查询企业财务报表信息、企业所得税年度纳税申报表信息，若发生赞助支出，却没有进行调整的情况，则可能存在赞助支出纳税调整不到位的问题。

该项目应对主要包括以下内容：

—核查企业基础登记信息和认定信息的准确性。

—核实企业是否存在赞助支出未调整的情况。

—存在少缴纳税款情形的，通知纳税人补缴并按规定加滞纳金。

（三）风险提示

若某公司企业所得税年度纳税申报表附表A105000第21行“赞助支出”第1列“账载金额”为××，第3列调增金额为0，账载金额和调整金额不相等，则可能存在少缴企业所得税风险。

（四）风险自查

纳税人通过查询企业财务报表信息、企业所得税年度纳税申报表信息，主要对以下内容进行自查：

—检查企业是否存在赞助支出及其调整情况。

—如存在需要补充纳税调整情况的，需对企业所得税年度汇缴表进行更正申报。

—存在少缴纳税款情形的，应补缴并按规定加滞纳金。

第二章

视同销售纳税调整及其风险识别与应对

Tax Adjustments of
Enterprise
Income Tax

TAXING

视同销售税务处理的主要内容如图2-1所示。

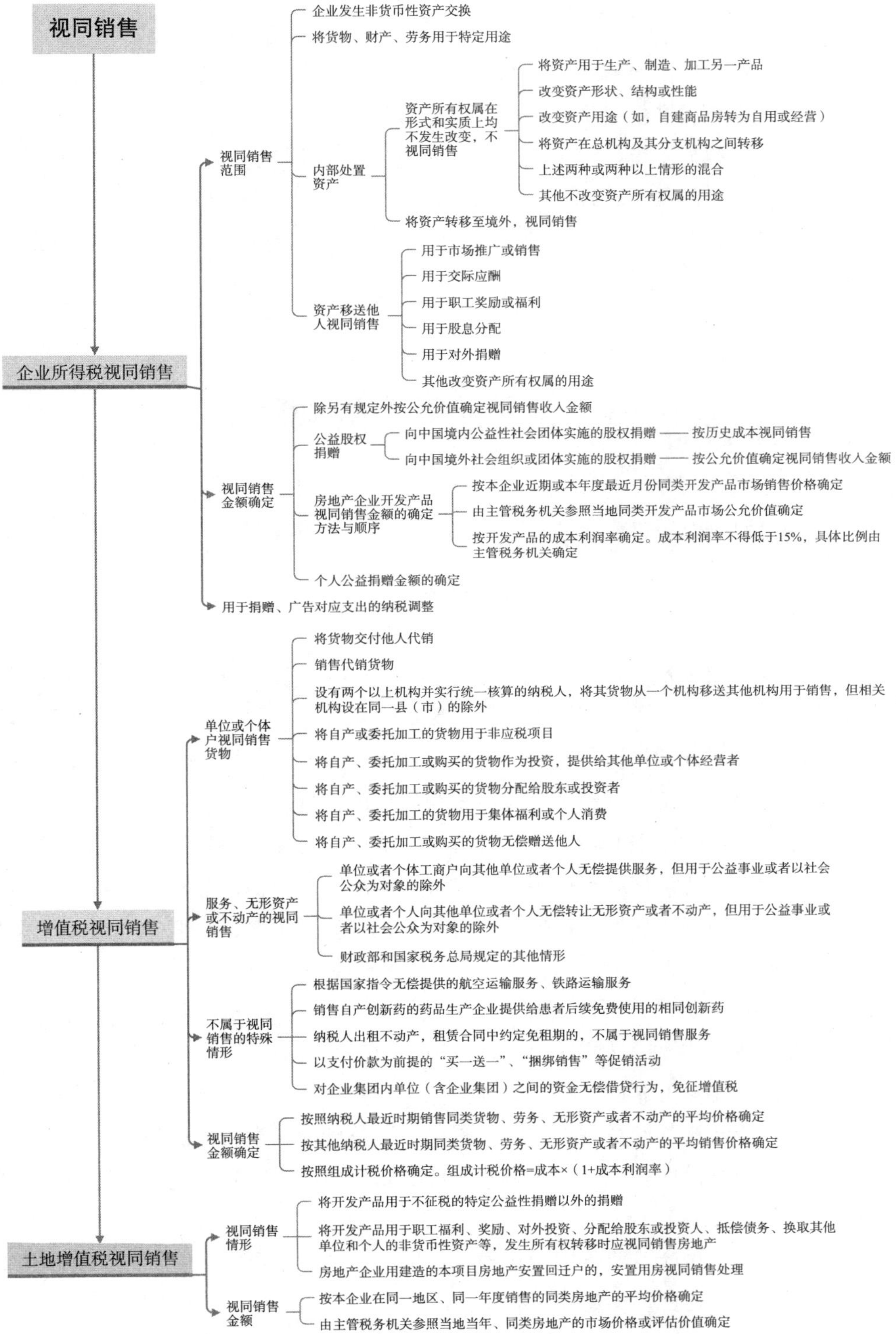

图2-1 视同销售的税务处理

视同销售，是指会计上不作为销售核算，而在税收上作为销售、确认收入计缴税金的非货币性资产交换以及销售货物、转让财产或者提供劳务的行为，它是税法上的一个重要概念。在流转税与所得税中，视同销售的税务处理不同；同是流转税的增值税与消费税，视同销售行为的税务处理也相差悬殊，因而，不同税种之间不可相互适用。流转税与企业所得税的视同销售，应分别适用增值税等流转税的暂行条例和企业所得税法，分开进行税务处理。

第一节 企业所得税的视同销售

一、视同销售范围

（一）企业所得税的视同销售范围

根据《企业所得税法实施条例》第二十五条的规定，企业发生非货币性资产交换，以及将货物、财产、劳务用于捐赠、偿债、赞助、集资、广告、样品、职工福利和利润分配等用途的，应当视同销售货物、转让财产和提供劳务，但国务院财政、税务主管部门另有规定的除外。这是视同销售企业所得税处理的依据，该条规定终结了将货物、财产、劳务用于在建工程、管理部门、非生产部门的企业所得税视同销售。按照该规定，应当视同销售货物、转让财产和提供劳务的特别情形主要包括以下两个方面：

第一，非货币性资产交换。根据企业会计准则，非货币性资产交换是指交易双方主要以存货、固定资产、无形资产和长期股权投资等非货币性资产进行的交换。该交换不涉及或只涉及少量的货币性资产（即补价）。根据企业会计准则，非货币性资产交换必须同时满足两个条件才能确认收入：一是该项交换具有商业实质，二是换入资产或者换出资产的公允价值能够可靠地计量。此种情况下，企业会计准则要求采用公允价值模式计量；此时，资产转让的计税收入和换入资产计税基础的确定，税法与会计处理是一致的。除此以外的非货币性资产交换，企业会计准则采用成本模式计量，税法与会计存在差异。

第二，将货物、财产、劳务用于捐赠、偿债、赞助、集资、广告、样品、职工福利和利润分配等用途。在这些用途中，有些情况下可能是出于生产经营的需要，但是有些情况是企业意图规避税法，逃避纳税义务。为了保证国家的税收收入，税法规定上述行为均视同销售货物、转让财产和提供劳务。若在这些行为过程中对货物、财产和劳务没有以货币进行计价，除另有规定外，应当按照公允价值确定其收入，计算应纳所得税额。

（二）内部处置资产不视同销售

根据《国家税务总局关于企业处置资产所得税处理问题的通知》（国税函〔2008〕828号）的规定，企业发生下列情形的处置资产，除将资产转移至境外以外，由于资产所有权属在形式和实质上均不发生改变，可作为内部处置资产，不视同销售确认收入，相关资产的计税基础延续计算。

（1）将资产用于生产、制造、加工另一产品；

（2）改变资产形状、结构或性能；

（3）改变资产用途（如，自建商品房转为自用或经营）；

（4）将资产在总机构及其分支机构之间转移；

（5）上述两种或两种以上情形的混合；

（6）其他不改变资产所有权属的用途。

（三）资产移送他人视同销售

企业所得税将资产处置行为分为内部处置和外部处置两类，对于内部处置，通常不视同销售确认所得，相关资产的计税基础持续计算；对于外部处置，应按《企业所得税法》规定视同销售，确认所得纳税。

根据国税函〔2008〕828号文件第二条的规定，企业将资产移送他人的下列情形，因资产所有权属已发生改变而不属于内部处置资产，应按规定视同销售确认收入。这类情形主要包括：

（1）用于市场推广或销售；

（2）用于交际应酬；

（3）用于职工奖励或福利；

（4）用于股息分配；

（5）用于对外捐赠；

（6）其他改变资产所有权属的用途。

根据《国家税务总局关于确认企业所得税收入若干问题的通知》（国税函〔2008〕875号）的规定，企业以买一赠一等方式组合销售本企业商品的，不属于捐赠，应将总的销售收入金额按各项商品的公允价值的比例来分摊确认各项的销售收入，

二、视同销售金额的确定

（一）除另有规定外按公允价值确定视同销售收入金额

自2016年度起，根据《国家税务总局关于企业所得税有关问题的公告》（国家税务

总局公告2016年第80号）第二条“企业移送资产所得税处理问题”的规定，企业发生国税函〔2008〕828号文件第二条规定情形的，除另有规定外，应按照被移送资产的公允价值确定销售收入。

（二）房地产企业开发产品视同销售金额的确定

企业将开发产品用于捐赠、赞助、职工福利、奖励、对外投资、分配给股东或投资人、抵偿债务、换取其他企事业单位和个人的非货币性资产等行为，应视同销售，于开发产品所有权或使用权转移，或实际取得利益权利时确认收入（或利润）的实现。确认收入（或利润）的方法和顺序为：

（1）按本企业近期或本年度最近月份同类开发产品市场销售价格确定；

（2）由主管税务机关参照当地同类开发产品市场公允价值确定；

（3）按开发产品的成本利润率确定。开发产品的成本利润率不得低于15%，具体比例由主管税务机关确定。

（三）公益股权捐赠按历史成本视同销售

根据《财政部 国家税务总局关于公益股权捐赠企业所得税政策问题的通知》（财税〔2016〕45号）第一条的规定，企业向公益性社会团体实施的股权捐赠，应按规定视同转让股权，股权转让收入额以企业所捐赠股权取得时的历史成本确定。这里所称股权，是指企业持有的其他企业的股权、上市公司股票等。

根据财税〔2016〕45号文件第二条的规定，企业实施股权捐赠后，以其股权历史成本为依据确定捐赠额，并依此按照《企业所得税法》有关规定在企业所得税前予以扣除。公益性社会团体接受股权捐赠后，应按照捐赠企业提供的股权历史成本开具捐赠票据。

公益性社会团体，是指注册在中国境内，以发展公益事业为宗旨、且不以营利为目的，并经确定为具有接受捐赠税前扣除资格的基金会、慈善组织等公益性社会团体。

股权捐赠行为，是指企业向中国境内公益性社会团体实施的股权捐赠行为。企业向中国境外的社会组织或团体实施的股权捐赠行为不适用该通知规定。

（四）公益捐赠股权案例解析

案例2-1 2021年10月18日，南京的乙公司将其取得成本为1 000万元的某上市公司股票，向具有接受捐赠税前扣除资格的A慈善组织进行公益性捐赠，当日这批股票收盘市值为5 000万元，当年公司会计利润为20 000万元。

问：

1. 乙公司所捐赠股票的视同销售收入额是多少？

2. 该笔公益股权捐赠可以税前扣除的捐赠额是多少？

3. 如何填报企业所得税年度纳税申报表？

4. 如果捐赠的是成本为1 000万元、公允价为5 000万元的房产，应如何进行财税处理？

解析：

1. 捐赠股权的处理。

根据财税〔2016〕45号文件的规定，企业向公益性社会团体实施的股权捐赠，应按规定视同转让股权，股权转让收入额以企业所捐赠股权取得时的历史成本确定。企业实施股权捐赠后，以其股权历史成本为依据确定捐赠额，并依此按照企业所得税法有关规定在企业所得税前扣除。

因而，乙公司所捐赠股票的视同销售收入额是1 000万元，该公益股权捐赠可以税前扣除的捐赠额为1 000万元。

纳税调整表填报如表2–1所示。

表2–1 A105010 视同销售和房地产开发企业特定业务纳税调整明细表（部分）

单位：万元

行次	项 目	税收金额	纳税调整金额
		1	2
1	一、视同销售（营业）收入（2+3+4+5+6+7+8+9+10）	1 000	1 000
7	（六）用于对外捐赠视同销售收入	1 000	1 000
11	二、视同销售（营业）成本（12+13+14+15+16+17+18+19+20）	1 000	–1 000
17	（六）用于对外捐赠视同销售成本	1 000	–1 000

《捐赠支出及纳税调整明细表》填报如表2–2所示。

表2–2 A105070 捐赠支出及纳税调整明细表

单位：万元

行次	项 目	账载金额	以前年度结转可扣除的捐赠额	按税收规定计算的扣除限额	税收金额	纳税调增金额	纳税调减金额	可结转以后年度扣除的捐赠额
		1	2	3	4	5	6	7
1	一、非公益性捐赠		*	*	*		*	*
2	二、限额扣除的公益性捐赠（5+6+7+8）	1 000		2 400	1 000	0		0
3	前三年度（ 年）	*		*	*	*		*
4	前二年度（ 年）	*		*	*	*		
5	前一年度（ 年）	*		*	*	*		
6	本 年（2021年）	1 000	*	2 400	1 000	0	*	0
7	三、全额扣除的公益性捐赠		*	*		*	*	*
8	1.							
9	2.							

续表

行次	项目	账载金额	以前年度结转可扣除的捐赠额	按税收规定计算的扣除限额	税收金额	纳税调增金额	纳税调减金额	可结转以后年度扣除的捐赠额
		1	2	3	4	5	6	7
10	3.		*	*		*	*	*
11	合计（1+2+7）	1 000	*	2 400	1 000	0	*	0
附列资料	2015年度至本年发生的公益性扶贫捐赠合计金额		*	*		*	*	*

据此填报《纳税调整项目明细表》，如表2-3所示。

表2-3　A105000 纳税调整项目明细表（部分）

单位：万元

行次	项　　目	账载金额	税收金额	调增金额	调减金额
		1	2	3	4
1	一、收入类调整项目（2+3+...+11）	*	*	1 000	
2	（一）视同销售收入（填写A105010）	*	1 000	1 000	*
12	二、扣除类调整项目（13+14+...+30）	*	*		
13	（一）视同销售成本（填写A105010）	*	1 000	*	1 000
17	（五）捐赠支出（填写A105070）	1 000	1 000	0	
46	合计（1+12+31+36+44+45）	*	*	1 000	1 000

2. 公益捐赠房产的处理。

如乙公司将其取得成本为1 000万元的房产，向具有接受捐赠税前扣除资格的慈善组织进行公益性捐赠，该开发产品公允价为5 000万元，当年公司会计利润为20 000万元。则：

乙公司所捐赠房产的视同销售收入额是5 000万元，视同销售成本为1 000万元。该笔公益捐赠可以税前扣除捐赠扣除限额为：20 000×12%=2 400（万元）。

企业所得税年度纳税申报表填报如表2-4至表2-6所示。

表2-4　A105010 视同销售和房地产开发企业特定业务纳税调整明细表（部分）

单位：万元

行次	项　　目	税收金额	纳税调整金额
		1	2
1	一、视同销售（营业）收入（2+3+4+5+6+7+8+9+10）	5 000	5 000
7	（六）用于对外捐赠视同销售收入	5 000	5 000
11	二、视同销售（营业）成本（12+13+14+15+16+17+18+19+20）	1 000	−1 000
17	（六）用于对外捐赠视同销售成本	1 000	−1 000

表2-5　A105070 捐赠支出及纳税调整明细表

单位：万元

行次	项　目	账载金额	以前年度结转可扣除的捐赠额	按税收规定计算的扣除限额	税收金额	纳税调增金额	纳税调减金额	可结转以后年度扣除的捐赠额
		1	2	3	4	5	6	7
1	一、非公益性捐赠		*	*	*		*	*
2	二、限额扣除的公益性捐赠（5+6+7+8）	1 000		2 400	5 000		−1 400	2 600
3	前三年度（　　年）	*		*	*	*		*
4	前二年度（　　年）	*		*	*	*		
5	前一年度（　　年）	*		*	*	*		
6	本　　年（2021 年）	1 000	*	2 400	5 000		*	2 600
7	三、全额扣除的公益性捐赠		*	*		*	*	*
8	1.							
9	2.							
10	3.		*	*		*	*	*
11	合计（1+2+7）	1 000		2 400	5 000		−1 400	2 600
附列资料	2015 年度至本年发生的公益性扶贫捐赠合计金额		*	*		*	*	*

表2-6　A105000 纳税调整项目明细表（部分）

单位：万元

行次	项　目	账载金额	税收金额	调增金额	调减金额
		1	2	3	4
1	一、收入类调整项目（2+3+...+11）	*	*		
2	（一）视同销售收入（填写 A105010）	*	5 000	5 000	*
12	二、扣除类调整项目（13+14+...+30）	*	*		
13	（一）视同销售成本（填写 A105010）	*	1 000	*	1 000
30	（十七）其他	1 000	5 000		4 000
46	合计（1+12+31+36+43+44）	*	*	5 000	5 000

（五）个人公益捐赠金额的确定

根据《财政部 税务总局关于公益慈善事业捐赠个人所得税政策的公告》（财政部、税务总局公告2019年第99号）第二条的规定，个人发生的公益捐赠支出金额，按照以下规定确定：

（1）捐赠货币性资产的，按照实际捐赠金额确定；

（2）捐赠股权、房产的，按照个人持有股权、房产的财产原值确定；

（3）捐赠除股权、房产以外的其他非货币性资产的，按照非货币性资产的市场价格确定。

三、视同销售的会计处理

企业将非现金资产（外购、委托加工或自产）用于对外投资、抵偿债务、换取其他资产、分配给股东、奖励给职工、作为样品送给他人等方面，由于非现金资产的所有权发生了转移，企业会计准则要求视同按公允价值销售（或处置）处理，应当确认损益（货物）或利得（非流动资产）。对于将自产产品用于管理部门、在建工程、固定资产、对外出租、同一法人实体内部各营业机构之间的转移等行为，因其所有权没有发生转移，不确认损益。这与《企业所得税法》关于视同销售的规定是一致的。但应注意下列问题：

第一，如果非货币性资产交换不具有商业实质，或者虽具有商业实质，但换入或换出资产的公允价值均不能可靠计量，会计上应采用成本模式核算，即换入资产的成本按换出资产的账面价值加上应支付的相关税费确定，不确认损益。此时，会计与税法存在两点差异：一是会计上换出资产按账面价值结转，不确认损益，而根据《企业所得税法实施条例》第二十五条的规定，除国务院财政、税务主管部门另有规定外，企业以非货币性资产与其他企业的资产相互交换，应当视同销售货物、转让财产，按公允价值确定资产转让所得。二是换入资产的会计成本以换出资产的账面价值为基础确定。而《企业所得税法》规定，以非货币性资产交换方式取得的非现金资产的计税基础，按照该项资产的公允价值和应支付的相关税费确定。

第二，执行企业会计制度的企业，企业所得税视同销售业务仍然存在差异，需要按照税法规定计算纳税。

第三，企业所得税视同销售的规定与流转税不同。房地产企业将开发产品用于对外投资，在营改增前不征营业税，2016年5月1日营改增以后需按销售缴纳增值税，也需要视同销售缴纳企业所得税，同时还需要视同销售缴纳土地增值税。

第四，根据《小企业会计准则》规定，下列情形由于具有销售性质，会计上已确认销售收入，增值税与企业所得税处理时也视同销售，税会处理相同没有差异：①小企业以自产产品用于利润分配；②以自产产品发放给职工；③通过非货币性资产交换取得长期股权投资。这种实质上具有销售性质的视同销售行为，会计上应确认销售收入、结转成本，按一般销售行为确认销售货物所得，计算缴纳增值税和企业所得税。因为按《小企业会计准则》规定，上述行为已确认销售收入，税法虽然规定为视同销售行为，因已按正常一般销售行为进行会计处理、计算申报纳税，所以不能再按视同销售计算申报缴纳增值税和企业所得税，否则会出现重复计税。

第五，执行《企业会计准则》的企业，资产（不论是购买还是自产的）用于捐赠、赞助、市场推广、样品、用于交际应酬、集体福利，非货币性资产交换中不符合《企业会计准则第7号——非货币性资产交换》规定条件（具有商业实质、公允价能取得）的，同一控制下的企业合并中以资产换取股权投资等，会计上不作收入处理。而上述业务企业所得税一般作为收入处理（同一控制下的企业合并中以资产换取股权投资等业务符合特殊性税处理规定，选择适用特殊性税务处理的除外）。

资产（不论是购买还是自产的）用于偿债、职工个人福利、利润分配，非货币性交换中符合《企业会计准则第7号——非货币性资产交换》规定（具有商业实质且公允价能取得）条件的，非同一控制下的企业合并中以存货换取股权投资等，《企业会计准则》直接作为销售处理或按换出资产的公允价与其账面价的差额计入利润。企业所得税处理时也作收入处理（非同一控制下的企业合并中，以存货换取股权投资符合特殊性税务处理条件，且选择适用特殊性税务处理的除外）。因此，在这种情况下，就不存在视同销售问题。

现行企业所得税法与会计对资产视同销售的不同处理，详见表2–7。

表2–7　企业所得税法与会计对视同销售处理的异同比较

情形	企业所得税	企业会计准则	小企业会计准则	企业会计制度	行业会计制度
非货币性资产交换	视同销售	公允价值模式，确认损益	公允价值模式确认损益	不确认损益，补价确认收益	不确认损益
		账面价值模式，不确认损益	成本模式不确认损益		
偿债	视同销售	确认销售与偿债两项收益	确认收益	不确认收益	不确认收益
捐赠	视同销售	不确认收益	不确认收益	不确认收益	不确认收益
集资	视同销售	取得权利，视同对外投资；没有权利，视同捐赠	不确认收益	不确认收益	不确认收益
广告样品	视同销售，开发产品除外	不确认收益	不确认收益	不确认收益	不确认收益
职工福利	视同销售	确认收益	确认收益	不确认收益	不确认收益
利润分配	视同销售	确认收益	确认收益	确认收益	确认收益
交际应酬	视同销售	不确认收益	不确认收益	不确认收益	不确认收益
职工奖励	视同销售	不确认收益	不确认收益	不确认收益	不确认收益
对外投资	视同销售	确认收益	确认收益	不确认收益	不确认收益
赞助	视同销售	不确认收益	不确认收益	不确认收益	不确认收益

第二节　视同销售的纳税调整处理

一、视同销售纳税调整涉及的表单及其填报

1.纳税调整项目明细表

企业所得税上的视同销售行为，需填报《纳税调整项目明细表》（A105000）第2行“视同销售收入”、第13行“视同销售成本”和第30行“（十七）其他”。同时，还可能涉及第15行“（三）业务招待费支出”、第16行“（四）广告费和业务宣传费支出（填写A105060）”、第17行“（五）捐赠支出（填写A105070）”、第21行“（九）赞助支出”、第37行“（一）企业重组及递延纳税事项（填写A105100）”和第40行“（四）房地产开发企业特定业务计算的纳税调整额（填写A105010）”等行次（见表2-8）。

表2-8　A105000 纳税调整项目明细表（部分）

行次	项　　目	账载金额	税收金额	调增金额	调减金额
		1	2	3	4
1	一、收入类调整项目（2+3+…8+10+11）	*	*		
2	（一）视同销售收入（填写A105010）	*			*
12	二、扣除类调整项目（13+14+…24+26+27+28+29+30）	*	*		
13	（一）视同销售成本（填写A105010）	*		*	
15	（三）业务招待费支出				*
16	（四）广告费和业务宣传费支出（填写A105060）	*	*		
17	（五）捐赠支出（填写A105070）				
21	（九）赞助支出		*		*
30	（十七）其他				
31	三、资产类调整项目（32+33+34+35）	*	*		
36	四、特殊事项调整项目（37+38+…+43）	*	*		
37	（一）企业重组及递延纳税事项（填写A105100）				
40	（四）房地产开发企业特定业务计算的纳税调整额（填写A105010）	*			
46	合计（1+12+31+36+44+45）	*	*		

2.视同销售和房地产开发企业特定业务纳税调整明细表

视同销售纳税调整需填报《视同销售和房地产开发企业特定业务纳税调整明细表》（A105010）第一部分“一、视同销售（营业）收入”和第二部分“二、视同销售（营业）成本”相关行次（见表2-9）。表A105010适用于发生视同销售、房地产企业特定业务纳税调整项目的纳税人填报。纳税人根据《企业所得税法》及其实施条例、《国家税务总局关于企业处置资产所得税处理问题的通知》（国税函〔2008〕828号）、《国家税务总局关于印发〈房地产开发经营业务企业所得税处理办法〉的通知》（国税发〔2009〕31号）、《国家税务总局关于企业所得税有关问题的公告》（国家税务总局公告2016年第80号）等相关规定，以及国家统一企业会计制度，填报视同销售行为、房地产企业销售未完工产品、未完工产品转完工产品特定业务的税收规定及纳税调整情况。

该表分视同销售（营业）收入、视同销售（营业）成本和房地产开发企业特定业务计算的纳税调整额三大部分分别填报。

视同销售实质上是税法优先原则的体现。由于现行会计规范体系比较复杂，企业既有适用企业会计准则、小企业会计准则的，又有适用企业会计制度的，对企业所得税上的视同销售行为的会计处理，有的已作为收入核算，有的没有作为收入核算。如果企业在会计处理时，对有关事项已经依照国家统一会计制度作收入核算，且收入金额符合税法规定的，由于该项业务的营业收入与营业成本都已计入当期损益（利润总额）这已符合企业所得税法视同销售要求，不需要在企业所得税年度纳税申报时再填到附表A105010中做视同销售申报了。

表2-9 A105010 视同销售和房地产开发企业特定业务纳税调整明细表

行次	项　目	税收金额	纳税调整金额
		1	2
1	一、视同销售（营业）收入（2+3+4+5+6+7+8+9+10）		
2	（一）非货币性资产交换视同销售收入		
3	（二）用于市场推广或销售视同销售收入		
4	（三）用于交际应酬视同销售收入		
5	（四）用于职工奖励或福利视同销售收入		
6	（五）用于股息分配视同销售收入		
7	（六）用于对外捐赠视同销售收入		
8	（七）用于对外投资项目视同销售收入		
9	（八）提供劳务视同销售收入		
10	（九）其他		
11	二、视同销售（营业）成本（12+13+14+15+16+17+18+19+20）		

续表

行次	项　　目	税收金额	纳税调整金额
		1	2
12	（一）非货币性资产交换视同销售成本		
13	（二）用于市场推广或销售视同销售成本		
14	（三）用于交际应酬视同销售成本		
15	（四）用于职工奖励或福利视同销售成本		
16	（五）用于股息分配视同销售成本		
17	（六）用于对外捐赠视同销售成本		
18	（七）用于对外投资项目视同销售成本		
19	（八）提供劳务视同销售成本		
20	（九）其他		

表A105010系企业所得税年度纳税申报表的二级附表，是一级附表A105000的附表，通过表A105000才能进入主表A100000第15行或第16行。该表之所以设计有税收金额与纳税调整金额，主要原因是视同销售成本与视同销售收入在进行纳税调整时，前者是调减，后者是调增，为了反映这一区别，有必要设置两栏，税收金额与纳税调整金额栏。视同销售收入以正数形式填在税收金额栏与相应的纳税调整栏中，视同销售成本以正数形式填在税收金额栏中、以负数形式填在纳税调整栏中，同时对视同销售成本以正数形式进入表A105000的第13行第2列，然后以正数形式再进入表A105000的第13行第4列。

3. 主要修订情况

与2014年版《企业所得税年度纳税申报表》相比，2017年版《视同销售和房地产开发企业特定业务纳税调整明细表》（A105010）修订内容主要有：

（1）“（四）用于职工奖励或福利视同销售收入”填报说明修订为：填报发生将货物、财产用于职工奖励或福利，会计处理不确认销售收入，而税法规定确认为应税收入的金额。企业外购资产或服务不以销售为目的，用于替代职工福利费用支出，且购置后在一个纳税年度内处置的，以公允价值确定视同销售收入。

而2014年版的填报说明为“企业外购资产或服务不以销售为目的，用于替代职工福利费用支出，且购置后在一个纳税年度内处置的，可以按照购入价格确认视同销售收入”。

这就是说，对于“企业外购资产或服务不以销售为目的，用于替代职工福利费用支出，且购置后在一个纳税年度内处置的”，自2017年度起，与一般视同销售金额确定的原则一样，以公允价值确定视同销售收入金额。

（2）根据《财政部关于印发〈增值税会计处理规定〉的通知》（财会〔2016〕22号）

将“营业税金及附加”会计科目名称调整为“税金及附加”的规定，将原第25行“3.实际发生的营业税金及附加、土地增值税”项目名称调整为“3.实际发生的税金及附加、土地增值税”，将原第29行“3.转回实际发生的营业税金及附加、土地增值税”项目名称调整为“3.转回实际发生的税金及附加、土地增值税”。

表A105010第5行“（四）用于职工奖励或福利视同销售收入”填报说明修改为：填报发生将货物、财产用于职工奖励或福利，会计处理不确认销售收入，而税收规定确认为应税收入的金额。企业外购资产或服务不以销售为目的，用于替代职工福利费用支出，且购置后在一个纳税年度内处置的，以公允价值确定视同销售收入。填列方法同第2行。

而在2014年版企业所得税年度纳税申报表填报说明中，企业外购资产或服务不以销售为目的，用于替代职工福利费用支出，且购置后在一个纳税年度内处置的，可以按照购入价格确认视同销售收入。

二、货物、财产、劳务视同销售

（一）财税处理

根据《企业所得税法实施条例》第二十五条的规定，企业将货物、财产、劳务用于捐赠、偿债、赞助、集资、广告、样品、职工福利和利润分配等用途的，应当视同销售货物、转让财产和提供劳务，但国务院财政、税务主管部门另有规定的除外。

“样品”是指发生所有权转移的样品，如果是放在自己的展柜中或自设的商店中，所有权并未转移，则不能视同销售。对于房地产开发企业的样品房，在没有销售之前，由于所有权没有转移，不需要视同销售处理。

企业发生上述业务，其会计处理时上述业务收入凡已体现在主营业务收入、其他业务收入、营业外收入或资产处置收益中的，由于上述业务所得已计入会计利润总额，企业所得税上就不用再作视同销售收入处理。填表时直接填入对应的主营业务收入（主营业务成本）、其他业务收入（其他业务支出）或营业外收入（营业外支出）等栏次。无需进行纳税调整，不用填报附表A105010。凡会计上未作收入（利得）处理、未纳入当期会计利润总额的，根据《企业所得税法实施条例》第二十五条的规定应视同销售处理，并通过附表A105010进行相应的纳税调整。

发生将货物、财产用于市场推广、广告、样品、集资，会计处理时根据其账面价直接转为费用，即：

借：销售费用

　　贷：库存商品

　　　　应交税费——应交增值税（销项税额）

企业所得税处理时，除了要有视同销售收入外，仍要有视同销售成本来扣除，不要理解成重复扣除。

企业将货物、财产用于交际应酬，会计上是直接将其账面价转入损益，因此存在视同销售问题。

企业将货物、财产用于职工奖励或职工个人福利，根据《企业会计准则》的规定，会计上已做收入处理，就不存在视同销售。用于集体福利时，会计上不确认收入，企业所得税应做视同销售处理。

（二）案例解析

案例2-2 2021年11月，某毛巾厂（增值税一般纳税人）将本企业自制的一批毛巾作为福利发给职工（生产人员35人，管理人员15人），该批毛巾不含增值税金额为60 000元，成本50 000元，增值税税率为13%。

要求：分析说明相关的会计与所得税处理。

解析：

（1）执行企业会计准则的处理：

借：生产成本	47 460	
管理费用	20 340	
贷：应付职工薪酬		67 800
借：应付职工薪酬	67 800	
贷：主营业务收入		60 000
应交税费——应交增值税（销项税额）		7 800
借：主营业务成本	50 000	
贷：库存商品		50 000

执行企业会计准则的企业，此项业务税法与会计无差异。此种情况下企业所得税年度纳税申报时主营业务收入、主营业务成本已反映该项业务，无须通过表A105010进行纳税调整。但应付职工薪酬中的福利费支出要按税法规定在不超过合理工资薪金总额14%的范围内列支，否则要进行纳税调整。

（2）执行企业会计制度的处理：

借：生产成本	40 460	
管理费用——福利费	17 340	
贷：库存商品		50 000
应交税费——应交增值税（销项税额）		7 800

此时，根据《企业所得税法实施条例》相关规定，需要做视同销售处理，通过附表A105010相应行次进行纳税调整。即将视同销售收入60 000元填入第5行“（四）用于职工奖励或福利视同销售收入”；将视同销售成本50 000元填入第15行“（四）用于职工奖励或福利视同销售成本”（如表2-10所示）。同时，还要关注福利费是否超过合理工资薪金总额的14%。

表2–10　A105010 视同销售和房地产开发企业特定业务纳税调整明细表（部分）

行次	项　　目	税收金额	纳税调整金额
		1	2
1	一、视同销售（营业）收入（2+3+4+5+6+7+8+9+10）	60 000	60 000
2	（一）非货币性资产交换视同销售收入		
3	（二）用于市场推广或销售视同销售收入		
4	（三）用于交际应酬视同销售收入		
5	（四）用于职工奖励或福利视同销售收入	60 000	60 000
11	二、视同销售（营业）成本（12+13+14+15+16+17+18+19+20）		
12	（一）非货币性资产交换视同销售成本		
13	（二）用于市场推广或销售视同销售成本		
14	（三）用于交际应酬视同销售成本		
15	（四）用于职工奖励或福利视同销售成本	50 000	–50 000

并据以填报表A105000相关行次（如表2–11所示）。

表2–11　A105000 纳税调整项目明细表（部分）

行次	项　　目	账载金额	税收金额	调增金额	调减金额
		1	2	3	4
1	一、收入类调整项目（2+3+...+11）	*	*	60 000	
2	（一）视同销售收入（填写A105010）	*	60 000	60 000	*
12	二、扣除类调整项目（13+14+...+30）	*	*		
13	（一）视同销售成本（填写A105010）	*	50 000	*	50 000
46	合计（1+12+31+36+43+44）	*	*	60 000	50 000

三、用于捐赠、广告对应支出的纳税调整

根据《国家税务总局关于修订企业所得税年度纳税申报表的公告》（国家税务总局公告2020年第24号）所附《中华人民共和国企业所得税年度纳税申报表（A类，2017年版）》部分表单及填报说明（2020年修订）的规定，企业将货物、资产、劳务用于捐赠、广告等用途时，进行视同销售纳税调整后，对应支出的会计处理与税收规定有差异需纳税调整的金额填报在《纳税调整项目明细表》（A105000）第30行“（十七）其他”。

案例2–3　2021年5月，甲企业将自产A产品用于市场推广，产品成本为

100 000元，不含税零售价为150 000元，适用增值税税率为13%。当年会计利润为8 000 000元。

要求：分析说明相关财税处理与纳税调整。

解析：

（1）会计处理。

借：销售费用　　119 500

　贷：库存商品　　100 000

　　应交税费——应交增值税（销项税额）　　19 500

（2）税务处理。

根据《企业所得税法实施条例》第二十五条的规定，企业应当视同销售处理，即确认“视同销售收入”150 000元和“视同销售成本”100 000元，调增应纳税所得额50 000元。

根据2020年新修订的企业所得税年度纳税申报表《纳税调整项目明细表》的填报说明，企业可以将因视同销售而调增应纳税所得额的50 000元计入《纳税调整项目明细表》（A105000）第30行“二、扣除类调整项目——（十七）其他”。

如表2–12、表2–13所示。

表2–12　A105010 视同销售和房地产开发企业特定业务纳税调整明细表（部分）

行次	项　　目	税收金额	纳税调整金额
		1	2
1	一、视同销售（营业）收入（2+3+4+5+6+7+8+9+10）		
2	（一）非货币性资产交换视同销售收入		
3	（二）用于市场推广或销售视同销售收入	150 000	150 000
11	二、视同销售（营业）成本（12+13+14+15+16+17+18+19+20）		
12	（一）非货币性资产交换视同销售成本		
13	（二）用于市场推广或销售视同销售成本	100 000	–100 000

表2–13　A105000 纳税调整项目明细表（部分）

行次	项　　目	账载金额	税收金额	调增金额	调减金额
		1	2	3	4
1	一、收入类调整项目（2+3+...+11）	*	*		
2	（一）视同销售收入（填写A105010）	*	150 000	150 000	*
12	二、扣除类调整项目（13+14+...+30）	*	*		
13	（一）视同销售成本（填写A105010）	*	100 000	*	100 000
30	（十七）其他	100 000	150 000		50 000
46	合计（1+12+31+36+43+44）	*	*	150 000	150 000

四、视同销售成本及其填报

视同销售成本是指纳税人会计上不作为销售核算、但按照税收规定视同销售确认的应税成本。企业按税法规定确认视同销售收入的同时，均应确认与之相配比的视同销售成本。

由于“视同销售成本”未参与企业利润总额的计算，因此企业所得税年度纳税申报时在通过《纳税调整项目明细表》对视同销售收入调增应纳税所得额的同时，对视同销售成本要做调减应纳税所得额处理。但需要强调的是，采用企业会计准则的企业，有些情况下已与税收处理一致，直接记入主营业务收入、主营业务成本等，不需要再进行纳税调整。

第三节　非货币性资产交换视同销售

一、非货币性资产交换界定

根据《企业会计准则第7号——非货币性资产交换》（以下简称非货币性资产交换准则）的规定，非货币性资产交换，是指企业主要以固定资产、无形资产、投资性房地产和长期股权投资等非货币性资产进行的交换。该交换不涉及或只涉及少量的货币性资产（即补价）。货币性资产，是指企业持有的货币资金和收取固定或可确定金额的货币资金的权利，如应收账款、应收票据、债券投资等。非货币性资产，是指货币性资产以外的资产，如固定资产、投资性房地产、长期股权投资、预付账款等。

二、以公允价值为基础的计量

（一）以公允价值为基础计量的适用条件

非货币性资产交换准则第六条规定，非货币性资产交换同时满足下列条件的，应当以公允价值为基础计量：

1.该项交换具有商业实质

满足下列条件之一的非货币性资产交换具有商业实质：

（1）换入资产的未来现金流量在风险、时间分布或金额方面与换出资产显著不同。

（2）使用换入资产所产生的预计未来现金流量现值与继续使用换出资产不同，且其差额与换入资产和换出资产的公允价值相比是重大的。

2. 换入资产或换出资产的公允价值能够可靠地计量

换入资产和换出资产的公允价值均能够可靠计量的，应当以换出资产的公允价值为基础计量，但有确凿证据表明换入资产的公允价值更加可靠的除外。

（二）换入资产的初始计量

以公允价值为基础计量的非货币性资产交换，对于换入资产，应当以换出资产的公允价值和应支付的相关税费作为换入资产的成本进行初始计量；对于换出资产，应当在终止确认时，将换出资产的公允价值与其账面价值之间的差额计入当期损益。有确凿证据表明换入资产的公允价值更加可靠的，对于换入资产，应当以换入资产的公允价值和应支付的相关税费作为换入资产的初始计量金额；对于换出资产，应当在终止确认时，将换入资产的公允价值与换出资产账面价值之间的差额计入当期损益。

以公允价值为基础计量的非货币性资产交换，涉及补价的，应当按照下列规定进行处理：

（1）支付补价的，以换出资产的公允价值，加上支付补价的公允价值和应支付的相关税费，作为换入资产的成本，换出资产的公允价值与其账面价值之间的差额计入当期损益。有确凿证据表明换入资产的公允价值更加可靠的，以换入资产的公允价值和应支付的相关税费作为换入资产的初始计量金额，换入资产的公允价值减去支付补价的公允价值，与换出资产账面价值之间的差额计入当期损益。

（2）收到补价的，以换出资产的公允价值，减去收到补价的公允价值，加上应支付的相关税费，作为换入资产的成本，换出资产的公允价值与其账面价值之间的差额计入当期损益。有确凿证据表明换入资产的公允价值更加可靠的，以换入资产的公允价值和应支付的相关税费作为换入资产的初始计量金额，换入资产的公允价值加上收到补价的公允价值，与换出资产账面价值之间的差额计入当期损益。

（三）同时换入或换出多项资产的处理

以公允价值为基础计量的非货币性资产交换，同时换入或换出多项资产的，应当按照下列规定进行处理：

（1）对于同时换入的多项资产，按照换入的金融资产以外的各项换入资产公允价值相对比例，将换出资产公允价值总额（涉及补价的，加上支付补价的公允价值或减去收到补价的公允价值）扣除换入金融资产公允价值后的净额进行分摊，以分摊至各项换入资产的金额，加上应支付的相关税费，作为各项换入资产的成本进行初始计量。有确凿证据表明换入资产的公允价值更加可靠的，以各项换入资产的公允价值和应支付的相关税费作为各项换入资产的初始计量金额。

（2）对于同时换出的多项资产，将各项换出资产的公允价值与其账面价值之间的差额，在各项换出资产终止确认时计入当期损益。有确凿证据表明换入资产的公允价值更加可靠的，按照各项换出资产的公允价值的相对比例，将换入资产的公允价值总额（涉及补价的，减去支付补价的公允价值或加上收到补价的公允价值）分摊至各项换出资产，分摊至各项换出资产的金额与各项换出资产账面价值之间的差额，在各项换出资产终止确认时计入当期损益。

三、以账面价值为基础的计量

（一）换入资产的初始计量

不满足非货币性资产交换准则第六条规定条件的非货币性资产交换，应当以账面价值为基础计量。对于换入资产，企业应当以换出资产的账面价值和应支付的相关税费作为换入资产的初始计量金额；对于换出资产，终止确认时不确认损益。

1. 补价的处理

以账面价值为基础计量的非货币性资产交换，涉及补价的，应当按照下列规定进行处理：

（1）支付补价的，以换出资产的账面价值，加上支付补价的账面价值和应支付的相关税费，作为换入资产的初始计量金额，不确认损益。

（2）收到补价的，以换出资产的账面价值，减去收到补价的公允价值，加上应支付的相关税费，作为换入资产的初始计量金额，不确认损益。

2. 同时换入或换出多项资产的处理

以账面价值为基础计量的非货币性资产交换，同时换入或换出多项资产的，应当按照下列规定进行处理：

（1）对于同时换入的多项资产，按照各项换入资产的公允价值的相对比例，将换出资产的账面价值总额（涉及补价的，加上支付补价的账面价值或减去收到补价的公允价值）分摊至各项换入资产，加上应支付的相关税费，作为各项换入资产的初始计量金额。换入资产的公允价值不能够可靠计量的，可以按照各项换入资产的原账面价值的相对比例或其他合理的比例对换出资产的账面价值进行分摊。

（2）对于同时换出的多项资产，各项换出资产终止确认时均不确认损益。

（二）补价的处理

以账面价值为基础计量的非货币性资产交换，涉及补价的，应当按照下列规定进行处理：

（1）支付补价的，以换出资产的账面价值，加上支付补价的账面价值和应支付的相关税费，作为换入资产的初始计量金额，不确认损益。

（2）收到补价的，以换出资产的账面价值，减去收到补价的公允价值，加上应支付的相关税费，作为换入资产的初始计量金额，不确认损益。

（三）同时换入或换出多项资产的处理

以账面价值为基础计量的非货币性资产交换，同时换入或换出多项资产的，应当按照下列规定进行处理：

（1）对于同时换入的多项资产，按照各项换入资产的公允价值的相对比例，将换出资产的账面价值总额（涉及补价的，加上支付补价的账面价值或减去收到补价的公允价值）分摊至各项换入资产，加上应支付的相关税费，作为各项换入资产的初始计量金额。换入资产的公允价值不能够可靠计量的，可以按照各项换入资产的原账面价值的相对比例或其他合理的比例对换出资产的账面价值进行分摊。

（2）对于同时换出的多项资产，各项换出资产终止确认时均不确认损益。

四、非货币性资产交换视同销售

企业发生非货币性资产交换，且非货币性资产交换不具有商业实质，或者虽具有商业实质，但换入或换出资产的公允价值均不能可靠计量的，会计上应采用以账面价值为基础计量，即换入资产的成本按换出资产的账面价值加上应支付的相关税费确定，不确认损益。此时，会计上换出资产按账面价值结转，不确认损益，而根据《企业所得税法实施条例》第二十五条的规定，除国务院财政、税务主管部门另有规定外，企业以非货币性资产与其他企业的资产相互交换，应当视同销售货物、转让财产，按公允价值确定资产转让所得；另外，换入资产的会计成本以换出资产的账面价值为基础确定。而根据《企业所得税法》相关规定，以非货币性资产交换方式取得的非现金资产的计税基础，按照该项资产的公允价值和应支付的相关税费确定。

需要说明的是，如果标的物为固定资产、无形资产的非货币性资产交换，则其公允价值与账面价值的差额，计入“营业外收入”或“营业外支出”或“资产处置损益”；如果标的物为长期股权投资，则其公允价值和账面价值的差额，计入“投资收益”。

（一）执行企业会计准则的处理

根据非货币性资产交换准则的规定，在非货币性资产交换具有商业实质，并且换出资产或换入资产的公允价值能够可靠计量的情况下，会计上采用以公允价值为基础计量，此时，企业会计上已将该笔业务收入计入了营业收入或营业外收入或资产处置损益，并入了本年利润总额，会计与税务处理无差异，不需要进行纳税调整，不用填报附表A105010。此时，换出资产公允价值与其账面价值的差额，应当分别不同情况处理：换出资产为存货的，应当作为销售处理，按照《企业会计准则第14号——收入》的规定以其公允价值确认收入，同时结转相应的成本。换出资产为固定资产、无形资产的，换出资产公允价值与其账面价值的差额，计入营业外收入或营业外支出或资产处置损益。换出资产为长期股权投资的，换出资产公允价值与其账面价值的差额，计入投资收益。

在非货币性资产交换不具有商业实质，或者虽具有商业实质但换出资产和换入资产的公允价值均不能可靠计量的情况下，非货币性资产交换准则要求采用以账面价值为基础计量，会计上不确认收入，但按照《企业所得税法实施条例》规定应视同销售、确认所得纳税。

因此，执行企业会计准则的企业，需将不具有商业实质或虽具有商业实质但交换涉及资产的公允价值均不能可靠计量的非货币性资产交换，按照税法规定确认的视同销售收入、视同销售成本通过附表A105010进行纳税调整。即将视同销售收入金额填入附表A105010第2行、视同销售成本金额填入附表A105010第12行，再填入《纳税调整项目明细表》相关行次。

未同时满足以公允价值为基础计量条件的非货币性资产交换，应当以换出资产的账面价值和应支付的相关税费作为换入资产的成本，不确认损益。

根据《企业会计准则第7号——非货币性资产交换》指南的规定，企业在生产经营过程中所进行的各类交易，按照交易对象的属性，可分为非货币性交易和货币性交易。非货币性交易，是指交易双方以非货币性资产进行的交换，这种交换不涉及或只涉及少量的货币性资产。如果支付的货币性资产占换入资产公允价值的比例（或，占换出资产公允价值与支付的货币性资产之和的比例）小于25%，则视为非货币性交易；如果这一比例高于或等于25%，则视为货币性交易。

货币性资产，是指企业持有的现金及将以固定或可确定金额的货币收取的资产，包括现金、应收账款和应收票据以及债券投资等。这里的现金包括库存现金、银行存款和其他货币资金。非货币性资产，是指货币性资产以外的资产，包括存货、固定资产、无形资产、股权投资以及预付账款等。

非货币性资产交换不具有商业实质且公允价值不能够可靠计量，或虽具有商业实质但公允介值不能可靠计量，或虽公允价值能够可靠计量但不具有商业实质的会计处理为：以换出资产的账面价值和应支付的相关税费作为换入资产的成本，不确认损益。如果考虑增值税的话，应加上换出资产的对应的增值税销项税额减换入资产对应的增值税进项税额。

（二）执行企业会计制度的处理

执行企业会计制度的企业，发生非货币性资产交换，按照税法规定应确认视同销售收入。此种情况下需填报附表A105010进行纳税调整。其中视同销售收入金额填入表A105010第2行，视同销售成本填入表A105010第12行。

（三）案例解析

案例2–4 2021年11月，甲企业（一般纳税人、查账征收企业所得税）以产品A换取乙企业机器设备B，A产品成本为30万元，公允价值为45.2万元（含增值税价），交易双方无补价，双方适用增值税税率都为13%。该交易具有商业实质。

要求：分析说明甲企业相关会计与税务处理。

解析：

（1）按照企业会计准则进行会计处理：

借：固定资产　　400 000
　　应交税费——应交增值税（进项税额）　　52 000
　贷：主营业务收入　　400 000
　　应交税费——应交增值税（销项税额）　　52 000

借：主营业务成本　　300 000
　贷：产成品　　300 000

在执行企业会计准则下，税法与会计无差异不需调整。不用填报附表A105010，也不用填入《纳税调整项目明细表》。

（2）执行《企业会计制度》的会计处理：

借：固定资产　　300 000
　　应交税费——应交增值税（进项税额）　　52 000
　贷：产成品　　300 000
　　应交税费——应交增值税（销项税额）　　52 000

年度企业所得税纳税申报时，将400 000元视同销售收入填入附表A105010第2行“非货币性资产交换视同销售收入”第1列“税收金额”，并将该金额填入第2列“纳税调整金额”中；视同销售成本300 000元填入本表第12行“非货币性资产交换视同销售成本”第1列“税收金额”，并以负数填入第2列“纳税调整金额”（如表2-14所示）。

表2-14　A105010视同销售和房地产开发企业特定业务纳税调整明细表（部分）

行次	项　　目	税收金额	纳税调整金额
		1	2
1	一、视同销售（营业）收入（2+3+4+5+6+7+8+9+10）	400 000	400 000
2	（一）非货币性资产交换视同销售收入	400 000	400 000
10	（九）其他		
11	二、视同销售（营业）成本（12+13+14+15+16+17+18+19+20）	300 000	-300 000
12	（一）非货币性资产交换视同销售成本	300 000	-300 000
13	（二）用于市场推广或销售视同销售成本		

然后，根据表A105010第1行填报A105000表第2行，根据表A105010第11行填报A105000表第13行（如表2-15所示）。

表2-15　A105000 纳税调整项目明细表（部分）

行次	项　　目	账载金额	税收金额	调增金额	调减金额
		1	2	3	4
1	一、收入类调整项目（2+3+...+11）	*	*	400 000	
2	（一）视同销售收入（填写 A105010）	*	400 000	400 000	*
12	二、扣除类调整项目（13+14+...+30）	*	*		300 000
13	（一）视同销售成本（填写 A105010）	*	–300 000	*	300 000
46	合计（1+12+31+36+44+45）	*	*		

需要注意的是换入的B固定资产账载金额30万元，但计税基础应为40万元，在计提折旧时可以调减应纳税所得额，在资产转让时允许扣除的固定资产净值以40万元为基数计算确定。

案例2-5　2021年9月，甲公司以一台设备（市价100万元，成本50万元）换取乙公司的无形资产（专利技术，市价90万元，账面价值70万元），乙公司向甲公司支付10万元。假设此交易不具有商业实质，甲公司增值税税率为13%。甲公司换回专利权后仍作为无形资产管理使用，乙公司换回设备后作为原材料使用。甲、乙公司均执行企业会计准则。专利技术转让免征增值税。

要求：分析说明相关的财税处理。

解析：

1. 甲公司的处理。

（1）会计处理。

无形资产的入账价值：50+100×13%–10=53（万元）。

借：无形资产　　530 000

　　银行存款　　100 000

　贷：固定资产　　500 000

　　　应交税费——应交增值税（销项税额）　　130 000

（2）所得税处理。

此时甲公司要视同销售，视同销售收入为100万元，视同销售成本为50万元。

2. 乙公司的处理。

（1）会计处理。

乙公司取得产品的入账价值为：70+10–13=67（万元）。

借：原材料　　670 000

　　应交税费——应交增值税（进项税额）　　130 000

　贷：无形资产　　700 000

　　　银行存款　　100 000

（2）税务处理。

乙公司要做视同销售处理，视同转让财产收入为90万元，视同转让财产的成本为70万元。

第四节　增值税与土地增值税的视同销售

一、增值税的视同销售

（一）增值税视同销售范围

1.货物的视同销售

根据《中华人民共和国增值税暂行条例实施细则》（以下简称《增值税暂行条例实施细则》）第四条的规定，单位或个体经营者的下列行为，视同销售货物：

（1）将货物交付他人代销；

（2）销售代销货物；

（3）设有两个以上机构并实行统一核算的纳税人，将其货物从一个机构移送其他机构用于销售，但相关机构设在同一县（市）的除外；

（4）将自产或委托加工的货物用于非应税项目；

（5）将自产、委托加工或购买的货物作为投资，提供给其他单位或个体经营者；

（6）将自产、委托加工或购买的货物分配给股东或投资者；

（7）将自产、委托加工的货物用于集体福利或个人消费；

（8）将自产、委托加工或购买的货物无偿赠送他人。

2.服务、无形资产或不动产的视同销售

根据《营业税改征增值税试点实施办法》（财税〔2016〕36号文件附件1）第十四条的规定，下列情形视同销售服务、无形资产或者不动产：

（1）单位或者个体工商户向其他单位或者个人无偿提供服务，但用于公益事业或者以社会公众为对象的除外；

（2）单位或者个人向其他单位或者个人无偿转让无形资产或者不动产，但用于公益事业或者以社会公众为对象的除外；

（3）财政部和国家税务总局规定的其他情形。

（二）不属于视同销售的特殊情形

将以公益事业为目的或者以社会公众为对象的无偿提供服务、无偿转让无形资产或者不动产，排除在增值税视同销售范围之外，主要是为了促进社会公益事业的发展。根据国家指令无偿提供的航空运输服务、铁路运输服务，属于以公益活动为目的的服务，不征收增值税。

药品生产企业销售自产创新药的销售额，为向购买方收取的全部价款和价外费用，其提供给患者后续免费使用的相同创新药，不属于增值税视同销售范围。

纳税人出租不动产，租赁合同中约定免租期的，不属于《营业税改征增值税试点实施办法》第十四条规定的视同销售服务。

以支付价款为前提的“买一送一”“捆绑销售”等促销活动，不属于视同销售。这与企业所得税的处理相同。

此外，根据《财政部 税务总局关于明确养老机构免征增值税等政策的通知》（财税〔2019〕20号）第三条的规定，自2019年2月1日至2020年12月31日，对企业集团内单位（含企业集团）之间的资金无偿借贷行为，免征增值税。根据《财政部 税务总局关于延长部分税收优惠政策执行期限的公告》（财政部、税务总局公告2021年第6号）的规定，上述通知规定的税收优惠政策执行期限延长至2023年12月31日。

根据《财政部 税务总局关于明确无偿转让股票等增值税政策的公告》（财政部 税务总局公告2020年第40号）第一条的规定，纳税人无偿转让股票时，转出方以该股票的买入价为卖出价，按照“金融商品转让”计算缴纳增值税；在转入方将上述股票再转让时，以原转出方的卖出价为买入价，按照“金融商品转让”计算缴纳增值税。

（三）增值税视同销售的会计处理

增值税视同销售的情形中，对于设有两个以上机构并实行统一核算的纳税人，将货物从一个机构移送其他机构用于销售，但相关机构设在同一县（市）的除外；将自产或者委托加工的货物用于非增值税应税项目（全面营改增以后，一般企业几乎不会遇到）；将自产、委托加工或者购进的货物无偿赠送其他单位或者个人；单位或者个体工商户向其他单位或者个人无偿提供服务，但用于公益事业或者以社会公众为对象的除外；单位或者个人向其他单位或者个人无偿转让无形资产或者不动产，但用于公益事业或者以社会公众为对象的除外等五种情况，在会计处理中不确认收入，其他情况都应确认收入。

1. 将自产、委托加工的物资用于职工福利或个人消费

借：应付职工薪酬

　贷：主营业务收入/其他业务收入

　　应交税费——应交增值税（销项税额）

同时结转成本：

借：主营业务成本/其他业务成本

　存货跌价准备

　贷：库存商品/原材料

借：税金及附加

　贷：应交税费——应交消费税（如果涉及消费税）

2. 将自产、委托加工和购买的物资用于对外投资

借：长期股权投资

贷：主营业务收入/其他业务收入

应交税费——应交增值税（销项税额）

同时结转成本：

借：主营业务成本/其他业务成本

存货跌价准备

贷：库存商品/原材料

借：税金及附加

贷：应交税费——应交消费税（如果涉及消费税）

3. 将自产、委托加工和购买的物资用于分红

借：应付股利

贷：主营业务收入/其他业务收入

应交税费——应交增值税（销项税额）

同时结转成本：

借：主营业务成本/其他业务成本

存货跌价准备

贷：库存商品/原材料

借：税金及附加

贷：应交税费——应交消费税（如果涉及消费税）

4. 将自产、委托加工和购买的物资用于捐赠

借：营业外支出

存货跌价准备

贷：库存商品（账面余额）

应交税费——应交增值税（销项税额）

——应交消费税（按计税价计算的消费税额）

（四）视同销售金额的确定

1. 货物视同销售金额的确定

根据《增值税暂行条例实施细则》的规定，纳税人有价格明显偏低并无正当理由或者有视同销售货物行为而无销售额者，按下列顺序确定销售额：

（1）按纳税人最近时期同类货物的平均销售价格确定。

（2）按其他纳税人最近时期同类货物的平均销售价格确定。

（3）按组成计税价格确定。组成计税价格的公式为：

组成计税价格=成本×（1+成本利润率）

属于应征消费税的货物，其组成计税价格中应加计消费税额。

公式中的成本是指：销售自产货物的为实际生产成本，销售外购货物的为实际采购成本。公式中的成本利润率由国家税务总局确定。

2. 视同发生应税行为销售额的确定

根据《营业税改征增值税试点实施办法》第四十四条的规定，纳税人发生应税行为价格明显偏低或者偏高且不具有合理商业目的的，或者发生该办法第十四条所列视同销售行为而无销售额的，主管税务机关有权按照下列顺序确定销售额：

（1）按照纳税人最近时期销售同类服务、无形资产或者不动产的平均价格确定。

（2）按照其他纳税人最近时期销售同类服务、无形资产或者不动产的平均价格确定。

二、土地增值税的视同销售

（一）视同销售情形

1. 视同销售房地产应税收入的确认

根据《国家税务总局关于营改增后土地增值税若干征管规定的公告》（国家税务总局公告2016年第70号）第二条“关于营改增后视同销售房地产的土地增值税应税收入确认问题”的规定，纳税人将开发产品用于职工福利、奖励、对外投资、分配给股东或投资人、抵偿债务、换取其他单位和个人的非货币性资产等，发生所有权转移时应视同销售房地产，其收入应按照《国家税务总局关于房地产开发企业土地增值税清算管理有关问题的通知》（国税发〔2006〕187号）第三条规定执行。

2. 安置回迁户视同销售收入的确认

房地产企业用建造的本项目房地产安置回迁户的，安置用房视同销售处理，按国税发〔2006〕187号文件第三条第（一）款规定确认收入，同时将此确认为房地产开发项目的拆迁补偿费。房地产开发企业支付给回迁户的补差价款，计入拆迁补偿费；回迁户支付给房地产开发企业的补差价款，应抵减本项目拆迁补偿费。

开发企业采取异地安置，异地安置的房屋属于自行开发建造的，房屋价值按国税发〔2006〕187号文件第三条第（一）款的规定计算，计入本项目的拆迁补偿费；异地安置的房屋属于购入的，以实际支付的购房支出计入拆迁补偿费。

3. 不符合不征税规定公益捐赠支出

根据《财政部 国家税务总局关于土地增值税一些具体问题规定的通知》（财税字〔1995〕48号）第四条的规定，不征土地增值税的“赠与”是指如下情况：

（1）房产所有人、土地使用权所有人将房屋产权、土地使用权赠与直系亲属或承担直接赡养义务人的；

（2）房产所有人、土地使用权所有人通过中国境内非营利的社会团体、国家机关将房屋产权、土地使用权赠与教育、民政和其他社会福利、公益事业的。

对于不符合上述不征土地增值税的赠与之外的房地产捐赠，应按视同销售进行土地增值税处理。

（二）视同销售金额的确定

纳税人发生土地增值税视同销售情形的，应按照国税发〔2006〕187号文件第三条规定的下列方法和顺序确认收入：

（1）按本企业在同一地区、同一年度销售的同类房地产的平均价格确定；

（2）由主管税务机关参照当地当年、同类房地产的市场价格或评估价值确定。

视同销售的会计处理、企业所得税及增值税等税务处理，可列表说明如下（见表2–16）。

表2–16 会计、企业所得税、增值税上的收入确认

项　　目	会　　计	增值税	企业所得税	消费税
将货物交付他人代销	确认收入	视同销售，销项税	确认销售，征税	销售，征税
销售代销货物	确认收入	视同销售，销售，销项税	销售，征税	不征税
设有两个以上机构并实行统一核算的纳税人，将货物从一个机构移送其他机构用于销售，相关机构设在同一个县市的除外	不确认收入	视同销售，销项税	不视同销售，不征	不征税
将自产或者委托加工的货物用于非应税项目（指内部）	不确认收入	视同销售，销项税	不视同销售，不征	销售，征税
将购买的货物作为投资提供给其他单位或者个体经营者	确认收入（具有商业实质且能取得公允价时确认，否则不确认）	视同销售，销项税	视同销售，征税	销售，不征税
将购买的货物分配给股东或者投资者	确认收入	视同销售，销项税	视同销售，征税	不征税
将购买的货物无偿赠送他人	不确认收入	视同销售，销项税	视同销售，征税	不征税
将自产、委托加工的货物作为投资，提供给其他单位或者个体经营者	确认收入（具有商业实质且能取得公允价时确认，否则不确认）	视同销售，销项税	视同销售，征税	销售，征税
将自产、委托加工的货物分配给投资者或者股东	确认收入	视同销售，销项税	视同销售，征税	销售，征税
将外购的货物用于非应税项目	不确认收入	不视同销售，但进项税转出	视同销售（如所有权转移，否则不视同销售），征税	不征税

续表

项　　目	会　　计	增值税	企业所得税	消费税
将外购的货物用于集体福利或者个人消费	不确认收入	不视同销售，但进项税转出	视同销售，征税	不征税（除金银首饰、钻石饰品）
将自产、委托加工的货物用于集体福利	不确认收入	视同销售，销项税	视同销售，征税	销售，征税
将自产、委托加工的货物无偿赠送他人	不确认收入	视同销售，销项税	视同销售，征税	销售，征税
将本企业生产的产品用于市场推广，交际应酬	不确认收入	视同销售，销项税	视同销售，征税	销售，征税
将自产、委托加工的货物用于职工个人福利	确认收入	视同销售，销项税	视同销售，征税	销售，征税
将购买的货物用于职工个人福利	不确认收入	不视同销售，但进项税转出	视同销售，征税	不征税（除金银首饰、钻石饰品）

第五节　风险识别与应对

一、视同销售风险主要表现

（1）货物、资产、劳务用于捐赠、广告等用途视同销售调整应纳税所得额后，对应支出税会差异未按规定进行纳税调整；

（2）视同销售金额的确定方法不符合税法规定；

（3）将货物用于捐赠、投资、分配、赠送等用途的，增值税视同销售后，未按规定进行企业所得税视同销售处理。

二、发生视同销售行为未按规定申报缴纳企业所得税风险

（一）风险描述

企业将资产移送他人用于市场推广或销售、交际应酬、职工奖励或福利、股息分配、对外捐赠和其他改变资产所有权属的，发生非货币性资产交换，以及将货物、财产、劳务用于捐赠、偿债、赞助、集资、广告、样品等，可能未按税法规定视同销售货物、转让财产或者提供劳务确认收入，或重复列支成本。

（二）风险应对

查阅企业的销售合同，核实是否存在视同销售行为以及收入确认情况。分析“库存商品”“原材料”“生产成本”等科目贷方发生额，分析“应付职工薪酬”“销售费用”“管理费用”“营业外支出”“应付利润”“长期股权投资”“应付股利”等科目明细，核实是否存在税法明确的视同销售行为。

三、非货币性资产交换未按规定申报缴纳企业所得税风险

（一）风险描述

（1）企业发生非货币性资产交换，可能存在未将用于交换的产品、未将处置固定资产、无形资产等利得计入应纳税所得额，计算缴纳企业所得税的风险；

（2）可能存在不具有商业实质或交换资产的公允价值不能可靠计量的非货币性资产交换，未按税法规定进行纳税调整的风险；

（3）可能存在混淆各种计税依据的确认，少缴企业所得税的风险。

（二）风险应对

先确认交换是否属于非货币性资产交换，计算收到或支付的补价占整个资产交换金额的比例是否低25%。

重点关注合同及结算单，查看“库存商品”“产成品”“自制半成品”“固定资产”“无形资产”等科目的对应关系，判断确认是否有以物易物、固定资产等用于非货币性资产交换情况，对存货是否做销售，分析“固定资产清理”等科目，对处置固定资产、无形资产等利得是否计入应纳税所得额计算缴纳企业所得税。核实企业换入资产的计税基础或成本，是否以换入资产公允价值和支付的相关税费为计税基础或成本。

第三章

房地产开发企业特定业务纳税调整及其风险识别与应对

Tax Adjustments of

Enterprise

Income Tax

TAXING

"房地产开发企业特定业务"是就企业所得税处理而言的，通常是指在取得预售许可证之后至开发产品完工交付业主之前，发生大量的预售款，以及开发产品完工交付后预售款转为销售收入的这样一种业务。预收款在房地产行业是一种普遍现象，按《房地产开发经营业务企业所得税处理办法》（国税发〔2009〕31号文件印发）的相关规定，对预收款，在收取当期要按规定的预计毛利率计算毛利额计入当期应纳税所得额，同时，要减去预收款发生的税金及附加。在开发产品完工交付使用后，会计上将预收款转为销售收入，同时结转销售成本，真实的毛利计算出来后计入完工年度的应纳税所得额。为避免重复计税，还要将以前已经计入应纳税所得额的对应的预计毛利额减去，在减去对应的预计毛利额时，需关注相应的税金及附加，不得重复扣除。

本章主要内容如图3-1所示。

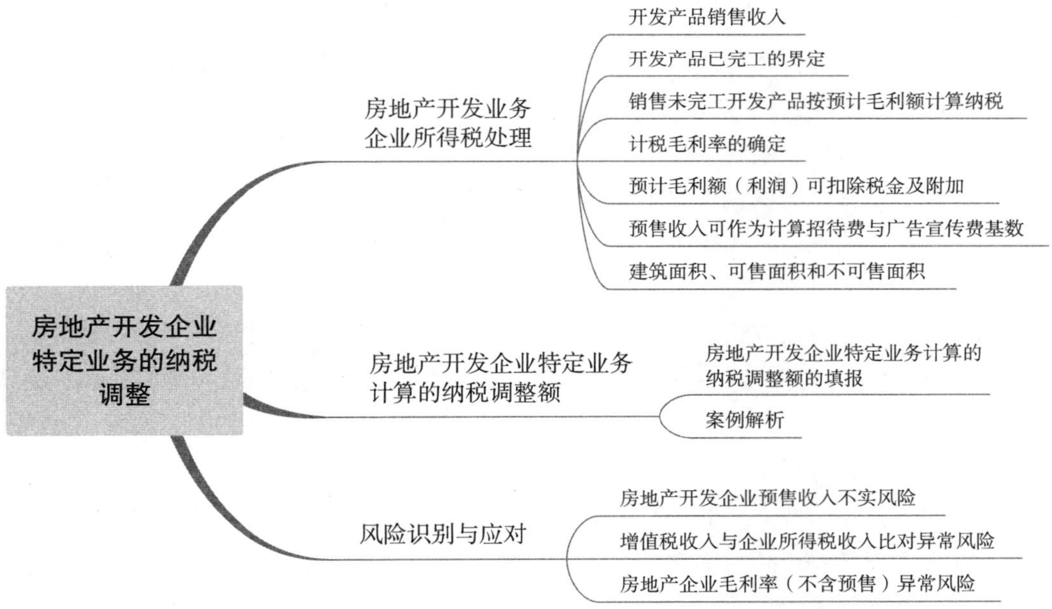

图3-1　房地产开发企业特定业务的纳税调整

第一节　房地产开发业务企业所得税处理

一、开发产品销售收入

（一）开发产品销售收入的范围

开发产品销售收入的范围为销售开发产品过程中取得的全部价款，包括现金、现金等价物及其他经济利益。企业代有关部门、单位和企业收取的各种基金、费用和附加等，凡纳入开发产品价内或由企业开具发票的，应按规定全部确认为销售收入；未纳入开发产品价内并由企业之外的其他收取部门、单位开具发票的，可作为代收代缴款项进行管理。

企业通过正式签订《房地产销售合同》或《房地产预售合同》所取得的收入，应确认为销售收入的实现，具体按以下规定确认：

（1）采取一次性全额收款方式销售开发产品的，应于实际收讫价款或取得索取价款凭据（权利）之日，确认收入的实现。

（2）采取分期收款方式销售开发产品的，应按销售合同或协议约定的价款和付款日确认收入的实现。付款方提前付款的，在实际付款日确认收入的实现。

（3）采取银行按揭方式销售开发产品的，应按销售合同或协议约定的价款确定收入额，其首付款应于实际收到日确认收入的实现，余款在银行按揭贷款办理转账之日确认收入的实现。

（4）采取委托方式销售开发产品的，应按以下原则确认收入的实现：

①采取支付手续费方式委托销售开发产品的，应按销售合同或协议中约定的价款于收到受托方已销开发产品清单之日确认收入的实现。

②采取视同买断方式委托销售开发产品的，属于企业与购买方签订销售合同或协议，或企业、受托方、购买方三方共同签订销售合同或协议的，如果销售合同或协议中约定的价格高于买断价格，则应按销售合同或协议中约定的价格计算的价款于收到受托方已销开发产品清单之日确认收入的实现；如果属于前两种情况中销售合同或协议中约定的价格低于买断价格，以及属于受托方与购买方签订销售合同或协议的，则应按买断价格计算的价款于收到受托方已销开发产品清单之日确认收入的实现。

③采取基价（保底价）并实行超基价双方分成方式委托销售开发产品的，属于由企业与购买方签订销售合同或协议，或企业、受托方、购买方三方共同签订销售合同或协议的，如果销售合同或协议中约定的价格高于基价，则应按销售合同或协议中约定的

价格计算的价款于收到受托方已销开发产品清单之日确认收入的实现，企业按规定支付受托方的分成额，不得直接从销售收入中减除；如果销售合同或协议约定的价格低于基价，则应按基价计算的价款于收到受托方已销开发产品清单之日确认收入的实现。属于由受托方与购买方直接签订销售合同的，则应按基价加上按规定取得的分成额于收到受托方已销开发产品清单之日确认收入的实现。

④采取包销方式委托销售开发产品的，包销期内可根据包销合同的有关约定，参照上述①至③项规定确认收入的实现；包销期满后尚未出售的开发产品，企业应根据包销合同或协议约定的价款和付款方式确认收入的实现。

（二）开发产品的视同销售

企业将开发产品用于捐赠、赞助、职工福利、奖励、对外投资、分配给股东或投资人、抵偿债务、换取其他企事业单位和个人的非货币性资产等行为，应视同销售，于开发产品所有权或使用权转移，或于实际取得利益权利时确认收入（或利润）的实现。确认收入（或利润）的方法和顺序为：

（1）按本企业近期或本年度最近月份同类开发产品市场销售价格确定；

（2）由主管税务机关参照当地同类开发产品市场公允价值确定；

（3）按开发产品的成本利润率确定。开发产品的成本利润率不得低于15%，具体比例由主管税务机关确定。

（三）营改增后含税收入的换算

关于营改增后房地产开发企业取得含税销售收入如何还原计算为不含税销售收入问题，国家税务总局北京市税务局在《企业所得税实务操作政策指引（第一期）》中明确：不含税销售收入=含税销售收入 ÷（1+适用税率或征收率），销售开发产品适用一般计税方法计税的，按照9%的适用税率计算；适用简易计税方法计税的，按照5%的征收率计算。

关于房地产开发企业销售未完工开发产品的含税收入计算为不含税收入的确定问题，江苏省明确：根据《房地产开发经营业务企业所得税处理办法》第九条的规定，企业销售未完工开发产品取得的收入，应先按预计计税毛利率分季（或月）计算出预计毛利额，计入当期应纳税所得额。企业销售未完工开发产品取得的含税收入，企业增值税适用一般计税方法的，按照“预收款/（1+增值税税率）”计算为不含税收入；企业增值税适用简易计税方法的，按照“预收款/（1+增值税征收率）”计算为不含税收入。

二、开发产品已完工的界定

企业房地产开发经营业务包括土地的开发，建造、销售住宅、商业用房以及其他建筑物、附着物、配套设施等开发产品。

根据《房地产开发经营业务企业所得税处理办法》第三条的规定，除土地开发之外，其他开发产品符合下列条件之一的，应视为已经完工：

（1）开发产品竣工证明材料已报房地产管理部门备案。

（2）开发产品已开始投入使用。

（3）开发产品已取得了初始产权证明。

开发产品开始投入使用是指房地产开发企业开始办理开发产品交付手续（包括入住手续）或已开始实际投入使用。

根据《国家税务总局关于房地产开发企业开发产品完工条件确认问题的通知》（国税函〔2010〕201号）的规定，房地产开发企业建造、开发的开发产品，无论工程质量是否通过验收合格，或是否办理完工（竣工）备案手续以及会计决算手续，当企业开始办理开发产品交付手续（包括入住手续）、或已开始实际投入使用时，为开发产品开始投入使用，应视为开发产品已经完工。房地产开发企业应按规定及时结算开发产品计税成本，并计算企业当年度应纳税所得额。

三、销售未完工开发产品按预计毛利额计算纳税

根据《房地产开发经营业务企业所得税处理办法》第九条的规定，企业销售未完工开发产品取得的收入，应先按预计计税毛利率分季（或月）计算出预计毛利额，计入当期应纳税所得额。开发产品完工后，企业应及时结算其计税成本并计算此前销售收入的实际毛利额，同时将其实际毛利额与其对应的预计毛利额之间的差额，计入当年度企业本项目与其他项目合并计算的应纳税所得额。

在年度纳税申报时，企业须出具对该项开发产品实际毛利额与预计毛利额之间差异调整情况的报告以及税务机关需要提供的其他相关资料。

房地产开发企业对已达到完工条件的开发产品未按成本对象结算计税成本的，主管税务机关有权确定成本对象并核定其计税成本，企业据此进行纳税调整。

四、计税毛利率的确定

（一）计税毛利率的确定原则

根据《房地产开发经营业务企业所得税处理办法》第八条的规定，企业销售未完工开发产品的计税毛利率由各省、自治区、直辖市税务局按下列规定进行确定：

（1）开发项目位于省、自治区、直辖市和计划单列市人民政府所在地城市城区和郊区的，不得低于15%。

（2）开发项目位于地及地级市城区及郊区的，不得低于10%。

（3）开发项目位于其他地区的，不得低于5%。

（4）属于经济适用房、限价房和危改房的，不得低于3%。

（二）计税毛利率的具体规定

1.江苏关于计税毛利率的规定

根据《国家税务总局江苏省税务局关于房地产开发经营业务企业所得税计税毛利率有关问题的公告》（国家税务总局江苏省税务局公告2018年第13号）第一条的规定，房地产开发经营业务企业销售未完工开发产品的计税毛利率按下列规定进行确定：

（1）开发项目位于南京市城区和郊区的，计税毛利率为15%。

（2）开发项目位于除南京以外的其他地区的，计税毛利率为10%。

（3）属于经济适用房、限价房和危改房的，计税毛利率为3%。

这里的经济适用房必须符合《江苏省地方税务局关于贯彻苏政发〔2008〕44号文件精神的通知》（苏地税函〔2008〕380号）规定的如下四个条件：

（1）纳入全省经济适用住房建设投资计划；

（2）土地采取划拨的方式供应；

（3）销售价格经价格主管部门按相关规定确定；

（4）向符合市、县人民政府认定标准的城市低收入住房困难家庭供应。

同时要提供以下资料：

（1）立项批准机关对经济适用房立项的批准文件；

（2）土地管理部门划拨土地的批准文件；

（3）物价部门核定的有关经济适用房销售价格的批件；

（4）住房保障主管部门为低收入住房困难家庭出具的购房资格证明；

（5）列明该项目的政府经济适用房建设投资计划；

（6）经济适用房销售清册（包括购房人姓名和身份证号码、准购面积、合同号、订立合同日期、楼栋号、实际购买面积、单价、销售金额）。

限价房和危改房需提供：

（1）《国有建设用地使用权出让合同》和政府主管部门出具的其他能证明限价房和危改房的证明文件；

（2）限价房和危改房销售清册（包括购房人姓名和身份证号码、准购面积、合同号、订立合同日期、楼栋号、实际购买面积、单价、销售金额）。

2.广东关于计税毛利率的规定

自2019年1月1日起，根据《国家税务总局广东省税务局关于明确广东省房地产开发企业销售未完工开发产品计税毛利率的公告》（国家税务总局广东省税务局公告2018年第30号）第一条的规定，广东省（不含深圳市）从事房地产开发经营业务企业销售未完工开发产品的计税毛利率按下列规定进行确定：

（1）开发项目位于广州市城区和郊区的，计税毛利率为15%。

（2）开发项目位于除广州市以外的其他地级市城区和郊区的，计税毛利率为10%。

（3）开发项目位于其他地区的，计税毛利率为5%。

（4）属于经济适用房、限价房和危改房的，计税毛利率为3%。

3.天津关于计税毛利率的规定

根据《天津市国家税务局 天津市地方税务局关于我市房地产开发企业计税毛利率有关问题的公告》（天津市国家税务局公告2017年第1号，天津市税务局公告2018年第24号修改）的规定，天津市房地产开发企业销售未完工开发产品的计税毛利率暂按下列规定进行确定：

（1）除另有规定外，开发房地产项目的计税毛利率暂按20%确定。

（2）符合经济适用房、限价房和危改房条件的，暂按3%确定。

五、预计毛利额可扣除税金及附加

（一）预缴申报时税金及附加的扣除与申报

根据相关填报说明的规定，《中华人民共和国企业所得税月（季）度预缴纳税申报表（A类）》（A200000）第4行“特定业务计算的应纳税所得额”：从事房地产开发等特定业务的纳税人，填报按照税收规定计算的特定业务的应纳税所得额。房地产开发企业销售未完工开发产品取得的预售收入，按照税收规定的预计计税毛利率计算出预计毛利额，扣除实际缴纳且在会计核算中未计入当期损益的土地增值税等税金及附加后的金额，在此行填报。

也就是说，在企业所得税预缴申报时，对根据预售收入预缴增值税计算的城市维护建设税、教育费附加和地方教育附加，以及根据预收款预缴的土地增值税，如会计核算进未计入当期损益的，可通过表A200000第4行填报扣除。

（二）汇缴申报时税金及附加的扣除与申报

根据《企业所得税法实施条例》的规定，允许计算应纳税所得额时扣除的税金，是指企业发生的除企业所得税和允许抵扣的增值税以外的各项税金及其附加。《房地产开发经营业务企业所得税处理办法》也规定，企业发生的期间费用、已销开发产品计税成本、税金及附加、土地增值税准予当期按规定扣除。这里准予税前扣除的税金及附加应包含按预售收入计缴的地方税金及附加。

六、预售收入可作为计算招待费与广告宣传费基数

房地产开发企业销售未完工开发产品取得的收入，可以作为计算业务招待费、广告费和业务宣传费的基数，但开发产品完工会计核算转销售收入时，已作为计算基数的未完工开发产品的销售收入不得重复计算业务招待费、广告费和业务宣传费。

七、建筑面积、可售面积和不可售面积

要想准确计算已销售房地产的成本，必须了解总建筑面积、总可售面积和不可售面积。

房地产开发企业的开发产品面积是税务检查、会计核算的一个基本指标，它可以用于确定开发成本总额、单位成本、应结转的销售成本等，进而影响最终的包括企业所得税和土地增值税等的计算。

（一）建筑面积

建筑面积=套内建筑面积+分摊的公用部位面积

套内建筑面积=套内使用面积+阳台面积+墙体面积

套内使用面积是各房间使用面积的总和。

（二）可售面积与不可售面积

总建筑面积，是指在建设用地范围内单栋或多栋建筑物地面以上及地面以下各层建筑面积之和，具体分为可售面积和不可售面积两部分。

1.可售面积与不可售面积的划分

可售面积，是指取得了《商品房预售许可证》、可以进行预售和销售的商品房面积。反之则是不可售面积。

从形式上看，可售面积应包括商品房的套内面积和分摊面积，不可售面积一般包括人防面积、非营利性的社会公共事业设施（包括物业办公场所、变电站、热力站、水厂、居委会、派出所、托儿所、幼儿园、学校、医院、邮电通信设施、自行车棚、公共厕所等），以及其他不得在业主购买面积范围内分摊的设施面积等。

从实质上看，可售面积与不可售面积的划分标准是其产权的归属。将来产权归业主所有的面积一般就作为可售面积。如商品房的套内面积、分摊面积，产权归业主所有的停车位等；产权归开发商所有的面积也应作为可售面积，如开发商转为自用的开发产品即属于可售面积中的未售面积；将来需要向其他方面无偿移交产权的设施面积一般作为不可售面积，如配套设施中的学校需要向教育部门移交产权，医院需要向卫生部门移交产权，人防设施需向人防管理部门移交产权，物业用房需要向业主所选择的物业公司移交等。

2.各种面积的确定方法

总建筑面积可以通过查阅项目的立项批文和建筑规划许可证获得。由于批文和许可证均是在工程建设前取得的，与实际的建筑面积会有一定的误差，需要与最终的实测报告进行核对，以最终的房屋测绘技术报告书为准。

可售面积和不可售面积应通过建筑规划许可证和房屋土地测绘技术报告书获得。一般情况下，建筑规划许可证标有地上面积、地下面积、人防面积等具体数字，配套设施则一般标有“学校”“医院”等字样，我们可以通过这些内容进行分析，以对可售面积

和不可售面积进行划分；房屋土地测绘技术报告书则更加精确，它一般列有房屋建筑面积总表、房屋建筑面积分层汇总表、共有共用建筑面积分层汇总表、房屋分户建筑面积分摊计算明细表及房屋分层平面示意图等，其中的内容和数字十分详尽准确。

已售面积和未售面积主要应通过销售部门的销售明细表获得。开发商提供的销售明细表应包括所有开发产品在内，已售部分填有客户名称、购买房屋的栋号与房号、合同号、签约日期、签约面积、合同单价、合同金额、实测面积等内容，未售部分以空白形式列入表内。需要注意的是，凡开发企业用于捐赠、赞助、职工福利、奖励、对外投资、分配给股东或投资人、抵偿债务、换取其他企事业单位和个人的非货币性资产的开发产品，均应作为已售面积并按照规定确定收入并计入主营业务收入总额中。在实际工作中，已售面积一般按开发商开具最终的销售不动产发票上注明的面积进行统计。

第二节　房地产开发企业特定业务计算的纳税调整额

一、房地产开发企业特定业务计算的纳税调整额的填报

企业所得税年度纳税申报时，企业需将销售未完工开发产品纳税调整情况，通过《视同销售和房地产开发企业特定业务纳税调整明细表》（A105010）第三部分（见表3-1），分析填入《纳税调整项目明细表》第40行“房地产开发企业特定业务计算的纳税调整额”第3列“纳税调增”、第4列“纳税调减”栏次。

表3-1　A105010 视同销售和房地产开发企业特定业务纳税调整明细表（部分）

行次	项　目	税收金额	纳税调整金额
		1	2
21	三、房地产开发企业特定业务计算的纳税调整额（22-26）		
22	（一）房地产企业销售未完工开发产品特定业务计算的纳税调整额（24-25）		
23	1. 销售未完工产品的收入		*
24	2. 销售未完工产品预计毛利额		
25	3. 实际发生的税金及附加、土地增值税		
26	（二）房地产企业销售的未完工产品转完工产品特定业务计算的纳税调整额（28-29）		
27	1. 销售未完工产品转完工产品确认的销售收入		*
28	2. 转回的销售未完工产品预计毛利额		
29	3. 转回实际发生的税金及附加、土地增值税		

销售未完工开发产品预收款缴纳的税金及附加，在会计核算中未计入当期损益的金额，才填报表A105010第25行。由于会计核算时当年预售收入不符合会计收入确认条件，根据《企业会计准则》的规定，按照预售收入缴纳的增值税计算的税金及附加，按预收款计算预缴的土地增值税，不计入当年的“税金及附加”，而是暂时保留在“应交税费”科目。若会计核算时已计入了当期损益，则该行不需要填报，否则会造成税金的重复扣除。

（一）未完工产品转完工产品特定业务计算的纳税调整额

表A105010第26行“（二）房地产企业销售的未完工产品转完工产品特定业务计算的纳税调整额”：填报房地产企业销售的未完工产品转完工产品，按税收规定计算的纳税调整额。第1列“税收金额”填报第28行第1列减去第29行第1列的余额；第2列“纳税调整金额”等于第1列“税收金额”。

由于在销售未完工产品取得预收款时，已将其预计毛利额计入当时的应纳税所得额缴纳了企业所得税，因此，在正式转收入、结转成本时，要将前期已计入应纳税所得的部分调减，否则就会重复缴税。

表A105010第27行“1.销售未完工产品转完工产品确认的销售收入”：第1列“税收金额”填报房地产企业销售的未完工产品，此前年度已按预计毛利额征收所得税，本年度结转为完工产品，会计上符合收入确认条件，当年会计核算确认的销售收入金额。

根据收入确认原则，房地产企业从谨慎性原则出发，确认收入一般应满足以下几个条件：

（1）房屋竣工并验收合格，说明商品是合格的；

（2）完成竣工结算，说明成本能够可靠地计量；

（3）签订售房合同及收取房款，说明房款收入已能可靠计量且已经或能够流入企业；

（4）房屋办理了移交手续交付业主使用，说明与房屋所有权相关的风险和报酬及房屋的管理权和控制权均全部转移。

通常竣工结算时间和合同签订时间会早于交房时间，所以房地产开发企业商品房销售收入的确认时间应为办理房屋交接手续之日，该日之前收取的款项在会计核算上视为预收房款，待交房日确认销售收入实现后再结转计入“主营业务收入”。也就是说，在房地产销售中，房地产的法定所有权转移给买方，通常企业应确认销售收入。但以下属于风险和报酬尚未转移的情况：

（1）卖方根据合同规定，仍有责任实施重大行动，例如工程尚未完工。在这种情况下，企业应在所实施的重大行动完成时确认收入。

（2）房地产销售后，卖方仍有某种程度的继续涉入，如销售回购协议、卖方保证买方在特定时期内获得报酬的协议等。卖方在继续涉入的期间内一般不确认收入。

表A105010第28行“2.转回的销售未完工产品预计毛利额”：第1列“税收金额”填报房地产企业销售的未完工产品，此前年度已按预计毛利额征收所得税，本年结转完工产品，会计核算确认为销售收入，转回原按税收规定预计计税毛利率计算的金额；第2列“纳税调整金额”等于第1列“税收金额”。

表A105010第29行“3.转回实际发生的税金及附加、土地增值税”：填报房地产企业销售的未完工产品结转完工产品后，会计核算确认为销售收入，同时将对应实际发生的税金及附加、土地增值税转入当期损益的金额；第2列“纳税调整金额”等于第1列“税收金额”。

（二）附加税费的税会差异与纳税调整

在2016年5月1日全面营改增之前，执行企业会计准则或分行业会计制度的企业，本行计算公式：预收款 × 预计毛利率 – 预收款对应缴纳的营业税、城市维护建设税、教育费附加、地方教育附加、预征的土地增值税。

执行小企业会计准则的，本行计算公式为：预收款 × 预计毛利率。

根据《企业会计准则》的规定，会计上在预收房款时，不计提税金及附加，在预收款转为收入时，根据配比原则计提税金及附加。主表A100000第3行的“税金及附加”是按会计口径填报的，企业所得税处理时允许预收款对应的税金及附加在其纳税义务发生时扣除。所以，执行《企业会计准则》的房地产企业在计算销售未完工开发产品特定业务计算的纳税调整额时要减去预收款对应的营业税、城市维护建设税、教育费附加、地方教育附加、预征的土地增值税。

执行《小企业会计准则》的小企业，允许税金及附加在其纳税义务发生时计入当期损益，此时主表第3行的“税金及附加”已包括了预收款对应的税金及附加。

2016年5月1日全面营改增之后，房地产企业销售开发产品增值税分两个阶段申报，在预收款环节在项目所在地预缴申报，到增值税纳税义务发生时在机构所在地纳税申报，同时扣减已预缴的增值税，这导致城市维护建设税也分开缴纳，在预缴地按预缴增值税和预缴地的城市维护建设税适用税率申报，在申报地按申报地补缴的增值税和申报地的城市维护建设税适用税率申报。

如果企业采用的国家统一会计制度规定，城市维护建设税在缴纳时计入“税金及附加”即计入当期损益，由于企业所得税允许在缴纳当期扣除，就不存在税会差异，不需要填报附表A105010第25行和第29行。因为企业已将其计入“税金及附加”，从而直接计入主表A100000第3行和第13行（利润总额）。

如果企业采用《企业会计准则》或原来的分行业会计制度，则要根据配比原则，将城市维护建设税计入预收款转为收入年度的损益，如果预收款和结转收入的年度不同，会造成税金及附加计入损益年度与税前扣除年度不同，从而在预收款年度预收款对应的城市维护建设税及附加要填入附表A105010第25行对应纳税所得额进行纳税调减，在预收款转入收入的年度要通过附表A105010第29行进行调增。

二、案例解析

案例3-1 某市区甲房地产开发企业为增值税一般纳税人，查账征收企业所得税。2021年4月，在县城新开发的项目飞腾小区（采用一般计税方法）取得预售许可证，网签预售合同1套，合同总价327 000元，预付100%，并于当年4月收到。房子在2022年10月完工交付，计税成本为20万元。假定当月只有此笔业务，预计毛利率为15%。

要求：进行相关的财税处理。

解析：

1. 预缴增值税。

一般纳税人采取预收款方式销售自行开发的房地产项目，应在收到预收款时按照3%的预征率预缴增值税。房地产开发企业在收到预收款只需要预缴增值税款，纳税义务并没有发生。

应预缴增值税按照以下公式计算：

应预缴税款=预收款 ÷（1+适用税率或征收率）×3%。

自2019年4月1日起，适用一般计税方法计税的，按照9%的适用税率计算；适用简易计税方法计税的，按照5%的征收率计算。

本案例中，预缴税款=327 000/（1+9%）×3%=9 000（元）。

一般纳税人应在取得预收款的次月纳税申报期向主管税务机关预缴税款。即在5月的纳税申报期填写增值税预缴申报表，向主管税务机关预缴增值税。

2. 财务处理。

房地产企业收到预收款会计处理：

（1）2021年4月，收到预售款时：

借：银行存款　　327 000

　　贷：合同负债　　327 000

（2）2021年5月，预缴增值税：

借：应交税费——预交增值税　　9 000

　　贷：银行存款　　9 000

同时，根据预交地城市维护建设税适用税率5%，计算应缴的城市维护建设税：9 000×5%=450（元）。

借：应交税费——应交城市维护建设税　　450

　　贷：银行存款　　450

待房地产企业增值税纳税义务发生时，将预缴增值税转入未交增值税。目前大部分地方都是以实际交房时间和预售合同约定的交房时间孰早来确认增值税纳税义务发生时间；若企业提前开具增值税发票（非预收款不征税发票），在开具发票时产生纳税义务。如果2022年10月房子完工交付给业主并同时开具不动产销售发票，则增值税纳税义务实现。该开发产品成本200 000元。

2022年10月：

借：合同负债　　327 000

　贷：主营业务收入　　300 000

　　应交税费——应交增值税（销项税额）　　27 000

同时：

借：主营业务成本　　200 000

　贷：开发产品　　200 000

假设该月无其他进项税额，也无期初留抵税额。当月销售不动产应纳增值税27 000元。月底：

借：应交税费——应交增值税（转出未交增值税）　　27 000

　贷：应交税费——未交增值税　　27 000

同时，将在项目所在地已预交的增值税冲减未交增值税：

借：应交税费——未交增值税　　9 000

　贷：应交税费——预交增值税　　9 000

扣除在项目所在地预缴的9 000元后，在机构所在地只需要缴纳增值税18 000元。

根据权责发生制和配比原则（小企业会计准则规定，城市维护建设税在实际缴纳年度计入损益，这与国税发〔2009〕31号文件的规定是一致的，而房地产开发企业一般不属于小企业，不执行小企业会计准则），这套商品房在2022年10月实现收入300 000元，其对应的城市维护建设税应全部计入2022年10月的损益。

根据《财政部 国家税务总局关于纳税人异地预缴增值税有关城市维护建设税和教育费附加政策问题的通知》（财税〔2016〕74号）的规定，纳税人跨地区提供建筑服务、销售和出租不动产的，应在建筑服务发生地、不动产所在地预缴增值税时，以预缴增值税税额为计税依据，并按预缴增值税所在地的城市维护建设税适用税率和教育费附加征收率就地计算缴纳城市维护建设税和教育费附加。预缴增值税的纳税人在其机构所在地申报缴纳增值税时，以其实际缴纳的增值税税额为计税依据，并按机构所在地的城市维护建设税适用税率和教育费附加征收率就地计算缴纳城市维护建设税和教育费附加。300 000元收入实现的增值税应附征的全部城市维护建设税为：9 000×5%+（27 000–9 000）×7%=1 710（元）。

（3）2022年10月应提取城市维护建设税：

借：税金及附加　　1 710

　贷：应交税费——应交城市维护建设税　　1 710

2022年11月，申报缴纳增值税时：

借：应交税费——未交增值税　　18 000

　贷：银行存款　　18 000

2022年11月，应申报城市维护建设税：（27 000–9 000）×7%=1 260（元）。

借：应交税费——应交城市维护建设税　　1 260

　贷：银行存款　　1 260

综上所述，2021年城市维护建设税450元未在损益中列支，2021年度企业所得税年度纳税申报时，应将450元填入附表A105010第25行。由于2022年会计上将城市维护建设税450元计入当年损益中，因此在填报2022年企业所得税年度申报表时，应将450元填入附表A105010第29行，以达到调增应纳税所得额目的。如果不这样填报，就导致450元城市维护建设税在2022年又扣除了一次。

2021年度纳税申报时，纳税调整表填报如下（见表3–2、表3–3）：

表3–2　A105010视同销售和房地产开发企业特定业务纳税调整明细表（部分）

行次	项　　目	税收金额	纳税调整金额
		1	2
21	三、房地产开发企业特定业务计算的纳税调整额（22–26）	44 550	44 550
22	（一）房地产企业销售未完工开发产品特定业务计算的纳税调整额（24–25）	44 550	44 550
23	1. 销售未完工产品的收入	300 000	*
24	2. 销售未完工产品预计毛利额	45 000	45 000
25	3. 实际发生的税金及附加、土地增值税	450	450
26	（二）房地产企业销售的未完工产品转完工产品特定业务计算的纳税调整额（28–29）		
27	1. 销售未完工产品转完工产品确认的销售收入		*
28	2. 转回的销售未完工产品预计毛利额		
29	3. 转回实际发生的税金及附加、土地增值税		

表3–3　A105000纳税调整项目明细表（部分）

行次	项　　目	账载金额	税收金额	调增金额	调减金额
		1	2	3	4
1	一、收入类调整项目（2+3+4+5+6+7+8+10+11）	*	*		
12	二、扣除类调整项目（13+14+……+29）	*	*		
31	三、资产类调整项目（32+33+34+35）	*	*		
36	四、特殊事项调整项目（37+38+…+43）	*	*	44 550	
37	（一）企业重组（填写A105100）				
38	（二）政策性搬迁（填写A105110）	*	*		
39	（三）特殊行业准备金（填写A105120）				

续表

行次	项目	账载金额	税收金额	调增金额	调减金额
		1	2	3	4
40	（四）房地产开发企业特定业务计算的纳税调整额（填写A105010）	*	44 550	44 550	
41	（五）合伙企业法人应分得的应纳税所得额				
43	（五）其他	*	*		
44	五、特别纳税调整应税所得	*	*		
45	六、其他	*	*		
46	合计（1+12+30+35+44+45）	*	*	44 550	

2022年度纳税申报时，纳税调整明细表填报如下（见表3-4、表3-5）：

表3-4　A105010视同销售和房地产开发企业特定业务纳税调整明细表（部分）

行次	项目	税收金额	纳税调整金额
		1	2
21	三、房地产开发企业特定业务计算的纳税调整额（22-26）	-44 550	-44 550
22	（一）房地产企业销售未完工开发产品特定业务计算的纳税调整额（24-25）		
23	1. 销售未完工产品的收入		*
24	2. 销售未完工产品预计毛利额		
25	3. 实际发生的税金及附加、土地增值税		
26	（二）房地产企业销售的未完工产品转完工产品特定业务计算的纳税调整额（28-29）	44 550	44 550
27	1. 销售未完工产品转完工产品确认的销售收入	300 000	*
28	2. 转回的销售未完工产品预计毛利额	45 000	45 000
29	3. 转回实际发生的税金及附加、土地增值税	450	450

表3-5　A105000纳税调整项目明细表（部分）

行次	项目	账载金额	税收金额	调增金额	调减金额
		1	2	3	4
1	一、收入类调整项目（2+3+4+5+6+7+8+10+11）	*	*		
12	二、扣除类调整项目（13+14+……+30）	*	*		
31	三、资产类调整项目（32+33+34+35）	*	*		
36	四、特殊事项调整项目（37+38+…+43）	*	*		44 550

续表

行次	项　目	账载金额	税收金额	调增金额	调减金额
		1	2	3	4
37	（一）企业重组（填写A105100）				
38	（二）政策性搬迁（填写A105110）	*	*		
39	（三）特殊行业准备金（填写A105120）				
40	（四）房地产开发企业特定业务计算的纳税调整额（填写A105010）	*	−44 550		44 550
41	（五）合伙企业法人合伙人应分得的应纳税所得额				
43	（五）其他	*	*		
44	五、特别纳税调整应税所得	*	*		
45	六、其他	*	*		
46	合计（1+12+30+35+44+45）	*	*		44 550

案例3–2　江苏某市甲房地产开发公司为增值税一般纳税人，查账征收企业所得税。2016年2月开工的A住宅小区项目，2020年10月开始预售，当年第四季度收到的预售购房款10 500万元，公司选择简易计税方法缴纳增值税。2021年10月，该项目办理完工备案手续，当年会计将上年收取的预售房款10 500万元全部结转为销售开发产品收入。已知当地税务机关规定的土地增值税预征率为2%，销售未完工产品预计毛利率为15%。

假定开发成本6 000万元，销售费用等1 000万元。

要求：进行相关的财税处理，并填报企业所得税年度纳税申报表。

解析：

2020年收到预售购房款时：

借：银行存款　　105 000 000

　贷：合同负债　　105 000 000

确认应预缴的增值税：

10 500÷（1+5%）×3%=300（万元）。

借：应交税费——预交增值税　　3 000 000

　贷：银行存款　　3 000 000

根据《国家税务总局关于营改增后土地增值税若干征管规定的公告》（国家税务总局公告2016年第70号）第一条的规定，营改增后，纳税人转让房地产的土地增值税应税收入不含增值税。适用增值税一般计税方法的纳税人，其转让房地产的土地增值税应税收入不含增值税销项税额；适用简易计税方法的纳税人，其转让房地产的土地增值税应税收入不含增值税应纳税额。为方便纳税人，简化土地增值税预征税款计算，房地产开发企业采取预收款方式销售自行开发的房地产项目的，可按照以下方法计算土地增值税预征计征依据：

土地增值税预征的计征依据=预收款–应预缴增值税税款

因而，应预缴土地增值税：（10 500–300）×2%=204（万元）；

应缴城市维护建设税：300×7%=21（万元）；

应缴教育费附加：300×3%=9（万元）；

应缴地方教育附加：300×2%=6（万元）。

借：应交税费——应交城市维护建设税 210 000

——应交教育费附加 90 000

——应交地方教育附加 60 000

——应交土地增值税 2 040 000

贷：银行存款 2 400 000

2020年度纳税申报时，填报报表如下（见表3–6、表3–7）：

表3–6 A105010视同销售和房地产开发企业特定业务纳税调整明细表（部分）

行次	项　　目	税收金额	纳税调整金额
		1	2
21	三、房地产开发企业特定业务计算的纳税调整额（22–26）	12 600 000	12 600 000
22	（一）房地产企业销售未完工开发产品特定业务计算的纳税调整额（24–25）	12 600 000	12 600 000
23	1. 销售未完工产品的收入	100 000 000	*
24	2. 销售未完工产品预计毛利额	15 000 000	15 000 000
25	3. 实际发生的税金及附加、土地增值税	2 400 000	2 400 000
26	（二）房地产企业销售的未完工产品转完工产品特定业务计算的纳税调整额（28–29）		
27	1. 销售未完工产品转完工产品确认的销售收入		*
28	2. 转回的销售未完工产品预计毛利额		
29	3. 转回实际发生的税金及附加、土地增值税		

表3–7 A105000纳税调整项目明细表（部分）

行次	项　　目	账载金额	税收金额	调增金额	调减金额
		1	2	3	4
1	一、收入类调整项目（2+3+4+5+6+7+8+10+11）	*	*		
12	二、扣除类调整项目（13+14+……+29）	*	*		

续表

行次	项目	账载金额	税收金额	调增金额	调减金额
		1	2	3	4
31	三、资产类调整项目（31+32+33+34）	*	*		
36	四、特殊事项调整项目（36+37+38+39+40）	*	*	12 600 000	
37	（一）企业重组（填写 A105100）				
38	（二）政策性搬迁（填写 A105110）	*	*		
39	（三）特殊行业准备金（填写 A105120）				
40	（四）房地产开发企业特定业务计算的纳税调整额（填写 A105010）	*	12 600 000	12 600 000	
41	（五）有限合伙企业法人合伙方应分得的应纳税所得额				
42	（五）其他	*	*		
43	五、特别纳税调整应税所得	*	*		
44	六、其他	*	*		
45	合计（1+12+30+35+41+42）	*	*	12 600 000	

2021年预收购房款结转收入时：

借：合同负债　　105 000 000

　贷：主营业务收入　　100 000 000

　　　应交税费——简易计税　　5 000 000

借：主营业务成本　　60 000 000

　贷：开发产品　　60 000 000

借：税金及附加　　600 000

　贷：应交税费——应交城市维护建设税　　350 000

　　　　　　　——应交教育费附加　　150 000

　　　　　　　——应交地方教育附加　　100 000

缴纳相关税费用时：

借：应交税费——简易计税　　2 000 000

　　　　　——应交城市维护建设税　　140 000

　　　　　——应交教育费附加　　60 000

　　　　　——应交地方教育附加　　40 000

　贷：银行存款　　2 240 000

2021年度纳税申报时，填报相关纳税调整表如下（见表3-8至表3-10）：

表3-8 A105010 视同销售和房地产开发企业特定业务纳税调整明细表（部分）

行次	项目	税收金额	纳税调整金额
		1	2
21	三、房地产开发企业特定业务计算的纳税调整额（22-26）	-12 600 000	-12 600 000
22	（一）房地产企业销售未完工开发产品特定业务计算的纳税调整额（24-25）	0	0
23	1. 销售未完工产品的收入		*
24	2. 销售未完工产品预计毛利额		
25	3. 实际发生的税金及附加、土地增值税		
26	（二）房地产企业销售的未完工产品转完工产品特定业务计算的纳税调整额（28-29）	12 600 000	12 600 000
27	1. 销售未完工产品转完工产品确认的销售收入	100 000 000	*
28	2. 转回的销售未完工产品预计毛利额	15 000 000	15 000 000
29	3. 转回实际发生的税金及附加、土地增值税	2 400 000	2 400 000

表3-9 A105000 纳税调整项目明细表（部分）

行次	项目	账载金额	税收金额	调增金额	调减金额
		1	2	3	4
1	一、收入类调整项目（2+3+4+5+6+7+8+10+11）	*	*		
12	二、扣除类调整项目（13+14+……+29）	*	*		
31	三、资产类调整项目（31+32+33+34）	*	*		
36	四、特殊事项调整项目（36+37+38+39+40）	*	*		12 600 000
37	（一）企业重组（填写 A105100）				
38	（二）政策性搬迁（填写 A105110）	*	*		
39	（三）特殊行业准备金（填写 A105120）				
40	（四）房地产开发企业特定业务计算的纳税调整额（填写 A105010）	*	-12 600 000		12 600 000
44	五、特别纳税调整应税所得	*	*		
45	六、其他	*	*		
46	合计（1+12+30+35+41+42）	*	*		12 600 000

表3-10　A100000 中华人民共和国企业所得税年度纳税申报表（A类）

行次	类别	项　　目	金额
1	利润总额计算	一、营业收入（填写 A101010\101020\103000）	10 000
2		减：营业成本（填写 A102010\102020\103000）	6 000
3		减：税金及附加	60
4		减：销售费用（填写 A104000）	1 000
5		减：管理费用（填写 A104000）	
6		减：财务费用（填写 A104000）	
7		减：资产减值损失	
8		加：公允价值变动收益	
9		加：投资收益	
10		二、营业利润（1-2-3-4-5-6-7+8+9）	2 940
11		加：营业外收入（填写 A101010\101020\103000）	
12		减：营业外支出（填写 A102010\102020\103000）	2 940
13		三、利润总额（10+11-12）	
14	应纳税所得额计算	减：境外所得（填写 A108010）	
15		加：纳税调整增加额（填写 A105000）	
16		减：纳税调整减少额（填写 A105000）	1 260
17		减：免税、减计收入及加计扣除（填写 A107010）	
18		加：境外应税所得抵减境内亏损（填写 A108000）	
19		四、纳税调整后所得（13-14+15-16-17+18）	1 680
20		减：所得减免（填写 A107020）	
21		减：弥补以前年度亏损（填写 A106000）	
22		减：抵扣应纳税所得额（填写 A107030）	
23		五、应纳税所得额（19-20-21-22）	

第三节　风险识别与应对

一、房地产开发企业预售收入不实风险

（一）识别指标

测算的预售收入 - 申报的预售收入＞100 000元；

测算的预售收入 = 预收账款（合同负债）本年期末数 - 预收账款（合同负债）上年

期末数＞0。

该指标可用于识别房地产企业可能存在少计预售收入的情况。

（二）风险应对

充分利用风险管理系统开展全面的分析工作，结合金税三期综合征管软件中的纳税人信息、企业所得税年度纳税申报表中的预收账款本年期末数和预收账款上年期末数，测算的预售收入减去申报的预售收入超过预警值的可能存在风险。该项目应对主要包括以下内容：

—核查企业基础登记信息和认定信息的准确性。

—核实企业的销售房地产收入，是否按国税发〔2009〕31号文件的规定确认收入。

—核实企业的预售收入，归集是否正确，是否按规定及时结转收入，新增预售收入与表A105010《视同销售和房地产开发企业特定业务纳税调整明细表》中反映的金额是否一致。

—存在少缴纳税款情形的，通知纳税人补缴并按规定加收滞纳金。存在调增应纳税所得额，但不需要补税的，通知纳税人做更正申报。

二、增值税收入与企业所得税收入比对异常风险

（一）识别指标

疑点金额=增值税收入－所得税收入＞0。

该指标主要用于识别房地产开发企业销售开发产品实现的增值税收入与企业所得税收入差异风险，两者收入不一致则房地产开发企业可能存在少计所得税应税收入的情况。

（二）风险应对

充分利用风险管理系统开展全面的分析工作，结合金税三期综合征管软件中的纳税人信息、房地产企业所得税年度纳税申报表中的营业收入、房地产开发企业特定业务计算的纳税调整额、房地产企业增值税申报表（12月）中的本年累计销售额、增值税预缴税款表销售不动产等相关涉税数据，对房地产企业可能存在少计企业所得税应税收入的情况进行全面分析，初步确定是纳税人申报表填写错误还是政策适用错误，再根据情况确定是否需要纳税人提供资料或者开展实地检查，并根据获取的资料或者实地检查结果进行相应的处理。

该项目应对主要包括以下内容：

—核查企业基础登记信息和认定信息的准确性。

—核实房地产企业的销售收入，是否按国税发〔2009〕31号文件的规定确认收入。

—核实房地产企业的预售收入，归集是否正确，是否按规定及时结转销售收入，新

增预售收入与表A105010《视同销售和房地产开发企业特定业务纳税调整明细表》中反映的金额是否一致。

—核实与开具的销售不动产发票金额差异的原因。

—存在少缴纳税款情形的，通知纳税人补缴并按规定加收滞纳金。

三、房地产企业毛利率（不含预售）异常风险

（一）识别指标

毛利率＜10%，营业收入≥1 000万元。

该指标用于识别可能存在的少确认收入或多列支成本，少缴企业所得税的风险。

（二）风险应对

充分利用风险管理系统开展全面的分析工作，结合金税三期综合征管软件中的纳税人信息以及第三方情报等数据，对房地产企业的毛利率（不含预售）情况进行全面分析，初步确定是纳税人申报表填写错误还是政策适用错误，再根据情况确定是否需要纳税人提供资料或者开展实地检查，并根据获取的资料或者实地检查结果进行相应的处理。

该项目应对主要包括以下内容：

—核查企业基础登记信息和认定信息的准确性。

—纵向比对房地产企业的历年毛利率的变动情况，横向比对房地产企业的毛利率与行业均值的差异，对于房地产企业毛利率明显偏低的企业，重点分析企业的收入和成本的构成，核实是否存在少确认收入或多列支成本情况。

—存在少缴纳税款情形的，通知纳税人补缴并按规定加收滞纳金。

第四章

未按权责发生制确认收入纳税调整及其风险识别与应对

Tax Adjustments of
Enterprise
Income Tax

TAXING

会计处理按权责发生制确认收入、税收规定未按权责发生制确认收入的纳税调整涉及《纳税调整项目明细表》（A105000）第3行"（二）未按权责发生制原则确认的收入"和《未按权责发生制确认收入纳税调整明细表》（A105020）。未按权责发生制原则确认的收入分为：跨期收取的租金、利息、特许权使用费收入，分期确认收入，政府补助递延收入和其他未按权责发生制确认收入。

本章主要内容如图4–1所示。

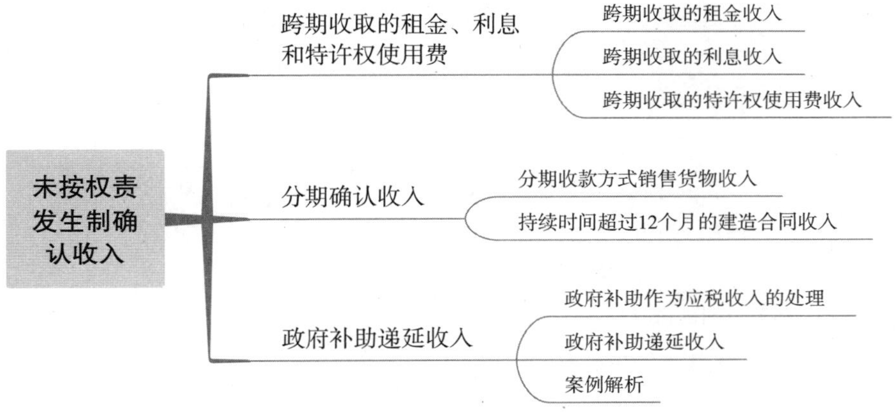

图4–1　未按权责发生制确认收入

第一节　跨期收取的租金、利息和特许权使用费

一、未按权责发生制确认收入纳税调整明细表

《未按权责发生制确认收入纳税调整明细表》（A105020，如表4–1所示）适用于会计处理按权责发生制确认收入、税收规定未按权责发生制确认收入需纳税调整的纳税人填报。纳税人根据《企业所得税法》及其实施条例、《国家税务总局关于贯彻落实企业所得税法若干税收问题的通知》（国税函〔2010〕79号）、《国家税务总局关于确认企业所得税收入若干问题的通知》（国税函〔2008〕875号）等相关规定，以及国家统一企业会计制度，填报会计处理按照权责发生制确认收入、税收规定未按权责发生制确认收入的会计处理、税收规定，以及纳税调整情况。符合税收规定不征税收入条件作为不征税收入处理的政府补助收入，该表不做调整，在《专项用途财政性资金纳税调整明细表》（A105040）中进行纳税调整。

表A105020是企业所得税年度纳税申报表的二级附表，系《纳税调整项目明细表》（A105000）的附表，与表A105000的第3行对应。

表4-1　A105020 未按权责发生制确认收入纳税调整明细表

行次	项　目	合同金额（交易金额）	账载金额		税收金额		纳税调整金额
			本年	累计	本年	累计	
		1	2	3	4	5	6（4-2）
1	一、跨期收取的租金、利息、特许权使用费收入（2+3+4）						
2	（一）租金						
3	（二）利息						
4	（三）特许权使用费						
5	二、分期确认收入（6+7+8）						
6	（一）分期收款方式销售货物收入						
7	（二）持续时间超过12个月的建造合同收入						
8	（三）其他分期确认收入						
9	三、政府补助递延收入（10+11+12）						
10	（一）与收益相关的政府补助						
11	（二）与资产相关的政府补助						
12	（三）其他						
13	四、其他未按权责发生制确认收入						
14	合计（1+5+9+13）						

二、跨期收取的租金收入

（一）租金收入的处理

租金收入，是指企业提供固定资产、包装物或者其他有形资产的使用权取得的收入。租金收入是转让有形资产的使用权收入，不含转让无形资产的使用权，转让无形资产使用权取得的收入称为特许权使用费收入。

根据《企业所得税法实施条例》的规定，租金收入按照合同约定的承租人应付租金的日期确认收入的实现。对承租方而言，《企业所得税法实施条例》第四十七条规定，企业根据生产经营活动的需要，以经营租赁方式租入固定资产发生的租赁费支出，按照租赁期限均匀扣除。这时，出租方与承租方对租赁费的处理就不对称了。

根据《企业所得税法实施条例》第十九条的规定，《国家税务总局关于贯彻落实企业所得税法若干税收问题的通知》（国税函〔2010〕79号）进一步明确，企业提供固定资产、包装物或者其他有形资产的使用权取得的租金收入，应按交易合同或协议规定的承租人应付租金的日期确认收入的实现。其中，如果交易合同或协议中规定租赁期限跨年度，且租金提前一次性支付的，根据《企业所得税法实施条例》第九条规定的收入与费用配比原则，出租人可对上述已确认的收入，在租赁期内，分期均匀计入相关年度收入。出租方如为在我国境内设有机构场所且采取据实申报缴纳企业所得税的非居民企业，也按该条规定执行。

（二）提前一次性收取数年房租案例解析

案例4-1 位于甲市市区的A公司，增值税一般纳税人，2021年初将位于市区的一栋房产出租给B公司。合同约定自2021年1月1日起租赁期5年，每月租金10万元，约定2021年1月1日一次性向租赁方收取600万元房屋租金，一次性开具发票，适用简易计税方法缴纳增值税。

问题：

（1）上述出租房产业务第1年的增值税和企业所得税应如何处理？

（2）就第1年收取租金、计提税金及附加、结转收入和税费的业务进行账务处理。

（3）分析说明房产税的税务处理（该省规定房产原值扣除比例为30%）。

解析：

（1）根据《营业税改征增值税试点实施办法》（财税〔2016〕36号文件附件1）第四十五条的规定，增值税纳税义务发生时间为，纳税人发生应税行为并收讫销售款项或者取得索取销售款项凭据的当天；先开具发票的，为开具发票的当天。收讫销售款项，是指纳税人销售服务、无形资产、不动产过程中或者完成后收到款项。取得索取销售款项凭据的当天，是指书面合同确定的付款日期；未签订书面合同或者书面合同未确定付款日期的，为服务、无形资产转让完成的当天或者不动产权属变更的当天。

纳税人提供租赁服务采取预收款方式的，其纳税义务发生时间为收到预收款的当天。

因而，本案例中，A公司出租房产业务，第1年应纳增值税为：10×12×5×5%=30（万元）。

自2021年4月1日起，根据《国家税务总局关于小规模纳税人免征增值税征管问题的公告》（国家税务总局公告2021年第5号）第四条的规定，《增值税暂行条例实施细则》第九条所称其他个人，采取一次性收取租金形式出租不动产取得的租金收入，可在对应的租赁期内平均分摊，分摊后的月租金收入未超过15万元的，免征增值税。在此之前根据《国家税务总局关于小规模纳税人免征增值税政策有关征管问题的公告》（国家税务总局公告2019年第4号，自2021年4月1日起废止）第四条的规定，其他个人，采取一次性收取租金形式出租不动产取得的租金收入，可在对应的租赁期内平均分摊，分摊后的月租金收入未超过10万元的，免征增值税。

根据《企业所得税法实施条例》第十九条第二款的规定，租金收入，按照合同约定的承租人应付租金的日期确认收入的实现。这一规定是一种"例外性规定"，即在计算企业所得税时，对于合同约定的租金收入的确认，已经不完全属于权责发生制，而更接近于收付实现制。因为在一项租赁合同中，租金的支付时间是租赁合同的重要条款，承租人应当按照租赁合同约定的租金支付时间履行支付义务，因此自合同约定支付租金之日起，不论出租人是否收到租金，该笔租金在法律上已经属于出租人所有，就相应会发生财产转移的法律效力，出租人即应相应确认收入的实现。《企业所得税法》对预收租金收入的规定不完全按照权责发生制原则确认，而是更多地遵循收付实现制，在这种情况下，税收与会计产生暂时性差异，企业预收的租金收入在当年应做纳税调增处理，计入预收当年的应纳税所得额，计征企业所得税；反之，如果合同规定租赁期满一次性支付几年的租金，那么应在支付当年确认收入计征企业所得税。

为协调预收租金收入确认产生的税会差异，国税函〔2010〕79号文件规定，企业提供固定资产、包装物或者其他有形资产的使用权取得的租金收入，应按交易合同或协议规定的承租人应付租金的日期确认收入的实现。其中，如果交易合同或协议中规定租赁期限跨年度，且租金提前一次性支付的，根据《企业所得税法实施条例》第九条规定的收入与费用配比原则，出租人可对上述已确认的收入，在租赁期内，分期均匀计入相关年度收入。这里出租人可以选择分期均匀确认收入的租金必须同时具备两个条件：①合同或协议规定租赁期限为跨年度；②租金为提前一次性支付。可见国税函〔2010〕79号文件的出台对租赁期限跨年度且提前一次性支付的租金收入允许在租赁期内分期均匀计入相关年度收入。在这种情况下，租金收入的确认则体现了权责发生制和配比原则，税法与企业会计准则的规定趋于一致，不会产生暂时性差异。另外，该条规定仅明确了出租人"可以"选择分期确认收入，这就给企业提供了一定的选择空间，企业可以根据自己的实际情况选择是否分期确认收入。

因此，本案例中该公司既可以在2021年将600万元的租赁收入全部确认为应税所得计算缴纳企业所得税，也可以选择将600万元租赁收入在租赁期5年内分期均匀计入相关年度，此时计算第1年的企业所得税时，应将120万元计入应纳税所得额。

（2）经营租赁的租金应当在租赁期内的各个期间按直线法确认为收入；如果其他方法更合理，也可以采用其他方法。

收取租金：

借：银行存款	6 000 000	
贷：预收账款		6 000 000

计提税金及附加：

借：长期待摊费用	327 000	
贷：应交税费——简易计税		300 000
——应交城市维护建设税		21 000
——应交教育附加费		9 000

结转收入和税费：

借：预收账款　　　　　　　　　　　　　　　1 200 000
　　贷：其他业务收入　　　　　　　　　　　　　　　1 200 000
借：税金及附加　　　　　　　　　　　　　　　65 400
　　贷：长期待摊费用　　　　　　　　　　　　　　　65 400

（3）房产税的税务处理。

根据《国家税务总局关于房产税、城镇土地使用税有关政策规定的通知》（国税发〔2003〕89号）的规定，纳税人出租、出借房产，自交付出租、出借房产之次月起计征房产税和城镇土地使用税。

因而，该公司2021年初收到5年的租金600万元时，应全额申报缴纳房产税：600×12%=72（万元）。

（三）免租期的财税处理

1. 会计处理

根据《企业会计准则解释第1号》第三条的规定，出租人提供免租期的，承租人应将租金总额在不扣除免租期的整个租赁期内，按直线法或其他合理的方法进行分摊，免租期内应当确认租金费用；出租人应将租金总额在不扣除免租期的整个租赁期内，按直线法或其他合理的方法进行分配，免租期内出租人应当确认租金收入。

出租人承担了承租人某些费用的，出租人应将该费用自租金收入总额中扣除，按扣除后的租金收入余额在租赁期内进行分配；承租人应将该费用从租金费用总额中扣除，按扣除后的租金费用余额在租赁期内进行分摊。

2. 增值税处理

根据《国家税务总局关于土地价款扣除时间等增值税征管问题的公告》（国家税务总局公告2016年第86号）第七条的规定，纳税人出租不动产，租赁合同中约定免租期的，不属于视同销售服务。

3. 房产税处理

根据《财政部 国家税务总局关于安置残疾人就业单位城镇土地使用税等政策的通知》（财税〔2010〕121号）第二条的规定，对出租房产，租赁双方签订的租赁合同约定有免收租金期限的，免收租金期间由产权所有人按照房产原值缴纳房产税。

4. 企业所得税处理

根据《企业所得税法实施条例》第四十七条的规定，企业根据生产经营活动的需要，以经营租赁方式租入固定资产发生的租赁费支出，按照租赁期限均匀扣除。根据《企业所得税法实施条例》第十九条的规定，租金收入按照合同约定的承租人应付租金的日期确认收入的实现。

根据《国家税务总局关于贯彻落实企业所得税法若干税收问题的通知》（国税函〔2010〕79号）的规定，企业提供固定资产、包装物或者其他有形资产的使用权取得的租金收入，应按交易合同或协议规定的承租人应付租金的日期确认收入的实现。其中，如果交易合同或协议中规定租赁期限跨年度，且租金提前一次性支付的，根据《企业所得税法实施条例》第九条规定的收入与费用配比原则，出租人可对上述已确认的收入，在租赁期内，分期均匀计入相关年度收入。

（四）案例解析

案例4–2 A公司有2015年建成的闲置厂房一栋，原值1 000万元。2021年1月1日将其出租给B公司用于生产经营，合同约定租期27个月（自2021年1月1日至2023年3月31日），其中前三个月为免租期免收租金。

合同约定月租金10.5万元，2021年1月1日合同签订之日一次性收取二年租金252万元。该厂房每月应计提折旧4万元。公司选择简易计税方法计算缴纳增值税。计征房产税时房产原值的扣除比例为30%。

要求：

1. 分析说明如何进行财税处理与纳税申报。

2. 分析说明如何缴纳增值税、房产税和企业所得税。

解析：

1. 2021年初收到租金时：

借：银行存款	2 520 000	
贷：预收账款——B公司		2 400 000
应交税费——简易计税		120 000

2. 缴纳增值税：

借：应交税费——简易计税	120 000	
贷：银行存款		120 000

3. 当年会计确认收入：

240÷27×12=106.67（万元）。

借：预收账款——B公司	1 066 700	
贷：其他业务收入		1 066 700

4. 计提折旧：

借：其他业务成本	480 000	
贷：累计折旧		480 000

5. 租金收入缴纳房产税：

240×12%=28.8（万元）。

借：应交税费——应交房产税	288 000	
贷：银行存款		288 000

6. 本年应结转税金及附加：

28.8×9÷24=10.8（万元）。

借：税金及附加	108 000	

贷：应交税费——应交房产税　　108 000

7. 第一季度从价计征房产税：

1 000×（1–30%）×1.2%÷4=2.1（万元）。

借：税金及附加　　21 000

贷：应交税费——应交房产税　　21 000

8. 纳税调整填报：

假设企业所得税选择一次确认收入，税会差异需通过《未按权责发生制确认收入纳税调整明细表》（A105020）进行纳税调整，如表4–2所示。

表4–2　A105020未按权责发生制确认收入纳税调整明细表（2021年）

行次	项　　目	合同金额（交易金额）	账载金额		税收金额		纳税调整金额
			本年	累计	本年	累计	
		1	2	3	4	5	6（4–2）
1	一、跨期收取的租金、利息、特许权使用费收入（2+3+4）	2 400 000	1 066 700	1 066 700	2 400 000	2 400 000	1 333 300
2	（一）租金	2 400 000	1 066 700	1 066 700	2 400 000	2 400 000	1 333 300
3	（二）利息						
4	（三）特许权使用费						
5	二、分期确认收入（6+7+8）						
6	（一）分期收款方式销售货物收入						
7	（二）持续时间超过12个月的建造合同收入						
8	（三）其他分期确认收入						
9	三、政府补助递延收入（10+11+12）						
10	（一）与收益相关的政府补助						
11	（二）与资产相关的政府补助						
12	（三）其他						
13	四、其他未按权责发生制确认收入						
14	合计（1+5+9+13）	2 400 000	1 066 700	1 066 700	2 400 000	2 400 000	1 333 300

同时，将表A105020合计行填入上一级表《纳税调整项目明细表》（A105000）第3行“（二）未按权责发生制原则确认的收入（填写A105020）”中，如表4–3所示。

表4-3　A105000 纳税调整项目明细表（部分）

行次	项　　目	账载金额	税收金额	调增金额	调减金额
		1	2	3	4
1	一、收入类调整项目（2+3+4+5+6+7+8+10+11）	*	*	1 333 300	
2	（一）视同销售收入（填写 A105010）	*			*
3	（二）未按权责发生制原则确认的收入（填写 A105020）	1 066 700	2 400 000	1 333 300	
4	（三）投资收益（填写 A105030）				
5	（四）按权益法核算长期股权投资对初始投资成本调整确认收益	*	*	*	

2022年的处理：

1.按月确认收入：

240÷27=8.89（万元）。

借：预收账款　　88 900

　贷：其他业务收入　　88 900

2.计提折旧：

借：其他业务成本　　40 000

　贷：累计折旧　　40 000

当年共计确认收入106 670元，计提折旧480 000元。

纳税调整如表4-4、表4-5所示。

表4-4　A105020 未按权责发生制确认收入纳税调整明细表（2022年）

行次	项　　目	合同金额（交易金额）	账载金额		税收金额		纳税调整金额
			本年	累计	本年	累计	
		1	2	3	4	5	6（4-2）
1	一、跨期收取的租金、利息、特许权使用费收入（2+3+4）	2 400 000	1 066 700	2 133 400	0	2 400 000	-1 066 700
2	（一）租金	2 400 000	1 066 700	2 133 400	0	2 400 000	-1 066 700
3	（二）利息						
4	（三）特许权使用费						
5	二、分期确认收入（6+7+8）						
6	（一）分期收款方式销售货物收入						

续表

行次	项　目	合同金额（交易金额）	账载金额		税收金额		纳税调整金额
			本年	累计	本年	累计	
		1	2	3	4	5	6（4−2）
7	（二）持续时间超过12个月的建造合同收入						
8	（三）其他分期确认收入						
9	三、政府补助递延收入（10+11+12）						
10	（一）与收益相关的政府补助						
11	（二）与资产相关的政府补助						
12	（三）其他						
13	四、其他未按权责发生制确认收入						
14	合计（1+5+9+13）	2 400 000	1 066 700	2 133 400	0	2 400 000	–1 066 700

表4–5　A105000 纳税调整项目明细表（部分）

行次	项　目	账载金额	税收金额	调增金额	调减金额
		1	2	3	4
1	一、收入类调整项目（2+3+4+5+6+7+8+10+11）	*	*		1 066 700
2	（一）视同销售收入（填写 A105010）	*			*
3	（二）未按权责发生制原则确认的收入（填写 A105020）	1 066 700	0		1 066 700
4	（三）投资收益（填写 A105030）				
5	（四）按权益法核算长期股权投资对初始投资成本调整确认收益	*	*	*	

2023年的处理：

1.按月确认收入：

借：预收账款　　88 900

　贷：其他业务收入　　88 900

2.计提折旧：

借：其他业务成本　　40 000

　贷：累计折旧　　40 000

2023年全年共计确认租金收入26.66万元，计提租赁资产折旧12万元。

纳税调整如表4–6、表4–7所示。

表4-6　A105020 未按权责发生制确认收入纳税调整明细表（2023年）

行次	项　目	合同金额（交易金额）	账载金额		税收金额		纳税调整金额
			本年	累计	本年	累计	
		1	2	3	4	5	6（4−2）
1	一、跨期收取的租金、利息、特许权使用费收入（2+3+4）	2 400 000	266 600	2 400 000	0	2 400 000	−266 600
2	（一）租金	2 400 000	266 600	2 400 000	0	2 400 000	−266 600
3	（二）利息						
4	（三）特许权使用费						
5	二、分期确认收入（6+7+8）						
6	（一）分期收款方式销售货物收入						
7	（二）持续时间超过12个月的建造合同收入						
8	（三）其他分期确认收入						
9	三、政府补助递延收入（10+11+12）						
10	（一）与收益相关的政府补助						
11	（二）与资产相关的政府补助						
12	（三）其他						
13	四、其他未按权责发生制确认收入						
14	合计（1+5+9+13）	2 400 000	266 600	2 400 000	0	2 400 000	−266 600

表4-7　A105000 纳税调整项目明细表（部分）

行次	项　目	账载金额	税收金额	调增金额	调减金额
		1	2	3	4
1	一、收入类调整项目（2+3+4+5+6+7+8+10+11）	*	*		266 600
2	（一）视同销售收入（填写 A105010）	*			*
3	（二）未按权责发生制原则确认的收入（填写 A105020）	266 600	0		266 600
4	（三）投资收益（填写 A105030）				
5	（四）按权益法核算长期股权投资对初始投资成本调整确认收益	*	*	*	

三、跨期收取的利息收入

利息收入，是指企业将资金提供他人使用但不构成权益性投资，或者因他人占用本企业资金取得的收入，包括存款利息、贷款利息、债券利息、欠款利息等收入。

（一）会计处理

根据《关于印发修订〈企业会计准则第22号——金融工具确认和计量〉的通知》（财会〔2017〕7号）和《关于修订印发〈企业会计准则第14号——收入〉的通知》（财会〔2017〕22号）的规定，利息收入的核算自2018年起发生较大变化，由《企业会计准则第22号——金融工具确认和计量》规范的金融工具及其他合同权利和义务，适用《企业会计准则第22号——金融工具确认和计量》，不再适用《企业会计准则第14号——收入》。

本金是指金融资产在初始确认时的公允价值，本金金额可能因提前还款等原因在金融资产的存续期内发生变动；利息包括对货币时间价值、与特定时期未偿付本金金额相关的信用风险，以及其他基本借贷风险、成本和利润的对价。其中，货币时间价值是利息要素中仅因为时间流逝而提供对价的部分，不包括为所持有金融资产的其他风险或成本提供的对价，但货币时间价值要素有时可能存在修正。在货币时间价值要素存在修正的情况下，企业应当对相关修正进行评估，以确定其是否满足合同现金流量特征的要求。

企业应当按照实际利率法确认利息收入。利息收入应当根据金融资产账面余额乘以实际利率计算确定，但下列情况除外：①对于购入或源生的已发生信用减值的金融资产，企业应当自初始确认起，按照该金融资产的摊余成本和经信用调整的实际利率计算确定其利息收入。②对于购入或源生的未发生信用减值、但在后续期间成为已发生信用减值的金融资产，企业应当在后续期间，按照该金融资产的摊余成本和实际利率计算确定其利息收入。企业按照上述规定对金融资产的摊余成本运用实际利率法计算利息收入的，若该金融工具在后续期间因其信用风险有所改善而不再存在信用减值，并且这一改善在客观上可与应用上述规定之后发生的某一事件相联系（如债务人的信用评级被上调），企业应当转按实际利率乘以该金融资产账面余额来计算确定利息收入。

金融资产或金融负债的摊余成本，应当以该金融资产或金融负债的初始确认金额经下列调整后的结果确定：扣除已偿还的本金；加上或减去采用实际利率法将该初始确认金额与到期日金额之间的差额进行摊销形成的累计摊销额；扣除累计计提的损失准备（仅适用于金融资产）。实际利率法，是指计算金融资产或金融负债的摊余成本以及将利息收入或利息费用分摊计入各会计期间的方法。实际利率，是指将金融资产或金融负债在预计存续期的估计未来现金流量，折现为该金融资产账面余额或该金融负债摊余成本所使用的利率。在确定实际利率时，应当在考虑金融资产或金融负债所有合同条款（如提前还款、展期、看涨期权或其他类似期权等）的基础上估计预期现金流量，但不应当考虑预期信用损失。经信用调整的实际利率，是指将购入或源生的已发生信用减值的金融资产在预计存续期的估计未来现金流量，折现为该金融资产摊余成本的利率。在确定经信用调整的实际利率时，应当在考虑金融资产的所有合同条款（例如提前还款、展期、看涨期权或其他类似期权等）以及初始预期信用损失的基础上估计预期现金流量。

（二）税务处理

根据《企业所得税法实施条例》的规定，利息收入，按照合同约定的债务人应付利息的日期确认收入的实现。

从税法规定可以看出，税收上不考虑款项能否收回。也就是说，在合同约定的收款日期，不论款项是否收到，都要确认为当期收入计算纳税。企业会计准则则要求按照权责发生制分期确认收入。

根据《国家税务总局关于企业混合性投资业务企业所得税处理问题的公告》（国家税务总局公告2013年第41号）的规定，对于被投资企业支付的利息，投资企业应于被投资企业应付利息的日期，确认收入的实现并计入当期应纳税所得额，被投资企业应于应付利息的日期，确认利息支出，并按《企业所得税法》及其实施条例和《国家税务总局关于企业所得税若干问题的公告》（国家税务总局公告2011年第34号）第一条的规定，进行税前扣除。

《国家税务总局关于金融企业贷款利息收入确认问题的公告》（国家税务总局公告2010年第23号）对金融企业贷款利息收入企业所得税处理问题做出如下规定：

（1）金融企业按规定发放的贷款，属于未逾期贷款（含展期，下同），应根据先收利息后收本金的原则，按贷款合同确定的利率和结算利息的期限计算利息，并于债务人应付利息的日期确认收入的实现；属于逾期贷款，其逾期后发生的应收利息，应于实际收到的日期，或者虽未实际收到，但会计上确认为利息收入的日期，确认收入的实现。

（2）金融企业已确认为利息收入的应收利息，逾期90天仍未收回，且会计上已冲减了当期利息收入的，准予抵扣当期应纳税所得额。

（3）金融企业已冲减了利息收入的应收未收利息，以后年度收回时，应计入当期应纳税所得额计算纳税。

而根据会计规定，利息收入金额，按照他人使用本企业货币资金的时间和实际利率计算确定。

四、跨期收取的特许权使用费收入

（一）会计处理

根据《企业会计准则》的规定，使用费收入金额，按照有关合同或协议约定的收费时间和方法计算确定。

不同的使用费收入，收费时间和收费方法不同，有一次性收回一笔固定金额的，如一次收取若干年的场地使用费；有在协议规定的有效期内分期等额收取的，如合同规定在使用期内每期收取一笔固定的金额；还有分期不等额收取的，如合同规定按资产使用每期销售额的百分比收取使用费等。

如果合同、协议规定使用费一次支付，且不提供后续服务，应视同该项资产的销售一次性完成，一次性确认收入；如果提供后续服务，应在合同、协议规定的有效期内分期确认收入；如果合同规定分期支付使用费，应按照合同规定的收款时间和金额或合同规定的收费方法计算的金额分期确认收入。

（二）税务处理

特许权使用费收入，是指企业提供专利权、非专利技术、商标权、著作权以及其他特许权的使用权取得的收入。特许权使用费收入是转让无形资产的使用权收入，而不是转让所有权收入，转让无形资产所有权取得的收入称为财产转让收入。

特许权使用费收入，按照合同约定的特许权使用人应付特许权使用费的日期确认收入的实现。由此可见，特许权使用费收入的确认时间与利息收入的确认原则是一致的。

根据《国家税务总局关于确认企业所得税收入若干问题的通知》（国税函〔2008〕875号）的规定，属于提供设备和其他有形资产的特许权费，在交付资产或转移资产所有权时确认收入；属于提供初始及后续服务的特许权费，在提供服务时确认收入。如果纳税人会计上确认的特许权费收入与此不一致，填报表A105020进行纳税调整。

第二节　分期确认收入

一、分期收款方式销售货物收入

分期收款销售，是指商品已经交付，但货款分期收回的一种销售方式。

根据《企业所得税法》的相关规定，企业应当按照从购货方已收或应收的合同或协议价款确定销售货物收入金额。以分期收款方式销售货物的，按照合同约定的收款日期确认收入的实现。

根据《小企业会计准则》第五十九条的规定，销售商品采用分期收款方式的，在合同约定的收款日期确认收入。与企业所得税的规定一致。

分期收款方式销售货物，执行《企业会计准则》的企业，会计上按权责发生制确认收入时，如果该业务具有实质性融资性质，在销售成立时以公允价值（分期收款总额的现值或商品采用一次性付款时的售价）一次性确认销售收入，同时要核算未实现融资收益，而《企业所得税法实施条例》第二十三条要求按照合同约定的收款日期确认收入的实现，不考虑未实现融资收益，存在税会差异，需要填报表A105020进行纳税调整。

二、持续时间超过12个月的建造合同收入

（一）会计处理

根据《小企业会计准则》第六十三条的规定，劳务的开始和完成分属不同会计年度的，应当按照完工进度确认提供劳务收入。年度资产负债表日，按照提供劳务收入总额乘以完工进度扣除以前会计年度累计已确认提供劳务收入后的金额，确认本年度的提供劳务收入；同时，按照估计的提供劳务成本总额乘以完工进度扣除以前会计年度累计已确认营业成本后的金额，结转本年度营业成本。

企业确定合同完工进度可以选用下列方法：

（1）累计实际发生的合同成本占合同预计总成本的比例。

（2）已经完成的合同工作量占合同预计总工作量的比例。

（3）实际测定的完工进度。

（二）税务处理

根据《企业所得税法实施条例》第二十三条的规定，企业受托加工制造大型机械设备、船舶、飞机等，以及从事建筑、安装、装配工程业务或者提供劳务等，持续时间超过12个月的，按照纳税年度内完工进度或者完成的工作量确认收入的实现。

根据国税函〔2008〕875号文件的规定，企业在各个纳税期末，提供劳务交易结果能够可靠估计的，应采用完工进度（完工百分比）法确认提供劳务收入。对于跨年度工程，如果持续时间不超过12个月，可按照规定按完工百分比法进行预缴，待工程全部完成后结清税款。

提供劳务交易的结果能够可靠估计，是指同时满足下列条件：

（1）收入的金额能够可靠地计量；

（2）交易的完工进度能够可靠地确定；

（3）交易中已发生和将发生的成本能够可靠地核算。

企业提供劳务完工进度的确定，可选用下列方法：

（1）已完工作的测量；

（2）已提供劳务占劳务总量的比例；

（3）发生成本占总成本的比例。

资产负债表日，建造合同的结果能够可靠估计的情况下税收与会计的规定基本一致，企业所得税上一般也按完工百分比（完工进度）度确认收入，实际上就是权责发生制。如有税会差异，应是建造合同的结果不能可靠估计的情况。

第三节　政府补助递延收入

一、作为应税收入的处理

政府补助在企业所得税上分为不征税收入和应税收入两类，如作为应税收入，企业所得税在收到时全额计入收到年度的应纳税所得额计算纳税。

企业取得的政府补助如果不符合《财政部 国家税务总局关于专项用途财政性资金有关企业所得税处理问题的通知》（财税〔2009〕87号）和《财政部 国家税务总局关于专项用途财政性资金企业所得税处理问题的通知》（财税〔2011〕70号）规定的3个条件，或虽符合条件但放弃作为不征税收入处理的应作为应税收入，在取得时一次性计入当期应纳税所得额，则会计处理时根据权责发生制原则分期计入损益。其会计处理为：

收到与收益相关补助时：

　借：银行存款（或其他应收款）等

　　贷：递延收益（或营业外收入–政府补助或其他收益）（有差异，需调整）

发生支出时：

　借：管理费用等

　　贷：银行存款等

分摊递延收益，转入营业外收入或其他收益：

　借：递延收益

　　贷：营业外收入或其他收益（有差异）

政府补助作为应税收入处理的，涉及的填报表单位可以列表说明如下（见表4–8）。

表4–8　政府补助与不征税收入

<table>
<tr><th></th><th></th><th>涉及的填报表单</th></tr>
<tr><td rowspan="4">会计上政府补助收入</td><td rowspan="3">应税收入</td><td>表A105000第3行“（二）未按权责发生制原则确认的收入（填写A105020）”，第38行“（二）政策性搬迁”</td></tr>
<tr><td>表A105020《未按权责发生制确认收入纳税调整明细表》</td></tr>
<tr><td>表A105110《政策性搬迁纳税调整明细表》</td></tr>
<tr><td>不征税收入</td><td>表A105000第8、9行，第24、25行，第32行资产折旧、摊销；表A105040《专项用途财政性资金纳税调整明细表》
表A105080《资产折旧摊销及纳税调整明细表》</td></tr>
</table>

二、政府补助递延收入

《未按权责发生制确认收入纳税调整明细表》（A105020）第9行“三、政府补助递延收入”填报企业取得的不符合条件没有作为不征税收入处理，或符合条件但放弃作为不征税收入处理的政府补助，由于税务处理与会计核算存在差异而进行纳税调整的金额。

根据《企业所得税法》的规定，企业取得的政府补助，不符合不征税收入条件或虽符合条件但未作为不征税收入处理的，应计入取得当年的收入总额计算缴纳企业所得额。

与资产相关的政府补助，在总额法下，取得时应当确认为递延收益，并在相关资产使用寿命内分配，计入当期损益（营业外收入或其他收益）。但是，按照名义金额计量的政府补助，直接计入当期损益（营业外收入或其他收益）。

与收益相关的政府补助（其他政府补助），在总额法下，应当分别下列情况处理：

（1）用于补偿企业以后期间的相关费用或损失的，确认为递延收益，并在确认相关费用的期间，计入当期损益（营业外收入或其他收益）。

（2）用于补偿企业已发生的相关费用或损失的，直接计入当期损益（营业外收入或其他收益）。

上述政府补助的税会差异，需通过企业所得税年度纳税申报表附表A105020进行纳税调整。对符合条件作为不征税收入处理的政府补助，通过《专项用途财政性资金纳税调整明细表》填报，不在附表A105020中填报。

对符合不征税收入条件的政府补助，直接按照不征税收入进行调整，其中，专项用途财政性资金填报《专项用途财政性资金纳税调整明细表》（A105040），涉及不征税收入用于支出形成的资产，其折旧、摊销额不得税前扣除，填报《资产折旧、摊销情况及纳税调整明细表》（A105080）。

表A105020只填报作为应税收入处理的政府补助的税会差异，符合不征税收入条件并作为不征税收入处理的政府补助收入，应填报《纳税调整项目明细表》（A105000）第8行“不征税收入”，其中，符合不征税收入条件的专项用途财政性资金，还应填报《专项用途财政性资金纳税调整明细表》（A105040）。在作为应税收入处理时，企业取得与收益相关的政府补助，如用于补偿企业已发生的相关费用或损失，会计上直接计入当期损益，与税法无差异，不需要调整；如用于补偿企业以后期间发生的相关费用或损失，会计上在收到当期确认为递延收益，在确认相关费用的期间计入损益，则收到当期确认为递延收益的要纳税调增，计入损益期间的要纳税调减。企业取得与资产相关的政府补助，会计上在收到当期确认为递延收益，并自购建的长期资产可供使用时起，按照长期资产的预计使用期限，将递延收益采用合理方法分摊转入当期损益，同样，收到当期确认为递延收益的要纳税调增，转入损益期间的要纳税调减。

三、案例解析

案例4–3 2020年5月5日，甲公司取得450万元财政拨款（当日到账），拨付文件要求用于购买大型研发设备1台。2020年5月31日，该公司购入大型设备（不需要安装），实际成本为480万元（适用增值税税率13%），其中除财政拨款全部用于支付外其余以自有资金支付。该设备使用寿命10年，采用直线法计提折旧（假设无残值）。2028年6月1日，该公司出售了这台设备，取得不含税价款120万元（适用增值税税率13%）。

要求：进行相关的财税处理与纳税调整。

解析：

1. 2020年5月5日，实际收到财政拨款，确认政府补助。

借：银行存款　　4 500 000

　贷：递延收益　　4 500 000

2. 2020年5月31日，购入设备。

借：固定资产　　4 800 000

　　应交税费——应交增值税（进项税额）　　624 000

　贷：银行存款　　5 424 000

3. 自2020年6月起，每个资产负债表日计提折旧，同时分摊递延收益。

（1）计提折旧：

借：管理费用　　40 000

　贷：累计折旧　　40 000

（2）分摊递延收益：

借：递延收益　　37 500

　贷：其他收益　　37 500

4. 2028年6月1日，出售设备，同时转销递延收益余额。

（1）出售设备：

借：固定资产清理　　960 000

　　累计折旧　　3 840 000

　贷：固定资产　　4 800 000

借：银行存款　　1 356 000

　贷：固定资产清理　　960 000

　　　应交税费——应交增值税（销项税额）　　156 000

　　　资产处置收益　　240 000

（2）转销递延收益余额：

借：递延收益　　900 000

　贷：其他收益　　900 000

第四节　风险识别与应对

一、风险表现

（1）跨期收取的租金、利息、特许权使用费收入税会差异，未按规定进行纳税调整；

（2）分期收款方式销售货物收入，会计上按权责发生制确定收入，税会差异未按税法规定进行纳税调整；

（3）作为应税收入处理的政府补助收入，税会计差异未按规定进行纳税调整。

二、取得的各项补贴收入未确认当期收入风险

（一）风险描述

企业取得的各种补贴收入（如政府补贴、出口贴息、专项补贴、增值税即征即退、先征后退（返）、增值税加计抵减、其他税款返还、行政罚款返还、取得代扣代缴个人所得税手续费等），除国务院、财政部和国家税务总局规定不计入当期损益外，未按税法规定确认当期收入。

（二）风险应对

重点检查“其他应付款”“资本公积”“营业外收入——补贴收入”“银行存款”“其他收益”“递延收益”等科目，核查资金拨付文件、资金管理办法等是否符合不征税收入条件，是否存在未按税法规定确认当期收入的情况。

三、利息收入未按照合同约定应付利息日期确认收入风险

（一）风险描述

债权性投资取得利息收入，包括存款利息、贷款利息、债券利息、欠款利息等形式的收入，未按照合同约定的债务人应付利息的日期确认收入的实现。

（二）风险应对

重点核查有无其他单位和个人借款而形成的利息收入未计入收入总额，查看往来科目及“投资收益”“银行存款”“财务费用”“持有至到期投资”“交易性金融资产”“债权投资”“资本公积”“公允价值变动损益”等明细账。

查看企业债权性投资相关的合同文件等书面文件，查看该项债权性投资业务利息收入确认收入日期是否符合税收相关调减应纳税所得额的规定。

四、跨年工程未按完工进度或者完成的工作量确认收入风险

（一）风险描述

企业受托加工制造大型机械设备、船舶、飞机，以及从事建筑、安装、装配工程业务或者提供其他劳务等，持续时间超过12个月的，未按照纳税年度内完工进度或者完成的工作量确认收入的实现。

（二）风险应对

查看“主营业务收入”“其他业务收入”“营业外收入”等明细账，核查施工合同、完工百分比的计算等。

第五章

投资收益纳税调整及其风险识别与应对

Tax Adjustments of
Enterprise
Income Tax

TAXING

企业对外进行的投资，根据性质的不同可以分为债权性投资、权益性投资、混合性投资等。本章主要阐述投资收益的纳税调整及其风险识别与应对，主要内容如图5-1所示。

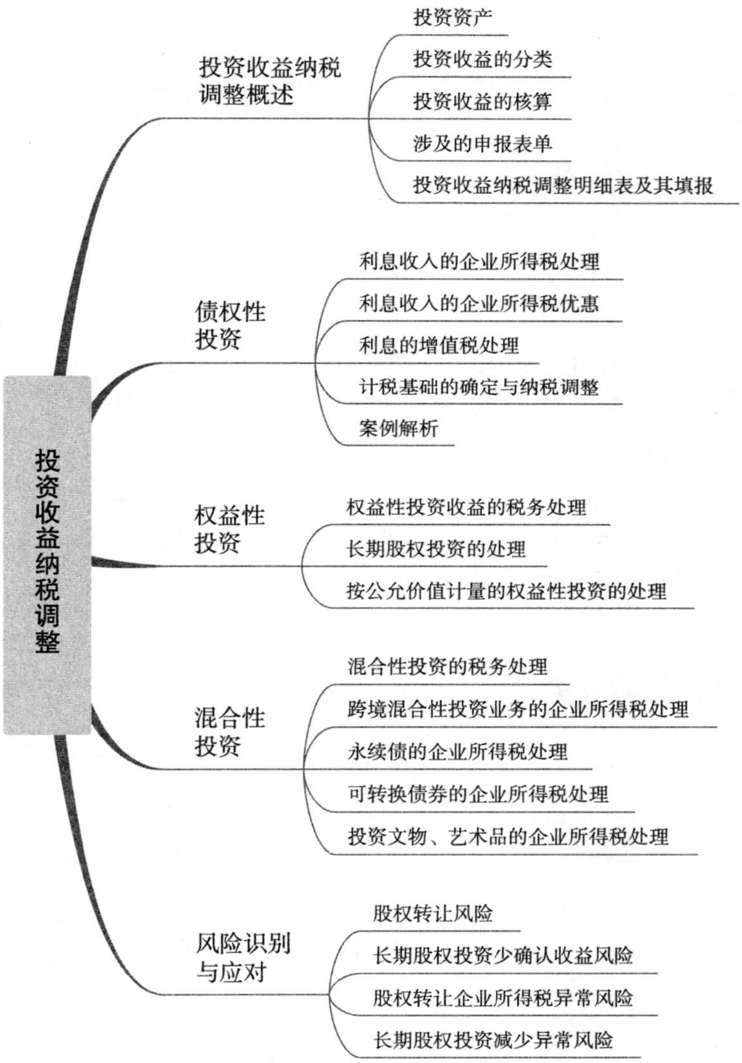

图5-1　投资收益纳税调整

第一节 投资收益纳税调整概述

一、投资资产

投资是企业为了获得收益或实现资本增值向被投资单位投放资金的经济行为。企业对外进行的投资，可以有不同的分类。根据性质的不同，可以分为债权性投资、权益性投资、混合性投资与其他投资等。

根据《企业所得税法实施条例》第七十一条的规定，投资资产，是指企业对外进行权益性投资和债权性投资形成的资产。企业在转让或者处置投资资产时，投资资产的成本，准予扣除。

根据企业会计准则的相关规定，投资资产可以分为长期股权投资、以摊余成本计量的金融资产、以公允价值计量且其变动计入其他综合收益的金融资产和以公允价值计量且其变动计入当期损益的金融资产。

长期股权投资包括对子公司、合营企业和联营企业的股权性投资。不能对被投资单位实施控制、共同控制或重大影响的股权性投资，属于金融资产，应按金融工具确认和计量准则进行会计处理。

二、投资收益的分类

根据《企业所得税法》第六条的规定，企业以货币形式和非货币形式从各种来源取得的收入，为收入总额。包括：（1）销售货物收入；（2）提供劳务收入；（3）转让财产收入；（4）股息、红利等权益性投资收益；（5）利息收入；（6）租金收入；（7）特许权使用费收入；（8）接受捐赠收入；（9）其他收入。

与投资资产相关的收入主要包括：利息收入，股息、红利等权益性投资收益和转让财产收入。

（一）利息收入

根据《企业所得税法》第十八条的规定，利息收入，是指企业将资金提供他人使用但不构成权益性投资，或者因他人占用本企业资金取得的收入，包括存款利息、贷款利息、债券利息、欠款利息等收入。

利息收入，按照合同约定的债务人应付利息的日期确认收入的实现。

（二）股息、红利等权益性投资收益

根据《企业所得税法》第十七条的规定，股息、红利等权益性投资收益，是指企业因权益性投资从被投资方取得的收入。

股息、红利等权益性投资收益，除国务院财政、税务主管部门另有规定外，按照被投资方做出利润分配或转股决定的日期确认收入的实现。

（三）转让财产收入

根据《企业所得税法》第十六条的规定，转让财产收入，是指企业转让固定资产、生物资产、无形资产、股权、债权等财产取得的收入。

因而，转让权益性投资和债权性投资等投资资产取得的收入，属于转让财产收入。

三、投资收益的核算

（一）《小企业会计准则》规定的“投资收益”科目的核算

适用《小企业会计准则》的小企业，应设置“投资收益”科目核算小企业确认的投资收益或投资损失。该科目应按照投资项目进行明细核算。投资收益的主要账务处理如下：

（1）对于短期股票投资、短期基金投资和长期股权投资，小企业应当按照被投资单位宣告分派的现金股利或利润中属于本企业的部分，借记“应收股利”科目，贷记“投资收益”科目。

（2）在长期债券投资或短期债券投资持有期间，在债务人应付利息日，按照分期付息、一次还本的长期债券投资或短期债券投资的票面利率计算的利息收入，借记“应收利息”科目，贷记“投资收益”科目；按照一次还本付息的长期债券投资票面利率计算的利息收入，借记“长期债券投资——应计利息”科目，贷记“投资收益”科目。

在债务人应付利息日，按照应分摊的债券溢折价金额，借记或贷记“投资收益”科目，贷记或借记“长期债券投资——溢折价”科目。

（3）出售短期投资、处置长期股权投资和长期债券投资，应当按照实际收到的价款或收回的金额，借记“银行存款”或“库存现金”科目，按照其账面余额，贷记“短期投资”、“长期股权投资”、“长期债券投资”科目，按照尚未领取的现金股利或利润、债券利息收入，贷记“应收股利”、“应收利息”科目，按照其差额，贷记或借记“投资收益”科目。

月末，可将“投资收益”科目余额转入“本年利润”科目，该科目结转后应无余额。

（二）《企业会计准则》规定的“投资收益”科目的核算

企业应设置“投资收益”科目，核算企业根据长期股权投资准则确认的投资收益或

投资损失。其主要账务处理为：

（1）长期股权投资采用成本法核算的，企业应按被投资单位宣告发放的现金股利或利润中属于本企业的部分，借记“应收股利”科目，贷记“投资收益”科目；2014年7月1日之前，属于被投资单位在取得投资前实现净利润的分配额，应作为投资成本的收回，贷记“长期股权投资”科目。2014年7月1日以后，新的长期股权投资准则规定，被投资单位宣告分派的现金股利或利润，应当确认为当期投资收益。

（2）长期股权投资采用权益法核算的，资产负债表日，应按根据被投资单位实现的净利润或经调整的净利润计算应享有的份额，借记“长期股权投资——损益调整”科目，贷记“投资收益”科目。

被投资单位发生亏损、分担亏损份额超过长期股权投资而冲减长期权益账面价值的，借记“投资收益”科目，贷记“长期股权投资”（损益调整）科目。发生亏损的被投资单位以后实现净利润的，企业计算的应享有的份额，如有未确认投资损失的，应先弥补未确认的投资损失，弥补损失后仍有余额的，借记“长期股权投资——损益调整”科目，贷记“投资收益”科目。

（3）出售长期股权投资时，应按实际收到的金额，借记“银行存款”等科目，原已计提减值准备的，借记“长期股权投资减值准备”科目，按其账面余额，贷记“长期股权投资”科目，按尚未领取的现金股利或利润，贷记“应收股利”科目，按其差额，贷记或借记“投资收益”科目。

出售采用权益法核算的长期股权投资时，还应按处置长期股权投资的投资成本比例结转原记入“资本公积——其他资本公积”科目的金额，借记或贷记“资本公积——其他资本公积”科目，贷记或借记“投资收益”科目。

期末，应将“投资收益”科目余额转入“本年利润”科目，该科目结转后应无余额。

四、涉及的申报表单

（一）企业所得税年度纳税申报基础信息表

企业对外进行的权益性投资业务，需要填报《企业所得税年度纳税申报基础信息表》（A000000）中的“201从事股权投资业务”，纳税人从事股权投资业务的（包括集团公司总部、创业投资企业等），选择“是”。

（二）企业所得税年度纳税申报表

企业取得与对外投资相关的收益，可能会涉及《中华人民共和国企业所得税年度纳税申报表（A类）》（A100000）第7行“资产减值损失”、第8行“加：公允价值变动收益”、第9行“投资收益”、第15行“加：纳税调整增加额”、第16行“减：纳税调整减少额”、第17行“免税、减计收入及加计扣除”和第21行“减：抵扣应纳税所得额”等。

（三）纳税调整项目明细表

企业取得与投资资产相关的收益，可能会涉及《纳税调整项目明细表》（A105000，见表5-1）收入类调整项目中的“（二）未按权责发生制原则确认的收入”“（三）投资收益”“（四）按权益法核算长期股权投资对初始投资成本调整确认收益”“（五）交易性金融资产初始投资调整”“（六）公允价值变动净损益”，以及资产类调整项目中的“（二）资产减值准备金”“（三）资产损失”等相关行次。

还可能涉及《未按权责发生制确认收入纳税调整明细表》（A105020）、《投资收益纳税调整明细表》（A105030）、《资产损失税前扣除及纳税调整明细表》（A105090）等明细表。

表5-1　A105000纳税调整项目明细表（部分）

行次	项　目	账载金额	税收金额	调增金额	调减金额
		1	2	3	4
1	一、收入类调整项目（2+3+…8+10+11）	*	*		
3	（二）未按权责发生制原则确认的收入（填写A105020）				
4	（三）投资收益（填写A105030）				
5	（四）按权益法核算长期股权投资对初始投资成本调整确认收益	*	*	*	
6	（五）交易性金融资产初始投资调整	*	*		*
7	（六）公允价值变动净损益		*		
12	二、扣除类调整项目（13+14+…24+26+27+28+29+30）	*	*		
31	三、资产类调整项目（32+33+34+35）	*	*		
33	（二）资产减值准备金		*		
34	（三）资产损失（填写A105090）				
35	（四）其他				
36	四、特殊事项调整项目（37+38+…+42）	*	*		
41	（五）合伙企业法人合伙人分得的应纳税所得额				
46	合计（1+12+31+36+44+45）	*	*		

（四）税收优惠表

与投资收益相关的税收优惠类申报表单主要有：《免税、减计收入及加计扣除优惠明细表》（A107010）、《符合条件的居民企业之间的股息、红利等权益性投资收益优惠明细表》（A107011）和《抵扣应纳税所得额明细表》（A107030）等。

五、投资收益纳税调整明细表及其填报

（一）投资收益纳税调整明细表及其适用

《投资收益纳税调整明细表》（A105030，见表5-2）适用于发生投资收益纳税调整项目的纳税人及从事股权投资业务的纳税人填报。发生持有期间投资收益，并按税收规定为减免税收入的（如国债利息收入等），该表不做调整。处置投资项目按税收规定确认为损失的，该表不做调整，而在《资产损失税前扣除及纳税调整明细表》（A105090）进行纳税调整。处置投资项目符合企业重组且适用特殊性税务处理规定的，该表不做调整，而在《企业重组及递延纳税事项纳税调整明细表》（A105100）进行纳税调整。

该表为《纳税调整项目明细表》（A105000）的附表，反映持有投资收益、处置投资收益税会差异的纳税调整情况。在行次设置上：通过正列举方式，分“交易性金融资产”“可供出售金融资产”“持有至到期投资”“衍生工具”“交易性金融负债”“长期股权投资”“短期投资”“长期债券投资”8个投资项目，其他需纳税调整的投资收益项目填报第9行“其他”。数据栏设置“持有收益”“处置收益”“纳税调整金额”三大栏次。对于初始投资，就目前现有政策，仅涉及交易性金融资产初始投资调整，在该表不做列示调整。

部分投资收益可能涉及税收优惠、资产处置损失交叉处理，为更清晰反映调整过程，理顺表间关系，在调整范围上明确为：对持有期间投资收益，按税收规定为免税收入的，如国债利息收入、符合条件的居民企业之间股息红利等权益性投资收益等，该表不做调整，而在《符合条件的居民企业之间的股息红利等权益性投资收益情况明细表》进行填报。处置投资项目并按税收规定计算为损失的，对该投资项目处置收益，该表不做调整，而在《资产损失税前扣除及纳税调整明细表》进行纳税调整，以避免重复填报。

（二）新金融准则投资收益税会差异的填报

根据《国家税务总局关于修订《中华人民共和国企业所得税年度纳税申报表（A类，2017年版）》部分表单样式及填报说明的公告》（国家税务总局公告2018年第57号）的规定，已执行《企业会计准则第22号——金融工具确认和计量》、《企业会计准则第23号——金融资产转移》、《企业会计准则第24号——套期会计》、《企业会计准则第37号——金融工具列报》（以上四项简称“新金融准则”）的纳税人，若投资收益的项目类别不为表A105030第1行至第8行的，则在第9行“九、其他”中填报相关会计处理、税收规定，以及纳税调整情况。

表5-2　A105030 投资收益纳税调整明细表

行次	项　　目	持有收益			处置收益							纳税调整金额
		账载金额	税收金额	纳税调整金额	会计确认的处置收入	税收计算的处置收入	处置投资的账面价值	处置投资的计税基础	会计确认的处置所得或损失	税收计算的处置所得	纳税调整金额	
		1	2	3（2-1）	4	5	6	7	8（4-6）	9（5-7）	10（9-8）	11（3+10）
1	一、交易性金融资产											
2	二、可供出售金融资产											
3	三、持有至到期投资											
4	四、衍生工具											
5	五、交易性金融负债											
6	六、长期股权投资											
7	七、短期投资											
8	八、长期债券投资											
9	九、其他											
10	合计（1+2+3+4+5+6+7+8+9）											

第二节　债权性投资

一、利息收入的企业所得税处理

根据《企业所得税法》第十八条的规定，利息收入，是指企业将资金提供他人使用但不构成权益性投资，或者因他人占用本企业资金取得的收入，包括存款利息、贷款利息、债券利息、欠款利息等收入。

利息收入，按照合同约定的债务人应付利息的日期确认收入的实现。

二、利息收入的企业所得税优惠

（一）国债利息收入为免税收入

根据《企业所得税法》第二十六条的规定，企业的下列收入为免税收入：

（1）国债利息收入；

（2）符合条件的居民企业之间的股息、红利等权益性投资收益；

（3）在中国境内设立机构、场所的非居民企业从居民企业取得与该机构、场所有实际联系的股息、红利等权益性投资收益；

（4）符合条件的非营利组织的收入。

根据《企业所得税法实施条例》第八十二条的规定，属于免税收入的国债利息收入，是指企业持有国务院财政部门发行的国债取得的利息收入。对于投资于外国政府国债的利息收入不免税。

（二）地方政府债券利息免征所得税

根据《财政部 国家税务总局关于地方政府债券利息免征所得税问题的通知》（财税〔2013〕5号）的规定，对企业和个人取得的2012年及以后年度发行的地方政府债券利息收入，免征企业所得税和个人所得税。地方政府债券是指经国务院批准同意，以省、自治区、直辖市和计划单列市政府为发行和偿还主体的债券。

（三）铁路债券利息收入减半征收优惠

根据《财政部 税务总局关于铁路债券利息收入所得税政策的公告》（财政部 税务总局公告2019年第57号）的规定，对企业投资者持有2019—2023年发行的铁路债券取得的利息收入，减半征收企业所得税。对个人投资者持有2019—2023年发行的铁路债券取得的利息收入，减按50%计入应纳税所得额计算征收个人所得税。税款由兑付机构在向个人投资者兑付利息时代扣代缴。

铁路债券是指以中国铁路总公司为发行和偿还主体的债券，包括中国铁路建设债券、中期票据、短期融资券等债务融资工具。

三、利息的增值税处理

（一）利息收入按贷款服务缴纳增值税

金融服务，是指经营金融保险的业务活动。包括贷款服务、直接收费金融服务、保险服务和金融商品转让。

贷款，是指将资金贷与他人使用而取得利息收入的业务活动。各种占用、拆借资金取得的收入，包括金融商品持有期间（含到期）利息（保本收益、报酬、资金占用费、补偿金等）收入、信用卡透支利息收入、买入返售金融商品利息收入、融资融券收取的利息收入，以及融资性售后回租、押汇、罚息、票据贴现、转贷等业务取得的利息及利息性质的收入，按照贷款服务缴纳增值税。

以货币资金投资收取的固定利润或者保底利润，按照贷款服务缴纳增值税。

根据上述规定，企业债权性投资取得的利息性质的收入，应按贷款服务缴纳增值税。

（二）存款利息不征增值税

根据《营业税改征增值税试点有关事项的规定》（财税〔2016〕36号文件附件2）第一条第（二）项的规定，存款利息收入不征收增值税。

（三）国债利息免征增值税

根据《营业税改征增值税试点过渡政策的规定》（财税〔2016〕36号文件附件3）第一条第（十九）项的规定，以下利息收入免征增值税：

（1）国家助学贷款。

（2）国债、地方政府债。

（3）人民银行对金融机构的贷款。

（4）住房公积金管理中心用住房公积金在指定的委托银行发放的个人住房贷款。

（5）外汇管理部门在从事国家外汇储备经营过程中，委托金融机构发放的外汇贷款。

（6）统借统还业务中按规定取得的利息收入

统借统还业务中，企业集团或企业集团中的核心企业以及集团所属财务公司按不高于支付给金融机构的借款利率水平或者支付的债券票面利率水平，向企业集团或者集团内下属单位收取的利息。

统借方向资金使用单位收取的利息，高于支付给金融机构借款利率水平或者支付的债券票面利率水平的，应全额缴纳增值税。

统借统还业务，是指：

（1）企业集团或者企业集团中的核心企业向金融机构借款或对外发行债券取得资金后，将所借资金分拨给下属单位（包括独立核算单位和非独立核算单位，下同），并向下属单位收取用于归还金融机构或债券购买方本息的业务。

（2）企业集团向金融机构借款或对外发行债券取得资金后，由集团所属财务公司与企业集团或者集团内下属单位签订统借统还贷款合同并分拨资金，并向企业集团或者集团内下属单位收取本息，再转付企业集团，由企业集团统一归还金融机构或债券购买方的业务。

（四）企业集团内单位之间的资金无偿借贷免征增值税

根据《财政部 税务总局关于明确养老机构免征增值税等政策的通知》（财税〔2019〕20号）第三条的规定，自2019年2月1日至2020年12月31日，对企业集团内单位（含企业集团）之间的资金无偿借贷行为，免征增值税。

四、计税基础的确定与纳税调整

根据《企业所得税法实施条例》第七十一条的规定，投资资产按照以下方法确定成本（计税基础）：

（1）通过支付现金方式取得的投资资产，以购买价款为成本；

（2）通过支付现金以外的方式取得的投资资产，以该资产的公允价值和支付的相关税费为成本。

企业取得划分为以公允价值计量且公允价值变动计入当期损益的金融资产（作为交易性金融资产核算）的债权投资，交易费用应计入计税基础，而不计入会计成本，造成会计与税法存在差异。年终企业所得税汇算清缴时，需要进行纳税调整应纳税所得额。而以摊余成本计量的债权投资，取得时发生的交易费用会计处理时计入初始计量的金额，税务处理时也计入计税基础，税会处理一致。

根据《企业所得税法实施条例》第五十六条的规定，企业的各项资产，包括固定资产、生物资产、无形资产、长期待摊费用、投资资产、存货等，以历史成本为计税基础。历史成本，是指企业取得该项资产时实际发生的支出。

企业持有各项资产期间资产增值或者减值，除国务院财政、税务主管部门规定可以确认损益外，不得调整该资产的计税基础。

会计按公允价值变动计入当期损益的金额，不用在当期缴纳企业所得税（损失也不允许在当期税前扣除）。

五、案例解析

案例5–1 根据甲公司下列与债券投资相关的业务，进行相关会计处理与纳税调整：

1. 2×19年4月1日，甲公司从二级市场购入丙公司发行的公司债，该永续债为2×18年1月1日发行，次年1月5日付息，票面年利率为4%。甲公司支付价款合计205万元，其中包括2×19年第一季度的债券利息2万元，另付交易费用1万元，该债券面值总额为200万元，甲公司取得后准备近期出售，作为交易性金融资产核算。

解析：

（1）会计处理。

该作为交易性金融资产核算的债券投资，其取得成本为：205−2=203（万元），交易费用1万元计入投资收益。

借：交易性金融资产——成本　　2 030 000
　　应收利息　　20 000
　　投资收益　　10 000
　贷：银行存款　　2 060 000

（2）税务处理。

根据《企业所得税法实施条例》第七十一条的规定，通过支付现金方式取得的债权投资，以购买价款为计税基础。交易费用1万元应计入该债券投资的计税基础，即计税基础：205−2+1=204（万元）。会计处理时计入投资收益的交易费用不得在税前扣除，应通过《纳税调整项目明细表》（A105000）第6行“（五）交易性金融资产初始投资调整”调增应纳税所得额1万元（见表5−3）。

表5−3　A105000 纳税调整项目明细表（部分）

行次	项　目	账载金额	税收金额	调增金额	调减金额
		1	2	3	4
1	一、收入类调整项目	*	*	10 000	
2	（一）视同销售收入（填写A105010）	*			*
3	（二）未按权责发生制原则确认的收入（填写A105020）				
4	（三）投资收益（填写A105030）				
5	（四）按权益法核算长期股权投资对初始投资成本调整确认收益	*	*	*	
6	（五）交易性金融资产初始投资调整	*	*	10 000	*
7	（六）公允价值变动净损益		*		
46	合计（1+12+30+35+44+45）	*	*	10 000	

2. 2×19年12月31日，该债券的公允价值为210万元。

解析：

（1）会计处理。

公允价值变动：210–203=7（万元）。

借：交易性金融资产——公允价值变动　　70 000

　贷：公允价值变动损益　　70 000

确认债券投资利息收入：200×4%×9/12=6（万元）。

借：应收利息　　60 000

　贷：投资收益　　60 000

（2）税务处理。

根据《企业所得税法实施条例》第五十六条的规定，企业的债权类资产，以历史成本为计税基础。企业持有各项资产期间资产增值或者减值，除国务院财政、税务主管部门规定可以确认损益外，不得调整该资产的计税基础。

因而，2×19年末该债券投资的计税基础仍为204万元，公允价值变动7万元不用缴纳企业所得税，计入“公允价值变动损益”的7万元，需通过《纳税调整项目明细表》（A105000）第7行“（六）公允价值变动净损益”调减应纳税所得额。

根据《企业所得税法》第十八条的规定，利息收入，按照合同约定的债务人应付利息的日期确认收入的实现。本案例中应在“次年1月5日付息”日确认企业所得税收入。2×19年底会计上计入“投资收益”科目核算的利息收入6万元，应计入2×20年度的应纳税所得额，需要通过《投资收益纳税调整明细表》（A105030）第1行“一、交易性金融资产”和《纳税调整项目明细表》（A105000）第4行“（三）投资收益”调减2×19年度的应纳税所得额（也可通过《未按权责发生制确认收入纳税调整明细表》（A105020）第3行“（二）利息”和《纳税调整项目明细表》（A105000）第3行“（二）未按权责发生制原则确认的收入”纳税调减2×19年度的应纳税所得额）（见表5–4、表5–5）。

表5–5　A105000 纳税调整项目明细表（部分）

行次	项　目	账载金额	税收金额	调增金额	调减金额
		1	2	3	4
1	一、收入类调整项目	*	*		130 000
2	（一）视同销售收入（填写 A105010）	*			*
3	（二）未按权责发生制原则确认的收入（填写 A105020）				
4	（三）投资收益（填写 A105030）	60 000	0		60 000
5	（四）按权益法核算长期股权投资对初始投资成本调整确认收益	*	*	*	
6	（五）交易性金融资产初始投资调整	*	*		*
7	（六）公允价值变动净损益	70 000	*		70 000
46	合计（1+12+30+35+44+45）	*	*		130 000

表5-4　A105030 投资收益纳税调整明细表

行次	项　　目	持有收益			处置收益							纳税调整金额
		账载金额	税收金额	纳税调整金额	会计确认的处置收入	税收计算的处置收入	处置投资的账面价值	处置投资的计税基础	会计确认的处置所得或损失	税收计算的处置所得	纳税调整金额	
		1	2	3（2−1）	4	5	6	7	8（4−6）	9（5−7）	10（9−8）	11（3+10）
1	一、交易性金融资产	60 000	0	−60 000								−60 000
2	二、可供出售金融资产											
3	三、持有至到期投资											
4	四、衍生工具											
5	五、交易性金融负债											
6	六、长期股权投资											
7	七、短期投资											
8	八、长期债券投资											
9	九、其他											
10	合计	60 000	0	−600 000								−60 000

或者填报《未按权责发生制确认收入纳税调整明细表》如下（见表5-6、表5-7）。

表5-6　A105020未按权责发生制确认收入纳税调整明细表（部分）

行次	项　目	合同金额（交易金额）	账载金额		税收金额		纳税调整金额
			本年	累计	本年	累计	
		1	2	3	4	5	6（4-2）
1	一、跨期收取的租金、利息、特许权使用费收入		60 000	60 000	0	0	-60 000
2	（一）租金						
3	（二）利息		60 000	60 000	0	0	-60 000
4	（三）特许权使用费						
14	合计（1+5+9+13）		60 000	60 000	0	0	-60 000

表5-7　A105000纳税调整项目明细表（部分）

行次	项　目	账载金额	税收金额	调增金额	调减金额
		1	2	3	4
1	一、收入类调整项目	*	*		7
2	（一）视同销售收入（填写A105010）	*			*
3	（二）未按权责发生制原则确认的收入（填写A105020）	60 000	0		60 000
4	（三）投资收益（填写A105030）				
5	（四）按权益法核算长期股权投资对初始投资成本调整确认收益	*	*	*	
6	（五）交易性金融资产初始投资调整	*	*		*
7	（六）公允价值变动净损益	70 000	*		70 000
46	合计（1+12+30+35+44+45）	*	*		130 000

3. 2×20年1月5日，收到债券2×19年的利息。

解析：

2×20年1月5日，收到债券利息：

借：银行存款　　80 000

　贷：应收利息　　80 000

4. 2×20年12月31日，丙公司债券的公允价值为208万元。

（1）会计处理。

2×20年底计算债券的公允价值变动损益：208-210=-2（万元）；

借：公允价值变动损益　　20 000

贷：交易性金融资产——公允价值变动　　20 000

计提债券投资的利息收入为：200×4%=8（万元）。

借：应收利息　　80 000

贷：投资收益　　80 000

（2）税务处理。

根据《企业所得税法》第十八条的规定，利息收入，按照合同约定的债务人应付利息的日期确认收入的实现。因而，2×20年应确认企业所得税利息收入8万元，会计核算计入投资收益的当年计提债券利息收入8万元。

根据《企业所得税法实施条例》第五十六条的规定，企业持有债券等各项资产期间资产增值或者减值，除国务院财政、税务主管部门规定可以确认损益外，不得调整该资产的计税基础。因而，2×20年末该债券投资的计税基础仍为204万元，公允价值变动–2万元不允许在企业所得税前扣除，计入“公允价值变动损益”借方的2万元，需通过《纳税调整项目明细表》（A105000）第7行“（六）公允价值变动净损益”调增应纳税所得额（见表5–8）。

表5–8　A105000 纳税调整项目明细表（部分）

行次	项　目	账载金额	税收金额	调增金额	调减金额
		1	2	3	4
1	一、收入类调整项目	*	*	20 000	
2	（一）视同销售收入（填写 A105010）	*			*
3	（二）未按权责发生制原则确认的收入（填写 A105020）				
4	（三）投资收益（填写 A105030）				
5	（四）按权益法核算长期股权投资对初始投资成本调整确认收益	*	*	*	
6	（五）交易性金融资产初始投资调整	*	*		*
7	（六）公允价值变动净损益	–20 000	*	20 000	
46	合计	*	*	20 000	

5. 2×21年1月5日，收到2×20年的债券利息8万元。

解析：

（1）会计处理。

2×20年1月5日，收到债券利息：

借：银行存款　　80 000

贷：应收利息　　80 000

（2）税务处理。

企业所得税应在应付利息日确认利息收入8万元。

6. 2×21年2月10日，以209万元卖出该债券。

（1）会计处理。

借：银行存款　　2 090 000

　贷：交易性金融资产——成本　　2 030 000

　　　　　　　　　——公允价值变动　　50 000

　　　投资收益　　10 000

借：公允价值变动损益　　50 000

　贷：投资收益　　50 000

（2）税务处理。

根据《企业所得税法》第十八条的规定，利息收入，按照合同约定的债务人应付利息的日期确认收入的实现。因而，2×21年企业所得税应确认债券利息收入8万元，会计核算的利息收入0，需要通过《投资收益纳税调整明细表》（A105030）第1行“一、交易性金融资产”和《纳税调整项目明细表》（A105000）第4行“（三）投资收益”纳税调增2×21年度的应纳税所得额）（或《未按权责发生制确认收入纳税调整明细表》（A105020）第3行“（二）利息”和《纳税调整项目明细表》（A105000）第3行“（二）未按权责发生制原则确认的收入”纳税调增应纳税所得额）（见表5-9、表5-10）。

表5-10　A105000 纳税调整项目明细表（部分）

行次	项　目	账载金额	税收金额	调增金额	调减金额
		1	2	3	4
1	一、收入类调整项目	*	*		
2	（一）视同销售收入（填写 A105010）	*			*
3	（二）未按权责发生制原则确认的收入（填写 A105020）				
4	（三）投资收益（填写 A105030）	60 000	130 000		70 000
5	（四）按权益法核算长期股权投资对初始投资成本调整确认收益	*	*	*	
6	（五）交易性金融资产初始投资调整	*	*		*
7	（六）公允价值变动净损益	-50 000	*	50 000	
46	合计（1+12+30+35+44+45）	*	*	50 000	70 000

表5-9　A105030 投资收益纳税调整明细表

行次	项　目	持有收益			处置收益							纳税调整金额
		账载金额	税收金额	纳税调整金额	会计确认的处置收入	税收计算的处置收入	处置投资的账面价值	处置投资的计税基础	会计确认的处置所得或损失	税收计算的处置所得	纳税调整金额	
		1	2	3（2-1）	4	5	6	7	8（4-6）	9（5-7）	10（9-8）	11（3+10）
1	一、交易性金融资产	50 000	80 000	30 000	2 090 000	2 090 000	2 080 000	2 040 000	10 000	50 000	40 000	70 000
2	二、可供出售金融资产											
3	三、持有至到期投资											
4	四、衍生工具											
5	五、交易性金融负债											
6	六、长期股权投资											
7	七、短期投资											
8	八、长期债券投资											
9	九、其他											
10	合计	50 000	80 000	30 000	2 090 000	2 090 000	2 080 000	2 040 000	10 000	50 000	40 000	70 000

或者填报《未按权责发生制确认收入纳税调整明细表》(见表5-11)。

表5-11　A105020 未按权责发生制确认收入纳税调整明细表(部分)

行次	项　目	合同金额(交易金额)	账载金额		税收金额		纳税调整金额
			本年	累计	本年	累计	
		1	2	3	4	5	6(4-2)
1	一、跨期收取的租金、利息、特许权使用费收入		0	0	80 000	80 000	80 000
2	(一)租金						
3	(二)利息		0	0	80 000	80 000	80 000
4	(三)特许权使用费						
14	合计(1+5+9+13)		0	0	80 000	80 000	80 000

税收计算的处置债券所得为:209-204=5(万元),会计核算的处理收益为:209-208=1(万元),需调增应纳税所得额4万元。公允价值变动损益转入投资收益的5万元,不用缴纳企业所得税,需要调减应纳税所得额(见表5-12)。

会计上公允价值变动损益借方发生额5万元,不得税前扣除,需要调增应纳税所得额(见表5-13)。

表5-13　A105000 纳税调整项目明细表(部分)

行次	项　目	账载金额	税收金额	调增金额	调减金额
		1	2	3	4
1	一、收入类调整项目	*	*		
2	(一)视同销售收入(填写 A105010)	*			*
3	(二)未按权责发生制原则确认的收入(填写 A105020)	0	80 000	80 000	
4	(三)投资收益(填写 A105030)	60 000	50 000		10 000
5	(四)按权益法核算长期股权投资对初始投资成本调整确认收益	*	*	*	
6	(五)交易性金融资产初始投资调整	*	*		*
7	(六)公允价值变动净损益	5	*	50 000	
46	合计(1+12+30+35+44+45)	*	*	130 000	10 000

表5-12　A105030 投资收益纳税调整明细表

行次	项　　目	持有收益			处置收益							纳税调整金额
		账载金额	税收金额	纳税调整金额	会计确认的处置收入	税收计算的处置收入	处置投资的账面价值	处置投资的计税基础	会计确认的处置所得或损失	税收计算的处置所得	纳税调整金额	
		1	2	3（2−1）	4	5	6	7	8（4−6）	9（5−7）	10（9−8）	11(3+10)
1	一、交易性金融资产	50 000	0	−50 000	2 090 000	2 090 000	2 080 000	2 040 000	10 000	50 000	40 000	−10 000
2	二、可供出售金融资产											
3	三、持有至到期投资											
4	四、衍生工具											
5	五、交易性金融负债											
6	六、长期股权投资											
7	七、短期投资											
8	八、长期债券投资											
9	九、其他											
10	合计	50 000	0	−50 000	2 090 000	2 090 000	2 080 000	2 040 000	10 000	50 000	40 000	−10 000

第三节　权益性投资

按对被投资单位的影响程度，权益性投资可以分为对子公司投资、对合营企业投资和对联营企业投资等。《企业会计准则第2号——长期股权投资》规范了符合条件的权益性投资的确认和计量。其他权益性投资适用《企业会计准则第22号——金融工具确认和计量》，如公允价值计量且其变动计入当期损益的金融资产和公允价值计量且其变动计入其他综合收益的金融资产。

一、权益性投资收益的税务处理

（一）股息、红利等权益性投资收益

1.权益性投资收益的界定

根据《企业所得税法》第十七条的规定，股息、红利等权益性投资收益，是指企业因权益性投资从被投资方取得的收入。

企业所得税处理时计入收入总额的股息、红利等权益性投资收益，包括现金股利、股票股利、盈余公积转增股本以及除股权（票）溢价所形成的资本公积以外其他资本公积转增股本收入等。

2.权益性投资收益收入的确认

根据《企业所得税法》第十七条的规定，股息、红利等权益性投资收益，除国务院财政、税务主管部门另有规定外，按照被投资方做出利润分配决定的日期确认收入的实现。

《国家税务总局关于贯彻落实企业所得税法若干税收问题的通知》（国税函〔2010〕79号）第四条“关于股息、红利等权益性投资收益收入确认问题”进一步明确，企业权益性投资取得股息、红利等收入，应以被投资企业股东会或股东大会做出利润分配或转股决定的日期，确定收入的实现。

被投资企业将股权（票）溢价所形成的资本公积转为股本的，不作为投资方企业的股息、红利收入，投资方企业也不得增加该项长期投资的计税基础。

（二）符合条件的股息、红利为免税收入

1.符合条件的股息、红利等权益性投资收益税收优惠

根据《企业所得税法》第二十六条的规定，符合条件的居民企业之间的股息、红利等权益性投资收益以及在中国境内设立机构、场所的非居民企业从居民企业取得与该机构、场所有实际联系的股息、红利等权益性投资收益为免税收入。

根据《企业所得税法实施条例》第八十三条的规定，符合条件的居民企业之间的股

息、红利等权益性投资收益，是指居民企业直接投资于其他居民企业取得的投资收益。股息、红利等权益性投资收益，不包括连续持有居民企业公开发行并上市流通的股票不足12个月取得的投资收益。这里所称不足12个月，是指从取得股票之日到分配股息、红利决定之日不足12个月。

2. 免税收入所对应费用的扣除

《国家税务总局关于贯彻落实企业所得税法若干税收问题的通知》（国税函〔2010〕79号）第六条“关于免税收入所对应的费用扣除问题”规定，企业取得的各项免税收入所对应的各项成本费用，除另有规定者外，可以在计算企业应纳税所得额时扣除。

3. 从合伙企业分回的投资收益不免征

法人合伙人从合伙企业分回的股息、红利等权益性投资收益，不属于符合条件的居民企业之间的股息、红利，不免征企业所得税。

（三）撤回或减少投资的处理

1. 税务处理

根据《国家税务总局关于企业所得税若干问题的公告》（国家税务总局公告2011年第34号）第五条的规定，投资企业从被投资企业撤回或减少投资，其取得的资产中，相当于初始出资的部分，应确认为投资收回；相当于被投资企业累计未分配利润和累计盈余公积按减少实收资本比例计算的部分，应确认为股息所得；其余部分确认为投资资产转让所得。被投资企业发生的经营亏损，由被投资企业按规定结转弥补；投资企业不得调整减低其投资成本，也不得将其确认为投资损失。

也就是说，企业撤回、减少投资应先收回投资成本，再确认股息、红利所得，最后确认资产转让所得。

案例5-2 2×18年1月，A公司投资200万元于甲企业（持股40%）。2×20年12月1日，A公司从甲企业撤回全部投资，收到款项560万元。此时，甲企业所有者权益为：股本500万元，留存收益100万元。不考虑其他因素的影响。

要求：进行相关财务与税务处理。

解析：

（1）会计处理。

借：银行存款	5 600 000	
贷：长期股权投资——投资成本		2 000 000
投资收益		3 600 000

（2）税务处理。

A公司从甲企业取得撤回投资款560万元，其中：相当于初始出资的200万元，应确认为投资收回，不缴纳企业所得税；相当于被投资企业累计未分配利润和累计盈余公积按减少实收资本比例计算的40万元（100×40%），应确认为股息所得，可按居民企业间权益性投资收益作免税收入处理；其余320万元确认为投资资产转让所得，依法缴纳企业所得税。

（四）分得清算剩余资产的处理

1.分得清算剩余资产的处理

根据《企业所得税法实施条例》第十一条的规定，投资方企业从被清算企业分得的剩余资产，其中相当于从被清算企业累计未分配利润和累计盈余公积中应当分得的部分，应当确认为股息所得；剩余资产减除上述股息所得后的余额，超过或者低于投资成本的部分，应当确认为投资资产转让所得或者损失。

根据《财政部 国家税务总局关于企业清算业务企业所得税处理若干问题的通知》（财税〔2009〕60号）的规定，被清算企业的股东分得的剩余资产的金额，其中相当于被清算企业累计未分配利润和累计盈余公积中按该股东所占股份比例计算的部分，应确认为股息所得；剩余资产减除股息所得后的余额，超过或低于股东投资成本的部分，应确认为股东的投资转让所得或损失。

由此可见，企业分得清算剩余资产应先确认股息、红利所得，再收回投资成本，最后确认财产转让所得或损失。

案例5-3 2×18年5月8日，A公司向甲公司投资1 000万元，占甲公司30%的股份，2×21年10月甲公司进行清算，清算分配剩余资产时甲公司未分配利润和盈余公积余额为3 000万元，A公司分得的清算剩余资产2 500万元。

问：

1. A公司分回的清算剩余资产应如何进行财税处理？

2. 如果A公司分得的清算剩余资产为800万元，应如何处理？

解析：

1. A公司分回的清算剩余资产的财税处理：

（1）会计处理。

取得清算剩余资产：

借：银行存款	25 000 000	
贷：长期股权投资		10 000 000
投资收益		15 000 000

（2）税务处理。

首先，根据3 000万元累计留存收益按分配比例30%确认股息所得900万元（900×30%），此为免税收入；

其次，按照分回剩余资产2 500万元剔除股息900万元后的余额1 600万元，与投资成本1 000万元比较，确认投资资产转让所得600万元（1 600–1 000）。

2. 如果A公司分得的清算剩余资产为800万元，则财税处理为：

（1）会计处理。

取得清算剩余资产：

借：银行存款　　8 000 000

　　投资收益　　2 000 000

　贷：长期股权投资　　10 000 000

（2）税务处理。

首先，根据累计留存收益按分配比例30%计算股息所得最高金额为900万元（3 000×30%）；

其次，比较计算值900万元与收回的剩余资产金额800万元，按孰小值确定免税收入金额为800万元；

最后，确认投资转让所得为0。

（五）股权转让所得的处理

1.股权转让所得的确认和计算

根据国税函〔2010〕79号文件第三条“关于股权转让所得确认和计算问题”的规定，企业转让股权收入，应于转让协议生效、且完成股权变更手续时，确认收入的实现。转让股权收入扣除为取得该股权所发生的成本后，为股权转让所得。企业在计算股权转让所得时，不得扣除被投资企业未分配利润等股东留存收益中按该项股权所可能分配的金额。

《国家税务总局关于企业重组业务企业所得税征收管理若干问题的公告》（国家税务总局公告2015年第48号）第三条规定，股权收购，以转让合同（协议）生效且完成股权变更手续日为重组日。关联企业之间发生股权收购，转让合同（协议）生效后12个月内尚未完成股权变更手续的，应以转让合同（协议）生效日为重组日。

根据《国家税务总局关于企业取得财产转让等所得企业所得税处理问题的公告》（国家税务总局公告2010年第19号）第一条的规定，企业取得财产（包括各类资产、股权、债权等）转让收入、债务重组收入、接受捐赠收入、无法偿付的应付款收入等，不论是以货币形式、还是非货币形式体现，除另有规定外，均应一次性计入确认收入的年度计算缴纳企业所得税。

2.核定征收

根据《国家税务总局关于企业所得税核定征收有关问题的公告》（国家税务总局公告2012年第27号）的规定，专门从事股权（股票）投资业务的企业，不得核定征收企业所得税。依法按核定应税所得率方式核定征收企业所得税的企业，取得的转让股权（股票）收入等转让财产收入，应全额计入应税收入额，按照主营项目（业务）确定适用的应税所得率计算征税；若主营项目（业务）发生变化，应在当年汇算清缴时，按照变化后的主营项目（业务）重新确定适用的应税所得率计算征税。

（六）股权投资损失的扣除

企业进行股权投资要么产生投资收益，要么导致投资损失，其中股权投资损失包括股权持有损失和股权处置损失。股权投资损失税务处理的政策依据主要有：《财政部 国家税务总局关于企业资产损失税前扣除政策的通知》（财税〔2009〕57号）、《企业资产损失所得税税前扣除管理办法》（国家税务总局公告2011年第25号发布）、《国家税务总局关于企业所得税资产损失资料留存备查有关事项的公告》（国家税务总局公告2018年第15号）等。

根据《企业所得税法》及其实施条例的规定，企业对外投资期间，对投资资产的成本，在计算应纳税所得额时不得扣除。企业在转让或者处置投资资产时，投资资产的成本，准予扣除。根据财税〔2009〕57号文件规定，股权投资损失可以作为资产损失处理，且可在发生的当年一次性扣除。

根据《国家税务总局关于企业股权投资损失所得税处理问题的公告》（国家税务总局公告2010年第6号）第一条的规定，企业对外进行权益性（以下简称股权）投资所发生的损失，在经确认的损失发生年度，作为企业损失在计算企业应纳税所得额时一次性扣除。

根据《企业资产损失所得税税前扣除管理办法》的规定，企业实际资产损失，应当在其实际发生且会计上已作损失处理的年度申报扣除；法定资产损失，应当在符合法定资产损失确认条件，且会计上已作损失处理的年度申报扣除。其中，实际资产损失是指企业在实际处置、转让资产过程中发生的合理损失；法定资产损失是指企业虽未实际处置、转让资产，但符合财税〔2009〕57号文件和《企业资产损失所得税税前扣除管理办法》等规定条件计算确认的损失。

二、长期股权投资的处理

（一）长期股权投资的范围

《企业会计准则第2号——长期股权投资》（以下简称长期股权投资准则）所称长期股权投资，是指投资方对被投资单位实施控制、重大影响的权益性投资，以及对其合营企业的权益性投资。

1.对子公司的权益性投资

投资方能够对被投资单位实施控制的权益性投资，即对子公司投资。控制，是指投资方拥有对被投资单位的权力，通过参与被投资单位的相关活动而享有可变回报，并且有能力运用对被投资单位的权力影响其回报金额。

在确定能否对被投资单位实施控制时，投资方应当按照《企业会计准则第33号——合并财务报表》的有关规定进行判断。投资方能够对被投资单位实施控制的，被投资单位为其子公司。投资方属于《企业会计准则第33号——合并财务报表》规定的投资性主体且子公司不纳入合并财务报表的情况除外。

2. 对合营企业的权益性投资

投资方与其他合营方一同对被投资单位实施共同控制且对被投资单位净资产享有权利的权益性投资，即对合营企业投资。共同控制，是指按照相关约定对某项安排所共有的控制，并且该安排的相关活动必须经过分享控制权的参与方一致同意后才能决策。

在确定被投资单位是否为合营企业时，应当按照《企业会计准则第40号——合营安排》的有关规定进行判断。

3. 对联营企业的权益性投资

投资方对被投资单位具有重大影响的权益性投资，即对联营企业投资。重大影响，是指对一个企业的财务和经营政策有参与决策的权力，但并不能够控制或者与其他方一起共同控制这些政策的制定。实务中，较为常见的重大影响体现为在被投资单位的董事会或类似权力机构中派有代表，通过在被投资单位财务和经营决策制定过程中的发言权实施重大影响。

投资方直接或通过子公司间接持有被投资单位20%以上但低于50%的表决权时，一般认为对被投资单位具有重大影响，除非有明确的证据表明该种情况下不能参与被投资单位的生产经营决策，不形成重大影响。在确定能否对被投资单位施加重大影响时，一方面应考虑投资方直接或间接持有被投资单位的表决权股份，另一方面要考虑投资方及其他方持有的当期可执行潜在表决权在假定转换为对被投资单位的股权后产生的影响，如被投资单位发行的当期可转换的认股权证、股份期权及可转换公司债券等的影响。

对被投资单位不具有控制、共同控制或重大影响的股权性投资，属于金融资产，应按金融工具确认和计量准则进行会计处理。

长期股权投资的范围如表5-14所示。

表5-14　长期股权投资的范围

会计科目	按影响程度分	界定	
长期股权投资	对子公司投资（控制）	投资方能够对被投资单位实施控制的权益性投资，被投资单位为其子公司。	控制，是指投资方拥有对被投资单位的权力，通过参与被投资单位的相关活动而享有可变回报，并且有能力运用对被投资单位的权力影响其回报金额。
	对合营企业投资（共同控制）	投资方与其他合营方一同对被投资单位实施共同控制且对被投资单位净资产享有权利的权益性投资，即对合营企业投资。	共同控制，是指按照相关约定对某项安排所共有的控制，并且该安排的相关活动必须经过分享控制权的参与方一致同意后才能决策。
	对联营企业投资（重大影响）	投资方对被投资单位具有重大影响的权益性投资，即对联营企业投资。	重大影响，是指对一个企业的财务和经营政策有参与决策的权力，但并不能够控制或者与其他方一起共同控制这些政策的制定。

（二）企业合并形成的长期股权投资

根据《企业会计准则第20号——企业合并》（以下简称企业合并准则）第二条的规定，企业合并，是指将两个或者两个以上单独的企业合并形成一个报告主体的交易或事项。企业合并分为同一控制下的企业合并和非同一控制下的企业合并。

企业合并准则第四条还规定，该准则不涉及下列企业合并：

（1）两方或者两方以上形成合营企业的企业合并。

（2）仅通过合同而不是所有权份额将两个或者两个以上单独的企业合并形成一个报告主体的企业合并。

1.初始计量与计税基础

（1）初始计量。

根据长期股权投资准则第五条的规定，企业合并形成的长期股权投资，应当按照下列规定确定其初始投资成本：

①同一控制下的企业合并。

同一控制下的企业合并，合并方以支付现金、转让非现金资产或承担债务方式作为合并对价的，应当在合并日按照被合并方所有者权益在最终控制方合并财务报表中的账面价值的份额作为长期股权投资的初始投资成本。长期股权投资初始投资成本与支付的现金、转让的非现金资产以及所承担债务账面价值之间的差额，应当调整资本公积；资本公积不足冲减的，调整留存收益。

合并方以发行权益性证券作为合并对价的，应当在合并日按照被合并方所有者权益在最终控制方合并财务报表中的账面价值的份额作为长期股权投资的初始投资成本。按照发行股份的面值总额作为股本，长期股权投资初始投资成本与所发行股份面值总额之间的差额，应当调整资本公积；资本公积不足冲减的，调整留存收益。

②非同一控制下的企业合并。

非同一控制下的企业合并，购买方在购买日应当按照企业合并准则的有关规定确定的合并成本作为长期股权投资的初始投资成本。

③中介费用与相关管理费用的处理。

合并方或购买方为企业合并发生的审计、法律服务、评估咨询等中介费用以及其他相关管理费用，应当于发生时计入当期损益。

（2）计税基础。

根据《企业所得税法实施条例》第七十一条的规定，长期股权投资的计税基础按照以下方法确定：

①通过支付现金方式取得的长期股权投资，以购买价款为计税基础，包括与取得长期股权投资直接相关的费用、税金及其他必要支出；

②通过支付现金以外的方式取得的长期股权投资，以该资产的公允价值和支付的相关税费为成本。

2. 后续计量与纳税调整

（1）后续计量。

根据长期股权投资准则第八条的规定，采用成本法核算的长期股权投资应当按照初始投资成本计价。追加或收回投资应当调整长期股权投资的成本。被投资单位宣告分派的现金股利或利润，应当确认为当期投资收益。

收到被投资单位发放的股票股利，不进行账务处理，但应在备查簿中登记。

企业应设置“应收股利”科目，核算企业应收取的现金股利和应收取其他单位分配的利润。该科目应当按照被投资单位进行明细核算。

被投资单位宣告发放现金股利或利润，按应归本企业享有的金额，借记“应收股利”科目，贷记“投资收益”或“长期股权投资——损益调整”科目。

收到现金股利或利润，借记“银行存款”等科目，贷记“应收股利”科目。

该科目期末借方余额，反映企业尚未收回的现金股利或利润。

（2）纳税调整。

《国家税务总局关于贯彻落实企业所得税法若干税收问题的通知》（国税函〔2010〕79号）第四条“关于股息、红利等权益性投资收益收入确认问题”规定，企业权益性投资取得股息、红利等收入，应以被投资企业股东会或股东大会做出利润分配或转股决定的日期，确定收入的实现。被投资企业将股权（票）溢价所形成的资本公积转为股本的，不作为投资方企业的股息、红利收入，投资方企业也不得增加该项长期投资的计税基础。

对于被投资企业发放的股票股利，投资方企业应在被投资单位宣告分派股票股利时，确认为当期股息、红利收入，税会差异应进行纳税调整。

3. 成本法的适用

（1）对子公司长期股权投资采用成本法核算。

根据长期股权投资准则第七条的规定，投资方能够对被投资单位实施控制的长期股权投资应当采用成本法核算。

（2）《小企业会计准则》要求采用成本法。

根据《小企业会计准则》的规定，长期股权投资应当按照成本进行计量。

以支付现金取得的长期股权投资，应当按照购买价款和相关税费作为成本进行计量。实际支付价款中包含的已宣告但尚未发放的现金股利，应当单独确认为应收股利，不计入长期股权投资的成本。

通过非货币性资产交换取得的长期股权投资，应当按照换出非货币性资产的评估价值和相关税费作为成本进行计量。

根据《小企业会计准则》的规定，长期股权投资应当采用成本法进行会计处理。在长期股权投资持有期间，被投资单位宣告分派的现金股利或利润，应当按照应分得的金额确认为投资收益。处置长期股权投资，处置价款扣除其成本、相关税费后的净额，应当计入投资收益。

（三）其他方式取得的长期股权投资

1.初始计量与计税基础的确定

（1）初始计量。

根据长期股权投资准则第六条的规定，除企业合并形成的长期股权投资以外，其他方式取得的长期股权投资，应当按照下列规定确定其初始投资成本：

①以支付现金取得的长期股权投资，应当按照实际支付的购买价款作为初始投资成本。初始投资成本包括与取得长期股权投资直接相关的费用、税金及其他必要支出。

②以发行权益性证券取得的长期股权投资，应当按照发行权益性证券的公允价值作为初始投资成本。与发行权益性证券直接相关的费用，应当按照《企业会计准则第37号——金融工具列报》的有关规定确定。

通过非货币性资产交换取得的长期股权投资，其初始投资成本应当按照《企业会计准则第7号——非货币性资产交换》的有关规定确定。

通过债务重组取得的长期股权投资，其初始投资成本应当按照《企业会计准则第12号——债务重组》的有关规定确定。

以支付现金、非现金资产等其他方式取得的长期股权投资，应按现金、非现金资产的公允价值或按照《企业会计准则第7号——非货币性资产交换》《企业会计准则第12号——债务重组》的有关规定确定的初始投资成本，借记“长期股权投资”科目，贷记“银行存款”等科目，贷记“营业外收入”或借记“营业外支出”等处置非现金资产相关的科目。

（2）计税基础。

根据《企业所得税法实施条例》第七十一条的规定，通过支付现金方式取得的长期股权投资，以购买价款为计税基础，包括与取得长期股权投资直接相关的费用、税金及其他必要支出；通过支付现金以外的方式取得的长期股权投资，以该资产的公允价值和支付的相关税费为成本。

2.后续计量与会计核算

（1）对联营和合营企业的长期股权投资采用权益法。

根据长期股权投资准则第九条的规定，投资方对联营企业和合营企业的长期股权投资，应当按照规定，采用权益法核算。

投资方对联营企业的权益性投资，其中一部分通过风险投资机构、共同基金、信托公司或包括投连险基金在内的类似主体间接持有的，无论以上主体是否对这部分投资具有重大影响，投资方都可以按照《企业会计准则第22号——金融工具确认和计量》的有关规定，对间接持有的该部分投资选择以公允价值计量且其变动计入损益，并对其余部分采用权益法核算。

（2）初始投资成本的调整与会计处理。

①初始投资成本的调整。

根据长期股权投资准则第十条的规定，长期股权投资的初始投资成本大于投资时应享有被投资单位可辨认净资产公允价值份额的，不调整长期股权投资的初始投资成本；长期股权投资的初始投资成本小于投资时应享有被投资单位可辨认净资产公允价值份额的，其差额应当计入当期损益（营业外收入），同时调整长期股权投资的成本。

被投资单位可辨认净资产的公允价值，应当比照企业合并准则的有关规定确定。

②初始投资成本调整的会计处理。

企业应设置“长期股权投资”科目，核算企业持有的长期股权投资。长期股权投资核算采用权益法的，应当分别“投资成本”“损益调整”“其他综合收益”“其他权益变动”进行明细核算。

长期股权投资的初始投资成本大于投资时应享有被投资单位可辨认净资产公允价值份额的，不调整已确认的初始投资成本；长期股权投资的初始投资成本小于投资时应享有被投资单位可辨认净资产公允价值份额的，应按其差额，借记“长期股权投资”（投资成本）科目，贷记“营业外收入”科目。

③初始投资成本调整的纳税调整。

长期股权投资的初始投资成本小于投资时应享有被投资单位可辨认净资产公允价值份额的，会计上应按其差额，贷记“营业外收入”科目的金额，不用缴纳企业所得税，但需要进行纳税调减处理。

（3）被投资单位实现净损益的确认与核算。

①被投资单位实现净损益的确认。

根据长期股权投资准则第十一条的规定，投资方取得长期股权投资后，应当按照应享有或应分担的被投资单位实现的净损益和其他综合收益的份额，分别确认投资收益和其他综合收益，同时调整长期股权投资的账面价值；投资方按照被投资单位宣告分派的利润或现金股利计算应享有的部分，相应减少长期股权投资的账面价值；投资方对于被投资单位除净损益、其他综合收益和利润分配以外所有者权益的其他变动，应当调整长期股权投资的账面价值并计入所有者权益。

投资方在确认应享有被投资单位净损益的份额时，应当以取得投资时被投资单位可辨认净资产的公允价值为基础，对被投资单位的净利润进行调整后确认。

被投资单位采用的会计政策及会计期间与投资方不一致的，应当按照投资方的会计政策及会计期间对被投资单位的财务报表进行调整，并据以确认投资收益和其他综合收益等。

②会计核算。

资产负债表日，企业应按被投资单位实现的净利润（以取得投资时被投资单位可辨认净资产的公允价值为基础计算）中企业享有的份额，借记“长期股权投资（损益调整）”科目，贷记“投资收益”科目。

收到被投资单位发放的股票股利，不需要进行账务处理，但应在备查簿中登记。

税务处理：被投资单位宣告发放现金股利和股票股利，投资方应在被投资企业做出利润分配决定的日期按规定确认企业所得税收入，对税法与会计之间的差异，应在年终汇算清缴时，调整应纳税所得额。

（4）被投资单位净亏损的确认与会计核算。

①被投资单位净亏损的确认。

根据长期股权投资准则第十二条的规定，投资方确认被投资单位发生的净亏损，应当以长期股权投资的账面价值以及其他实质上构成对被投资单位净投资的长期权益减记至零为限，投资方负有承担额外损失义务的除外。

被投资单位以后实现净利润的，投资方在其收益分享额弥补未确认的亏损分担额后，恢复确认收益分享额。

②会计处理。

被投资单位发生净亏损的，投资方按约定比例计算应分担的亏损额，借记“投资收益”科目，贷记“长期股权投资（损益调整）”科目，但以“长期股权投资”科目的账面价值减记至零为限；还需承担的投资损失，应以其他实质上构成对被投资单位净投资的“长期应收款”等的账面价值减记至零为限；除按照以上步骤已确认的损失外，按照投资合同或协议约定将承担的损失，确认为预计负债。除上述情况外仍未确认的应分担被投资单位的损失，应在账外备查登记。

发生亏损的被投资单位以后实现净利润的，应按与上述相反的顺序进行处理。

（5）其他综合收益和所有者权益的其他变动的处理。

被投资单位除净损益、利润分配以外的其他综合收益变动和所有者权益的其他变动，企业按持股比例计算应享有的份额，借记“长期股权投资（其他综合收益和其他权益变动）”科目，贷记“其他综合收益”和“资本公积——其他资本公积”科目。

3.权益法下投资收益的核算

企业应设置“投资收益”科目，核算企业根据长期股权投资准则确认的投资收益或投资损失。

（1）确认被投资单位实现的净利润。

长期股权投资采用权益法核算的，资产负债表日，应按被投资单位实现的净利润（以取得投资时被投资单位可辨认净资产的公允价值为基础计算）中企业享有的份额，借记“长期股权投资——损益调整”科目，贷记“投资收益”科目。

（2）确认被投资单位发生的亏损额。

被投资单位发生亏损、分担亏损份额未超过长期股权投资账面价值或分担亏损份额超过长期股权投资账面价值而冲减实质上构成对被投资单位长期净投资的，借记“投资收益”科目，贷记“长期股权投资——损益调整”“长期应收款”科目。除按照上述步骤已确认的损失外，按照投资合同或协议约定企业将承担的损失，借记“投资收益”科目，贷记“预计负债”。发生亏损的被投资单位以后实现净利润的，企业计算的应享有的份额，如有未确认投资损失的，应先弥补未确认的投资损失，弥补损失后仍有余额的，借记“预计负债”、“长期应收款”、“长期股权投资——损益调整”等科目，贷记“投资收益”科目。

（3）处置长期股权投资。

处置长期股权投资时，应按实际收到的金额，借记“银行存款”等科目，原已计提减值准备的，借记“长期股权投资减值准备”科目，按其账面余额，贷记“长期股权投资”科目，按尚未领取的现金股利或利润，贷记“应收股利”科目，按其差额，贷记或借记“投资收益”科目。

处置采用权益法核算的长期股权投资时，应当采用与被投资单位直接处置相关资产或负债相同的基础，对相关的其他综合收益进行会计处理。按照上述原则可以转入当期损益的其他综合收益，应按结转长期股权投资的投资成本比例结转原记入“其他综合收益”科目的金额，借记或贷记“其他综合收益”科目，贷记或借记“投资收益”科目。

处置采用权益法核算的长期股权投资时，还应按结转长期股权投资的投资成本比例结转原记入“资本公积——其他资本公积”科目的金额，借记或贷记“资本公积——其他资本公积”科目，贷记或借记“投资收益”科目。

期末，应将“投资收益”科目余额转入“本年利润”科目，该科目结转后应无余额。

案例5-4 2×19年7月，甲公司（境内居民企业）以900万元的价款投资取得A居民企业30%的股权，取得股权时被投资单位净资产公允价值为3 600万元。假定甲公司和A企业会计政策、会计期间一致。同时，被投资单位各项可辩认资产、负债的公允价值与其账面价值相同。因能够对A企业实施重大影响，甲公司对该长期股权投资采用权益法核算。

2×19年度，A企业实现净利润300万元；

2×20年5月，经股东会决议分配现金股利200万元；

2×20年度，A企业发生亏损600万元，甲公司对该项股权投资计提了股权投资减值准备100万元。

2×21年2月，甲公司将该股权转让给乙公司，取得股权转让收入800万元。

要求：

1.进行相关的财务处理并进行纳税调整。

2. 2×21年2月，假设甲公司转让股权收入为950万元，进行相关财税处理。

解析：

1. 2×19年7月完成投资的处理。

会计处理：

（1）投资取得股权时。

借：长期股权投资——投资成本　　9 000 000

　贷：银行存款　　9 000 000

（2）初始投资成本的调整。

根据长期股权投资准则第十条的规定，长期股权投资的初始投资成本大于投资时应享有被投资单位可辨认净资产公允价值份额的，不调整长期股权投资的初始投资成本；

长期股权投资的初始投资成本小于投资时应享有被投资单位可辨认净资产公允价值份额的，其差额应当计入当期损益，同时调整长期股权投资的成本。

该项对A企业的长期股权投资的初始投资成本900万元，小于投资时应享有被投资单位可辨认净资产公允价值份额1 080万元（3 600×30%），其差额180万元应当计入当期损益（营业外收入），同时调整长期股权投资的成本。

借：长期股权投资——投资成本　　　　1 800 000

　贷：营业外收入　　　　1 800 000

税务处理：

长期股权投资权益法核算对初始投资成本的调整产生的利得180万元，不属于企业所得税收入总额的范围，不征收企业所得税，在汇算清缴时应通过《纳税调整项目明细表》（A105000）第5行"（四）按权益法核算长期股权投资对初始投资成本调整确认收益"进行纳税调减（见表5-15）。

表5-15　A105000纳税调整项目明细表（部分）

行次	项　目	账载金额	税收金额	调增金额	调减金额
		1	2	3	4
1	一、收入类调整项目（2+3+4+5+6+7+8+10+11）	*	*		1 800 000
3	（二）未按权责发生制原则确认的收入（填写A105020）				
4	（三）投资收益（填写A105030）				
5	（四）按权益法核算长期股权投资对初始投资成本调整确认收益	*	*	*	1 800 000
6	（五）交易性金融资产初始投资调整	*	*		*
7	（六）公允价值变动净损益		*		
31	三、资产类调整项目（31+32+33+34）	*	*		
33	（二）资产减值准备金		*		
34	（三）资产损失（填写A105090）				
46	合计（1+12+30+35+44+45）	*	*		1 800 000

根据《企业所得税法实施条例》第五十六条的规定，企业的各项资产，包括固定资产、生物资产、无形资产、长期待摊费用、投资资产、存货等，以历史成本为计税基础。历史成本，是指企业取得该项资产时实际发生的支出。企业持有各项资产期间资产增值或者减值，除国务院财政、税务主管部门规定可以确认损益外，不得调整该资产的计税基础。

甲公司取得A企业的长期股权投资的计税基础为900万元，而账面价值为1 080万元，账面价值大于计税基础180万元，应确认递延所得税负债：180×25%=45（万元）。

借：所得税费用　　　　450 000

　贷：递延所得税负债　　　　450 000

2. 2×19年度被投资企业盈利的处理。

（1）会计处理。

根据长期股权投资准则第十一条的规定，投资方取得长期股权投资后，应当按照应享有或应分担的被投资单位实现的净损益和其他综合收益的份额，分别确认投资收益和其他综合收益，同时调整长期股权投资的账面价值；投资方按照被投资单位宣告分派的利润或现金股利计算应享有的部分，相应减少长期股权投资的账面价值；投资方对于被投资单位除净损益、其他综合收益和利润分配以外所有者权益的其他变动，应当调整长期股权投资的账面价值并计入所有者权益。

投资方在确认应享有被投资单位净损益的份额时，应当以取得投资时被投资单位可辨认净资产的公允价值为基础，对被投资单位的净利润进行调整后确认。

被投资单位采用的会计政策及会计期间与投资方不一致的，应当按照投资方的会计政策及会计期间对被投资单位的财务报表进行调整，并据以确认投资收益和其他综合收益等。

因而，A企业2×19年实现净利润300万元，资产负债表日甲公司按持股比例计算确认应享有的份额90万元（300×30%），其会计处理为：

借：长期股权投资——损益调整　　900 000

　贷：投资收益　　900 000

甲公司对A企业的长期股权投资账面价值增加90万元后会计账面价值为：1 080+90=1 170（万元）；计税基础不变仍为900万元，应确认递延所得税负债与所得税费用：90×25%=22.5（万元）。会计处理为：

借：所得税费用　　225 000

　贷：递延所得税负债　　225 000

（2）税务处理。

会计上按权益法核算确认的投资收益90万元，根据《企业所得税法》的相关规定，不用在当期缴纳企业所得税，应通过《投资收益纳税调整明细表》（A105030）第6行“六、长期股权投资”和《纳税调整项目明细表》（A105000）第4行“（三）投资收益”调减应纳税所得额（见表5-16、表5-17）。

3. 2×20年分配利润的处理。

（1）会计处理。

根据长期股权投资准则第十一条的规定，投资方按照被投资单位宣告分派的利润或现金股利计算应享有的部分，相应减少长期股权投资的账面价值；投资方对于被投资单位除净损益、其他综合收益和利润分配以外所有者权益的其他变动，应当调整长期股权投资的账面价值并计入所有者权益。

表5-16　A105030 投资收益纳税调整明细表

行次	项　目	持有收益			处置收益							纳税调整金额
		账载金额	税收金额	纳税调整金额	会计确认的处置收入	税收计算的处置收入	处置投资的账面价值	处置投资的计税基础	会计确认的处置所得或损失	税收计算的处置所得	纳税调整金额	
		1	2	3（2-1）	4	5	6	7	8（4-6）	9（5-7）	10（9-8）	11（3+10）
1	一、交易性金融资产											
2	二、可供出售金融资产											
3	三、持有至到期投资											
4	四、衍生工具											
5	五、交易性金融负债											
6	六、长期股权投资	900 000	0	-900 000								-900 000
7	七、短期投资											
8	八、长期债券投资											
9	九、其他											
10	合计	900 000	0	-900 000								-900 000

表5-17　A105000纳税调整项目明细表（部分）

行次	项　目	账载金额	税收金额	调增金额	调减金额
		1	2	3	4
1	一、收入类调整项目	*	*		
2	（一）视同销售收入（填写A105010）	*			*
3	（二）未按权责发生制原则确认的收入（填写A105020）				
4	（三）投资收益（填写A105030）	900 000	0		900 000
5	（四）按权益法核算长期股权投资对初始投资成本调整确认收益	*	*	*	
6	（五）交易性金融资产初始投资调整	*	*		*
7	（六）公允价值变动净损益		*		
46	合计（1+12+30+35+44+45）	*	*		900 000

因而，2×20年5月A企业分配现金股利200万元，甲公司按持股比例30%计算应享有：200×30%=60（万元），其会计处理为：

借：应收股利　　600 000

　贷：长期股权投资——损益调整　　600 000

收到分回的现金股利时：

借：银行存款　　600 000

　贷：应收股利　　600 000

长期股权投资的账面价值减少60万元，余额为：1 080+90−60=1 110（万元）；计税基础不变仍为900万元，应转销递延所得税负债：60×25%=15（万元），递延所得税负债余额为：22.5−15=7.5（万元）。会计处理为：

借：递延所得税负债　　150 000

　贷：所得税费用　　150 000

（2）税务处理。

根据国税函〔2010〕79号文件第四条的规定，企业权益性投资取得股息、红利等收入，应以被投资企业股东会或股东大会做出利润分配或转股决定的日期，确定收入的实现。被投资企业将股权（票）溢价所形成的资本公积转为股本的，不作为投资方企业的股息、红利收入，投资方企业也不得增加该项长期投资的计税基础。

因而，甲公司应于2×20年5月A企业做出利润分配决定日，确认股息、红利等权益性投资收益60万元，而会计上冲减长期股权投资成本，税会差异需在年终汇算清缴时通过填报《投资收益纳税调整明细表》（A105030）第6行“六、长期股权投资”和《纳税调整项目明细表》（A105000）第4行“（三）投资收益”调增应纳税所得额（见表5-18、表5-19）。

表5-18　A105030 投资收益纳税调整明细表

行次	项　目	持有收益			处置收益							纳税调整金额
		账载金额	税收金额	纳税调整金额	会计确认的处置收入	税收计算的处置收入	处置投资的账面价值	处置投资的计税基础	会计确认的处置所得或损失	税收计算的处置所得	纳税调整金额	
		1	2	3（2-1）	4	5	6	7	8（4-6）	9（5-7）	10（9-8）	11（3+10）
1	一、交易性金融资产											
2	二、可供出售金融资产											
3	三、持有至到期投资											
4	四、衍生工具											
5	五、交易性金融负债											
6	六、长期股权投资	0	600 000	600 000								600 000
7	七、短期投资											
8	八、长期债券投资											
9	九、其他											
10	合计	0	600 000	600 000								600 000

表5-19　A105000纳税调整项目明细表（部分）

行次	项　　目	账载金额	税收金额	调增金额	调减金额
		1	2	3	4
1	一、收入类调整项目	*	*	600 000	
2	（一）视同销售收入（填写A105010）	*			*
3	（二）未按权责发生制原则确认的收入（填写A105020）				
4	（三）投资收益（填写A105030）	0	600 000	600 000	
5	（四）按权益法核算长期股权投资对初始投资成本调整确认收益	*	*	*	
6	（五）交易性金融资产初始投资调整	*	*		*
7	（六）公允价值变动净损益		*		
46	合计（1+12+30+35+44+45）	*	*	600 000	

（3）免税收入的申报。

根据《企业所得税法》第二十六条第二项的规定，符合条件的居民企业之间的股息、红利等权益性投资收益为免税收入。符合条件的居民企业之间的股息、红利等权益性投资收益，是指居民企业直接投资于其他居民企业取得的投资收益。股息、红利等权益性投资收益，不包括连续持有居民企业公开发行并上市流通的股票不足12个月取得的投资收益。

因而，税收上确认的股息红利收入60万元，可以享受免税收入优惠，并需在年终汇算清缴时填报《符合条件的居民企业之间的股息、红利等权益性投资收益优惠明细表》（A107011）和《免税、减计收入及加计扣除优惠明细表》（A107010）第3行“（二）符合条件的居民企业之间的股息、红利等权益性投资收益”和主表A100000第17行“减：免税、减计收入及加计扣除”（见表5-20、表5-21）。

4. 2×20年A企业发生亏损的处理。

（1）会计处理。

根据长期股权投资准则第十二条的规定，投资方确认被投资单位发生的净亏损，应当以长期股权投资的账面价值以及其他实质上构成对被投资单位净投资的长期权益减记至零为限，投资方负有承担额外损失义务的除外。

因而，A企业年度亏损600万元，甲公司在资产负债表日按持股比例计算应分担金额为：600×30%=180（万元）。

借：投资收益　　　　1 800 000

　贷：长期股权投资——损益调整　　　　1 800 000

会计上账面价值为：1 080+90−60−180=930（万元）。

表5-20　A107011 符合条件的居民企业之间的股息、红利等权益性投资收益优惠明细表（部分）

行次	被投资企业	被投资企业统一社会信用代码（纳税人识别号）	投资性质	投资成本	投资比例	被投资企业利润分配确认金额		被投资企业清算确认金额			撤回或减少投资确认金额						合计
						被投资企业做出利润分配或转股决定时间	依决定归属于本公司的股息、红利等权益性投资收益金额	分得的被投资企业清算剩余资产	被清算企业累计未分配利润和累计盈余公积应享有部分	应确认的股息所得	从被投资企业撤回或减少投资取得的资产	减少投资比例	收回初始投资成本	取得资产中超过收回初始投资成本部分	撤回或减少投资应享有被投资企业累计未分配利润和累计盈余公积	应确认的股息所得	
	1	2	3	4	5	6	7	8	9	10（8与9孰小）	11	12	13（4×12）	14（11-13）	15	16（14与15孰小）	17（7+10+16）
1	A企业		直接投资	9 000 000	30%	2×20.5	600 000										600 000
2																	
6																	
7																	600 000
8	合计																
9	其中：直接投资或非H股票投资																
10	股票投资—沪港通H股																
11	股票投资—深港通H股																
12	创新企业CDR																
13	永续债																

表5-21　A107010 免税、减计收入及加计扣除优惠明细表（部分）

行　次	项　　目	金　　额
1	一、免税收入（2+3+9+…+16）	600 000
2	（一）国债利息收入免征企业所得税	
3	（二）符合条件的居民企业之间的股息、红利等权益性投资收益免征企业所得税（4+5+6+7+8）	600 000
4	1. 一般股息红利等权益性投资收益免征企业所得税（填写A107011）	
5	2. 内地居民企业通过沪港通投资且连续持有H股满12个月取得的股息红利所得免征企业所得税（填写A107011）	
6	3. 内地居民企业通过深港通投资且连续持有H股满12个月取得的股息红利所得免征企业所得税（填写A107011）	
7	4. 居民企业持有创新企业CDR取得的股息红利所得免征企业所得税（填写A107011）	
8	5. 符合条件的永续债利息收入免征企业所得税（填写A107011）	
17	二、减计收入（18+19+23+24）	
25	三、加计扣除（26+27+28+29+30）	
31	合计（1+17+25）	600 000

（2）税务处理。

根据《国家税务总局关于企业所得税若干问题的公告》（国家税务总局公告2011年第34号）第五条的规定，被投资企业发生的经营亏损，由被投资企业按规定结转弥补；投资企业不得调整减低其投资成本，也不得将其确认为投资损失。

因而，甲公司对A企业的长期股权投资的计税基础仍为900万元。会计上确认的长期股权投资损失不得在税前扣除，需在年终汇算清缴时通过《投资收益纳税调整明细表》（A105030）第6行"六、长期股权投资"和《纳税调整项目明细表》（A105000）第4行"（三）投资收益"调增应纳税所得额（见表5-22、表5-23）。

5. 2×20年计提股权投资减值准备。

（1）会计处理。

根据《企业会计准则第8号——资产减值》第十五条的规定，可收回金额的计量结果表明，资产的可收回金额低于其账面价值的，应当将资产的账面价值减记至可收回金额，减记的金额确认为资产减值损失，计入当期损益，同时计提相应的资产减值准备。

甲公司对该项股权投资计提了股权投资减值准备100万元，其会计处理为：

借：资产减值损失　　　　　　　　　　　　1 000 000

　贷：长期股权投资减值准备　　　　　　　　　　1 000 000

表5-22　A105030 投资收益纳税调整明细表

行次	项目	持有收益			处置收益							纳税调整金额
		账载金额	税收金额	纳税调整金额	会计确认的处置收入	税收计算的处置收入	处置投资的账面价值	处置投资的计税基础	会计确认的处置所得或损失	税收计算的处置所得	纳税调整金额	
		1	2	3（2-1）	4	5	6	7	8（4-6）	9（5-7）	10（9-8）	11（3+10）
1	一、交易性金融资产											
2	二、可供出售金融资产											
3	三、持有至到期投资											
4	四、衍生工具											
5	五、交易性金融负债											
6	六、长期股权投资	-1 800 000	0	1 800 000								1 800 000
7	七、短期投资											
8	八、长期债券投资											
9	九、其他											
10	合计	-1 800 000	0	1 800 000								1 800 000

表5-23　A105000 纳税调整项目明细表（部分）

行次	项　　目	账载金额	税收金额	调增金额	调减金额
		1	2	3	4
1	一、收入类调整项目	*	*	1 800 000	
2	（一）视同销售收入（填写 A105010）	*			*
3	（二）未按权责发生制原则确认的收入（填写 A105020）				
4	（三）投资收益（填写 A105030）	–1 800 000	0	1 800 000	
5	（四）按权益法核算长期股权投资对初始投资成本调整确认收益	*	*	*	
6	（五）交易性金融资产初始投资调整	*	*		*
7	（六）公允价值变动净损益		*		
46	合计（1+12+30+35+44+45）	*	*	1 800 000	

计提减值准备后，长期股权投资的账面价值为：1 080+90–60–180–100=830（万元），计税基础仍为900万元，应转回原已确认的递延所得税负债余额7.5万元，同时确认递延所得税资产17.5万元（70×25%）。会计处理为：

借：递延所得税资产　　175 000

　贷：所得税费用　　175 000

（2）税务处理。

根据《企业所得税法》第十条的规定，在计算应纳税所得额时，未经核定的准备金支出不得扣除。

因而，年终汇算清缴时，需填报《纳税调整项目明细表》（A105000）第33行"（二）资产减值准备金"调增应纳税所得额（见表5–24）。

表5–24　A105000 纳税调整项目明细表（部分）

行次	项　　目	账载金额	税收金额	调增金额	调减金额
		1	2	3	4
1	一、收入类调整项目（2+3+4+5+6+7+8+10+11）	*	*		
3	（二）未按权责发生制原则确认的收入（填写 A105020）				
4	（三）投资收益（填写 A105030）				
5	（四）按权益法核算长期股权投资对初始投资成本调整确认收益	*	*	*	
6	（五）交易性金融资产初始投资调整	*	*		*
7	（六）公允价值变动净损益		*		
31	三、资产类调整项目（31+32+33+34）	*	*		
33	（二）资产减值准备金	1 000 000	*	1 000 000	
34	（三）资产损失（填写 A105090）				
46	合计（1+12+30+35+44+45）	*	*	1 000 000	

6. 2×21年以800万元转让股权。

（1）会计处理。

根据长期股权投资准则第十七条的规定，处置长期股权投资，其账面价值与实际取得价款之间的差额，应当计入当期损益。采用权益法核算的长期股权投资，在处置该项投资时，采用与被投资单位直接处置相关资产或负债相同的基础，按相应比例对原计入其他综合收益的部分进行会计处理。

因而，2×21年2月，甲公司将该股权转让给乙公司，取得股权转让收入800万元。此时，"长期股权投资"科目的余额为830万元。

借：银行存款	8 000 000	
长期股权投资——损益调整	1 500 000	
长期股权投资减值准备	1 000 000	
投资收益	300 000	
贷：长期股权投资——成本		10 800 000

结转递延所得税资产：

借：所得税费用	175 000	
贷：递延所得税资产		175 000

（2）税务处理。

根据国税函〔2010〕79号文件第三条的规定，企业转让股权收入，应于转让协议生效、且完成股权变更手续时，确认收入的实现。转让股权收入扣除为取得该股权所发生的成本900万元后，为股权转让所得。企业在计算股权转让所得时，不得扣除被投资企业未分配利润等股东留存收益中按该项股权所可能分配的金额。

根据《国家税务总局关于企业取得财产转让等所得企业所得税处理问题的公告》（国家税务总局公告2010年第19号）第一条的规定，企业取得财产（包括各类资产、股权、债权等）转让收入、债务重组收入、接受捐赠收入、无法偿付的应付款收入等，不论是以货币形式、还是非货币形式体现，除另有规定外，均应一次性计入确认收入的年度计算缴纳企业所得税。

甲公司处置股权取得收入800万元，处置的长期股权投资的账面价值为830万元（900+180+90–60–180–100），会计确认的处置损失为30万元；处置投资的计税基础为900万元，税收计算的处置损失为100万元。

根据《国家税务总局关于企业股权投资损失所得税处理问题的公告》（国家税务总局公告2010年第6号）第一条的规定，企业对外进行权益性投资所发生的损失，在经确认的损失发生年度，作为企业损失在计算企业应纳税所得额时一次性扣除。

甲公司处置股权会计确认的处置损失为30万元，税收计算的处置损失为100万元，差额70万元，在年终汇算清缴时应通过《资产损失税前扣除及纳税调整明细表》（A105090）第23行"九、股权（权益）性投资损失"和第24行"其中：股权转让损失"以及《纳税调整项目明细表》（A105000）第33行"（三）资产损失"调增应纳税所得额

（见表5-25、表5-26）。

表5-25　A105090资产损失税前扣除及纳税调整明细表（部分）

行次	项　　目	资产损失的账载金额	资产处置收入	赔偿收入	资产计税基础	资产损失的税收金额	纳税调整金额
		1	2	3	4	5（4-2-3）	6（1-5）
1	一、现金及银行存款损失						
2	二、应收及预付款项坏账损失						
5	三、存货损失						
6	其中：存货盘亏、报废、损毁、变质或被盗损失						
7	四、固定资产损失						
8	其中：固定资产盘亏、丢失、报废、损毁或被盗损失						
9	五、无形资产损失						
12	六、在建工程损失						
13	其中：在建工程停建、报废损失						
14	七、生产性生物资产损失						
15	其中：生产性生物资产盘亏、非正常死亡、被盗、丢失等产生的损失						
16	八、债权性投资损失（17+22）						
23	九、股权（权益）性投资损失	300 000	8 000 000	0	9 000 000	1 000 000	-700 000
24	其中：股权转让损失	300 000	8 000 000	0	9 000 000	1 000 000	-700 000
25	十、通过各种交易场所、市场买卖债券、股票、期货、基金以及金融衍生产品等发生的损失						
26	十一、打包出售资产损失						
27	十二、其他资产损失						
28	合计（1+2+5+7+9+12+14+16+23+25+26+27）	300 000	8 000 000	0	9 000 000	1 000 000	-700 000
29	其中：分支机构留存备查的资产损失						

表5-26　A105000 纳税调整项目明细表（部分）

行次	项　　目	账载金额	税收金额	调增金额	调减金额
		1	2	3	4
1	一、收入类调整项目（2+3+4+5+6+7+8+10+11）	*	*		
3	（二）未按权责发生制原则确认的收入（填写 A105020）				
4	（三）投资收益（填写 A105030）				
5	（四）按权益法核算长期股权投资对初始投资成本调整确认收益	*	*	*	
6	（五）交易性金融资产初始投资调整	*	*		*
7	（六）公允价值变动净损益		*		
31	三、资产类调整项目（31+32+33+34）	*	*		700 000
33	（二）资产减值准备金		*		
34	（三）资产损失（填写 A105090）	300 000	1 000 000		700 000
46	合计	*	*		700 000

7. 假设转让股权收入为950万元的财务与税务处理。

（1）会计处理。

借：银行存款　　9 500 000
　　长期股权投资——损益调整　　1 500 000
　　长期股权投资减值准备　　1 000 000
　贷：长期股权投资——成本　　10 800 000
　　　投资收益　　1 200 000

（2）税务处理。

甲公司处置股权取得收入950万元，处置的长期股权投资的账面价值为830万元（900+180+90−60−180−100），会计确认的处置所得为120万元；处置投资的计税基础为900万元，税收计算的处置所得为50万元；差额70万元，在年终汇算清缴时应通过《投资收益纳税调整明细表》（A105030）第6行“六、长期股权投资”和《纳税调整项目明细表》（A105000）第4行“（三）投资收益”调减应纳税所得额（见表5-27、表5-28）。

表5-27 A105030 投资收益纳税调整明细表

行次	项目	持有收益			处置收益							纳税调整金额
		账载金额	税收金额	纳税调整金额	会计确认的处置收入	税收计算的处置收入	处置投资的账面价值	处置投资的计税基础	会计确认的处置所得或损失	税收计算的处置所得	纳税调整金额	
		1	2	3（2-1）	4	5	6	7	8（4-6）	9（5-7）	10（9-8）	11（3+10）
1	一、交易性金融资产											
2	二、可供出售金融资产											
3	三、持有至到期投资											
4	四、衍生工具											
5	五、交易性金融负债											
6	六、长期股权投资				9 500 000	9 500 000	8 300 000	9 000 000	1 200 000	500 000	-700 000	-700 000
7	七、短期投资											
8	八、长期债券投资											
9	九、其他											
10	合计				9 500 000	9 500 000	8 300 000	9 000 000	1 200 000	500 000	-700 000	-700 000

表5-28 A105000 纳税调整项目明细表（部分）

行次	项目	账载金额	税收金额	调增金额	调减金额
		1	2	3	4
1	一、收入类调整项目	*	*		70
2	（一）视同销售收入（填写 A105010）	*			*
3	（二）未按权责发生制原则确认的收入（填写 A105020）				
4	（三）投资收益（填写 A105030）	1 200 000	500 000		700 000
5	（四）按权益法核算长期股权投资对初始投资成本调整确认收益	*	*	*	
6	（五）交易性金融资产初始投资调整	*	*		*
7	（六）公允价值变动净损益		*		
46	合计（1+12+30+35+44+45）	*	*		700 000

三、按公允价值计量的权益性投资的处理

（一）初始计量与计税基础

1.初始计量

划分为按公允价值计量且其变动计入当期损益的权益性投资，应当按照公允价值进行初始计量。相关交易费用应当直接计入当期损益（投资收益）；支付的价款中包含的已宣告但尚未发放的现金股利，应当单独确认为应收项目进行处理（应收股利）。

企业取得此类股权投资时：

借：交易性金融资产——成本（公允价值）

　　应收股利（包含的已宣告但尚未发放的现金股利）

　　投资收益（交易费用）

　贷：银行存款（按实际支付的金额）

2.计税基础

根据《企业所得税法实施条例》第七十一条的规定，通过支付现金方式取得的投资资产，以购买价款为成本（计税基础）；通过支付现金以外的方式取得的投资资产，以该资产的公允价值和支付的相关税费为成本（计税基础）。

划分为交易性金融资产核算的股权投资，按照取得时支付的对价作为计税基础，包括交易费用，被投资单位已宣告但尚未支付的现金股利计入应收股利。税会差异需要进行纳税调整。

（二）后续计量与税务处理

1. 后续计量

企业应当按照公允价值对长期股权投资以外的权益性投资类金融资产进行后续计量。其中对作为“交易性金融资产”核算的以公允价值计量的权益类金融资产，且公允价值变动计入当期损益（公允价值变动损益）。以公允价值计量且其变动计入其他综合收益的权益性投资资产，公允价值变动计入其他综合收益。

2. 税务处理

根据《企业所得税法实施条例》第五十六条的规定，企业的各项资产，包括固定资产、生物资产、无形资产、长期待摊费用、投资资产、存货等，以历史成本为计税基础。历史成本，是指企业取得该项资产时实际发生的支出。

企业持有各项资产期间资产增值或者减值，除国务院财政、税务主管部门规定可以确认损益外，不得调整该资产的计税基础。

会计按公允价值变动计入当期损益的金额，不用在当期缴纳企业所得税（损失也不允许在当期税前扣除）。

（三）案例解析

案例5–5　A公司为非上市公司，按年对外提供财务报告。有关股票投资业务如下：

1. 2×19年11月6日，A公司购买B公司发行的股票100万股，成交价为每股25.2元，其中包含已宣告但尚未发放的现金股利每股0.2元，另付交易费用6万元，占B公司有表决权股份的1%。A公司准备近期内出售该股票，划分为以公允价值计量且其变动计入当期损益的金融资产。

2. 2×19年11月10日，收到上述现金股利。

3. 2×19年12月31日，该股票每股市价为28元。

4. 2×20年4月3日，B公司宣告发放现金股利每股0.3元。

5. 2×20年4月30日，A公司收到现金股利。

6. 2×20年12月31日，该股票每股市价为26元。

7. 2×21年2月6日，A公司出售持有的B公司全部股票，出售价格为每股30元，另支付交易费用8万元。

要求：进行相关的财税处理与纳税调整。

解析：

1. 取得投资的处理。

初始入账金额为：100×（25.2–0.2）=2 500（万元）。

借：交易性金融资产——成本　　25 000 000

　　投资收益　　60 000

应收股利　　200 000

贷：银行存款　　25 260 000

2. 2×19年11月10日，收到上述现金股利。

借：银行存款　　200 000

贷：应收股利　　200 000

3. 2×19年12月31日，该股票每股市价为28元。

（1）会计处理。

公允价值变动=100×28–2 500=300（万元）

借：交易性金融资产——公允价值变动　　3 000 000

贷：公允价值变动损益　　3 000 000

（2）税务处理。

根据《企业所得税法实施条例》第五十六条的规定，企业的各项资产，包括固定资产、生物资产、无形资产、长期待摊费用、投资资产、存货等，以历史成本为计税基础。历史成本，是指企业取得该项资产时实际发生的支出。

企业持有各项资产期间资产增值或者减值，除国务院财政、税务主管部门规定可以确认损益外，不得调整该资产的计税基础。

会计按公允价值变动计入当期损益的金额，不用在当期缴纳企业所得税（损失也不允许在当期税前扣除）。

因而，公允价值变动会计上计入损益的300万元，应在汇算清缴时调减应纳税所得额。

4. 2×20年4月3日，B公司宣告发放现金股利每股0.3元。

借：应收股利　　300 000（100万×0.3）

贷：投资收益　　300 000

5. 2×20年4月30日，A公司收到现金股利。

借：银行存款　　300 000

贷：应收股利　　300 000

6. 2×20年12月31日，该股票每股市价为26元。

（1）会计处理。

公允价值变动=100×（26–28）=–200（万元）。

借：公允价值变动损益　　200 0000

贷：交易性金融资产——公允价值变动　　2 000 000

（2）税务处理。

根据《企业所得税法实施条例》第五十六条的规定，企业的各项资产，以历史成本为计税基础。企业持有各项资产期间资产增值或者减值，除国务院财政、税务主管部门规定可以确认损益外，不得调整该资产的计税基础。

会计按公允价值变动计入当期损益的损失金额，不允许在当期税前扣除。

因而，公允价值变动会计上计入损益科目借方的200万元，应在汇算清缴时调增应纳税所得额。

7. 2×21年2月6日，A公司出售B公司全部股票，出售价格为每股30元，另支付交易费用8万元。

（1）会计处理。

交易性金融资产科目的各明细科目余额为：

成本=2 500（万元）；

公允价值变动=300–200=100（万元）。

借：银行存款　　29 920 000（100万×30–8万）

贷：交易性金融资产——成本　　25 000 000

——公允价值变动　　1 000 000

投资收益　　3 920 000

借：公允价值变动损益　　1 000 000

贷：投资收益　　1 000 000

（2）税务处理。

税收上的处置收益为：100×30–2 500–8=492（万元）。会计确认的处置收益392元，持有期间公允价值变动转入处置期间的投资收益100万元。

对公允价值变动损益科目的借方金额100万元，不得在税前扣除，应调增应纳税所得额。

第四节　混合性投资

一、混合性投资的税务处理

一般而言，企业对外投资的法律形式要件都体现了其实质的投资意图和性质。然而，在当前市场经济条件下，企业投资模式日趋多元化，除传统的纯粹债权或者纯粹的权益投资外，不少企业的投资模式同时具备债权性投资和权益性投资的特点，增大了识别和判断的难度。

例如，A公司于2×20年1月出资1.2亿元对B合伙企业进行增资，增资后A公司持有B合伙企业30%的权益，同时约定B合伙企业在2×20年12月31日、2×21年12月31日两个时点分别以固定价格6 000万元和1.2亿元向A公司赎回10%、20%的权益。上述交易从表面形式看为权益性投资，A公司办理了正常的出资手续，符合法律上出资的形式要件。然而，从投资的性质而言，该投资并不具备权益性投资的普遍特征。上述A公司的投资在其出资之日，就约定了在固定的时间以固定的金额退出，退出时间也较短（全部退出日距初始投资日也仅有2年）。从风险角度分析，A公司实际上仅承担了B合伙企业的信用风险而不是B合伙企业的经营风险，其交易实质更接近于A公司接受B合伙企业的权益作为质押物，向其提供资金并收取资金占用费，该投资的实质为债权性投资，应按照金融工具确认和计量准则等相关准则进行会计处理。

企业混合性投资业务，是指兼具权益和债权双重特性的投资业务。现行企业所得税制不同类投资业务取得回报的税务处理是不同的。权益性投资取得回报，一般体现为股息收入，符合规定条件和可以免征企业所得税；同时，被投资企业支付的股息不能作为费用在税前扣除；债权性投资取得回报为利息收入，按照规定应当缴纳企业所得税；同时，被投资企业支付的符合规定条件的利息也准予在税前扣除。

（一）混合性投资按债权投资处理应具备的条件

由于混合性投资业务兼具权益性投资和债权性投资双重特征，需要统一此类投资业务政策执行口径。因此，鉴于混合性投资业务的特点，《国家税务总局关于企业混合性投资业务企业所得税处理问题的公告》（国家税务总局公告2013年第41号）将同时符合下列条件的混合性投资业务，归属于债权投资业务，并要求按照债权投资业务进行企业所得税处理。该公告第一条规定的5个条件为：

（1）被投资企业接受投资后，需要按投资合同或协议约定的利率定期支付利息（或定期支付保底利息、固定利润、固定股息，下同）。

也就是说，此类投资回报不与被投资企业的经营业绩挂钩，不是按企业的投资效益进行分配，也不是按投资者的股份份额取得回报。投资者没有或很少承担投资风险的一种投资，实际为企业的一种融资形式。

（2）有明确的投资期限或特定的投资条件，并在投资期满或者满足特定投资条件后，被投资企业需要赎回投资或偿还本金。

也就是说，投资期限无论是否届满，只要合同或协议约定的、需要由被投资企业偿还本金或赎回投资的条件已经满足，被投资企业必须偿还本金或赎回投资。被投资企业偿还本金或赎回投资后，作减资处理。

（3）投资企业对被投资企业净资产不拥有所有权。

如果被投资企业依法停止生产经营活动需要清算，投资企业的投资额可以按债权进行优先清偿，但对被投资企业净资产不能按投资份额拥有所有权。

（4）投资企业不具有选举权和被选举权。

被投资企业在选举董事会、监事会成员时，投资企业不能按持有股份比例进行表决或被选为成员。

（5）投资企业不参与被投资企业日常生产经营活动。

但是，投资资金如果指定了专门用途，投资方企业可以监督其资金运用情况。

（二）混合性投资业务的所得税处理

符合国家税务总局公告2013年第41号第一条规定的5个条件的混合性投资业务，

按下列规定进行企业所得税处理。

1. 被投资企业支付利息的税务处理

对于被投资企业支付的利息，投资企业应于被投资企业应付利息的日期，确认收入的实现并计入当期应纳税所得额；被投资企业应于应付利息的日期，确认利息支出，并按《企业所得税法》及其实施条例和《国家税务总局关于企业所得税若干问题的公告》（国家税务总局公告2011年第34号）第一条规定的限定利率，进行税前扣除。

2. 被投资企业赎回投资的税务处理

对于被投资企业赎回的投资，投资双方应于赎回时将赎价与投资成本之间的差额确认为债务重组损益，分别计入当期应纳税所得额。也就是说，投资期满或满足特定条件后，由被投资企业按投资合同或协议约定价格赎回的，应区分下列情况分别进行处理：

（1）当实际赎价高于投资成本时，投资企业应将赎价与投资成本之间的差额，在赎回时确认为债务重组收益，并计入当期应纳税所得额；被投资企业应将赎价与投资成本之间的差额，在赎回当期确认为债务重组损失，并准予在税前扣除。

（2）当实际赎价低于投资成本时，投资企业应将赎价与投资成本之间的差额，在赎回当期按规定确认为债务重组损失，并准予在税前扣除；被投资企业应将赎价与投资成本之间的差额，在赎回当期确认为债务重组收益，并计入当期应纳税所得额。

二、跨境混合性投资业务的企业所得税处理

根据《国家税务总局关于企业所得税若干政策征管口径问题的公告》（国家税务总局公告2021年第17号）第三条"关于跨境混合性投资业务企业所得税的处理问题"的规定，境外投资者在境内从事混合性投资业务，满足《国家税务总局关于企业混合性投资业务企业所得税处理问题的公告》第一条规定的条件的，可以按照该公告第二条第一款的规定进行企业所得税处理，但同时符合以下两种情形的除外：

（1）该境外投资者与境内被投资企业构成关联关系；

（2）境外投资者所在国家（地区）将该项投资收益认定为权益性投资收益，且不征收企业所得税。

同时符合上述第（1）项和第（2）项规定情形的，境内被投资企业向境外投资者支付的利息应视为股息，不得进行税前扣除。

混合性投资兼具债权、股权的双重特点，为便于混合性投资的发行人、投资人统筹适用税收政策，2013年印发的《关于企业混合性投资业务企业所得税处理问题的公告》规定，对符合相关条件的混合性投资，可以认定为债权资产，相关利息费用可以税前扣除，但发行人、投资人对同一混合性投资产品应当采取统一的处理方法。

为规范这一问题，国家税务总局公告2021年第17号规定，境外投资者在境内从事混合性投资业务，满足国家税务总局公告2013年第41号第一条规定的条件的，可以按照该公告第二条第一款的规定进行企业所得税处理。但是，如果境外投资者与境内被投

资企业构成关联关系，且境外投资者所在国家（地区）将该项投资收益认定为权益性投资收益不征收企业所得税，则境内被投资企业向境外投资者支付的利息应视为股息，不得进行税前扣除。

案例5-6 甲国境外D公司对境内E房地产公司增资1亿元，其中1 000万元作为注册资本，9 000万元作为资本公积。增资完成后，E公司到工商部门进行股权变更登记，D公司持股比例为4%。根据双方约定，投资期间，D公司不参与E公司的具体经营管理和分红，E公司原有的董事会及经营管理机构不因本次增资而调整。E公司按照投资额的2%的回报率（假设同期同类贷款利率水平与此一致），每季度向D公司支付固定利息。5年投资期满之日，E公司回购、注销D公司所持有的股权。股权回购款为投资款本金1亿元及未支付完毕的固定股息。各项证据表明，D公司与E公司属于关联关系，同时甲国将D公司取得的该项投资收益被认定为权益性投资收益，根据甲国税法规定，该项收益不征收企业所得税。

要求：分析说明该笔投资相关税务处理。

解析：

该项境外投资者混合性投资业务虽同时符合国家税务总局公告2013年第41号第一条规定的5个条件，但按照国家税务总局公告2021年第17号的规定，如果境外投资者与境内被投资企业构成关联关系，且境外投资者所在国家（地区）将该项投资收益认定为权益性投资收益不征收企业所得税，则境内被投资企业向境外投资者支付的利息应视为股息，不得在税前扣除。因此，E公司每季度支付的50万元（10 000×2%÷4）固定利息应视为股息，不得在企业所得税税前扣除。

三、永续债的企业所得税处理

永续债是指经国家发展和改革委员会、中国人民银行、中国银行保险监督管理委员会、中国证券监督管理委员会核准，或经中国银行间市场交易商协会注册、中国证券监督管理委员会授权的证券自律组织备案，依照法定程序发行、附赎回（续期）选择权或无明确到期日的债券，包括可续期企业债、可续期公司债、永续债务融资工具（含永续票据）、无固定期限资本债券等。

（一）永续债可以适用股息、红利企业所得税政策

根据《财政部 税务总局关于永续债企业所得税政策问题的公告》（财政部、税务总局公告2019年第64号）第一条的规定，企业发行的永续债，可以适用股息、红利企业所得税政策，即：投资方取得的永续债利息收入属于股息、红利性质，按照现行企业所得税政策相关规定进行处理，其中，发行方和投资方均为居民企业的，永续债利息收入可以适用企业所得税法规定的居民企业之间的股息、红利等权益性投资收益免征企业所得税规定；同时，发行方支付的永续债利息支出不得在企业所得税税前扣除。

（二）符合条件的永续债可以按照债券利息适用企业所得税政策

根据财政部、税务总局公告2019年第64号第二条的规定，企业发行符合规定条件的永续债，也可以按照债券利息适用企业所得税政策，即：发行方支付的永续债利息支出准予在其企业所得税税前扣除；投资方取得的永续债利息收入应当依法纳税。

符合规定条件的永续债，是指符合下列条件中5条（含）以上的永续债：

（1）被投资企业对该项投资具有还本义务；

（2）有明确约定的利率和付息频率；

（3）有一定的投资期限；

（4）投资方对被投资企业净资产不拥有所有权；

（5）投资方不参与被投资企业日常生产经营活动；

（6）被投资企业可以赎回，或满足特定条件后可以赎回；

（7）被投资企业将该项投资计入负债；

（8）该项投资不承担被投资企业股东同等的经营风险；

（9）该项投资的清偿顺序位于被投资企业股东持有的股份之前。

（三）永续债的税收处理方法的适用

企业发行永续债，应当将其适用的税收处理方法在证券交易所、银行间债券市场等发行市场的发行文件中向投资方披露。

发行永续债的企业对每一永续债产品的税收处理方法一经确定，不得变更。企业对永续债采取的税收处理办法与会计核算方式不一致的，发行方、投资方在进行税收处理时须做出相应纳税调整。

对于永续债的会计账务处理，应按照《企业会计准则》及《关于印发〈永续债相关会计处理的规定〉的通知》（财会〔2019〕2号）有关规定执行，无论永续债发行方确定永续债的会计分类是权益工具还是金融负债，均不影响对该税收政策的适用，例如，发行方即使将永续债确定为权益工具，也可选择按债券利息适用企业所得税政策。同时，发行永续债的企业对每一永续债产品的税收处理方法一经确定，不得变更。企业对永续债采取的税收处理办法与会计核算方式不一致的，发行方、投资方在进行税收处理时须做出相应纳税调整。

四、可转换债券的企业所得税处理

可转换债券是一种新型融资工具，也是一种金融衍生工具，是指持券人在持有债券一定时间后，可以按照发行时的约定时间、约定价格将债券转换成公司普通股。如债券持有人不想转换，可以继续持有债券，期满收取本金和利息，或者在流通市场交易；如持有人看好发债公司的未来发展，也可以行使转股权，按照预定转换价格将债券转换成为股票。可转换债券增加了债券持有人的选择权，有利于降低发债公司的筹资成本。

（一）购买方企业的税务处理

国家税务总局公告2021年第17号第二条“关于可转换债券转换为股权投资的税务处理问题”第（一）项规定：

（1）购买方企业购买可转换债券，在其持有期间按照约定利率取得的利息收入，应当依法申报缴纳企业所得税。

（2）购买方企业可转换债券转换为股票时，将应收未收利息一并转换为股票的，该应收未收利息即使会计上未确认收入，税收上也应当作为当期利息收入申报纳税；转换后以该债券购买价、应收未收利息和支付的相关税费为该股票投资成本。

（二）发行方企业的税务处理

国家税务总局公告2021年第17号第二条“关于可转换债券转换为股权投资的税务处理问题”第（二）项规定：

（1）发行方企业发生的可转换债券的利息，按照规定在税前扣除。

（2）发行方企业按照约定将购买方持有的可转换债券和应付未付利息一并转为股票的，其应付未付利息视同已支付，按照规定在税前扣除。

对于债券购买人（持券人）而言，如未行使转股权，该可转换债券即为普通债权，持券人将购买支出计入债券的计税成本，持券人取得利息收入应当计入应纳税所得额征税。持券人将可转换债券转为股票时，除将债券本身转为股票外，还会将本年应收未收利息一并转为股票，对该应收未收利息应视为收入实现，申报缴纳企业所得税；可转换债券转股后，该债券原购买价款、应收未收利息、相关税费均可计入所转股票的计税成本。

对于可转换债券的发行人而言，发行可转换债券支付的利息，是其一项正常融资成本，允许税前扣除。对于持券人将应收未收利息一并转换为股票的，发行人应付未付利息支出，可以税前扣除。

案例5–7 2021年1月1日，B公司购买了由C公司经核准发行的可转换债券10万份，每份债券票面价值100元，发生相关税费合计50万元，B公司共支付银行存款1 050万元。该可转换债券期限为5年，票面利率为3%，付息日为每年12月31日，付息日后第二年1月10日为实际支付利息日，债券登记日为实际支付利息日前一交易日。在债权登记日前（含债权登记日）转换为股票的不支付转换当年度及以后年度的利息。持有可转换债券满一年可转换为股票，转换时每份债券可以换1股。

1.假设B公司于2022年1月10日收到了C公司支付的第一年债券利息30万元，并于2022年2月1日将持有可转换债券全部转换为股票，发生相关税费10万元。

2.假设B公司于2022年1月3日将持有可转换债券全部转换为股票，并将应收未收的30万元债券利息一并转换为股票，发生相关税费10万元。

要求：分析说明相关税务处理。

解析：

1. B公司于2022年1月10日收到了C公司支付的第一年债券利息30万元，并于2022年2月1日将持有可转换债券全部转换为股票，发生相关税费10万元。其税务处理为：

（1）债券购买方B公司的税务处理：

2021年1月1日，购买可转换债券的计税基础为1 050万元；2022年1月10日收到的30万元利息收入计入企业所得税应纳税所得额申报纳税；2022年2月1日将可转换债券全部转换为股票，股票的计税基础为1 060万元（1 050+10）。

（2）债券发行方C公司的税务处理：

2021年1月1日发行可转换债券的计税基础为1 000万元；2022年1月10日支付可转换债券利息30万元，可在企业所得税税前据实扣除。

2. B公司于2022年1月3日将持有可转换债券全部转换为股票，并将应收未收的30万元债券利息一并转换为股票，发生相关税费10万元。其税务处理为：

（1）债券购买方B公司的税务处理：

2021年1月1日，购买可转换债券的计税基础为1 050万元；2022年1月3日将持有可转换债券全部转换为股票，股票的计税基础为1 090万元（1 050+30+10），将应收未收的可转换债务利息30万元计入企业所得税应纳税所得额申报纳税。

（2）债券发行方C公司的税务处理：

2022年1月3日，发行可转换债券的应付未付利息30万元，可在企业所得税税前据实扣除。

五、投资文物、艺术品的企业所得税处理

根据国家税务总局公告2021年第17号第五条“关于文物、艺术品资产的税务处理问题”的规定，企业购买的文物、艺术品用于收藏、展示、保值增值的，作为投资资产进行税务处理。文物、艺术品资产在持有期间，计提的折旧、摊销费用，不得税前扣除。

有些企业购买文物、艺术品等用于收藏、展示、保值增值等，实际上是一种投资行为，对文物、艺术品作为投资资产处理。在投资期间，文物、艺术品不得计提折旧、摊销在税前扣除。

第五节　风险识别与应对

一、股权转让风险

股权转让的主要风险有：

（1）股权转让后未及时办理工商、税务变更登记、未及时申报纳税。

（2）计税依据明显偏低（如平价或低价转让等）且无正当理由、计算股权转让所得的方法错误或适用税率不正确。

（3）股权转让收入扣减了不应扣减的被投资企业的留存收益。

（4）股权转让其他收入未计入收入总额纳税，如未包括违约金收入、补偿金、赔偿金等。

（5）股权交易相关费用不合理、不真实。

（6）分期支付转让价款产生的利息收入未依法申报纳税。

（7）个人转让股权未依法履行代扣代缴个人所得税义务。

（8）按核定应税所得率方式核定征收企业所得税的企业，取得的转让股权收入是否全额计入应税收入额，按照主营项目（业务）确定适用的应税所得率计算征税。

二、长期股权投资少确认收益风险

（一）识别指标

最近3年的企业财务报表资产负债表中长期股权投资项目金额≥100万元，且近两年投资收益=0。

（二）风险描述

对外长期股权投资额在100万元（含）以上，投资时间超过3年且累计投资收益为“0”，须核实是否有未确认投资收益。

（三）风险应对

充分利用风险管理系统开展全面的分析工作，结合金税三期综合征管软件中的纳税人信息，对长期股权投资额在100万元（含）以上，投资时间超过3年且累计投资收益为“0”的，核实是否有未按规定确认的投资收益。

该项目应对主要包括以下内容：

—核查企业基础登记信息和认定信息的准确性。

—核查被投资企业是否按公司章程的规定进行利润分配，企业对取得的投资收益账务处理是否正确，是否已进行纳税申报。

—核实是否有未按规定确认的投资收益。

—存在少缴纳税款情形的，通知纳税人补缴并按规定加收滞纳金。

三、股权转让企业所得税异常风险

（一）识别指标

互联网采集第三方信息股权转让收入－（交易性金融资产会计处置收入＋股益工具投资会计处置收入＋其他权益工具投资会计处置收入＋长期股权投资会计处置收入＋短期投资会计处置收入）＞预警值（如50000）。

（二）风险描述

有转让股权的企业（剔除上市公司和新三板公司），比对其转让收入和纳税人企业所得税年度纳税申报表附表A105030申报收入，若差异大于预警值则可能存在税收风险。

（三）风险应对

充分利用风险管理系统开展全面的分析工作，结合金税三期综合征管软件中的纳税人信息，根据互联网采集的第三方转让股权的企业（剔除上市公司和新三板公司）信息，比对其股权转让收入和纳税人企业所得税年度纳税申报表附表A105030《投资收益纳税调整明细表》申报的收入，差异较大的可能存在风险。

该项目应对主要包括以下内容：

—核查企业基础登记信息和认定信息的准确性。

—核查企业是否将股权转让所得计入投资收益。

—根据转让方所转让股权的初始取得方式，核查该股权的计税基础是否正确。

—核查转让方在计算股权转让所得时，是否扣除了被投资企业未分配利润等股东留存收益中该项股权所可能分配的金额。

—存在少缴纳税款情形的，通知纳税人补缴并按规定加收滞纳金。

四、长期股权投资减少异常风险

（一）识别指标

长期股权投资减少额=长期股权投资期末余额－长期股权投资期初余额<预警值（0），并且当期投资收益=0。

式中的长期股权投资期末余额取自资产负债表中长期股权投资期末余额，长期股权投资期初余额取自资产负债表中长期股权投资期初余额，投资收益取自企业所得税年度纳税申报表（A100000）。

资产负债表中长期股权投资期初余额和期末余额的差额，与企业所得税年度纳税申报表中投资收益比对，纳税人是否有未计、少计长期股权投资收益。

（二）风险应对

充分利用风险管理系统开展全面的分析工作，结合金税三期综合征管软件中的纳税人信息以及第三方情报等数据，对纳税人的长期股权投资情况进行全面分析，初步确定是纳税人申报表填写错误还是政策适用错误，再根据情况确定是否需要纳税人提供资料或者开展实地检查，并根据获取的资料或者实地检查结果进行相应的处理。

该指标应对主要包括以下内容：

—核查企业基础登记信息和认定信息的准确性。

—核查被投资企业做出利润分配决定的董事会决议、公告等利润分配相关证明材料，是否以被投资企业董事会或股东大会做出利润分配的日期，确定投资收益的实现时间；核查董事会决议、公告等利润分配相关证明材料所反映的权益性投资收益金额是否与申报金额一致。若企业取得的是被投资企业未按股东持股比例分配的股息、红利等权益性投资收益，还需核实被投资企业的最新公司章程。

—被投资企业进行清算所得税处理的，查看留存被投资企业填报的加盖主管税务机关受理章的《中华人民共和国清算所得税申报表》及附表三《剩余财产计算和分配明细表》复印件，核查所确认的股息所得是否与申报金额一致。

—核查纳税人的投资收益明细账、应收股利科目明细账，看其是否符合法定的免税范围。

—核查纳税人的长期股权投资的投资协议、连续持有上市股票12个月以上的证据。

—审核是否按规定进行税收优惠备案。

—存在少缴纳税款情形的，通知纳税人补缴并按规定加收滞纳金。

第六章

政府补助与不征税收入纳税调整及其风险识别与应对

Tax Adjustments of
Enterprise
Income Tax

TAXING

政府补助是一个会计概念，是指企业从政府无偿取得货币性资产或非货币性资产，不包括政府作为企业所有者投入的资本和政府购买服务所支付的对价。《企业会计准则第16号——政府补助》（以下简称政府补助准则）将政府补助分为与资产相关的政府补助和与收益相关的政府补助。与资产相关的政府补助，是指企业取得的、用于购建或以其他方式形成长期资产的政府补助。与收益相关的政府补助，是指除与资产相关的政府补助之外的政府补助。《小企业会计准则》则将政府补助划分为与资产相关的政府补助和其他政府补助。其他政府补助，是指除与资产相关的政府补助之外的政府补助。

政府补助的财税处理如图6-1所示，其中作为应税收入处理的政府补助相关内容见第四章第三节。

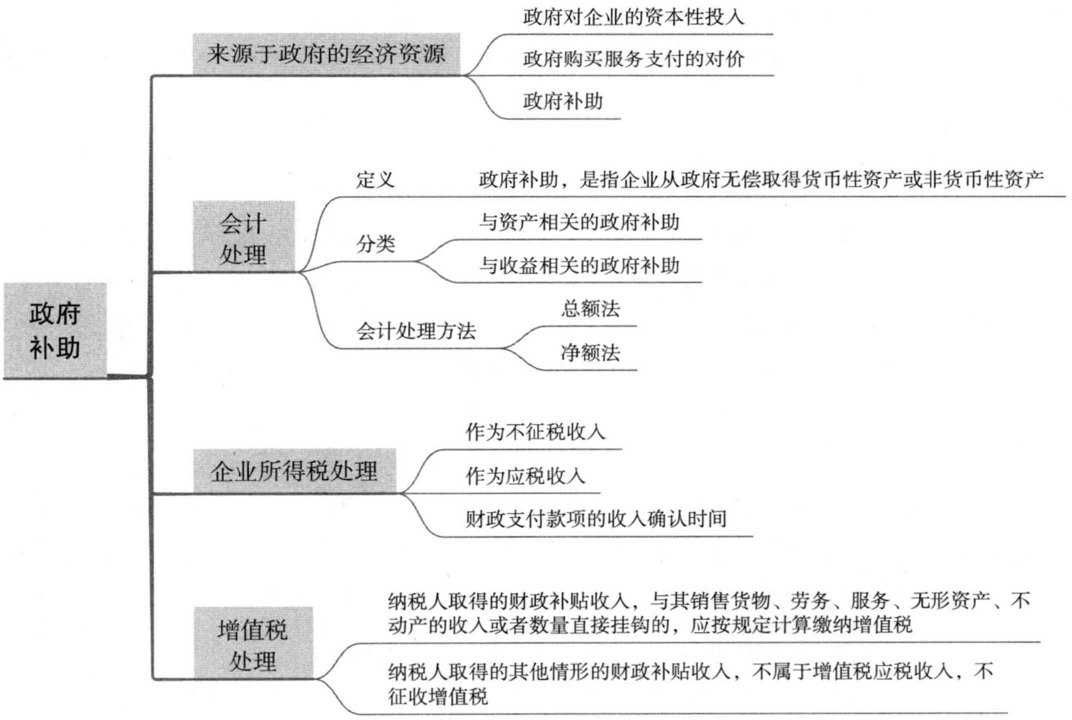

图6-1　政府补助收入的处理

第一节　财政补助的财税处理

一、政府补助的主要形式

（一）财政拨款

会计上所称的财政拨款是政府无偿拨付给企业的资金，通常在拨款时明确规定资金用途，比如财政部门拨付给企业用于购建固定资产或进行技术改造的专项资金，鼓励企业安置职工就业而给予的奖励款项，拨付企业的粮食定额补贴，拨付企业开展研发活动的研发经费等。

会计上的财政拨款与《企业所得税法》中的财政拨款内涵不同。会计中的财政拔款是对企业的拨款；《企业所得税法》中的财政拨款是对纳入预算管理的事业单位、社会团体等的拨款。

（二）财政贴息

财政贴息，是政府为支持特定领域或区域发展，根据国家宏观经济形势和政策目标，对承贷企业的银行贷款利息给予的补贴。如财政将贴息资金直接拨付给受益企业，或者财政将贴息资金拨付给贷款银行，由贷款银行以政策性优惠利率向企业提供贷款，受益企业按照实际发生的利率计算和确认利息费用。

（三）税收返还

税收返还，是政府按照国家有关规定采取先征后返（退）、即征即退等办法向企业返还的税款，属于以税收优惠形式给予的一种政府补助。除税收返还外，税收优惠还包括直接减征、免征、增加计税抵扣额、抵免部分税额等形式。这类税收优惠并未直接向企业无偿提供资产，不作为会计规范的政府补助。

增值税出口退税不属于政府补助。根据税收相关规定，对出口货物实行增值税零税率，即对出口环节的增值部分免征增值税，同时退还出口货物前道环节所征的进项税额。由于增值税属于价外税，出口货物前道环节所含的进项税额是抵扣项目，体现为企业垫付的资金，增值税出口退税实质上是政府归还企业事先垫付的资金，因而不属于政府补助。

上述会计中的“财政拨款、财政贴息和税收返还”与税法中的财政性资金相对应，企业所得税中“财政性资金”的概念范围基本上相当于会计中的“财政拨款、财政贴息和税收返还”。

（四）无偿划拨非货币性资产

比如行政划拨土地使用权、天然起源的天然林等。

二、政府补助的特征与分类

（一）政府补助的特征

政府补助具有下列特征：

（1）是来源于政府的经济资源。

对于企业收到的来源于其他方的补助，有确凿证据表明政府是补助的实际拨付者，其他方只起到代收代付作用的，该项补助也属于来源于政府的经济资源。

（2）政府补助是无偿的。

即企业取得来源于政府的经济资源，不需要向政府交付商品或服务等对价。

（二）与资产相关和与收益相关的政府补助

政府补助分为与资产相关的政府补助和与收益相关的政府补助。

1. 与资产相关的政府补助

与资产相关的政府补助，是指企业取得的、用于购建或以其他方式形成长期资产的政府补助。

2. 与收益相关的政府补助

与收益相关的政府补助，是指除与资产相关的政府补助之外的政府补助。

（三）与日常活动相关和无关的政府补助

与企业日常活动相关的政府补助，应当按照经济业务实质，计入其他收益或冲减相关成本费用。与企业日常活动无关的政府补助，应当计入营业外收入。

政府补助准则不对“日常活动”进行界定。通常情况下，若政府补助补偿的成本费用是营业利润之中的项目，或该补助与日常销售等经营行为密切相关（如增值税即征即退等），则认为该政府补助与日常活动相关。

（四）总额法与净额法

1. 总额法和净额法

政府补助有两种会计处理方法：总额法和净额法。

总额法是在确认政府补助时，将其全额一次或分次确认为收益，而不是作为相关资产账面价值或者成本费用等的扣减。净额法是将政府补助确认为对相关资产账面价值或者所补偿成本费用等的扣减。

企业应当根据经济业务的实质，判断某一类政府补助业务应当采用总额法还是净额法。通常情况下，对同类或类似政府补助业务只能选用一种方法，同时，企业对该业务应当一贯地运用该方法，不得随意变更。企业对某些补助只能采用一种方法，例如，对一般纳税人增值税即征即退只能采用总额法进行会计处理。

2.“其他收益”科目的核算

企业选择总额法对与日常活动相关的政府补助进行会计处理的，应增设“6117其他收益”科目进行核算。

“其他收益”科目核算总额法下与日常活动相关的政府补助以及其他与日常活动相关且应直接记入该科目的项目。对于总额法下与日常活动相关的政府补助，企业在实际收到或应收时，或者将先确认为“递延收益”的政府补助分摊计入收益时，借记“银行存款”“其他应收款”“递延收益”等科目，贷记“其他收益”科目。期末，应将该科目余额转入“本年利润”科目，该科目结转后应无余额。

三、政府补助的确认和计量

（一）政府补助的确认

政府补助同时满足下列条件的，才能予以确认：

（1）企业能够满足政府补助所附条件；

（2）企业能够收到政府补助。

（二）政府补助的计量

政府补助为货币性资产的，应当按照收到或应收的金额计量。政府补助为非货币性资产的，应当按照公允价值计量；公允价值不能可靠取得的，按照名义金额计量。

1.与资产相关的政府补助

与资产相关的政府补助，应当冲减相关资产的账面价值或确认为递延收益。与资产相关的政府补助确认为递延收益的，应当在相关资产使用寿命内按照合理、系统的方法分期计入损益。按照名义金额计量的政府补助，直接计入当期损益。相关资产在使用寿命结束前被出售、转让、报废或发生毁损的，应当将尚未分配的相关递延收益余额转入资产处置当期的损益。

如果企业先取得与资产相关的政府补助，再确认所购建的长期资产，总额法下应当在开始对相关资产计提折旧或进行摊销时按照合理、系统的方法将递延收益分期计入当期收益；净额法下应当在相关资产达到预定可使用状态或预定用途时将递延收益冲减资产账面价值。如果相关长期资产投入使用后企业再取得与资产相关的政府补助，总额法下应当在相关资产的剩余使用寿命内按照合理、系统的方法将递延收益分期计入当期收益；净额法下应当在取得补助时冲减相关资产的账面价值，并按照冲减后的账面价值和相关资产的剩余使用寿命计提折旧或进行摊销。

2. 与收益相关的政府补助

与收益相关的政府补助，应当分情况按照以下规定进行会计处理：

（1）用于补偿企业以后期间的相关成本费用或损失的，确认为递延收益，并在确认相关成本费用或损失的期间，计入当期损益或冲减相关成本；

（2）用于补偿企业已发生的相关成本费用或损失的，直接计入当期损益或冲减相关成本。

3. 综合性项目政府补助的处理

对于同时包含与资产相关部分和与收益相关部分的政府补助，应当区分不同部分分别进行会计处理；难以区分的，应当整体归类为与收益相关的政府补助。

4. 政府补助的会计处理

收到与收益相关政府补助用于补偿企业以后期间的相关费用或损失的，收到时：

借：银行存款（或其他应收款）等

　　贷：递延收益

分摊递延收益，结转营业外收入（或其他收益）：

借：递延收益

　　贷：营业外收入或其他收益（如果是不征税收入，要进行纳税调减）

发生支出时：

借：管理费用等（如果是不征税收入，要纳税调增）

　　贷：银行存款等

收到与收益相关政府补助用于补偿企业已发生的相关费用或损失的，收到时：

借：银行存款（或其他应收款）等

　　贷：营业外收入或其他收益（如果是不征税收入，要纳税调减）

收到与资产相关的政府补助时：

借：银行存款

　　贷：递延收益

在相关资产使用寿命内分配计入当期损益。

借：递延收益

　　贷：营业外收入或其他收益（如果是不征税收入，要进行纳税调减）

相关资产价值中政府补助被确认为不征税收入部分在计提折旧或摊销时不得在税前扣除。

（三）政策性优惠贷款贴息的处理

企业取得政策性优惠贷款贴息的，应当区分财政将贴息资金拨付给贷款银行和财政将贴息资金直接拨付给企业两种情况，分别按照下列规定进行会计处理。

1. 财政将贴息资金拨付给贷款银行

财政将贴息资金拨付给贷款银行，由贷款银行以政策性优惠利率向企业提供贷款的，企业可以选择下列方法之一进行会计处理：

（1）以实际收到的借款金额作为借款的入账价值，按照借款本金和该政策性优惠利率计算相关借款费用。

（2）以借款的公允价值作为借款的入账价值并按照实际利率法计算借款费用，实际收到的金额与借款公允价值之间的差额确认为递延收益。递延收益在借款存续期内采用实际利率法摊销，冲减相关借款费用。

企业选择了上述两种方法之一后，应当一致地运用，不得随意变更。

2. 财政将贴息资金直接拨付给企业

财政将贴息资金直接拨付给企业，企业应当将对应的贴息冲减相关借款费用。

（四）政府补助需要退回的处理

已确认的政府补助需要退回的，应当在需要退回的当期分情况按照以下规定进行会计处理：

（1）初始确认时冲减相关资产账面价值的，调整资产账面价值；

（2）存在相关递延收益的，冲减相关递延收益账面余额，超出部分计入当期损益；

（3）属于其他情况的，直接计入当期损益。

四、政府财政资金企业所得税收入时间确认

根据《国家税务总局关于企业所得税若干政策征管口径问题的公告》（国家税务总局公告2021年第17号）第六条“关于企业取得政府财政资金的收入时间确认问题”的规定，企业按照市场价格销售货物、提供劳务服务等，凡由政府财政部门根据企业销售货物、提供劳务服务的数量、金额的一定比例给予全部或部分资金支付的，应当按照权责发生制原则确认收入。

除上述情形外，企业取得的各种政府财政支付，如财政补贴、补助、补偿、退税等，应当按照实际取得收入的时间确认收入。

为规范企业取得财政补贴等政府支付款项计算收入的时间问题，原则上，对于政府按照企业销售货物、提供劳务服务的数量、金额给予的补贴，以及政府支付的属于货物、劳务服务价款的组成部分，企业应按权责发生制原则确认收入。除上述情形外，企业取得的各种政府财政资金，如财政补贴、补助、退税、补偿，按照收付实现制原则确认收入实现。

五、财政补贴的增值税处理

根据《国家税务总局关于取消增值税扣税凭证认证确认期限等增值税征管问题的公告》（国家税务总局公告2019年第45号）第七条的规定，纳税人取得的财政补贴收入，与其销售货物、劳务、服务、无形资产、不动产的收入或者数量直接挂钩的，应按规定计算缴纳增值税。纳税人取得的其他情形的财政补贴收入，不属于增值税应税收入，不征收增值税。

第二节　作为不征税收入处理的纳税调整

政府补助按照适用的税收待遇不同，可以分为作为不征税收入处理与作为应税收入处理的政府补助。不征税收入是《企业所得税法》创设的一个新概念，是指从企业所得税原理上讲应永不列入征税范围的收入范畴。规定不征税收入，其主要目的是从收入总额中排除非经营活动或非营利活动带来的经济利益流入。企业所得税中的“不征税收入”与“免税收入”不是同一概念。免税收入是指属于企业所得税征税范围，但可以享受免税优惠的收入。

一、不征税收入

根据《企业所得税法》第七条的规定，收入总额中的下列收入为不征税收入：①财政拨款；②依法收取并纳入财政管理的行政事业性收费、政府性基金；③国务院规定的其他不征税收入。

（一）财政拨款

企业所得税中的财政拨款，是指各级人民政府对纳入预算管理的事业单位、社会团体等组织拨付的财政资金，但国务院和国务院财政、税务主管部门另有规定的除外。

（二）依法收取并纳入财政管理的行政事业性收费、政府性基金

行政事业性收费，是指依照法律法规等有关规定，按照国务院规定程序批准，在实施社会公共管理，以及在向公民、法人或者其他组织提供特定公共服务过程中，向特定对象收取并纳入财政管理的费用。

政府性基金，是指企业根据法律、行政法规等有关规定，代政府收取的具有专项用途的财政资金。

根据《财政部 国家税务总局关于财政性资金、行政事业性收费、政府性基金有关企业所得税政策问题的通知》（财税〔2008〕151号）的规定，企业按照规定缴纳的、由国务院或财政部批准设立的政府性基金以及由国务院和省、自治区、直辖市人民政府及其财政、价格主管部门批准设立的行政事业性收费，准予在计算应纳税所得额时扣除。企业缴纳的不符合上述审批管理权限设立的基金、收费，不得在计算应纳税所得额时扣除。企业收取的各种基金、收费，应计入企业当年收入总额。对企业依照法律、法规及国务院有关规定收取并上缴财政的政府性基金和行政事业性收费，准予作为不征税收入，于上缴财政的当年在计算应纳税所得额时从收入总额中减除；未上缴财政的部分，不得从收入总额中减除。

（三）国务院规定的其他不征税收入

国务院规定的其他不征税收入，是指企业取得的，由国务院财政、税务主管部门规定专项用途并经国务院批准的财政性资金。

二、专项用途财政性资金

财政性资金，是指企业取得的来源于政府及其有关部门的财政补助、补贴、贷款贴息，以及其他各类财政专项资金，包括直接减免的增值税和即征即退、先征后退、先征后返的各种税收，但不包括企业按规定取得的出口退税款。

（一）企业取得财政性资金的税务处理

企业取得的各类财政性资金，除属于国家投资和资金使用后要求归还本金的以外，均应计入企业当年收入总额。国家投资，是指国家以投资者身份投入企业，并按有关规定相应增加企业实收资本（股本）的直接投资。

对企业取得的由国务院财政、税务主管部门规定专项用途并经国务院批准的财政性资金，准予作为不征税收入，在计算应纳税所得额时从收入总额中减除。

纳入预算管理的事业单位、社会团体等组织按照核定的预算和经费报领关系收到的由财政部门或上级单位拨入的财政补助收入，准予作为不征税收入，在计算应纳税所得额时从收入总额中减除，但国务院和国务院财政、税务主管部门另有规定的除外。

（二）专项用途财政性资金作为不征税收入需符合三个条件

根据《财政部 国家税务总局关于专项用途财政性资金有关企业所得税处理问题的通知》（财税〔2009〕87号）、《财政部 国家税务总局关于专项用途财政性资金企业所得税处理问题的通知》（财税〔2011〕70号）的规定，企业从县级以上各级人民政府财政部门及其他部门取得的应计入收入总额的财政性资金，凡同时符合以下条件的，可以作为不征税收入，在计算应纳税所得额时从收入总额中减除：

（1）企业能够提供规定资金专项用途的资金拨付文件；

（2）财政部门或其他拨付资金的政府部门对该资金有专门的资金管理办法或具体管理要求；

（3）企业对该资金以及以该资金发生的支出单独进行核算。

根据《企业所得税法实施条例》第二十八条的规定，企业的不征税收入用于支出所形成的费用或者财产，不得扣除或者计算对应的折旧、摊销扣除。即上述不征税收入用于支出所形成的费用，不得在计算应纳税所得额时扣除；用于支出所形成的资产，其计算的折旧、摊销不得在计算应纳税所得额时扣除。

需要说明的是，企业应将不征税收入与免税收入区分开来。《企业所得税法》首次引入免税收入这一概念，它是指对企业的某些收入免予征税，即允许企业计算应纳税所得额时将这些收入从收入总额中减除。免税收入属于税收优惠，不征税收入则不属于税收优惠。且免税收入所形成的费用或资产，可以扣除或者计算对应的折旧、摊销扣除。

（三）专项用途财政性资金作为不征税收入处理的后续管理

企业将符合规定条件的财政性资金作不征税收入处理后，在5年（60个月）内未发生支出且未缴回财政部门或其他拨付资金的政府部门的部分，应计入取得该资金第6年的应税收入总额；计入应税收入总额的财政性资金发生的支出，允许在计算应纳税所得额时扣除。

《国家税务总局关于企业所得税应纳税所得额若干税务处理问题的公告》（国家税务总局公告2012年第15号）第七条“关于企业不征税收入管理问题”进一步明确：企业取得的不征税收入，应按照财税〔2011〕70号文件的规定进行处理。凡未按照该文件规定进行管理的，应作为企业应税收入计入应纳税所得额，依法缴纳企业所得税。

在管理方式上，专项用途财政性资金延迟计入应纳税所得额属于自行申报项目，不需要经税务机关审批、备案。

（四）可作不征税收入处理的即征即退增值税

符合条件的软件企业按照《财政部 国家税务总局关于软件产品增值税政策的通知》（财税〔2011〕100号）规定取得的即征即退增值税款，由企业专项用于软件产品研发和扩大再生产并单独进行核算，可以作为不征税收入，在计算应纳税所得额时从收入总额中减除。

根据《财政部 国家税务总局关于企业所得税若干优惠政策的通知》（财税〔2008〕1号）的规定，软件生产企业实行增值税即征即退政策所退还的税款，由企业用于研究开发软件产品和扩大再生产，不作为企业所得税应税收入，不予征收企业所得税。

《财政部 国家税务总局关于核电行业税收政策有关问题的通知》（财税〔2008〕38号）规定，核力发电企业取得的增值税退税款，专项用于还本付息，不征收企业所得税。

三、不征税收入用于支出所形成的费用不得扣除

根据《企业所得税法实施条例》第十条的规定，企业在计算应纳税所得额时，要将不征税收入予以事先减除，如果允许将不征税收入用于支出所形成的费用在税前扣除，就等于不征税收入得到了重复税前扣除，享受了两次税收优待。因此，《企业所得税法实施条例》第二十八条规定，企业的不征税收入用于支出所形成的费用不得扣除。

财税〔2008〕151号文件规定，企业的不征税收入用于支出所形成的费用，不得在计算应纳税所得额时扣除；企业的不征税收入用于支出所形成的资产，其计算的折旧、摊销不得在计算应纳税所得额时扣除。

四、政府补助收入的会计与税法差异

政府补助收入的会计与税务处理方面的差异主要表现在：

（1）根据税法规定，企业收到政府补助，在收到政府补助的当期计入应纳税所得额，不在以后期间内递延确认收入。而会计处理上，取得政府补助采用总额法核算时，记入“递延收益”科目，因而税法与会计存在暂时性差异。

（2）企业所得税法规定，企业以不征税收入购买资产，在计算应纳税所得额时不得扣除相关资产的折旧、摊销费用，这就造成了资产会计成本与计税基础之间存在差异。

政府补助税会差异可列表说明如下（见表6-1）：

表6-1　政府补助的税会差异

<table>
<tr><td rowspan="8">政府补助</td><td colspan="3" rowspan="3">会计处理</td><td colspan="4">企业所得税处理</td></tr>
<tr><td colspan="2">作为不征税收入处理</td><td colspan="2">作为征税收入处理</td></tr>
<tr><td>总额法</td><td>净额法</td><td>总额法</td><td>净额法</td></tr>
<tr><td colspan="2">与资产相关的</td><td rowspan="3">取得当期确认为递延收益，分摊计入收益或冲资产或费用账面金额</td><td>取得时不计入收入总额，取得补助当期税会无差异</td><td>取得时冲减资产账面余额，不计入收入总额，取得补助当期税会无差异；以后期间会计上按冲减资产账面余额后的金额计提折旧，税会无差异</td><td>计入取得当期收入总额，会计上计入递延收益金额，需调增应纳税所得额</td><td>税收上计入收入总额，会计冲减资产账面余额，需调增应纳税所得额</td></tr>
<tr><td rowspan="4">与收益相关的</td><td rowspan="2">用于补偿企业以后期间的相关费用或损失</td><td>以后期间会计分摊计入收益的金额，无需缴纳所得税，需调减应纳税所得额</td><td rowspan="2">以后期间费用支出不得税前扣除，会计上冲减相关费用，税会无差异</td><td>以后期间会计分期计入收益的金额，无须缴纳企业所得税，需调减应纳税所得额</td><td>以后期间会计上按冲减资产账面余额后的金额计提折旧，税收上应按总额提折旧，税会差异需进行纳税调减处理</td></tr>
<tr><td>用于支出形成的费用或资产的折旧、摊销不得税前扣除，需调增应纳税所得额</td><td>用于支出形成的费用或资产的折旧、摊销可以税前扣除</td><td>用于支出形成的费用或资产的折旧、摊销调减应纳税所得额</td></tr>
<tr><td rowspan="2">用于补偿企业已发生的相关费用或损失</td><td rowspan="2">取得当期直接计入当期损益</td><td>不计入收入总额，会计上计入当期损益的金额需调减应纳税所得额</td><td></td><td rowspan="2">税会无差异</td><td rowspan="2"></td></tr>
<tr><td>用于支出形成的费用不得税前扣除，需调增应纳税所得额</td><td></td></tr>
</table>

五、专项用途财政性资金纳税调整明细表及其填报

《专项用途财政性资金纳税调整明细表》（A105040，见表6-2）适用于发生符合不征税收入条件的专项用途财政性资金纳税调整项目的纳税人填报。纳税人根据税法、《财政部 国家税务总局关于专项用途财政性资金企业所得税处理问题的通知》（财税〔2011〕70号）等相关规定，以及国家统一企业会计制度，填报纳税人专项用途财政性资金会计处理、税收规定，以及纳税调整情况。该表对不征税收入用于费用化的支出进行调整，资本化支出通过《资产折旧、摊销及纳税调整明细表》（A105080）进行纳税调整。

专项用途财政性资金作为应税收入处理的税会差异纳税调整，填报表A105020，不填报表A105040。

表6-2　A105040 专项用途财政性资金纳税调整明细表

行次	项　目	取得年度	财政性资金	其中：符合不征税收入条件的财政性资金		以前年度支出情况					本年支出情况		本年结余情况		
				金额	其中：计入本年损益的金额	前五年度	前四年度	前三年度	前二年度	前一年度	支出金额	其中：费用化支出金额	结余金额	其中：上缴财政金额	应计入本年应税收入金额
		1	2	3	4	5	6	7	8	9	10	11	12	13	14
1	前五年度														
2	前四年度					*									
3	前三年度					*	*								
4	前二年度					*	*	*							
5	前一年度					*	*	*	*						
6	本年					*	*	*	*	*					
7	合计（1+2+…+6）	*				*	*	*	*	*					

六、案例解析

案例6-1　2019年3月1日，A公司收到政府拨款1 200万元，用于购买科研设备；2019年6月10日，A公司以银行存款1 130万元购入研发设备，取得的专用发票注明的税额为130万元。当月底交付研发新产品使用，预计使用寿命为5年，预计净残值为40万元，采用年数总和法计提折旧。

2021年6月30日，A公司出售了该设备，取得价款700万元（不考虑处置应纳的增值税）。直到2024年，结余的财政拨款未使用也未上缴政府部门。A公司对该项政府补

助采用总额法核算，并采用直线法摊销递延收益。

要求：

1.进行相关会计处理；

2.假设财政拨款符合不征税收入条件，进行相关处理与纳税调整。

解析：

1.会计处理。

（1）2019年3月收到财政拨款：

借：银行存款　　12 000 000

　贷：递延收益　　12 000 000

（2）2019年6月购入设备：

借：固定资产　　10 000 000

　　应交税费——应交增值税（进项税额）　　1 300 000

　贷：银行存款　　11 300 000

（3）计提2019年折旧：

（1 000–40）×5/15÷2=160（万元）。

借：研发支出——费用化支出　　1 600 000

　贷：累计折旧　　1 600 000

（4）分配递延收益：

1 000÷5÷2=100（万元）。

借：递延收益　　1 000 000

　贷：其他收益　　1 000 000

（5）2020年会计处理。

计提折旧：

借：研发支出——费用化支出　　2 880 000（1 600 000+1 280 000）

　贷：累计折旧　　2 880 000

分配递延收益：1 000÷5=200（万元）。

借：递延收益　　2 000 000

　贷：其他收益　　2 000 000

2.作为不征税收入处理与纳税调整。

假设该财政拨款符合不征税收入的三个条件，A公司作为不征税收入处理，则不计入2019年度应纳税所得额。

“递延收益”转入“其他收益”的100万元，需要调减应纳税所得额。

用该不征税收入购置的固定资产折旧不得在税前扣除。会计折旧160万元需调增应纳税所得额。对应计入研发支出的折旧费用，也不得加计扣除。

（1）作为不征税收入处理的纳税调整。

取得财政补助收入年度（2019年）的处理与纳税调整如表6–3、表6–4、表6–5所示。

表6-3　A105040 专项用途财政性资金纳税调整明细表

行次	项　目	取得年度	财政性资金	其中：符合不征税收入条件的财政性资金		以前年度支出情况					本年支出情况		本年结余情况		
				金额	其中：计入本年损益的金额	前五年度	前四年度	前三年度	前二年度	前一年度	支出金额	其中：费用化支出金额	结余金额	其中：上缴财政金额	应计入本年应税收入金额
		1	2	3	4	5	6	7	8	9	10	11	12	13	14
1	前五年度														
2	前四年度					*									
3	前三年度					*	*								
4	前二年度					*	*	*							
5	前一年度					*	*	*	*						
6	本　　年	2019	12 000 000	12 000 000	1 000 000	*	*	*	*	*	10 000 000	0	2 000 000	0	0
7	合计（1+2+…+6）	*	12 000 000	12 000 000	1 000 000	*	*	*	*	*	10 000 000	0	2 000 000	0	0

表6-4　A105080 资产折旧、摊销及纳税调整明细表（部分）

行次	项目		账载金额			税收金额					纳税调整金额
			资产原值	本年折旧、摊销额	累计折旧、摊销额	资产计税基础	税收折旧、摊销额	享受加速折旧政策的资产按税收一般规定计算的折旧、摊销额	加速折旧、摊销统计额	累计折旧、摊销额	
			1	2	3	4	5	6	7=5-6	8	9（2-5）
1	一、固定资产（2+3+4+5+6+7）		10 000 000	1 600 000	1 600 000	0	0	*	*	0	1 600 000
2	所有固定资产	（一）房屋、建筑物						*	*		
3		（二）飞机、火车、轮船、机器、机械和其他生产设备						*	*		
4		（三）与生产经营活动有关的器具、工具、家具等						*	*		
5		（四）飞机、火车、轮船以外的运输工具						*	*		
6		（五）电子设备						*	*		
7		（六）其他	10 000 000	1 600 000	1 600 000	0	0	*	*	0	1 600 000
41	合计（1+18+21+33+39+40）		10 000 000	1 600 000	1 600 000	0	0	0	0	0	1 600 000
附列资料		全民所有制企业公司制改制资产评估增值政策资产						*	*		

表6-5　A105000 纳税调整项目明细表（部分）

行次	项　　目	账载金额	税收金额	调增金额	调减金额
		1	2	3	4
1	一、收入类调整项目（2+3+4+5+6+7+8+10+11）	*	*		1 000 000
8	（七）不征税收入	*	*		1 000 000
9	其中：专项用途财政性资金（填写A105040）	*	*		1 000 000
12	二、扣除类调整项目	*	*		
24	（十二）不征税收入用于支出所形成的费用	*	*		*
25	其中：专项用途财政性资金用于支出所形成的费用（填写 A105040）	*	*		*
31	三、资产类调整项目（31+32+33+34）	*	*	1 600 000	
32	（一）资产折旧、摊销（填写 A105080）	1 600 000	0	1 600 000	
46	合计（1+12+30+35+44+45）	*	*	1 600 000	1 000 000

（2）2020年度纳税调整如表6-6、表6-7、表6-8所示。

表6-6　A105040 专项用途财政性资金纳税调整明细表

行次	项　目	取得年度	财政性资金	其中：符合不征税收入条件的财政性资金		以前年度支出情况					本年支出情况		本年结余情况		
				金额	其中：计入本年损益的金额	前五年度	前四年度	前三年度	前二年度	前一年度	支出金额	其中：费用化支出金额	结余金额	其中：上缴财政金额	应计入本年应税收入金额
		1	2	3	4	5	6	7	8	9	10	11	12	13	14
1	前五年度														
2	前四年度					*									
3	前三年度					*	*								
4	前二年度					*	*	*							
5	前一年度	2019	12 000 000	12 000 000	2 000 000	*	*	*	*	10 000 000	0	0	2 000 000	0	0
6	本　　年	2020	0	0		*	*	*	*	*	0	0	0	0	0
7	合计（1+2+…+6）	*	12 000 000	12 000 000	2 000 000	*	*	*	*	*	0	0	2 000 000	0	0

表6-7　A105080 资产折旧、摊销及纳税调整明细表（部分）

行次	项目		账载金额			税收金额					纳税调整金额
			资产原值	本年折旧、摊销额	累计折旧、摊销额	资产计税基础	税收折旧、摊销额	享受加速折旧政策的资产按税收一般规定计算的折旧、摊销额	加速折旧、摊销统计额	累计折旧、摊销额	
			1	2	3	4	5	6	7=5−6	8	9（2−5）
1	一、固定资产（2+3+4+5+6+7）		10 000 000	2 880 000	4 480 000	0	0	*	*	0	2 880 000
2	所有固定资产	（一）房屋、建筑物						*	*		
3		（二）飞机、火车、轮船、机器、机械和其他生产设备						*	*		
4		（三）与生产经营活动有关的器具、工具、家具等						*	*		
5		（四）飞机、火车、轮船以外的运输工具						*	*		
6		（五）电子设备						*	*		
7		（六）其他	10 000 000	2 880 000	4 480 000	0	0	*	*	0	2 880 000
41	合计（1+18+21+33+39+40）		10 000 000	2 880 000	4 480 000	0	0	0	0	0	2 880 000
附列资料		全民所有制企业公司制改制资产评估增值政策资产						*	*		

表6-8 A105000纳税调整项目明细表（部分）

行次	项目	账载金额	税收金额	调增金额	调减金额
		1	2	3	4
1	一、收入类调整项目（2+3+4+5+6+7+8+10+11）	*	*		2 000 000
8	（七）不征税收入	*	*		2 000 000
9	其中：专项用途财政性资金（填写A105040）	*	*		2 000 000
12	二、扣除类调整项目	*	*		
24	（十二）不征税收入用于支出所形成的费用	*	*		*
25	其中：专项用途财政性资金用于支出所形成的费用（填写A105040）	*	*		*
31	三、资产类调整项目（31+32+33+34）	*	*	2 880 000	
32	（一）资产折旧、摊销（填写A105080）	2 880 000	0	2 880 000	
46	合计（1+12+30+35+44+45）	*	*	2 880 000	2 000 000

（3）2021年度纳税调整如表6-9、表6-10、表6-11、表6-12所示。

表6-9 A105040专项用途财政性资金纳税调整明细表

行次	项目	取得年度	财政性资金	其中：符合不征税收入条件的财政性资金		以前年度支出情况					本年支出情况		本年结余情况		
				金额	其中：计入本年损益的金额	前五年度	前四年度	前三年度	前二年度	前一年度	支出金额	其中：费用化支出金额	结余金额	其中：上缴财政金额	应计入本年应税收入金额
		1	2	3	4	5	6	7	8	9	10	11	12	13	14
1	前五年度														
2	前四年度					*									
3	前三年度					*	*								
4	前二年度	2019	12 000 000	12 000 000	7 000 000	*	*	*	10 000 000				2 000 000		
5	前一年度	2020	0			*	*	*	*		0	0	0	0	0
6	本　　年	2021	0			*	*	*	*	*	0	0	0	0	0
7	合计（1+2+…+6）	*	12 000 000	12 000 000	7 000 000	*	*	*	*	*	0	0	2 000 000	0	0

表6-10 A105000 纳税调整项目明细表（部分）

行次	项　目	账载金额	税收金额	调增金额	调减金额
		1	2	3	4
1	一、收入类调整项目（2+3+4+5+6+7+8+10+11）	*	*		7 000 000
8	（七）不征税收入	*	*		7 000 000
9	其中：专项用途财政性资金（填写A105040）	*	*		7 000 000
12	二、扣除类调整项目	*	*		
24	（十二）不征税收入用于支出所形成的费用	*	*		*
25	其中：专项用途财政性资金用于支出所形成的费用（填写A105040）	*	*		*
31	三、资产类调整项目（31+32+33+34）	*	*	1 280 000	
32	（一）资产折旧、摊销（填写A105080）	1 280 000	0	1 280 000	
46	合计（1+12+30+35+44+45）	*	*	1 280 000	7 000 000

表6-11 A105040 专项用途财政性资金纳税调整明细表

行次	项　目	取得年度	财政性资金	其中：符合不征税收入条件的财政性资金		以前年度支出情况					本年支出情况		本年结余情况		
				金额	其中：计入本年损益的金额	前五年度	前四年度	前三年度	前二年度	前一年度	支出金额	其中：费用化支出金额	结余金额	其中：上缴财政金额	应计入本年应税收入金额
		1	2	3	4	5	6	7	8	9	10	11	12	13	14
1	前五年度	2019	12 000 000	12 000 000	0	10 000 000					0		2 000 000		2 000 000
2	前四年度	2020				*									
3	前三年度	2021				*	*								
4	前二年度	2022				*	*	*							
5	前一年度	2023				*	*	*	*		0	0	0	0	0
6	本　年	2024				*	*	*	*	*	0	0	0	0	0
7	合计（1+2+…+6）	*	12 000 000	12 000 000	0	*	*	*	*	*	0	0	2 000 000	0	2 000 000

表6-12　A105000 纳税调整项目明细表（部分）

行次	项　　目	账载金额	税收金额	调增金额	调减金额
		1	2	3	4
1	一、收入类调整项目（2+3+4+5+6+7+8+10+11）	*	*	2 000 000	
8	（七）不征税收入	*	*	2 000 000	
9	其中：专项用途财政性资金（填写A105040）	*	*	2 000 000	
12	二、扣除类调整项目	*	*		
24	（十二）不征税收入用于支出所形成的费用	*	*		*
25	其中：专项用途财政性资金用于支出所形成的费用（填写 A105040）	*	*		*
30	三、资产类调整项目（31+32+33+34）	*	*		
31	（一）资产折旧、摊销（填写 A105080）				
46	合计（1+12+30+35+44+45）	*	*	2 000 000	

（4）2021年6月处置设备的处理。

①累计折旧额=（1 000−40）×5/15+（1 000−40）×4/15=576（万元）；递延收益累计摊销=1 000÷5×2=400（万元）。

②出售设备的会计处理。

借：固定资产清理　　4 240 000
　　累计折旧　　5 760 000
　贷：固定资产　　10 000 000
借：银行存款　　7 000 000
　贷：固定资产清理　　7 000 000
借：固定资产清理　　2 760 000
　贷：资产处置损益　　2 760 000
借：递延收益　　6 000 000（1 000万−400万）
　贷：其他收益　　6 000 000

（5）税务处理。

处置固定资产应确认的税法利得700万元，会计处置利得276万元，税会差异需进行纳税调整。

但是，“递延收益”转入“营业外收入”的700万元（上半年转入100万元，处置时转入600万元），需要调减应纳税所得额。

案例6-2 甲科技创新型公司2018—2023年每年均从县科技主管部门取得技术改造专项资金，各年的专项资金支出情况详见表6-13。假设该专项资金符合不征税收入条件，且该企业已作为不征税收入处理。专项资金结余部分无须上缴相应资金拨付部门，留企业自行支配使用。企业将当年度取得的财政性资金全额计入当期“营业外收入”核算。2018年取得的专项资金在60个月内发生的最后一笔支出是在2023年1月发生的费用化支出45万元。

要求：填报2023年相关纳税调整表。

表6-13 财政性资金收支情况表

单位：万元

纳税年度		2018	2019	2020	2021	2022	2023
当年取得的财政性资金		350	300	200	240	260	200
取得财政性资金的具体时间		2月	1月	6月	5月	4月	9月
2018年	费用化支出	15	*	*	*	*	*
	资本化支出	20	*	*	*	*	*
2019年	费用化支出	20	18	*	*	*	*
	资本化支出	20	15	*	*	*	*
2020年	费用化支出	18	20	15	*	*	*
	资本化支出	20	30	18	*	*	*
2021年	费用化支出	30	25	20	25	*	*
	资本化支出	40	20	18	24	*	*
2022年	费用化支出	60	30	30	40	25	*
	资本化支出	40	40	30	35	45	*
2023年	费用化支出	45	35	25	28	40	45
	资本化支出	0	45	30	40	36	30

解析：

《专项用途财政性资金纳税调整明细表》的填报如表6-14所示。

同时，将表A05040第7行第4列的200万元填入表A105000中的第9行第4列进行纳税调减。

第7行第11列的218万元填入表A105000中的第25行第3列进行纳税调增。

第7行第14列的22万元填入表A105000中的第9行第3列进行纳税调增。

表6-14　A105040 专项用途财政性资金纳税调整明细表

行次	项　目	取得年度	财政性资金	其中：符合不征税收入条件的财政性资金		以前年度支出情况					本年支出情况		本年结余情况		
				金额	其中：计入本年损益的金额	前五年度	前四年度	前三年度	前二年度	前一年度	支出金额	其中：费用化支出金额	结余金额	其中：上缴财政金额	应计入本年应税收入金额
		1	2	3	4	5	6	7	8	9	10	11	12	13	14
1	前五年度	2018	3 500 000	3 500 000	0	350 000	400 000	380 000	700 000	1 000 000	450 000	450 000	220 000	0	220 000
2	前四年度	2019	300 000	3 000 000	0	*	330 000	500 000	450 000	700 000	800 000	350 000	220 000	0	
3	前三年度	2020	2 000 000	2 000 000	0	*	*	330 000	380 000	600 000	550 000	250 000	140 000	0	
4	前二年度	2021	2 400 000	2 400 000	0	*	*	*	490 000	750 000	680 000	280 000	480 000	0	
5	前一年度	2022	2 600 000	2 600 000	0	*	*	*	*	700 000	760 000	400 000	1 140 000	0	
6	本　　年	2023	2 000 000	2 000 000	2 000 000	*	*	*	*	*	750 000	450 000	1 250 000	0	
	合计（1+2+3+4+5+6）	*	15 500 000	15 500 000	2 000 000	*	*	*	*	*	3 990 000	2 180 000	3 450 000		220 000

第三节　风险识别与应对

一、财政补贴收入企业所得税风险

（一）风险识别与描述

计税依据差异=企业财政补贴收入－政府补助利得；计税依据差异>预警值（如100 000）。

适应于上年度存在财政奖励、土地出让金返还款、财政税收返还、再生资源企业增值税退税信息及即征即退的纳税人。

比较财政返还收入与汇算清缴政府补助利得的差异。

说明：

（1）企业所得税查账征收：

企业财政补贴收入：取自财政部门等第三方数据发放企业财政补贴收入数据；

政府补助利得：取自《企业所得税年度纳税申报表（A表）》附表A101010第20行政府补助利得。

（2）企业所得税核率征收：

政府补助利得：取自《企业所得税年度纳税申报表（B类）》第2行不征税收入。

（二）风险应对

1.风险数据的系统校验（案头审核）

（1）通过查询金税三期系统中的企业所得税年度纳税申报表（A表）核实“政府补助利得”；

（2）通过第三方数据核实“企业财政补贴收入”。

2.询问约谈资料要求（报送资料）

（1）企业相关账务处理资料、记账凭证以及相关附件；

（2）政府部门拨付资金相关文件。

3.核查内容

（1）核查企业基础登记信息和认定信息的准确性。

（2）其款项是由哪一级财政返还，特别注意核对财政拨款文件，按照要求核对返还资金的使用情况，对于符合不征税收入规定的财政性资金，尤其应关注其账务处理与纳税调整情况。

（3）如账面“补贴收入”无明确记载，注意核对单位“其他应收款”“其他应付款”科目，以及“利润分配”科目，特别是往来科目的单位明细为政府部门的往来。

（4）核查实际到账金额与提示金额有差额的，应核实差额的去向，关注发票真实性。

（5）关注不征税收入，及其用于支出形成的费用、用于支出形成资产的折旧、摊销额是否已在税前列支。

（6）存在少缴纳税款情形的，通知纳税人补缴并按规定加收滞纳金。

（三）风险提示

1.查账征收企业

若某公司企业所得税征收方式为查账征收，收到财政补贴金额与企业所得税年度纳税申报表A101010中政府补助收入金额不一致，可能存在少缴企业所得税的风险。

2.核率征收企业

若某公司企业所得税征收方式为核率征收，收到企业财政补贴金额与企业所得税年度纳税申报表（B类）中不征税收入金额不一致，可能存在少缴企业所得税的风险。

二、核定征收不征税项目风险

（一）风险识别与描述

识别指标：企业所得税年度纳税申报（B类）第2行不征税收入＞0。

纳税人申报不征税收入额金额如大于零，则可能存在风险。

（二）应对指引

充分利用风险管理系统的开展全面的分析工作，结合金税三期综合征管软件中的纳税人信息，通过查询企业财务报表信息，并根据获取的资料或者实地检查结果进行相应处理。

该项目应对主要包括以下内容：

—核查企业基础登记信息和认定信息的准确性。

—核实企业收入性质、来源，合理界定、划分企业征税收入、不征税收入、免税收入；不征税收入包括：财政拨款，依法收取并纳入财政管理的行政事业性收费、政府性基金，国务院规定的其他不征税收入。

—审核企业不征税收入是否符合税法规定的条件，不符合条件的应计入征税收入。

—对符合规定的不征税收入，建立台账、进行跟踪管理，当条件发生变化不再符合条件时，应当计入征税收入。

—核实企业对不征税收入以及以不征税收入发生的支出是否单独进行核算。

—存在少缴纳税款情形的，通知纳税人补缴并按规定加收滞纳金。

三、财政补贴收入差异风险

（一）风险识别与描述

识别指标：企业财政补贴收入－政府补助利得＞1000。

适用于上年度存在财政奖励、土地出让金返还款、财政税收返还、再生资源企业增值税退税信息及增值税即征即退的纳税人，比较财政返还收入与汇算清缴政府补助利得的差异值。

（二）风险应对

充分利用风险管理系统开展全面的分析工作，结合金税三期综合征管软件中的纳税人信息、政府补助利得等数据，并结合财政部门发放企业财政补贴收入等数据，对纳税人可能存在财政返还收入与汇算清缴政府补助利得差异问题进行全面分析，再根据情况确定是否需要纳税人提供资料或者开展实地检查，并根据获取的资料或者实地检查结果进行相应的处理。

该项目应对主要包括以下内容：

—核查企业基础登记信息和认定信息的准确性。

—根据企业相关账务处理资料、记账凭证以及相关附件、政府部门拨付资金相关文件核查其款项是由哪一级财政返还，特别注意核对财政返还文件，按照要求核对返还资金的使用情况，对于符合不征税收入规定的奖励资金，尤其关注其账务处理情况。

—如“补贴收入”“其他收益”“递延收益”科目无明确记载，注意核对单位“其他应收款”“其他应付款”科目，以及“利润分配”科目，特别是往来科目的单位明细为政府部门的往来。

—核查实际到账金额与提示金额有差额的，应核实差额的去向，关注发票真实性。

—关注不征税收入，及其用于支出形成的费用、资产的折旧、摊销额是否已在税前列支。

—存在少缴纳税款情形的，通知纳税人补缴并按规定加收滞纳金。

四、不征税收入超过规定年限未调整风险

（一）风险识别与描述

企业存在超过5年不征税收入结余未计入收入总额纳税。

（二）风险应对

充分利用风险管理系统开展全面的分析工作，结合金税三期综合征管软件中的纳税人信息，通过查询企业财务报表信息，向企业取得不征税收入的相关资料并根据获取的资料或者实地检查结果进行相应处理。

该项目应对主要包括以下内容：

—核查企业基础登记信息和认定信息的准确性。

—根据不征税收入认定的三个条件判定是否应属于不征税收入。

—对计入不征税收入的，用于支出所形成的费用，是否按规定在计算应纳税所得额时调增；用于支出所形成的资产，其计算的折旧、摊销是否在计算应纳税所得额时调增。

—核查是否存在超过5年（60个月）未发生支出且未缴回财政部门或其他拨付资金的政府部门的部分，是否计入本年度应税收入总额计税；对计入应税收入总额的财政性资金发生的支出，是否在计算应纳税所得额时扣除。

—存在少缴纳税款情形的，通知纳税人补缴并按规定加收滞纳金。

第七章

职工薪酬支出纳税调整及其风险识别与应对

Tax Adjustments of

Enterprise

Income Tax

TAXING

职工薪酬，是指企业为获得职工提供的服务或解除劳动关系而给予的各种形式的报酬或补偿，包括短期薪酬、离职后福利、辞退福利和其他长期职工福利。会计上的职工薪酬，涉及企业所得税中的工资薪金、职工福利费、职工教育经费、工会经费、股权激励以及解除劳动关系补偿金等的税务处理问题。

本章主要讲解职工薪酬支出的财税处理与税会差异纳税调整。具体内容如图7–1所示。

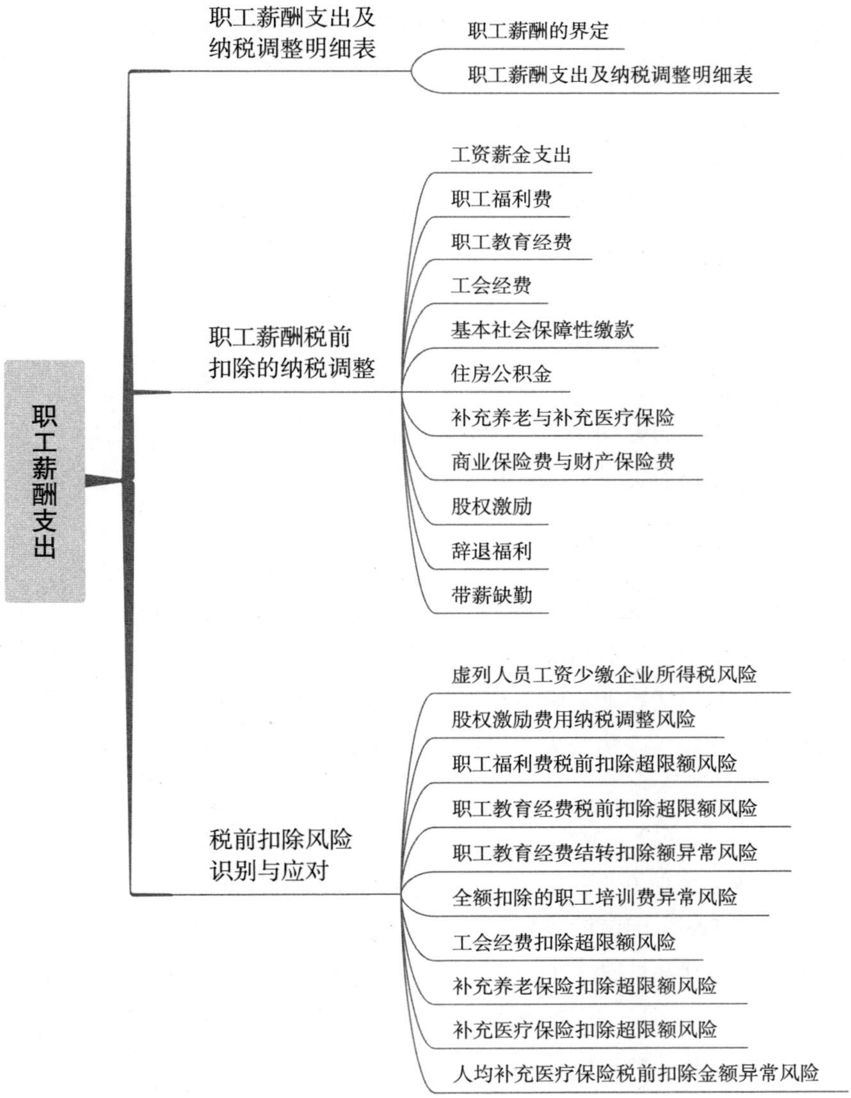

图7–1　职工薪酬支出及纳税调整

第一节　职工薪酬支出及纳税调整明细表

一、职工薪酬的界定

（一）小企业会计准则的界定

根据《小企业会计准则》第四十九条的规定，应付职工薪酬，是指小企业为获得职工提供的服务而应付给职工的各种形式的报酬以及其他相关支出。小企业的职工薪酬包括：

（1）职工工资、奖金、津贴和补贴。

（2）职工福利费。

（3）医疗保险费、养老保险费、失业保险费、工伤保险费和生育保险费等社会保险费。

（4）住房公积金。

（5）工会经费和职工教育经费。

（6）非货币性福利。

（7）因解除与职工的劳动关系给予的补偿。

（8）其他与获得职工提供的服务相关的支出等。

（二）企业会计准则的界定

根据《企业会计准则第9号——职工薪酬》（以下简称职工薪酬准则）第二条的规定，职工薪酬，是指企业为获得职工提供的服务或解除劳动关系而给予的各种形式的报酬或补偿。职工薪酬包括短期薪酬、离职后福利、辞退福利和其他长期职工福利。企业提供给职工配偶、子女、受赡养人、已故员工遗属及其他受益人等的福利，也属于职工薪酬。

1.短期薪酬

短期薪酬，是指企业在职工提供相关服务的年度报告期间结束后12个月内需要全部予以支付的职工薪酬，因解除与职工的劳动关系给予的补偿除外。短期薪酬具体包括：职工工资、奖金、津贴和补贴，职工福利费，医疗保险费、工伤保险费和生育保险费等社会保险费，住房公积金，工会经费和职工教育经费，短期带薪缺勤，短期利润分享计划，非货币性福利以及其他短期薪酬。

带薪缺勤，是指企业支付工资或提供补偿的职工缺勤，包括年休假、病假、短期伤残、婚假、产假、丧假、探亲假等。利润分享计划，是指因职工提供服务而与达成的基于利润或其他经营成果提供薪酬的协议。

2. 离职后福利

离职后福利，是指企业为获得职工提供的服务而在职工退休或与企业解除劳动关系后，提供的各种形式的报酬和福利，短期薪酬和辞退福利除外。

3. 辞退福利

辞退福利，是指企业在职工劳动合同到期之前解除与职工的劳动关系，或者为鼓励职工自愿接受裁减而给予的补偿。

4. 其他长期职工福利

其他长期职工福利，是指除短期薪酬、离职后福利、辞退福利之外所有的职工薪酬，包括长期带薪缺勤、长期残疾福利、长期利润分享计划等。

二、职工薪酬支出及纳税调整明细表

为解决职工薪酬支出的账载金额与实际发生额有可能存在差异的问题，2017年版《职工薪酬支出及纳税调整明细表》（A105050）增加了第2列"实际发生额"填报列次，并调整了相关列次的计算规则和逻辑关系。

此外，《国家税务总局关于修订〈中华人民共和国企业所得税年度纳税申报表（A类，2017年版）〉部分表单样式及填报说明的公告》（国家税务总局公告2018年第57号）还修订了《职工薪酬支出及纳税调整明细表》（A105050）第2行第5列"股权激励/税收金额"的填报规则，规定第2行第5列按第2行第2列金额填报；修订第5行第5列"按税收规定比例扣除的职工教育经费/税收金额"与第5行第7列"按税收规定比例扣除的职工教育经费/累计结转以后年度扣除额"的表间关系，规定第5行第5列按该表第1行第5列 × 税收规定扣除率后的金额，与第5行第2+4列金额的孰小值填报，第5行第7列按第5行第2+4−5列金额填报。

《职工薪酬支出及纳税调整明细表》（A105050，如表7−1所示）：纳税人根据《企业所得税法》的相关规定，以及国家统一企业会计制度，填报纳税人职工薪酬会计处理、税收规定，以及纳税调整情况。纳税人只要发生相关支出，不论是否纳税调整，均需填报该表。

表7−1　A105050 职工薪酬支出及纳税调整明细表

行次	项　目	账载金额	实际发生额	税收规定扣除率	以前年度累计结转扣除额	税收金额	纳税调整金额	累计结转以后年度扣除额
		1	2	3	4	5	6 （1−5）	7 （1+4−5）
1	一、工资薪金支出			*	*			*
2	其中：股权激励			*	*			*

续表

行次	项　目	账载金额	实际发生额	税收规定扣除率	以前年度累计结转扣除额	税收金额	纳税调整金额	累计结转以后年度扣除额
		1	2	3	4	5	6（1-5）	7（1+4-5）
3	二、职工福利费支出				*			*
4	三、职工教育经费支出			*				
5	其中：按税收规定比例扣除的职工教育经费							
6	按税收规定全额扣除的职工培训费用				*			*
7	四、工会经费支出				*			*
8	五、各类基本社会保障性缴款			*	*			*
9	六、住房公积金			*	*			*
10	七、补充养老保险				*			*
11	八、补充医疗保险				*			*
12	九、其他			*	*			*
13	合计（1+3+4+7+8+9+10+11+12）			*				

第二节　职工薪酬税前扣除及纳税调整

一、工资薪金支出

（一）工资薪金的税前扣除

1.工薪薪金的税前扣除规定

工资薪金，是指企业每一纳税年度支付给在本企业任职或者受雇的员工的所有现金或者非现金形式的劳动报酬，包括基本工资、奖金、津贴、补贴、年终加薪、加班工资，以及与员工任职或者受雇有关的其他支出。

根据《企业所得税法实施条例》第三十四条的规定，企业发生的合理的工资薪金，准予扣除。

2.合理工资薪金的界定

根据《国家税务总局关于企业工资薪金及职工福利费扣除问题的通知》（国税函〔2009〕3号）的规定，合理工资薪金是指企业按照股东大会、董事会、薪酬委员会或相关管理机构制订的工资薪金制度规定实际发放给员工的工资薪金。税务机关对工资薪金进行合理性确认时，应掌握如下五项原则：

（1）企业制订了较为规范的员工工资薪金制度；

（2）企业所制订的工资薪金制度符合行业及地区水平；

（3）企业在一定时期所发放的工资薪金是相对固定的，工资薪金的调整是有序进行的；

（4）企业对实际发放的工资薪金，已依法履行了代扣代缴个人所得税义务；

（5）有关工资薪金的安排，不以减少或逃避税款为目的。

国税函〔2009〕3号文件对工资薪金的税前扣除强调实际发放，其范围也仅指工资薪金，也就是说，工资薪金总额必须是实际发放的，而且实际发放的工资薪金总额，不包括通常所说的“三费、五险、一金”，这与企业会计准则所规范的“职工薪酬”范围明显不同。企业在计算企业所得税工资薪金总额时，务必至少把握以下几点：一是，实际工资薪金总额是计算税法规定的职工福利费、职工教育经费、工会经费以及其他相关指标税前扣除限额的基本依据；二是，不合理的工资薪金即使实际发放也不得扣除，如国有性质的企业超过政府有关部门给予的限定数额部分的工资薪金，不得扣除；三是，超标的工资薪金本身不得包括在企业所得税税前扣除的“工资薪金总额”之中，因此也不能将其作为计算职工福利费、职工教育经费、工会经费等税前扣除限额的依据。

（二）汇缴期结束前支付汇缴年度工资薪金的扣除

根据《国家税务总局关于企业工资薪金和职工福利费等支出税前扣除问题的公告》（国家税务总局公告2015年第34号）第二条的规定，企业在年度汇算清缴结束前向员工实际支付的已预提汇缴年度工资薪金，准予在汇缴年度按规定扣除。

（三）接受外部劳务派遣用工支出的税前扣除

根据国家税务总局公告2015年第34号第三条的规定，企业接受外部劳务派遣用工所实际发生的费用，应分两种情况按规定在税前扣除：按照协议（合同）约定直接支付给劳务派遣公司的费用，应作为劳务费支出；直接支付给员工个人的费用，应作为工资薪金支出和职工福利费支出。其中属于工资薪金支出的费用，准予计入企业工资薪金总额的基数，作为计算其他各项相关费用扣除的依据。

二、职工福利费

（一）职工福利费的财务处理

《企业财务通则》取消了企业职工福利费按标准提取的政策，财务处理上企业可据实开支职工福利费，不再按照工资总额的14%计提。同时，将原来应当由职工福利费开支的职工基本医疗保险费、补充医疗和补充养老保险费等，直接列入成本（费用），不再列作职工福利费管理。

1.职工福利费的开支范围

根据《财政部关于企业加强职工福利费财务管理的通知》（财企〔2009〕242号）的规定，企业职工福利费是指企业为职工提供的除职工工资、奖金、津贴、纳入工资总额管理的补贴、职工教育经费、社会保险费和补充养老保险费（年金）、补充医疗保险费及住房公积金以外的福利待遇支出，包括发放给职工或为职工支付的下列各项现金补贴和非货币性集体福利：

（1）为职工卫生保健、生活等发放或支付的各项现金补贴和非货币性福利，包括职工因公外地就医费用、暂未实行医疗统筹企业职工医疗费用、职工供养直系亲属医疗补贴、职工疗养费用、自办职工食堂经费补贴或未办职工食堂统一供应午餐支出、符合国家有关财务规定的供暖费补贴、防暑降温费等。

（2）企业尚未分离的内设集体福利部门所发生的设备、设施和人员费用，包括职工食堂、职工浴室、理发室、医务所、托儿所、疗养院、集体宿舍等集体福利部门设备、设施的折旧、维修保养费用以及集体福利部门工作人员的工资薪金、社会保险费、住房公积金、劳务费等人工费用。

（3）职工困难补助，或者企业统筹建立和管理的专门用于帮助、救济困难职工的基金支出。

（4）离退休人员统筹外费用，包括离休人员的医疗费及离退休人员其他统筹外费用。企业重组涉及的离退休人员统筹外费用，按照《财政部关于企业重组有关职工安置费用财务管理问题的通知》（财企〔2009〕117号）规定执行，国家另有规定的，从其规定。

（5）按规定发生的其他职工福利费，包括丧葬补助费、抚恤费、职工异地安家费、独生子女费、探亲假路费，以及符合企业职工福利费定义但没有包括在上述项目中的其他支出。

按照《企业财务通则》第四十六条的规定，企业不得承担属于个人的下列支出：

①娱乐、健身、旅游、招待、购物、馈赠等支出；

②购买商业保险、证券、股权、收藏品等支出；

③个人行为导致的罚款、赔偿等支出；

④购买住房、支付物业管理费等支出；

⑤应由个人承担的其他支出。

2.会计核算

职工薪酬准则第六条规定，企业发生的职工福利费，应当在实际发生时根据实际发生额计入当期损益或相关资产成本。职工福利费为非货币性福利的，应当按照公允价值计量。

（二）职工福利费的税前扣除

职工福利费支出，是指满足职工共同需要的集体生活、文化、体育等方面的支出。国税函〔2009〕3号文件对其税法上的范畴进行了明确。企业在财务、会计处理时按照财企〔2009〕242号文件执行，在进行纳税调整等税务处理时按国税函〔2009〕3号文件执行。

根据《企业所得税法实施条例》第四十条的规定，企业发生的职工福利费支出，不超过工资薪金总额14%的部分，准予扣除。

1.工资薪金总额的界定

根据国税函〔2009〕3号文件的规定，工资薪金总额，是指企业按照规定实际发放的工资薪金总和，不包括企业的职工福利费、职工教育经费、工会经费以及养老保险费、医疗保险费、失业保险费、工伤保险费、生育保险费等社会保险费和住房公积金。

属于国有性质的企业，其工资薪金，不得超过政府有关部门给予的限定数额；超过部分，不得计入企业工资薪金总额，也不得在计算企业应纳税所得额时扣除。

工资薪金总额与工资总额不完全相同。按照《国家统计局关于工资总额组成的规定》（国家统计局1990年第1号令）规定，工资总额由计时工资、计件工资、奖金、津贴和补贴、加班加点工资、特殊情况下支付的工资等六个部分组成。工资总额组成范围的各种奖金、津贴和补贴等，均计算在内。

2.职工福利费开支内容

企业所得税所称职工福利费的开支内容包括：

（1）尚未实行分离办社会职能的企业，其内设福利部门所发生的设备、设施和人员费用，包括职工食堂、职工浴室、理发室、医务所、托儿所、疗养院等集体福利部门的设备、设施及维修保养费用和福利部门工作人员的工资薪金、社会保险费、住房公积金、劳务费等。

（2）为职工卫生保健、生活、住房、交通等所发放的各项补贴和非货币性福利，包括企业向职工发放的因公外地就医费用、未实行医疗统筹企业职工医疗费用、职工供养直系亲属医疗补贴、供暖费补贴、职工防暑降温费、职工困难补贴、救济费、职工食堂经费补贴、职工交通补贴等。

（3）按照其他规定发生的其他职工福利费，包括丧葬补助费、抚恤费、安家费、探亲假路费等。

值得注意的是，下列费用不属于企业所得税所称职工福利费的开支范围：

①退休职工的费用；②被辞退职工的补偿金；③职工劳动保护费；④职工在病假、生育假、探亲假期间领取到的补助；⑤职工的学习费；⑥职工的伙食补助费（包括职工在企业的午餐补助和出差期间的伙食补助）等。

由此可见，国税函〔2009〕3号文件所规定的职工福利费包括的范围，与通常所说的“企业职工福利”相比大大缩小，如企业发给员工的“年货”、“过节费”、节假日物资及组织员工旅游支出等都不在此列支。

3.职工福利费的核算要求

企业发生的职工福利费，应该单独设置账册，进行准确核算。没有单独设置账册准确核算的，税务机关应责令企业在规定的期限内进行改正。逾期仍未改正的，税务机关可对企业发生的职工福利费进行合理的核定。

（三）企业福利性补贴支出的税前扣除

根据《国家税务总局关于企业工资薪金和职工福利费等支出税前扣除问题的公告》（国家税务总局公告2015年第34号）第一条“企业福利性补贴支出税前扣除问题”的规定，列入企业员工工资薪金制度、固定与工资薪金一起发放的福利性补贴，符合国税函〔2009〕3号文件第一条规定的，可作为企业发生的工资薪金支出，按规定在税前扣除。

不能同时符合上述条件的福利性补贴，应作为职工福利费，按规定计算限额税前扣除。

（四）职工福利费税前扣除案例解析

案例7-1 甲企业2020年末“应付职工薪酬——职工福利费”贷方余额20万元（已计提未使用的职工福利费余额），2021年度计提并支付的合理工资薪金为100万元，发生的职工福利费支出额为45万元。

问：甲企业在2021年度企业所得税申报时应如何进行纳税调整？

解析：

该企业采用《企业会计准则》或《企业会计制度》的处理相同。2021年度企业所得税纳税申报时，计算允许扣除的福利费金额=100×14%=14（万元），该企业在税前扣除的福利费为25万元（45-20），差额11万元进行调增处理。将上述金额填入《职工薪酬支出及纳税调整明细表》（A105050）第3行“二、职工福利费支出”中。

假设企业将本年度发生的福利费支出45万元全部计入成本费用，则第1列“账载金额”填45万元，表A105050第3行“纳税调整金额”列填31万元。

（五）季节工、临时工等费用税前扣除

根据《国家税务总局关于企业所得税应纳税所得额若干税务处理问题的公告》（国家税务总局公告2012年第15号）第一条“关于季节工、临时工等费用税前扣除问题”规定，企业因雇用季节工、临时工、实习生、返聘离退休人员所实际发生的费用，应区分为工资薪金支出和职工福利费支出，并按《企业所得税法》规定在企业所得税前扣除。其中属于工资薪金支出的，准予计入企业工资薪金总额的基数，作为计算其他各项相关费用扣除的依据。

（六）企业员工服饰费用支出

企业根据其工作性质和特点，由企业统一制作并要求员工工作时统一着装所发生的

工作服饰费用，可以作为企业合理的支出在税前扣除。

（七）职工福利费支出税前扣除具体问题

1. 职工体检费税前扣除问题

为职工体检发生的体检费用能否计入职工福利费税前扣除问题，北京市税务局《企业所得税实务操作政策指引（第一期）》明确，根据国税函〔2009〕3号文件第三条第（二）项的规定，职工福利费包括企业为职工卫生保健所发放的各项补贴和非货币性福利。企业发生的职工体检费用属于职工卫生保健方面的支出，可以作为职工福利费支出，按照相关规定在税前扣除。

2. 为员工报销的医药费税前扣除问题

关于为员工报销的医药费能否计入职工福利费税前扣除问题，北京市税务局《企业所得税实务操作政策指引（第一期）》明确：按照国税函〔2009〕3号文件第三条第（二）项的规定，未实行医疗统筹企业的职工医疗费用可以作为福利费在企业所得税税前扣除。因此对于未实行医疗统筹的企业，其为员工报销的医药费属于职工福利费支出；已实行医疗统筹（包括基本医疗保险费）的企业，其为员工报销的医药费不属于国税函〔2009〕3号文件第三条规定的职工福利费，不得作为职工福利费支出在税前扣除。

3. 以发票形式报销的供养直系亲属医疗费用税前扣除问题

关于以发票形式报销的供养直系亲属医疗费用能否计入职工福利费税前扣除问题，北京市税务局《企业所得税实务操作政策指引（第一期）》明确：按照国税函〔2009〕3号第三条第（二）项的规定，职工供养直系亲属医疗补贴属于职工福利费的范围。对于职工以发票形式报销的供养直系亲属医疗费用，实质还是企业发放，因此，可作为职工供养直系亲属的医疗补贴，按照职工福利费支出的相关规定在税前扣除。

4. 为员工报销的供暖费及物业费税前扣除问题

关于为员工报销的供暖费及物业费能否计入职工福利费税前扣除问题，北京市税务局《企业所得税实务操作政策指引（第一期）》明确：按照国税函〔2009〕3号文件第三条第（二）项的规定，企业为职工住房所发放的各项补贴和非货币性福利属于职工福利费范围。企业发放的供暖费及物业费补贴属于为职工住房所发放的支出，可作为职工福利费支出，按照相关规定税前扣除。已实行货币化改革将供暖费及物业费作为工资薪金发放的，不得再通过报销的方式重复列支。

5. 集体宿舍支出税前扣除问题

关于企业为员工提供集体宿舍的支出能否计入职工福利费税前扣除问题，北京市税务局《企业所得税实务操作政策指引（第一期）》明确：企业为员工提供集体宿舍的支出，属于企业为员工提供的用于住房方面的非货币性福利，可以作为福利费支出，按照相关规定在税前扣除。

三、职工教育经费

（一）职工教育经费的列支范围与财务处理

根据《关于企业职工教育经费提取与使用管理的意见》（财建〔2006〕317号文件印发）的规定，企业职工教育培训经费列支范围包括：

（1）上岗和转岗培训；

（2）各类岗位适应性培训；

（3）岗位培训、职业技术等级培训、高技能人才培训；

（4）专业技术人员继续教育；

（5）特种作业人员培训；

（6）企业组织的职工外送培训的经费支出；

（7）职工参加的职业技能鉴定、职业资格认证等经费支出；

（8）购置教学设备与设施；

（9）职工岗位自学成才奖励费用；

（10）职工教育培训管理费用；

（11）有关职工教育的其他开支。

根据《企业财务通则》第四十四条的规定，职工教育经费按照国家规定的比例提取，专项用于企业职工后续职业教育和职业培训。

（二）职工教育经费的税前扣除

根据《企业所得税法实施条例》第四十二条的规定，除国务院财政、税务主管部门另有规定外，企业发生的职工教育经费支出，不超过工资薪金总额2.5%的部分，准予扣除；超过部分，准予在以后纳税年度结转扣除。

自2018年1月1日起，根据《财政部 税务总局关于企业职工教育经费税前扣除政策的通知》（财税〔2018〕51号）的规定，企业发生的职工教育经费支出，不超过工资薪金总额8%的部分，准予在计算企业所得税应纳税所得额时扣除；超过部分，准予在以后纳税年度结转扣除。

可见，在财务上职工教育经费仍按照国家规定的比例提取，专项用于企业职工后续职业教育和职业培训。从2008年1月1日起，对企业已提取而当年没有用完的职工教育经费，企业所得税汇算清缴时应进行纳税调增处理。

（三）特殊行业企业职工培训费据实扣除

1. 软件生产企业职工培训费用据实扣除

根据《财政部 国家税务总局关于进一步鼓励软件产业和集成电路产业发展企业所

得税政策的通知》（财税〔2012〕27号）第六条的规定，符合条件的软件企业的职工培训费用，应单独进行核算并按实际发生额在计算应纳税所得额时扣除。

《国家税务总局关于企业所得税执行中若干税务处理问题的通知》（国税函〔2009〕202号）明确，软件生产企业应准确划分职工教育经费中的职工培训费支出，对于不能准确划分的，以及准确划分后职工教育经费中扣除职工培训费用的余额，一律按照规定的比例扣除。

2. 集成电路设计企业的职工培训费据实扣除

根据《财政部 国家税务总局关于进一步鼓励软件产业和集成电路产业发展企业所得税政策的通知》（财税〔2012〕27号）第六条的规定，集成电路设计企业和符合条件软件企业的职工培训费用，应单独进行核算并按实际发生额在计算应纳税所得额时扣除。

3. 航空企业空勤训练费的税前扣除

《国家税务总局关于企业所得税若干问题的公告》（国家税务总局公告2011年第34号）第三条“关于航空企业空勤训练费扣除问题”规定，航空企业实际发生的飞行员养成费、飞行训练费、乘务训练费、空中保卫员训练费等空勤训练费用，根据《企业所得税法实施条例》第27条规定，可以作为航空企业运输成本在税前扣除。

4. 核电厂操纵员培养费的税前扣除

《国家税务总局关于企业所得税应纳税所得额若干问题的公告》（国家税务总局公告2014年第29号）第四条“四、核电厂操纵员培养费的企业所得税处理”规定，核力发电企业为培养核电厂操纵员发生的培养费用，可作为企业的发电成本在税前扣除。企业应将核电厂操纵员培养费与员工的职工教育经费严格区分，单独核算，员工实际发生的职工教育经费支出不得计入核电厂操纵员培养费直接扣除。

（四）职工教育经费税前扣除案例解析

案例7–2　A企业2017—2020年度每年支付给职工的合理的工资薪金均为100万元，实际发生的职工教育经费支出及扣除限额如表7–2所示，以前年度无结转待扣除余额。

表7–2　工资总额及职工教育经费情况表

单位：万元

年度	工资总额	扣除限额	实际发生额
2017	100	2.5	6
2018	100	8	1
2019	100	8	10
2020	100	8	2

根据以上资料，分析说明企业在2017—2020年度每年企业所得税申报时应如何就职工教育经费调整应纳税所得额。

解析：

（1）2017年职工教育经费的纳税调整与申报。

企业2017年度企业所得税年度纳税申报时，实际发生数大于扣除限额，调增应纳税所得额：6−2.5=3.5（万元），3.5万元的职工教育经费可结转以后年度扣除。

（2）2018年职工教育经费的纳税调整与申报。

企业2018年度企业所得税年度纳税申报时，扣除限额8万元大于实际发生额1万元，两者之间的差额7万元为当年扣除限额的余额，可以扣除上年结转下来的3.5万元，所以，应调减应纳税所得额3.5万元，结转以后年度扣除的职工教育经费余额为0。

（3）2019年职工教育经费的纳税调整与申报。

企业2019年职工教育经费实际发生数大于扣除限额，调增应纳税所得额：10−8=2（万元），当年超标未扣除的2万元职工教育经费可结转以后年度扣除；截至2019年末累计向以后年度结转扣除的职工教育经费金额是2万元。

（4）2020年职工教育经费的纳税调整与申报。

企业2020年职工教育经费扣除限额8万元大于实际发生额2万元，两者之间的差额6万元可以扣除上年结转下来的2万元，所以应调减应纳税所得额2万元，结转以后年度的职工教育经费余额为0。

（五）职工教育经费税前扣除的具体问题

1. 异地培训涉及的交通费、餐费、住宿费的税前扣除问题

关于职工异地培训涉及的交通费、餐费、住宿费是计入职工教育经费还是差旅费扣除问题，北京市税务局《企业所得税实务操作政策指引（第一期）》明确，为职工培训而发生的费用应归属于职工教育经费，因此，企业培训涉及的交通费、餐费、住宿费应作为职工教育经费在税前扣除。

2. 已计提未实际使用的职工教育经费税前扣除问题

关于已计提未实际使用的职工教育经费是否可以税前扣除问题，北京市税务局《企业所得税实务操作政策指引（第一期）》明确：按照《企业所得税法》第8条的规定，企业实际发生的与取得收入有关的、合理的支出，准予在计算应纳税所得额时扣除；按照《企业所得税法实施条例》第四十二条的规定，企业发生的职工教育经费支出，不超过扣除标准的部分（8%），准予扣除；超过部分，准予在以后纳税年度结转扣除。因此，对于企业已实际发生的职工教育经费支出可以在税前扣除，对于会计处理中已计提但未实际发生培训行为、未实际使用的职工教育经费支出不得在税前扣除。

四、工会经费

（一）工会经费的财务处理

《企业财务通则》第四十四条规定，工会经费按照国家规定比例提取并拨缴工会。

（二）工会经费的税前扣除

根据《企业所得税法实施条例》第四十一条的规定，企业拨缴的职工工会经费，不超过工资薪金总额2%的部分，准予扣除。

为加强对工会经费企业所得税税前扣除的管理，《国家税务总局关于工会经费企业所得税税前扣除凭据问题的公告》（国家税务总局公告2010年第24号）规定，自2010年7月1日起，企业拨缴的职工工会经费，不超过工资薪金总额2%的部分，凭工会组织开具的《工会经费收入专用收据》在企业所得税税前扣除。

自2010年1月1日起，根据《国家税务总局关于税务机关代收工会经费企业所得税税前扣除凭据问题的公告》（国家税务总局公告2011年第30号）的规定，在委托税务机关代收工会经费的地区，企业拨缴的工会经费，也可凭合法、有效的工会经费代收凭据依法在税前扣除。

（三）工会经费税前扣除的具体问题

1.劳务派遣人员工会经费税前扣除问题

关于劳务派遣人员直接参加用工单位工会，用工单位缴纳的劳务派遣人员工会经费能否税前扣除问题，北京市税务局《企业所得税实务操作政策指引（第一期）》明确：根据《中华全国总工会关于组织劳务派遣工加入工会的规定》（总工发〔2009〕21号）的规定，劳务派遣单位没有建立工会组织的，劳务派遣工直接参加用工单位工会。劳务派遣工的工会经费应由用工单位按劳务派遣工工资总额的2%提取，并拨付劳务派遣单位工会，属于应上缴上级工会的经费，由劳务派遣单位工会按规定比例上缴。

按照上述规定，劳务派遣单位没有建立工会组织的，劳务派遣工可直接参加用工单位工会，用工单位缴纳给劳务派遣单位工会的派遣人员工会经费可以按规定在税前扣除。

2.以前年度调增的提而未缴的工会经费在实缴年度税前扣除问题

案例7-3 北京甲公司2022年度在成本费用中计提工会经费66万元，实际拨缴工会经费243万元，并取得工会经费收入专用收据。该公司以前年度无工会，2022年成立工会组织，将以前年度计提金额一次性转入公司工会。经核实：

（1）以前年度提而未缴的工会经费已在当年度调增应纳税所得额，且每年的计提金额不超过扣除限额；

（2）2022年度工会经费扣除限额为66万元。

问：2022年拨缴数大于当年计提数的177万元能否调减2022年度应纳税所得额？

解析：

北京市税务局《企业所得税实务操作政策指引（第一期）》明确，如企业按照《工会法》等相关规定应履行补缴以前年度未成立工会时工会经费的义务，按照权责发生制的原则，企业2022年度拨缴的属于以前年度的工会经费可以追补在以前年度扣除；如企业不承担补缴以前年度工会经费的义务，则企业2022年缴纳的超过当年扣除标准的工会经费不得税前扣除。

五、基本社会保障性缴款

（一）基本社会保障性缴款的财务处理

根据《企业财务通则》第四十三条的规定，企业应当依法为职工支付基本医疗、基本养老、失业、工伤等社会保险费，所需费用直接作为成本（费用）列支。

职工薪酬准则第七条规定，企业为职工缴纳的医疗保险费、工伤保险费、生育保险费等社会保险费和住房公积金，以及按规定提取的工会经费和职工教育经费，应当在职工为其提供服务的会计期间，根据规定的计提基础和计提比例计算确定相应的职工薪酬金额，并确认相应负债，计入当期损益或相关资产成本。

《企业财务通则》还规定，企业应当按照劳动合同及国家有关规定支付职工报酬，并为从事高危作业的职工缴纳团体人身意外伤害保险费，所需费用直接作为成本（费用）列支。

（二）“五险一金”的税前扣除

根据《企业所得税法实施条例》第三十五条的规定，企业按照国务院有关主管部门或者省级人民政府规定的范围和标准为职工缴纳的基本养老保险费、基本医疗保险费、失业保险费、工伤保险费、生育保险费等基本社会保险费和住房公积金，准予扣除。

目前，我国各类基本社会保障性缴款未做实个人账户，个人缴存额与其未来受益关系不直接挂钩，企业和个人都不存在超交各类基本社会保险费的利益动机，因而很少有企业和个人超标准缴存基本社会保险费。

（三）工伤保险赔偿以外的赔偿金税前扣除问题

例如，甲企业员工发生交通事故死亡，经人力资源和社会保障部门认定为工亡。企业同员工家属签订赔偿协议，一次性支付50万元补偿金，其中由社保部门按标准赔付47.2万元，由企业支付赔偿协议同社保赔付之间的差额2.8万元。

关于上述企业支付的补偿金差额能否税前扣除问题，北京市税务局《企业所得税实务操作政策指引（第一期）》明确，企业在工伤保险赔付外，按照规定发放给遭受事故伤害或者患职业病员工（或其近亲属）的丧葬补助费、抚恤费，按照国税函〔2009〕3号文件的规定，可作为职工福利费在税前扣除。

六、住房公积金

住房公积金，是指国家机关、国有企业、城镇集体企业、外商投资企业、城镇私营企业及其他城镇企业、事业单位及其在职职工缴存的长期住房储金。根据《住房公积金管理条例》的规定，所有企业都有缴纳住房公积金的权利，企业应积极为职工缴纳住房公积金。

（一）住房公积金的财务处理

根据《企业财务通则》第四十四条的规定，企业为职工缴纳住房公积金以及职工住房货币化分配的财务处理，按照国家有关规定执行。

（二）住房公积金的税前扣除

根据《企业所得税法实施条例》第三十五条的规定，企业按照国务院有关主管部门或者省级人民政府规定的范围和标准为职工缴纳的住房公积金，准予扣除。

（三）“三险一金”的个人所得税扣除

根据《中华人民共和国个人所得税法》第六条的规定，居民个人的综合所得，以每一纳税年度的收入额减除费用六万元以及专项扣除、专项附加扣除和依法确定的其他扣除后的余额，为应纳税所得额。专项扣除，包括居民个人按照国家规定的范围和标准缴纳的基本养老保险、基本医疗保险、失业保险等社会保险费和住房公积金等。

《中华人民共和国个人所得税法实施条例》第十五条第二款规定，取得经营所得的个人，没有综合所得的，计算其每一纳税年度的应纳税所得额时，应当减除费用6万元、专项扣除、专项附加扣除以及依法确定的其他扣除。专项附加扣除在办理汇算清缴时减除。

七、补充养老与补充医疗保险

（一）补充养老与补充医疗保险的财务处理

根据《企业财务通则》第四十三条的规定，已参加基本医疗、基本养老保险的企业，具有持续盈利能力和支付能力的，可以为职工建立补充医疗保险和补充养老保险，所需费用按照省级以上人民政府规定的比例从成本（费用）中提取。超出规定比例的部分，由职工个人负担。

《财政部关于企业新旧财务制度衔接有关问题的通知》（财企〔2008〕34号）规定，补充养老保险属于企业职工福利范畴，由企业缴费和个人缴费共同组成。补充养老保险的企业缴费总额在工资总额4%以内的部分，从成本（费用）中列支。企业缴费总额超出规定比例的部分，不得由企业负担，企业应当从职工个人工资中扣缴。个人缴费全部由个人负担，企业不得提供任何形式的资助。新《企业财务通则》施行以前提取的应付福利费有结余的，符合规定的企业缴费应当先从应付福利费中列支。

企业缴费与职工缴费共同形成的补充养老保险基金，属于参加补充养老保险计划的职工所有，应当单独设账，与本企业及其他当事人的资产、业务严格分开。企业应当依法委托具有相应资质的基金管理机构对补充养老保险基金实施管理，并定期向职工公开补充养老保险基金的相关财务状况和会计信息。

对于建立补充养老保险之前已经离退休或者按照国家规定办理内退而未纳入补充养老保险计划的职工，企业按照国家有关规定向其支付的养老费用，从管理费用中列支。

（二）补充养老与补充医疗保险的税前扣除

根据《企业所得税法实施条例》第三十五条的规定，企业为投资者或职工支付的补充养老保险费、补充医疗保险费，在国务院财政、税务主管部门规定的范围和标准内，准予扣除。

目前，补充养老保险（企业年金基金）、补充医疗保险等均已做实个人账户，个人账户缴存数额与其未来受益直接相关，单位和个人存在超标准缴存补充性保险的利益动机。因而，《财政部 国家税务总局关于补充养老保险费 补充医疗保险费有关企业所得税政策问题的通知》（财税〔2009〕27号）规定，企业根据国家有关政策规定，为在本企业任职或者受雇的全体员工支付的补充养老保险费、补充医疗保险费，分别在不超过职工工资总额5%标准内的部分，在计算应纳税所得额时准予扣除；超过的部分，不予扣除。

根据《企业所得税法实施条例》第三十五条的规定，补充养老（医疗）保险费可以在企业所得税前扣除的对象有投资者和职工两类。而财税〔2009〕27号文件只明确了“在本企业任职或者受雇的全体员工支付”的补充养老（医疗）保险费的扣除问题；对企业为投资者支付的上述补充险是否允许扣除，以及如何扣除，尚待财政部和国家税务总局进一步明确。

（三）年金的个人所得税处理

1. 年金缴费的个人所得税处理

（1）企业和事业单位（以下统称单位）根据国家有关政策规定的办法和标准，为在本单位任职或者受雇的全体职工缴付的企业年金或职业年金（以下统称年金）单位缴费部分，在计入个人账户时，个人暂不缴纳个人所得税。

（2）个人根据国家有关政策规定缴付的年金个人缴费部分，在不超过本人缴费工资计税基数的4%标准内的部分，暂从个人当期的应纳税所得额中扣除。

（3）超过上述第（1）项和第（2）项规定的标准缴付的年金单位缴费和个人缴费部分，应并入个人当期的工资薪金所得，依法计征个人所得税。税款由建立年金的单位代扣代缴，并向主管税务机关申报解缴。

（4）企业年金个人缴费工资计税基数为本人上一年度月平均工资。月平均工资按国家统计局规定列入工资总额统计的项目计算。月平均工资超过职工工作地所在设区城市上一年度职工月平均工资300%以上的部分，不计入个人缴费工资计税基数。

职业年金个人缴费工资计税基数为职工岗位工资和薪级工资之和。职工岗位工资和薪级工资之和超过职工工作地所在设区城市上一年度职工月平均工资300%以上的部分，不计入个人缴费工资计税基数。

综上所述，在年金缴费环节，对单位根据国家有关政策规定为职工缴付的企业年金或职业年金单位缴费部分，在计入个人账户时，个人暂不缴纳个人所得税；个人根据国家有关政策规定缴付的年金个人缴费部分，在不超过本人缴费工资计税基数的4%标准内的部分，暂从个人当期的应纳税所得额中扣除。

2. 年金基金投资运营收益的个人所得税处理

年金基金投资运营收益分配计入个人账户时，个人暂不缴纳个人所得税。即在年金基金投资环节，企业年金或职业年金基金投资运营收益分配计入个人账户时，不征收个人所得税。

3. 领取年金的处理

自2019年1月1日起，根据《财政部 税务总局关于个人所得税法修改后有关优惠政策衔接问题的通知》（财税〔2018〕164号）第四条的规定，个人达到国家规定的退休年龄，领取的企业年金、职业年金，符合《财政部 人力资源社会保障部 国家税务总局关于企业年金 职业年金个人所得税有关问题的通知》（财税〔2013〕103号）规定的，不并入综合所得，全额单独计算应纳税款。其中按月领取的，适用月度税率表计算纳税；按季领取的，平均分摊计入各月，按每月领取额适用月度税率表计算纳税；按年领取的，适用综合所得税率表计算纳税。

个人因出境定居而一次性领取的年金个人账户资金，或个人死亡后，其指定的受益人或法定继承人一次性领取的年金个人账户余额，适用综合所得税率表计算纳税。对个人除上述特殊原因外一次性领取年金个人账户资金或余额的，适用月度税率表计算纳税。

（四）补充养老与补充医疗保险费的具体扣除问题

1. 为部分员工缴纳年金税前扣除问题

例如，2022年，北京甲企业在费用中列支企业年金239万元（未超过职工工资总额5%标准）。经了解，甲企业员工总人数680人，自愿参加企业年金人员471人，部分人员不愿意交纳年金，即企业本年总共交纳的239万元是部分人员年金。据企业反映，该企业根据集团的批复，集团要求加入企业年金计划职工需要填写个人申请并签字，不提交申请签字的视同个人不同意参加企业年金。由于企业年金涉及个人缴费部分，必须征得个人同意，部分人主动放弃参加企业年金，并不是企业区别对待，不是主动不给全体人员缴纳年金。

按照财税〔2009〕27号文件的规定，企业根据国家有关政策规定，为在本企业任职或者受雇的全体员工支付的补充养老保险费、补充医疗保险费，分别在不超过职工工资总额5%标准内的部分，在计算应纳税所得额时准予扣除；超过的部分，不予扣除。

企业年金属于补充养老保险，由于甲企业未给全体职工缴纳企业年金，关于其企业缴费部分是否可以税前扣除问题，北京市税务局《企业所得税实务操作政策指引（第一期)》明确：财税〔2009〕27号文件规定，企业为全体员工支付的补充养老保险费可以税前扣除，体现了政策的普惠性，对于仅给部分特定人群缴纳补充养老保险费不给予政策支持。因此，对于企业按照社保部门规定缴纳的年金，只要体现普惠性就符合政策本义，可以按照财税〔2009〕27号文件的规定在税前扣除。

2. 补充养老和补充医疗税前扣除限额计算基数问题

关于体现普惠性的补充养老和补充医疗，在计算扣除限额时是以全体员工税收口径的工资薪金总额作为计算基数，还是以实际参加补充养老和补充医疗人员的工资薪金总额作为计算基数问题，北京市税务局《企业所得税实务操作政策指引（第一期）》明确：以实际参加补充养老和补充医疗人员的工资薪金总额作为计算基数。

3. 可以税前扣除的补充养老保险范围问题

目前补充养老保险大多为商业保险公司开设的商业险种，对于补充养老保险的险种并未划定具体范围。关于可以税前扣除的补充养老保险的范围问题，北京市税务局《企业所得税实务操作政策指引（第一期）》明确：对于依法参加基本养老保险的企业，其通过商业保险公司为员工缴纳的具有补充养老性质的保险，可按照财税〔2009〕27号文件的有关规定在税前扣除。补充养老保险的险种范围可以按照保险法和相关监管部门的规定予以确认。

4. 补充养老保险追补扣除问题

例如，甲企业在2020年度确认年金制度，并在该年度一次性补缴2014年到2019年各年度企业年金。由于以前年度没有年金制度，因此该企业以前年度未作会计处理，补缴以前年度年金后企业进行了相应的会计处理，对以前年度损益进行调整。企业进行上述会计处理后是否可以作为以前年度应扣未扣事项追补扣除？是否按照《国家税务总局关于企业所得税应纳税所得额若干税务处理问题的公告》（国家税务总局公告2012年第15号）第六条的规定，按5年确认追补期限？

针对上述问题，北京市税务局《企业所得税实务操作政策指引（第一期）》明确：可以作为以前年度应扣未扣事项，按照国家税务总局公告2012年第15号第六条的规定追补确认期限不得超过5年。

5. 自管的补充医疗保险税前扣除问题

关于企业按照《财政部 劳动保障部关于企业补充医疗保险有关问题的通知》（财社〔2002〕18号）的规定自管的补充医疗保险，实际支出未超过工资薪金总额5%的能否税前扣除问题，北京市税务局《企业所得税实务操作政策指引（第一期）》明确：对于企业根据财社〔2002〕18号文件和省级人民政府规定建立的补充医疗保险，补充医疗保险资金由企业或行业集中使用和管理，单独建账，单独管理的，实际发生的用于本企业个人负担较重职工和退休人员的医药费补助可以在不超过当年职工工资总额5%标准内税前扣除；提取而未实际发生，或不符合规定范围的支出不得在税前扣除。

八、商业保险费与财产保险费

（一）商业保险费的税前扣除

根据《企业所得税法实施条例》第三十六条的规定，除企业按照国家有关规定为特殊工种职工支付的人身安全保险费和国务院财政、税务主管部门规定可以扣除的其他商业保险费外，企业为投资者或者职工支付的商业保险费，不得扣除。

根据《国家税务总局关于企业所得税有关问题的公告》（国家税务总局公告2016年第80号）第一条的规定，企业职工因公出差乘坐交通工具发生的人身意外保险费支出，准予企业在计算应纳税所得额时扣除。

（二）财产保险费的税前扣除

根据《企业所得税法实施条例》第四十六条的规定，企业参加财产保险，按照规定缴纳的保险费，准予扣除。

（三）责任保险费的税前扣除

根据《国家税务总局关于责任保险费企业所得税税前扣除有关问题的公告》（国家税务总局公告2018年第52号）的规定，企业参加雇主责任险、公众责任险等责任保险，按照规定缴纳的保险费，准予在企业所得税税前扣除。

（四）集体人身意外保险费的税前扣除

关于单位给员工购买的集体人身意外险能否在企业所得税税前扣除问题，北京市税务局《企业所得税实务操作政策指引（第一期）》明确：按照《企业所得税法实施条例》第三十六条的规定，“除企业依照国家有关规定为特殊工种职工支付的人身安全保险费和国务院财政、税务主管部门规定可以扣除的其他商业保险费外，企业为投资者或者职工支付的商业保险费，不得扣除”。按照国家税务总局公告2016年第80号第一条的规定，“企业职工因公出差乘坐交通工具发生的人身意外保险费支出，准予企业在计算应纳税所得额时扣除”。

因此，对于企业职工因公出差乘坐交通工具发生的人身意外保险费支出允许在企业所得税前扣除，其他人身意外险不属于财政部和国家税务总局规定允许扣除的商业保险，因此，企业给全体员工购买的集体人身意外险不得税前扣除。

九、股权激励

（一）股权激励支出的税前扣除

股权激励，是指《上市公司股权激励管理办法》规定的上市公司以本公司股票为标的，对其董事、高级管理人员及其他员工（以下简称激励对象）进行的长期性激励。股权激励实行方式包括授予限制性股票、股票期权以及其他法律法规规定的方式。限制性股票，是指激励对象按照股权激励计划规定的条件，从上市公司获得一定数量流通权受到限制的本公司股票。股票期权，是指上市公司按照股权激励计划授予激励对象在未来一定期限内，以预先确定的价格和条件购买本公司一定数量股票的权利。

《国家税务总局关于我国居民企业实行股权激励计划有关企业所得税处理问题的公告》（国家税务总局公告2012年第18号）规定，上市公司依照《上市公司股权激励管理办法》要求建立职工股权激励计划，并按我国企业会计准则的有关规定，在股权激励计划授予激励对象时，按照该股票的公允价格及数量，计算确定作为上市公司相关年度的成本或费用，作为换取激励对象提供服务的对价。上述企业建立的职工股权激励计划，其企业所得税的处理按以下规定执行：

（1）对股权激励计划实行后立即可以行权的，上市公司可以根据实际行权时该股票的公允价格与激励对象实际行权支付价格的差额和数量，计算确定作为当年上市公司工资薪金支出，依照税法规定进行税前扣除。

（2）对股权激励计划实行后，需待一定服务年限或者达到规定业绩条件（以下简称等待期）方可行权的，上市公司等待期内会计上计算确认的相关成本费用，不得在对应年度计算缴纳企业所得税时扣除。在股权激励计划可行权后，上市公司方可根据该股票实际行权时的公允价格与当年激励对象实际行权支付价格的差额及数量，计算确定作为当年上市公司工资薪金支出，依照税法规定进行税前扣除。这里股票实际行权时的公允价格，以实际行权日该股票的收盘价格确定。

目前，有关部门仅对在我国境内上市的公司建立的职工股权激励计划做出了具体规定和要求，考虑到一些在我国境外上市的公司以及非上市公司也比照上市公司的做法建立职工股权激励计划，为了体现税收政策的公平性，国家税务总局公告2012年第18号进一步明确规定：在我国境外上市的居民企业和非上市公司，凡比照《上市公司股权激励管理办法》的规定建立职工股权激励计划，且在企业会计处理上，也按我国企业会计准则的有关规定处理的，其股权激励计划有关企业所得税处理问题，可以按照上述规定执行。也就是说，如果这些公司的职工股权激励计划是参照上市公司的做法建立的，也可以按照上市公司的税务处理办法进行企业所得税处理。

（二）股权激励税前扣除与纳税调整案例解析

案例7–4 甲公司是一家在上海证券交易所挂牌交易的境内居民企业。2019年1月1日，甲公司实施股票期权激励计划，向200名员工每人授予10万股股票期权。这些被激励员工从2019年1月1日起在甲公司连续服务满3年，即可以10元/股的价格购买公司股票10万股，差额由公司补足。在授予日该期权的公允价格为15元/份。

第一年有20名员工离职，甲公司估计三年离职的比例将达到20%；第二年又有10名员工离职，公司估计的职员离职比例修正为15%；第三年又有15名员工离职。

根据股票期权激励计划约定，分两期行权，每期各行权50%。第一期可行权日为2022年1月1日，员工在当年1月8日全部行权购入股票。当日公司股票收盘价为30元/股。股权激励费用和资本公积计算过程如表7–3所示。

表7–3　股权激励费用计算表

单位：万元

年　度	计　算	当期费用	累计费用
2019年	200×（1–20%）×10×15×1/3	8 000	8 000
2020年	200×（1–15%）×10×15×2/3	9 000	17 000
2021年	（200–20–10–15）×10×15	6 250	23 250

要求：进行相关的财税处理并填报相关纳税申报表。

解析：

1. 2019年的处理。

（1）会计处理。

借：管理费用　80 000 000

　贷：资本公积——其他资本公积　80 000 000

（2）税务处理与纳税调整。

等待期内股权激励可税前扣除金额为0，纳税调增8 000万元。

（3）纳税申报表的填报，如表7–4所示。

表7–4　A105050职工薪酬支出及纳税调整明细表（部分）

行次	项　目	账载金额	实际发生额	税收规定扣除率	以前年度累计结转扣除额	税收金额	纳税调整金额	累计结转以后年度扣除额
		1	2	3	4	5	6（1–5）	7（1+4–5）
1	一、工资薪金支出	80 000 000		*	*	0	80 000 000	*
2	其中：股权激励	80 000 000	0	*	*	0	80 000 000	*
3	二、职工福利费支出				*			*
13	合计	80 000 000	0	*		0	80 000 000	

2. 2020年的处理。

（1）会计处理。

借：管理费用　90 000 000

　贷：资本公积——其他资本公积　90 000 000

（2）税务处理与纳税调整。

等待期内股权激励可税前扣除金额为0，纳税调增9 000万元。

（3）纳税申报表的填报，如表7–5所示。

表7–5　A105050 职工薪酬支出及纳税调整明细表（部分）

行次	项　目	账载金额	实际发生额	税收规定扣除率	以前年度累计结转扣除额	税收金额	纳税调整金额	累计结转以后年度扣除额
		1	2	3	4	5	6（1–5）	7（1+4–5）
1	一、工资薪金支出	90 000 000		*	*		90 000 000	*
2	其中：股权激励	90 000 000	0	*	*	0	90 000 000	*
3	二、职工福利费支出				*			*
13	合计	90 000 000	0	*			90 000 000	

3. 2021年的处理。

（1）会计处理。

借：管理费用　　62 500 000

　贷：资本公积——其他资本公积　　62 500 000

（2）税务处理与纳税调整。

等待期内股权激励可税前扣除金额为0，纳税调增6 250万元。

（3）纳税申报表的填报，如表7–6所示。

表7–6　A105050 职工薪酬支出及纳税调整明细表（部分）

行次	项　目	账载金额	实际发生额	税收规定扣除率	以前年度累计结转扣除额	税收金额	纳税调整金额	累计结转以后年度扣除额
		1	2	3	4	5	6（1–5）	7（1+4–5）
1	一、工资薪金支出	62 500 000	0	*	*		625 000 000	*
2	其中：股权激励	62 500 000	0	*	*	0	625 000 000	*
3	二、职工福利费支出				*			*
13	合计	62 500 000	0	*		0	625 000 000	

4. 2022年员工行权的处理。

（1）会计处理。

借：银行存款　　77 500 000（155×10×10×50%）

　　资本公积——其他资本公积　　116 250 000

　贷：股本　　7 750 000（155×10×50%）

　　　资本公积——资本溢价　　186 000 000

（2）税务处理。

可以税前扣除的金额=（30–10）×155×10×50%=1 5500（万元），应进行纳税调减。

（3）纳税申报表的填报，如表7–7所示。

表7–7　A105050职工薪酬支出及纳税调整明细表

行次	项　目	账载金额	实际发生额	税收规定扣除率	以前年度累计结转扣除额	税收金额	纳税调整金额	累计结转以后年度扣除额
		1	2	3	4	5	6（1–5）	7（1+4–5）
1	一、工资薪金支出	0	155 000 000	*	*	155 000 000	–155 000 000	*
2	其中：股权激励	0	155 000 000	*	*	155 000 000	–155 000 000	*
3	二、职工福利费支出				*			*
4	三、职工教育经费支出			*				
5	其中：1. 按税收规定比例扣除的职工教育经费							
6	2. 按税收规定全额扣除的职工培训费用				*			*
7	四、工会经费支出				*			*
8	五、各类基本社会保障性缴款			*	*			*
9	六、住房公积金			*	*			*
10	七、补充养老保险				*			*
11	八、补充医疗保险				*			*
12	九、其他（13+14）			*				*
13	合计（1+3+4+7+8+9+10+11+12）		155 000 000	*		155 000 000	–155 000 000	

（三）股权激励税会差异协调案例

案例7–5　甲公司是在上海证券交易所挂牌的上市公司，2019年1月1日，公司向其管理人员授予1 000股股票期权，股票每股面值1元。同时约定这些管理人员从2019年1月1日起在该公司连续服务满三年，可以每股30元的价格购买1股公司股票。该期权在授予日的公允价值为15元/股。甲公司估计三年中离职比例约为20%，行权日实际离职比例也为20%，甲上市公司于2022年1月1日（实际行权日）发行新股，公允价值为每股50元。相关财税处理如下：

1.授予日的处理。

2019年1月1日（授予日），授予日不做账务处理，也不得在税前扣除激励费用。

2.等待期内资产负债表日的处理。

（1）会计处理。

2019年12月31日、2020年12月31日和2021年12月31日（等待期内的资产负债表日）的会计处理为：

借：管理费用　　4 000（15×1 000×80%×1/3）

　贷：资本公积——其他资本公积　　4 000

（2）税前扣除与纳税调整。

等待期内会计上计算确认的相关成本费用，不得在税前扣除。应每年纳税调增4 000元，三年合计调增12 000元。

3.行权日的处理。

2022年1月1日（实际行权日）的会计处理为：

借：银行存款　　24 000（30×800）

　资本公积——其他资本公积　　12 000

　贷：股本　　800

　　资本公积——股本溢价　　35 200

问：按照国家税务总局公告2012年第18号的规定，实际行权时应以该股票的公允价格（50元）与激励对象实际行权支付价格（30元）的差额（20元）和数量（800股），计算确定当年工资薪金支出16 000元进行税前扣除。然而，企业在会计上仅确认12 000元的工资费用。应按哪个数额进行税前扣除?

解析：

《北京市税务局企业所得税实务操作政策指引（第一期）》明确：国家税务总局公告2012年第18号第二条第（二）项规定，“在股权激励计划可行权后，上市公司方可根据该股票实际行权时的公允价格与当年激励对象实际行权支付价格的差额及数量，计算确定作为当年上市公司工资薪金支出，依照税法规定进行税前扣除”。股权激励支出的税务处理与会计处理存在差异。按照《企业所得税法》第二十一条的规定，“在计算应纳税所得额时，企业财务、会计处理办法与税收法律、行政法规的规定不一致的，应当依照税收法律、行政法规的规定计算”。因此，企业在对股权激励支出进行税务处理时应按国家税务总局公告2012年第18号第二条第（二）项的规定执行，即在2022年实际行权时按16 000元进行税前扣除。

（四）以母公司股票进行股权激励税前扣除问题

案例7-6 境外上市公司向其中国境内子公司员工授予股票期权，书面协议约定，三年后实际行权时，由母公司发行1 000股股票期权，子公司部分员工可以每股30

元的价格购买母公司股票。此外，母公司将向子公司收取其所发行股票的相关成本费用。其余条件均与上述股权激励例题相同。

问：国家税务总局公告2012年第18号仅适用于上市公司本身的股权激励计划，未说明其是否适用于上市集团内子公司的股权激励计划的情形。对于境外上市母公司授予境内子公司员工的股权激励，在子公司承担相应成本的前提下，子公司层面能否在企业所得税前扣除？

解析：

《北京市税务局企业所得税实务操作政策指引（第一期）》明确：企业股权激励支出实质属于工资薪金支出。根据《企业所得税法实施条例》第三十四条的规定，“工资薪金，是指企业每一纳税年度支付给在本企业任职或者受雇的员工的所有现金形式或者非现金形式的劳动报酬，包括基本工资、奖金、津贴、补贴、年终加薪、加班工资，以及与员工任职或者受雇有关的其他支出”。对于用母公司股票向员工进行股权激励的，属于子公司向员工支付的非现金形式的劳动报酬，应作为企业发生的工资薪金支出，在激励对象实际行权时按照有关规定在税前扣除。

十、辞退福利

（一）辞退福利的财务处理

辞退福利，是指企业在职工劳动合同到期之前解除与职工的劳动关系，或者为鼓励职工自愿接受裁减而给于职工的补偿。企业向职工提供辞退福利的，应当在下列两者孰早日确认辞退福利产生的职工薪酬负债，并计入当期损益：

（1）企业不能单方面撤回因解除劳动关系计划或裁减建议所提供的辞退福利时；

（2）企业确认与支付辞退福利的重组相关的成本或费用时。

企业应当按照辞退计划条款的规定，合理预计并确认辞退福利产生的应付职工薪酬。辞退福利预期在其确认的年度报告期结束后12个月内完全支付的，应当适用短期薪酬的相关规定；辞退福利预期在年度报告期结束后12个月内不能完全支付的，应当适用职工薪酬准则关于其他长期职工福利的有关规定。

（二）辞退福利的税前扣除

费用原则上应当据实在税前扣除。因此，对企业确认的预计负债而计人费用的辞退福利金额不允许税前扣除。职工辞退福利既不属于企业所得税上工资薪金支出也不属于职工福利费范围，而应属于企业在生产经营活动中发生的与生产经营活动有关的、合理的、必要和正常的支出。例如，企业已经制定正式的解除劳动关系计划或提出自愿裁减建议并即将实施，其确认的因解除与职工的劳动关系给予补偿所产生职工薪酬计入管理费用，由于尚未实际支付，当期不允许在税前扣除。待企业在实际发生时（支付辞退福利时）才允许在税前扣除。若职工有选择继续在职的权利，属于或有事项，通过预计职工薪酬负债计入管理费用，也不允许在税前扣除。另外，企业解除职工劳动合同时，支付的经济补偿金不属于税收上的工资额金支出，不得作为计算职工福利费等三项经费税前扣除限额的基数。

《国家税务总局关于华为集团内部人员调动离职补偿税前扣除问题的批复》（税总函〔2015〕299号）明确，根据《企业所得税法》及其实施条例和国税函〔2009〕3号文件的规定，华为公司对离职补偿事项的税务处理不符合企业所得税据实扣除原则，应该进行纳税调整。企业根据公司财务制度为职工提取离职补偿费，在进行年度企业所得税汇算清缴时，对当年度“预提费用”科目发生额进行纳税调整，待职工从企业离职并实际领取离职补偿费后，企业可按规定进行税前扣除。

（三）辞退福利的税会差异

对于在职职工提供服务的会计期末以后12个月内不能完全支付的辞退福利，会计上规定，企业应当选择恰当的折现率，以折现后的金额计量应计入当期损益金额；企业所得税则要求，只有企业实际发生的与取得收入有关的、合理的支出才可以在税前扣除，不考虑折现问题。根据税法据实扣除原则，由企业预计负债而计入费用的金额不允许在税前扣除。

（四）辞退福利的个人所得税处理

1. 税制改革后的处理

自2019年1月1日起，根据《财政部 税务总局关于个人所得税法修改后有关优惠政策衔接问题的通知》（财税〔2018〕164号）第五条的规定，个人与用人单位解除劳动关系取得一次性补偿收入（包括用人单位发放的经济补偿金、生活补助费和其他补助费），在当地上年职工平均工资3倍数额以内的部分，免征个人所得税；超过3倍数额的部分，不并入当年综合所得，单独适用综合所得税率表，计算纳税。

税制改革后，个人与用人单位解除劳动关系取得一次性补偿收入的个人所得税处理如图7-2所示。

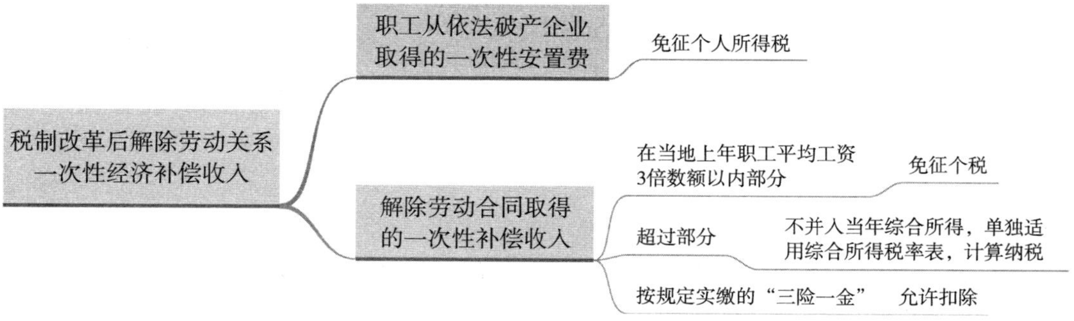

图7-2　税制改革后个人与用人单位解除劳动关系取得一次性补偿收入的个人所得税处理

案例7-7　2021年10月，A公司与甲、乙、丙3名员工解除劳动关系。甲员工已经在公司工作3年，月收入5 000元，公司给予补偿15 000元；乙员工已经工作9年，月收入10 000元，公司给予补偿90 000元；丙员工已经工作了15年月收入12 000元，公司给予补偿180 000元。

该公司所在地上年职工平均工资为2 200元/月。

要求：计算A公司应代扣代缴的个人所得税。

解析：

上年职工平均工资的3倍：2 200×12×3=79 200（元）。

（1）甲因获得的一次性补偿收入15 000元，小于79 200元，免征个人所得税。

（2）乙的补偿款超过当地上年职工平均工资3倍数额以上的部分为：90 000-79 200=10 800（元）；查找综合所得税率表，适用税率3%。

应纳个人所得税：10 800×3%=324（元）。

（3）丙的补偿款超过当地上年职工平均工资3倍数额以上的部分为：180 000-79 200=100 800（元）；查找综合所得税率表，适用税率10%，速算扣除数2 520。

应纳个人所得税为：100 800×10%-2 520=7 560（元）。

2. 合同到期未续签一次性补偿收入的处理

案例7-8　谭某原在A（上海）有限公司工作，2014年10月劳动合同到期，双方未续签劳动合同，A公司给予谭某离职补偿金72 282元。

税务所于2014年11月7日，对谭某所得离职补偿金72 282元及其他收入征收个人所得税25 544.21元。

谭某不服，提起行政复议。

2015年7月23日，行政复议决定维持税务所的被诉征税行为。

谭某不服，诉至法院。

原审法院认为：谭某所得的经济补偿金属于与其任职或者受雇有关的其他所得，依法应当纳税。税务所做出的被诉征税行为，认定事实清楚，适用法律正确，执法程序合法。判决驳回谭某的全部诉讼请求。

谭某不服，上诉至中院。

中院认为，上诉人所获得的经济补偿金本质上属于《中华人民共和国个人所得税法实施条例》规定的与任职或受雇有关的其他所得。

《国家税务总局关于个人因解除劳动合同取得经济补偿金征收个人所得税问题的通知》（国税发〔1999〕178号）和财税〔2001〕157号仅适用于个人与用人单位解除劳动关系的情况，上诉人则系与A公司劳动合同到期未续签，属合同自然终止，不同于上述通知规定的情况，故不具备适用上述通知规定的前提。

综上，上诉人的主张缺乏依据，本院难以支持。

在《王天宇与国家税务总局大连市普兰店区税务局、国家税务总局大连市税务局行政复议二审行政判决书》(2018)辽02行终741号中，法院观点是：对于个人因解除劳动合同而取得一次性经济补偿收入，应按“工资、薪金所得”项目计征个人所得税。社平工资3倍内免缴个人所得税系考虑到被解除劳动关系的劳动者可能面临的特殊困境，而专门对该类人员做出的有条件免征个人所得税规定。而劳动者因劳动合同自然终止而获得的经济补偿金应认定为“工资、薪金所得”并计征个人所得税，不具备社平工资3倍内免缴个人所得税的前提条件因而不适用该免征个人所得税规定。

据中国裁判文书网，在《高旭豪与丝科公司劳动争议纠纷执行复议裁定书》中载明，深圳市福田区地方税务局函复本院：高旭豪根据生效判决所确定取得的未签订劳动合同二倍工资差额19 089.66元，属于惩罚性赔偿，不视为个人因任职受雇取得的劳动所得，法院判决赔款不属于个人应税所得项目的内容，不征收个人所得税；解除劳动合同的经济补偿金4 000元、2013年8月8日至2014年1月12日期间延长工作时间加班工资6 525.87元及法定节假日加班工资579.30元，属于个人任职受雇取得的所得，应按照“工资薪金所得”征收个人所得税，由支付所得方代扣代缴个人所得税。

十一、带薪缺勤

(一)带薪缺勤的财务处理

带薪缺勤，是指企业支付工资或提供补偿的职工缺勤，包括年休假、病假、短期伤残、婚假、产假、丧假、探亲假等。分为非累积带薪缺勤和累积带薪缺勤两类。

(二)带薪缺勤的税前扣除

会计与税前扣除遵循的原则不同。会计上，企业依据权责发生制原则，按照国家有关规定计提的职工工资，作为成本费用处理。但税法遵循实际发生原则，只有实际发放给员工的工资薪金，才准予在税前扣除，企业预提未支付的带薪缺勤等职工工资，如果到了次年5月31日企业所得税汇算清缴期结束前仍未发放，则不得在计提年度税前扣除。

“合理性”的判断标准不同。会计上，企业作为独立的市场主体，其在核算职工薪酬时，并不特别强调所发放薪酬的合理性。但在税务管理上，企业发生的合理的工资、薪金支出才准予扣除，“合理性”主要通过企业的工资薪金制度、工资水平、固定发放、有序调整、履行代扣代缴个人所得税义务和反避税等方面进行判断。这就可能导致企业发放的工资，因在税务上不具有合理性，存在虚列或避税等情形，而不允许在税前扣除。另外，属于国有性质的企业，其工资薪金不得超过政府有关部门给予的限定数额，超过部分不得扣除。

(三)累积带薪缺勤纳税调整案例

案例7-9 甲公司共有100名职工，从2020年1月1日起，该公司实行累积带薪缺勤制度。根据该制度规定，每个职工每年可享受5个工作日带薪年休假，未使用的年休假只能向后结转一个日历年度，超过1年未使用的权利作废。职工休年休假时，首先使用当年可享受的权利，不足部分再从上年结转的带薪年休假中扣除。职工离职时，对未使用的累积带薪年休假无权获得现金支付。该公司平均每名职工每个工作日工资为500元，一年按200个工作日计算。

（1）2020年12月31日，每个职工当年平均未使用带薪年休假为2天。甲公司预计2021年有95名职工将享受不超过5天的带薪年休假，剩余5名职工每人将平均享受7天的年休假，假定这5名职工全部为管理人员。

（2）2021年，有4名职工当年休了年休假7天，使用了上年未休的年假。其余96名职工当年平均未使用带薪年休假为1天。甲公司预计2022年有80名职工将享受不超过5天的带薪年休假，剩余20名职工每人将平均享受6天的年休假，假定这20名职工全部为总部管理人员。

假定甲公司无其他纳税调整事项，会计分录按年汇总反映，在每年年末均预计未来期间能够产生足够的应纳税所得额用来抵扣已发生的可抵扣暂时性差异。

要求：进行相关财税处理。

解析：

1. 2020年的会计和税务处理。

（1）会计处理。

甲公司职工2020年已休带薪年休假的，由于在休假期间照发工资，因此相应的职工薪酬已经计入公司每月确认的薪酬金额中。同时，公司还需要预计职工2020年享有但尚未使用的、预期将在下一年度使用的累积带薪缺勤，并计入当期损益或者相关成本费用。

本案例中，甲公司在2020年12月31日预计由于职工累积未使用的带新年体假权利而导致预期将支付的工资负债，为10天（5人×2天）的年休假工资金额=500×5×2=5 000（元）。

①2020年计提工资。

借：管理费用等　　　　10 005 000
　贷：应付职工薪酬——工资　　　　10 000 000
　　　应付职工薪酬——累积带薪缺勤　　　　5 000

②当年支付工资。

借：应付职工薪酬——工资　　　　10 000 000
　贷：银行存款　　　　10 000 000

（2）所得税会计处理。

2020年12月31日“应付职工薪酬——累积带薪缺勤”的账面价值为5 000元，计税基础为0，两者之间的差额属于可抵扣暂时性差异，应当确认递延所得税资产=5 000×25%=1 250（元）。

借：递延所得税资产　　1 250

　贷：所得税费用——递延所得税费用　　1 250

（3）税务处理。

2020年，会计上计提的累积带薪缺勤费用5 000元，由于尚未实际支付，按照税法的规定，不允许在税前扣除，应调增应纳税所得额。

2. 2021年的会计和税务处理。

2021年，4名职工享受了7天的带薪年休假，按照后进先出法，则2021年的带薪年休假全部使用完。其他职工未休满当年的假期，2020年的带薪年休假权利作废，也不能结转下年。

（1）当年正常计提工资。

借：管理费用等　　10 000 000

　贷：应付职工薪酬——工资　　10 000 000

（2）正常支付当年工资。

借：应付职工薪酬——工资　　10 000 000

　贷：银行存款　　10 000 000

（3）冲销上年结转的累积带薪缺勤费用。

借：应付职工薪酬——累积带薪缺勤　　5 000

　贷：管理费用等　　5 000

（4）甲公司预计2022年20名职工每人将平均享受6天年休假，计提可结转下年使用的累积带薪缺勤费用：500×20×1=10 000（元）。

借：管理费用　　10 000

　贷：应付职工薪配——累积带薪缺勤　　10 000

（5）所得税会计处理。

2021年12月31日，“应付职工薪——累积带薪缺勒”的账面价值为10 000元。计税基础为0。其差额属于累计应确认的可抵扣暂时性差异，应当保留的递延所得税资产：10 000×25%=2 500（元），上年递延所得税资产余额为1 250元，应当增加递延所得税资产1 250元。

借：递延所得税资产　　1 250

贷：所得税费用——递延所得税费用　　1 250

（6）税务处理。

2021年，会计上计提累积带薪缺勤费用10 000元；税务上，企业当年计提的累积带新缺勤费用由于并未实际支付，不得在税前扣除。另外，甲公司当年冲减了上年底计提的累积带新缺勤费用5 000元，应调减应的税所得额。因此，2021年应调增应纳税所得额：10 000−5 000=5 000（元）。

第三节 风险识别与应对

一、虚列人员工资少缴企业所得税风险

（一）识别指标与风险描述

（1）识别非工作年龄人员（离退休人员、在校大学生等）名单并与个人所得税工资薪金所得、劳务报酬所得明细申报数据关联比对；

（2）重点关注个人所得税综合所得汇算清缴异议申诉超过20人次的单位；

（3）比对在本单位交纳社保人员与个人所得税工资薪金所得全员全额扣缴申报人员情况；

（4）比对企业所得税税前扣除的工资薪金总额与扣缴申报的工资薪金及劳务报酬本年汇总额。

通过分析个人所得税扣缴明细申报数据，可发现是否有非工作年龄段的人员出现在全员全额扣缴申报数据中。由此可确定该企业存在虚增人员信息虚列工资薪金支出，少缴企业所得税的风险。

（二）风险应对指引

充分利用风险管理系统开展全面的分析工作，结合金税三期综合征管软件中的企业所得税年度纳税申报表附表《职工薪酬支出及纳税调整明细表》（A105050）中的工资薪金支出、扣缴个人所得税申报表等数据，对纳税人可能存在虚增工资的问题进行全面分析，再根据情况确定是否需要纳税人提供资料或者开展实地检查，并根据获取的资料或者实地检查结果进行相应的处理。

该项目应对主要包括以下内容：

—核查企业基础登记信息和认定信息的准确性。

—核查企业工资薪金是否按规定代扣代缴个人所得税。

—核查企业税前扣除工资薪金总数与全员全额明细扣缴申报表中的工资薪金所得与劳务报酬所得总额是否匹配。

—重点核查个人所得税综合所得汇缴申报时纳税人异议申诉人员、在校学生等非工作年龄人员收入真实性。

—提取代扣代缴工资薪金所得个人所得税年收入额接近费用扣除标准（60 000元）人员，分析其真实性。

—存在少缴纳税款情形的，通知纳税人补缴并按规定加收滞纳金。

（三）风险提示

若某公司企业所得税年度纳税申报表（A类）——A105050《职工薪酬支出及纳税

调整明细表》中的工资薪金支出（不包含股权激励部分）填报的金额与个人所得税扣缴申报表——工资薪金填报的金额两者有差额，则可能存在企业所得税申报中虚列工资或隐瞒职工工薪收入少扣缴个人所得税的问题，应注意核查。

（四）自查指引

纳税人可以通过调取应付工资账簿、相应每月工资薪金与劳务报酬计算表及个人所得税工资扣缴申报表，核实是否存在企业所得税年度纳税申报中虚列工资税前扣除或隐瞒职工收入少扣缴个人所得税。存在上述情况的，需对企业所得税汇缴表进行更正申报。

二、股权激励费用纳税调整风险

（一）识别指标与风险描述

识别指标：股权激励账载金额（表A105050第2行第1列）＞0（预警参考值），且表A105050第2行第6列“纳税调整金额”为0。

该指标主要反映纳税人股权激励支出税前扣除及纳税调整情况。对股权激励计划实行后有等待期的，上市公司在等待期内按企业会计准则计算确认的相关成本费用，不得在对应年度计算缴纳企业所得税时扣除。在股权激励可行权后，上市公司可根据该股票实际行权时的公允价格与当年激励对象实际行权支付价格的差额及数量，计算确认作为当年上市公司工资薪金支出，依据税法规定进行税前扣除。

（二）风险提示

若对某公司填列的《职工薪酬纳税调整明细表》（A105050）“工资薪金支出—股权激励金额”（表A105050第2行第1列）数据存疑，可要求该公司核实具体情况，确认该股权激励计划是立即可行权还是需经过等待期后方可行权，对在等待期内的股权激励费用，应进行纳税调整。此项可能存在少缴企业所得税风险，应注意核查。

（三）风险应对

1. 案头审核

充分利用风险管理系统开展全面的分析工作，结合金税三期综合征管软件中的企业所得税年度纳申报表附表《职工薪酬支出及纳税调整明细表》（A105050）第2行“股权激励”行次相关数据和扣缴个人所得税申报表中“股权激励所得”个人所得税申报数，对纳税人可能存在的股权激励费用纳税申报问题进行全面分析，再根据情况确定是否需要纳税人提供资料或者开展实地检查，并根据获取的资料或者实地检查结果进行相应的处理。

2. 询问约谈资料要求（报送资料）

单位制定的职工股权激励计划、账务处理。

3. 核查内容

（1）核查企业基础登记信息和认定信息的准确性。

（2）核实上市公司制定的职工股权激励计划是立即可以行权的还是股权激励计划实行后，需待一定服务年限或者达到规定业绩条件（以下简称等待期）方可行权的。对股权激励计划实行后立即可以行权的，上市公司可以根据实际行权时该股票的公允价格与激励对象实际行权支付价格的差额和数量，计算确定作为当年上市公司工资薪金支出，依照税法规定进行税前扣除。

对股权激励计划实行后，需待一定服务年限或者达到规定业绩条件（以下简称等待期）方可行权的，上市公司等待期内会计上计算确认的相关成本费用，不得在对应年度计算缴纳企业所得税时扣除。在股权激励计划可行权后，上市公司方可根据该股票实际行权时的公允价格与当年激励对象实际行权支付价格的差额及数量，计算确定作为当年上市公司工资薪金支出，依照税法规定进行税前扣除。

（3）核实在等待期内按企业会计准则计算确认的相关成本费用，是否在对应年度计算缴纳企业所得税时进行了纳税调整。

（4）存在少缴纳税款情形的，通知纳税人补缴并按规定加收滞纳金。

三、职工福利费税前扣除超限额风险

（一）识别指标与风险描述

识别指标：职工福利费扣除限额=工资薪金支出税收金额×14%，本年度超额扣除数＞10 000且工资薪金支出税收金额＞0。

可能存在职工福利费支出税会差异未按税法规定准确调整的风险。

（二）风险应对指引

充分利用风险管理系统开展全面的分析工作，结合金税三期综合征管软件中的纳税人信息、职工福利费支出、工资薪金支出等数据，对纳税人可能存在职工福利费支出税会差异未按税法规定准确调整的情况进行全面分析，初步确定是纳税人申报表填写错误还是政策适用错误，再根据情况确定是否需要纳税人提供资料或者开展实地检查，并根据获取的资料或者实地检查结果进行相应的处理。

该项目应对主要包括以下内容：

—核查企业基础登记信息和认定信息的准确性。

—根据职工福利费实际支出相关凭证资料，审阅“应付职工薪酬——职工福利费”明细账及相关会计凭证，了解企业当期实际计提、使用福利费情况和期末余额，核实支出的内容是否符合规定。

—确定当期实际发生金额、符合税法规定范围内的使用金额，进行对比分析，确认当期职工福利费税前扣除是否正确，对使用超标、提而未用等情形是否进行了纳税调整。

—存在少缴纳税款情形的，通知纳税人补缴并按规定加收滞纳金。

（三）风险提示

若某公司企业所得税年度纳税申报表中职工福利费扣除额大于扣除限额（工资薪金支出金额 ×14%），应要求其自查是否存在填报问题或者少缴企业所得税风险。

（四）自查指引

纳税人可根据企业所得税年度纳税申报表附表A105050《职工薪酬支出及纳税调整明细表》中的职工福利费支出、工资薪金支出等数据，对可能存在职工福利费支出税会差异未按税法规定准确调整的情况进行全面分析，初步确定是申报表填写错误还是政策适用错误，再根据情况进行相应的处理。

纳税人可根据职工福利费实际支出相关凭证资料，审阅“应付职工薪酬——职工福利费”明细账，了解企业当期实际支出福利费情况和期末余额，核实支出的内容是否符合规定。

四、职工教育经费结转扣除额异常风险

（一）识别指标与风险描述

识别指标：（1）本年表A105050职工教育经费支出－以前年度累计结转扣除额－上年表A105050职工教育经费支出－累计结转以后年度扣除额＞0。

（2）本年职工教育经费支出－以前年度累计结转扣除额＞0，上年职工教育经费支出－累计结转以后年度扣除额≥0。

可能存在企业超额结转扣除以前年度累计结转职工教育经费支出风险。

（二）风险应对指引

充分利用风险管理系统开展全面的分析工作，结合金税三期综合征管软件中的纳税人信息、近三年职工教育经费支出以前年度累计结转扣除额等数据，对可能存在的企业超额结转以前年度累计结转职工教育经费支出扣除额风险进行全面分析，再根据情况确定是否需要纳税人提供资料或者开展实地检查，并根据获取的资料或者实地检查结果进行相应的处理。

该项目应对主要包括以下内容：

—核查企业基础登记信息和认定信息的准确性。

—结合企业相关账务处理资料、记账凭证以及相关附件，核查企业是否存在超额结转以前年度累计结转职工教育经费支出风险。

—存在少缴纳税款情形的，通知纳税人补缴并按规定加收滞纳金。

五、职工教育经费税前扣除超限额风险

（一）识别指标与风险描述

识别指标：职工教育经费扣除限额=工资薪金支出税收金额 ×8%，本年度超额扣除数＞10 000且工资薪金支出税收金额＞0。

可能存在企业发生的职工教育经费支出税会差异未按税法规定准确调整的风险。

（二）风险应对指引

充分利用风险管理系统开展全面的分析工作，结合金税三期综合征管软件中的纳税人信息、职工教育经费支出、工资薪金支出等数据，对纳税人可能存在职工教育经费支出税会差异未按税法规定准确调整的情况进行全面分析，初步确定是纳税人申报表填写错误还是政策适用错误，再根据情况确定是否需要纳税人提供资料或者开展实地检查，并根据获取的资料或者实地检查结果进行相应的处理。

该项目应对主要包括以下内容：

—核查企业基础登记信息和认定信息的准确性。

—根据职工教育经费实际支出相关凭证资料，查阅“应付职工薪酬——职工教育经费”明细账，了解企业当期实际计提、使用教育经费情况和期末余额，核实支出的内容是否符合规定。

—确定当期实际计提金额、符合税法规定的使用金额，进行对比分析，确认当期职工教育经费税前扣除是否正确，对计提超标、使用超标、提而未用等情形是否进行了纳税调整。

—存在少缴纳税款情形的，通知纳税人补缴并按规定加收滞纳金。

（三）风险提示

若某公司企业所得税年度纳税申报表附表A105050中职工教育经费支出扣除额大于扣除限额（工资薪金支出税收金额 ×8%），应要求其自查是否存在税会差异未按税法规定准确调整的风险。

（四）自查指引

纳税人可根据企业所得税年度纳税申报表附表A105050《职工薪酬支出及纳税调整明细表》中职工教育经费支出、工资薪金支出等数据，对可能存在职工教育经费支出税会差异未按税法规定准确调整的情况进行全面分析，初步确定是纳税人申报表填写错误还是政策适用错误，再根据情况进行相应的处理。主要核实以下内容：

—根据职工教育经费实际支出相关凭证资料，审阅“应付职工薪酬——职工教育经费”明细账，了解企业当期实际计提、使用职工教育经费情况和期末余额，核实支出的

内容是否符合规定。

—确定当期实际计提金额、符合税法规定的使用金额，进行对比分析，确认当期职工教育经费税前扣除是否正确，对计提超标、使用超标、提而未用等情形是否进行了纳税调整。

—存在少缴纳税款情形的，通知纳税人补缴并按规定缴纳滞纳金。

六、全额扣除的职工培训费异常风险

（一）识别指标与风险描述

识别指标：表A105050按税收规定全额扣除的职工培训费用－税收金额＞100 000，按税收规定全额扣除的职工培训费用－纳税调整金额≤0，行业明细代码≠核力发电、动漫、集成电路设计、软件企业。

该指标用于核查是否存在非规定可以全额扣除职工培训费用的行业，全额扣除职工培训费用风险。

（二）风险应对指引

充分利用风险管理系统开展全面的分析工作，结合金税三期综合征管软件中的纳税人信息、国标行业、职工培训费用等数据，对可能存在非规定可以全额扣除职工培训费用的行业企业全额扣除职工培训费用风险进行全面分析，再根据情况确定是否需要纳税人提供资料或者开展实地检查，并根据获取的资料或者实地检查结果进行相应的处理。

该项目应对主要包括以下内容：

—核查企业基础登记信息和认定信息的准确性。

—核查非规定可以全额扣除职工培训费用的行业企业超出扣除限额部分的职工教育经费是否进行纳税调增。

—核查企业税前扣除工资总数与全员全额明细申报总数是否匹配。

—存在少缴纳税款情形的，通知纳税人补缴并按规定加收滞纳金。

七、工会经费扣除超限额风险

（一）识别指标与风险描述

识别指标：工会经费扣除限额＝工资薪金支出税收金额×2%，本年度超额扣除数＞10 000且工资薪金支出税收金额＞0。

可能存在工会经费支出税会差异未按税法规定准确调整的风险。

（二）风险应对指引

充分利用风险管理系统开展全面的分析工作，结合金税三期综合征管软件中的纳税人信息以及税务机关代收工会经费信息等，根据表A105050职工薪酬支出及纳税调整明细表中工会经费支出税收金额和工资薪金支出税收金额2%的部分进行比较分析，确定是否存在工会经费税会差异未按税法规定准确调整的风险。

该项目应对主要包括以下内容：

—核查企业基础登记信息和认定信息的准确性。

—根据企业所属行业、人员规模、销售状况，分析其工资支出及工会经费支出情况与日常税源管理情况是否相符。

—根据允许税前扣除的工资金额，审核工会经费支出金额是否高于工资金额的2%。

—审阅“应付职工薪酬——工会经费”明细账，将当期计提、支出情况进行比对分析，核实对税前扣除超标情形是否已做调整。

—核查标准之内的是否实际缴纳，是否按规定取得有关票据。

—存在少缴纳税款情形的，通知纳税人补缴并按规定加收滞纳金。存在调增应纳税所得额但不产生补税的，通知纳税人更正申报。

（三）风险提示

若某公司企业所得税年度纳税申报表附表A105050中工会经费扣除额大于扣除限额（工资薪金支出金额×2%），应要求其自查是否存在税会差异未按企业所得税法准确调整的风险。

八、补充养老保险扣除超限额风险

（一）识别指标与风险描述

识别指标：补充养老保险扣除限额=工资薪金支出税收金额×5%，本年度超额扣除数＞10000且工资薪金支出税收金额＞0。

可能存在补充养老保险税会差异未按税法规定准确调整的风险。

（二）风险应对指引

充分利用风险管理系统开展全面的分析工作，结合金税三期综合征管软件中的纳税人信息，根据附表A105050《职工薪酬支出及纳税调整明细表》中补充养老保险税收金额和工资薪金支出税收金额×5%的部分进行比较分析，确定是否存在补充养老保险税会差异未按税法规定准确调整的风险。

该项目应对主要包括以下内容：

—核查企业基础登记信息和认定信息的准确性。

—审阅“应付职工薪酬——补充养老保险费”明细账，将当期计提、支出情况进行比对分析，核实对税前扣除超标情形是否已做调整。

—核查标准之内的是否实际缴纳，是否按规定取得有关票据。

—查阅补充养老保险相关支付凭证，索取保险合同、协议，核实补充养老保险是否在国务院财政、税务主管部门规定的范围和标准内，是否超标准税前扣除，是否已进行纳税调整。

—复核补充养老保险是否为商业保险，若为商业保险，是否按规定扣缴个人所得税。

—存在少缴纳税款情形的，通知纳税人补缴并按规定加收滞纳金。存在调增应纳税所得额但不需要补税的，通知纳税人更正申报。

（三）风险提示

若某公司企业所得税年度纳税申报表中申报扣除的补充养老保险费大于扣除限额（工资薪金支出金额的5%），应要求其自查是否存在填报问题或者少缴企业所得税风险。

九、补充医疗保险扣除超限额风险

（一）识别指标与风险描述

识别指标：补充医疗保险扣除限额=工资薪金支出税收金额 ×5%，本年度超额扣除数＞10000且工资薪金支出税收金额＞0。

可能存在补充医疗保险支出税会差异未按税法规定准确调整的风险。

（二）风险应对指引

充分利用风险管理系统开展全面的分析工作，结合金税三期综合征管软件中的纳税人信息，根据附表A105050《职工薪酬支出及纳税调整明细表》中申报扣除的补充医疗保险税收金额和工资薪金支出税收金额 ×5%的部分进行比较分析，确定是否存在补充医疗保险支出税会差异未按税法规定准确调整的风险。

该项目应对主要包括以下内容：

—核查企业基础登记信息和认定信息的准确性。

—审阅“应付职工薪酬——补充医疗保险费”明细账，将当期计提、支出情况进行比对分析，核实对税前扣除超标情形是否已做调整。

—核查标准之内的是否实际缴纳，是否按规定取得有关票据。

—查阅补充医疗保险相关支付凭证，索取保险合同、协议，核实补充医疗保险是否在国务院财政、税务主管部门规定的范围和标准内，是否超标准税前扣除，是否已进行纳税调整。

—复核补充医疗保险是否为商业保险，若为商业保险，是否按规定扣缴个人所得税。

—存在少缴纳税款情形的，通知纳税人补缴并按规定加收滞纳金。存在调增应纳税所得额但不需要补税的，通知纳税人更正申报。

（三）风险提示

若某公司企业所得税年度纳税申报表中扣除的补充医疗保险额大于扣除限额（工资薪金支出金额的5%），应要求其自查是否存在填报问题或者少缴企业所得税风险。

十、人均补充医疗保险税前扣除金额异常风险

（一）识别指标与风险描述

识别指标：补充医疗保险税收金额/从业人数＜100，补充医疗保险税收金额＞100 000。可能存在仅为部分员工缴纳补充医疗保险未按税法规定准确调整的风险。

（二）风险应对指引

充分利用风险管理系统开展全面的分析工作，结合金税三期综合征管软件中的纳税人信息、从业人数、补充医疗保险税收金额、个人所得税扣缴申报等数据，对可能存在补充医疗保险扣除未覆盖全体职工但未按税法规定准确调整的风险进行全面分析，再根据情况确定是否需要纳税人提供资料或者开展实地检查，并根据获取的资料或者实地检查结果进行相应的处理。

第八章

广告宣传费与佣金手续费纳税调整及其风险识别与应对

Tax Adjustments of
Enterprise
Income Tax

TAXING

广告费和业务宣传费与佣金及手续费一样，当年扣除不完的部分可以结转以后年度扣除。并且，其税会差异的纳税调整，也填报同一张企业所得税年度纳税申报表附表。本章详细解析广告宣传费与佣金手续费税前扣除的纳税调整，主要内容如图8–1所示。

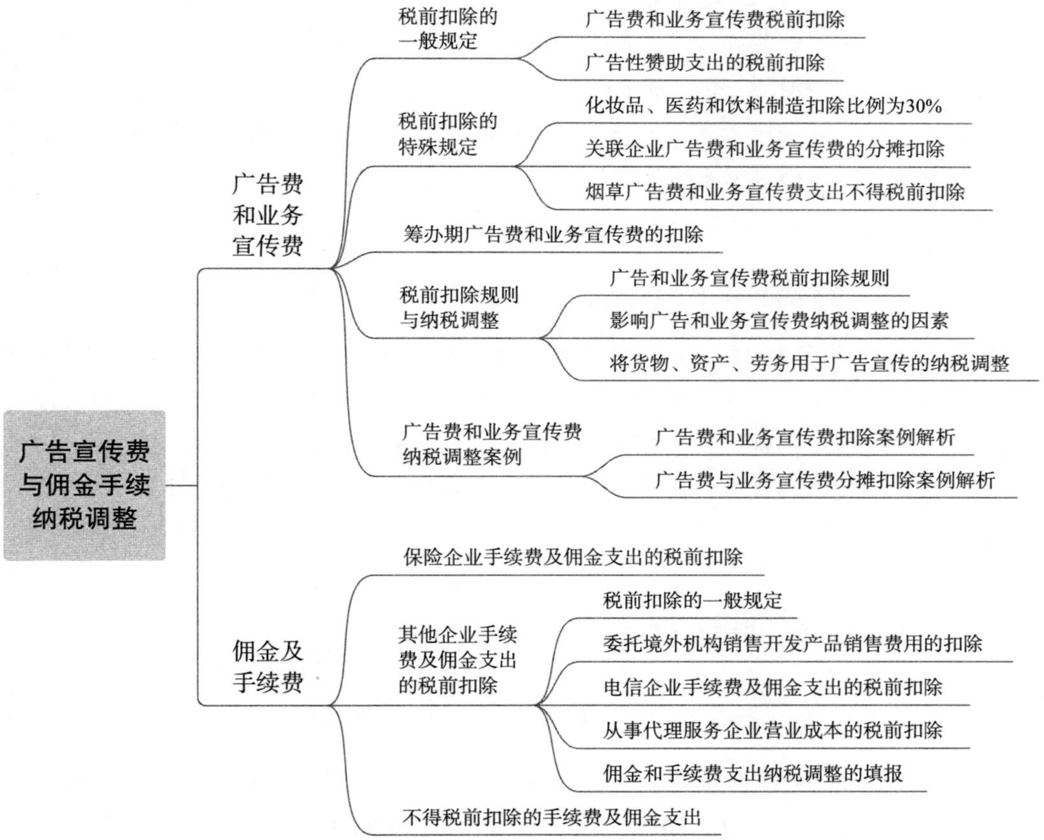

图8–1　广告宣传费与佣金手续费纳税调整

第一节　广告费和业务宣传费的税前扣除与纳税调整

一、税前扣除的一般规定

（一）广告费和业务宣传费税前扣除

根据《企业所得税法实施条例》第四十四条的规定，企业每一纳税年度发生的符合条件的广告费和业务宣传费，除国务院财政、税务主管部门另有规定外，不超过当年销售（营业）收入15%的部分，准予扣除；超过部分，准予在以后纳税年度结转扣除。

根据《国家税务总局关于企业所得税执行中若干税务处理问题的通知》（国税函〔2009〕202号）第一条的规定，企业在计算业务招待费、广告费和业务宣传费等费用扣除限额时，其销售（营业）收入额应包括《企业所得税法实施条例》第二十五条规定的视同销售（营业）收入额。也就是说，作为计算业务招待费、广告费和业务宣传费税前扣除限额依据的销售（营业）收入，包括企业的主营业务收入、其他业务收入和视同销售收入，但不包括营业外收入、投资收益等。对于投资性公司，投资收益应作为主营业务收入处理。销售退回、销售折扣与折让，应从销售（营业）收入扣减。

房地产开发企业销售未完工开发产品取得的收入，可以作为计算业务招待费、广告费和业务宣传费的基数，但开发产品完工会计核算转销售收入时，已作为计算基数的未完工开发产品的销售收入不得重复计算业务招待费、广告费和业务宣传费。

（二）广告性赞助支出的税前扣除

根据《财政部关于加强企业对外捐赠财务管理的通知》（财企〔2003〕95号）的规定，为宣传企业形象、推介企业产品发生的赞助性支出，应当按照广告费用进行管理。

在企业所得税中，赞助支出分为广告性赞助支出和非广告性赞助支出，对于广告性赞助支出作为广告费和业务宣传费在税前扣除，而对于非广告性赞助支出则作为赞助支出不得税前扣除。

二、税前扣除的特殊规定

（一）烟草广告费和业务宣传费支出不得税前扣除

根据《财政部 税务总局关于广告费和业务宣传费支出税前扣除有关事项的公告》（财政部 税务总局公告2020年第43号，2021年1月1日至2025年12月31日止执行）的规定，烟草企业的烟草广告费和业务宣传费支出，一律不得在计算应纳税所得额时扣除。

（二）化妆品、医药和饮料制造扣除比例为30%

根据财政部、税务总局公告2020年第43号的规定，对化妆品制造或销售、医药制造和饮料制造（不含酒类制造）企业发生的广告费和业务宣传费支出，不超过当年销售（营业）收入30%的部分，准予扣除；超过部分，准予在以后纳税年度结转扣除。

（三）关联企业广告费和业务宣传费的分摊扣除

根据财政部、税务总局公告2020年第43号等文件规定，对签订广告费和业务宣传费分摊协议（以下简称分摊协议）的关联企业，其中一方发生的不超过当年销售（营业）收入税前扣除限额比例内的广告费和业务宣传费支出可以在本企业扣除，也可以将其中的部分或全部按照分摊协议归集至另一方扣除。另一方在计算本企业广告费和业务宣传费支出企业所得税税前扣除限额时，可将按照上述办法归集至本企业的广告费和业务宣传费不计算在内。

关联企业之间签订广告宣传费分摊协议，可根据分摊协议自由选择是在本企业扣除或归集至另一方扣除。关联方归集到另一方扣除的广告费和业务宣传费，必须在按其销售收入的规定比例计算的限额内，且该转移费用与在本企业（被分摊方）扣除的费用之和，不得超过按规定计算的限额。接受归集扣除的关联企业不占用本企业原扣除限额，即本企业可扣除的广告宣传费按规定照常计算扣除限额，另外还可以将关联企业未扣除而归集来的广告宣传费在本企业扣除。但被分摊方不得重复计算扣除。

三、筹办期广告费和业务宣传费的扣除

根据《国家税务总局关于企业所得税应纳税所得额若干税务处理问题的公告》（国家税务总局公告2012年第15号）的规定，企业在筹建期间发生的广告费和业务宣传费，可按实际发生额计入企业筹办费，并按有关规定在税前扣除。

《国家税务总局关于企业所得税若干税务事项衔接问题的通知》（国税函〔2009〕98号）第九条“关于开（筹）办费的处理”规定，新税法中开（筹）办费未明确列作长期待摊费用，企业可以在开始经营之日的当年一次性扣除，也可以按照新税法有关长期待摊费用的处理规定处理，但一经选定，不得改变。企业在新税法实施以前年度的未摊销完的开办费，也可根据上述规定处理。

四、税前扣除规则与纳税调整

（一）广告和业务宣传费税前扣除规则

本年有以前年度结转扣除的广告费和业务宣传费支出的，先扣除本年符合条件的广告费和业务宣传费支出，后扣除以前年度结转未扣除的广告费和业务宣费用支出；本年广告费和业务宣传费支出超过扣除限额的，超过部分与以前年度结转扣除的广告费和业务宣传费支出一并结转以后年度扣除。

这与公益性捐赠结转扣除规定不同。捐赠支出先扣除以前年度结转扣除额，然后在扣除限额的余额内扣除当年发生的公益捐赠支出。

（二）影响广告和业务宣传费纳税调整的因素

以下三个因素影响纳税人广告费和业务宣传费支出纳税调整：

（1）是否符合规定条件。

不符合条件的广告费和业务宣传费支出不允许在税前扣除。

（2）是否超过扣除限额。

纳税人本年符合条件的广告费和业务宣传费支出超过本企业本年度广告费和业务宣传费扣除限额的部分，当年不得在税前扣除，但允许结转以后纳税年度扣除。

（3）是否签订分摊协议。

对签订广告费和业务宣传费分摊协议的关联企业，按照分摊协议归集至其他关联方扣除的广告费和业务宣传费，由于在会计处理上已计入分出方的当期损益，因而分出方应调增应纳税所得额；按照分摊协议从其他关联方归集至本企业的广告费和业务宣传费，由于会计处理未计入分入方的当期损益，因而分入方应调减应纳税所得额。

因此，如果纳税人本年符合条件的广告费和业务宣传费支出＞本企业广告费和业务宣传费扣除限额，该企业本年广告费和业务宣传费支出纳税调整金额=不允许扣除的广告费和业务宣传费支出+本年符合条件的广告费和业务宣传费支出超过本企业广告费和业务宣传费扣除限额的差额+按照分摊协议归集至其他关联方的广告费和业务宣传费-按照分摊协议从其他关联方归集至本企业扣除的广告费和业务宣传费。

如果纳税人本年符合条件的广告费和业务宣传费支出≤本企业广告费和业务宣传费扣除限额，该企业本年广告费和业务宣传费支出纳税调整金额=不允许扣除的广告费和业务宣传费支出+按照分摊协议归集至其他关联方的广告费和业务宣传费-按照分摊协议从其他关联方归集至本企业的广告费和业务宣传费-本年扣除的以前年度符合条件的广告费和业务宣传费超过当年扣除限额结转以后年度扣除的金额。其中，本年扣除的以前年度结转以后年度扣除的金额，不得超过本企业广告费和业务宣传费扣除限额超过本年符合条件的广告费和业务宣传费支出的差额。

（三）将货物、资产、劳务用于广告宣传的纳税调整

根据《国家税务总局关于修订企业所得税年度纳税申报表的公告》（国家税务总局公告2020年第24号）附件的规定，企业将货物、资产、劳务用于捐赠、广告等用途时，进行视同销售纳税调整后，对应支出的会计处理与税收规定有差异需纳税调整的金额填报在《纳税调整项目明细表》（A105000）第30行“（十七）其他”中。

视同销售纳税调整所得的金额（可能是正数也可能是负数），需要同步调整相关用途支出的“账载金额”。将货物、资产、劳务用于广告和业务宣传视同销售纳税调整所得的金额是正数的，增加广告费和业务宣传费支出的金额。相反，将货物、资产、劳务用于广告和业务宣传视同销售纳税调整所得的金额是负数的，减少广告费和业务宣传费支出的金额。

五、广告费和业务宣传费等跨年度纳税调整表及其填报

（一）广告费和业务宣传费等跨年度纳税调整明细表

《广告费和业务宣传费等跨年度纳税调整明细表》（A105060，见表8-1）适用于发

生广告费和业务宣传费纳税调整项目（含广告费和业务宣传费结转）、保险企业手续费及佣金支出纳税调整项目（含保险企业手续费及佣金支出结转）的纳税人填报。纳税人根据《企业所得税法》及其实施条例、《财政部 税务总局关于广告费和业务宣传费支出税前扣除有关事项的公告》（财政部、税务总局公告2020年第43号，2021年1月1日至2025年12月31日执行）和《财政部 税务总局关于保险企业手续费及佣金支出税前扣除政策的公告》（财政部、税务总局公告2019年第72号）等相关规定，以及国家统一企业会计制度，填报广告费和业务宣传费、保险企业手续费及佣金支出，以及跨年度纳税调整情况。

表8-1　A105060 广告费和业务宣传费等跨年度纳税调整明细表

行次	项　　目	广告费和业务宣传费	保险企业手续费及佣金支出
		1	2
1	一、本年支出		
2	减：不允许扣除的支出		
3	二、本年符合条件的支出（1–2）		
4	三、本年计算扣除限额的基数		
5	乘：税收规定扣除率		
6	四、本企业计算的扣除限额（4×5）		
7	五、本年结转以后年度扣除额 （3＞6，本行=3–6；3≤6，本行=0）		
8	加：以前年度累计结转扣除额		
9	减：本年扣除的以前年度结转额 [3＞6，本行=0；3≤6，本行=8与（6–3）孰小值]		
10	六、按照分摊协议归集至其他关联方的金额（10≤3与6孰小值）		*
11	按照分摊协议从其他关联方归集至本企业的金额		*
12	七、本年支出纳税调整金额 （3＞6，本行=2+3–6+10–11；3≤6，本行=2+10–11–9）		
13	八、累计结转以后年度扣除额（7+8–9）		

（二）广告费和业务宣传费跨年度结转扣除案例解析

案例8–1　甲服装销售公司2020年与2021年度相关财务数据如表8–2所示。

表8-2　收入与广告费情况表

单位：万元

项　　目	2020年	2021年
主营业务收入	4 000	5 000
其他业务收入	1 900	2 000
营业外收入	500	
投资收益		600
视同销售收入	100	
广告费与业务宣传费	1 200	1 100
其中：不符合规定的广告费和业务宣传费	100	190

要求：进行纳税调整并填报相关企业所得税年度纳税申报表。

解析：

1. 2020年度。

本年符合条件的广告费和业务宣传费支出为：1 200-100=1 100（万元）；

本年计算广告费和业务宣传费扣除限额的销售（营业）收入为：4 000+1 900+100=6 000（万元）；

本企业计算的广告费和业务宣传费扣除限额为：6 000×15%=900（万元）；

当年超过规定扣除标准的金额：1 100-900=200（万元），需调增应纳税所得额，该超标金额可结转以后年度税前扣除。

本年广告费和业务宣传费支出纳税调整金额为：200+100=300（万元）。

《广告费和业务宣传费等跨年度纳税调整明细表》（A105060）填报如表8-3、表8-4所示。

表8-3　A105060广告费和业务宣传费等跨年度纳税调整明细表

行次	项　　目	广告费和业务宣传费	保险企业手续费及佣金支出
		1	2
1	一、本年支出	12 000 000	
2	减：不允许扣除的支出	1 000 000	
3	二、本年符合条件的支出（1-2）	11 000 000	
4	三、本年计算扣除限额的基数	6 000 000	
5	乘：税收规定扣除率	15%	

续表

行次	项　　目	广告费和业务宣传费	保险企业手续费及佣金支出
		1	2
6	四、本企业计算的扣除限额（4×5）	9 000 000	
7	五、本年结转以后年度扣除额 （3＞6，本行 =3–6；3 ≤ 6，本行 =0）	2 000 000	
8	加：以前年度累计结转扣除额	0	
9	减：本年扣除的以前年度结转额 [3＞6，本行 =0；3 ≤ 6，本行 =8 与（6–3）孰小值]	0	
10	六、按照分摊协议归集至其他关联方的金额（10 ≤ 3 与 6 孰小值）	0	*
11	按照分摊协议从其他关联方归集至本企业的金额	0	*
12	七、本年支出纳税调整金额 （3＞6，本行 =2+3–6+10–11；3 ≤ 6，本行 =2+10–11–9）	3 000 000	
13	八、累计结转以后年度扣除额（7+8–9）	2 000 000	

表8–4　A105000 纳税调整项目明细表（部分）

行次	项　　目	账载金额	税收金额	调增金额	调减金额
		1	2	3	4
1	一、收入类调整项目（2+3+4+5+6+7+8+10+11）	*	*		
12	二、扣除类调整项目（13+14+15+⋯+29）	*	*	3 000 000	0
16	（四）广告费和业务宣传费支出（填写 A105060）	*	*	3 000 000	0
17	（五）捐赠支出（填写 A105070）				*

2. 2021 年度。

本年符合条件的广告费和业务宣传费支出为：1 100–190=910（万元）；

本年计算广告费和业务宣传费扣除限额的销售（营业）收入为：5 000+2 000=7 000（万元）；

本企业计算的广告费和业务宣传费扣除限额为：7 000×15%=1 050（万元）；

当年可以扣除的以前年度结转扣除的金额：1 050–910=140（万元），需调减应纳税所得额 140 万元。

本年广告费和业务宣传费支出纳税调整金额为：190–140=50（万元）。

累计结转以后年度的扣除金额为：200–140=60（万元）。

《广告费和业务宣传费等跨年度纳税调整明细表》（A105060）填报如表8-5、表8-6所示。

表8-5 A105060 广告费和业务宣传费等跨年度纳税调整明细表

行次	项　　目	广告费和业务宣传费	保险企业手续费及佣金支出
		1	2
1	一、本年支出	11 000 000	
2	减：不允许扣除的支出	1 900 000	
3	二、本年符合条件的支出（1–2）	9 100 000	
4	三、本年计算扣除限额的基数	70 000 000	
5	乘：税收规定扣除率	15%	
6	四、本企业计算的扣除限额（4×5）	10 500 000	
7	五、本年结转以后年度扣除额（3＞6，本行=3–6；3≤6，本行=0）	0	
8	加：以前年度累计结转扣除额	2 000 000	
9	减：本年扣除的以前年度结转额 [3＞6，本行=0；3≤6，本行=8与（6–3）孰小值]	1 400 000	
10	六、按照分摊协议归集至其他关联方的金额（10≤3与6孰小值）	0	*
11	按照分摊协议从其他关联方归集至本企业的金额	0	*
12	七、本年支出纳税调整金额（3＞6，本行=2+3–6+10–11；3≤6，本行=2+10–11–9）	500 000	
13	八、累计结转以后年度扣除额（7+8–9）	600 000	

表8-6 A105000 纳税调整项目明细表（部分）

行次	项　　目	账载金额	税收金额	调增金额	调减金额
		1	2	3	4
1	一、收入类调整项目（2+3+4+5+6+7+8+10+11）	*	*		
12	二、扣除类调整项目（13+14+15+…+29）	*	*	500 000	0
16	（四）广告费和业务宣传费支出（填写A105060）	*	*	500 000	
17	（五）捐赠支出（填写A105070）				*

（三）广告费与业务宣传费关联企业间分摊扣除案例

案例8-2 2021年甲服装销售公司与关联企业B服装厂签订广告费分摊协议，将甲服装销售公司50%的广告费分摊到B服装厂扣除。当年甲服装销售公司与B服装厂相关财务数据如表8–7所示。

表8–7　收入与广告费情况表

单位：万元

项　　目	B服装厂	甲服装销售公司
主营业务收入	4 000	5 000
其他业务收入	1 900	2 000
营业外收入	500	
投资收益		600
视同销售收入	100	
广告费与业务宣传费	1 200	1 100
其中：不符合规定的广告费和业务宣传费	100	190
以前年度累计结转扣除额		200

要求：进行纳税调整并填报与广告费和业务宣传费支出相关的纳税申报表。

解析：

1. 甲服装销售公司的处理。

甲服装销售公司广告费和业务宣传费扣除限额为：（5 000+2 000）×15%=1 050（万元）；

实际发生符合条件的广告费为：1 100–190=910（万元），实际发生符合条件的广告费低于扣除限额：1 050–910=140（万元），可用于扣除以前年度结转待扣除额140万元。

向B服装厂分摊扣除：1 100×50%=550（万元）＜1 050万元（限额）；

应调增应纳税所得额：190+550–140=600（万元）。

累计结转以后年度扣除额余额为：200–140=60（万元）。

相关申报表的填报如表8–8所示。

表8–8　A105060 广告费和业务宣传费等跨年度纳税调整明细表

行次	项　　目	广告费和业务宣传费	保险企业手续费及佣金支出
		1	2
1	一、本年支出	11 000 000	
2	减：不允许扣除的支出	1 900 000	
3	二、本年符合条件的支出（1–2）	9 100 000	
4	三、本年计算扣除限额的基数	70 000 000	
5	乘：税收规定扣除率	15%	
6	四、本企业计算的扣除限额（4×5）	10 500 000	

续表

行次	项　　目	广告费和业务宣传费	保险企业手续费及佣金支出
		1	2
7	五、本年结转以后年度扣除额（3＞6，本行=3–6；3≤6，本行=0）	0	
8	加：以前年度累计结转扣除额	2 000 000	
9	减：本年扣除的以前年度结转额[3＞6，本行=0；3≤6，本行=8与（6–3）孰小值]	1 400 000	
10	六、按照分摊协议归集至其他关联方的金额（10≤3与6孰小值）	5 500 000	*
11	按照分摊协议从其他关联方归集至本企业的金额	0	*
12	七、本年支出纳税调整金额（3＞6，本行=2+3–6+10–11；3≤6，本行=2+10–11–9）	6 000 000	
13	八、累计结转以后年度扣除额（7+8–9）	600 000	

2. B服装厂的处理。

B服装厂实际发生的不符合条件的广告费与业务宣传费100万元应调增应纳税所得额；

符合条件的广告费和业务宣传费支出为：1 200–100=1 100（万元）；

当年广告费和业务宣传费税前扣除限额为：（4 000+1 900+100）×15%=900（万元）；

超过规定扣除标准的金额：1 100–900=200（万元），应调增应纳税所得额；

关联企业分摊归入本企业扣除550万元，可全额扣除；

应纳税调整合计：100+200–550=–250（万元）；

累计结转以后年度扣除：1 100–900=200（万元）。

相关纳税调整表的填报如表8–9、表8–10所示。

表8–9　A105060广告费和业务宣传费等跨年度纳税调整明细表

行次	项　　目	广告费和业务宣传费	保险企业手续费及佣金支出
		1	2
1	一、本年支出	12 000 000	
2	减：不允许扣除的支出	1 000 000	
3	二、本年符合条件的支出（1–2）	11 000 000	
4	三、本年计算扣除限额的基数	60 000 000	
5	乘：税收规定扣除率	15%	
6	四、本企业计算的扣除限额（4×5）	9 000 000	
7	五、本年结转以后年度扣除额（3＞6，本行=3–6；3≤6，本行=0）	2 000 000	
8	加：以前年度累计结转扣除额	0	

续表

行次	项　　目	广告费和业务宣传费	保险企业手续费及佣金支出
		1	2
9	减：本年扣除的以前年度结转额 [3 ＞ 6，本行 =0；3 ≤ 6，本行 =8 与（6–3）孰小值]	0	
10	六、按照分摊协议归集至其他关联方的金额（10 ≤ 3 与 6 孰小值）	0	*
11	按照分摊协议从其他关联方归集至本企业的金额	5 500 000	*
12	七、本年支出纳税调整金额 （3 ＞ 6，本行 =2+3–6+10–11；3 ≤ 6，本行 =2+10–11–9）	–2 500 000	
13	八、累计结转以后年度扣除额（7+8–9）	2 000 000	

表8–10　A105000 纳税调整项目明细表（部分）

行次	项　　目	账载金额	税收金额	调增金额	调减金额
		1	2	3	4
1	一、收入类调整项目（2+3+4+5+6+7+8+10+11）	*	*		
	……				
12	二、扣除类调整项目（13+14+15+…+29）	*	*		2 500 000
	……				
16	（四）广告费和业务宣传费支出（填写 A105060）	*	*		2 500 000
17	（五）捐赠支出（填写 A105070）				*

第二节　佣金及手续费税前扣除的纳税调整

一、保险企业手续费及佣金支出的税前扣除

自2019年1月1日起，根据《财政部 税务总局关于保险企业手续费及佣金支出税前扣除政策的公告》（财政部、税务总局公告2019年第72号，保险企业2018年度汇算清缴按照该公告规定执行）第一条的规定，保险企业发生与其经营活动有关的手续费及佣金支出，不超过当年全部保费收入扣除退保金等后余额的18%（含本数）的部分，在计算应纳税所得额时准予扣除；超过部分，允许结转以后年度扣除。

保险企业应建立健全手续费及佣金的相关管理制度，并加强手续费及佣金结转扣除的台账管理。

二、其他企业手续费及佣金支出的税前扣除

（一）税前扣除的一般规定

根据《财政部 国家税务总局关于企业手续费及佣金支出税前扣除政策的通知》（财税〔2009〕29号）第一条的规定，保险企业以外的其他企业发生与生产经营有关的手续费及佣金支出，不超过按与具有合法经营资格中介服务机构或个人（不含交易双方及其雇员、代理人和代表人等）所签订服务协议或合同确认的收入金额的5%计算限额以内的部分，准予扣除；超过部分，不得扣除。

（二）委托境外机构销售开发产品销售费用的扣除

根据《房地产开发经营业务企业所得税处理办法》（国税发〔2009〕31号文件印发）第二十条的规定，企业委托境外机构销售开发产品的，其支付境外机构的销售费用（含佣金或手续费）不超过委托销售收入10%的部分，准予据实扣除。

（三）电信企业手续费及佣金支出的税前扣除

经纪人、代办商代电信企业销售电话入网卡、电话充值卡等，不是提供居间服务或咨询服务，而是直接向电信企业提供销售劳务，因此，电信企业向经纪人、代办商支付的手续费及佣金，属于劳务费支出，根据企业所得税税前扣除原则，应当准予据实扣除。但是考虑到已销售的电话入网卡、电话充值卡等在当期是否形成收入，具有不确定性，为了防止税收政策漏洞，作适当限制是必要的。针对这一情况，《国家税务总局关于企业所得税应纳税所得额若干税务处理问题的公告》（国家税务总局公告2012年第15号）第四条明确：电信企业在发展客户、拓展业务等过程中（如委托销售电话入网卡、电话充值卡等），需向经纪人、代办商支付手续费及佣金的，其实际发生的相关手续费及佣金支出，不超过企业当年收入总额5%的部分，准予在企业所得税前据实扣除。

根据《国家税务总局关于电信企业手续费及佣金支出税前扣除问题的公告》（国家税务总局公告2013年第59号）规定，这里所称电信企业手续费及佣金支出，仅限于电信企业在发展客户、拓展业务等过程中因委托销售电话入网卡、电话充值卡所发生的手续费及佣金支出。

电信企业提供售后服务、增值服务以及其他日常服务等，属于提供销售劳务，不属于提供中介服务，相应地，电信企业为此支付的手续费及佣金，也不属于财税〔2009〕29号文件所称的手续费及佣金支出范畴。

（三）从事代理服务企业营业成本的税前扣除

根据企业所得税税前扣除原则，企业主营业务成本（支出）应当允许据实扣除，期间费用除税法有明确规定外（比如广告费和业务招待费、手续费及佣金支出等），一般也允许据实扣除。对于从事代理服务的企业来说，与该项收入相关的手续费及佣金支出

属于营业成本，还是属于期间费用，不仅税企双方存在争议，而且各地税务机关认识也不统一。针对上述情况，国家税务总局公告2012年第15号明确：从事代理服务、主营业务收入为手续费、佣金的企业（如证券、期货、保险代理等企业），其为取得该类收入而实际发生的营业成本（包括手续费及佣金支出），准予在企业所得税前据实扣除。也就是说，从事代理服务、且主营业务收入为手续费及佣金的企业，其手续费及佣金支出属于企业营业成本范畴，并准予在税前据实扣除。

三、不得税前扣除的手续费及佣金支出

根据财税〔2009〕29号文件的规定，企业应与具有合法经营资格中介服务企业或个人签订代办协议或合同，并按国家有关规定支付手续费及佣金。除委托个人代理外，企业以现金等非转账方式支付的手续费及佣金不得在税前扣除。企业为发行权益性证券支付给有关证券承销机构的手续费及佣金不得在税前扣除。

企业不得将手续费及佣金支出计入回扣、业务提成、返利、进场费等费用。企业支付的手续费及佣金不得直接冲减服务协议或合同金额，且应如实入账。

企业已计入固定资产、无形资产等相关资产的手续费及佣金支出，应当通过折旧、摊销等方式分期扣除，不得在发生当期直接扣除。

佣金与手续费支出的扣除，如图8-2所示。

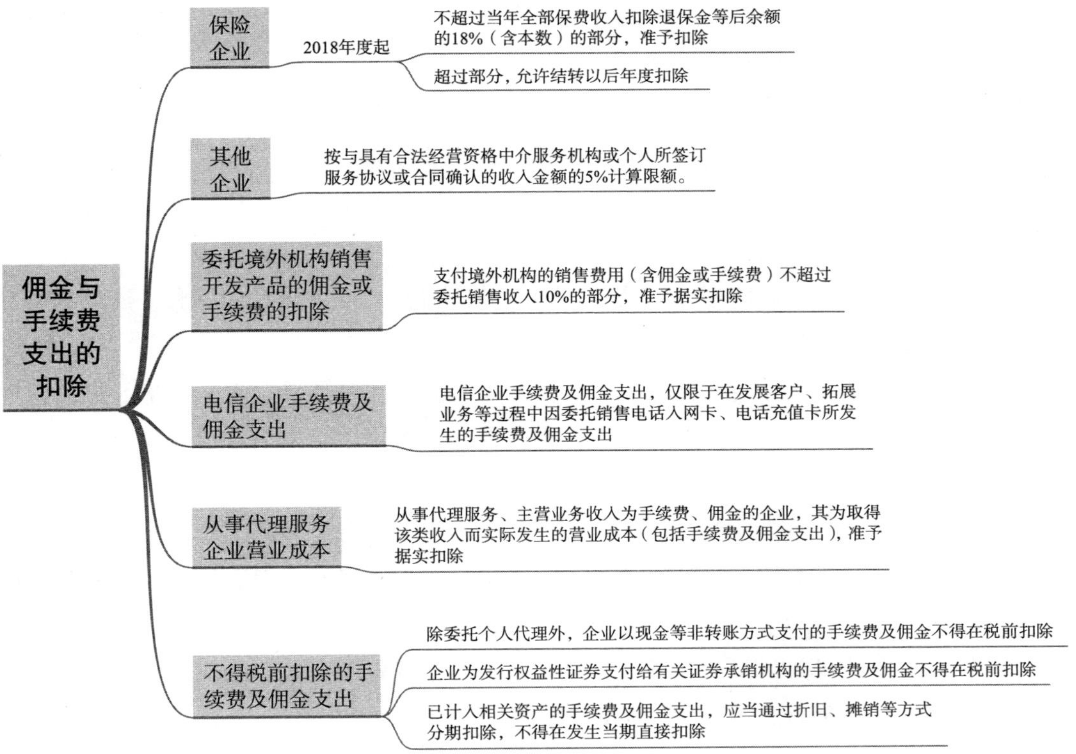

图8-2　佣金及手续费扣除

第三节　风险识别与应对

一、房地产企业调整后佣金比例过高

（一）识别指标与风险描述

识别指标：调整后佣金比例=（佣金金额–佣金调整金额）/销售房款总额＞5%。

大于预警值，可能存在虚列费用、转移利润或少列收入风险。

（二）应对策略

充分利用风险管理系统的开展全面的分析工作，结合金税三期综合征管软件中的纳税人信息、企业所得税年度纳税申报表中的佣金和手续费数据和营业收入数据进行比较，调整后佣金占销售房款总额大于5%的可能存在风险。

该项目应对主要包括以下内容：

—核查企业基础登记信息和认定信息的准确性。

—核查企业发生与生产经营有关的手续费及佣金支出，是否超过以下规定计算限额以内的部分；超过部分，不得扣除。其他企业（房地产）：按与具有合法经营资格中介服务机构或个人（不含交易双方及其雇员、代理人和代表人等）所签订服务协议或合同确认的收入金额的5%计算限额。

—核查企业是否与具有合法经营资格中介服务企业或个人签订代办协议或合同，并按国家有关规定支付手续费及佣金。除委托个人代理外，企业是否存在以现金等非转账方式支付手续费及佣金，这部分不得在税前扣除。企业为发行权益性证券支付给有关证券承销机构的手续费及佣金不得在税前扣除。

—核查企业是否存在将手续费及佣金支出计入回扣、业务提成、返利、进场费等费用，如有则需要进行调增。

—核查企业已计入固定资产、无形资产等相关资产的手续费及佣金支出，应当通过折旧、摊销等方式分期扣除，是否存在发生当期直接扣除的现象，应予以调增。

—核查企业支付的手续费及佣金是否存在直接冲减服务协议或合同金额，应如实入账。

—核查企业是否如实向当地主管税务机关提供当年手续费及佣金计算分配表和其他相关资料，并依法取得合法真实凭证。

—存在少缴纳税款情形的，通知纳税人补缴并按规定加收滞纳金。存在调增应纳税所得额但不产生补税的，通知纳税人更正申报。

二、佣金和手续费支出与同期营业收入比对分析异常

（一）识别指标与风险描述

识别指标：佣金手续费支出=NVL（销售费用中核算的佣金和手续费，0）+NVL（管理费用中核算的佣金和手续费，0）+NVL（财务费用中核算的佣金和手续费，0）；佣金手续费支出＞2 000 000元or佣金手续费支出/营业收入＞5%and营业收入＞1 000 000元。

通过对规定期限内纳税人申报税前扣除的佣金手续费支出与营业收入进行比对，筛选出手续费支出占比过大或者手续费支出过大的纳税人，可能存在超额列支手续费的情况。

（二）风险应对策略

充分利用风险管理系统开展全面的分析工作，结合金税三期综合征管软件中的纳税人信息以及第三方情报等数据，对纳税人的佣金与手续费税前扣除情况进行全面分析，初步确定是纳税人申报表填写错误还是政策适用错误，再根据情况确定是否需要纳税人提供资料或者开展实地检查，并根据获取的资料或者实地检查结果进行相应的处理。

该指标应对主要包括以下内容：

—核实企业是否与具有合法经营资格中介服务企业或个人签订代办协议或合同，并按国家有关规定支付手续费及佣金。

—除委托个人代理外，企业以现金等非转账方式支付的手续费及佣金是否在税前扣除。

—审核企业是否将手续费及佣金支出计入回扣、业务提成、返利、进场费等费用。

—审核企业提供的当年手续费及佣金计算分配表和其他相关资料，抽查是否依法取得合法真实凭证。

—核查企业发生与生产经营有关的手续费及佣金支出，是否超过规定限额；对超过限额的部分，是否按规定纳税调整。

—存在少缴纳税款情形的，通知纳税人补缴并按规定加收滞纳金。存在调增应纳税所得额但不产生补税的，通知纳税人更正申报。

三、广告费和业务宣传费支出分析异常

（一）识别指标

1.特殊行业

（1）（国标行业）in（'C2682','C1521','C1524','C1525','C1529','C1523','C2770'）：

（疑点税款）=（（广告费和业务宣传费支出）–（销售营业收入合计）×0.30–（广告费和业务宣传费调增金额）+（广告费和业务宣传费调减金额））×0.25。

（2）烟草制品零售、烟草制品业、烟草制品批发（国标行业）in（'F5227', 'C1690', 'F5128'）：

（疑点税款）=（（广告费和业务宣传费支出）-（广告费和业务宣传费调增金额）+（广告费和业务宣传费调减金额））×0.25。

2. 其他行业

（疑点税款）=（（广告费和业务宣传费支出）-（销售营业收入合计）×0.15-（广告费和业务宣传费调增金额）+（广告费和业务宣传费调减金额））×0.25。当销售营业收入合计数小于0时，（销售营业收入合计）×0.15取0，，，（疑点税款）>=100。

说明：

广告费和业务宣传费支出取自表A105060第1行；

营业收入取自表A100000第1行；

视同销售（营业）收入取自表A105010第1行；

房地产企业销售未完工产品的收入取自表A105010第23行；

房地产企业销售未完工产品转完工产品确认的销售收入取自表A105010第27行；

销售营业收入合计=营业收入+视同销售收入+房地产企业销售未完工产品的收入-房地产企业销售未完工产品转完工产品确认的销售收入；

广告费和业务宣传费调增金额取自表A105000第16行第3列；

广告费和业务宣传费调减金额取自表A105000第16行第4列。

本指标将纳税人企业所得税年度纳税申报表中的“广告费和业务宣传费支出”与按“销售营业收入”规定比例计算的金额相比较，差异金额超过一定标准，则可能存在超标准扣除风险。

（二）应对策略

充分利用风险管理系统开展全面的分析工作，结合金税三期综合征管软件中的纳税人信息、国标行业、广告费和业务宣传费支出、营业收入、视同销售收入、销售未完工产品的收入等数据，对不同行业广告费和业务宣传费支出是否存在超标准扣除风险进行全面分析，再根据情况确定是否需要纳税人提供资料或者开展实地检查，并根据获取的资料或者实地检查结果进行相应的处理。

该项目应对主要包括以下内容：

—核查企业基础登记信息和认定信息的准确性。

—对化妆品制造或销售、医药制造和饮料制造（不含酒类制造，下同）企业发生的广告费和业务宣传费支出，不超过当年销售（营业）收入30%的部分，准予扣除；超过部分，准予在以后纳税年度结转扣除。烟草企业的烟草广告费和业务宣传费支出，一律不得在计算应纳税所得额时扣除。

—审阅“管理费用”“销售费用”等科目明细账，核实当期实际发生的广告费和业务宣传费支出，确认企业申报的广告费和业务宣传费支出金额是否准确，是否将发生的广告费和业务宣传费支出计入其他成本费用类账户明细账，未如实申报。

—审核企业实际申报的广告费和业务宣传费支出是否真实、合法，有无包括企业发生的与生产经营活动无关的各种非广告性质的赞助支出。

—确定企业当期实际列支的广告费和业务宣传费支出总额、计提广告费和业务宣传费支出的收入基数，计提基数包括主营业务收入、其他业务收入、视同销售收入等，按税法规定进行计算比较，根据不同的行业，核实广告费和业务宣传费支出的税务处理是否正确。

—核实以前年度结转本年度扣除的广告费和业务宣传费支出是否符合税法规定。

—存在少缴纳税款情形的，通知纳税人补缴并按规定加滞纳金。

第九章

捐赠支出纳税调整及其风险识别与应对

Tax Adjustments of

Enterprise

Income Tax

TAXING

扶贫济困、乐善好施，一方有难、八方支援，是中华民族的传统美德。捐赠是一项有利于国家和社会的公益活动。本章详细解析捐赠支出的企业所得税处理、公益性社会组织以及其他税种的处理等，主要内容如图9-1所示。

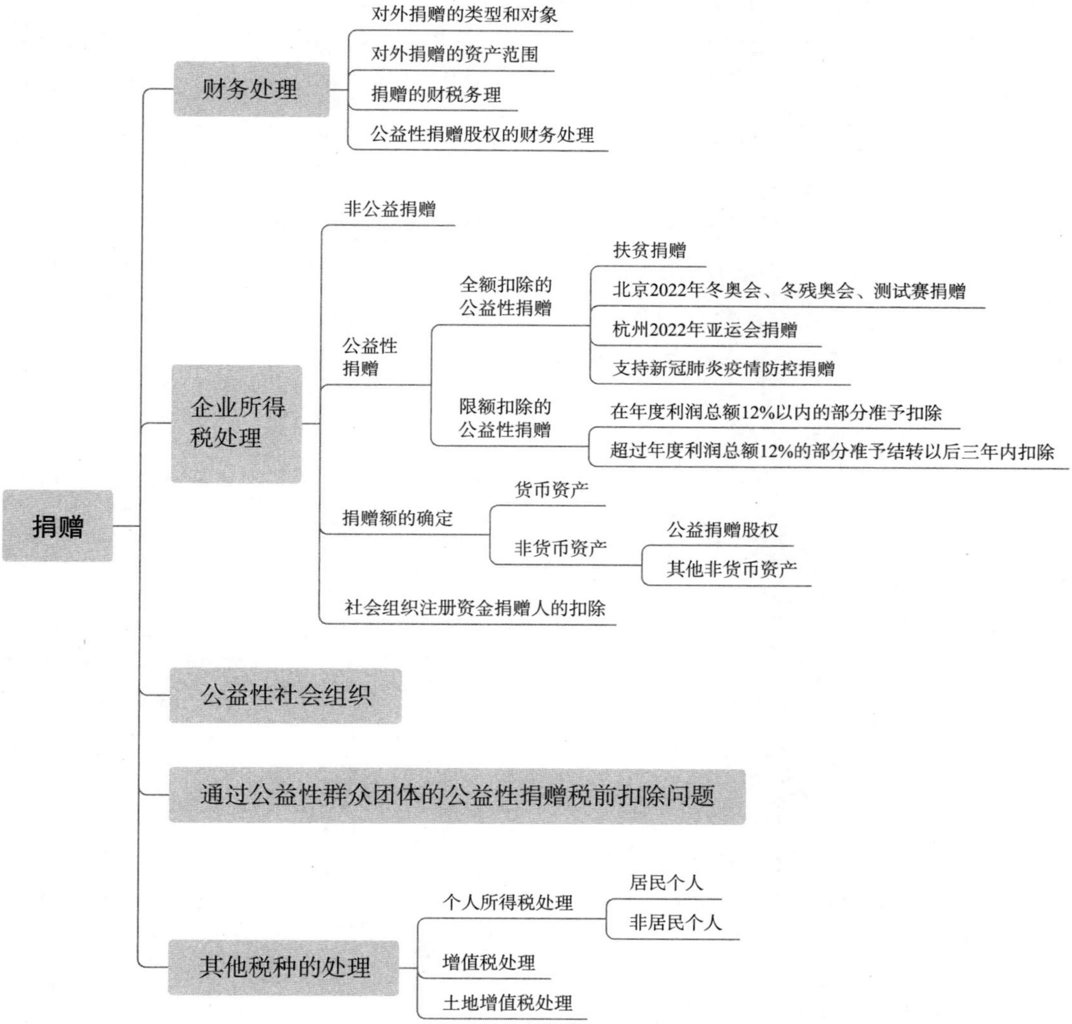

图9-1　捐赠支出的财税处理

第一节　企业对外捐赠的财务处理

对外捐赠是指企业自愿无偿将其有权处分的合法财产，赠送给合法的受赠人用于与生产经营活动没有直接关系的公益事业的行为。企业对外捐赠应当遵循《中华人民共和国公益事业捐赠法》以及其他有关法律、法规的规定，通过依法成立的公益性社会团体和公益性非营利的事业单位或者县级以上人民政府及其组成部门进行。特殊情况下，也可以通过合法的新闻媒体等进行。

为规范各类型企业的对外捐赠行为，加强企业财务管理，维护所有者权益，促进社会公益事业的发展，财政部下发了《关于加强企业对外捐赠财务管理的通知》（财企〔2003〕95号）和《关于企业公益性捐赠股权有关财务问题的通知》（财企〔2009〕213号），对捐赠的原则、类型、对象和范围等做出规定。

一、对外捐赠的类型

企业的对外捐赠一般可以分为以下类型：

（一）公益性捐赠

公益性捐赠是指向教育、科学、文化、卫生医疗、体育事业和环境保护、社会公共设施建设的捐赠。

（二）救济性捐赠

救济性捐赠是指向遭受自然灾害或者国家确认的“老、少、边、穷”等地区以及慈善协会、红十字会、残疾人联合会、青少年基金会等社会团体或者困难的社会弱势群体和个人提供的用于生产、生活救济、救助的捐赠。

（三）其他捐赠

其他捐赠是指除上述捐赠以外，企业出于弘扬人道主义或者促进社会发展与进步的目的向其他社会公共福利事业的捐赠。

二、对外捐赠的资产及受益人范围

企业可以用于对外捐赠的财产包括现金、库存商品和其他物资。企业生产经营需用的主要固定资产、持有的债权、国家特准储备物资、国家财政拨款、受托代管财产、已设置担保物权的财产、权属关系不清的财产，或者变质、残损、过期报废的商品物资，不得用于对外捐赠。

企业对外捐赠的受益人应当为企业外部的单位、社会弱势群体或者个人。对企业内部职工、与企业在经营或者财务方面具有控制与被控制关系的单位，企业不得给予捐赠。

企业以营利为目的自办或者与他人共同举办教育、文化、卫生、体育、科学、环境保护等经营实体的，应当作为对外投资管理。

企业为宣传企业形象、推介企业产品发生的赞助性支出，应当按照广告费用进行管理。对于政府有关部门、机构、团体或者某些个人强令的赞助，企业应当依法拒绝。

捐赠类型、捐赠资产范围等如图9-2所示。

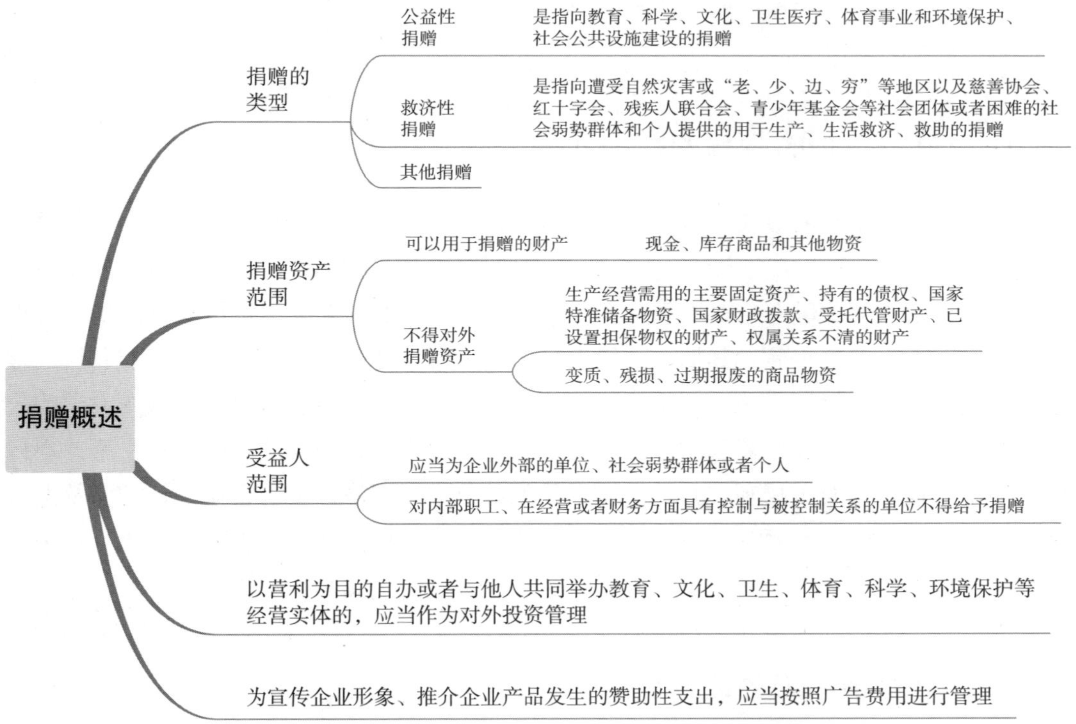

图9-2 捐赠概述

三、对外捐赠的财务处理

企业对外捐赠应当控制在当年企业财务预算幅度内，按照批准的方案执行，并按照国家税收法律法规的规定申报纳税扣除。

企业实际发生的对外捐赠支出，应当依据受赠方出具的省级以上财政部门统一印（监）制的捐赠收据或者捐赠资产交接清单确认；救灾、济贫等对困难的社会弱势群体和个人的捐赠，无法索取省级以上财政部门统一印（监）制的捐赠收据的，应当依据城镇街道、农村乡村等基层政府组织出具的证明和企业法定负责人审批的捐赠报告确认。

企业为捐赠资产提供运输、保管以及举办捐赠仪式等所发生的费用，应当作为期间费用处理，不得挂账。企业负责对外捐赠的主管人员和其他直接责任人员，不得以任何借口向受赠人或者受益人索要或者收受回扣、佣金、信息费、劳务费等财物。

企业经过董事会或者经理（厂长）办公会审议，并且国有及国有控股企业上报国有资本持有单位批准，公司制企业按照公司法以及公司章程等有关规定批准，将修建的交通、通信、供水、供电等社会公共设施无偿移交当地人民政府或者有关部门的，可以核减资本公积金，并应当与接受方签订相关协议，双方办理资产交接手续。

由于战争、自然灾害等不可抗力原因，企业所拥有的财产被当地县级及县级以上人民政府或人民武装组织征用的，扣除当地政府或人民武装组织依法补偿金后的差额，应当作为资产损失处理。

四、公益性捐赠股权的财务处理

关于企业以持有的股权（含企业产权、公司股份，下同）进行公益性捐赠有关财务问题，《财政部关于企业公益性捐赠股权有关财务问题的通知》（财企〔2009〕213号）规定，由自然人、非国有的法人及其他经济组织投资控股的企业，依法履行内部决策程序，由投资者审议决定后，其持有的股权可以用于公益性捐赠。企业以持有的股权进行公益性捐赠，应当以不影响企业债务清偿能力为前提，且受赠对象应当是依法设立的公益性社会团体和公益性非营利的事业单位。企业捐赠后，必须办理股权变更手续，不再对已捐赠股权行使股东权利，并不得要求受赠单位予以经济回报。公益性捐赠涉及上市公司股权的，捐赠方和受赠方应当遵照证券法及有关证券监管的其他规定，履行相关承诺和信息披露义务。

五、对外捐赠的会计核算

对于捐赠支出，会计上一般是按成本加上相关税费转入营业外支出。企业所得税处理时要视同销售。

将自产、委托加工或购买的物资用于捐赠的会计处理如下：

借：营业外支出

　　存货跌价准备

　贷：库存商品［账面余额］

　　　应交税费——应交增值税（销项税额）

　　　　　　　——应交消费税［按计税价计算的消费税额］

第二节　捐赠支出的税前扣除与纳税调整

一、限额扣除的公益性捐赠

（一）限额扣除的公益性捐赠政策

《中华人民共和国慈善法》第八十条规定，自然人、法人和其他组织捐赠财产用于慈善活动的，依法享受税收优惠。企业慈善捐赠支出超过法律规定的准予在计算企业所得税应纳税所得额时当年扣除的部分，允许结转以后三年内在计算应纳税所得额时扣除。

根据《企业所得税法》第九条的规定，企业发生的公益性捐赠支出，在年度利润总额12%以内的部分，准予在计算应纳税所得额时扣除；超过年度利润总额12%的部分，准予结转以后三年内在计算应纳税所得额时扣除。

根据《企业所得税法实施条例》第五十三条第一款的规定，企业当年发生以及以前年度结转的公益性捐赠支出，不超过年度利润总额12%的部分，准予扣除。

根据《财政部 国家税务总局关于公益性捐赠支出企业所得税税前结转扣除有关政策的通知》（财税〔2018〕15号）的规定，企业通过公益性社会组织或者县级（含县级）以上人民政府及其组成部门和直属机构，用于慈善活动、公益事业的捐赠支出，在年度利润总额12%以内的部分，准予在计算应纳税所得额时扣除；超过年度利润总额12%的部分，准予结转以后3年内在计算应纳税所得额时扣除。

企业当年发生及以前年度结转的公益性捐赠支出，准予在当年税前扣除的部分，不能超过企业当年年度利润总额的12%。企业发生的公益性捐赠支出未在当年税前扣除的部分，准予向以后年度结转扣除，但结转年限自捐赠发生年度的次年起计算最长不得超过3年。企业在对公益性捐赠支出计算扣除时，应先扣除以前年度结转的捐赠支出，再扣除当年发生的捐赠支出。

公益性社会组织应当依法取得公益性捐赠税前扣除资格。年度利润总额，是指企业按照国家统一会计制度的规定计算的年度会计利润，年度会计利润是大于零的数额，没有利润当年不能扣除。对企业发生的会计差错应按国家统一会计制度进行更正，按调整后的大于零的年度会计利润计算扣除限额。

根据《财政部 税务总局关于公共租赁住房税收优惠政策的公告》（财政部、税务总局公告2019年第61号）第五条的规定，2019年1月1日至2020年12月31日，企事业单位、社会团体以及其他组织捐赠住房作为公租房，符合税收法律法规规定的，对其公益性捐赠支出在年度利润总额12%以内的部分，准予在计算应纳税所得额时扣除，超过年度利润总额12%的部分，准予结转以后三年内在计算应纳税所得额时扣除。根据《财政部 税务总局关于延长部分税收优惠政策执行期限的公告》（财政部、税务总局公告2021

年第6号）的规定，上述政策执行期限延长至2023年12月31日。

综上所述，公益性捐赠支出的税前扣除规则为：与广告费和业务宣传费结转扣除不同，本年有以前3年结转扣除的公益性捐赠支出的，先扣除以前3年结转扣除的公益性捐赠支出，后扣除本年的公益性捐赠支出。本年公益性捐赠支出超过其扣除限额余额的，超过部分允许结转以后3年扣除。这里的公益性捐赠支出扣除限额余额是指本年公益性捐赠支出扣除限额在扣除以前3年结转扣除的公益性捐赠支出后的余额。

（二）将货物、资产、劳务用于捐赠的纳税调整

根据《国家税务总局关于修订企业所得税年度纳税申报表的公告》（国家税务总局公告2020年第24号）附件的规定，企业将货物、资产、劳务用于捐赠、广告等用途时，进行视同销售纳税调整后，对应支出的会计处理与税收规定有差异需纳税调整的金额填报在《纳税调整项目明细表》（A105000）第30行“（十七）其他”中。

根据《捐赠支出及纳税调整明细表》（A105070）的填报说明，表A105070第6行“本年”第1列“账载金额”：填报计入本年损益的公益性捐赠支出金额，包括该支出已通过《纳税调整项目明细表》（A105000）第30行“（十七）其他”进行纳税调整的金额。即视同销售纳税调整所得的金额（可能是正数也可能是负数），需要同步调整相关用途支出的“账载金额”。

（三）货物捐赠纳税调整案例解析

案例9-1 甲企业2021年6月通过公益性社会团体向公益事业捐赠一批产品，成本70万元，公允价（市价）100万元，增值税税率13%。按国家统一会计制度核算的当年企业利润总额是500万元。该企业当年只有这一笔捐赠业务。

要求：进行相关的会计处理与纳税调整，并填报相关纳税申报表。

解析：

（1）会计处理。

借：营业外支出　　830 000

　贷：库存商品　　700 000

　　应交税费——应交增值税（销项税额）　　130 000

（2）所得税处理。

企业用产品对外捐赠应按规定视同销售。甲企业应确认视同销售收入100万元，视同销售成本为70万元。

根据企业所得税年度纳税申报表的填报说明，表A105070第6行“本年”第1列“账载金额”，填报计入本年损益的公益性捐赠支出金额，包括该支出已通过《纳税调整项目明细表》（A105000）第30行“（十七）其他”进行纳税调整的金额。

公益性捐赠支出账载金额为：83+（100−70）=113（万元），公益性捐赠税前扣除限额为：500×12%=60（万元），需要调增应纳税所得额：113−60=53（万元）。

相关纳税调整分别填入表A105010的第7行和第17行，再分别合计填入表A105000的第2行和第13行。具体填报如表9–1、表9–2、表9–3所示。

表9–1　A105010视同销售和房地产开发企业特定业务纳税调整明细表（部分）

行次	项　　目	税收金额	纳税调整金额
		1	2
1	一、视同销售（营业）收入（2+3+4+5+6+7+8+9+10）	1 000 000	1 000 000
2	（一）非货币性资产交换视同销售收入		
	……		
7	（六）用于对外捐赠视同销售收入	1 000 000	1 000 000
11	二、视同销售（营业）成本（12+13+14+15+16+17+18+19+20）	700 000	−700 000
12	（一）非货币性资产交换视同销售成本		
	……		
17	（六）用于对外捐赠视同销售成本	700 000	−700 000
18	（七）用于对外投资项目视同销售成本		
19	（八）提供劳务视同销售成本		
20	（九）其他		

表9–2　A105070捐赠支出及纳税调整明细表

行次	项　　目	账载金额	以前年度结转可扣除的捐赠额	按税收规定计算的扣除限额	税收金额	纳税调增金额	纳税调减金额	可结转以后年度扣除的捐赠额
		1	2	3	4	5	6	7
1	一、非公益性捐赠		*	*	*		*	*
2	二、限额扣除的公益性捐赠（3+4+5+6）	1 130 000		600 000	600 000	530 000		530 000
3	前三年度（　　年）	*		*	*	*		*
4	前二年度（　　年）	*		*	*	*		
5	前一年度（　　年）	*		*	*	*		
6	本　　年（2021年）	113 000	*	600 000	600 000	530 000	*	530 000
7	三、全额扣除的公益性捐赠		*	*		*	*	*
8	1.							
9	2.							

续表

行次	项　　目		账载金额	以前年度结转可扣除的捐赠额	按税收规定计算的扣除限额	税收金额	纳税调增金额	纳税调减金额	可结转以后年度扣除的捐赠额
			1	2	3	4	5	6	7
10	3.			*	*		*	*	*
11	合计（1+2+7）		1 130 000		600 000	600 000	530 000		530 000
附列资料		2015年度至本年发生的公益性扶贫捐赠合计金额		*	*		*	*	*

表9-3　A105000 纳税调整项目明细表（部分）

行次	项　　目	账载金额	税收金额	调增金额	调减金额
		1	2	3	4
1	一、收入类调整项目（2+3+...+11）	*	*	1 000 000	
2	（一）视同销售收入（填写 A105010）	*	1 000 000	1 000 000	*
3	（二）未按权责发生制原则确认的收入（填写 A105020）				
12	二、扣除类调整项目（13+14+...+30）	*	*		1 000 000
13	（一）视同销售成本（填写 A105010）	*	700 000	*	700 000
14	（二）职工薪酬（填写 A105050）				
15	（三）业务招待费支出				*
16	（四）广告费和业务宣传费支出（填写 A105060）	*	*		
17	（五）捐赠支出（填写 A105070）	1 130 000	600 000	530 000	
30	（十七）其他	0	300 000		300 000
46	合计（1+12+31+36+44+45）	*	*	1 530 000	1 000 000

案例9-2 2021年5月，甲企业通过公益性社会团体向公益事业捐赠一批产品，成本70万元，公允价（市价）50万元，增值税税率13%。按国家统一会计制度核算的当年企业利润总额是400万元。该企业当年只有这一笔捐赠业务。以前年度没有结转扣除额。

要求：进行相关的会计处理与纳税调整，并填报相关纳税申报表。

解析：

（1）会计处理。

借：营业外支出　　765 000

　　贷：库存商品　　700 000

　　　　应交税费——应交增值税（销项税额）　　65 000

（2）所得税处理。

企业用产品对外捐赠应按规定视同销售。甲企业应确认视同销售收入50万元，视同销售成本为70万元。

根据企业所得税年度纳税申报表的填报说明，表A105070第6行“本年”第1列“账载金额”，填报计入本年损益的公益性捐赠支出金额，包括该支出已通过《纳税调整项目明细表》（A105000）第30行“（十七）其他”进行纳税调整的金额。

公益性捐赠支出账载金额为：76.5+（50–70）=56.5（万元），公益性捐赠税前扣除限额为：400×12%=48（万元），需要调增应纳税所得额：56.5–48=8.5（万元）。

相关纳税调整分别填入表A105010的第7行和第17行，再分别合计填入表A105000的第2行和第13行。具体填报如表9–4、表9–5、表9–6所示。

表9–4　A105010视同销售和房地产开发企业特定业务纳税调整明细表（部分）

行次	项　目	税收金额	纳税调整金额
		1	2
1	一、视同销售（营业）收入（2+3+4+5+6+7+8+9+10）	500 000	500 000
2	（一）非货币性资产交换视同销售收入		
	……		
7	（六）用于对外捐赠视同销售收入	500 000	500 000
11	二、视同销售（营业）成本（12+13+14+15+16+17+18+19+20）	700 000	–700 000
12	（一）非货币性资产交换视同销售成本		
	……		
17	（六）用于对外捐赠视同销售成本	700 000	–700 000
18	（七）用于对外投资项目视同销售成本		
19	（八）提供劳务视同销售成本		
20	（九）其他		

表9-5 A105070 捐赠支出及纳税调整明细表

行次	项 目	账载金额	以前年度结转可扣除的捐赠额	按税收规定计算的扣除限额	税收金额	纳税调增金额	纳税调减金额	可结转以后年度扣除的捐赠额
		1	2	3	4	5	6	7
1	一、非公益性捐赠		*	*	*		*	*
2	二、限额扣除的公益性捐赠（3+4+5+6）	565 000		480 000	480 000	85 000		85 000
3	前三年度（ 年）	*		*	*	*		*
4	前二年度（ 年）	*		*	*	*		
5	前一年度（ 年）	*		*	*	*		
6	本 年（2021 年）	565 000	*	480 000	480 000	85 000	*	85 000
7	三、全额扣除的公益性捐赠		*	*		*	*	*
8	1.							
9	2.							
10	3.		*	*		*	*	*
11	合计（1+2+7）	765 000		480 000	480 000	85 000		85 000
附列资料	2015 年度至本年发生的公益性扶贫捐赠合计金额		*	*		*	*	*

表9-6 A105000 纳税调整项目明细表（部分）

行次	项 目	账载金额	税收金额	调增金额	调减金额
		1	2	3	4
1	一、收入类调整项目（2+3+...+11）	*	*	500 000	
2	（一）视同销售收入（填写 A105010）	*	500 000	500 000	*
3	（二）未按权责发生制原则确认的收入（填写 A105020）				
12	二、扣除类调整项目（13+14+...+30）	*	*		700 000
13	（一）视同销售成本（填写 A105010）	*	700 000	*	700 000
14	（二）职工薪酬（填写 A105050）				
15	（三）业务招待费支出				*
16	（四）广告费和业务宣传费支出（填写 A105060）	*	*		
17	（五）捐赠支出（填写 A105070）	565 000	480 000	85 000	
30	（十七）其他	0	−200 000	200 000	
46	合计（1+12+31+36+44+45）	*	*	785 000	700 000

（四）劳务捐赠纳税调整案例解析

案例9-3 甲建筑安装公司，2021年10月通过当地市政府捐建一所村小，工程实际支出28万元，公允价值35万元，按国家统一会计制度规定计算的2021年度的会计利润为200万元，企业根据会计制度规定在“营业外支出”账户中列支劳务捐赠支出28万元。不考虑企业所得税以外的其他税费。

要求：对该项捐增进行纳税调整和税务处理。

解析：

根据《企业所得税法》的规定，甲公司这笔以建筑劳务方式进行的公益性捐赠应视同销售处理，即须视同提供劳务依公允价值确定其视同销售收入额。2020年，就该项捐赠的视同销售，甲公司应通过《视同销售和房地产开发企业特定业务纳税调整明细表》（A105010）调增应纳税所得额7万元（35–28）。

2021年公益性捐赠税前扣除限额为：200×12%=24（万元），企业实际捐赠35万元，超过扣除限额的部分11万元，应通过《捐赠支出及纳税调整明细表》（A105070）等做纳税调增处理，并入当年应纳税所得额缴纳企业所得税。同时，填报《纳税调整项目明细表》（A105000）相关行次（如表9-7、表9-8、表9-9所示）。

表9-7　A105010 视同销售和房地产开发企业特定业务纳税调整明细表

行次	项　目	税收金额	纳税调整金额
		1	2
1	一、视同销售（营业）收入（2+3+4+5+6+7+8+9+10）	350 000	350 000
2	（一）非货币性资产交换视同销售收入		
3	（二）用于市场推广或销售视同销售收入		
4	（三）用于交际应酬视同销售收入		
5	（四）用于职工奖励或福利视同销售收入		
6	（五）用于股息分配视同销售收入		
7	（六）用于对外捐赠视同销售收入		
8	（七）用于对外投资项目视同销售收入		
9	（八）提供劳务视同销售收入	350 000	350 000
10	（九）其他		
11	二、视同销售（营业）成本（12+13+14+15+16+17+18+19+20）	280 000	–280 000
12	（一）非货币性资产交换视同销售成本		
13	（二）用于市场推广或销售视同销售成本		
14	（三）用于交际应酬视同销售成本		
15	（四）用于职工奖励或福利视同销售成本		

续表

行次	项　　目	税收金额	纳税调整金额
		1	2
16	（五）用于股息分配视同销售成本		
17	（六）用于对外捐赠视同销售成本		
18	（七）用于对外投资项目视同销售成本		
19	（八）提供劳务视同销售成本	280 000	–280 000
20	（九）其他		

表9–8　A105070 捐赠支出及纳税调整明细表

行次	项　　目	账载金额	以前年度结转可扣除的捐赠额	按税收规定计算的扣除限额	税收金额	纳税调增金额	纳税调减金额	可结转以后年度扣除的捐赠额
		1	2	3	4	5	6	7
1	一、非公益性捐赠		*	*	*		*	*
2	二、限额扣除的公益性捐赠（3+4+5+6）	350 000		240 000	240 000	110 000		110 000
3	前三年度（　　　　年）	*		*	*	*		*
4	前二年度（　　　　年）	*		*	*	*		
5	前一年度（　　　　年）	*		*	*	*		
6	本　　年（2021 年）	350 000	*	240 000	240 000	110 000	*	110 000
7	三、全额扣除的公益性捐赠		*	*		*	*	*
8	1.							
9	2.							
10	3.		*	*		*	*	*
11	合计（1+2+7）	350 000		240 000	240 000	110 000		110 000
附列资料	2015 年度至本年发生的公益性扶贫捐赠合计金额		*	*		*	*	*

表9–9　A105000 纳税调整项目明细表（部分）

行次	项　　目	账载金额	税收金额	调增金额	调减金额
		1	2	3	4
1	一、收入类调整项目（2+3+...+11）	*	*	350 000	
2	（一）视同销售收入（填写 A105010）	*	350 000	350 000	*

续表

行次	项 目	账载金额	税收金额	调增金额	调减金额
		1	2	3	4
3	（二）未按权责发生制原则确认的收入（填写 A105020）				
12	二、扣除类调整项目（13+14+...+30）	*	*	110 000	350 000
13	（一）视同销售成本（填写 A105010）	*	280 000	*	280 000
14	（二）职工薪酬（填写 A105050）				
15	（三）业务招待费支出				*
16	（四）广告费和业务宣传费支出（填写 A105060）	*	*		
17	（五）捐赠支出（填写 A105070）	350 000	240 000	110 000	
30	（十七）其他	0	70 000		70 000
45	合计（1+12+31+36+44+45）	*	*	460 000	350 000

（五）捐赠额的确定

根据《财政部 税务总局 民政部关于公益性捐赠税前扣除有关事项的公告》（财政部、税务总局、民政部公告2020年第27号）第十三条的规定，除另有规定外，公益性社会组织、县级以上人民政府及其部门等国家机关在接受企业或个人捐赠时，按以下原则确认捐赠额：

（1）接受的货币性资产捐赠，以实际收到的金额确认捐赠额。

（2）接受的非货币性资产捐赠，以其公允价值确认捐赠额。捐赠方在向公益性社会组织、县级以上人民政府及其部门等国家机关捐赠时，应当提供注明捐赠非货币性资产公允价值的证明；不能提供证明的，接受捐赠方不得向其开具捐赠票据。

（六）公益股权捐赠捐赠额的确定

根据《财政部 国家税务总局关于公益股权捐赠企业所得税政策问题的通知》（财税〔2016〕45号）的规定，自2016年1月1日起，企业向公益性社会团体实施的股权捐赠，应按规定视同转让股权，股权转让收入额以企业所捐赠股权取得时的历史成本确定。这里所称的股权，是指企业持有的其他企业的股权、上市公司股票等。

企业实施股权捐赠后，以其股权历史成本为依据确定捐赠额，并依此按照《企业所得税法》有关规定在企业所得税前予以扣除。公益性社会团体接受股权捐赠后，应按照捐赠企业提供的股权历史成本开具捐赠票据。

公益性社会团体，是指注册在中国境内，以发展公益事业为宗旨且不以营利为目的，并经确定为具有接受捐赠税前扣除资格的基金会、慈善组织等公益性社会团体。股权捐赠行为，是指企业向中国境内公益性社会团体实施的股权捐赠行为。企业向中国境外的社会组织或团体实施的股权捐赠行为不适用财税〔2016〕45号文件规定。

捐赠额的确定如图9–3所示。

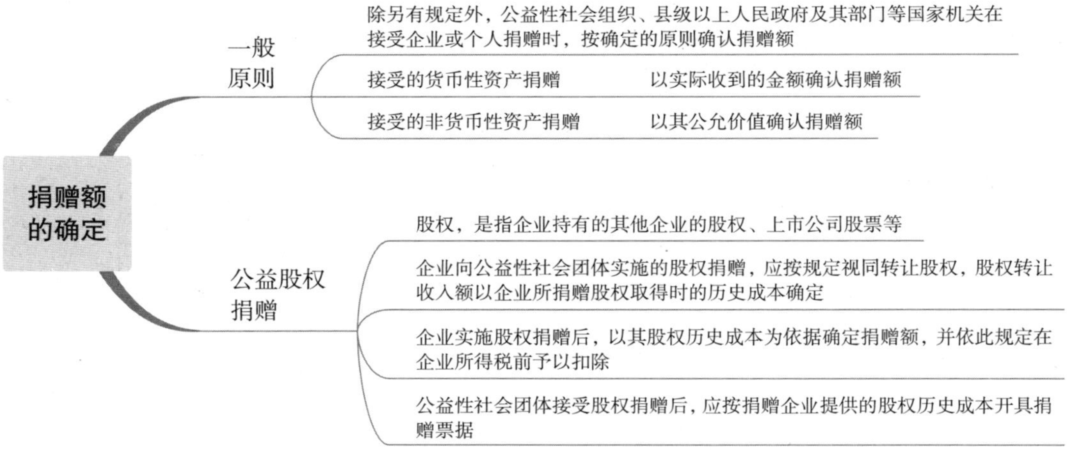

图9–3　捐赠额的确定

二、全额扣除的公益性捐赠

（一）扶贫捐赠

根据《财政部 税务总局 国务院扶贫办关于企业扶贫捐赠所得税税前扣除政策的公告》（财政部、税务总局、国务院扶贫办公告2019年第49号）的规定，自2019年1月1日至2022年12月31日，企业通过公益性社会组织或者县级（含县级）以上人民政府及其组成部门和直属机构，用于目标脱贫地区的扶贫捐赠支出，准予在计算企业所得税应纳税所得额时据实扣除。在政策执行期限内，目标脱贫地区实现脱贫的，可继续适用上述政策。

“目标脱贫地区”包括832个国家扶贫开发工作重点县、集中连片特困地区县（新疆阿克苏地区6县1市享受片区政策）和建档立卡贫困村。

企业在2015年1月1日至2018年12月31日期间已发生的符合上述条件的扶贫捐赠支出，尚未在计算企业所得税应纳税所得额时扣除的部分，可执行上述企业所得税政策。

企业同时发生扶贫捐赠支出和其他公益性捐赠支出，在计算公益性捐赠支出年度扣除限额时，符合上述条件的扶贫捐赠支出不计算在内。

（二）北京2022年冬奥会、冬残奥会、测试赛捐赠

根据《财政部 税务总局 海关总署关于北京2022年冬奥会和冬残奥会税收政策的通知》（财税〔2017〕60号）的规定，对企业、社会组织和团体赞助、捐赠北京2022年冬奥会、冬残奥会、测试赛的资金、物资、服务支出，在计算企业应纳税所得额时予以

全额扣除。

个人捐赠北京2022年冬奥会、冬残奥会、测试赛的资金和物资支出可在计算个人应纳税所得额时予以全额扣除。

企业根据赞助协议向北京冬奥组委免费提供的与北京2022年冬奥会、冬残奥会、测试赛有关的服务，免征增值税。

（三）杭州2022年亚运会捐赠

根据《财政部 税务总局 海关总署关于杭州2022年亚运会和亚残运会税收政策的公告》（财政部、税务总局、海关总署公告2020年第18号）第九条的规定，对企业、社会组织和团体赞助、捐赠杭州2022年亚运会的资金、物资、服务支出，在计算企业应纳税所得额时予以全额扣除。

（四）支持新冠肺炎疫情防控捐赠

根据《财政部 税务总局关于支持新型冠状病毒感染的肺炎疫情防控有关捐赠税收政策的公告》（财政部、税务总局公告2020年第9号）和《财政部 税务总局关于延续实施应对疫情部分税费优惠政策的公告》（财政部、税务总局公告2021年第7号）的规定，自2020年1月1日起至2021年3月31日止，企业和个人通过公益性社会组织或者县级以上人民政府及其部门等国家机关，捐赠用于应对新冠肺炎疫情的现金和物品，允许在计算应纳税所得额时全额扣除。

企业和个人直接向承担疫情防治任务的医院捐赠用于应对新冠肺炎疫情的物品，允许在计算应纳税所得额时全额扣除。捐赠人凭承担疫情防治任务的医院开具的捐赠接收函办理税前扣除事宜。

全额扣除的公益性捐赠如图9-4所示。

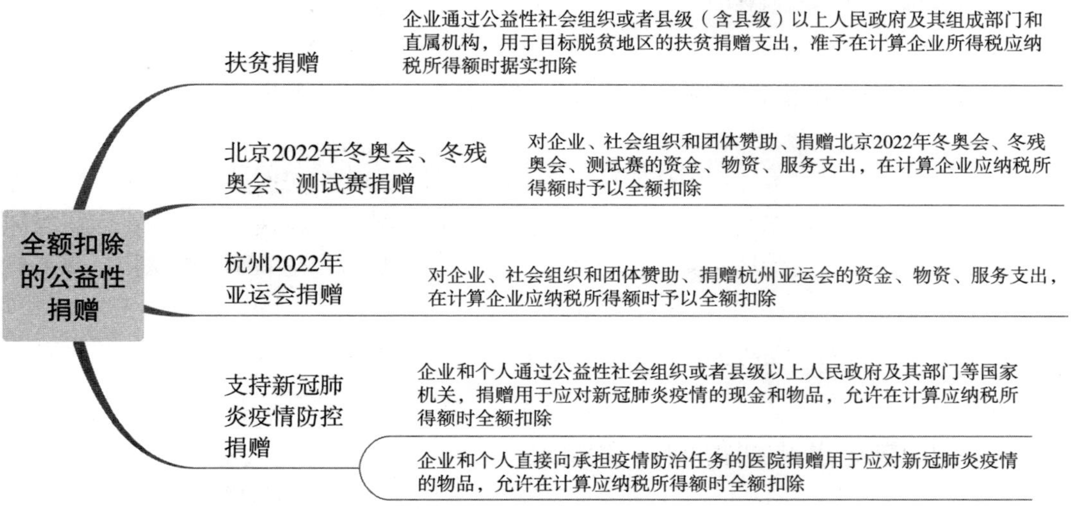

图9-4　全额扣除的公益性捐赠

三、非公益性捐赠不得税前扣除

非公益性捐赠是指公益性捐赠项目以外其他捐赠项目。根据《企业所得税法》第十条的规定，公益性捐赠以外的捐赠支出不得扣除。

四、社会组织注册资金捐赠人的扣除

根据《财政部 税务总局 民政部关于公益性捐赠税前扣除有关事项的公告》（财政部、税务总局、民政部公告2020年第27号）第十二条的规定，公益性社会组织登记成立时的注册资金捐赠人，在该公益性社会组织首次取得公益性捐赠税前扣除资格的当年进行所得税汇算清缴时，可按规定对其注册资金捐赠额进行税前扣除。

五、公益性捐赠的运费、保险费、人工费等相关费用的扣除

2020年新冠肺炎疫情期间，有些纳税人以自产货物、外购货物进行公益捐赠，对有效应对新冠疫情和支持企业复工复产起到了积极作用。纳税人进行公益捐赠活动，有的还发生运费、保险费、装卸费、人工费等相关费用。

对此，根据《国家税务总局关于企业所得税若干政策征管口径问题的公告》（国家税务总局公告2021年第17号）第一条的规定，企业在非货币性资产捐赠过程中发生的运费、保险费、人工费用等相关支出，凡纳入国家机关、公益性社会组织开具的公益捐赠票据记载的数额中的，作为公益性捐赠支出按照规定在税前扣除；上述费用未纳入公益性捐赠票据记载的数额中的，作为企业相关费用按照规定在税前扣除。

但上述费用不得重复税前扣除。

六、公益事业捐赠票据

根据财政部、税务总局、民政部公告2020年第27号第十一条的规定，公益性社会组织、县级以上人民政府及其部门等国家机关在接受捐赠时，应当按照行政管理级次分别使用由财政部或省、自治区、直辖市财政部门监（印）制的公益事业捐赠票据，并加盖本单位的印章。

企业或个人将符合条件的公益性捐赠支出进行税前扣除，应当留存相关票据备查。

七、捐赠支出及纳税调整明细表

《捐赠支出及纳税调整明细表》（A105070，如表9-10所示）按照“非公益性捐

赠”“限额扣除的公益性捐赠”“全额扣除的公益性捐赠”三类捐赠设置填报项目，全面反映捐赠支出及纳税调整、结转情况。

该表适用于发生捐赠支出（含捐赠支出结转）的纳税人填报。纳税人发生相关支出（含捐赠支出结转），无论是否进行纳税调整，均应填报该表。

表9-10　A105070 捐赠支出及纳税调整明细表

行次	项　　目	账载金额	以前年度结转可扣除的捐赠额	按税收规定计算的扣除限额	税收金额	纳税调增金额	纳税调减金额	可结转以后年度扣除的捐赠额
		1	2	3	4	5	6	7
1	一、非公益性捐赠		*	*	*		*	*
2	二、限额扣除的公益性捐赠（3+4+5+6）							
3	前三年度（　　　　年）	*		*	*	*		*
4	前二年度（　　　　年）	*		*	*	*		
5	前一年度（　　　　年）	*		*	*	*		
6	本　　年（　　　　年）		*				*	
7	三、全额扣除的公益性捐赠（8+9+10）		*	*		*	*	*
8	1.							
9	2.							
10	3.		*	*		*	*	*
11	合计（1+2+7）							
附列资料	2015 年度至本年发生的公益性扶贫捐赠合计金额		*	*		*	*	*

八、公益性捐赠税前扣除案例解析

案例9-4　A企业2019—2022年每年发生按限额税前扣除的公益性捐赠支出100万元，会计利润总额分别为500万元、1 000万元、500万元、2 000万元。

2022年A企业发生符合规定的扶贫捐赠现金支出400万元，可限额税前扣除的公益性捐赠支出100万元，非公益性捐赠支出500万元。

要求：对捐赠支出进行纳税调整并填报相关的纳税申报表。

解析：

1. 2019年度。

按税收规定计算的扣除限额为：500×12%=60（万元）。

实际发生的可限额扣除的公益性捐赠支出100万元，当年超标：100-60=40（万元），可结转以后3年内扣除。相关纳税调整表单填报如表9–11、表9–12、表9–13所示。

表9–11　A105070 捐赠支出及纳税调整明细表

行次	项　目		账载金额	以前年度结转可扣除的捐赠额	按税收规定计算的扣除限额	税收金额	纳税调增金额	纳税调减金额	可结转以后年度扣除的捐赠额
			1	2	3	4	5	6	7
1	一、非公益性捐赠		0	*	*	*	0	*	*
2	二、全额扣除的公益性捐赠		0	*	*	0	*	*	*
3	其中：扶贫捐赠			*	*		*	*	*
4	三、限额扣除的公益性捐赠（5+6+7+8）		1 000 000	0	600 000	600 000	400 000	0	400 000
5	前三年度（　　　年）		*		*	*	*		*
6	前二年度（　　　年）		*		*	*	*		
7	前一年度（　　　年）		*		*	*	*		
8	本　　年（2019年）		1 000 000	0	600 000	600 000	400 000	0	400 000
9	合计（1+2+4）		1 000 000	0	600 000	600 000	400 000	0	400 000
附列资料		2015年度至本年发生的公益性扶贫捐赠合计金额		*	*		*	*	*

表9–12　A105000 纳税调整项目明细表（部分）

行次	项　目	账载金额	税收金额	调增金额	调减金额
		1	2	3	4
1	一、收入类调整项目（2+3+4+5+6+7+8+10+11）	*	*		
12	二、扣除类调整项目	*	*	400 000	0
13	（一）视同销售成本（填写A105010）	*		*	
16	（四）广告费和业务宣传费支出（填写A105060）	*	*		
17	（五）捐赠支出（填写A105070）	1 000 000	600 000	400 000	0
21	（九）赞助支出		*		*
31	三、资产类调整项目（31+32+33+34）	*	*		
36	四、特殊事项调整项目（36+37+38+39+40）	*	*		
44	五、特别纳税调整应税所得	*	*		
45	六、其他	*	*		
46	合计（1+12+30+35+44+45）	*	*	400 000	0

表9-13　A100000 中华人民共和国企业所得税年度纳税申报表（A类）(部分)

行次	类　别	项　　目	金　额
13		三、利润总额（10+11-12）	5 000 000
14	应纳税所得额计算	减：境外所得（填写 A108010）	
15		加：纳税调整增加额（填写 A105000）	400 000
16		减：纳税调整减少额（填写 A105000）	
17		减：免税、减计收入及加计扣除（填写 A107010）	
18		加：境外应税所得抵减境内亏损（填写 A108000）	
19		四、纳税调整后所得（13-14+15-16-17+18）	5 400 000
20		减：所得减免（填写 A107020）	
21		减：抵扣应纳税所得额（填写 A107030）	
22		减：弥补以前年度亏损（填写 A106000）	
23		五、应纳税所得额（19-20-21-22）	5 400 000

2. 2020年度。

按税收规定计算的扣除限额为：1 000×12%=120（万元），先扣除上年结转未扣除金额40万元，限额的余额为80万元，因而调减应纳税所得额40万元。

当年实际发生的可限额扣除的公益性捐赠支出100万元，可在限额的余额内扣除80万元，当年超标：100-80=20（万元），可结转以后3年内扣除，因而需调增应纳税所得额20万元。相关纳税调整表单填报如表9-14、表9-15、表9-16所示。

表9-14　A105070 捐赠支出及纳税调整明细表

行次	项　目	账载金额	以前年度结转可扣除的捐赠额	按税收规定计算的扣除限额	税收金额	纳税调增金额	纳税调减金额	可结转以后年度扣除的捐赠额
		1	2	3	4	5	6	7
1	一、非公益性捐赠		*	*	*		*	*
2	二、限额扣除的公益性捐赠（3+4+5+6）	1 000 000	400 000	1 200 000	1 200 000	200 000	400 000	200 000
3	前三年度（　　年）	*		*	*	*		*
4	前二年度（　　年）	*		*	*	*		
5	前一年度（2019 年）	*	400 000	*	*	*	400 000	0

续表

行次	项　　目	账载金额	以前年度结转可扣除的捐赠额	按税收规定计算的扣除限额	税收金额	纳税调增金额	纳税调减金额	可结转以后年度扣除的捐赠额
		1	2	3	4	5	6	7
6	本　　年（2020年）	1 000 000	*	1 200 000	1 200 000	200 000	*	200 000
7	三、全额扣除的公益性捐赠（8+9+10）		*	*		*	*	*
8	1.							
9	2.							
10	3.		*	*		*	*	*
11	合计（1+2+7）	1 000 000	400 000	1 200 000	1 200 000	200 000	400 000	200 000
附列资料	2015年度至本年发生的公益性扶贫捐赠合计金额		*	*		*	*	*

表9-15　A105000 纳税调整项目明细表（部分）

行次	项　　目	账载金额	税收金额	调增金额	调减金额
		1	2	3	4
1	一、收入类调整项目（2+3+4+5+6+7+8+10+11）	*	*		
12	二、扣除类调整项目	*	*	200 000	400 000
13	（一）视同销售成本（填写A105010）	*		*	
16	（四）广告费和业务宣传费支出（填写A105060）	*	*		
17	（五）捐赠支出（填写A105070）	1 000 000	1 200 000	200 000	400 000
21	（九）赞助支出		*		*
31	三、资产类调整项目（31+32+33+34）	*	*		
36	四、特殊事项调整项目（36+37+38+39+40）	*	*		
44	五、特别纳税调整应税所得	*	*		
45	六、其他	*	*		
46	合计（1+12+30+35+44+45）	*	*	200 000	400 000

表9-16　A100000 中华人民共和国企业所得税年度纳税申报表（A类）（部分）

行　次	类　别	项　目	金　额
13		三、利润总额	10 000 000
14	应纳税所得额计算	减：境外所得（填写 A108010）	
15		加：纳税调整增加额（填写 A105000）	200 000
16		减：纳税调整减少额（填写 A105000）	400 000
17		减：免税、减计收入及加计扣除（填写 A107010）	
18		加：境外应税所得抵减境内亏损（填写 A108000）	
19		四、纳税调整后所得（13-14+15-16-17+18）	9 800 000
20		减：所得减免（填写 A107020）	
21		减：抵扣应纳税所得额（填写 A107030）	
22		减：弥补以前年度亏损（填写 A106000）	
23		五、应纳税所得额（19-20-21-22）	9 800 000

3. 2021年度。

2021年度，按税收规定计算的扣除限额为：500×12%=60（万元），先扣除上年结转未扣除金额20万元，限额的余额为40万元，因而调减应纳税所得额20万元。

当年实际发生的可限额扣除的公益性捐赠支出100万元，可在限额的余额内扣除40万元，当年超标：100-40=60（万元），可结转以后3年内扣除，因而需调增应纳税所得额60万元。相关纳税调整表单填报如表9-17、表9-18、表9-19所示。

表9-17　A105070 捐赠支出及纳税调整明细表

行次	项　目	账载金额	以前年度结转可扣除的捐赠额	按税收规定计算的扣除限额	税收金额	纳税调增金额	纳税调减金额	可结转以后年度扣除的捐赠额
		1	2	3	4	5	6	7
1	一、非公益性捐赠		*	*	*		*	*
2	二、限额扣除的公益性捐赠（3+4+5+6）	1 000 000	200 000	600 000	600 000	600 000	200 000	600 000
3	前三年度（　　　年）	*		*	*	*		*
4	前二年度（　　　年）	*		*	*	*		
5	前一年度（2020年）	*	200 000	*	*	*	200 000	0

续表

行次	项　　目	账载金额	以前年度结转可扣除的捐赠额	按税收规定计算的扣除限额	税收金额	纳税调增金额	纳税调减金额	可结转以后年度扣除的捐赠额
		1	2	3	4	5	6	7
6	本　　年（2021 年）	1 000 000	*	600 000	600 000	600 000	*	600 000
7	三、全额扣除的公益性捐赠（8+9+10）		*	*		*	*	*
8	1.							
9	2.							
10	3.		*	*		*	*	*
11	合计（1+2+7）	1 000 000	200 000	600 000	600 000	600 000	200 000	600 000
附列资料	2015 年度至本年发生的公益性扶贫捐赠合计金额		*	*		*	*	*

表9-18　A105000 纳税调整项目明细表

行次	项　　目	账载金额	税收金额	调增金额	调减金额
		1	2	3	4
1	一、收入类调整项目（2+3+4+5+6+7+8+10+11）	*	*		
12	二、扣除类调整项目	*	*	600 000	200 000
13	（一）视同销售成本（填写 A105010）	*		*	
16	（四）广告费和业务宣传费支出（填写 A105060）	*	*		
17	（五）捐赠支出（填写 A105070）	1 000 000	600 000	600 000	200 000
21	（九）赞助支出		*		*
31	三、资产类调整项目（31+32+33+34）	*	*		
36	四、特殊事项调整项目（36+37+38+39+40）	*	*		
44	五、特别纳税调整应税所得	*	*		
45	六、其他	*	*		
46	合计（1+12+30+35+41+42）	*	*	600 000	200 000

表9-19　A100000 中华人民共和国企业所得税年度纳税申报表（A类）（部分）

行　次	类　别	项　目	金　额
13		三、利润总额	5 000 000
14	应纳税所得额计算	减：境外所得（填写 A108010）	
15		加：纳税调整增加额（填写 A105000）	600 000
16		减：纳税调整减少额（填写 A105000）	200 000
17		减：免税、减计收入及加计扣除（填写 A107010）	
18		加：境外应税所得抵减境内亏损（填写 A108000）	
19		四、纳税调整后所得（13–14+15–16–17+18）	5 400 000
20		减：所得减免（填写 A107020）	
21		减：抵扣应纳税所得额（填写 A107030）	
22		减：弥补以前年度亏损（填写 A106000）	
23		五、应纳税所得额（19–20–21–22）	5 400 000

4. 2022年度。

2022年度，按税收规定计算的扣除限额为：2 000×12%=240（万元），先扣除上年结转未扣除金额60万元，限额的余额为180万元，可扣除上年结转待扣除额60万元，因而调减应纳税所得额60万元。

当年实际发生的可限额扣除的公益性捐赠支出100万元，可在限额的余额内扣除100万元。

当年发生符合规定的扶贫捐赠支出400万元，可全额税前扣除。当年发生的非公益性捐赠支出500万元，不得税前扣除，需调增应纳税所得额。

相关纳税调整表单填报如表9–20、表9–21、表9–22所示。

表9–20　A105070 捐赠支出及纳税调整明细表

行次	项　目	账载金额	以前年度结转可扣除的捐赠额	按税收规定计算的扣除限额	税收金额	纳税调增金额	纳税调减金额	可结转以后年度扣除的捐赠额
		1	2	3	4	5	6	7
1	一、非公益性捐赠	5 000 000	*	*	*	5 000 000	*	*
2	二、限额扣除的公益性捐赠（3+4+5+6）	1 000 000	600 000	2 400 000	1 600 000	0	600 000	0
3	前三年度（　　年）	*		*	*	*		*
4	前二年度（　　年）	*		*	*	*		

续表

行次	项目		账载金额	以前年度结转可扣除的捐赠额	按税收规定计算的扣除限额	税收金额	纳税调增金额	纳税调减金额	可结转以后年度扣除的捐赠额
			1	2	3	4	5	6	7
5	前一年度（2021 年）		*	600 000	*	*	*	600 000	0
6	本　　年（2022 年）		1 000 000	*	2 400 000	1 600 000		*	0
7	三、全额扣除的公益性捐赠（8+9+10）		4 000 000	*	*	4 000 000	*	*	*
8	1. 扶贫捐赠		4 000 000		4 000 000	4 000 000	0	0	0
9	2.								
10	3.			*	*		*	*	*
11	合计（1+2+7）		10 000 000	600 000	6 400 000	5 600 000	5 000 000	600 000	0
附列资料		2015 年度至本年发生的公益性扶贫捐赠合计金额	4 000 000	*	*	4 000 000	*	*	*

表9-21　A105000 纳税调整项目明细表（部分）

行次	项　　目	账载金额	税收金额	调增金额	调减金额
		1	2	3	4
1	一、收入类调整项目（2+3+4+5+6+7+8+10+11）	*	*		
12	二、扣除类调整项目	*	*		
13	（一）视同销售成本（填写 A105010）	*		*	
16	（四）广告费和业务宣传费支出（填写 A105060）	*	*		
17	（五）捐赠支出（填写 A105070）	10 000 000	5 600 000	5 000 000	600 000
21	（九）赞助支出		*		*
31	三、资产类调整项目（31+32+33+34）	*	*		
36	四、特殊事项调整项目（36+37+38+39+40）	*	*		
43	五、特别纳税调整应税所得	*	*		
44	六、其他	*	*		
45	合计（1+12+30+35+41+42）	*	*	5 000 000	600 000

表9-22　A100000 中华人民共和国企业所得税年度纳税申报表（A类）（部分）

行　次	类　别	项　目	金　额
13		三、利润总额	20 000 000
14	应纳税所得额计算	减：境外所得（填写 A108010）	
15		加：纳税调整增加额（填写 A105000）	5 000 000
16		减：纳税调整减少额（填写 A105000）	600 000
17		减：免税、减计收入及加计扣除（填写 A107010）	
18		加：境外应税所得抵减境内亏损（填写 A108000）	
19		四、纳税调整后所得（13–14+15–16–17+18）	24 400 000
20		减：所得减免（填写 A107020）	
21		减：抵扣应纳税所得额（填写 A107030）	
22		减：弥补以前年度亏损（填写 A106000）	
23		五、应纳税所得额（19–20–21–22）	24 400 000

第三节　公益性社会组织管理

一、公益慈善事业范围

企业或个人通过公益性社会组织、县级以上人民政府及其部门等国家机关，用于符合法律规定的公益慈善事业捐赠支出，准予按税法规定在计算应纳税所得额时扣除。

这里所称公益慈善事业，应当符合《中华人民共和国公益事业捐赠法》第三条对公益事业范围的规定或者《中华人民共和国慈善法》第三条对慈善活动范围的规定。

（一）公益事业

根据《中华人民共和国公益事业捐赠法》第三条的规定，公益事业是指非营利的下列事项：

（1）救助灾害、救济贫困、扶助残疾人等困难的社会群体和个人的活动；

（2）教育、科学、文化、卫生、体育事业；

（3）环境保护、社会公共设施建设；

（4）促进社会发展和进步的其他社会公共和福利事业。

（二）慈善活动

根据《中华人民共和国慈善法》第三条的规定，慈善活动，是指自然人、法人和其他组织以捐赠财产或者提供服务等方式，自愿开展的下列公益活动：

（1）扶贫、济困；

（2）扶老、救孤、恤病、助残、优抚；

（3）救助自然灾害、事故灾难和公共卫生事件等突发事件造成的损害；

（4）促进教育、科学、文化、卫生、体育等事业的发展；

（5）防治污染和其他公害，保护和改善生态环境；

（6）符合该法规定的其他公益活动。

二、取得公益性捐赠税前扣除资格应符合的条件

公益性社会组织，包括依法设立或登记并按规定条件和程序取得公益性捐赠税前扣除资格的慈善组织、其他社会组织和群众团体。公益性群众团体的公益性捐赠税前扣除资格确认及管理按照《财政部 税务总局关于通过公益性群众团体的公益性捐赠税前扣除有关事项的公告》（财政部、税务总局公告2021年第20号）规定执行。依法登记的慈善组织和其他社会组织的公益性捐赠税前扣除资格确认及管理按《财政部 税务总局 民政部关于公益性捐赠税前扣除有关事项的公告》（财政部、税务总局、民政部公告2020年第27号）规定执行。

根据《社会团体登记管理条例》（国务院令〔1998〕第250号）的规定，社会团体，是指中国公民自愿组成，为实现会员共同意愿，按照其章程开展活动的非营利性社会组织。成立社会团体，应当经其业务主管单位审查同意，并依照该条例的规定进行登记。社会团体应当具备法人条件。下列团体不属于该条例规定登记的范围：①参加中国人民政治协商会议的人民团体；②由国务院机构编制管理机关核定，并经国务院批准免于登记的团体；③机关、团体、企业事业单位内部经本单位批准成立、在本单位内部活动的团体。

根据财政部、税务总局、民政部公告2020年第27号第四条的规定，在民政部门依法登记的慈善组织和其他社会组织（以下统称社会组织），取得公益性捐赠税前扣除资格应当同时符合以下规定：

（1）符合《企业所得税法实施条例》第五十二条第一项到第八项规定的条件。

根据《企业所得税法实施条例》第五十二条的规定，公益性社会组织，是指同时符合下列条件的慈善组织以及其他社会组织：

①依法登记，具有法人资格；

②以发展公益事业为宗旨，且不以营利为目的；

③全部资产及其增值为该法人所有；

④收益和营运结余主要用于符合该法人设立目的的事业；

⑤终止后的剩余财产不归属任何个人或者营利组织；

⑥不经营与其设立目的无关的业务；

⑦有健全的财务会计制度；

⑧捐赠者不以任何形式参与该法人财产的分配；

⑨国务院财政、税务主管部门会同国务院民政部门等登记管理部门规定的其他条件。

（2）每年应当在3月31日前按要求向登记管理机关报送经审计的上年度专项信息报告。报告应当包括财务收支和资产负债总体情况、开展募捐和接受捐赠情况、公益慈善事业支出及管理费用情况（包括该条第3项、第4项规定的比例情况）等内容。

首次确认公益性捐赠税前扣除资格的，应当报送经审计的前两个年度的专项信息报告。

（3）具有公开募捐资格的社会组织，前两年度每年用于公益慈善事业的支出占上年总收入的比例均不得低于70%。计算该支出比例时，可以用前三年收入平均数代替上年总收入。

不具有公开募捐资格的社会组织，前两年度每年用于公益慈善事业的支出占上年末净资产的比例均不得低于8%。计算该比例时，可以用前三年年末净资产平均数代替上年末净资产。

（4）具有公开募捐资格的社会组织，前两年度每年支出的管理费用占当年总支出的比例均不得高于10%。

不具有公开募捐资格的社会组织，前两年每年支出的管理费用占当年总支出的比例均不得高于12%。

（5）具有非营利组织免税资格，且免税资格在有效期内。

（6）前两年度未受到登记管理机关行政处罚（警告除外）。

（7）前两年度未被登记管理机关列入严重违法失信名单。

（8）社会组织评估等级为3A以上（含3A）且该评估结果在确认公益性捐赠税前扣除资格时仍在有效期内。

公益慈善事业支出、管理费用和总收入的标准和范围，按照《民政部 财政部 国家税务总局关于印发〈关于慈善组织开展慈善活动年度支出和管理费用的规定〉的通知》（民发〔2016〕189号）关于慈善活动支出、管理费用和上年总收入的有关规定执行。

按照《中华人民共和国慈善法》新设立或新认定的慈善组织，在其取得非营利组织免税资格的当年，只需要符合上述第（1）、（6）、（7）项条件即可。

三、公益性捐赠税前扣除资格的确认与有效期

（一）公益性捐赠税前扣除资格的确认

公益性捐赠税前扣除资格的确认按以下规定执行：

（1）在民政部登记注册的社会组织，由民政部结合社会组织公益活动情况和日常监

督管理、评估等情况，对社会组织的公益性捐赠税前扣除资格进行核实，提出初步意见。根据民政部初步意见，财政部、税务总局和民政部对照相关规定，联合确定具有公益性捐赠税前扣除资格的社会组织名单，并发布公告。

（2）在省级和省级以下民政部门登记注册的社会组织，由省、自治区、直辖市和计划单列市财政、税务、民政部门参照上述第（1）项规定执行。

（3）公益性捐赠税前扣除资格的确认对象包括：

①公益性捐赠税前扣除资格将于当年末到期的公益性社会组织；

②已被取消公益性捐赠税前扣除资格但又重新符合条件的社会组织；

③登记设立后尚未取得公益性捐赠税前扣除资格的社会组织。

（4）每年年底前，省级以上财政、税务、民政部门按权限完成公益性捐赠税前扣除资格的确认和名单发布工作，并按上述第（3）项规定的不同审核对象，分别列示名单及其公益性捐赠税前扣除资格起始时间。

（二）公益性捐赠税前扣除资格的有效期

公益性捐赠税前扣除资格在全国范围内有效，有效期为三年。

“公益性捐赠税前扣除资格将于当年末到期的公益性社会组织”，其公益性捐赠税前扣除资格自发布名单公告的次年1月1日起算。

“已被取消公益性捐赠税前扣除资格但又重新符合条件的社会组织”和“登记设立后尚未取得公益性捐赠税前扣除资格的社会组织”，其公益性捐赠税前扣除资格自发布公告的当年1月1日起算。

四、公益性捐赠税前扣除资格的取消

（一）应当取消公益性捐赠税前扣除资格的情形

财政部、税务总局、民政部公告2020年第27号第七条规定，公益性社会组织存在以下情形之一的，应当取消其公益性捐赠税前扣除资格：

（1）未按该公告规定时间和要求向登记管理机关报送专项信息报告的；

（2）最近一个年度用于公益慈善事业的支出不符合该公告第四条第（三）项规定的；

（3）最近一个年度支出的管理费用不符合该公告第四条第（四）项规定的；

（4）非营利组织免税资格到期后超过六个月未重新获取免税资格的；

（5）受到登记管理机关行政处罚（警告除外）的；

（6）被登记管理机关列入严重违法失信名单的；

（7）社会组织评估等级低于3A或者无评估等级的。

（二）取消资格的当年及之后三年不得重新确认资格的情形

财政部、税务总局、民政部公告2020年第27号第八条规定，公益性社会组织存在以下情形之一的，应当取消其公益性捐赠税前扣除资格，且取消资格的当年及之后三个年度内不得重新确认资格：

（1）违反规定接受捐赠的，包括附加对捐赠人构成利益回报的条件、以捐赠为名从事营利性活动、利用慈善捐赠宣传烟草制品或法律禁止宣传的产品和事项、接受不符合公益目的或违背社会公德的捐赠等情形；

（2）开展违反组织章程的活动，或者接受的捐赠款项用于组织章程规定用途之外的；

（3）在确定捐赠财产的用途和受益人时，指定特定受益人，且该受益人与捐赠人或公益性社会组织管理人员存在明显利益关系的。

（三）应取消且不得重新确认公益性捐赠税前扣除资格的情形

根据财政部、税务总局、民政部公告2020年第27号第九条的规定，公益性社会组织存在以下情形之一的，应当取消其公益性捐赠税前扣除资格且不得重新确认资格：

（1）从事非法政治活动的；

（2）从事、资助危害国家安全或者社会公共利益活动的。

对应当取消公益性捐赠税前扣除资格的公益性社会组织，由省级以上财政、税务、民政部门核实相关信息后，按权限及时向社会发布取消资格名单公告。自发布公告的次月起，相关公益性社会组织不再具有公益性捐赠税前扣除资格。

第四节　通过公益性群众团体的捐赠

一、通过公益性群众团体捐赠税前扣除政策

企业或个人通过公益性群众团体用于符合法律规定的公益慈善事业捐赠支出，准予按税法规定在计算应纳税所得额时扣除。

公益慈善事业，应当符合《中华人民共和国公益事业捐赠法》第三条对公益事业范围的规定或者《中华人民共和国慈善法》第三条对慈善活动范围的规定。

这里所称公益性群众团体，包括依照《社会团体登记管理条例》规定不需进行社团登记的人民团体以及经国务院批准免予登记的社会团体（以下统称群众团体），且按规定条件和程序已经取得公益性捐赠税前扣除资格。

二、群众团体取得公益性捐赠税前扣除资格应符合的条件与资格确认

（一）群众团体取得公益性捐赠税前扣除资格应同时符合的条件

群众团体取得公益性捐赠税前扣除资格应当同时符合以下条件：

（1）符合《企业所得税法实施条例》第五十二条第一项至第八项规定的条件；

（2）县级以上各级机构编制部门直接管理其机构编制；

（3）对接受捐赠的收入以及用捐赠收入进行的支出单独进行核算，且申报前连续3年接受捐赠的总收入中用于公益慈善事业的支出比例不低于70%。

（二）公益性捐赠税前扣除资格的确认

公益性捐赠税前扣除资格的确认按以下规定执行：

（1）由中央机构编制部门直接管理其机构编制的群众团体，向财政部、税务总局报送材料。

（2）由县级以上地方各级机构编制部门直接管理其机构编制的群众团体，向省、自治区、直辖市和计划单列市财政、税务部门报送材料。

（3）对符合条件的公益性群众团体，按照上述管理权限，由财政部、税务总局和省、自治区、直辖市、计划单列市财政、税务部门分别联合公布名单。企业和个人在名单所属年度内向名单内的群众团体进行的公益性捐赠支出，可以按规定进行税前扣除。

（4）公益性捐赠税前扣除资格的确认对象包括：

①公益性捐赠税前扣除资格将于当年末到期的公益性群众团体；

②已被取消公益性捐赠税前扣除资格但又重新符合条件的群众团体；

③尚未取得或资格终止后未取得公益性捐赠税前扣除资格的群众团体。

（5）每年年底前，省级以上财政、税务部门按权限完成公益性捐赠税前扣除资格的确认和名单发布工作，并按规定的不同审核对象，分别列示名单及其公益性捐赠税前扣除资格起始时间。

（三）需报送的材料

需报送的材料，应在申报年度6月30日前报送，包括：

（1）申报报告；

（2）县级以上各级党委、政府或机构编制部门印发的“三定”规定；

（3）组织章程；

（4）申报前3个年度的受赠资金来源、使用情况，财务报告，公益活动的明细，注册会计师的审计报告或注册会计师、（注册）税务师、律师的纳税审核报告（或鉴证报告）。

（四）公益性捐赠税前扣除资格的有效期

公益性捐赠税前扣除资格在全国范围内有效，有效期为三年。

公益性捐赠税前扣除资格将于当年末到期的公益性群众团体，其公益性捐赠税前扣除资格自发布名单公告的次年1月1日起算。已被取消公益性捐赠税前扣除资格但又重新符合条件及尚未取得或资格终止后未取得公益性捐赠税前扣除资格的群众团体，其公益性捐赠税前扣除资格自发布公告的当年1月1日起算。

三、公益事业捐赠票据的开具与留存

公益性群众团体在接受捐赠时，应按照行政管理级次分别使用由财政部或省、自治区、直辖市财政部门监（印）制的公益事业捐赠票据，并加盖本单位的印章；对个人索取捐赠票据的，应予以开具。

企业或个人将符合条件的公益性捐赠支出进行税前扣除，应当留存相关票据备查。

第五节 捐赠支出其他税种的处理

一、对外捐赠的个人所得税处理

（一）公益性捐赠税前扣除政策

1.公益性捐赠税前扣除规定

根据《中华人民共和国个人所得税法》第六条第三款的规定，个人将其所得对教育、扶贫、济困等公益慈善事业进行捐赠，捐赠额未超过纳税人申报的应纳税所得额30%的部分，可以从其应纳税所得额中扣除；国务院规定对公益慈善事业捐赠实行全额税前扣除的，从其规定。这里所称个人将其所得对教育、扶贫、济困等公益慈善事业进行捐赠，根据《个人所得税法实施条例》第十九条的规定，是指个人将其所得通过中国境内的公益性社会组织、国家机关向教育、扶贫、济困等公益慈善事业的捐赠；所称应纳税所得额，是指计算扣除捐赠额之前的应纳税所得额。

根据《财政部 税务总局公益慈善事业捐赠个人所得税政策的公告》（财政部、税务总局公告2019年第99号）第一条的规定，个人通过中华人民共和国境内公益性社会组织、县级以上人民政府及其部门等国家机关，向教育、扶贫、济困等公益慈善事业的捐赠（以下简称公益捐赠），发生的公益捐赠支出，可以按照个人所得税法有关规定在计算应纳税所得额时扣除。境内公益性社会组织，包括依法设立或登记并按规定条件和程序取得公益性捐赠税前扣除资格的慈善组织、其他社会组织和群众团体。

根据《财政部 税务总局关于公共租赁住房税收优惠政策的公告》（财政部、税务总局公告2019年第61号）第五条的规定，2019年1月1日至2020年12月31日，个人捐赠住房作为公租房，符合税收法律法规规定的，对其公益性捐赠支出未超过其申报的应纳税所得额30%的部分，准予从其应纳税所得额中扣除。根据财政部、税务总局公告2021年第6号的规定，该政策执行期限延长至2023年12月31日。

2.公益性捐赠税前扣除的计算

公益性捐赠税前扣除限额的具体计算步骤为：

（1）调整所得额，即将捐赠额加回到应纳税所得额中，计算没有扣除捐赠之前的应纳税所得额。

（2）计算扣除限额，将调整后的所得额乘以30%，计算出扣除限额。

（3）计算扣除额，比较实际捐赠额与扣除限额，以孰低值确定公益性捐赠扣除额。即，个人发生的限额扣除的公益性捐赠不足所得额的30%的，据实扣除；超过30%扣除限额的，按30%限额扣除。

（4）计算应纳税所得额，将调整后的所得额减去法定的公益性捐赠扣除额，其差额为应纳税所得额。

案例9-5·单选 2021年8月，非居民个人大山从中国境内取得翻译收入20 000元，从中拿出5 000元，通过中国境内公益性社会团体捐给了贫困地区，大山就该笔翻译收入应缴纳的个人所得税（不考虑个人所得税以外的其他税费）为（　）元。

A. 1 052　　B. 2 150　　C. 2 240　　D. 1 072

【答案】C

解析：个人向贫困地区的公益性捐赠可以根据税法规定在限额内扣除，捐赠扣除限额=20 000×（1–20%）×30%=4 800（元），实际捐赠额为5 000元，税前准予扣除4 800元。

应缴个人所得税=［20 000×（1–20%）–4 800］×20%=2 240（元）。

（二）公益性捐赠支出捐赠额的确定

1.确认捐赠额的一般原则

根据财政部、税务总局、民政部公告2020年第27号第十三条的规定，除另有规定外，公益性社会组织、县级以上人民政府及其部门等国家机关在接受企业或个人捐赠时，按以下原则确认捐赠额：

（1）接受的货币性资产捐赠，以实际收到的金额确认捐赠额。

（2）接受的非货币性资产捐赠，以其公允价值确认捐赠额。

捐赠方在向公益性社会组织、县级以上人民政府及其部门等国家机关捐赠时，应当提供注明捐赠非货币性资产公允价值的证明；不能提供证明的，接受捐赠方不得向其开具捐赠票据。

2.确定个人所得税捐赠额的具体原则

根据财政部、税务总局公告2019年第99号第二条的规定，个人发生的公益捐赠支出金额，按照以下规定确定：

（1）捐赠货币性资产的，按照实际捐赠金额确定；

（2）捐赠股权、房产的，按照个人持有股权、房产的财产原值确定；

（3）捐赠除股权、房产以外的其他非货币性资产的，按照非货币性资产的市场价格确定。

（三）居民个人公益性捐赠支出的扣除

1. 扣除项目

根据财政部、税务总局公告2019年第99号第三条第（一）项的规定，居民个人发生的公益捐赠支出可以在财产租赁所得、财产转让所得、利息股息红利所得、偶然所得（以下统称其他分类所得）、综合所得或者经营所得中扣除。在当期一个所得项目扣除不完的公益捐赠支出，可以按规定在其他所得项目中继续扣除。

居民个人捐赠当月有多项多次其他分类所得的，应先在其中一项一次分类所得中扣除。已经在其他分类所得中扣除的公益性捐赠支出，不再调整到其他所得中扣除。

2. 扣除限额

根据财政部、税务总局公告2019年第99号第三条第（二）项的规定，居民个人发生的公益捐赠支出，在综合所得、经营所得中扣除的，扣除限额分别为当年综合所得、当年经营所得应纳税所得额的30%；在其他分类所得中扣除的，扣除限额为当月其他分类所得应纳税所得额的30%。

3. 扣除顺序

根据财政部、税务总局公告2019年第99号第三条第（三）项的规定，居民个人根据各项所得的收入、公益性捐赠支出、适用税率等情况，自行决定在综合所得、经营所得、其他分类所得中扣除的公益性捐赠支出的顺序。

4. 综合所得中扣除公益捐赠支出的处理

根据财政部、税务总局公告2019年第99号第四条的规定，居民个人在综合所得中扣除公益性捐赠支出的，应按照以下规定处理：

（1）居民个人取得工资薪金所得的，可以选择在预扣预缴时扣除，也可以选择在年度汇算清缴时扣除。

居民个人选择在预扣预缴时扣除的，应按照累计预扣法计算扣除限额，其捐赠当月的扣除限额为截止当月累计应纳税所得额的30%（全额扣除的从其规定，下同）。个人从两处以上取得工资薪金所得，选择其中一处扣除，选择后当年不得变更。

（2）居民个人取得劳务报酬所得、稿酬所得、特许权使用费所得的，预扣预缴时不扣除公益性捐赠支出，统一在汇算清缴时扣除。

（3）居民个人取得全年一次性奖金、股权激励等所得，且按规定采取不并入综合所得而单独计税方式处理的，公益性捐赠支出扣除比照其他分类所得的扣除规定处理。

（四）经营所得中扣除公益性捐赠支出的处理

根据财政部、税务总局公告2019年第99号第六条的规定，在经营所得中扣除公益性捐赠支出，应按以下规定处理：

1.个体工商户发生的公益性捐赠支出的扣除

个体工商户发生的公益性捐赠支出，在其经营所得中扣除。

根据《国家税务总局个体工商户个人所得税计税办法》（国家税务总局令第35号）第三十六条的规定，个体工商户通过公益性社会团体或者县级以上人民政府及其部门，用于《中华人民共和国公益事业捐赠法》规定的公益事业的捐赠，捐赠额不超过其应纳税所得额30%的部分可以据实扣除。财政部、国家税务总局规定可以全额在税前扣除的捐赠支出项目，按有关规定执行。个体工商户直接对受益人的捐赠不得扣除。公益性社会团体的认定，按照财政部、国家税务总局、民政部有关规定执行。

2.个人独资、合伙企业发生捐赠支出的扣除

个人独资企业、合伙企业发生的公益捐赠支出，其个人投资者应当按照捐赠年度合伙企业的分配比例（个人独资企业分配比例为100%），计算归属于每一个人投资者的公益捐赠支出，个人投资者应将其归属的个人独资企业、合伙企业公益性捐赠支出和本人需要在经营所得扣除的其他公益性捐赠支出合并，在其经营所得中扣除。

3.经营所得扣除捐赠支出的时点

在经营所得中扣除公益性捐赠支出的，可以选择在预缴税款时扣除，也可以选择在汇算清缴时扣除。

4.经营所得核定征收的不得扣除公益性捐赠支出

经营所得采取核定征收方式的，不扣除公益性捐赠支出。

（五）非居民个人发生公益性捐赠支出的扣除

根据财政部、税务总局公告2019年第99号第七条的规定，非居民个人发生的公益性捐赠支出，未超过其在公益性捐赠支出发生的当月应纳税所得额30%的部分，可以从其应纳税所得额中扣除。扣除不完的公益性捐赠支出，可以在经营所得中继续扣除。

（六）公益性捐赠支出的追补扣除

根据财政部、税务总局公告2019年第99号第五条的规定，居民个人发生的公益性捐赠支出，可在捐赠当月取得的其他分类所得中扣除。当月其他分类所得应扣除未扣除的公益性捐赠支出，可以按照以下规定追补扣除：

（1）扣缴义务人已经代扣但尚未解缴税款的，居民个人可以向扣缴义务人提出追补扣除申请，退还已扣税款。

（2）扣缴义务人已经代扣且解缴税款的，居民个人可以在公益捐赠之日起90日内提请扣缴义务人向征收税款的税务机关办理更正申报追补扣除，税务机关和扣缴义务人应当予以办理。

（3）居民个人自行申报纳税的，可以在公益捐赠之日起90日内向主管税务机关办理更正申报追补扣除。

根据财政部、税务总局公告2019年第99号第七条的规定，非居民个人按规定可以在应纳税所得额中扣除公益性捐赠支出而未实际扣除的，可按照该公告第五条的上述规定追补扣除。

（七）捐赠扣除票据与手续

根据财政部、税务总局、民政部公告2020年第27号第十一条的规定，公益性社会组织、县级以上人民政府及其部门等国家机关在接受捐赠时，应当按照行政管理级次分别使用由财政部或省、自治区、直辖市财政部门监（印）制的公益事业捐赠票据，并加盖本单位的印章。企业或个人将符合条件的公益性捐赠支出进行税前扣除，应当留存相关票据备查。

根据财政部、税务总局公告2019年第99号第九条的规定，公益性社会组织、国家机关在接受个人捐赠时，应当按照规定开具捐赠票据；个人索取捐赠票据的，应予以开具。个人发生公益捐赠时不能及时取得捐赠票据的，可以暂时凭公益捐赠银行支付凭证扣除，并向扣缴义务人提供公益捐赠银行支付凭证复印件。个人应在捐赠之日起90日内向扣缴义务人补充提供捐赠票据，如果个人未按规定提供捐赠票据的，扣缴义务人应在30日内向主管税务机关报告。机关、企事业单位统一组织员工开展公益捐赠的，纳税人可以凭汇总开具的捐赠票据和员工明细单扣除。

根据财政部、税务总局公告2019年第99号第十条的规定，个人通过扣缴义务人享受公益性捐赠扣除政策，应当告知扣缴义务人符合条件可扣除的公益捐赠支出金额，并提供捐赠票据的复印件，其中捐赠股权、房产的还应出示财产原值证明。扣缴义务人应当按照规定在预扣预缴、代扣代缴税款时予以扣除，并将公益性捐赠扣除金额告知纳税人。个人自行办理或扣缴义务人为个人办理公益捐赠扣除的，应当在申报时一并报送《个人所得税公益慈善事业捐赠扣除明细表》。个人应留存捐赠票据，留存期限为五年。

根据《财政部 税务总局关于支持新型冠状病毒感染的肺炎疫情防控有关捐赠税收政策的公告》（财政部、税务总局公告2020年第9号）第二条的规定，企业和个人直接向承担疫情防治任务的医院捐赠用于应对新冠肺炎疫情的物品，允许在计算应纳税所得额时全额扣除。捐赠人凭承担疫情防治任务的医院开具的捐赠接收函办理税前扣除事宜。

（八）限额扣除与全额扣除的扣除顺序

根据财政部、税务总局公告2019年第99号第八条的规定，国务院规定对公益性捐赠全额税前扣除的，按照规定执行。个人同时发生按30%扣除和全额扣除的公益性捐赠支出，自行选择扣除次序。

（九）全额扣除的公益性捐赠支出项目

1. 北京2022年冬奥会和冬残奥会捐赠

根据《财政部 税务总局 海关总署关于北京2022年冬奥会和冬残奥会税收政策的

通知》（财税〔2017〕60号）的规定，个人捐赠北京2022年冬奥会、冬残奥会、测试赛的资金和物资支出可在计算个人应纳税所得额时予以全额扣除。

2. 支持新冠肺炎疫情防控捐赠

根据《财政部 税务总局关于支持新型冠状病毒感染的肺炎疫情防控有关捐赠税收政策的公告》（财政部 税务总局公告2020年第9号）的规定，企业和个人通过公益性社会组织或者县级以上人民政府及其部门等国家机关，捐赠用于应对新冠肺炎疫情的现金和物品，允许在计算应纳税所得额时全额扣除。

企业和个人直接向承担疫情防治任务的医院捐赠用于应对新冠肺炎疫情的物品，允许在计算应纳税所得额时全额扣除。捐赠人凭承担疫情防治任务的医院开具的捐赠接收函办理税前扣除事宜。

3. 对公益性青少年活动场所的捐赠

根据《财政部 国家税务总局关于对青少年活动场所、电子游戏厅有关所得税和营业税政策问题的通知》（财税〔2000〕21号）的规定，自2000年1月1日起，个人通过非营利性的社会团体和国家机关对公益性青少年活动场所（其中包括新建）的捐赠，在缴纳个人所得税前准予全额扣除。

公益性青少年活动场所，是指专门为青少年学生提供科技、文化、德育、爱国主义教育、体育活动的青少年宫、青少年活动中心等校外活动的公益性场所。

4. 对老年服务机构的捐赠

根据《财政部 国家税务总局关于对老年服务机构有关税收政策问题的通知》（财税〔2000〕97号）的规定，自2000年10月1日起，对个人通过非营利性的社会团体和政府部门向福利性、非营利性的老年服务机构的捐赠，在缴纳个人所得税前准予全额扣除。

这里所称老年服务机构，是指专门为老年人提供生活照料、文化、护理、健身等多方面服务的福利性、非营利性的机构，主要包括：老年社会福利院、敬老院（养老院）、老年服务中心、老年公寓（含老年护理院、康复中心、托老所）等。

5. 通过宋庆龄基金会等6家单位的捐赠

根据《财政部 国家税务总局关于向宋庆龄基金会等6家单位捐赠所得税政策问题的通知》（财税〔2004〕172号）的规定，自2004年1月1日起，对个人等社会力量，通过宋庆龄基金会、中国福利会、中国残疾人福利基金会、中国扶贫基金会、中国煤矿尘肺病治疗基金会、中华环境保护基金会用于公益救济性的捐赠，准予在缴纳个人所得税前全额扣除。

6. 通过中国医药卫生事业发展基金会的捐赠

根据《财政部 国家税务总局关于中国医药卫生事业发展基金会捐赠所得税政策问题的通知》（财税〔2006〕67号）的规定，自2006年1月1日起，对个人等社会力量，通过中国医药卫生事业发展基金会用于公益救济性捐赠，准予在缴纳个人所得税前全额扣除。

7. 通过中国老龄事业发展基金会等8家单位的公益捐赠

《财政部 国家税务总局关于中国老龄事业发展基金会等8家单位捐赠所得税政策问

题的通知》(财税〔2006〕66号)的规定，自2006年1月1日起，对个人等社会力量，通过中国老龄事业发展基金会、中国华文教育基金会、中国绿化基金会、中国妇女发展基金会、中国关心下一代健康体育基金会、中国生物多样性保护基金会、中国儿童少年基金会和中国光彩事业基金会用于公益救济性捐赠，准予在缴纳个人所得税前全额扣除。

8. 向中华快车基金会等5家单位的捐赠

为支持我国农村医疗卫生、经济科学教育、慈善、法律援助和见义勇为等社会公益事业的发展，《财政部 国家税务总局关于向中华健康快车基金会等5家单位的捐赠所得税税前扣除问题的通知》(财税〔2003〕204号)规定，自2003年1月1日起，对个人等社会力量向中华健康快车基金会和孙冶方经济科学基金会、中华慈善总会、中国法律援助基金会和中华见义勇为基金会的捐赠，准予在缴纳个人所得税前全额扣除。

9. 向农村义务教育或教育事业的捐赠

根据《财政部 国家税务总局关于纳税人向农村义务教育捐赠有关所得税政策的通知》(财税〔2001〕103号)的规定，自2001年7月1日起，个人通过非营利性的社会团体和国家机关向农村义务教育的捐赠，准予在缴纳个人所得税前的所得额中全额扣除。

这里所称农村义务教育的范围，是指政府和社会力量举办的农村乡镇(不含县和县级市政府所在地的镇)、村的小学和初中以及属于这一阶段的特殊教育学校。纳税人对农村义务教育与高中在一起的学校的捐赠，也享受财税〔2001〕103号文件规定的所得税前扣除政策。

接受捐赠或办理转赠的非营利的社会团体和国家机关，应按照财务隶属关系分别使用由中央或省级财政部门统一印(监)制的捐赠票据，并加盖接受捐赠或转赠单位的财务专用印章。税务机关据此对捐赠个人进行税前扣除。

根据《财政部 国家税务总局关于教育税收政策的通知》(财税〔2004〕39号)的规定，个人通过中国境内非营利性的社会团体、国家机关向教育事业的捐赠，准予在个人所得税前全额扣除。

10. 对中国教育发展基金会的捐赠

根据《财政部 国家税务总局关于中国教育发展基金会捐赠所得税政策问题的通知》(财税〔2006〕68号)的规定，自2006年1月1日起，对个人等社会力量，通过中国教育发展基金会用于公益救济性捐赠，准予在缴纳个人所得税前全额扣除。

(十)公益慈善事业捐赠扣除明细表及其填报

《个人所得税公益慈善事业捐赠扣除明细表》(见表9-23)适用于个人发生符合条件的公益慈善事业捐赠，进行个人所得税前扣除时填报。扣缴义务人办理扣缴申报、纳税人办理自行申报时一并报送。以纸质方式报送该表的，应当一式两份，纳税人或者扣缴义务人、税务机关各留存一份。

表9-23　个人所得税公益慈善事业捐赠扣除明细表

捐赠年度：　　　年

纳税人姓名：　　　　　　　　　　纳税人识别号：□□□□□□□□□□□□□□□□□□□□□□－□□

扣缴义务人名称：　　　　　　　　扣缴义务人纳税人识别号：□□□□□□□□□□□□□□□□□□□□□□

金额单位：人民币元（列至角分）

<table>
<tr><th rowspan="2">序号</th><th colspan="7">捐赠信息</th><th colspan="4">扣除信息</th><th rowspan="2">备注</th></tr>
<tr><th>纳税人姓名</th><th>纳税人识别号</th><th>受赠单位名称</th><th>受赠单位纳税人识别号（统一社会信用代码）</th><th>捐赠凭证号</th><th>捐赠日期</th><th>捐赠金额</th><th>扣除比例</th><th>扣除所得项目</th><th>税款所属期</th><th>扣除金额</th></tr>
<tr><td>1</td><td>2</td><td>3</td><td>4</td><td>5</td><td>6</td><td>7</td><td>8</td><td>9</td><td>10</td><td>11</td><td>12</td><td>13</td></tr>
<tr><td></td><td></td><td></td><td></td><td></td><td></td><td></td><td></td><td></td><td></td><td></td><td></td><td></td></tr>
<tr><td></td><td></td><td></td><td></td><td></td><td></td><td></td><td></td><td></td><td></td><td></td><td></td><td></td></tr>
<tr><td></td><td></td><td></td><td></td><td></td><td></td><td></td><td></td><td></td><td></td><td></td><td></td><td></td></tr>
<tr><td></td><td></td><td></td><td></td><td></td><td></td><td></td><td></td><td></td><td></td><td></td><td></td><td></td></tr>
<tr><td></td><td></td><td></td><td></td><td></td><td></td><td></td><td></td><td></td><td></td><td></td><td></td><td></td></tr>
<tr><td colspan="13">谨承诺：此表是根据国家税收法律法规及相关规定填报的，是真实的、可靠的、完整的。

纳税人或扣缴义务人负责人签字：　　　年　　月　　日</td></tr>
<tr><td colspan="7">经办人签字：
经办人身份证件号码：
代理机构签章：
代理机构统一社会信用代码：</td><td colspan="6">受理人：

受理税务机关（章）：

受理日期：年月日</td></tr>
</table>

国家税务总局监制

二、对外捐赠的增值税处理

（一）对外捐赠视同销售

根据《增值税暂行条例实施细则》第四条的规定，单位或个体经营者的下列行为，视同销售货物：

（1）将货物交付他人代销；

（2）销售代销货物；

（3）设有两个以上机构并实行统一核算的纳税人，将其货物从一个机构移送其他机构用于销售，但相关机构设在同一县（市）的除外；

（4）将自产、委托加工或购买的货物作为投资，提供给其他单位或个体经营者；

（5）将自产、委托加工或购买的货物分配给股东或投资者；

（6）将自产、委托加工的货物用于集体福利或个人消费；

（7）将自产、委托加工或购买的货物无偿赠送他人。

根据《营业税改征增值税试点实施办法》（财税〔2016〕36号文件附件1）第十四条的规定，下列情形视同销售服务、无形资产或者不动产：

（1）单位或者个体工商户向其他单位或者个人无偿提供服务，但用于公益事业或者以社会公众为对象的除外；

（2）单位或者个人向其他单位或者个人无偿转让无形资产或者不动产，但用于公益事业或者以社会公众为对象的除外；

（3）财政部和国家税务总局规定的其他情形。

（二）对外捐赠免征增值税的特殊规定

除另有规定外，单位或者个体工商户将货物对外捐赠应视同销售缴纳增值税。单位或者个体工商户将无形资产、不动产和金融商品对外捐赠，应按销售缴纳增值税。

根据《财政部 税务总局 国务院扶贫办关于扶贫货物捐赠免征增值税政策的公告》（财政部、税务总局、国务院扶贫办公告2019年第55号）第一条的规定，自2019年1月1日至2022年12月31日，对单位或者个体工商户将自产、委托加工或购买的货物通过公益性社会组织、县级及以上人民政府及其组成部门和直属机构，或直接无偿捐赠给目标脱贫地区的单位和个人，免征增值税。在政策执行期限内，目标脱贫地区实现脱贫的，可继续适用上述政策。“目标脱贫地区”包括832个国家扶贫开发工作重点县、集中连片特困地区县（新疆阿克苏地区6县1市享受片区政策）和建档立卡贫困村。

三、对外捐赠的土地增值税处理

（一）不征土地增值税的捐赠

对转让房地产并取得收入的征收土地增值税，对发生转让行为，而未取得收入的除另有规定外不征税。如通过继承、赠与方式转让房地产的，虽然发生了转让行为，但未取得收入，除另有规定外，不应征收土地增值税。

根据《财政部 国家税务总局关于土地增值税一些具体问题规定的通知》（财税字〔1995〕48号）第四条的规定，不征土地增值税的“赠与”是指如下情况：

（1）房产所有人、土地使用权所有人将房屋产权、土地使用权赠与直系亲属或承担直接赡养义务人的。

（2）房产所有人、土地使用权所有人通过中国境内非营利的社会团体、国家机关将房屋产权、土地使用权赠与教育、民政和其他社会福利、公益事业的。

（二）捐赠视同销售土地增值税的情形

根据《国家税务总局关于房地产开发企业土地增值税清算管理有关问题的通知》

（国税发〔2006〕187号）第三条的规定，房地产开发企业将开发产品用于职工福利、奖励、对外投资、分配给股东或投资人、抵偿债务、换取其他单位和个人的非货币性资产等，发生所有权转移时应视同销售房地产，其收入按下列方法和顺序确认：

（1）按本企业在同一地区、同一年度销售的同类房地产的平均价格确定；

（2）由主管税务机关参照当地当年、同类房地产的市场价格或评估价值确定。

房地产开发企业将开发的部分房地产转为企业自用或用于出租等商业用途时，如果产权未发生转移，不征收土地增值税，在税款清算时不列收入，不扣除相应的成本和费用。

第六节　风险识别与应对

一、结转扣除的捐赠异常风险

（一）风险指标与描述

识别指标：当年表A105070第2行第2列＞0，前一年表A105070第2行第5列的纳税调增金额＞0，当年表A105070第2行第2列－前一年表A105070第2行第5列的纳税调增金额＜0。

可能存在当年度多结转扣除公益捐赠的风险。

（二）风险应对

充分利用风险管理系统开展全面的分析工作，结合金税三期综合征管软件中的纳税人信息、以前年度结转可扣除的捐赠额、上年度纳税调增金额等数据，对可能存在多结转扣除公益性捐赠的风险进行全面分析，再根据情况确定是否需要纳税人提供资料或者开展实地检查，并根据获取的资料或者实地检查结果进行相应的处理。

该项目应对主要包括以下内容：

—核查企业基础登记信息和认定信息的准确性。

—核查接受捐赠的公益性社会团体是否具备接受捐赠税前扣除资格。

—核查企业取得的捐赠票据是否符合规定。

—存在少缴纳税款情形的，通知纳税人补缴并按规定加收滞纳金。

二、公益性捐赠纳税调整异常风险

（一）风险指标与描述

识别指标：疑点金额=（营业外支出－捐赠支出+用于对外捐赠视同销售收入－用于

对外捐赠视同销售成本）－税法规定予以全额税前扣除的公益性捐赠－捐赠支出调增金额－利润总额 ×12%＞0。

本指标主要反映企业捐赠扣除额是否超过年度利润总额12%，疑点金额大于0则可能存在捐赠支出调增不足的风险。

（二）风险应对

充分利用风险管理系统开展全面的分析工作，结合金税三期综合征管软件中的纳税人信息、利润总额、营业外支出—捐赠支出、用于对外捐赠视同销售收入、用于对外捐赠视同销售成本、税法规定予以全额税前扣除的公益性捐赠等数据，对企业可能存在公益性捐赠支出纳税调增风险进行全面分析，初步确定纳税人申报表填写错误还是政策适用错误，再根据情况确定是否需要纳税人提供资料或者开展实地检查，并根据获取的资料或者实地检查结果进行相应的处理。

该项目应对主要包括以下内容：

—核查企业基础登记信息和认定信息的准确性。

—核查企业公益性捐赠税前扣除额是否超过年度利润总额12%。

—核查接受捐赠的公益性社会团体是否具有接受捐赠税前扣除资格。

—核查企业取得的捐赠票据凭证是否符合规定。

—存在少缴纳税款情形的，通知纳税人补缴并按规定加收滞纳金。

TAXING

第十章

资产折旧、摊销纳税调整及其风险识别与应对

Tax Adjustments of
Enterprise
Income Tax

资产折旧、摊销的纳税调整包括固定资产折旧的纳税调整、无形资产摊销的纳税调整、长期待摊费用的纳税调整、开采油（气）资源费用和折耗摊销折旧的纳税调整以及税收风险识别与应对等。本章的主要内容如图10-1所示。

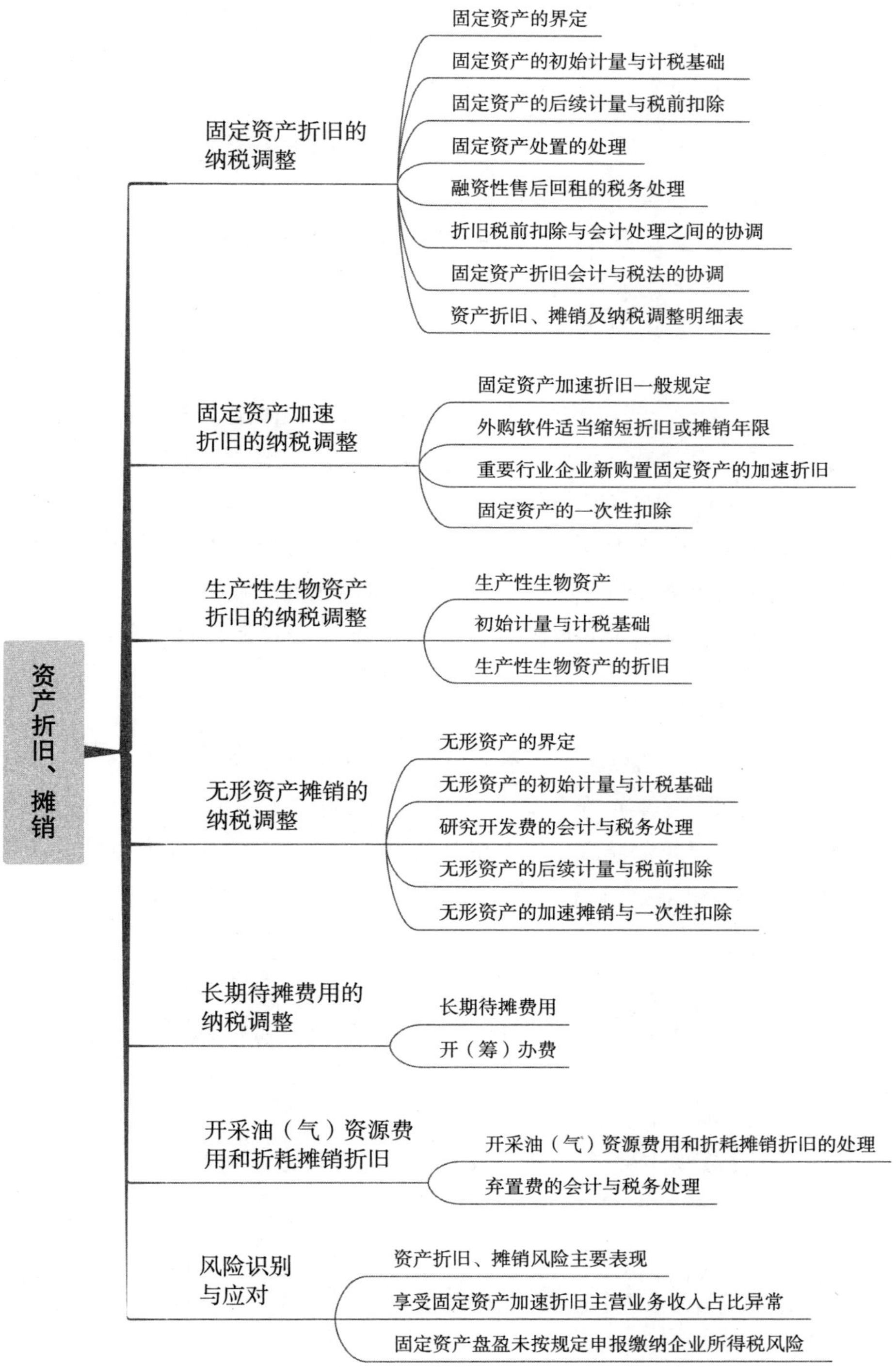

图10-1　资产折旧、摊销纳税调整

第一节　固定资产折旧的纳税调整

一、固定资产的界定

（一）会计处理

根据《企业会计准则第4号——固定资产》（以下简称固定资产准则）的规定，固定资产是指同时具有下列特征的有形资产：

（1）为生产商品、提供劳务、出租或者经营管理而持有；

（2）使用寿命超过一个会计年度。

使用寿命是指企业使用固定资产的预计期间，或者该固定资产所能生产产品或提供劳务的数量。

出租固定资产是指以经营租赁方式出租的机器设备类固定资产，不包括以经营租赁方式出租的不动产，后者属于企业会计准则上的投资性房地产，不属于企业会计准则所界定的固定资产。会计上固定资产也不包括生物资产。

此外，根据《企业会计准则应用指南——会计科目和主要账务处理》的规定，“固定资产”科目核算企业持有的固定资产原价。建造承包商的临时设施，以及企业购置计算机硬件所附带的、未单独计价的软件，也通过“固定资产”科目核算。

（二）税务处理

现行税制对固定资产的界定，在不同的税种税法中有不同的表述。

根据《企业所得税法实施条例》第五十七条的规定，固定资产，是指企业为生产产品、提供劳务、出租或者经营管理而持有的、使用时间超过12个月的非货币性资产，包括房屋、建筑物、机器、机械、运输工具以及其他与生产经营活动有关的设备、器具、工具等。

固定资产准则强调“使用寿命超过一个会计年度”，而企业所得税法上表述为“使用时间超过12个月”；前者指的是“有形资产”，后者指的是“非货币性资产”。企业所得税法上的固定资产含“以经营租赁方式出租的房屋、建筑物”，在企业会计准则上则称为投资性房地产，而不称其为固定资产。

根据《增值税暂行条例实施细则》第二十一条的规定，固定资产，是指使用期限超过12个月的机器、机械、运输工具以及其他与生产经营有关的设备、工具、器具等。

二、固定资产的初始计量与计税基础

固定资产的初始计量，是指确定固定资产的取得成本。会计上固定资产应当按照成本进行初始计量。

（一）外购的固定资产

根据固定资产准则的规定，外购固定资产的成本，包括购买价款、相关税费、使固定资产达到预定可使用状态前所发生的可归属于该项资产的运输费、装卸费、安装费和专业人员服务费等。以一笔款项购入多项没有单独标价的固定资产，应当按照各项固定资产公允价值比例对总成本进行分配，分别确定各项固定资产的成本。

对增值税一般纳税人购进（包括接受捐赠、实物投资）或自制（包括扩建、安装）固定资产发生的进项税额，如果允许抵扣的，不再构成固定资产的成本。

购买固定资产的价款超过正常信用条件延期支付，实质上具有融资性质的，固定资产的成本以购买价款的现值为基础确定。实际支付的价款与购买价款的现值之间的差额，除按照《企业会计准则第17号——借款费用》（以下简称借款费用准则）应予资本化的以外，应当在信用期间内计入当期损益（财务费用）。

《小企业会计准则》则规定，固定资产应当按照成本进行计量。外购固定资产的成本包括：购买价款、相关税费、运输费、装卸费、保险费、安装费等，但不含按照税法规定可以抵扣的增值税进项税额。以一笔款项购入多项没有单独标价的固定资产，应当按照各项固定资产或类似资产的市场价格或评估价值比例对总成本进行分配，分别确定各项固定资产的成本。

而外购的固定资产，以购买价款和支付的相关税费以及直接归属于使该资产达到预定用途发生的其他支出为计税基础。

案例10–1　2×19年1月1日，甲上市公司从乙公司购入一台需要安装的设备。合同约定采用分期付款方式支付价款。设备款90万元，首期款15万元于2×19年1月1日支付，余款在2×19年至2×23年5年内平均支付，每年的付款日期均为12月31日。

2×19年1月1日，设备如期运抵甲公司并开始安装，发生运杂费和相关税费16万元，用银行存款付讫。2×19年12月31日，设备达到预定可使用状态，发生安装费4万元。已用银行存款付讫。假定折现率为10%，不考虑增值税。

要求：进行相关的会计处理与纳税调整。

解析：

（1）购买价款的现值：15+15×（P/A，10%，5）=15+15×3.790 8=15+56.862=71.862（万元）。

会计处理：

借：在建工程	718 620	
未确认融资费用	181 380	
贷：长期应付款		900 000

税务处理：在建工程的计税基础为90万元。

2×19年1月1日，支付首付款15万元：

借：长期应付款　　150 000

　贷：银行存款　　150 000

2×19年1月1日支付运杂费及相关税费16万元：

借：在建工程　　160 000

　贷：银行存款　　160 000

税务处理：支付的运杂费及相关税费16万元，增加在建工程的计税基础，新的累计计税基础为106万元。

（2）确定未确认融资费用分摊额（见表10–1）。

表10–1

日　期	分期付款额	确认的融资费	应付本金减少额	应付本金余额
①	②	③＝期初⑤ ×10%	④＝②－③	期末⑤＝期初⑤－④
2×19.1.1				568 620.00
2×19.12.31	150 000	56 862.00	93 138.00	475 482.00
2×20.12.31	150 000	47 548.20	102 451.80	373 030.20
2×21.12.31	150 000	37 303.02	112 696.98	260 333.22
2×22.12.31	150 000	26 033.32	123 966.68	136 366.54
2×23.12.31	150 000	13 633.46[1]	136 366.54	0
合　计	750 000			

（3）设备安装期间，未确认融资费用的分摊额符合资本化条件，计入固定资产成本。

2×19年12月31日，会计处理：

借：在建工程　　56 862

　贷：未确认融资费用　　56 862

支付价款时：

借：长期应付款　　150 000

　贷：银行存款　　150 000

支付安装费时：

借：在建工程　　40 000

　贷：银行存款　　40 000

固定资产成本：71.862+16+5.6862+4=97.5482（万元）。

［1］由于计算造成误差。

借：固定资产　975 482

　贷：在建工程　975 482

税务处理：支付的安装费4万元，增加固定资产的计税基础，新的计税基础为110万元；而会计成本为97.548 2万元，会计账面价值小于计税基础产生可抵扣暂时性差异。以后使用固定资产期间税法折旧大于会计折旧的金额，应当分期调减应纳税所得额。

（4）由于2×19年12月该设备已经达到预定可使用状态，2×20—2×23年未确认融资费用的分摊不再符合资本化条件，应计入当期损益。

2×20年底，会计处理为：

借：财务费用　47 548.2

　贷：未确认融资费用　47 548.2

借：长期应付款　150 000

　贷：银行存款　150 000

税务处理：由于固定资产计税基础大于账面价值的金额，已通过固定资产折旧方式获得扣除，因此，未确认融资费用转入财务费用科目的金额不得重复扣除。

2×21年底会计处理为：

借：财务费用　37 303.02

　贷：未确认融资费用　37 303.02

借：长期应付款　150 000

　贷：银行存款　150 000

2×22年底财务处理为：

借：财务费用　26 033.32

　贷：未确认融资费用　26 033.32

借：长期应付款　150 000

　贷：银行存款　150 000

2×23年底财务处理为：

借：财务费用　13 633.46

　贷：未确认融资费用　13 633.46

借：长期应付款　150 000

　贷：银行存款　150 000

（二）自行建造的固定资产

1. 会计处理

根据固定资产准则的规定，自建固定资产的成本，由建造该项资产达到预定可使用状态前所发生的必要支出构成。包括工程用物资成本、人工成本、交纳的相关税费、应予资本化的借款费用以及应分摊的间接费用等。

《小企业会计准则》规定，自行建造固定资产的成本，由建造该项资产在竣工决算前发生的支出（含相关的借款费用）构成。小企业在建工程在试运转过程中形成的产品、副产品或试车收入冲减在建工程成本。

2. 税务处理

自行建造的固定资产，以竣工结算前发生的支出为计税基础；改建的固定资产，除租入固定资产的改建支出与固定资产大修理支出作为长期待摊费用按照规定摊销扣除外，以改建过程中发生的改建支出增加计税基础。

企业会计准则上自建固定资产的成本归集到固定资产达到预定可使用前为止；而税务上的计税基础归集到竣工结算为止。

（三）盘盈的固定资产

1. 会计处理

固定资产准则规定，盘盈的固定资产，作为前期差错处理，在按管理权限报经批准处理后，通过"以前年度损益调整"科目核算。而原会计制度规定，盘盈的固定资产在盘点当期入账，同时增加当期的营业外收入。

盘亏的固定资产，通过"待处理财产损溢——待处理固定资产损溢"科目核算，盘亏造成的损失通过"营业外支出"科目核算，计入当期损益。

《小企业会计准则》规定，盘盈固定资产的成本，应当按照同类或者类似固定资产的市场价格或评估价值，扣除按照该项固定资产新旧程度估计的折旧后的余额确定。

2. 税务处理

盘盈的固定资产，以同类固定资产的重置完全价值为计税基础。在税务上计入盘盈当期的"收入总额"。

（四）融资租入的固定资产

1. 会计处理

融资租赁，是指实质上转移了与资产所有权有关的全部风险和报酬的租赁。

根据《小企业会计准则》规定，融资租入的固定资产的成本，应当按照租赁合同约定的付款总额和在签订租赁合同过程中发生的相关税费等确定。

2. 税务处理

《企业所得税法实施条例》第五十八条第三项规定，融资租入的固定资产，以租赁合同约定的付款总额和承租人在签订租赁合同过程中发生的相关费用为计税基础，租赁合同未约定付款总额的，以该资产的公允价值和承租人在签订租赁合同过程中发生的相关费用为计税基础。

以融资租赁方式租入固定资产发生的租赁费支出，按照规定构成融资租入固定资产价值的一部分应当提取折旧费用，分期扣除。

税法上融资租入的固定资产的计税基础与企业会计准则上该资产的入账价值存在差异，需进行纳税调整。在会计上未计入资产成本的未确认融资费用，因其实际已经包含在计税基础中，按规定应当以折旧的方式在固定资产的使用期限内分期扣除，并调增应纳税所得额，不得在税前直接扣除。

（五）其他方式取得的固定资产

通过捐赠、投资、非货币性资产交换、债务重组等方式取得的固定资产，以该资产的公允价值和支付的相关税费为计税基础；

改建的固定资产，除已足额提取折旧的固定资产的改建支出和租入固定资产的改建支出外，以改建过程中发生的改建支出增加计税基础。

根据《小企业会计准则》的规定，投资者投入固定资产的成本，应当按照评估价值和相关税费确定。

（六）全民所有制改制资产

根据《国家税务总局关于全民所有制企业公司制改制企业所得税处理问题的公告》（国家税务总局公告2017年第34号）的规定，全民所有制企业改制为国有独资公司或者国有全资子公司，属于《财政部 国家税务总局关于企业重组业务企业所得税处理若干问题的通知》（财税〔2009〕59号）第四条规定的“企业发生其他法律形式简单改变”的，可依照以下规定进行企业所得税处理：改制中资产评估增值不计入应纳税所得额；资产的计税基础按其原有计税基础确定；资产增值部分的折旧或者摊销不得在税前扣除。全民所有制企业资产评估增值相关材料应由改制后的企业留存备查。

三、固定资产的后续计量与税前扣除

（一）折旧范围

1. 会计计提折旧的范围

固定资产应当按月计提折旧，并根据用途计入相关资产的成本或者当期损益。固定资产准则规定，除已提足折旧仍继续使用的固定资产和单独计价入账的土地外，企业应对所有固定资产计提折旧。

折旧，是指在固定资产使用寿命内，按照确定的方法对应计折旧额进行的系统分摊。应计折旧额，是指应当计提折旧的固定资产的原价扣除其预计净残值后的金额。已计提减值准备的固定资产，还应当扣除已计提的固定资产减值准备累计金额。预计净残值，是指假定固定资产预计使用寿命已满并处于使用寿命终了时的预期状态，企业目前从该项资产处置中获得的扣除预计处置费用后的金额。

《小企业会计准则》第二十九条也有类似的规定：小企业应当对所有固定资产计提

折旧，但已提足折旧仍继续使用的固定资产和单独计价入账的土地不得计提折旧。固定资产的折旧费应当根据固定资产的受益对象计入相关资产成本或者当期损益。

2. 税法折旧的范围

根据《企业所得税法》第十一条的规定，在计算应纳税所得额时，企业按照规定计算的固定资产折旧，准予扣除。下列固定资产不得计算折旧扣除：

（1）房屋、建筑物以外未投入使用的固定资产；

（2）以经营租赁方式租入的固定资产；

（3）以融资租赁方式租出的固定资产；

（4）已足额提取折旧仍继续使用的固定资产；

（5）与经营活动无关的固定资产；

（6）单独估价作为固定资产入账的土地；

（7）其他不得计算折旧扣除的固定资产。

3. 差异分析

固定资产准则规定，只要是本企业拥有的固定资产，不论使用与否，一律要计提折旧。企业会计准则要求只要固定资产在企业账上，不管是否使用，只要没有提足折旧的一律允许计提折旧。

税法的规定则有所不同。《企业所得税法》不允许对所有固定资产都计提折旧。支出税前扣除一定要和收入相关，如果固定资产根本没有使用，不产生经济效益，不产生收入，那么这个支出也不能承认，所以不能扣除。

（二）折旧方法

1. 会计折旧方法

固定资产准则规定，企业应当根据与固定资产有关的经济利益的预期实现方式，合理选择折旧方法。可选方法包括：年限平均法、工作量法、双倍余额递减法和年数总和法等。折旧方法一经确定，不得随意变更。

而《小企业会计准则》规定，小企业应当按照年限平均法（即直线法，下同）计提折旧。小企业的固定资产由于技术进步等原因，确需加速折旧的，可以采用双倍余额递减法和年数总和法。小企业应当根据固定资产的性质和使用情况，并考虑税法的规定，合理确定固定资产的使用寿命和预计净残值。固定资产的折旧方法、使用寿命、预计净残值一经确定，不得随意变更。

2. 税法折旧方法

《企业所得税法实施条例》第五十九条规定，固定资产按照直线法计算的折旧，准予扣除。

企业的固定资产由于技术进步等原因，确需加速折旧的，可以按《企业所得税法》的规定缩短折旧年限或者采取加速折旧的方法。

（三）折旧年限

1. 会计折旧年限的确定

企业应当根据固定资产的性质和使用情况，合理确定固定资产的使用寿命和预计净残值。使用寿命、预计净残值一经确定，不得随意变更。但符合会计准则规定的除外。企业应当自固定资产投入使用月份的次月起计算折旧；停止使用的固定资产，应当自停止使用月份的次月起停止计算折旧。

企业应当根据企业会计准则规定并结合实际情况，制定固定资产目录，包括每类或每项固定资产的使用寿命、预计净残值、折旧方法等并编制成册，经股东大会或董事会、经理（厂长）会议或类似机构批准，按照规定报送有关各方备案。

固定资产目录一经确定不得随意变更。如需变更，仍应履行上述程序，并按《企业会计准则第28号——会计政策、会计估计变更和差错更正》处理。

企业至少应当于每年年度终了，对固定资产的使用寿命、预计净残值和折旧方法进行复核。使用寿命预计数与原先估计数有差异的，应当调整固定资产使用寿命。预计净残值预计数与原先估计数有差异的，应当调整预计净残值。与固定资产有关的经济利益预期实现方式有重大改变的，应当改变固定资产折旧方法。固定资产使用寿命、预计净残值和折旧方法的改变应当作为会计估计变更。

2. 税法规定的最低折旧年限

根据《企业所得税法实施条例》第六十条的规定，除国务院财政、税务主管部门另有规定外，固定资产计算折旧的最低年限如下：

（1）房屋、建筑物，为20年；

（2）飞机、火车、轮船、机器、机械和其他生产设备，为10年；

（3）与生产经营活动有关的器具、工具、家具等，为5年；

（4）飞机、火车、轮船以外的运输工具，为4年；

（5）电子设备，为3年。

此外，根据《财政部 国家税务总局关于进一步鼓励软件产业和集成电路产业发展企业所得税政策的通知》（财税〔2012〕27号）的规定，对集成电路生产企业的生产性设备，折旧年限可适当缩短，最短可以为3年；对企事业单位购进软件，折旧或摊销年限可适当缩短，最短可为2年。

（四）固定资产投入使用后计税基础的调整

《国家税务总局关于贯彻落实企业所得税法若干税收问题的通知》（国税函〔2010〕79号）规定，企业固定资产投入使用后，由于工程款项尚未结清未取得全额发票的，可暂按合同规定的金额计入固定资产计税基础计提折旧，待发票取得后进行调整。但该项调整应在固定资产投入使用后12个月内进行。

（五）固定资产预计净残值的调整

企业所得税法规定，企业应当根据固定资产的性质和使用情况，合理确定固定资产的预计净残值。固定资产的预计净残值一经确定，不得变更。可见，税法与会计对预计净残值的变更，有不同的规定，税法禁止变更预计净残值；而会计准则的规定是，一经确定不得随意变更。

（六）房屋、建筑物固定资产改扩建的处理

企业对房屋、建筑物固定资产在未足额提取折旧前进行改扩建的，如属于推倒重置的，该资产原值减除提取折旧后的净值，应并入重置后的固定资产计税成本，并在该固定资产投入使用后的次月起，按照税法规定的折旧年限，一并计提折旧；如属于提升功能、增加面积的，该固定资产的改扩建支出，并入该固定资产计税基础，并从改扩建完工投入使用后的次月起，重新按税法规定的该固定资产折旧年限计提折旧，如该改扩建后的固定资产尚可使用的年限低于税法规定的最低年限的，可以按尚可使用的年限计提折旧。

四、固定资产处置的处理

《小企业会计准则》规定，处置固定资产，处置收入扣除其账面价值、相关税费和清理费用后的净额，应当计入营业外收入或营业外支出。盘亏固定资产发生的损失应当计入营业外支出。

固定资产的账面价值，是指固定资产原价（成本）扣减累计折旧后的金额。

企业发生固定资产盘亏时，按盘亏固定资产净值，借记“待处理财产损溢——待处理固定资产损益”账户，按已计提的累计折旧，借记“累计折旧”账户，按固定资产原价，贷记“固定资产”账户。报经批准转销后转入“营业外支出”账户借方。

对于盘盈或盘亏的财产物资，需在年终结账前处理完毕。会计期末，“待处理财产损溢”账户无余额。

企业固定资产损失的税前扣除，需要符合《企业所得税法》规定的相关扣除条件，并履行相关申报义务。资产损失的相关证明材料由企业留存备查。

五、融资性售后回租的税务处理

融资性售后回租业务，是指承租方以融资为目的将资产出售给经批准从事融资租赁业务的企业后，又将该项资产从该融资租赁企业租回的行为。融资性售后回租业务中承租方出售资产时，资产所有权以及与资产所有权有关的全部报酬和风险并未完全转移。

（一）企业所得税处理

根据《国家税务总局关于融资性售后回租业务中承租方出售资产行为有关税收问题的公告》（国家税务总局公告2010年第13号）第二条的规定，根据《企业所得税法》及有关收入确定规定，融资性售后回租业务中，承租人出售资产的行为，不确认为销售收入，对融资性租赁的资产，仍按承租人出售前原账面价值作为计税基础计提折旧。租赁期间，承租人支付的属于融资利息的部分，作为企业财务费用在税前扣除。

（二）增值税处理

1.承租方出租资产

根据国家税务总局公告2010年第13号第一条的规定，融资性售后回租业务中承租方出售资产的行为，不属于增值税征收范围，不征收增值税。

承租方可以选择商品与服务分类编码“606融资性售后回租承租方出售资产”不征增值税，开具增值税普通发票。

2.出租方从事融资性售后回租

纳税人从事融资性售后回租业务取得的利息及利息性质的收入，按照贷款服务缴纳增值税。

$$\text{融资性售后回租服务销售额} = \text{取得的全部价款和价外费用（不含本金）} - \text{对外支付的借款利息、发行债券利息}$$

根据2016年4月30日前签订的有形动产融资性售后回租合同，在合同到期前提供的有形动产融资性售后回租服务，可继续按照有形动产融资租赁服务缴纳增值税。

继续按照有形动产融资租赁服务缴纳增值税的试点纳税人，根据2016年4月30日前签订的有形动产融资性售后回租合同，在合同到期前，可以选择以下方法之一计算销售额：

（1）销售额=收取的全部价款和价外费用–向承租方收取的价款本金及对外支付的借款利息和发行债券利息；

（2）销售额=全部价款和价外费用–支付的借款利息和发行债券利息。

（三）印花税处理

根据《财政部 国家税务总局关于融资租赁合同有关印花税政策的通知》（财税〔2015〕144号）的规定，对开展融资租赁业务签订的融资租赁合同（含融资性售后回租），统一按照其所载明的租金总额依照“借款合同”税目，按万分之零点五的税率计税贴花。

在融资性售后回租业务中，对承租人、出租人因出售租赁资产及购回租赁资产所签订的合同，不征收印花税。

（四）契税的处理

根据《财政部 国家税务总局关于企业以售后回租方式进行融资等有关契税政策的

通知》（财税〔2012〕82号）第一条的规定，对金融租赁公司开展售后回租业务，承受承租人房屋、土地权属的，照章征税。对售后回租合同期满，承租人回购原房屋、土地权属的，免征契税。

六、折旧税前扣除与会计处理之间的协调

《国家税务总局关于企业所得税应纳税所得额若干税务处理问题的公告》（国家税务总局公告2012年第15号）第八条“关于税前扣除规定与企业实际会计处理之间的协调问题”明确：根据《企业所得税法》第二十一条（即在计算应纳税所得额时，企业财务、会计处理办法与税收法律、行政法规的规定不一致的，应当依照税收法律、行政法规的规定计算）规定，对企业依据财务会计制度规定，并实际在财务会计处理上已确认的支出，凡没有超过《企业所得税法》和有关税收法规规定的税前扣除范围和标准的，可按企业实际会计处理确认的支出，在企业所得税前扣除，计算其应纳税所得额。即企业按照会计要求确认的支出，没有超过税法规定的标准和范围（如折旧年限的选择）的，为减少会计与税法差异的调整，便于税收征管，企业按照会计上确认的支出，在税务处理时，将不再进行调整。

七、固定资产折旧会计与税法的协调

根据《国家税务总局关于企业所得税应纳税所得额若干问题的公告》（国家税务总局公告2014年第29号）第五条“固定资产折旧的企业所得税处理”的规定，具体做法如下：

（一）企业会计折旧年限短于税法最低折旧年限的协调

企业固定资产会计折旧年限如果短于税法规定的最低折旧年限，其按会计折旧年限计提的折旧高于按税法规定的最低折旧年限计提的折旧部分，应调增当期应纳税所得额；企业固定资产会计折旧年限已期满且会计折旧已提足，但税法规定的最低折旧年限尚未到期且税收折旧尚未足额扣除，其未足额扣除的部分准予在剩余的税收折旧年限继续按规定扣除。

根据《企业所得税法》第八条的规定，企业实际发生的与取得应税收入相关的、合理的成本、费用准予在税前扣除。企业会计折旧提足后，在剩余的税收折旧年限已没有会计折旧，但由于前期已提折旧按税法规定进行了纳税调增，也就是说，税收与会计之间差异部分已实际进行了会计处理，因此，应当准予将前期纳税调增的部分在后期按税法规定进行纳税调减。这样处理，符合企业所得税税前扣除基本原则，也与国家税务总局公告2012年第15号第八条规定不冲突。

（二）企业会计折旧年限长于税法最低折旧年限的协调

企业固定资产会计折旧年限如果长于税法规定的最低折旧年限，其折旧应按会计折旧年限计算扣除，税法另有规定的除外。

如果企业固定资产采用的会计折旧年限长于税法规定的最低折旧年限，视同会计与税法无差异，应按会计年限计算折旧扣除，不需要在年度汇算清缴时进行纳税调减。这样处理，大大减少纳税调整成本，符合立法精神。

（三）会计提取减值准备的固定资产折旧的税会差异协调

企业按会计规定提取的固定资产减值准备，不得税前扣除，其折旧仍按税法确定的固定资产计税基础计算扣除。

根据税法规定，企业计提的固定资产减值准备应进行纳税调增。企业持有固定资产期间资产增值或者减值，除国务院财政、税务主管部门规定可以确认损益外，不得调整该资产的计税基础。由于企业计提的固定资产减值准备已进行纳税调增，并未税前扣除，所以，尽管固定资产的账面净值已经减少，但此时该固定资产的计税基础并未调整，仍可按税法确定的计税基础计算折旧扣除。这样处理，符合税法的立法意图。

（四）会计与税法折旧方法不同导致的税会差异协调

企业按税法规定实行加速折旧的，其按加速折旧办法计算的折旧额可全额在税前扣除。而不必看会计上是否已按加速折旧处理。

（五）油气资产折耗（折旧）的税会差异协调

石油天然气开采企业在计提油气资产折耗（折旧）时，由于会计与税法规定计算方法不同导致的折耗（折旧）差异，应按税法规定进行纳税调整。在采用产量法计提资产折耗的情况下，会形成税会差异。另外，《财政部 国家税务总局关于开采油（气）资源企业费用和有关固定资产折耗摊销折旧税务处理问题的通知》（财税〔2009〕49号）规定，油气企业在开始商业性生产之前形成的开发资产，准予按直线法计提折旧扣除，最低折旧年限为8年。按会计准则规定，企业可以采用产量法或年限平均法对油气资产计提折耗。

八、资产折旧、摊销及纳税调整明细表

详见表10–2。

表10-2　A105080资产折旧、摊销及纳税调整明细表

行次	项目		账载金额			税收金额					纳税调整金额
			资产原值	本年折旧、摊销额	累计折旧、摊销额	资产计税基础	税收折旧、摊销额	享受加速折旧政策的资产按税收一般规定计算的折旧、摊销额	加速折旧、摊销统计额	累计折旧、摊销额	
			1	2	3	4	5	6	7（5-6）	8	9（2-5）
1	一、固定资产（2+3+4+5+6+7）							*	*		
2	所有固定资产	（一）房屋、建筑物						*	*		
3		（二）飞机、火车、轮船、机器、机械和其他生产设备						*	*		
4		（三）与生产经营活动有关的器具、工具、家具等						*	*		
5		（四）飞机、火车、轮船以外的运输工具						*	*		
6		（五）电子设备						*	*		
7		（六）其他						*	*		
8	其中：享受固定资产加速折旧及一次性扣除政策的资产加速折旧额大于一般折旧额的部分	（一）重要行业固定资产加速折旧（不含一次性扣除）									*
9		（二）其他行业研发设备加速折旧									*
10		（三）特定地区企业固定资产加速折旧（10.1+10.2）									*
10.1		1. 海南自由贸易港企业固定资产加速折旧									*
10.2		2. 其他特定地区企业固定资产加速折旧									*
11		（四）500万元以下设备器具一次性扣除									*
12		（五）疫情防控重点保障物资生产企业单价500万元以上设备一次性扣除									*
13		（六）特定地区企业固定资产一次性扣除（13.1+13.2）									*
13.1		1. 海南自由贸易港企业固定资产一次性扣除									*

续表

行次	项目		账载金额			税收金额					纳税调整金额
			资产原值	本年折旧、摊销额	累计折旧、摊销额	资产计税基础	税收折旧、摊销额	享受加速折旧政策的资产按税收一般规定计算的折旧、摊销额	加速折旧、摊销统计额	累计折旧、摊销额	
			1	2	3	4	5	6	7（5-6）	8	9（2-5）
13.2		2. 其他特定地区企业固定资产一次性扣除									*
14		（七）技术进步、更新换代固定资产加速折旧									*
15		（八）常年强震动、高腐蚀固定资产加速折旧									*
16		（九）外购软件加速折旧									*
17		（十）集成电路企业生产设备加速折旧									*
18	二、生产性生物资产（19+20）							*	*		
19	（一）林木类							*	*		
20	（二）畜类							*	*		
21	三、无形资产（22+23+24+25+26+27+28+29）							*	*		
22	所有无形资产	（一）专利权						*	*		
23		（二）商标权						*	*		
24		（三）著作权						*	*		
25		（四）土地使用权						*	*		
26		（五）非专利技术						*	*		
27		（六）特许权使用费						*	*		
28		（七）软件						*	*		
29		（八）其他						*	*		

续表

行次	项目		账载金额			税收金额					纳税调整金额
			资产原值	本年折旧、摊销额	累计折旧、摊销额	资产计税基础	税收折旧、摊销额	享受加速折旧政策的资产按税收一般规定计算的折旧、摊销额	加速折旧、摊销统计额	累计折旧、摊销额	
			1	2	3	4	5	6	7（5−6）	8	9（2−5）
30	其中：享受无形资产加速摊销及一次性摊销政策的资产加速摊销额大于一般摊销额的部分	（一）企业外购软件加速摊销									*
31		（二）特定地区企业无形资产加速摊销（31.1+31.2）									*
31.1		1. 海南自由贸易港企业无形资产加速摊销									*
31.2		2. 其他特定地区企业无形资产加速摊销									*
32		（三）特定地区企业无形资产一次性摊销（32.1+32.2）									*
32.1		1. 海南自由贸易港企业无形资产一次性摊销									*
32.2		2. 其他特定地区企业无形资产一次性摊销									*
33	四、长期待摊费用（34+35+36+37+38）							*	*		
34	（一）已足额提取折旧的固定资产的改建支出							*	*		
35	（二）租入固定资产的改建支出							*	*		
36	（三）固定资产的大修理支出							*	*		
37	（四）开办费							*	*		
38	（五）其他							*	*		
39	五、油气勘探投资							*	*		
40	六、油气开发投资							*	*		
41	合计（1+18+21+33+39+40）										
	附列资料	全民所有制企业公司制改制资产评估增值政策资产						*	*		

第二节　固定资产加速折旧的纳税调整

《企业所得税法》第三十二条规定，企业的固定资产由于技术进步等原因，确需加速折旧的，可以缩短折旧年限或者采取加速折旧的方法。

现行固定资产加速折旧优惠政策主要内容如图10–2所示。

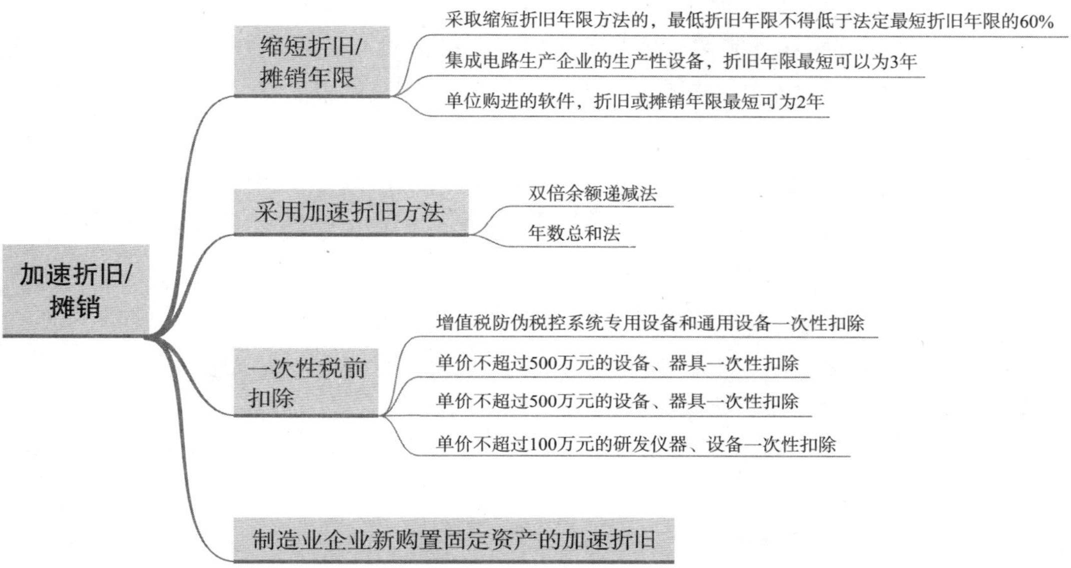

图10–2

一、固定资产加速折旧一般规定

根据《企业所得税法》第三十二条的规定，企业的固定资产由于技术进步等原因，确需加速折旧的，可以缩短折旧年限或者采取加速折旧的方法。

根据《国家税务总局关于企业固定资产加速折旧所得税处理有关问题的通知》（国税发〔2009〕81号）的规定，企业拥有并用于生产经营的主要或关键的固定资产，由于以下原因确需加速折旧的，可以采取缩短折旧年限或者采取加速折旧的方法：

（1）由于技术进步，产品更新换代较快的固定资产；

（2）常年处于强震动、高腐蚀状态的固定资产。

（一）缩短折旧年限法的适用

企业拥有并使用的固定资产符合税法规定的，可按以下情况分别处理：

（1）企业过去没有使用过与该项固定资产功能相同或类似的固定资产，但有充分的证据证明该固定资产的预计使用年限短于《企业所得税法实施条例》规定的计算折旧最低年限的，企业可根据该固定资产的预计使用年限和税法规定，对该固定资产采取缩短折旧年限或者加速折旧的方法。

（2）企业在原有的固定资产未达到《企业所得税法实施条例》规定的最低折旧年限前，使用功能相同或类似的新固定资产替代旧固定资产的，企业可根据旧固定资产的实际使用年限和税法的规定，对新替代的固定资产采取缩短折旧年限或者加速折旧的方法。

根据国税发〔2009〕81号文件的规定，企业采取缩短折旧年限方法的，对其购置的新固定资产，最低折旧年限不得低于《企业所得税法实施条例》第六十条规定的折旧年限的60%；若为购置已使用过的固定资产，其最低折旧年限不得低于《企业所得税法实施条例》规定的最低折旧年限减去已使用年限后剩余年限的60%。最低折旧年限一经确定，一般不得变更。

对于采取缩短折旧年限的固定资产，足额计提折旧后继续使用而未进行处置（包括报废等情形）超过12个月的，今后对其更新替代、改造改建后形成的功能相同或者类似的固定资产，不得再采取缩短折旧年限的方法。

此外，根据《财政部 国家税务总局关于进一步鼓励软件产业和集成电路产业发展企业所得税政策的通知》（财税〔2012〕27号）第八条的规定，集成电路生产企业的生产设备，其折旧年限可以适当缩短，最短可为3年（含）。

（二）加速折旧方法

企业拥有并使用符合税法规定条件的固定资产采取加速折旧方法的，可以采用双倍余额递减法或者年数总和法。加速折旧方法一经确定，一般不得变更。

1.双倍余额递减法

双倍余额递减法，是指在不考虑固定资产预计净残值的情况下，根据每期期初固定资产原值减去累计折旧后的金额和双倍的直线法折旧率计算固定资产折旧的一种方法。

应用这种方法计算折旧额时，由于每年年初固定资产净值没有减去预计净残值，所以在计算固定资产折旧额时，应在其折旧年限到期前的两年期间，将固定资产净值减去预计净残值后的余额平均摊销。

计算公式为：

年折旧率=2÷预计使用寿命（年）×100%

月折旧率=年折旧率÷12

年折旧额=年初固定资产账面净值×年折旧率

月折旧额=年折旧额÷12

而根据《国家税务总局关于企业固定资产加速折旧所得税处理有关问题的通知》（国税发〔2009〕81号）的规定：

年折旧率=2÷预计使用寿命（年）×100%

月折旧率=年折旧率÷12

月折旧额=月初固定资产账面净值×月折旧率

案例10-2 A高新技术企业2021年进口一条生产线，安装完毕后，固定资产原值为200万元，预计使用年限为5年，预计净残值2万元。

要求：用双倍余额递减法计算该生产线各年的会计折旧额。

解析：

双倍的直线法折旧率（年折旧率）=2÷5×100%=40%；

第一年应提折旧=200×40%=80（万元）；

第二年应提折旧=（200-80）×40%=48（万元）；

第三年应提折旧=（200-80-48）×40%=28.8（万元）；

第四年应提折旧=（200-80-48-28.8-2）÷2=20.6（万元）；

第五年应提折旧=（200-80-48-28.8-2）÷2=20.6（万元）；

每年各月折旧额根据年折旧额除以12计算。

2. 年数总和法

年数总和法又称年限合计法，是指将固定资产的原值减去预计净残值后的余额，乘以一个以固定资产尚可使用寿命为分子、以预计使用寿命逐年数字之和为分母的逐年递减的分数计算每年的折旧额。计算公式为：

$$年折旧率=尚可使用年限\div预计使用寿命的年数总和\times100\%$$

或者

$$年折旧率=\frac{预计使用年限-已使用年限}{\frac{预计使用年限\times(预计使用年限+1)}{2}}\times100\%$$

$$月折旧率=年折旧率\div12$$

$$月折旧额=(固定资产原值-预计净残值)\times月折旧率$$

案例10-3 B公司某项固定资产的原值为50万元，预计使用年限为5年，预计净残值为2万元。

要求：采用年数总和法计算各年的折旧额。

解析：

采用年数总和法计算的各年折旧如表10-3所示。

表10-3

年份	尚可使用年限	原值－净残值	变动折旧率	年折旧额	累计折旧
1	5	48	5/15	16	16
2	4	48	4/15	12.8	28.8
3	3	48	3/15	9.6	38.4
4	2	48	2/15	6.4	44.8
5	1	48	1/15	3.2	48

二、外购软件适当缩短折旧或摊销年限

（一）外购软件适当缩短折旧或摊销年限政策

根据财税〔2012〕27号文件第七条的规定，企业外购的软件，凡符合固定资产或无形资产确认条件的，可以按照固定资产或无形资产进行核算，其折旧或摊销年限可以适当缩短，最短可为2年（含）。

（二）加速折旧与摊销的主要留存备查资料

由于技术进步，对于产品更新换代较快的固定资产及常年处于强震动、高腐蚀状态的固定资产，企业可以采取缩短折旧年限或者采取加速折旧的方法。集成电路生产企业的生产设备，其折旧年限可以适当缩短，最短可为3年（含）。企业外购的软件，凡符合固定资产或无形资产确认条件的，可以按照固定资产或无形资产进行核算，其折旧或摊销年限可以适当缩短，最短可为2年（含）。

该类优惠属于汇缴享受（税会处理一致的，预缴享受；税会处理不一致的，汇缴享受）优惠事项。享受该项优惠，纳税人需要准备的主要留存备查资料有：

（1）固定资产的功能、预计使用年限短于规定计算折旧的最低年限的理由、证明资料及有关情况的说明；

（2）被替代的旧固定资产的功能、使用及处置等情况的说明；

（3）固定资产加速折旧拟采用的方法和折旧额的说明，外购软件拟缩短折旧或摊销年限情况的说明；

（4）集成电路生产企业证明材料；

（5）购入固定资产或软件的发票、记账凭证。

三、重要行业企业新购置固定资产的加速折旧

（一）六个行业新购置固定资产加速折旧

根据《财政部 国家税务总局关于完善固定资产加速折旧企业所得税政策的通知》（财税〔2014〕75号）第一条的规定，对生物药品制造业，专用设备制造业，铁路、船舶、航空航天和其他运输设备制造业，计算机、通信和其他电子设备制造业，仪器仪表制造业，信息传输、软件和信息技术服务业等6个行业的企业2014年1月1日后新购进（包括自行建造）的固定资产，可缩短折旧年限或采取加速折旧的方法。

对上述6个行业的小型微利企业2014年1月1日后新购进的研发和生产经营共用的仪器、设备，单位价值不超过100万元的，允许一次性计入当期成本费用在计算应纳税所得额时扣除，不再分年度计算折旧；单位价值超过100万元的，可缩短折旧年限或采

取加速折旧的方法。

六大行业按照国家统计局《国民经济行业分类与代码》确定。六大行业企业是指以上述行业业务为主营业务，其固定资产投入使用当年主营业务收入占企业收入总额50%（不含）以上的企业。所称收入总额，是指《企业所得税法》第六条规定的收入总额。

根据《国家税务总局关于固定资产加速折旧税收政策有关问题的公告》（国家税务总局公告2014年第64号）第四条的规定，企业采取缩短折旧年限方法的，对其购置的新固定资产，最低折旧年限不得低于《企业所得税法实施条例》第六十条规定的折旧年限的60%；企业购置已使用过的固定资产，其最低折旧年限不得低于《企业所得税法实施条例》规定的最低折旧年限减去已使用年限后剩余年限的60%。最低折旧年限一经确定，一般不得变更。

企业采取加速折旧方法的，可采取双倍余额递减法或者年数总和法。

（二）四个领域重点行业新购置固定资产加速折旧

《财政部　国家税务总局关于进一步完善固定资产加速折旧企业所得税政策的通知》（财税〔2015〕106号）第一条规定，对轻工、纺织、机械、汽车等四个领域重点行业的企业2015年1月1日后新购进的（包括自行建造，下同））固定资产，可由企业选择缩短折旧年限或采取加速折旧的方法。

对上述行业的小型微利企业2015年1月1日后新购进的研发和生产经营共用的仪器、设备，单位价值不超过100万元的，允许一次性计入当期成本费用在计算应纳税所得额时扣除，不再分年度计算折旧；单位价值超过100万元的，可由企业选择缩短折旧年限或采取加速折旧的方法。

四个领域重点行业企业是指以上述行业业务为主营业务，其固定资产投入使用当年的主营业务收入占企业收入总额50%（不含）以上的企业。所称收入总额，是指《企业所得税法》第六条规定的收入总额。

企业的固定资产既符合六个行业四个领域重点行业企业新购进固定资产优惠政策条件，又符合《国家税务总局关于企业固定资产加速折旧所得税处理有关问题的通知》（国税发〔2009〕81号）、《财政部　国家税务总局关于进一步鼓励软件产业和集成电路产业发展企业所得税政策的通知》（财税〔2012〕27号）中有关加速折旧优惠政策条件的，可由企业选择其中一项加速折旧优惠政策执行，且一经选择，不得改变。按照《企业所得税法》及其实施条例有关规定，企业根据自身生产经营需要，也可选择不实行加速折旧政策。

（三）制造业新购置固定资产加速折旧

根据《财政部　税务总局关于扩大固定资产加速折旧优惠政策适用范围的公告》（财政部　税务总局公告2019年第66号）的规定，自2019年1月1日起，适用《财政部　国家税务总局关于完善固定资产加速折旧企业所得税政策的通知》（财税〔2014〕75号）

和《财政部 国家税务总局关于进一步完善固定资产加速折旧企业所得税政策的通知》（财税〔2015〕106号）规定固定资产加速折旧优惠的行业范围，扩大至全部制造业领域。

制造业按照国家统计局《国民经济行业分类和代码（GB/T 4754—2017）》确定。今后国家有关部门更新国民经济行业分类和代码，从其规定。

（四）海南自贸港企业新购置固定资产的加速折旧

根据《财政部 税务总局关于海南自由贸易港企业所得税优惠政策的通知》（财税〔2020〕31号）第3条的规定，对在海南自由贸易港设立的企业，新购置（含自建、自行开发）固定资产或无形资产，单位价值不超过500万元（含）的，允许一次性计入当期成本费用在计算应纳税所得额时扣除，不再分年度计算折旧和摊销；新购置（含自建、自行开发）固定资产或无形资产，单位价值超过500万元的，可以缩短折旧、摊销年限或采取加速折旧、摊销的方法。

这里所称固定资产，是指除房屋、建筑物以外的固定资产。

该政策执行时间为2020年1月1日至2024年12月31日。

四、固定资产的一次性扣除

（一）单价不超过500万元的设备、器具一次性扣除

为进一步支持科技创新，促进企业提质增效，根据国务院决定，财政部、税务总局先后于2014年、2015年两次下发文件，出台了固定资产加速折旧政策，主要内容包括：一是六大行业和四个领域重点行业企业新购进的固定资产允许加速折旧；二是上述行业小型微利企业新购进的研发和生产经营共用的仪器、设备，单位价值不超过100万元的，可一次性税前扣除；三是所有行业企业新购进的专门用于研发的仪器、设备，单位价值不超过100万元的，可一次性税前扣除，超过100万元，允许加速折旧；四是所有行业企业持有的单位价值不超过5 000元的固定资产，可一次性税前扣除。为进一步扩大优惠范围，引导企业加大设备、器具投资力度，提高企业创业创新积极性，2018年4月25日国务院常务会议决定，自2018年1月1日至2020年12月31日，将固定资产一次性税前扣除优惠政策范围由企业新购进的单位价值不超过100万元的研发仪器、设备扩大至企业新购进的单位价值500万元以下的设备、器具。财政部和税务总局根据国务院决定，联合下发《财政部 税务总局关于设备 器具扣除有关企业所得税政策的通知》（财税〔2018〕54号），规定企业在2018年1月1日至2020年12月31日期间新购进的设备、器具，单位价值不超过500万元的，允许一次性计入当期成本费用在计算应纳税所得额时扣除，不再分年度计算折旧；单位价值超过500万元的，仍按《企业所得税法实施条例》、《财政部 国家税务总局关于完善固定资产加速折旧企业所得税政策的通知》（财税〔2014〕75号）、《财政部 国家税务总局关于进一步完善固定资产加速折旧企业所得税

政策的通知》(财税〔2015〕106号)等相关规定执行。

根据《财政部 税务总局关于延长部分税收优惠政策执行期限的公告》(财政部 税务总局公告2021年第6号)第一条的规定,《财政部 税务总局关于设备器具扣除有关企业所得税政策的通知》(财税〔2018〕54号)规定的税收优惠政策,执行期限延长至2023年12月31日。

也就是说,企业在2018年1月1日至2023年12月31日期间新购进的设备、器具,单位价值不超过500万元的,允许一次性计入当期成本费用在计算应纳税所得额时扣除,不再分年度计算折旧(以下简称一次性税前扣除政策)。

为贯彻落实好国务院常务会议精神及财税〔2018〕54号文件的政策规定,税务总局制发了《国家税务总局关于设备 器具扣除有关企业所得税政策执行问题的公告》(国家税务总局公告2018年第46号),进一步明确了相关政策具体执行口径和征管要求,保证政策有效贯彻实施。

1.设备、器具的界定

财税〔2018〕54号文件所称设备、器具,是指除房屋、建筑物以外的固定资产。

2.购进的界定

企业取得固定资产包括外购、自行建造、融资租入、捐赠、投资、非货币性资产交换、债务重组等多种方式。根据国家税务总局公告2018年第46号的规定,购进,包括以货币形式购进或自行建造,其中以货币形式购进的固定资产包括购进的使用过的固定资产;以货币形式购进的固定资产,以购买价款和支付的相关税费以及直接归属于使该资产达到预定用途发生的其他支出确定单位价值,自行建造的固定资产,以竣工结算前发生的支出确定单位价值。

将自行建造也纳入享受优惠的范围,主要是考虑到自行建造固定资产所使用的材料实际也是购进的,因此把自行建造的固定资产也看作是"购进"的。此外,"新购进"中的"新"字,只是区别于原已购进的固定资产,不是规定非要购进全新的固定资产,因此,该公告明确以货币形式购进的固定资产包括企业购进的使用过的固定资产。这里单位价值的计算方法与《企业所得税法实施条例》第五十八条规定的固定资产计税基础的计算方法保持一致,具体为:以货币形式购进的固定资产,以购买价款和支付的相关税费以及直接归属于使该资产达到预定用途发生的其他支出确定单位价值;自行建造的固定资产,以竣工结算前发生的支出确定单位价值。

3.购进时点的确认

设备、器具一次性税前扣除政策的执行时间为2018年1月1日至2023年12月31日,因此,需要依据设备、器具的购进时点确定其是否属于可享受优惠政策的范围。国家税务总局公告2018年第46号明确,固定资产购进时点按以下原则确认:以货币形式购进的固定资产,除采取分期付款或赊销方式购进外,按发票开具时间确认;以分期付款或赊销方式购进的固定资产,按固定资产到货时间确认;自行建造的固定资产,按竣工结算时间确认。

4. 一次性税前扣除时点

《企业所得税法实施条例》规定，企业应当自固定资产投入使用月份的次月起计算折旧。固定资产一次性税前扣除政策仅仅是固定资产税前扣除的一种特殊方式，因此，其税前扣除的时点应与固定资产计算折旧的处理原则保持一致。国家税务总局公告2018年第46号第二条规定，固定资产在投入使用月份的次月所属年度一次性税前扣除。比如，某企业于2020年12月购进了一项单位价值为300万元的设备并于当月投入使用，则该设备可在2021年一次性税前扣除。

5. 固定资产税务处理可与会计处理不一致

根据国家税务总局公告2018年第46号第三条的规定，企业选择享受一次性税前扣除政策的，其资产的税务处理可与会计处理不一致。

也就是说，企业会计处理上是否采取一次性税前扣除方法，不影响企业享受一次性税前扣除政策，企业在享受一次性税前扣除政策时，不需要会计上也同时采取与税收上相同的折旧方法。

6. 企业可自主选择享受一次性税前扣除政策，但未选择的不得变更

实行一次性税前扣除政策后，纳税人可能会由于税前扣除的固定资产与财务核算的固定资产折旧费用不同，而产生复杂的纳税调整问题，加之一些固定资产核算期限较长，也会增加会计核算负担和遵从风险。对于短期无法实现盈利的亏损企业而言，选择实行一次性税前扣除政策会进一步加大亏损，且由于税法规定的弥补期限的限制，该亏损可能无法得到弥补，实际上减少了税前扣除额。此外，企业在定期减免税期间往往不会选择一次性税前扣除政策。考虑到享受税收优惠是纳税人的一项权利，纳税人可以自主选择是否享受优惠，国家税务总局公告2018年第46号第四条规定，企业根据自身生产经营核算需要，可自行选择享受一次性税前扣除政策。未选择享受一次性税前扣除政策的，以后年度不得再变更。

这是为避免恶意套取税收优惠，政策明确：企业未选择享受的，以后年度不得再变更。需要注意的是，以后年度不得再变更的规定是针对单个固定资产而言的，单个固定资产未选择享受的，不影响其他固定资产选择享受一次性税前扣除政策。

7. 留存备查资料

根据国家税务总局公告2018年第46号第五条的规定，企业按照《国家税务总局关于发布修订后的〈企业所得税优惠政策事项办理办法〉的公告》（国家税务总局公告2018年第23号）的规定办理享受政策的相关手续，主要留存备查资料如下：

（1）有关固定资产购进时点的资料（如以货币形式购进固定资产的发票，以分期付款或赊销方式购进固定资产的到货时间说明，自行建造固定资产的竣工决算情况说明等）；

（2）固定资产记账凭证；

（3）核算有关资产税务处理与会计处理差异的台账。

（二）单价不超过5 000元的固定资产一次性扣除

自2014年1月1日起，根据财税〔2014〕75号文件第三条的规定，对所有行业企业持有的单位价值不超过5 000元的固定资产，允许一次性计入当期成本费用在计算应纳税所得额时扣除，不再分年度计算折旧。

（三）研发仪器、设备的一次性扣除

1.研发专用仪器、设备的一次性扣除

根据财税〔2014〕75号文件第二条的规定，对所有行业企业2014年1月1日后新购进的专门用于研发的仪器、设备，单位价值不超过100万元的，允许一次性计入当期成本费用在计算应纳税所得额时扣除，不再分年度计算折旧；单位价值超过100万元的，可缩短折旧年限或采取加速折旧的方法。

2.小型微利企业共用仪器、设备的一次性扣除

财税〔2014〕75号文件第一条规定，对生物药品制造业，专用设备制造业，铁路、船舶、航空航天和其他运输设备制造业，计算机、通信和其他电子设备制造业，仪器仪表制造业，信息传输、软件和信息技术服务业等6个行业的小型微利企业2014年1月1日后新购进的研发和生产经营共用的仪器、设备，单位价值不超过100万元的，允许一次性计入当期成本费用在计算应纳税所得额时扣除，不再分年度计算折旧；单位价值超过100万元的，可缩短折旧年限或采取加速折旧的方法。

《财政部 国家税务总局关于进一步完善固定资产加速折旧企业所得税政策的通知》（财税〔2015〕106号）第一条规定，对轻工、纺织、机械、汽车等四个领域重点行业的小型微利企业2015年1月1日后新购进的研发和生产经营共用的仪器、设备，单位价值不超过100万元的，允许一次性计入当期成本费用在计算应纳税所得额时扣除，不再分年度计算折旧；单位价值超过100万元的，可由企业选择缩短折旧年限或采取加速折旧的方法。

（四）疫情防控重点保障物资生产企业新购置设备一次性扣除

自2020年1月1日起，根据《财政部 税务总局关于支持新型冠状病毒感染的肺炎疫情防控有关税收政策的公告》（财政部 税务总局公告2020年第8号）第一条的规定，对疫情防控重点保障物资生产企业为扩大产能新购置的相关设备，允许一次性计入当期成本费用在企业所得税税前扣除。根据《财政局 税务总局关于延续实施应对疫情部分税费优惠政策的公告》（财政部、税务总局公告2021年第7号），该政策执行期限延长至2021年3月31日。

（五）海南自贸港企业新购置单价不超500万元固定资产一次性扣除

根据《财政部 税务总局关于海南自由贸易港企业所得税优惠政策的通知》（财税〔2020〕31号）第三条的规定，对在海南自由贸易港设立的企业，新购置（含自建、自

行开发）固定资产或无形资产，单位价值不超过500万元（含）的，允许一次性计入当期成本费用在计算应纳税所得额时扣除，不再分年度计算折旧和摊销；新购置（含自建、自行开发）固定资产或无形资产，单位价值超过500万元的，可以缩短折旧、摊销年限或采取加速折旧、摊销的方法。

这里所称固定资产，是指除房屋、建筑物以外的固定资产。

该政策执行时间为2020年1月1日至2024年12月31日。

（六）留存备查资料

对六个行业四个领域等重点行业企业新购进的固定资产，可缩短折旧年限或采取加速折旧的方法。对所有行业企业新购进的专门用于研发的仪器、设备，单位价值不超过100万元的，允许一次性计入当期成本费用在计算应纳税所得额时扣除，不再分年度计算折旧；单位价值超过100万元的，可缩短折旧年限或采取加速折旧的方法。对所有行业企业持有的单位价值不超过5 000元的固定资产，允许一次性计入当期成本费用在计算应纳税所得额时扣除，不再分年度计算折旧。

上述优惠属于预缴就可享受的优惠事项，年终汇算清缴后，纳税人需要留存备查的主要资料有：

（1）企业属于重点行业、领域企业的说明材料［以某重点行业业务为主营业务，固定资产投入使用当年主营业务收入占企业收入总额50%（不含）以上］；

（2）购进固定资产的发票、记账凭证（购入已使用过的固定资产，应提供已使用年限的相关说明）；

（3）核算有关资产税法与会计差异的台账。

第三节　生产性生物资产折旧的纳税调整

一、生产性生物资产

生物资产，是指有生命的动物和植物。生物资产分为消耗性生物资产、生产性生物资产和公益性生物资产。消耗性生物资产，是指为出售而持有的，或者在将来收获为农产品的生物资产，包括生长中的大田作物、蔬菜、用材林以及存栏待售的牲畜等。生产性生物资产，是指为产出农产品、提供劳务或出租等目的而持有的生物资产，包括经济林、薪炭林、产畜和役畜等。公益性生物资产，是指以防护、环境保护为主要目的的生物资产，包括防风固沙林、水土保持林和水源涵养林等。

二、初始计量与计税基础

（一）初始计量

《企业会计准则第5号——生物资产》（以下简称生物资产准则）规定，自行营造或繁殖的生产性生物资产的成本，应当按照下列规定确定。

（1）自行营造的林木类生产性生物资产的成本，包括达到预定生产经营目的前发生的造林费、抚育费、营林设施费、良种试验费、调查设计费和应分摊的间接费用等必要支出。

（2）自行繁殖的产畜和役畜的成本，包括达到预定生产经营目的（成龄）前发生的饲料费、人工费和应分摊的间接费用等必要支出。

达到预定生产经营目的，是指生产性生物资产进入正常生产期，可以多年连续稳定产出农产品、提供劳务或出租。

应计入生物资产成本的借款费用，按照借款费用准则处理。消耗性林木类生物资产发生的借款费用，应当在郁闭时停止资本化。

投资者投入生物资产的成本，应当按照投资合同或协议约定的价值确定，但合同或协议约定价值不公允的除外。天然起源的生物资产的成本，应当按照名义金额确定。

因择伐、间伐或者抚育更新性质采伐而补植林木类生物资产发生的后续支出，应当计入林木类生物资产的成本。生物资产在郁闭或者达到预定生产经营目的后发生的管护、饲养费用等后续支出，应当计入当期损益。

根据《小企业会计准则》的规定，生产性生物资产应当按照成本进行计量。外购的生产性生物资产的成本，应当按照购买价款和相关税费确定。

（二）计税基础

根据《企业所得税法实施条例》第六十二条的规定，生产性生物资产按照以下方法确定计税基础：

（1）外购的生产性生物资产，以购买价款和支付的相关税费为计税基础；

（2）通过捐赠、投资、非货币性资产交换、债务重组等方式取得的生产性生物资产，以该资产的公允价值和支付的相关税费为计税基础。

三、生产性生物资产的折旧

（一）折旧方法

生物资产准则规定，企业对达到预定生产经营目的的生产性生物资产，应当按期计提折旧，并根据用途分别计入相关资产的成本或当期损益。企业应当根据生产性生物资产的性质、使用情况和有关经济利益的预期实现方式，合理确定其使用寿命、预计净残值和折旧方法。可选用的折旧方法包括年限平均法、工作量法、产量法等。

根据《小企业会计准则》的规定，生产性生物资产应当按照年限平均法计提折旧。小企业（农、林、牧、渔业）应当根据生产性生物资产的性质和使用情况，并考虑税法的规定，合理确定生产性生物资产的使用寿命和预计净残值。生产性生物资产的折旧方法、使用寿命、预计净残值一经确定，不得随意变更。

根据《企业所得税法实施条例》第六十三条的规定，生产性生物资产按照直线法计算的折旧，准予扣除。企业应当从生产性生物资产投入使用月份的次月起计算折旧；停止使用的生产性生物资产，自停止使用月份的次月起停止计算折旧。企业应当根据生产性生物资产的性质和使用情况，合理确定生产性生物资产的预计净残值。生产性生物资产的预计净残值一经确定，不得变更。

（二）折旧年限

生物资产准则规定，生产性生物资产的使用寿命、预计净残值和折旧方法一经确定，不得随意变更。但是，符合生物资产准则第二十条规定的除外。

生物资产准则第二十条规定，企业至少应当于每年年度终了对生产性生物资产的使用寿命、预计净残值和折旧方法进行复核。使用寿命或预计净残值的预期数与原先估计数有差异的，或者有关经济利益预期实现方式有重大改变的，应当作为会计估计变更，按照会计政策、会计估计变更和差错更正准则处理，调整生产性生物资产的使用寿命或预计净残值或者改变折旧方法。

而《企业所得税法实施条例》第六十四条规定，生产性生物资产计算折旧的最低年限如下：

（1）林木类生产性生物资产，为10年；

（2）畜类生产性生物资产，为3年。

第四节　无形资产摊销的纳税调整

一、无形资产的界定

（一）会计的界定

《企业会计准则第6号——无形资产》（以下简称无形资产准则）所规范的无形资产，是指企业拥有或者控制的没有实物形态的可辨认非货币性资产。主要包括专利权、非专利技术、商标权、著作权、土地使用权、特许权等。

资产满足下列条件之一的，符合无形资产定义中的可辨认性标准：

（1）能够从企业中分离或者划分出来，并能单独或者与相关合同、资产或负债一起，用于出售、转移、授予许可、租赁或者交换。

（2）源自合同性权利或其他法定权利，无论这些权利是否可以从企业或其他权利和义务中转移或者分离。

商誉是企业合并成本大于合并取得被购买方各项可辨认资产、负债公允价值份额的差额，其存在无法与企业自身分离，不具有可辨认性，因而不属于无形资产准则所规范的无形资产。在会计上除符合无形资产定义外，还应同时满足与该无形资产有关的经济利益很可能流入以及该无形资产的成本能够可靠地计量的要求，才能予以确认。

《小企业会计准则》规定，无形资产，是指小企业为生产产品、提供劳务、出租或经营管理而持有的、没有实物形态的可辨认非货币性资产。小企业的无形资产包括：土地使用权、专利权、商标权、著作权、非专利技术等。

（二）税法的界定

1. 企业所得税上的无形资产

《企业所得税法实施条例》第六十五条规定，无形资产是指企业为生产产品、提供劳务、出租或者经营管理而持有的、没有实物形态的非货币性长期资产，包括专利权、商标权、著作权、土地使用权、非专利技术、商誉等。

由此可见，无形资产准则强调的是非货币性资产，《企业所得税法》强调的是长期资产；而且无形资产准则界定的无形资产不含商誉，但由于商誉属于没有实物形态的非货币性长期资产，企业所得税上将商誉作为无形资产处理。

企业会计准则把已出租的土地使用权、持有并准备增值后转让的土地使用权作为投资性房地产处理。在税务处理上，企业所得税没有引入投资性房地产的概念，而将企业为取得土地使用权支付给国家或者其他纳税人的土地出让或转让价款、无偿取得的土地使用权，都作为无形资产处理。

需要说明的是计算机软件的处理问题。在会计处理上，主要是根据计算机软件的重要性来确定是否作为无形资产核算。而对企业购置计算机硬件所附带的、未单独计价的软件，则应通过“固定资产”科目核算。在税务处理上，主要是根据计算机软件是否单独计价来确定是否作为无形资产管理。一般来说，企业购买计算机应用软件，凡随同计算机硬件一起购入的，计入固定资产价值；单独购入的，作为无形资产管理。

2. 增值税上的无形资产

根据《销售服务、无形资产、不动产注释》（财税〔2016〕36号文件附件1的附）的规定，销售无形资产，是指转让无形资产所有权或者使用权的业务活动。无形资产，是指不具实物形态，但能带来经济利益的资产，包括技术、商标、著作权、商誉、自然资源使用权和其他权益性无形资产。

技术，包括专利技术和非专利技术。自然资源使用权，包括土地使用权、海域使用权、探矿权、采矿权、取水权和其他自然资源使用权。其他权益性无形资产，包括基础设施资产经营权、公共事业特许权、配额、经营权（包括特许经营权、连锁经营权、其他经营权）、经销权、分销权、代理权、会员权、席位权、网络游戏虚拟道具、域名、名称权、肖像权、冠名权、转会费等。

二、无形资产的初始计量与计税基础

（一）外购的无形资产

1.外购无形资产成本的确定

无形资产通常应当按照成本进行初始计量，即以取得无形资产并使之达到预定用途而发生的全部支出，作为无形资产的成本。对于不同来源取得的无形资产，其成本构成也不尽相同。

无形资产准则规定，外购无形资产的成本，包括购买价款、相关税费以及直接归属于使该项资产达到预定用途所发生的其他支出。其他支出包括使无形资产达到预定用途所发生的专业服务费用、测试无形资产是否能够正常发挥作用的费用等，但不包括为引入新产品进行宣传发生的广告费、管理费用及其他间接费用，也不包括在无形资产已经达到预定用途以后发生的费用。

购买无形资产的价款超过正常信用条件延期支付，实质上具有融资性质的，无形资产的成本以购买价款的现值为基础确定。实际支付的价款与购买价款的现值之间的差额，除按照借款费用准则应予资本化的以外，应当在信用期间内计入当期损益。这是因为，企业发生的这项业务，实质上可以区分为两项业务：一项是购买无形资产；另一项是向销售方借款。因此，所支付的货款必须考虑货币的时间价值，根据无形资产准则的规定，采用现值计价模式，无形资产的成本为购买价款的现值。

而《小企业会计准则》规定，无形资产应当按照成本进行计量。外购无形资产的成本包括：购买价款、相关税费和相关的其他支出（含相关的借款费用）。

2.外购无形资产计税基础的确定

根据《企业所得税法》及其实施条例的规定，企业的无形资产等各项资产以历史成本为计税基础。对外购的无形资产，以购买价款和支付的相关税费以及直接归属于使该资产达到预定用途发生的其他支出为计税基础。

案例10-4 甲上市公司因生产需要某项专利技术，于20×0年1月1日从乙公司购得该项专利权，协议约定价款780万元，相关税费5万元，专业服务费用15万元，总计800万元。

由于甲公司资金周转紧张，经与乙公司协商采用分期付款方式支付款项。从20×0年起每年末付款200万元，四年付清。假定银行同期贷款利率为8%，按10年摊销（已知4年期8%利率，年金现值系数为3.312 1）。

各年未确认融资费用如表10-4所示。

表10-4　未确认融资费用

金额单位：万元

年份	融资余额	利率	本年利息	付款	还本	未确认融资费用
			融资余额 × 利率		付款 - 利息	上年余额 - 本年利息
20×0	662.42					137.58
20×1	515.41	8.00%	52.99	200.00	147.01	84.59
20×2	356.64	8.00%	41.23	200.00	158.77	43.35
20×3	185.17	8.00%	28.53	200.00	171.47	14.82
20×4	0.00	8.00%	14.82	200.00	185.18	0.00
合计			137.57	800.00	662.42	

要求：进行相关的会计处理与纳税调整。

解析：

购买价款的现值=200×3.312 1=662.42（万元）；

未确认融资费用=800-662.42=137.58（万元）。

甲公司账务处理如下：

（1）20×0年1月1日取得该项专利权时：

借：无形资产——专利权　6 624 200

　　未确认融资费用　1 375 800

　贷：长期应付款——乙公司　8 000 000

税务处理：根据《企业所得税法》的规定，企业的无形资产应以历史成本为计税基础。对该项外购的专利权，其计税基础应为800万元。该专利权的账面原价为662.42万元，账面价值小于计税基础产生可抵扣暂时性差异，应进行纳税调整，即根据税法规定计提的摊销额大于会计摊销额的差额应调减应纳税所得额。同时，未确认融资费用摊销计入财务费用的金额，不得在税前扣除。

（2）20×0年处理及12月底付款时：

借：长期应付款　2 000 000

　贷：银行存款　2 000 000

借：财务费用　529 900

　贷：未确认融资费用　529 900

借：管理费用　662 420

　贷：无形资产摊销　662 420

税务处理：会计摊销额为662 420元；税前可以扣除的摊销额：8 000 000/10=800 000（元）；差额应调减应纳税所得额：800 000-662 420=137 580（元）。对未确认融资费用转入财务费用的金额应调增应纳税所得额529 900元。

（3）20×1年处理及12月底付款时：

借：长期应付款　　2 000 000

　贷：银行存款　　2 000 000

借：财务费用　　412 300

　贷：未确认融资费用　　412 300

借：管理费用　　662 420

　贷：无形资产摊销　　662 420

税务处理：会计摊销额为412300元；税前可以扣除的摊销额：8 000 000/10=800 000（元）；差额应调减应纳税所得额：800 000–662 420=137 580（元）。对未确认融资费用转入财务费用的金额应调增应纳税所得额412 300元。

（4）20×1年处理及12月底付款时：

借：长期应付款　　2 000 000

　贷：银行存款　　2 000 000

借：财务费用　　285 300

　贷：未确认融资费用　　285 300

借：管理费用　　662 420

　贷：无形资产摊销　　662 420

税务处理：会计摊销额为662420元；税前可以扣除的摊销额：8 000 000/10=800 000（元）；差额应调减应纳税所得额：800 000–662 420=137 580（元）。对未确认融资费用转入财务费用的金额应调增应纳税所得额285 300元。

（5）20×2年处理及12月底付款时：

借：长期应付款　　2 000 000

　贷：银行存款　　2 000 000

借：财务费用　　148 200

　贷：未确认融资费用　　148 200

借：管理费用　　662 420

　贷：无形资产摊销　　662 420

税务处理：会计摊销额为662420元；税前可以扣除的摊销额：8 000 000/10=800 000（元）；差额应调减应纳税所得额：800 000–662 420=137 580（元）。对未确认融资费用转入财务费用的金额应调增应纳税所得额148 200元。

（二）投资者投入的无形资产

无形资产准则规定，投资者投入无形资产的成本，应当按照投资合同或协议约定的价值确定，但合同或协议约定价值不公允的除外。也就是说，在投资合同或协议约定价值不公允的情况下，应按无形资产的公允价值入账，所确认的初始成本与实收资本或股本之间的差额调整“资本公积”。《小企业会计准则》规定，投资者投入的无形资产的成本，应当按照评估价值和相关税费确定。

《企业所得税法》规定，通过捐赠、投资、非货币性资产交换、债务重组等方式取得的无形资产，以该资产的公允价值和支付的相关税费为计税基础。

由此可见，接受投资的无形资产的初始计量与计税基础是相同的。对于接受投资的土地使用权，在办理产权变更登记时缴纳的契税，属于该项无形资产达到预用途前所发生的支出，会计上应计入无形资产成本，税法上也应计入资产的计税基础。

（三）土地使用权的处理

1. 土地使用权的会计处理

根据无形资产准则的规定，企业取得的土地使用权通常应确认为无形资产。土地使用权用于自行开发建造厂房等地上建筑物时，土地使用权的账面价值不与地上建筑物合并计算其成本，而仍作为无形资产进行核算，土地使用权与地上建筑物分别进行摊销和提取折旧。但下列情况除外：

（1）房地产开发企业取得的土地使用权用于建造对外出售的房屋建筑物，相关的土地使用权应当计入所建造的房屋建筑物成本。

（2）企业外购的房屋建筑物，若实际支付的价款中包括土地以及建筑物的价值，则应当对支付的价款按照合理的方法（如，公允价值）在土地和地上建筑物之间进行分配；如果确实无法在地上建筑物与土地使用权之间进行合理分配，则应当全部作为固定资产核算。

企业改变土地使用权的用途，将其作为用于出租或增值目的时，应将其转为投资性房地产。

《小企业会计准则》规定，自行开发建造厂房等建筑物，相关的土地使用权与建筑物应当分别进行处理。外购土地及建筑物支付的价款应当在建筑物与土地使用权之间按照合理的方法进行分配；难以合理分配的，应当全部作为固定资产。

案例10-5　2021年1月1日，甲上市公司购入一块土地使用权，使用年限为40年，以银行存款支付出让金4 000万元。2月1日起在该土地上建造厂房等工程，到6月31日，该工程已经完工并达到预定可使用状态，共发生材料支出9 000万元，工资费用2 000万元，其他相关费用4 000万元。假定土地使用年限为40年，该厂房预计使用寿命15年，两者都没有残值，都采用直线法摊销和折旧。为简化核算，不考虑其他相关税费。

要求：进行相关的会计与税务处理。

解析：

甲公司购入土地使用权，使用年限为40年，表明它属于使用寿命有限的无形资产。在该土地上建造厂房，应将土地使用权和地上建筑物分别作为无形资产和固定资产进行核算，并分别摊销和计提折旧。

甲公司的账务处理如下：

（1）2021年1月1日，支付土地出让金：

借：无形资产——土地使用权　　　　40 000 000

贷：银行存款　　40 000 000

（2）在土地上建造厂房：

借：在建工程　　150 000 000

贷：工程物资　　90 000 000

应付职工薪酬　　20 000 000

银行存款　　40 000 000

（3）6月30日，厂房达到预定可使用状态，转入固定资产时：

借：固定资产　　150 000 000

贷：在建工程　　150 000 000

（4）当年分期摊销土地使用权和对厂房计提折旧：

借：管理费用——土地使用权摊销　　1 000 000

贷：累计摊销　　1 000 000

借：制造费用——厂房折旧　　5 000 000

贷：累计折旧　　5 000 000

税务处理：由于土地使用权的摊销年限会计与税法一致，对其摊销额申报企业所得税时不做纳税调整；而厂房的会计折旧年限为15年，低于企业所得税法规定的最低折旧年限，对由此造成的每一纳税年度的折旧差额应进行纳税调整。

税法折旧限额：15 000÷20×6÷12=375（万元），应调增应纳税所得额：500–375=125（万元）。

2. 地价计入房产原值计征房产税

根据《财政部 国家税务总局关于安置残疾人就业单位城镇土地使用税等政策的通知》（财税〔2010〕121号）的规定，对按照房产原值计税的房产，无论会计上如何核算，房产原值均应包含地价，包括为取得土地使用权支付的价款、开发土地发生的成本费用等。宗地容积率低于0.5的，按房产建筑面积的2倍计算土地面积，并据此确定计入房产原值的地价。

三、研究开发费的会计与税务处理

（一）研究开发费的会计处理

财务处理原则：企业内部研究开发项目研究阶段的支出，应当于发生时计入当期损益（管理费用）；开发阶段的支出符合资本化条件的，才能资本化确认为无形资产；不符合资本化条件的计入当期损益（管理费用）。如果无法区分研究阶段支出和开发阶段支出，应当将其所发生的研发支出全部费用化，计入当期损益（管理费用）。

具体账务处理：企业自行开发无形资产发生的研发支出，未满足资本化条件的，借记“研发支出——费用化支出”科目，满足资本化条件的，借记“研发支出——资本化支出”

科目，贷记“原材料”“银行存款”“应付职工薪酬”等科目。购买正在进行中的研究开发项目，应按确定的金额，借记“研发支出——资本化支出”科目，贷记“银行存款”等科目。研究开发项目达到预定用途形成无形资产的，应按“研发支出——资本化支出”科目的余额，借记“无形资产”科目，贷记“研发支出——资本化支出”科目。

（二）税务处理与纳税调整

《企业所得税法》规定，自行开发的无形资产，以开发过程中该资产符合资本化条件后至达到预定用途前发生的支出为计税基础。企业开发新技术、新产品、新工艺发生的研究开发费用，可以在计算应纳税所得额时加计扣除。研究开发费用的加计扣除，是指企业为开发新技术、新产品、新工艺发生的研究开发费用，未形成无形资产计入当期损益的，在按照规定据实扣除的基础上，按照研究开发费用的75%加计扣除；形成无形资产的，按照无形资产成本的175%摊销。

根据《财政部 税务总局关于进一步完善研发费用税前加计扣除政策的公告》（财政部、税务总局公告2021年第13号）的规定，制造业企业开展研发活动中实际发生的研发费用，未形成无形资产计入当期损益的，在按规定据实扣除的基础上，自2021年1月1日起，再按照实际发生额的100%在税前加计扣除；形成无形资产的，自2021年1月1日起，按照无形资产成本的200%在税前摊销。

这里所称制造业企业，是指以制造业业务为主营业务，享受优惠当年主营业务收入占收入总额的比例达到50%以上的企业。制造业的范围按照《国民经济行业分类》（GB/T 4574—2017）确定，如国家有关部门更新《国民经济行业分类》，从其规定。收入总额按照《企业所得税法》第六条规定执行。

案例10-6　丙公司为在上海证交所上市制造业企业，2021年1月1日，自行研究开发一项新产品专利技术，在研究开发过程中发生材料费3 000万元、人工工资1 500万元，以及其他费用2 500万元，总计7 000万元，其中，符合资本化条件的支出为4 000万元。2021年6月30日，该专利技术已经达到预定用途。

要求：进行相关的会计处理与纳税调整。

解析：

丙公司发生研发支出时的账务处理为：

借：研发支出——费用化支出　　30 000 000

　　　　　　——资本化支出　　40 000 000

　贷：原材料　　30 000 000

　　　应付职工薪酬　　15 000 000

　　　银行存款　　25 000 000

2021年6月30日，该专利技术达到预定用途时，根据无形资产准则规定，应予费用化的支出为3 000万元，应予资本化的金额为4 000万元，即该项专利在会计上初始计量的金额为4 000万元，其账务处理为：

借：管理费用	30 000 000	
无形资产——专利权	40 000 000	
贷：研发支出——费用化支出		30 000 000
——资本化支出		40 000 000

根据《企业所得税法》的相关规定，企业研究开发费支出，在计算应纳税所得额时可以加计扣除。因而当期可税前扣除的费用化支出为：3 000×（1+100%）=6 000（万元），加计扣除优惠3 000万元；对形成无形资产的资本化支出4 000万元，应按照8 000万元（4 000×200%）在不短于10年的期限内摊销，在缴纳企业所得税前扣除。

四、无形资产的后续计量与税前扣除

（一）无形资产摊销的范围

1.会计摊销的范围

无形资产准则规定，企业应当于取得无形资产时分析判断其使用寿命。使用寿命为有限的，应当估计该使用寿命的年限或者构成使用寿命的产量等类似计量单位数量，其应摊销金额应当在使用寿命内合理摊销。无法预见无形资产为企业带来经济利益期限的，应当视为使用寿命不确定的无形资产，此类无形资产不应摊销。

《企业会计准则——应用指南》附录规定，“商誉”科目用来核算企业合并中形成的商誉价值。商誉发生减值的，可以单独设置“商誉减值准备”科目，比照“无形资产减值准备”科目进行处理。“商誉”科目期末借方余额，反映企业商誉的价值。由此可见，企业会计准则没有将商誉列入无形资产范畴，而是在“商誉”科目单独进行核算，同时规定可以对商誉计提减值准备，但未规定对商誉可以进行摊销。与《企业会计准则》不同的是，《企业所得税法》仍把商誉归为无形资产，由此造成会计和税法对商誉的处理存在一些差异。

2.税法摊销的范围

《企业所得税法》第十二条规定，在计算应纳税所得额时，企业按照规定计算的无形资产摊销费用，准予扣除。

下列无形资产不得计算摊销费用扣除：

（1）自行开发的支出已在计算应纳税所得额时扣除的无形资产；

（2）自创商誉；

（3）与经营活动无关的无形资产；

（4）其他不得计算摊销费用扣除的无形资产。

《企业所得税法》不区分使用寿命有限的无形资产与使用寿命不确定的无形资产，除税法规定不得计算摊销费用扣除的无形资产外，都应按规定计算无形资产的摊销费用，在税前扣除。

外购商誉的支出，在企业整体转让或者清算时，准予扣除。自创商誉不得计算摊销费用扣除，主要是基于：第一，既然在资产评估时都不能准确确定并分摊到可识别资产上（如果能够确定就应该反映到评估价格上），那么，将其作为资产并摊销不尽合理。第二，即使在会计上，世界各国对商誉的确认也是有争议的。有些国家甚至在会计制度中也不允许商誉的摊销。第三，商誉的价值很不确定，不能单独存在和变现，企业对形成商誉的因素难以控制。第四，商誉的价值并没有损耗，即使确认为无形资产也不应该摊销。事实上，世界上多数国家税法都不允许商誉摊销。

（二）摊销方法与摊销期限

1.无形资产摊销的会计处理

无形资产准则规定，使用寿命有限的无形资产，其应摊销金额应当在使用寿命内系统合理摊销。企业摊销无形资产，应当自无形资产可供使用时起，至不再作为无形资产确认时止。企业选择的无形资产摊销方法，应当反映与该项无形资产有关的经济利益的预期实现方式。无法可靠确定预期实现方式的，应当采用直线法摊销。无形资产的摊销金额一般应当计入当期损益，其他会计准则另有规定的除外。

《小企业会计准则》规定，无形资产应当在其使用寿命内采用年限平均法进行摊销，根据其受益对象计入相关资产成本或者当期损益。有关法律规定或合同约定了使用年限的，可以按照规定或约定的使用年限分期摊销。小企业不能可靠估计无形资产使用寿命的，摊销期不得低于10年。

2.无形资产摊销的税务处理

《企业所得税法实施条例》第六十七条规定，无形资产按照直线法计算的摊销费用，准予扣除。而且无形资产摊销方法和期限一经确定，不得随意变更。无形资产的摊销年限不得低于10年。作为投资或者受让的无形资产，有关法律规定或者合同约定使用年限的，可以按照规定或者约定的使用年限分期摊销。而无形资产准则并未明确规定无形资产的最低摊销年限。

因而，按照其他方法计算的无形资产摊销费用，不符合税法规定的，在计算应纳税所得额时要进行纳税调整。

（三）应摊销金额的确定

1.会计应摊销金额的计算

根据无形资产准则的规定，无形资产的应摊销金额为其成本扣除预计残值后的金额。已计提减值准备的无形资产，还应扣除已计提的无形资产减值准备累计金额。企业接受投资或因合并、分立等重组中接受的无形资产，按公允价值摊销。

使用寿命有限的无形资产，其残值应当视为零，但下列情况除外：

（1）有第三方承诺在无形资产使用寿命结束时购买该无形资产；

（2）可以根据活跃市场得到预计残值信息，并且该市场在无形资产使用寿命结束时很可能存在。

因此，财务上，无形资产的账面价值=实际成本－累计摊销－无形资产减值准备；使用寿命不确定的无形资产，账面价值=实际成本－无形资产减值准备。

2. 无形资产摊销的税前扣除

根据《企业所得税法》的相关规定，无形资产以其计税基础作为可摊销的金额。企业持有无形资产等各项资产期间资产增值或减值，除国务院财政、税务主管部门规定可以确认损益外，不得调整该资产的计税基础。

因而，已计提减值准备的无形资产，由于税法不允许扣除无形资产减值准备，应进行纳税调整。企业接受投资或因合并、分立等重组中接受的无形资产，一般来说只有当有关无形资产中隐含的增值或损失已经在税收上确认，并缴纳过企业所得税后，才能按经评估确认的价值确定有关无形资产的计税基础，否则，只能以无形资产在原企业账面的净值作为计税基础。即：

计税基础=实际成本－累计摊销

案例10–7 2021年1月1日，丁股份公司购入一项产品的商标权，成本为5 000万元，该商标权按照法律规定还有5年的使用寿命，但是在保护期届满时，丁股份公司可以每10年以较低的手续费申请延期，同时丁股份公司有充分的证据表明其有能力申请延期。此外，有关的市场调查表明，根据产品生命周期、市场竞争等方面情况综合判断，该商标权将在不确定的期间内为企业带来现金流量。2021年底，丁股份公司对该商标权进行减值测试，测试表明该商标已发生减值。2021年底，该商标的公允价值为4 000万元。

要求：对丁公司2021年与商标权有关业务进行会计处理、税务处理及纳税调整。

解析：

（1）2021年1月1日购入商标权时，会计上的入账价值为5 000万元，其账务处理为：

借：无形资产——商标权	50 000 000	
贷：银行存款		50 000 000

税务处理：根据税法规定，2021年1月1日购入商标权时，其计税基础也为5 000万元。根据无形资产准则规定，上述商标权在会计上可视为使用寿命不确定的无形资产，在持有期间不需要进行摊销。但根据《企业所得税法》的规定，该项无形资产应采用直线法，在不低于10年的期限内摊销，在税前扣除。因而2021年可税前扣除的该项商标权的摊销额为：5 000÷10=500（万元）。2021年底的计税基础为：5 000–500=4 500（万元）。

（2）2021年12月31日，该项商标权发生减值时，其账务处理为：

借：资产减值损失	10 000 000	
贷：无形资产减值准备——商标权		10 000 000

税务处理：计提减值准备后的该项商标权的账面价值为：5 000–1 000=4 000（万

元）。在企业所得税纳税申报时，应调增计提的“资产减值损失”1 000万元，调减商标权的应摊销额500万元。

（四）无形资产摊销的复核

无形资产准则规定，企业至少应当于每年年度终了，对使用寿命有限的无形资产的使用寿命及摊销方法进行复核。无形资产的使用寿命及摊销方法与以前估计不同的，应当改变摊销期限和摊销方法。

企业应当在每个会计期间对使用寿命不确定的无形资产的使用寿命进行复核。如果有证据表明无形资产的使用寿命是有限的，应当估计其使用寿命，并按会计准则规定处理。

《企业所得税法》规定，无形资产摊销方法和期限一经确定，不得随意变更。

（五）无形资产的处置与报废

无形资产的处置，主要是指无形资产出售、对外出租、对外捐赠，或者是无法为企业带来未来经济利益时，应予转销并终止确认。

1.会计处理

（1）无形资产的出售。

无形资产准则规定，企业出售无形资产时，应将所取得的价款与该无形资产账面价值的差额计入当期损益。

企业出售无形资产不属于收入准则的规范范围，但出售无形资产确认其利得的时点，应比照收入准则中的有关原则进行判断。

出售无形资产时，应按实际收到的金额，借记“银行存款”等科目；按已摊销的累计摊销额，借记“累计摊销”科目。原已计提减值准备的，借记“无形资产减值准备”科目；按应支付的相关税费，贷记“应交税费”等科目；按其账面余额，贷记“无形资产”科目；按其差额，贷记或借记“资产处置损益”科目。

（2）无形资产的出租。

企业将所拥有的无形资产的使用权让渡给他人，并收取租金，在满足收入确认条件的情况下，应确认相关的收入及成本。

出租无形资产时，取得的特许权使用费收入，借记“银行存款”等科目，贷记“其他业务收入”等科目；摊销出租无形资产的成本及发生的与出租有关的各种费用支出，借记“其他业务成本”科目，贷记“累计摊销”科目。

（3）无形资产的报废。

无形资产预期不能为企业带来经济利益的，应当将该无形资产的账面价值予以转销。按已摊销的累计摊销额，借记“累计摊销”科目。原已计提减值准备的，借记“无形资产减值准备”科目；按其账面余额，贷记“无形资产”科目；按其差额，借记“营业外支出”科目。

2.无形资产处置的税务处理

《企业所得税法》规定，企业以货币形式和非货币形式从各种来源取得的收入，为收入总额。与无形资产处置相关的收入，在企业所得税上分为转让财产收入和特许权使用费收入两类。

企业出售、转让无形资产，应按《企业所得税法》相关规定确认为转让财产收入，在计算应纳税所得额时，按规定扣除该项资产的净值和转让费用。

特许权使用费收入，是指企业提供专利权、非专利技术、商标权、著作权以及其他特许权的使用权取得的收入。特许权使用费收入，按照合同约定的特许权使用人应付特许权使用费的日期确认收入的实现。

企业以无形资产对外投资、债务重组、分配股利和捐赠等，都要视同销售。

五、无形资产的加速摊销与一次性扣除

（一）外购的软件缩短摊销年限

根据《财政部 国家税务总局关于进一步鼓励软件产业和集成电路产业发展企业所得税政策的通知》（财税〔2012〕27号）第七条的规定，企业外购的软件，凡符合无形资产确认条件的，可以按照无形资产进行核算，其摊销年限可以适当缩短，最短可为2年（含）。

（二）海南自贸港企业新购置无形资产加速摊销或一次性扣除

根据《财政部 税务总局关于海南自由贸易港企业所得税优惠政策的通知》（财税〔2020〕31号）第三条的规定，对在海南自由贸易港设立的企业，新购置（含自建、自行开发）固定资产或无形资产，单位价值不超过500万元（含）的，允许一次性计入当期成本费用在计算应纳税所得额时扣除，不再分年度计算折旧和摊销；新购置（含自建、自行开发）固定资产或无形资产，单位价值超过500万元的，可以缩短折旧、摊销年限或采取加速折旧、摊销的方法。

这里所称固定资产，是指除房屋、建筑物以外的固定资产。

此政策执行时间为2020年1月1日至2024年12月31日。

第五节　长期待摊费用的纳税调整

一、长期待摊费用

（一）会计处理

固定资产的后续支出，是指固定资产在使用过程中发生的更新改造支出、修理费用等。

固定资产的更新改造等后续支出，满足规定的确认条件的，应当计入固定资产成本，如有被替换的部分，应扣除其账面价值；不满足固定资产准则规定确认条件的固定资产修理费用等，应当在发生时计入当期损益。

《小企业会计准则》规定，固定资产的日常修理费，应当在发生时根据固定资产的受益对象计入相关资产成本或者当期损益。固定资产的改建支出，应当计入固定资产的成本，但已提足折旧的固定资产和经营租入的固定资产发生的改建支出应当计入长期待摊费用。

（二）税务处理

根据《企业所得税法》第十三条的规定，在计算应纳税所得额时，企业发生的下列支出作为长期待摊费用，按照规定摊销的，准予扣除：①已足额提取折旧的固定资产的改建支出；②租入固定资产的改建支出；③固定资产的大修理支出；④其他应当作为长期待摊费用的支出。

1. 已足额提取折旧的固定资产的改建支出

固定资产的改建支出是指企业改变房屋、建筑物结构、延长使用年限等发生的支出。

已足额提取折旧的固定资产的改建支出，按照固定资产预计尚可使用年限分期摊销。

2. 租入固定资产的改建支出

租入固定资产的改建支出，按照合同约定的剩余租赁期限分期摊销。改建支出，除已足额提取折旧的固定资产的改建支出、租入固定资产的改建支出以外，应当增加该固定资产原值，其中延长固定资产使用年限的，还应当适当延长折旧年限，并相应调整折旧的计算。

此外，根据《国家税务总局关于企业所得税若干问题的公告》（国家税务总局公告2011年第34号）的规定，企业对房屋、建筑物固定资产在未足额提取折旧前进行改扩建的，如属于推倒重置的，该资产原值减除提取折旧后的净值，应并入重置后的固定资产计税成本，并在该固定资产投入使用后的次月起，按照税法规定的折旧年限，一并计提折旧；如属于提升功能、增加面积的，该固定资产的改扩建支出，并入该固定资产计税基础，并从改扩建完工投入使用后的次月起，重新按税法规定的该固定资产折旧年限计提折旧，如该改扩建后的固定资产尚可使用的年限低于税法规定的最低年限的，可以按尚可使用的年限计提折旧。

3. 固定资产的大修理支出

固定资产的大修理支出，是指同时符合以下条件的支出：

（1）修理支出达到取得固定资产的计税基础50%以上；

（2）修理后固定资产的使用寿命延长2年以上。

固定资产的大修理支出，按照固定资产尚可使用年限分期摊销。

固定资产大修理支出作为长期待摊费用按其尚可使用年限分期摊销的，必须同时具备上述价值标准和时间标准两个条件。如不同时具备，则应作为当期费用扣除。如修理支出不超过固定资产计税基础的50%，所发生的修理费，可在税前一次性扣除。

4.其他应当作为长期待摊费用的支出

其他应当作为长期待摊费用的支出，自支出发生月份的次月起分期摊销，摊销期限不得低于3年。

二、开（筹）办费

（一）开办费的会计处理

开（筹）办费，是指企业在筹建期发生的费用，包括人员工资、办公费、培训费、差旅费、印刷费、注册登记费，以及不计入固定资产和无形资产成本的汇兑损益和利息等支出。筹建期，是指企业从被批准筹建之日起至开始生产、经营（包括试生产、试营业）之日的期间。

筹建期间发生的下列支出不属于开办费的范畴：

（1）应计入购建固定资产和无形资产成本的运输费、安装费、保险费和购建时发生的职工薪酬等费用；

（2）按照规定应由投资各方负担的费用，如投资各方为筹建企业进行调查时发生的差旅费、咨询费、招待费等支出；

（3）投资方因投入资本自行筹措款项所支付的利息（应由出资方自行负担）等。

根据《企业会计制度》，企业筹建期间发生的开办费，通过“长期待摊费用”科目核算。而根据《企业会计准则》的规定，“开办费”通过“管理费用”科目核算。

《企业会计准则应用指南》附录“会计科目与主要账务处理”规定，企业在筹建期间内发生的开办费，包括人员工资、办公费、培训费、差旅费、印刷费、注册登记费以及不计入固定资产成本的借款费用等，在实际发生时，借记“管理费用”（开办费）科目，贷记“银行存款”等科目。即在执行企业会计准则的单位，开办费不再作为“长期待摊费用”或“递延资产”，而是直接将其费用化，统一在“管理费用”科目核算。

根据《小企业会计准则》的规定，小企业在筹建期间内发生的开办费，纳入管理费用核算。

（二）开办费的税前扣除

在《企业所得税法》及其实施条例中，开（筹）办费未明确列作长期待摊费用。根据《国家税务总局关于企业所得税若干税务事项衔接问题的通知》（国税函〔2009〕98号）的规定，企业可以在开始经营之日的当年一次性扣除，也可以按照《企业所得税法》有关长期待摊费用的处理规定处理，但一经选定，不得改变。企业在《企业所得税法》实施以前年度的未摊销完的开办费，也可根据上述规定处理。

由此可见，《企业所得税法》上企业开办费既可以一次性扣除也可以分期摊销。对于企业在2008年以前将开办费列入长期待摊费用，未摊销的部分可以一次摊入2008年的费用中，也可以根据企业需要选择按照企业所得税法有关“长期待摊费用”的处理规定处理。

第六节　开采油（气）资源费用和折耗摊销折旧

一、开采油（气）资源费用和折耗摊销折旧的处理

开采油（气）资源企业费用和有关固定资产，是指从事开采石油、天然气（包括煤层气，下同）的矿产资源油气企业（以下简称油气企业）在开始商业性生产前取得矿区权益和勘探、开发的支出所形成的费用和固定资产。商业性生产，是指油（气）田（井）经过勘探、开发、稳定生产并商业销售石油、天然气的阶段。

根据《财政部 国家税务总局关于开采油（气）资源企业费用和有关固定资产折耗、摊销、折旧税务处理问题的通知》（财税〔2009〕49号）的规定，油气企业在开始商业性生产前发生的费用和有关固定资产的折耗、摊销、折旧方法按如下方法处理：

（一）矿区权益支出的折耗

矿区权益支出，是指油气企业为了取得在矿区内的探矿权、采矿权、土地或海域使用权等所发生的各项支出，包括有偿取得各类矿区权益的使用费、相关中介费或其他可直接归属于矿区权益的合理支出。

油气企业在开始商业性生产前发生的矿区权益支出，可在发生的当期，从本企业其他油（气）田收入中扣除；或者自对应的油（气）田开始商业性生产月份的次月起，分3年将按直线法计提的折耗予以扣除。

油气企业对其发生的矿区权益支出未选择在发生的当期扣除的，由于未发现商业性油（气）构造而终止作业，其尚未计提折耗的剩余部分，可在终止作业的当年作为损失扣除。

（二）勘探支出的摊销

勘探支出，是指油气企业为了识别勘探区域或探明油气储量而进行的地质调查、地球物理勘探、钻井勘探活动以及其他相关活动所发生的各项支出。

油气企业在开始商业性生产前发生的勘探支出（不包括预计可形成资产的钻井勘探支出），可在发生的当期，从本企业其他油（气）田收入中扣除；或者自对应的油（气）田开始商业性生产月份的次月起，分3年将按直线法计提的摊销予以扣除。

油气企业对其发生的勘探支出未选择在发生的当期扣除的，由于未发现商业性油

（气）构造而终止作业，其尚未摊销的剩余部分，可在终止作业的当年作为损失扣除。

油气企业的钻井勘探支出，凡确定该井可作商业性生产，且该钻井勘探支出形成的资产符合《企业所得税法实施条例》第五十七条规定条件的，应当将该钻井勘探支出结转为开发资产的成本，按照财税〔2009〕49号文件第四条规定的开发资产计提折旧。

（三）开发资产的折旧

油气企业在开始商业性生产之前发生的开发支出，可不分用途，全部累计作为开发资产的成本，自对应的油（气）田开始商业性生产月份的次月起，可不留残值，将按直线法计提的折旧予以扣除，其最低折旧年限为8年。这里所称开发支出，是指油气企业为了取得已探明矿区中的油气而建造或更新井及相关设施活动所发生的各项支出。

油气企业终止本油（气）田生产的，其开发资产尚未计提折旧的剩余部分可在该油（气）田终止生产的当年作为损失扣除。

油气企业应按照规定选择有关费用和资产的折耗、摊销、折旧方法和年限，一经确定，不得变更。

油气企业在本油（气）田进入商业性生产之后对本油（气）田新发生的矿区权益、勘探支出、开发支出，按照财税〔2009〕49号文件规定处理。

二、弃置费的会计与税务处理

（一）弃置费用的会计处理

弃置费用是固定资产准则新增的内容，它要求对于特殊行业的特定固定资产，在确定其初始入账成本时应当考虑弃置费用。

弃置费用通常是指根据国家法律和行政法规、国际公约等规定，企业承担的环境保护和生态恢复等义务所确定的支出，如核电站核设施等的弃置和恢复环境义务等。弃置费用仅适用于特定行业的特定固定资产，比如，石油天然气企业油气水井及相关设施的弃置、核电站核废料的处置等。一般企业固定资产成本不应预计弃置费用。

弃置费用的义务通常有国家法律和行政法规、国际公约等有关规定约束，比如，国家法律、行政法规要求企业的环境保护和生态环境恢复的义务等。弃置费用的金额通常较大。企业应当根据或有事项准则，按照现值计算确定应计入固定资产原价的金额和相应的预计负债。

一般企业固定资产的报废清理费，应在实际发生时作为固定资产清理费用处理，不属于固定资产准则规范的弃置费用。

（二）弃置费用的税务处理

《企业所得税法》不承认弃置费用，因预计弃置费用而多提的折旧应做纳税调整。

但《企业所得税法实施条例》第四十五条规定，企业依照法律、行政法规有关规定提取的用于环境保护、生态恢复等方面的专项资金，准予扣除。上述专项资金提取后改变用途的，不得扣除。

（三）海上油气生产设施弃置费的处理

这里所称弃置费，是指从事开采我国海上油气资源的企业，为承担油气生产设施废弃处置的责任和义务所发生的，用于井及相关设施的废弃、拆移、填埋等恢复生态环境及其前期准备等各项专项支出。主要包括弃置前期研究、停产准备、工程设施弃置、油井弃置等相关费用。

海上油气生产设施（以下简称设施），包括海上油井、气井、水井、固定平台、人工岛、单点系泊、浮式生产储油装置，海底电缆、管道、水下生产系统，陆岸终端，以及其他水上、水下的油气生产的相关辅助配套设施。企业，是指参与开采海上油气资源的中国企业和外国企业。作业者，是指负责海上油（气）田作业的实体。包括开采海上石油资源的本企业、或者投资各方企业。

为加强和规范海上油气生产设施弃置费企业所得税管理，国家税务总局发布了《海上油气生产设施弃置费企业所得税管理办法》（国家税务总局公告2011年第22号发布），对废弃处置方案的备案、计提和税前扣除等问题做出规定。

1.废弃处置方案的备案

企业开始提取弃置费前，应提供作业者编制的海上油（气）田设施废弃处置预备方案，报主管税务机关备案。预备方案应当包括弃置费估算、弃置费筹措方法和弃置方式等内容。

设施废弃处置预备方案发生修改的，企业应在修改后的30日内报主管税务机关备案。

海上油（气）田实施弃置作业前，应将其按照国家有关主管部门要求编制的设施废弃处置实施方案，报主管税务机关备案。

2.弃置费的计提和税前扣除

海上油（气）田弃置费，按照设施废弃处置预备方案中规定的方法（产量法或年限平均法）按月提取。多个企业合作开发一个油（气）田的，其弃置费计提应该采取同一方法。企业弃置费计提方法确定后，除设施废弃处置预备方案修改外，不得变更。

《海上油气生产设施弃置费企业所得税管理办法》实施后进入商业生产的海上油（气）田，弃置费自进入商业生产的次月起开始计提。该办法实施前已进入商业生产的海上油（气）田，弃置费自作业者补充编制的设施废弃处置预备方案报主管税务机关备案后的次月起开始计提。

作业者修改废弃处置预备方案的，修改后弃置费在废弃处置预备方案重新报主管税务机关备案的次月起开始计提。

采用年限平均法分月计提弃置费，应按照以下公式计算：

当月计提弃置费＝（预备方案中的弃置费总额－累计已计提弃置费用）÷合同生产期（月）－当月弃置费专款账户损益

该办法实施前已进入商业生产的海上油（气）田，合同生产期（月）为开始计提弃置费的剩余月份。

采用产量法计提弃置费，应按照以下公式计算：

本月计提弃置费=（预备方案中的弃置费总额－累计已计提弃置费用）×本月计提比例－当月弃置费专款账户损益

本月计提比例=本月油（气）田实际产量÷（本月油（气）田实际产量+期末探明已开发储量）

公式中的“当月弃置费专款账户损益”，包括专款账户利息、汇兑损益等。其中汇兑损益为弃置费以人民币以外货币计提存储情况下，按照上月末即期人民币汇率中间价折算为人民币时，弃置费专款账户余额发生的汇兑损益。期末探明已开发储量是指，已探明的开发储量，在现有设施条件下对应的可开采储量。

作业者应在纳税年度结束后，对当年提取的弃置费具体情况进行调整。企业应在年度汇算清缴时，根据作业者的调整情况，确认本年度弃置费列支数额。

修改设施废弃处置预备方案，导致弃置费提取数额、方法发生变化的，应自方案修改后的下个月开始，就新方案中的弃置费总额，减去累计已计提弃置费后的余额，按照新方案确定的方法继续计提。

油（气）田企业或合作各方企业应承担或者按投资比例承担设施废弃处置的责任和义务，其按规定计提的弃置费，应依照规定作为环境保护、生态恢复等方面专项资金，并准予在计算企业年度应纳税所得额时扣除。

合作油（气）田的合同生产期尚未结束，一方企业决定放弃生产，将油（气）田所有权全部转移给另一方企业、或者合作油（气）田的合同生产期结束，一方企业决定继续生产，若放弃方或退出方企业取得已经计提的弃置费补偿，应作为收入计入企业当年度应纳税所得计算纳税。支付方企业可以作为弃置费，在支付年度一次性扣除。

3. 弃置费的使用

作业者实施海上油（气）田设施废弃处置时发生的弃置费，应单独归集核算，并从按照规定提取的弃置费中扣除。

作业者完成海上油（气）田设施废弃处置后，提取的弃置费仍有余额，应相应调增弃置费余额所归属企业当年度的应纳税所得额。

作业者完成海上油（气）田设施废弃处置后，实际发生的弃置费超过计提的部分，应作为企业当年度费用，在计算企业应纳税所得额时扣除。

4. 弃置费的管理

弃置费专款账户资金所产生的损益，应计入弃置费，并相应调整当期弃置费提取额。

弃置费的计提、清算应统一使用人民币作为货币单位。发生的汇兑损益，直接增加或减少弃置费。

海上油（气）田设施废弃处置作业完成后，在进行税务清算时，应提供企业对弃置费的计提、使用和各投资方承担等情况的说明。

企业依规定计提的弃置费，凡改变用途的，不得在企业所得税前扣除。已经扣除的，应调增改变用途当年的应纳税所得额，并按税收征收管理法的有关规定处理。

第七节 风险识别与应对

一、资产折旧、摊销风险主要表现

（1）按资产评估增值金额计提固定资产折旧、无形资产摊销在企业所得税税前扣除。

（2）固定资产加速折旧、无形资产加速摊销或一次性扣除税会差异，未按规定进行纳税调整。

（3）企业固定资产投入使用后未及时取得发票，但已计提折旧在税前扣除、未按规定进行纳税调整。

（4）全民所有制企业改制为国有独资公司或者国有全资子公司，改制中资产评估增值不计入应纳税所得额，资产增值部分的折旧或者摊销在税前扣除，没有按规定进行纳税调整。

二、享受固定资产加速折旧主营业务收入占比异常风险

（一）识别指标

A101010一般企业收入明细表第2行 主营业务收入/（第1行营业收入+第16行营业外收入+A100000中华人民共和国企业所得税年度纳税申报表（A类）第9行投资收益+视同销售收入+利息收入（财务费用负数部分））<50%and企业国标行业代码属于六大行业+四大领域企业。

（二）风险描述

六大行业、四大领域企业全年主营业务收入占企业收入总额的比例没有达到50%，享受加速折旧优惠存在风险。

（三）应对指引

充分利用风险管理系统开展全面的分析工作，结合金税三期综合征管软件中的纳税人信息、国标行业、主营业务收入、营业收入、营业外收入等数据，对享受固定资产加速折旧的六大行业、四大领域企业情况进行全面分析，再根据情况确定是否需要纳税人提供资料或者开展实地检查，并根据获取的资料或者实地检查结果进行相应的处理。

该项目应对主要包括以下内容：

—核查企业基础登记信息和认定信息的准确性。

—根据主营业务收入和营业外收入会计核算汇总表、固定资产加速折旧方法及明细表等资料核实主营业务收入占企业收入总额的比例是否达到50%。

—存在少缴纳税款情形的，通知纳税人补缴并按规定加收滞纳金。

三、固定资产盘盈未按规定申报缴纳企业所得税风险

（一）风险描述

企业盘盈的固定资产，可能存在未按规定以同类固定资产的重置完全价值为计税基础，并确认收入的风险。

（二）风险应对

结合企业固定资产盘点表，审核“固定资产”“待处理财产损益”“营业外收入”“以前年度损益调整”等明细账，核查盘盈的固定资产是否按同类或类似固定资产的市场价格，减去按该项资产新旧程度估计的价值损耗后的余额，作为入账价值。如无同类或类似固定资产的市场价格，则审核是否按该项固定资产的预计未来现金流量现值，作为入账价值。

四、未按规定计提固定资产折旧风险

（一）风险识别

企业未按照税法规定的时间、范围和方法计提折旧；超出税法规定的范围，如对临时性施工设备、房屋建筑物外未使用的固定资产计提折旧；对与生产经营无关的资产计提折旧等。

（二）风险识别

核查企业“固定资产”“工程施工和累计折旧”科目，审核临时设施固定资产年限、折旧率和折旧方法，核实企业固定资产折旧是否按规定在税前扣除。

五、未按规定摊销无形资产风险

（一）风险识别

（1）企业可能存在取得的土地使用权未按照税法规定进行摊销，人为缩短摊销年限，多计提当期摊销费用的风险。

（2）可能存在支付的土地出让金、土地权属登记费未作为无形资产进行摊销，在管理费用中一次性列支的风险。

（3）可能存在达到无形资产标准的管理系统软件未按照规定进行摊销，在管理费用中一次性列支的风险。

（4）可能存在将应计入无形资产原值的软件安装调试费在管理费用中列支等未按规定摊销无形资产的风险。

（二）风险应对

核查企业“管理费用”“累计摊销”科目，核实无形资产的证明材料、性质、构成内容、计价依据，确定无形资产的真实性；审核无形资产各项目的摊销是否符合规定，是否与上期一致，摊销额的税务处理是否准确；对土地使用权，查看企业《国有土地使用证》注明的土地使用年限，审核是否按规定的年限进行摊销扣除；审核其他情形无形资产摊销年限是否符合税法规定。

第十一章

资产损失税前扣除纳税调整及其风险识别与应对

Tax Adjustments of
Enterprise
Income Tax

TAXING

为明确企业资产损失在计算企业所得税应纳税所得额时的扣除政策，财政部、国家税务总局发布了《关于企业资产损失税前扣除政策的通知》（财税〔2009〕57号）。为加强资产损失所得税税前扣除管理，国家税务总局对2009年发布的《企业资产损失税前扣除管理办法》（国税发〔2009〕88号）等规定进行修订，发布了《企业资产损失所得税税前扣除管理办法》（国家税务总局公告2011年第25号），自2011年1月1日起施行。为了进一步减轻企业办税负担，《国家税务总局关于企业所得税资产损失资料留存备查有关事项的公告》（国家税务总局公告2018年第15号）规定，自2017年度起，企业向税务机关申报扣除资产损失，仅需填报企业所得税年度纳税申报表附表《资产损失税前扣除及纳税调整明细表》，不再报送资产损失相关资料。相关资料由企业留存备查。

本章的主要内容如图11-1所示。

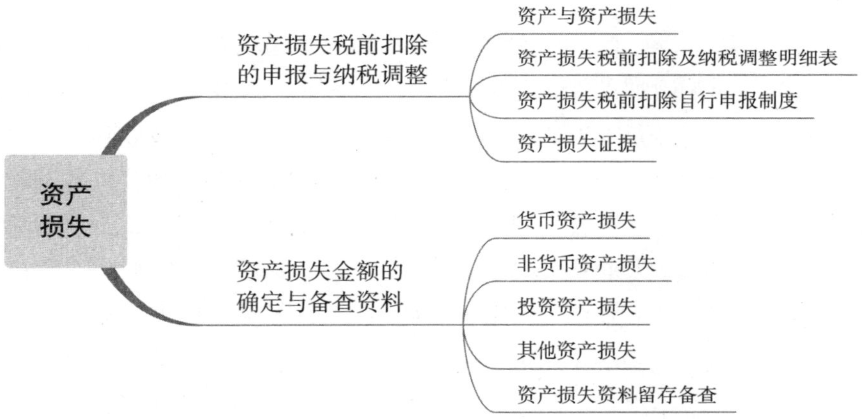

图11-1　资产损失税前扣除与纳税调整

第一节　资产损失税前扣除的申报与纳税调整

一、资产与资产损失

（一）资产的界定

1. 会计对资产的界定

根据《企业会计准则——基本准则》（以下简称基本准则）第二十一条的规定，资产是指企业过去的交易或者事项形成的、由企业拥有或者控制的、预期会给企业带来经济利益的资源。

符合资产定义的资源，在同时满足以下两个条件时，确认为资产：

（1）与该资源有关的经济利益很可能流入企业；

（2）该资源的成本或者价值能够可靠地计量。

2. 税收对资产的界定

根据国税发〔2009〕88号文件的规定，资产是指企业拥有或者控制的、用于经营管理活动且与取得应税收入有关的资产，包括现金、银行存款、应收及预付款项（包括应收票据）等货币资产，存货、固定资产、在建工程、生产性生物资产等非货币资产，以及债权性投资和股权（权益）性投资。

自2011年1月1日起，根据《企业资产损失所得税税前扣除管理办法》的规定，资产是指企业拥有或者控制的、用于经营管理活动相关的资产，包括现金、银行存款、应收及预付款项（包括应收票据、各类垫款、企业之间往来款项）等货币性资产，存货、固定资产、无形资产、在建工程、生产性生物资产等非货币性资产，以及债权性投资和股权（权益）性投资。

《企业资产损失所得税税前扣除管理办法》删除了国税发〔2009〕88号文件中“与取得应税收入有关”的附加条件。因为“与取得应税收入有关”的表述至少有三个方面存在不妥。一是“用于经营管理活动”的资产本就表明了是与企业收入有关的，该项资产如发生损失，符合税前扣除的相关性原则；二是《企业所得税法实施条例》第二十八条第二款规定，企业的不征税收入用于支出所形成的费用或者财产，不得扣除或者计算对应的折旧、摊销扣除。如再强调“与取得应税收入有关”，实属多此一举；三是“免税收入”虽然不属于“应税收入”，但与“免税收入”相关的成本、费用、损失允许在税前扣除。如再强调“与取得应税收入有关”，相互矛盾。不征税收入用于支出所形成的资产发生的损失，应不得在税前扣除。因不征税收入本质上不属于企业所得税的征税范围，其支出无论是费用化还是资本化均不得在税前扣除，其资本化支出形成的资产，无论折旧、摊销，还是损失，也均应不得税前扣除。

3. 差异比较

资产损失税前扣除所讲的资产，与会计中的资产定义及范围有所不同。而且，《企业所得税法》中资产与财产的界定存在一定差异，在《企业所得税法》中，资产包括财产、货物和其他资产。

（二）资产损失

根据《企业会计准则》的相关规定，损失是指由企业非日常活动所发生的、会导致所有者权益减少的、与向所有者分配利润无关的经济利益的流出。损失包括直接计入所有者权益的损失和直接计入当期利润的损失。直接计入当期利润的损失，通常通过“营业外支出”或“资产处置收益”科目核算。

“营业外支出”，反映企业发生的营业利润以外的支出，主要包括债务重组损失、公益性捐赠支出、非常损失、盘亏损失、非流动资产毁损报废损失等。

“资产处置收益”，反映企业出售划分为持有待售的非流动资产（金融工具、长期股权投资和投资性房地产除外）或处置组时确认的处置利得或损失，以及处置未划分为持有待售的固定资产、在建工程、生产性生物资产及无形资产而产生的处置利得或损失。债务重组中因处置非流动资产产生的利得或损失和非货币性资产交换产生的利得或损失也包括在本项目内。

根据《小企业会计准则》的规定，营业外支出，是指小企业非日常生产经营活动发生的、应当计入当期损益、会导致所有者权益减少、与向所有者分配利润无关的经济利益的净流出。小企业的营业外支出包括：存货的盘亏、毁损、报废损失，非流动资产处置净损失，坏账损失，无法收回的长期债券投资损失，无法收回的长期股权投资损失，自然灾害等不可抗力因素造成的损失，税收滞纳金，罚金，罚款，被没收财物的损失，捐赠支出，赞助支出等。通常，企业的营业外支出应当在发生时按照其发生额计入当期损益。

（三）可税前扣除的损失及其分类

根据《企业所得税法实施条例》第三十条的规定，在计算应纳税所得额时可以扣除的损失，是指企业在生产经营活动中发生的固定资产和存货的盘亏、毁损、报废损失，转让财产损失，呆账损失，坏账损失，自然灾害等不可抗力因素造成的损失以及其他损失。企业发生的损失，减除责任人赔偿和保险赔款后的余额，依照国务院财政、税务主管部门的规定扣除。

根据财税〔2009〕57号文件的规定，资产损失，是指企业在生产经营活动中实际发生的、与取得应税收入有关的资产损失，包括现金损失，存款损失，坏账损失，贷款损失，股权投资损失，固定资产和存货的盘亏、毁损、报废、被盗损失，自然灾害等不可抗力因素造成的损失以及其他损失。

根据《企业资产损失所得税税前扣除管理办法》第三条的规定，准予在企业所得税税前扣除的资产损失，是指企业在实际处置、转让资产过程中发生的合理损失（以下简称实际资产损失），以及企业虽未实际处置、转让资产，但符合财税〔2009〕57号文件和该办法规定条件计算确认的损失（以下简称法定资产损失）。

1. 实际资产损失的扣除

实际资产损失，是指企业实际处置、转让资产发生的、合理的损失。企业实际资产损失，应当在其实际发生且会计上已作损失处理的年度申报扣除。

2. 法定资产损失的扣除

法定资产损失，是指企业虽未实际处置、转让资产，但符合财税〔2009〕57号文件和《企业资产损失所得税税前扣除管理办法》规定条件计算确认的损失。如金融机构应清算而未清算超过3年的存款资产损失、企业逾期3年以上的应收款项形成的坏账损失等。

法定资产损失，应当在企业提供证据资料证明该项资产已符合法定资产损失确认条件，且会计上已作损失处理的年度申报扣除。

由此可见，实际资产损失与法定资产损失，是以是否已实际处置、转让资产为标准所作的分类。一般情况下，实际处置、转让资产是交易，未实际处置、转让资产通常不是交易行为。

需要说明的是，《企业资产损失所得税税前扣除管理办法》和财税〔2009〕57号文件没有列举到的资产（资产损失），如长期待摊费用等资产损失的税前扣除问题。根据《企业所得税法》第八条的规定，企业实际发生的与取得收入有关的、合理的支出，包括成本、费用、税金、损失和其他支出，准予在计算应纳税所得额时扣除。因而，《企业资产损失所得税税前扣除管理办法》第五十条明确，凡该办法没有涉及的资产损失，只要符合《企业所得税法》及其实施条例等法律、法规规定的原则，均可在税前扣除。

（四）损失的追补确认

根据《企业资产损失所得税税前扣除管理办法》第六条的规定，企业以前年度发生的资产损失未能在当年税前扣除的，可以按照该办法的规定，向税务机关说明并进行申报扣除。其中，属于实际资产损失，准予追补至该项损失发生年度扣除，其追补确认期限一般不得超过五年，但因计划经济体制转轨过程中遗留的资产损失、企业重组上市过程中因权属不清出现争议而未能及时扣除的资产损失、因承担国家政策性任务而形成的资产损失以及政策定性不明确而形成资产损失等特殊原因形成的资产损失，其追补确认期限可适当延长。属于法定资产损失的，应在申报年度扣除。

企业因以前年度实际资产损失未在税前扣除而多缴的企业所得税税款，可在追补确认年度企业所得税应纳税款中予以抵扣，不足抵扣的，向以后年度递延抵扣。

企业实际资产损失发生年度扣除追补确认的损失后出现亏损的，应先调整资产损失发生年度的亏损额，再按弥补亏损的原则计算以后年度多缴的企业所得税税款，并按上述办法进行税务处理。

（五）境内、境外资产损失分开扣除

根据财税〔2009〕57号文件的规定，企业境内、境外营业机构发生的资产损失应分开核算，对境外营业机构由于发生资产损失而产生的亏损，不得在计算境内应纳税所得额时扣除。

（六）资产损失收回计入收入

根据财税〔2009〕57号文件的规定，企业已经作为损失处理的资产，在以后纳税年度又全部收回或者部分收回时，应当计入当期收入。也就是说，企业在计算应纳税所得额时已经扣除的资产损失，在以后纳税年度全部或者部分收回时，其收回部分应当作为收入计入收回当期的应纳税所得额。

二、资产损失税前扣除及纳税调整明细表

企业发生的资产损失，除应分别不同的资产损失项目和原因填报《一般企业成本支出明细表》（A102010）第17行“（一）非流动资产处置损失”、第18行“（二）非货币性资产交换损失”、第19行“（三）债务重组损失”、第20行“（四）非常损失”、第21行“（五）盘亏损失”，以及《期间费用明细表》（A104000）“管理费用”相应栏次外，还要填报《纳税调整项目明细表》（A105000）第34行“（三）资产损失”相应栏次和《资产损失税前扣除及纳税调整明细表》（A105090）。

《资产损失税前扣除及纳税调整明细表》（A105090，见表11-1）适用于发生资产损失税前扣除项目及纳税调整项目的纳税人填报。

表11-1　A105090 资产损失税前扣除及纳税调整明细表

行次	项　目	资产损失直接计入本年损益金额	资产损失准备金核销金额	资产处置收入	赔偿收入	资产计税基础	资产损失的税收金额	纳税调整金额
		1	2	3	4	5	6(5-3-4)	7
1	一、现金及银行存款损失		*					
2	二、应收及预付款项坏账损失							
3	其中：逾期三年以上的应收款项损失							
4	逾期一年以上的小额应收款项损失							
5	三、存货损失							
6	其中：存货盘亏、报废、损毁、变质或被盗损失							
7	四、固定资产损失							
8	其中：固定资产盘亏、丢失、报废、损毁或被盗损失							
9	五、无形资产损失							
10	其中：无形资产转让损失							
11	无形资产被替代或超过法律保护期限形成的损失							
12	六、在建工程损失		*					
13	其中：在建工程停建、报废损失		*					
14	七、生产性生物资产损失							

续表

行次	项　目	资产损失直接计入本年损益金额	资产损失准备金核销金额	资产处置收入	赔偿收入	资产计税基础	资产损失的税收金额	纳税调整金额
		1	2	3	4	5	6(5−3−4)	7
15	其中：生产性生物资产盘亏、非正常死亡、被盗、丢失等产生的损失							
16	八、债权性投资损失（17+23）							
17	（一）金融企业债权性投资损失（18+22）							
18	1. 贷款损失							
19	其中：符合条件的涉农和中小企业贷款损失							
20	其中：单户贷款余额300 万元（含）以下的贷款损失							
21	单户贷款余额300万元至1 000 万元（含）的贷款损失							
22	2. 其他债权性投资损失							
23	（二）非金融企业债权性投资损失							
24	九、股权（权益）性投资损失							
25	其中：股权转让损失							
26	十、通过各种交易场所、市场买卖债券、股票、期货、基金以及金融衍生产品等发生的损失							
27	十一、打包出售资产损失							
28	十二、其他资产损失							
29	合计（1+2+5+7+9+12+14+16+24+26+27+28）							
30	其中：分支机构留存备查的资产损失							

三、资产损失税前扣除自行申报制度

自2011年1月1日起，《企业资产损失所得税税前扣除管理办法》取消了资产损失税前扣除审批，改为企业自行申报扣除。根据该办法的规定，企业发生的资产损失，应按规定的程序和要求向主管税务机关申报后方能在税前扣除。未经申报的损失，不得在税前扣除。

（一）总分机构资产损失的申报

在中国境内跨地区经营的汇总纳税企业发生的资产损失，应按以下规定申报扣除：

（1）总机构及其分支机构发生的资产损失，除各自向当地主管税务机关申报外，各分支机构同时还应上报总机构；

（2）总机构对各分支机构上报的资产损失，应向当地主管税务机关进行申报；

（3）总机构将跨地区分支机构所属资产捆绑打包转让所发生的资产损失，由总机构向当地主管税务机关进行申报。

这里所称资产捆绑打包转让，是指优质资产与不良资产打包处置，包括实物资产、债权、股权等各类资产。

（二）企业重组中资产损失的扣除

《企业重组业务企业所得税管理办法》第二十八条明确：根据《财政部 国家税务总局关于企业重组业务企业所得税处理若干问题的通知》（财税〔2009〕59号）第六条第（四）项第2目规定，被合并企业合并前的相关所得税事项由合并企业承继；根据该通知第六条第（五）项第2目规定，企业分立，已分立资产相应的所得税事项由分立企业承继。这些事项包括尚未确认的资产损失、分期确认收入的处理以及尚未享受期满的税收优惠政策承继处理问题等。

根据财税〔2009〕59号文件第六条的规定，企业重组符合该通知第五条规定条件的，交易各方对其交易中的股权支付部分，可以按以下规定进行特殊性税务处理：

1.企业合并

企业合并，企业股东在该企业合并发生时取得的股权支付金额不低于其交易支付总额的85%，以及同一控制下且不需要支付对价的企业合并，可以选择按以下规定处理：

（1）合并企业接受被合并企业资产和负债的计税基础，以被合并企业的原有计税基础确定。

（2）被合并企业合并前的相关所得税事项由合并企业承继。

（3）可由合并企业弥补的被合并企业亏损的限额=被合并企业净资产公允价值×截至合并业务发生当年年末国家发行的最长期限的国债利率。

（4）被合并企业股东取得合并企业股权的计税基础，以其原持有的被合并企业股权的计税基础确定。

2.企业分立

企业分立，被分立企业所有股东按原持股比例取得分立企业的股权，分立企业和被分立企业均不改变原来的实质经营活动，且被分立企业股东在该企业分立发生时取得的股权支付金额不低于其交易支付总额的85%，可以选择按以下规定处理：

（1）分立企业接受被分立企业资产和负债的计税基础，以被分立企业的原有计税基础确定。

（2）被分立企业已分立出去资产相应的所得税事项由分立企业承继。

（3）被分立企业未超过法定弥补期限的亏损额可按分立资产占全部资产的比例进行分配，由分立企业继续弥补。

（4）被分立企业的股东取得分立企业的股权（以下简称“新股”），如需部分或全部放弃原持有的被分立企业的股权（以下简称“旧股”），“新股”的计税基础应以放弃“旧股”的计税基础确定。如不需要放弃“旧股”，则其取得“新股”的计税基础可从以下两种方法中选择确定：直接将“新股”的计税基础确定为零；或者以被分立企业分立出去的净资产占被分立企业全部净资产的比例先调减原持有的“旧股”的计税基础，再将调减的计税基础平均分配到“新股”上。

（三）资产损失与会计处理的协调

根据现行政策规定，已符合资产损失税前扣除条件，但会计上未做处理，不准在税前扣除；会计上已作处理，但未进行纳税申报，也不准在税前扣除。也就是说，纳税申报和会计处理两个条件须同时具备，方能在税前扣除。

对实际资产损失，会计处理年度与纳税申报年度一致，可以在当年进行税前扣除；会计上已作处理，但属于会计处理年度以前年度发生的符合税法规定条件的资产损失，可追补确认在实际发生年度进行扣除；会计上已作处理，但不符合税法规定的条件，不得税前扣除。

对于法定资产损失，会计上已作处理，且已符合税法规定的条件，但未进行纳税申报的，不得税前扣除；若在以后年度申报，可以在申报年度扣除，不存在向以前年度追补确认问题。

需要注意的是，这里的会计处理年度为决算年度，纳税申报年度为企业所得税年度汇算清缴年度。不能把向税务机关报送申报表的时点理解为会计处理年度和纳税申报年度。

此外，企业应当建立健全资产损失内部核销管理制度，及时收集、整理、编制、审核、申报、保存资产损失税前扣除证据材料，方便税务机关检查。税务机关应按分项建档、分级管理的原则，建立企业资产损失税前扣除管理台账和纳税档案，及时进行评估。对资产损失金额较大或经评估后发现不符合资产损失税前扣除规定，或存有疑点、异常情况的资产损失，应及时进行核查。对有证据证明申报扣除的资产损失不真实、不合法的，应依法做出税收处理。

四、资产损失证据

企业资产损失相关的证据包括具有法律效力的外部证据和特定事项的企业内部证据。

根据财税〔2009〕57号文件的规定，企业对其扣除的各项资产损失，应当提供能够证明资产损失确属已实际发生的合法证据，包括具有法律效力的外部证据、具有法定资质的中介机构的经济鉴证证明、具有法定资质的专业机构的技术鉴定证明等。

（一）具有法律效力的外部证据

具有法律效力的外部证据，是指司法机关、行政机关、专业技术鉴定部门等依法出具的与本企业资产损失相关的具有法律效力的书面文件，主要包括：

（1）司法机关的判决或者裁定；

（2）公安机关的立案结案证明、回复；

（3）市场监督管理等部门出具的注销、吊销及停业证明；

（4）企业的破产清算公告或清偿文件；

（5）行政机关的公文；

（6）专业技术部门的鉴定报告；

（7）具有法定资质的中介机构的经济鉴定证明；

（8）仲裁机构的仲裁文书；

（9）保险公司对投保资产出具的出险调查单、理赔计算单等保险单据；

（10）符合法律规定的其他证据。

（二）特定事项的企业内部证据

特定事项的企业内部证据，是指会计核算制度健全、内部控制制度完善的企业，对各项资产发生毁损、报废、盘亏、死亡、变质等内部证明或承担责任的声明，主要包括：

（1）有关会计核算资料和原始凭证；

（2）资产盘点表；

（3）相关经济行为的业务合同；

（4）企业内部技术鉴定部门的鉴定文件或资料；

（5）企业内部核批文件及有关情况说明；

（6）对责任人由于经营管理责任造成损失的责任认定及赔偿情况说明；

（7）法定代表人、企业负责人和企业财务负责人对特定事项真实性承担法律责任的声明。

确认资产损失的证据应具有真实性、合法性、确定性、合理性。以存货盘亏为例，企业申报该项损失时，须提供四方面的证据：

（1）存货盘点表。该项证据代表真实性方面的证据，但是，仅有该项证据是不够的，还须进一步补强这方面证据。

（2）存货保管人对于盘亏的情况说明。该项证据仍属于真实性方面的证据。

（3）盘亏存货的价值确定依据。此项证据既是真实性方面的证据，同时也是确定性方面证据。

（4）企业内部有关责任认定、责任人赔偿说明和内部核批文件。此项证据具有三个方面作用：一是能够证明核销（申报扣除）程序是否符合企业内部规定，即核销是否具有合法性；二是责任人的赔偿是否合理，即损失的确定是否具有合理性；三是责任人的赔偿是否合理，直接关系到损失金额大小，即损失是否具有确定性。

第二节　资产损失金额的确定与备查资料

一、货币资产损失

企业货币资产损失包括现金损失、银行存款损失和应收及预付款项损失等。

（一）现金及银行存款损失

1. 现金损失

根据《财政部 国家税务总局关于企业资产损失税前扣除政策的通知》（财税〔2009〕57号）第二条的规定，企业清查出的现金短缺减除责任人赔偿后的余额，作为现金损失在计算应纳税所得额时扣除。

现金损失应依据以下证据材料确认：

（1）现金保管人确认的现金盘点表（包括倒推至基准日的记录）；

（2）现金保管人对于短缺的说明及相关核准文件；

（3）对责任人由于管理责任造成损失的责任认定及赔偿情况的说明；

（4）涉及刑事犯罪的，应有司法机关出具的相关材料；

（5）金融机构出具的假币收缴证明。

2. 银行存款损失

根据财税〔2009〕57号文件第三条的规定，企业将货币性资金存入法定具有吸收存款职能的机构，因该机构依法破产、清算，或者政府责令停业、关闭等原因，确实不能收回的部分，作为存款损失在计算应纳税所得额时扣除。

企业因金融机构清算而发生的存款类资产损失应依据以下证据材料确认：

（1）企业存款类资产的原始凭据；

（2）金融机构破产、清算的法律文件；

（3）金融机构清算后剩余资产分配情况资料。

根据《企业资产损失所得税税前扣除管理办法》第二十一条第二款的规定，金融机构应清算而未清算超过3年的，企业可将该款项确认为资产损失，但应有法院或破产清算管理人出具的未完成清算证明。这是一种法定资产损失。

（二）应收及预付款项坏账损失

1. 坏账损失的确认与证据

财税〔2009〕57号文件第四条规定，企业除贷款类债权外的应收、预付账款符合下列条件之一的，减除可收回金额后确认的无法收回的应收、预付款项，可以作为坏账损失在计算应纳税所得额时扣除：

（1）债务人依法宣告破产、关闭、解散、被撤销，或者被依法注销、吊销营业执照，其清算财产不足清偿的；

（2）债务人死亡，或者依法被宣告失踪、死亡，其财产或者遗产不足清偿的；

（3）债务人逾期3年以上未清偿，且有确凿证据证明已无力清偿债务的；

（4）与债务人达成债务重组协议或法院批准破产重整计划后，无法追偿的；

（5）因自然灾害、战争等不可抗力导致无法收回的；

（6）国务院财政、税务主管部门规定的其他条件。

企业应收及预付款项坏账损失应依据以下相关证据材料确认：

（1）相关事项合同、协议或说明；

（2）属于债务人破产清算的，应有人民法院的破产、清算公告；

（3）属于诉讼案件的，应出具人民法院的判决书或裁决书或仲裁机构的仲裁书，或者被法院裁定终（中）止执行的法律文书；

（4）属于债务人停止营业的，应有工商部门注销、吊销营业执照证明；

（5）属于债务人死亡、失踪的，应有公安机关等有关部门对债务人个人的死亡、失踪证明；

（6）属于债务重组的，应有债务重组协议及其债务人重组收益纳税情况说明；

（7）属于自然灾害、战争等不可抗力而无法收回的，应有债务人受灾情况说明以及放弃债权申明。

2.逾期三年以上的应收款项损失

在2018年12月28日以前，根据《企业资产损失所得税税前扣除管理办法》第二十三条的规定，企业逾期3年以上的应收款项在会计上已作为损失处理的，可以作为坏账损失，但应说明情况，并出具专项报告。这是一种法定资产损失。根据《企业资产损失所得税税前扣除管理办法》的规定，企业向税务机关申报扣除特定损失时，需留存备查专业技术鉴定意见（报告）或法定资质中介机构出具的专项报告。

自2018年12月28日起，根据《国家税务总局关于取消20项税务证明事项的公告》（国家税务总局公告2018年第65号）的规定，取消专业技术鉴定意见（报告）或中介机构专项报告。企业不再留存。改为纳税人留存备查自行出具的有法定代表人、主要负责人和财务负责人签章证实有关损失的书面申明。

3.逾期一年以上的小额应收款项损失

根据《企业资产损失所得税税前扣除管理办法》第二十四条的规定，企业逾期一年以上，单笔数额不超过五万元或者不超过企业年度收入总额万分之一的应收款项，会计上已经作为损失处理的，可以作为坏账损失。这也是一种法定资产损失。

根据国家税务总局公告2018年第65号的规定，纳税人留存备查自行出具的有法定代表人、主要负责人和财务负责人签章证实有关损失的书面申明。

各类垫款及企业间往来款项，即其他应收款项，符合条件的，准予在税前扣除。

二、非货币资产损失

企业非货币资产损失包括存货损失、固定资产损失、无形资产损失、在建工程损失、生产性生物资产损失等。

（一）存货和工程物资损失

1. 会计处理

根据《企业会计准则第1号——存货》（以下简称存货准则）第二十一条的规定，企业发生的存货毁损，应当将处置收入扣除账面价值和相关税费后的金额计入当期损益。存货的账面价值是存货成本扣减累计跌价准备后的金额。存货盘亏造成的损失，应当计入当期损益。

存货发生的盘亏或毁损，应作为待处理财产损溢核算。按管理权限报经批准后，根据造成存货盘亏或毁损的原因，分别以下情况处理：

（1）属于计量收发差错和管理不善等原因造成的存货短缺，应先扣除残料价值、可以收回的保险赔偿和过失人赔偿，将净损失计入管理费用。

（2）属于自然灾害等非正常原因造成的存货毁损，应先扣除处置收入（如残料价值）、可收回的保险赔偿和过失人赔偿，将净损失计入营业外支出。

2. 存货盘亏损失

根据财税〔2009〕57号文件的规定，对企业盘亏的存货，以该存货的成本减除责任人赔偿后的余额，作为存货盘亏损失在计算应纳税所得额时扣除。

存货盘亏损失，为其盘亏金额扣除责任人赔偿后的余额，应依据以下证据材料确认：

（1）存货计税成本确定依据；

（2）企业内部有关责任认定、责任人赔偿说明和内部核批文件；

（3）存货盘点表；

（4）存货保管人对于盘亏的情况说明。

3. 存货被盗损失

根据财税〔2009〕57号文件第九条的规定，企业被盗的存货，以该存货的成本减除保险赔款和责任人赔偿后的余额，作为存货被盗损失在计算应纳税所得额时扣除。

存货被盗损失，为其计税成本扣除保险理赔以及责任人赔偿后的余额，应依据以下证据材料确认：

（1）存货计税成本的确定依据；

（2）向公安机关的报案记录；

（3）涉及责任人和保险公司赔偿的，应有赔偿情况说明等。

4. 存货毁损、报废或变质损失

根据财税〔2009〕57号文件第八条的规定，对企业毁损、报废的存货，以该存货的成本减除残值、保险赔款和责任人赔偿后的余额，作为存货毁损、报废损失在计算应纳税所得额时扣除。

存货报废、毁损或变质损失，为其计税成本扣除残值及责任人赔偿后的余额，应依据以下证据材料确认：

（1）存货计税成本的确定依据；

（2）企业内部关于存货报废、毁损、变质、残值情况说明及核销资料；

（3）涉及责任人赔偿的，应当有赔偿情况说明；

（4）该项损失数额较大的（指占企业该类资产计税成本10%以上，或减少当年应纳税所得、增加亏损10%以上，下同），应有专业技术鉴定意见或法定资质中介机构出具的专项报告等。

自2018年12月28日起，根据国家税务总局公告2018年第65号的规定，不再留存专业技术鉴定意见或法定资质中介机构出具的专项报告，改为纳税人留存备查自行出具的有法定代表人、主要负责人和财务负责人签章证实有关损失的书面申明。

5. 开发产品损失

根据《房地产开发经营业务企业所得税处理办法》（国税发〔2009〕31号文件印发）第二十三条的规定，企业开发产品（以成本对象为计量单位）整体报废或毁损，其净损失准予按有关规定在税前扣除。

根据《房地产开发经营业务企业所得税处理办法》第二十二条的规定，企业因国家无偿收回土地使用权而形成的损失，可作为财产损失按有关规定在税前扣除。

房地产开发企业的土地使用权，如果没有立项，应记入“无形资产——土地使用权”科目核算；如果已立项，未开发或开发产品未完工，应记入“开发成本”科目；如果开发产品已完工，应记入“开发产品”科目。因此，因国家无偿收回土地使用权而形成的损失，应区别情形分别按无形资产损失、存货损失确认。

6. 工程物资损失

工程物资发生损失，可比照有关存货损失的规定确认。

需要说明的是，企业因存货盘亏、毁损、报废、被盗等原因不得从增值税销项税额中抵扣的进项税额，可以与存货损失一起在计算应纳税所得额时扣除。

（二）固定资产损失

1. 会计处理

根据《企业会计准则第4号——固定资产》（以下简称固定资产准则）第二十一条的规定，固定资产满足下列条件之一的，应当予以终止确认：

（1）该固定资产处于处置状态。

（2）该固定资产预期通过使用或处置不能产生经济利益。

固定资产准则第二十三条进一步明确：企业出售、转让、报废固定资产或发生固定资产毁损，应当将处置收入扣除账面价值和相关税费后的金额计入当期损益。固定资产的账面价值是固定资产成本扣减累计折旧和累计减值准备后的金额。固定资产盘亏造成的损失，应当计入当期损益。

企业应设置“固定资产清理”科目，核算企业因出售、报废、毁损、对外投资、非货币性资产交换、债务重组等原因转出的固定资产价值以及在清理过程中发生的费用等。企业因出售、报废、毁损、对外投资、非货币性资产交换、债务重组等转出的固定资产，按该项固定资产的账面价值，借记该科目，按已计提的累计折旧，借记“累计折旧”科目，按其账面原价，贷记“固定资产”科目。已计提减值准备的，还应同时结转减值准备。固定资产清理完成后，属于生产经营期间正常的处理损失，借记“营业外支出——处置非流动资产损失”（或资产处置损益，下同）科目，贷记该科目；属于自然灾害等非正常原因造成的损失，借记“营业外支出——非常损失”科目，贷记该科目。如为贷方余额，借记该科目，贷记“营业外收入”（或资产处置损益）科目。该科目期末借方余额，反映企业尚未清理完毕的固定资产清理净损失。

2.毁损、报废的固定资产损失

根据财税〔2009〕57号文件第八条的规定，对企业毁损、报废的固定资产，以该固定资产的账面净值减除残值、保险赔款和责任人赔偿后的余额，作为固定资产毁损、报废损失在计算应纳税所得额时扣除。

固定资产报废、毁损损失，为其账面净值扣除残值和责任人赔偿后的余额，应依据以下证据材料确认：

（1）固定资产的计税基础相关资料；

（2）企业内部有关责任认定和核销资料；

（3）企业内部有关部门出具的鉴定材料；

（4）涉及责任赔偿的，应当有赔偿情况的说明；

（5）损失金额较大的或自然灾害等不可抗力原因造成固定资产毁损、报废的，自2018年12月28日起，根据国家税务总局公告2018年第65号的规定，不再留存专业技术鉴定意见或法定资质中介机构出具的专项报告，改为纳税人留存备查自行出具的有法定代表人、主要负责人和财务负责人签章证实有关损失的书面申明。

3.被盗的固定资产损失

根据财税〔2009〕57号文件第九条的规定，对企业被盗的固定资产，以该固定资产的账面净值减除保险赔款和责任人赔偿后的余额，作为固定资产被盗损失在计算应纳税所得额时扣除。

《企业资产损失所得税税前扣除管理办法》第三十一条进一步明确，固定资产被盗损失，为其账面净值扣除责任人赔偿后的余额，应依据以下证据材料确认：

（1）固定资产计税基础相关资料；

（2）公安机关的报案记录，公安机关立案、破案和结案的证明材料；

（3）涉及责任赔偿的，应有赔偿责任的认定及赔偿情况的说明等。

4. 盘亏、丢失的固定资产损失

根据财税〔2009〕57号文件第七条的规定，对企业盘亏的固定资产，以该固定资产的账面净值减除责任人赔偿后的余额，作为固定资产盘亏损失在计算应纳税所得额时扣除。

《企业资产损失所得税税前扣除管理办法》第二十九条进一步明确，固定资产盘亏、丢失损失，为其账面净值扣除责任人赔偿后的余额，应依据以下证据材料确认：

（1）企业内部有关责任认定和核销资料；

（2）固定资产盘点表；

（3）固定资产的计税基础相关资料；

（4）固定资产盘亏、丢失情况说明；

（5）损失金额较大的，自2018年12月28日起，根据国家税务总局公告2018年第65号的规定，不再留存专业技术鉴定意见或法定资质中介机构出具的专项报告，改为纳税人留存备查自行出具的有法定代表人、主要负责人和财务负责人签章证实有关损失的书面申明。

企业因固定资产盘亏、毁损、报废、被盗等原因不得从增值税销项税额中抵扣的进项税额，可以与固定资产损失一起在计算应纳税所得额时扣除。

5. 输电线路部分报废损失

根据《国家税务总局关于电网企业输电线路部分报废损失税前扣除问题的公告》（国家税务总局公告2010年第30号）的规定，由于加大水电送出和增强电网抵御冰雪能力需要等原因，电网企业对原有输电线路进行改造，部分铁塔和线路拆除报废，形成部分固定资产损失。考虑到该部分资产已形成实质性损失，可以按照有关税收规定作为企业固定资产损失允许税前扣除。

上述部分固定资产损失，应按照该固定资产的总计税价格，计算每基铁塔和每千米线路的计税价格后，根据报废的铁塔数量和线路长度以及已计提折旧情况确定。

上述报废的部分固定资产，其中部分能够重新利用的，应合理计算价格，冲减当年度固定资产损失。

新投资建设的线路和铁塔，应单独作为固定资产，在投入使用后，按照税收的规定计提折旧。

（三）在建工程损失

根据《企业资产损失所得税税前扣除管理办法》第三十二条的规定，在建工程停建、报废损失，为其工程项目投资账面价值扣除残值后的余额，应依据以下证据材料确认：

（1）工程项目投资账面价值确定依据；

（2）工程项目停建原因说明及相关材料；

（3）因质量原因停建、报废的工程项目和因自然灾害和意外事故停建、报废的工程项目，应出具赔偿情况的说明等。自2018年12月28日起，根据国家税务总局公告2018年第65号的规定，不再留存专业技术鉴定意见或法定资质中介机构出具的专项报告，改为纳税人留存备查自行出具的有法定代表人、主要负责人和财务负责人签章证实有关损失的书面申明。

（四）生产性生物资产损失

1. 生产性生物资产盘亏损失

根据《企业资产损失所得税税前扣除管理办法》第三十四条的规定，生产性生物资产盘亏损失，为其账面净值扣除责任人赔偿后的余额，应依据以下证据材料确认：

（1）生产性生物资产盘点表；

（2）生产性生物资产盘亏情况说明；

（3）生产性生物资产损失金额较大的，企业应有责任认定、赔偿情况的说明。自2018年12月28日起，根据国家税务总局公告2018年第65号的规定，不再留存专业技术鉴定意见或法定资质中介机构出具的专项报告，改为纳税人留存备查自行出具的有法定代表人、主要负责人和财务负责人签章证实有关损失的书面申明。

2. 生产性生物资产病亡损失

根据《企业资产损失所得税税前扣除管理办法》第三十五条的规定，因森林病虫害、疫情、死亡而产生的生产性生物资产损失，为其账面净值扣除残值、保险赔偿和责任人赔偿后的余额，应依据以下证据材料确认：

（1）损失情况说明；

（2）责任认定及其赔偿情况的说明；

（3）损失金额较大的，自2018年12月28日起，根据国家税务总局公告2018年第65号的规定，不再留存专业技术鉴定意见或法定资质中介机构出具的专项报告，改为纳税人留存备查自行出具的有法定代表人、主要负责人和财务负责人签章证实有关损失的书面申明。

3. 生产性生物资产被盗、丢失损失

根据《企业资产损失所得税税前扣除管理办法》第三十六条的规定，对被盗伐、被盗、丢失而产生的生产性生物资产损失，为其账面净值扣除保险赔偿以及责任人赔偿后的余额，应依据以下证据材料确认：

（1）生产性生物资产被盗后，向公安机关的报案记录或公安机关立案、破案和结案的证明材料；

（2）责任认定及其赔偿情况的说明。

（五）无形资产损失

根据《企业资产损失所得税税前扣除管理办法》第三十八条的规定，被其他新技术

所代替或已经超过法律保护期限，已经丧失使用价值和转让价值，尚未摊销的无形资产损失，应提交以下证据材料：

（1）会计核算资料。

（2）企业内部核批文件及有关情况说明。

（3）企业法定代表人、主要负责人和财务负责人签章证实无形资产已无使用价值或转让价值的书面申明。

自2018年12月28日起，根据国家税务总局公告2018年第65号的规定，不再留存专业技术鉴定意见或法定资质中介机构出具的专项报告，改为纳税人留存备查自行出具的有法定代表人、主要负责人和财务负责人签章证实有关损失的书面申明。

（4）无形资产的法律保护期限文件。

《企业资产损失所得税税前扣除管理办法》将“无形资产”纳入资产损失范畴，可以在税前扣除，避免了实际工作中的意见分歧。此外，由于固定资产改建支出和大修理支出，此两项支出可以作为长期待摊费用进行处理，即在固定资产尚可使用年限内扣除，或在不短于3年的期限扣除。而无形资产改良、升级、淘汰如何进行处理，是视同长期待摊费用还是资产损失，有待明确。

三、投资资产损失

企业投资资产损失包括债权性投资损失和股权（权益）性投资损失。企业委托金融机构向其他单位贷款，或委托其他经营机构进行理财，到期不能收回贷款或理财款项，按照有关投资损失相关规定进行处理。

（一）股权投资损失

1.股权投资损失的确认条件

根据财税〔2009〕57号文件第六条的规定，企业的股权投资符合下列条件之一的，减除可收回金额后确认的无法收回的股权投资，可以作为股权投资损失在计算应纳税所得额时扣除：

（1）被投资方依法宣告破产、关闭、解散、被撤销，或者被依法注销、吊销营业执照的；

（2）被投资方财务状况严重恶化，累计发生巨额亏损，已连续停止经营3年以上，且无重新恢复经营改组计划的；

（3）对被投资方不具有控制权，投资期限届满或者投资期限已超过10年，且被投资单位因连续3年经营亏损导致资不抵债的；

（4）被投资方财务状况严重恶化，累计发生巨额亏损，已完成清算或清算期超过3年以上的；

（5）国务院财政、税务主管部门规定的其他条件。

2.股权投资损失的确认证据

企业股权投资损失应依据以下相关证据材料确认：

（1）股权投资计税基础证明材料；

（2）被投资企业破产公告、破产清偿文件；

（3）市场监督管理等部门注销、吊销被投资单位营业执照文件；

（4）政府有关部门对被投资单位的行政处理决定文件；

（5）被投资企业终止经营、停止交易的法律或其他证明文件；

（6）被投资企业资产处置方案、成交及入账材料；

（7）企业法定代表人、主要负责人和财务负责人签章证实有关投资（权益）性损失的书面申明；

（8）会计核算资料等其他相关证据材料。

被投资企业依法宣告破产、关闭、解散或撤销、吊销营业执照、停止生产经营活动、失踪等，应出具资产清偿证明或者遗产清偿证明。

上述事项超过三年以上且未能完成清算的，应出具被投资企业破产、关闭、解散或撤销、吊销等的证明以及不能清算的原因说明。

3.税前扣除时间与方法

根据《国家税务总局关于企业股权投资损失所得税处理问题的公告》（国家税务总局公告2010年第6号）的规定，自2010年1月1日起，企业对外进行权益性投资所发生的损失，在经确认的损失发生年度，作为企业损失在计算企业应纳税所得额时一次性扣除。

（二）债权投资损失

1.贷款损失的确认条件

根据财税〔2009〕57号文件的规定，企业经采取所有可能的措施和实施必要的程序之后，符合下列条件之一的贷款类债权，可以作为贷款损失在计算应纳税所得额时扣除：

（1）借款人和担保人依法宣告破产、关闭、解散、被撤销，并终止法人资格，或者已完全停止经营活动，被依法注销、吊销营业执照，对借款人和担保人进行追偿后，未能收回的债权；

（2）借款人死亡，或者依法被宣告失踪、死亡，依法对其财产或者遗产进行清偿，并对担保人进行追偿后，未能收回的债权；

（3）借款人遭受重大自然灾害或者意外事故，损失巨大且不能获得保险补偿，或者以保险赔偿后，确实无力偿还部分或者全部债务，对借款人财产进行清偿和对担保人进行追偿后，未能收回的债权；

（4）借款人触犯刑律，依法受到制裁，其财产不足归还所借债务，又无其他债务承担者，经追偿后确实无法收回的债权；

（5）由于借款人和担保人不能偿还到期债务，企业诉诸法律，经法院对借款人和担保人强制执行，借款人和担保人均无财产可执行，法院裁定执行程序终结或终止（中止）后，仍无法收回的债权；

（6）由于借款人和担保人不能偿还到期债务，企业诉诸法律后，经法院调解或经债权人会议通过，与借款人和担保人达成和解协议或重整协议，在借款人和担保人履行完还款义务后，无法追偿的剩余债权；

（7）由于上述（1）~（6）项原因借款人不能偿还到期债务，企业依法取得抵债资产，抵债金额小于贷款本息的差额，经追偿后仍无法收回的债权；

（8）开立信用证、办理承兑汇票、开具保函等发生垫款时，凡开证申请人和保证人由于上述（1）~（7）项原因，无法偿还垫款，金融企业经追偿后仍无法收回的垫款；

（9）银行卡持卡人和担保人由于上述（1）~（7）项原因，未能还清透支款项，金融企业经追偿后仍无法收回的透支款项；

（10）助学贷款逾期后，在金融企业确定的有效追索期限内，依法处置助学贷款抵押物（质押物），并向担保人追索连带责任后，仍无法收回的贷款；

（11）经国务院专案批准核销的贷款类债权；

（12）国务院财政、税务主管部门规定的其他条件。

2.债权投资损失的证据

根据《企业资产损失所得税税前扣除管理办法》第四十条的规定，企业债权投资损失应依据投资的原始凭证、合同或协议、会计核算资料等相关证据材料确认。下列情况债权投资损失的，还应出具相关证据材料：

（1）债务人或担保人依法被宣告破产、关闭、被解散或撤销、被吊销营业执照、失踪或者死亡等，应出具资产清偿证明或者遗产清偿证明。无法出具资产清偿证明或者遗产清偿证明，且上述事项超过三年以上的，或债权投资（包括信用卡透支和助学贷款）余额在三百万元以下的，应出具对应的债务人和担保人破产、关闭、解散证明、撤销文件、市场监督管理部门注销证明或查询证明以及追索记录等（包括司法追索、电话追索、信件追索和上门追索等原始记录）。

（2）债务人遭受重大自然灾害或意外事故，企业对其资产进行清偿和对担保人进行追偿后，未能收回的债权，应出具债务人遭受重大自然灾害或意外事故证明、保险赔偿证明、资产清偿证明等。

（3）债务人因承担法律责任，其资产不足归还所借债务，又无其他债务承担者的，应出具法院裁定证明和资产清偿证明。

（4）债务人和担保人不能偿还到期债务，企业提出诉讼或仲裁的，经人民法院对债务人和担保人强制执行，债务人和担保人均无资产可执行，人民法院裁定终结或终止（中止）执行的，应出具人民法院裁定文书。

（5）债务人和担保人不能偿还到期债务，企业提出诉讼后被驳回起诉的、人民法院不予受理或不予支持的，或经仲裁机构裁决免除（或部分免除）债务人责任，经追偿后无法收回的债权，应提交法院驳回起诉的证明，或法院不予受理或不予支持证明，或仲裁机构裁决免除债务人责任的文书。

（6）经国务院专案批准核销的债权，应提供国务院批准文件或经国务院同意后由国务院有关部门批准的文件。

需要说明的是：

（1）资产清偿证明，必须是外部的，包括债务人（含担保人）、被投资单位或第三方。终止（中止）执行必须按破产法的有关规定进行估算，并出具专项说明。估算时一般需要中介机构参与。

（2）债权和股权出售（包括捆绑资产损失）必须按市场的方式操作，操作不当损失，属于合法业务，但由于个人原因操作不当而产生的损失，可以扣除；属于违法经营活动而产生的损失，不允许税前扣除。

3.涉农贷款和中小企业贷款损失

根据《国家税务总局关于金融企业涉农贷款和中小企业贷款损失税前扣除问题的公告》（国家税务总局公告2015年第25号）的规定，金融企业涉农贷款、中小企业贷款逾期1年以上，经追索无法收回，应依据涉农贷款、中小企业贷款分类证明，按下列规定计算确认贷款损失进行税前扣除：

（1）单户贷款余额不超过300万元（含300万元）的，应依据向借款人和担保人的有关原始追索记录（包括司法追索、电话追索、信件追索和上门追索等原始记录之一，并由经办人和负责人共同签章确认），计算确认损失进行税前扣除。

（2）单户贷款余额超过300万元至1 000万元（含1 000万元）的，应依据有关原始追索记录（应当包括司法追索记录，并由经办人和负责人共同签章确认），计算确认损失进行税前扣除。

（3）单户贷款余额超过1 000万元的，仍按《国家税务总局关于发布〈企业资产损失所得税税前扣除管理办法〉的公告》（国家税务总局公告2011年第25号）有关规定计算确认损失进行税前扣除。

金融企业涉农贷款和中小企业贷款的分类标准，自2019年1月1日起至2023年12月31日，按照《财政部 税务总局关于金融企业涉农贷款和中小企业贷款损失准备金税前扣除有关政策的公告》（财政部、税务总局公告2019年第85号）规定执行。

根据财政部、税务总局公告2019年第85号第四条的规定，金融企业发生的符合条件的涉农贷款和中小企业贷款损失，应先冲减已在税前扣除的贷款损失准备金，不足冲减部分可据实在计算应纳税所得额时扣除。根据《财政部 税务总局关于金融企业贷款损失准备金企业所得税税前扣除有关政策的公告》（财政部、税务总局公告2019年第86号）第四条的规定，金融企业发生的符合条件的贷款损失，应先冲减已在税前扣除的贷款损失准备金，不足冲减部分可据实在计算当年应纳税所得额时扣除。

金融企业应当建立健全贷款损失内部核销管理制度，严格内部责任认定和追究，及时收集、整理、编制、审核、申报、保存资产损失税前扣除证据材料。

对不符合法定条件扣除的贷款损失，或弄虚作假进行税前扣除的，应追溯调整以前年度的税务处理，并按税收征收管理法有关规定进行处罚。

（三）不得扣除的投资损失

根据《企业资产损失所得税税前扣除管理办法》的规定，下列股权和债权不得作为损失在税前扣除：

（1）债务人或者担保人有经济偿还能力，未按期偿还的企业债权；

（2）违反法律、法规的规定，以各种形式、借口逃废或悬空的企业债权；

（3）行政干预逃废或悬空的企业债权；

（4）企业未向债务人和担保人追偿的债权；

（5）企业发生非经营活动的债权；

（6）其他不应当核销的企业债权和股权。

四、其他资产损失

（一）资产捆绑出售损失

根据《企业资产损失所得税税前扣除管理办法》第四十七条的规定，企业将不同类别的资产捆绑（打包），以拍卖、询价、竞争性谈判、招标等市场方式出售，其出售价格低于计税成本的差额，可以作为资产损失并准予在税前申报扣除，但应出具资产处置方案、各类资产作价依据、出售过程的情况说明、出售合同或协议、成交及入账证明、资产计税基础等确定依据。

（二）操作不当、业务创新但政策不明形成的损失

根据《企业资产损失所得税税前扣除管理办法》第四十八条的规定，企业正常经营业务因内部控制制度不健全而出现操作不当、不规范或因业务创新但政策不明确、不配套等原因形成的资产损失，应由企业承担的金额，可以作为资产损失并准予在税前申报扣除，但应出具损失原因证明材料或业务监管部门定性证明、损失专项说明。

（三）刑事案件形成的损失

根据《企业资产损失所得税税前扣除管理办法》第四十九条的规定，企业因刑事案件原因形成的损失，应由企业承担的金额，或经公安机关立案侦查两年以上仍未追回的金额，可以作为资产损失并准予在税前申报扣除，但应出具公安机关、人民检察院的立案侦查情况或人民法院的判决书等损失原因证明材料。

（四）抵押资产损失

根据《企业资产损失所得税税前扣除管理办法》第三十七条的规定，企业由于未能按期赎回抵押资产，使抵押资产被拍卖或变卖，其账面净值大于变卖价值的差额，可认定为资产损失，按以下证据材料确认：

（1）抵押合同或协议书；
（2）拍卖或变卖证明、清单；
（3）会计核算资料等其他相关证据材料。

（五）担保责任损失

企业对外提供与本企业生产经营活动有关的担保，因被担保人不能按期偿还债务而承担连带责任，经追索，被担保人无偿还能力，对无法追回的金额，比照《企业资产损失所得税税前扣除管理办法》有关应收款项损失进行处理。

与本企业生产经营活动有关的担保，是指企业对外提供的与本企业应税收入、投资、融资、材料采购、产品销售等生产经营活动相关的担保。

根据《房地产开发经营业务企业所得税处理办法》第十九条的规定，企业采取银行按揭方式销售开发产品的，凡约定企业为购买方的按揭贷款提供担保的，其销售开发产品时向银行提供的保证金（担保金）不得从销售收入中减除，也不得作为费用在当期税前扣除，但实际发生损失时可据实扣除。

（六）向关联企业转让资产损失

企业按独立交易原则向关联企业转让资产而发生的损失，或向关联企业提供借款、担保而形成的债权损失，准予扣除，但企业应作专项说明，同时出具相关的证明材料。

五、资产损失资料留存备查

根据《国家税务总局关于企业所得税资产损失资料留存备查有关事项的公告》（国家税务总局公告2018年第15号）的规定，企业向税务机关申报扣除资产损失，仅需填报企业所得税年度纳税申报表《资产损失税前扣除及纳税调整明细表》，不再报送资产损失相关资料。相关资料由企业留存备查。企业应当完整保存资产损失相关资料，保证资料的真实性、合法性。

第三节　风险识别与应对

一、资产损失未按规定申报扣除风险

（一）风险描述

（1）企业发生的各项资产损失未按照税法规定申报扣除；

（2）在申报当年未进行会计处理，不符合扣除的条件。

（二）风险应对

分析“存货”“固定资产清理”“营业外支出”“管理费用”“投资收益”等科目明细，核实企业是否发生资产损失，资产损失的时间、类型、金额和会计处理。查看企业所得税年度纳税申报表附表《资产损失税前扣除及纳税调整明细表》（A105090），查阅企业资产损失留存备查的证据资料，核实申报扣除的损失是否与实际发生一致，是否当年已经进行会计处理，并按照规定进行申报扣除。

二、资产损失相关证据资料不符合规定风险

（一）风险描述

目前资产损失资料由企业留存备查，企业可能存在留存资料不完整、不规范，存在不符合税前扣除条件的风险。

（二）风险应对

分析“存货”“固定资产清理”“营业外支出”“管理费用”“投资收益”等科目明细，核实企业是否发生资产损失，资产损失的时间、类型、金额和会计处理。

查看企业所得税年度纳税申报表附表《资产损失税前扣除及纳税调整明细表》（A105090），查阅资产损失证据资料，分析申报扣除的政策依据、理由、证据材料是否充分，申报扣除金额是否真实准确，数据之间逻辑关系是否相符；通过损失与所得对比分析、损失金额纵向对比、损失资产公允价值分析等方法，核实资产损失申报金额是否准确。

三、投资损失未按规定税前扣除风险

（一）风险描述

被投资企业出现破产清算、注销等情形，投资企业发生长期股权投资损失，可能存在多计投资损失，或被投资企业正常存续期间发生股权转让损失，未按规定进行企业所得税申报在企业所得税税前扣除的风险。

（二）风险应对

核查投资的原始凭证、合同或协议、会计核算资料、法院裁定书、资产清偿证明、被投资企业破产公告和破产清偿文件、被投资企业清算申报表、股权转让评估报告等资料，确认企业因收回、转让或清算处置股权投资而发生的股权投资损失，是否按税法规定确认股权投资损失，是否存在未向税务机关进行资产损失申报直接税前扣除的情形。

四、境外资产损失在计算境内应纳税所得额时扣除风险

（一）风险识别

企业境内、境外营业机构发生的资产损失未分开核算，对境外营业机构由于发生资产损失而产生的亏损，汇总缴纳境内、境外应纳所得额，在计算境内应纳税所得额时扣除，造成少缴企业所得税的风险。

（二）风险应对

核查企业所得税年度纳税申报表附表《资产损失税前扣除及纳税调整明细表》（A105090）、《境外所得税额抵免明细表》（A108000）填列情况，通过建立“走出去”企业清册和企业资产损失留存备查资料，针对利润分配、成本分摊、税收抵免及享受税收协定待遇等方面进行评估分析，发现涉税风险。

第十二章

政策性搬迁的纳税调整

Tax Adjustments of Enterprise Income Tax

TAXING

企业政策性搬迁，是指由于社会公共利益的需要，在政府主导下企业进行整体搬迁或部分搬迁。本章主要阐述政策性搬迁的财务处理、企业所得税处理与其他税种的处理，具体如图12-1所示。

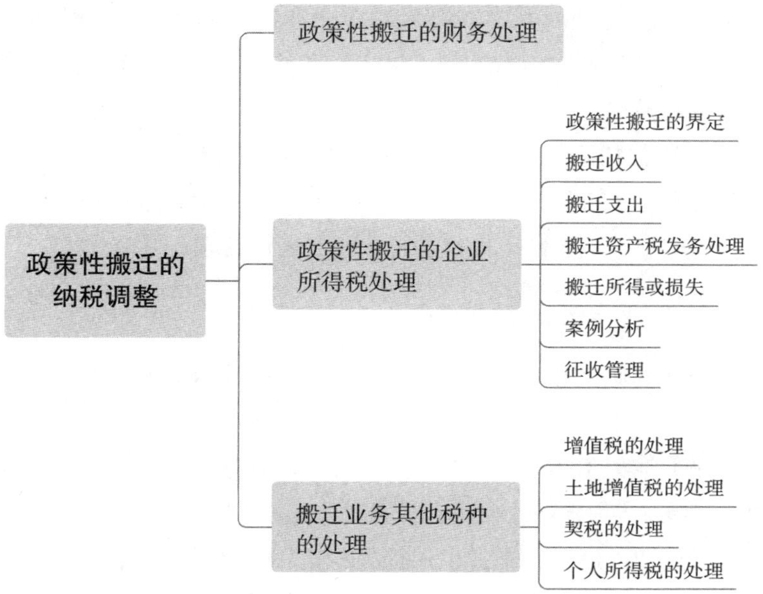

图12-1　政策性搬迁的纳税调整

第一节　财务处理与纳税调整表

为规范搬迁业务的财务与会计处理，财政部先后下发了《关于企业收到政府拨给的搬迁补偿款有关财务处理问题的通知》（财企〔2005〕123号）、《企业会计准则解释第3号》，对企业收到政府给予的补偿款的财务处理做出规定。

为进一步规范政策性搬迁所得税征收管理，堵塞征管漏洞，国家税务总局对《关于企业政策性搬迁或处置收入有关企业所得税处理问题的通知》（国税函〔2009〕118号）进行了修改、完善，先后发布了《企业政策性搬迁所得税管理办法》（国家税务总局公告2012年第40号）、《关于企业政策性搬迁所得税有关问题的公告》（国家税务总局公告2013年第11号）等规定，自2012年10月1日起施行。

一、政府拨给搬迁补偿款的财务处理

（一）企业会计准则的处理

根据《企业会计准则解释第3号》的规定，企业因城镇整体规划、库区建设、棚户区改造、沉陷区治理等公共利益进行搬迁，收到政府从财政预算直接拨付的搬迁补偿款，应作为专项应付款处理。其中，属于对企业在搬迁和重建过程中发生的固定资产和无形资产损失、有关费用性支出、停工损失及搬迁后拟新建资产进行补偿的，应自专项应付款转入递延收益，并按照《企业会计准则第16号——政府补助》进行会计处理。企业取得的搬迁补偿款扣除转入递延收益的金额后如有结余的，应当作为资本公积处理。企业收到除上述之外的搬迁补偿款，应当按照《企业会计准则第4号——固定资产》《企业会计准则第16号——政府补助》等会计准则进行处理。

（二）未执行企业会计准则的处理

未执行企业会计准则的企业，应按照财企〔2005〕123号文件的相关规定对政策性搬迁进行财务处理。

（1）企业收到政府拨给的搬迁补偿款，作为专项应付款核算。搬迁补偿款存款利息，一并转增专项应付款。

（2）企业在搬迁和重建过程中发生的损失或费用，区分以下情况进行处理：

①因搬迁出售、报废或毁损的固定资产，作为固定资产清理业务核算，其净损失核销专项应付款；

②机器设备因拆卸、运输、重新安装、调试等原因发生的费用，直接核销专项应付款；

③企业因搬迁而灭失的、原已作为资产单独入账的土地使用权，直接核销专项应付款；

④用于安置职工的费用支出，直接核销专项应付款。

（3）企业搬迁结束后，专项应付款如有余额，作调增资本公积金处理，由此增加的资本公积金由全体股东共享；专项应付款如有不足，应计入当期损益。

企业收到的政府拨给的搬迁补偿款的总额及搬迁结束后计入资本公积金或当期损益的金额应当单独披露。

二、政策性搬迁纳税调整明细表及其适用

企业政策性搬迁涉及的表单主要有：《企业所得税年度纳税申报基础信息表》（A000000）之“215政策性搬迁开始时间”“216发生政策性搬迁且停止生产经营无所得年度”“217政策性搬迁损失分期扣除年度”，《纳税调整项目明细表》（A105000）第38行“（二）政策性搬迁”以及《政策性搬迁纳税调整明细表》（A105110）。

《政策性搬迁纳税调整明细表》（A105110，见表12-1）适用于发生政策性搬迁纳税调整项目的纳税人在完成搬迁年度及以后进行损失分期扣除的年度填报。

《政策性搬迁纳税调整明细表》（A105110）第1行“一、搬迁收入”至第21行“搬迁损失分期扣除”的金额，按照税收规定确认的政策性搬迁清算累计数填报。即表A105110第1行至第21行是在某政策性搬迁项目完成年度填报该项目的各类搬迁收入、搬迁支出、搬迁所得或损失以及应计入本年应纳税所得额的搬迁所得或损失的累计发生数。政策性搬迁项目在搬迁过程中则不需要填报第1行至第21行。

表12-1　A105110 政策性搬迁纳税调整明细表

行　　次	项　　目	金　　额
1	一、搬迁收入（2+8）	
2	（一）搬迁补偿收入（3+4+5+6+7）	
3	1. 对被征用资产价值的补偿	
4	2. 因搬迁、安置而给予的补偿	
5	3. 对停产停业形成的损失而给予的补偿	
6	4. 资产搬迁过程中遭到毁损而取得的保险赔款	
7	5. 其他补偿收入	
8	（二）搬迁资产处置收入	
9	二、搬迁支出（10+16）	
10	（一）搬迁费用支出（11+12+13+14+15）	
11	1. 安置职工实际发生的费用	
12	2. 停工期间支付给职工的工资及福利费	
13	3. 临时存放搬迁资产而发生的费用	
14	4. 各类资产搬迁安装费用	
15	5. 其他与搬迁相关的费用	
16	（二）搬迁资产处置支出	
17	三、搬迁所得或损失（1-9）	
18	四、应计入本年应纳税所得额的搬迁所得或损失（19+20+21）	
19	其中：搬迁所得	
20	搬迁损失一次性扣除	
21	搬迁损失分期扣除	
22	五、计入当期损益的搬迁收益或损失	
23	六、以前年度搬迁损失当期扣除金额	
24	七、纳税调整金额（18-22-23）	

第二节 政策性搬迁的所得税处理

自2012年10月1日起，企业应按《企业政策性搬迁所得税管理办法》和国家税务总局公告2013年第11号的要求，就政策性搬迁过程中涉及的搬迁收入、搬迁支出、搬迁资产税务处理、搬迁所得等所得税征收管理事项，单独进行税务管理和核算。不能单独进行税务管理和核算的，应视为企业自行搬迁或商业性搬迁等非政策性搬迁进行所得税处理，不执行上述公告的相关处理规定。

一、企业政策性搬迁的界定

企业政策性搬迁，是指由于社会公共利益的需要，在政府主导下企业进行整体搬迁或部分搬迁。企业由于下列需要之一，提供相关文件证明资料的，属于政策性搬迁：

（1）国防和外交的需要；

（2）由政府组织实施的能源、交通、水利等基础设施的需要；

（3）由政府组织实施的科技、教育、文化、卫生、体育、环境和资源保护、防灾减灾、文物保护、社会福利、市政公用等公共事业的需要；

（4）由政府组织实施的保障性安居工程建设的需要；

（5）由政府依照《中华人民共和国城乡规划法》有关规定组织实施的对危房集中、基础设施落后等地段进行旧城区改建的需要；

（6）法律、行政法规规定的其他公共利益的需要。

政策性搬迁与非政策性搬迁的主要区别体现在：①企业取得政策性搬迁补偿收入，不立即作为当年度的应税收入征税，而是在搬迁周期内，扣除搬迁支出后统一核算；②给予最长五年的搬迁期限；③企业以前年度发生尚未弥补的亏损的，政策性搬迁期间从法定亏损结转年限中减除。

二、搬迁收入

企业的搬迁收入，包括搬迁过程中从本企业以外（包括政府或其他单位）取得的搬迁补偿收入，以及本企业搬迁资产处置收入等。

企业取得的搬迁补偿收入，是指企业由于搬迁取得的货币性和非货币性补偿收入。具体包括：

（1）对被征用资产价值的补偿；

（2）因搬迁、安置而给予的补偿；

（3）对停产停业形成的损失而给予的补偿；

（4）资产搬迁过程中遭到毁损而取得的保险赔款；

（5）其他补偿收入。

企业搬迁资产处置收入，是指企业由于搬迁而处置企业各类资产所取得的收入。企业由于搬迁处置存货而取得的收入，应按正常经营活动取得的收入进行企业所得税处理，不作为企业搬迁收入。

三、搬迁支出

企业的搬迁支出，包括搬迁费用支出以及由于搬迁而发生的企业资产处置支出。

搬迁费用支出，是指企业搬迁期间所发生的各项费用，包括安置职工实际发生的费用、停工期间支付给职工的工资及福利费、临时存放搬迁资产而发生的费用、各类资产搬迁安装费用以及其他与搬迁相关的费用。

资产处置支出，是指企业由于搬迁而处置各类资产所发生的支出，包括变卖及处置各类资产的净值、处置过程中所发生的税费等支出。

企业由于搬迁而报废的资产，如无转让价值，其净值作为企业的资产处置支出。

根据《企业政策性搬迁所得税管理办法》的规定，企业搬迁期间新购置的各类资产，应依照《企业所得税法》及其实施条例等有关规定，计算确定资产的计税成本及折旧或摊销年限。企业发生的购置资产支出，不得从搬迁收入中扣除。而国家税务总局公告2013年第11号规定了一种特殊情况，就是这里的“资产购置支出”，是指在2012年10月1日前已经签订搬迁协议且尚未完成搬迁清算的企业政策性搬迁项目，在重建或恢复生产过程中购置的各类资产，可以作为搬迁支出，从搬迁收入中扣除。但购置的各类资产，应剔除该搬迁补偿收入后，作为该资产的计税基础，并按规定计算折旧或费用摊销。

四、搬迁资产税务处理

（一）简单安装或不需要安装即可继续使用资产

企业搬迁的资产，简单安装或不需要安装即可继续使用的，在该项资产重新投入使用后，就其净值按《企业所得税法》及其实施条例规定的该资产尚未折旧或摊销的年限，继续计提折旧或摊销。

（二）需进行大修理后才能重新使用的资产

企业搬迁的资产，需要进行大修理后才能重新使用的，应就该资产的净值，加上大修理过程所发生的支出，为该资产的计税成本。在该项资产重新投入使用后，按该资产尚可使用的年限，计提折旧或摊销。

（三）搬迁资产置换的处理

企业搬迁中被征用的土地，采取土地置换的，换入土地的计税成本按被征用土地的净值，以及该换入土地投入使用前所发生的各项费用支出，为该换入土地的计税成本，在该换入土地投入使用后，按《企业所得税法》及其实施条例规定年限摊销。

根据国家税务总局公告2013年第11号的规定，企业政策性搬迁被征用的资产，采取资产置换的，其换入资产的计税成本按被征用资产的净值，加上换入资产所支付的税费（涉及补价，还应加上补价款）计算确定。

（四）新购置资产的处理

企业搬迁期间新购置的各类资产，应按《企业所得税法》及其实施条例等有关规定，计算确定资产的计税成本及折旧或摊销年限。

企业发生的购置资产支出，不得从搬迁收入中扣除。凡在2012年10月1日，国家税务总局公告2012年第40号生效前已经签订搬迁协议且尚未完成搬迁清算的企业政策性搬迁项目，企业在重建或恢复生产过程中购置的各类资产，可以作为搬迁支出，从搬迁收入中扣除。但购置的各类资产，应剔除该搬迁补偿收入后，作为该资产的计税基础，并按规定计算折旧或费用摊销。凡在国家税务总局2012年第40号公告生效后签订搬迁协议的政策性搬迁项目，应按该公告有关规定执行，也就是说，企业发生的购置资产支出，不得从搬迁收入中扣除。

五、搬迁所得或损失

（一）搬迁所得或损失的确定

企业在搬迁期间发生的搬迁收入和搬迁支出，可以暂不计入当期应纳税所得额，而在完成搬迁的年度，对搬迁收入和支出进行汇总清算。

企业的搬迁收入，扣除搬迁支出后的余额，为企业的搬迁所得。企业应在搬迁完成年度，将搬迁所得计入当年度企业应纳税所得额计算纳税。

有下列情形之一的，为搬迁完成年度，企业应进行搬迁清算，计算搬迁所得：

（1）从搬迁开始，5年内（包括搬迁当年度）任何一年完成搬迁的。

（2）从搬迁开始，搬迁时间满5年（包括搬迁当年度）的年度。

企业搬迁收入扣除搬迁支出后为负数的，应为搬迁损失。搬迁损失可在下列方法中选择其一进行税务处理：

（1）在搬迁完成年度，一次性作为损失进行扣除。

（2）自搬迁完成年度起分3个年度，均匀在税前扣除。

上述方法由企业自行选择，但一经选定，不得改变。

企业同时符合下列条件的，视为已经完成搬迁：①搬迁规划已基本完成；②当年生产经营收入占规划搬迁前年度生产经营收入50%以上。

企业边搬迁、边生产的，搬迁年度应从实际开始搬迁的年度计算。

企业以前年度发生尚未弥补的亏损的，凡企业由于搬迁停止生产经营无所得的，从搬迁年度次年起，至搬迁完成年度前一年度止，可作为停止生产经营活动年度，从法定亏损结转弥补年限中减除；企业边搬迁、边生产的，其亏损结转年度应连续计算。

六、征收管理

（一）政策性搬迁备案

企业应当自搬迁开始年度，至次年5月31日前，向主管税务机关（包括迁出地和迁入地）报送政策性搬迁依据、搬迁规划等相关材料。逾期未报的，除特殊原因并经主管税务机关认可外，按非政策性搬迁处理，不得执行《企业政策性搬迁所得税管理办法》的规定。

企业应向主管税务机关报送的政策性搬迁依据、搬迁规划等相关材料，包括：①政府搬迁文件或公告；②搬迁重置总体规划；③拆迁补偿协议；④资产处置计划；⑤其他与搬迁相关的事项。

（二）政策性搬迁清算

企业迁出地和迁入地主管税务机关发生变化的，由迁入地主管税务机关负责企业搬迁清算。

《企业政策性搬迁所得税管理办法》进一步明确：企业在该办法生效前尚未完成搬迁的，符合该办法规定的搬迁事项，一律按该办法执行。该办法生效年度以前已经完成搬迁且已按原规定进行税务处理的，不再调整。该办法未规定的企业搬迁税务事项，按照《企业所得税法》及其实施条例等相关规定进行税务处理。

七、政策性搬迁会计与税法的差异分析

（一）搬迁收入和搬迁支出的确认时间差异

会计上遵循实际发生和权责发生制原则，属于当期的搬迁收入和费用需要在当期进行确认，对于属于企业在搬迁和重建过程中发生的固定资产和无形资产损失、有关费用性支出、停工损失及搬迁后拟新建资产进行补偿的，搬迁补偿款应自专项应付款转入递延收益，并按照《企业会计准则第16号——政府补助》进行会计处理，即在费用发生或资产使用过程中需要冲减资产的账面价值、相关成本或计入当期损益。税法上则规定政策性搬迁可以递延纳税，企业在搬迁期间发生的搬迁收入和搬迁支出，可以暂不计入

当期应纳税所得额，而在完成搬迁或视同完成搬迁的年度，对搬迁收入和支出进行汇总清算。

（二）搬迁所得的确认金额差异

会计上规定，企业取得的搬迁补偿款扣除转入递延收益的金额后如有结余，应当作为资本公积处理，不确认为企业的收入或利得。而税法规定，企业的搬迁收入，扣除搬迁支出后的余额，为企业的搬迁所得，企业应在搬迁完成年度，将搬迁所得计入当年度企业应纳税所得额计算纳税。此外，对于属于企业在搬迁和重建过程中新建资产进行补偿的，会计上将一次性扣减专项应付款，视具体情况一次性或分期转入营业外收入（或资产处置损益）或计入当期损益。税法上则规定，企业发生的购置资产支出不得从搬迁收入中扣除，应按规定计算资产的计税成本及折旧或摊销年限。

（三）资产置换中收入及资产计税基础的确认差异

企业政策性搬迁被征用的资产，采取资产置换的，会计上按照《企业会计准则第7号——非货币性资产交换》的规定，通常以公允价值和应支付的相关税费作为换入资产的本，公允价值与换出资产账面价值的差额计入当期损益。税法上则规定，换人资产的计税成本按被征用资产的净值，加上换入资产所支付的税费（涉及补价，还应加上补价款）计算确定，不确认相关损益。

八、案例解析

案例12-1 A上市公司2018年8月因政府政策性搬迁，按当月签订的《搬迁补偿协议》约定，2018年9月收到政府拔付的5 000万元用于异地重建，土地使用权由政府收回。2018年11月A公司被搬迁当月固定资产账面原值为1 500万元，累计折旧500万元；无形资产（土地使用权）账面价值600万元（按税法规定摊销后的余额）；处置相关固定资产取得收入为50万元。按照企业重建计划，企业在实施搬迁过程中，2018年12月共购置管理部门使用固定资产2 000万元投入使用，预计使用10年，按直线法计提折旧（不考虑残值）；2019年1月新购置土地使用权500万元，按50年摊销。2018年12月支付职工安置费100万元。2020年12月搬迁完成。

要求：进行相关的财务与税务处理。

解析：

A公司上述搬迁业务的财务与税务处理如下：

（1）2018年9月，收到政府补偿款时，其会计处理为：

借：银行存款	50 000 000	
贷：专项应付款		50 000 000

税务处理：该搬迁补偿收入可暂不计入2018年度应纳税所得额，待搬迁完成年度

汇总清算。该收入会计上也未计入当年利润总额。会计与税务处理无差异。

（2）2018年11月，处置被搬迁资产时，其会计处理为：

将固定资产转入清理：

借：固定资产清理	10 000 000	
累计折旧	5 000 000	
贷：固定资产		15 000 000

收到处置资产收入50万元：

借：银行存款	500 000	
贷：固定资产清理		500 000

结转固定资产处置净损失：

借：资产处置损益	9 500 000	
贷：固定资产清理		9 500 000

处置无形资产：

借：资产处置损益	6 000 000	
贷：无形资产		6 000 000

对搬迁中发生的资产损失，自专项应付款转入递延收益：

借：专项应付款	15 500 000	
贷：递延收益		15 500 000
借：递延收益	15 500 000	
贷：其他收益		15 500 000

税务处理：企业搬迁资产处置收入50万元，搬迁资产处置支出1 600万元（1 000+600），可暂不计入2018年度应纳税所得额，待搬迁完成年度汇总清算。上述已计入当年利润总额的搬迁收入50万元应做纳税调减处理，搬迁支出1 600万元应做纳税调增处理。同时按政府补助准则计入“资产处置损益”的金额1 550万元，应调减应纳税所得额（净调整为0）。

（3）2018年12月，支付给职工安置费的会计处理为：

借：管理费用	1 000 000	
贷：银行存款		1 000 000

将搬迁中有关费用性支出自专项应付款转入递延收益：

借：专项应付款	1 000 000	
贷：递延收益		1 000 000
借：递延收益	1 000 000	
贷：其他收益		1 000 000

税务处理：职工安置费100万元，可暂不计入2018年度应纳税所得额，待搬迁完成年度汇总清算。会计上已计入当年利润总额应做纳税调整处理（净调整为0）。

（4）2018年12月，购置固定资产的会计处理为：

借：固定资产　　20 000 000

　贷：银行存款　　20 000 000

同时，结转专项应付款：

借：专项应付款　　20 000 000

　贷：递延收益　　20 000 000

（5）2019年1月，购置土地使用权的会计处理为：

借：无形资产　　5 000 000

　贷：银行存款　　5 000 000

同时，结转专项应付款：

借：专项应付款　　5 000 000

　贷：递延收益　　5 000 000

税务处理：A公司的《搬迁补偿协议》是在2012年10月1日《企业政策性搬迁所得税管理办法》实施以后签订的，2020年12月完成搬迁，则其搬迁收入为：5 000+50=5 050（万元）；搬迁支出为：1 000+600+100=1 700（万元）；搬迁所得为：5 050−1 700=3 350（万元），该搬迁所得应计入2020年度企业应纳税所得额计算纳税。重新购置固定资产的计税基础为2 000万元，购置无形资产的计税基础为500万元，该资产以后年度按税法规定计提的折旧（或摊销）税前可以扣除。

假设A公司在2012年10月1日《企业政策性搬迁所得税管理办法》生效前已经签订搬迁协议且尚未完成搬迁清算，其在搬迁过程中购置的资产，可以作为搬迁支出，从搬迁收入中扣除。但应剔除该搬迁补偿收入后，作为该资产的计税基础，并按规定计算折旧或摊销。除此之外，企业发生的购置资产支出，不得从搬迁收入中扣除。在此种情况下该固定资产的计税基础为0。而固定资产账面原值为2 000万元。

（6）2019年计提固定资产折旧（无形资产摊销）的会计处理为：

借：管理费用　　2 100 000

　贷：累计折旧　　2 000 000

　　累计摊销　　100 000

递延收益金额在相关资产使用期间内摊销（假设采用直线法）的会计处理为：

借：递延收益　　2 100 000

　贷：其他收益　　2 100 000

税务处理：上述资产计税基础与会计成本相同，会计上计提的折旧与摊销210万元可以在企业所得税前扣除，不用做纳税调增处理。递延收益转入其他收益的金额应做纳税调减处理。

（7）2020年搬迁完成时，企业将专项应付款余额转入资本公积：

借：专项应付款　　8 500 000

　贷：资本公积　　8 500 000

税务处理：企业在搬迁期间发生的搬迁收入和搬迁支出，可以暂不计入当期应纳税所得额，而在2020年完成搬迁的年度，对搬迁收入和支出进行汇总清算。企业的搬迁收入为：5 000+50=5 050（万元）；搬迁支出为：1 000+600+100=1 700（万元）；搬迁所得为：5 050−1 700=3 350（万元），该搬迁所得应计入2020年度企业应纳税所得额计算纳税。重新购置固定资产的计税基础为2 000万元，购置无形资产的计税基础为500万元，该资产以后年度按税法规定计提的折旧（或摊销）税前可以扣除。

假设A公司在2012年10月1日《企业政策性搬迁所得税管理办法》生效前已经签订搬迁协议且尚未完成搬迁清算，则A公司在搬迁期间发生的搬迁收入和搬迁支出，可以暂不计入当期应纳税所得额，而在完成搬迁的年度，对搬迁收入和支出进行汇总清算。此时，企业的搬迁收入为：5 000+50=5 050（万元）；搬迁支出为：1 000+600+100+2 000+500=4 200（万元）；搬迁所得为：5 050−4 200=850（万元），该搬迁所得应计入搬迁完成年度企业应纳税所得额计算纳税。

（8）2021年及以后年度计提固定资产折旧（无形资产摊销）的会计处理为：

借：管理费用　　2 100 000

　贷：累计折旧　　2 000 000

　　　累计摊销　　100 000

递延收益金额在相关资产使用期间内平均摊销的会计处理为：

借：递延收益　　2 100 000

　贷：其他收益　　2 100 000

税务处理：企业所得税前允许扣除的折旧（或摊销）金额为210万元，会计上已计提的折旧（或摊销）金额210万元，税会无差异。同时，递延收益转入其他收益的210万元，应做纳税调减处理。

填报相关纳税申报表如下（见表12−2）：

表12−2　A105110 政策性搬迁纳税调整明细表

行　次	项　目	金　额
1	一、搬迁收入（2+8）	50 500 000
2	（一）搬迁补偿收入（3+4+5+6+7）	50 000 000
3	1. 对被征用资产价值的补偿	50 000 000
4	2. 因搬迁、安置而给予的补偿	
5	3. 对停产停业形成的损失而给予的补偿	
6	4. 资产搬迁过程中遭到毁损而取得的保险赔款	
7	5. 其他补偿收入	
8	（二）搬迁资产处置收入	500 000
9	二、搬迁支出（10+16）	17 000 000

续表

行　次	项　　目	金　　额
10	（一）搬迁费用支出（11+12+13+14+15）	1 000 000
11	1. 安置职工实际发生的费用	1 000 000
12	2. 停工期间支付给职工的工资及福利费	
13	3. 临时存放搬迁资产而发生的费用	
14	4. 各类资产搬迁安装费用	
15	5. 其他与搬迁相关的费用	
16	（二）搬迁资产处置支出	16 000 000
17	三、搬迁所得或损失（1–9）	33 500 000
18	四、应计入本年应纳税所得额的搬迁所得或损失（19+20+21）	33 500 000
19	其中：搬迁所得	33 500 000
20	搬迁损失一次性扣除	
21	搬迁损失分期扣除	
22	五、计入当期损益的搬迁收益或损失	33 500 000
23	六、以前年度搬迁损失当期扣除金额	0
24	七、纳税调整金额（18–22–23）	33 500 000

据此填报《纳税调整项目明细表》（A105000）如下（见表12–3）：

表12–3　A105000纳税调整项目明细表（部分）

行次	项　　目	账载金额	税收金额	调增金额	调减金额
		1	2	3	4
1	一、收入类调整项目（2+3+...+11）	*	*		
12	二、扣除类调整项目（13+14+...+30）	*	*		
31	三、资产类调整项目（32+33+34+35）	*	*		
36	四、特殊事项调整项目（37+38+...+42）	*	*	33 500 000	
37	（一）企业重组（填写A105100）				
38	（二）政策性搬迁（填写A105110）	*	*	33 500 000	
39	（三）特殊行业准备金（填写A105120）				
44	五、特别纳税调整应税所得	*	*		
45	六、其他	*	*		
46	合计（1+12+31+36+44+45）	*	*	33 500 000	

第三节　搬迁业务其他税种的处理

一、土地增值税的处理

根据《中华人民共和国土地增值税暂行条例》第八条的规定，因国家建设需要依法征用、收回的房地产免征土地增值税。根据《土地增值税暂行条例实施细则》第二十一条的规定，因国家建设需要依法征用、收回的房地产，是指因城市实施规划、国家建设的需要而被政府批准征用的房产或收回的土地使用权。

根据《财政部 国家税务总局关于土地增值税若干问题的通知》（财税〔2006〕21号）第四条“关于因城市实施规划、国家建设需要而搬迁，纳税人自行转让房地产的征免税问题”的规定，《土地增值税暂行条例实施细则》第十一条第四款所称：因“城市实施规划”而搬迁，是指因旧城改造或因企业污染、扰民（指产生过量废气、废水、废渣和噪音，使城市居民生活受到一定危害），而由政府或政府有关主管部门根据已审批通过的城市规划确定进行搬迁的情况；因“国家建设的需要”而搬迁，是指因实施国务院、省级人民政府、国务院有关部委批准的建设项目而进行搬迁的情况。

二、契税的处理

根据《中华人民共和国契税法》第一条的规定，在中华人民共和国境内转移土地、房屋权属，承受的单位和个人为契税的纳税人，应当依照该法规定缴纳契税。

该法第七条规定，省、自治区、直辖市可以决定对下列情形免征或者减征契税：

（1）因土地、房屋被县级以上人民政府征收、征用，重新承受土地、房屋权属；

（2）因不可抗力灭失住房，重新承受住房权属。

前款规定的免征或者减征契税的具体办法，由省、自治区、直辖市人民政府提出，报同级人民代表大会常务委员会决定，并报全国人民代表大会常务委员会和国务院备案。

根据《财政部 税务总局关于贯彻实施契税法若干事项执行口径的公告》（财政部、税务总局公告2021年第23号）第三条第（八）项的规定，土地使用权互换、房屋互换，互换价格相等的，互换双方计税依据为零；互换价格不相等的，以其差额为计税依据，由支付差额的一方缴纳契税。

根据《财政部 国家税务总局关于企业以售后回租方式进行融资等有关契税政策的通知》（财税〔2012〕82号）第三条的规定，市、县级人民政府根据《国有土地上房屋征收与补偿条例》有关规定征收居民房屋，居民因个人房屋被征收而选择货币补偿用以重新购置房屋，并且购房成交价格不超过货币补偿的，对新购房屋免征契税；购房成交价格超过货币补偿的，对差价部分按规定征收契税。居民因个人房屋被征收而选择房屋产权调换，并且不缴纳房屋产权调换差价的，对新换房屋免征契税；缴纳房屋产权调换差价的，对差价部分按规定征收契税。

三、增值税的处理

根据《营业税改征增值税试点过渡政策的规定》（财税〔2016〕36号文件附件3）第一条第（三十七）项的规定，土地所有者出让土地使用权和土地使用者将土地使用权归还给土地所有者免征增值税。

根据《财政部 税务总局关于明确无偿转让股票等增值税政策的公告》（财政部 税务总局公告2020年第40号）第三条的规定，土地所有者依法征收土地，并向土地使用者支付土地及其相关有形动产、不动产补偿费的行为，属于《营业税改征增值税试点过渡政策的规定》第一条第（三十七）项规定的土地使用者将土地使用权归还给土地所有者的情形。

四、个人所得税的处理

根据《财政部 国家税务总局关于城镇房屋拆迁有关税收政策的通知》（财税〔2005〕45号）第一条的规定，对被拆迁人按照国家有关城镇房屋拆迁管理办法规定的标准取得的拆迁补偿款，免征个人所得税。

根据《财政部 国家税务总局关于棚户区改造有关税收政策的通知》（财税〔2013〕101号）第五条的规定，个人因房屋被征收而取得货币补偿并用于购买改造安置住房，或因房屋被征收而进行房屋产权调换并取得改造安置住房，按有关规定减免契税。个人取得的拆迁补偿款按有关规定免征个人所得税。

《国家税务总局关于个人取得被征用房屋补偿费收入免征个人所得税的批复》（国税函〔1998〕428号）规定，按照城市发展规划，在旧城改造过程中，个人因住房被征用而取得赔偿费，属补偿性质的收入，无论是现金还是实物（房屋），均免予征收个人所得税。

第十三章

准备金纳税调整及其风险识别与应对

Tax Adjustments of Enterprise Income Tax

TAXING

企业会计计提的准备金根据可否税前扣除可以分为两类：一类是不允许税前扣除的准备金，如坏账准备、固定资产减值准备等按企业会计准则规定提取的资产减值准备金；另一类是允许按规定标准税前扣除的准备金，如金融保险企业、证券行业等按财政部、税务总局规定提取的可以税前扣除的准备金。本章主要阐述准备金的税会差异与纳税调整，如图13-1所示。

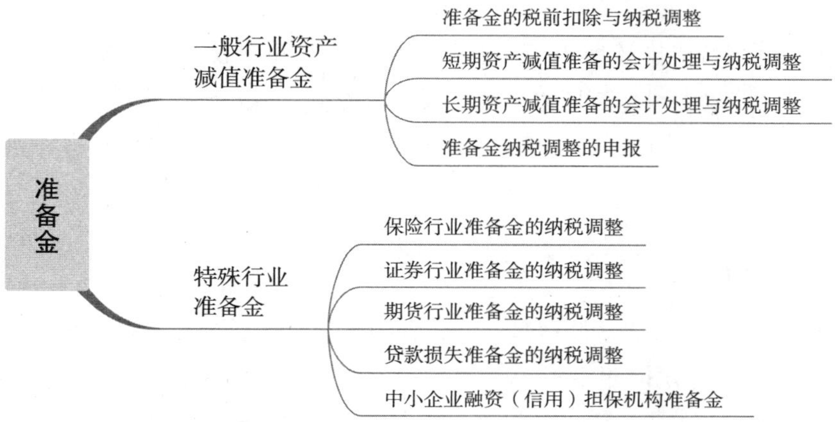

图13-1　税备金的税前扣除与纳税调整

第一节　资产减值准备金税会差异与纳税调整

一、准备金的税前扣除与纳税调整

（一）准备金税前扣除的基本原则

《企业所得税法》第十条规定，在计算应纳税所得额时，未经核定的准备金支出不得扣除。根据《企业所得税法实施条例》第五十五条的规定，未经核定的准备金支出，是指不符合国务院财政、税务主管部门规定的各项资产减值准备、风险准备等准备金支出。

因而，企业会计计提的准备金根据可否税前扣除可以分为两类：一类是不允许税前扣除的准备金，如坏账准备、固定资产减值准备、存货跌价准备、无形资产减值准备、长期股权投资减值准备、在建工程减值准备等按企业会计准则规定提取的资产减值准备金；另一类是允许按规定标准税前扣除的准备金，如金融保险企业、证券行业、中小企业融资（信用）担保机构、期货行业、小额贷款公司等按财政部、税务总局规定提取的可以税前扣除的准备金。

《国家税务总局关于企业所得税执行中若干税务处理问题的通知》（国税函〔2009〕202号）第二条规定，根据《企业所得税法实施条例》第五十五条规定，除财政部和国家税务总局核准计提的准备金可以税前扣除外，其他行业、企业计提的各项资产减值准备、风险准备等准备金均不得税前扣除。

（二）不得税前扣除的准备金的纳税调整

对于不允许税前扣除的资产减值准备金，总的税务处理原则是：计提时调增应纳税所得额，转回时调减应纳税所得额。实际发生损失且符合税法规定条件的，如果未在发生损失当期的损益中列支而是冲减已提取的准备金余额的，要进行纳税调减；如果实际发生的损失已在损益中列支且符合税法规定条件的，则允许扣除，不需要进行纳税调整。

（三）允许税前扣除的准备金的纳税调整

对于财政部、税务总局规定允许按规定税前扣除的准备金，如金融企业、保险企业、中小企业融资（信用）担保机构、证券行业等按规定标准提取允许税前扣除的准备金，总的纳税调整原则是：其一，会计上计入当年度损益的提取数如果大于税法允许扣除数，要进行纳税调增，反之则要进行纳税调减，按税法规定公式计算的提取数为负数时，也要进行纳税调增；其二，实际发生的损失在相关的准备金账户借方列支，且大于已经在税前扣除的准备金余额的（含当年税法允许提取数），其差额要进行纳税调减。如果小于等于已经在税前扣除的准备金余额（含当年税法允许提取数），则对实际发生的损失部分不做任何调整。这一点与坏账准备的处理不同。

二、流动资产减值准备的会计处理与纳税调整

基于会计准则对资产减值会计处理方法的不同，纳税调整方法也各有其特点。

（一）存货跌价准备

1.会计处理

根据存货准则第十五条的规定，资产负债表日，存货应当按照成本与可变现净值孰低计量。存货成本高于其可变现净值的，应当计提存货跌价准备，计入当期损益。这里所称可变现净值，是指在日常活动中，存货的估计售价减去至完工时估计将要发生的成本、估计的销售费用以及相关税费后的金额。

会计处理为：

按存货成本高于其可变现净值的差额计提存货跌价准备时：

借：资产减值损失

　贷：存货跌价准备

根据存货准则第十九条的规定，资产负债表日，企业应当确定存货的可变现净值。以前减记存货价值的影响因素已经消失的，减记的金额应当予以恢复，并在原已计提的存货跌价准备金额内转回，转回的金额计入当期损益。会计处理为：

借：存货跌价准备

　贷：资产减值损失

根据存货准则第十四条的规定，对于已售存货，应当将其成本结转为当期损益，相应的存货跌价准备也应当予以结转。会计处理为：

借：存货跌价准备

　贷：主营业务成本

2. 税务处理与纳税调整

根据《企业所得税法实施条例》第五十六条的规定，企业的各项资产，包括固定资产、生物资产、无形资产、长期待摊费用、投资资产、存货等，以历史成本为计税基础。历史成本，是指企业取得该项资产时实际发生的支出。企业持有各项资产期间资产增值或者减值，除国务院财政、税务主管部门规定可以确认损益外，不得调整该资产的计税基础。

存货跌价准备税会差异的应纳税调整用公式表示为：

应调整的应纳税所得额＝存货跌价准备科目年末余额－年初余额

计算结果大于零的，应调增应纳税所得额；反之，应调减应纳税所得额。

消耗性生物资产减值准备，通过“存货跌价准备”科目核算，其纳税调整方法与存货减值准备相同。

（二）坏账准备

企业应设置“坏账准备”科目，其计提范围包括应收票据、应收账款、预付账款、其他应收款、长期应收款等应收款项。

1. 计提坏账准备的会计处理

资产负债表日，应收款项发生减值的，按应减记的金额，借记“资产减值损失”科目，贷记“坏账准备”科目。

本期应计提的坏账准备大于其账面余额的，应按其差额计提；应计提的坏账准备小于其账面余额的差额，做相反的会计分录。

2. 发生坏账的会计处理

对于确实无法收回的应收款项，按管理权限报经批准后作为坏账，转销应收款项。借记“坏账准备”科目，贷记“应收票据”“应收账款”“预付账款”“应收分保账款”“其他应收款”“长期应收款”等科目。

3.收到前期已核销的应收款项的会计处理

已确认并转销的应收款项以后又收回的，应按实际收回的金额，借记“应收票据”“应收账款”“预付账款”“应收分保账款”“其他应收款”“长期应收款”等科目，贷记“坏账准备”科目；同时借记“银行存款”科目，贷记“应收票据”“应收账款”“预付账款”“应收分保账款”“其他应收款”“长期应收款”等科目。

4.税会差异的纳税调整

根据《企业所得税法》的相关规定，企业根据企业会计准则规定计提的坏账准备不得在税前扣除。企业实际发生的坏账损失符合税法规定条件的可在税前扣除。本期收到的前期已作坏账损失在税前扣除的应收款项，应当并入当期应纳税所得额征税。而前期会计上已作坏账损失处理但在税收上未能获得税前扣除的坏账损失，实际收到时，无须确认所得，否则会导致重复征税。

纳税调整方法为：

应调整应纳税所得额＝（本期通过损益科目计提金额－
本期通过损益科目转回金额）－
（本期按税法规定允许扣除的坏账损失－
本期收回前期已作为坏账损失在税前扣除的应收款项）

若计算结果大于零，调增所得；若计算结果小于零，调减所得。

案例13-1 甲企业采用备抵法核算坏账，2021年初“坏账准备”科目贷方余额为0元（会计与税法无差异），本年收回往年已经批准核销的坏账200万元，本年发生允许税前扣除的坏账损失50万元，本年在当期损益中计提坏账准备500万元，

要求：进行相关的财税处理，并填报纳税申报表。

解析：

1.会计处理。

收回坏账200万元：

借：应收账款	2 000 000	
贷：坏账准备		2 000 000
借：银行存款	2 000 000	
贷：应收账款		2 000 000

发生坏账50万元：

借：坏账准备	500 000	
贷：应收账款		500 000

本期计提坏账准备金500万元：

借：资产减值损失	5 000 000	

贷：坏账准备　　5 000 000

2.税务处理。

在本案例中，首先，收回的坏账要并入当期应纳税所得额缴纳企业所得税，而会计处理时并未计入当期损益，因此应调增应纳税所得额200万元；

其次，发生的坏账50万元，会计处理也未计入当期损益，因此应调减50万元；

最后，本期计提的坏账准备500万元计入了当期损益，但根据《企业所得税法》及其实施条例的规定，未经核定的准备金支出不得在税前扣除，因此应调增应纳税所得额500万元。

共计应调增应纳税所得额：200+500−50=650（万元）。

填报《纳税调整项目明细表》（A105000）如表13−1所示。

表13−1　A105000 纳税调整项目明细表（部分）

行次	项　目	账载金额	税收金额	调增金额	调减金额
		1	2	3	4
31	三、资产类调整项目（32+33+34+35）	*	*		
32	（一）资产折旧、摊销（填写 A105080）				
33	（二）资产减值准备金	5 000 000	*	5 000 000	
34	（三）资产损失（填写 A105090）	0	500 000		500 000
35	（四）其他	0	2 000 000	2 000 000	
44	五、特别纳税调整应税所得	*	*		
45	六、其他	*	*		
46	合计（1+12+31+36+44+45）	*	*	7 000 000	500 000

5.坏账损失的申报扣除

根据《财政部 国家税务总局关于企业资产损失税前扣除政策的通知》（财税〔2009〕57号）第四条的规定，企业除贷款类债权外的应收、预付账款符合下列条件之一的，减除可收回金额后确认的无法收回的应收、预付款项，可以作为坏账损失在计算应纳税所得额时扣除：

（1）债务人依法宣告破产、关闭、解散、被撤销，或者被依法注销、吊销营业执照，其清算财产不足清偿的；

（2）债务人死亡，或者依法被宣告失踪、死亡，其财产或者遗产不足清偿的；

（3）债务人逾期3年以上未清偿，且有确凿证据证明已无力清偿债务的；

（4）与债务人达成债务重组协议或法院批准破产重整计划后，无法追偿的；

（5）因自然灾害、战争等不可抗力导致无法收回的；

（6）国务院财政、税务主管部门规定的其他条件。

根据《企业资产损失所得税税前扣除管理办法》（国家税务总局公告2011年第25号发布）第二十二条的规定，企业应收及预付款项坏账损失应依据以下相关证据材料确认：

（1）相关事项合同、协议或说明；

（2）属于债务人破产清算的，应有人民法院的破产、清算公告；

（3）属于诉讼案件的，应出具人民法院的判决书或裁决书或仲裁机构的仲裁书，或者被法院裁定终（中）止执行的法律文书；

（4）属于债务人停止营业的，应有工商部门注销、吊销营业执照证明；

（5）属于债务人死亡、失踪的，应有公安机关等有关部门对债务人个人的死亡、失踪证明；

（6）属于债务重组的，应有债务重组协议及其债务人重组收益纳税情况说明；

（7）属于自然灾害、战争等不可抗力而无法收回的，应有债务人受灾情况说明以及放弃债权申明。

该办法第二十三条规定，企业逾期3年以上的应收款项在会计上已作为损失处理的，可以作为坏账损失，但应说明情况。

第二十四条规定，企业逾期1年以上，单笔数额不超过五万或者不超过企业年度收入总额万分之一的应收款项，会计上已经作为损失处理的，可以作为坏账损失，但应说明情况。

6. 已作坏账损失处理后又收回的应收款项的处理

《企业所得税法实施条例》第二十二条规定，《企业所得税法》第六条第（九）项所称其他收入是指企业取得的除《企业所得税法》第六条第（一）项至第（八）项规定的收入外的其他收入，包括企业资产溢余收入、逾期未退包装物押金收入、确实无法偿付的应付款项、已作坏账损失处理后又收回的应收款项、债务重组收入、补贴收入、违约金收入、汇兑收益等。据此，已作坏账损失处理后又收回的应收款项应计入“其他收入”缴纳企业所得税。

7. 坏账准备税会差异分析

（1）计提准备的差异。企业根据企业会计准则和职业判断计提的坏账准备，计入了当期损益，但税法规定其不得税前扣除，只有待坏账实际发生时，经向税务机关办理申报后才能扣除。与此相应，企业的坏账准备转回时，应做相反的纳税调整。这种由于会计和税法在确认费用的时间上的不同而产生的应收款项账面价值和计税基础之间的差异，属于暂时性差异。

（2）发生坏账的差异。企业实际发生坏账损失时，会计上冲销坏账准备，税务上则规定可以在计算企业所得税应纳税所得额时扣除。

（3）收回已冲销应收款项的差异。企业收回已冲销的应收款项，会计上增加坏账准备，但按税法规定应作为其他收入缴纳企业所得税。

案例13-2　甲企业于2019年初成立，采用个别认定法计提坏账准备。

（1）2019年末，应收账款余额为2 000万元，计提坏账准备50万元，当年未发生坏账损失。

（2）2020年末，应收账款余额为3 000万元，当年发生坏账损失40万元，收回已冲销的应收款项20万元，计提坏账准备10万元。

（3）2021年末，应收账款余额为4 000万元，发生坏账损失25万元，计提坏账准备5万元。

为简化计算，假设甲企业于每年年末计提坏账准备，其所发生的坏账损失全部履行了申报扣除手续。企业的企业所得税适用税率为25%，每年的会计利润均为100万元，无其他调整项目，在每年年末均预计未来期间能够产生足够的应纳税所得额用来抵扣已发生的可抵扣暂时性差异。

要求：进行相关的财税处理并纳税调整。

解析：

1. 2019年的会计与税务处理。

（1）会计处理。

2019年底，计提坏账准备。

借：资产减值损失	500 000	
贷：坏账准备		500 000

（2）税务处理。

税法不允许计提坏账准备，应调增应纳税所得额50万元。

2019年应交企业所得税为：（100+50）×25%=37.50（万元）。

（3）所得税会计处理。

2019年12月31日，企业应收账款的账面价值为：2 000−50=1 950（万元），计税基础为2 000万元，根据《企业会计准则第18号——所得税》的规定，两者之间的差额会减少未来期间的应纳税所得额和应交所得税，属于可抵扣暂时性差异，应当确认递延所得税资产为：50×25%=12.5（万元）。

借：所得税费用	250 000	
递延所得税资产	125 000	
贷：应交税费——应交所得税		375 000

（4）申报表的填报如表13-2所示。

表13-2　A105000 纳税调整项目明细表（部分）

行次	项　　目	账载金额	税收金额	调增金额	调减金额
		1	2	3	4
1	一、收入类调整项目（2+3+…+8+10+11）	*	*		
11	（九）其他				
12	二、扣除类调整项目（13+14+…+24+26+27+28+29+30）	*	*		
31	三、资产类调整项目（32+33+34+35）	*	*		
32	（一）资产折旧、摊销（填写 A105080）				
33	（二）资产减值准备金	500 000	*	500 000	
34	（三）资产损失（填写 A105090）				
35	（四）其他				
46	合计（1+12+31+36+44+45）	*	*	500 000	

2. 2020年的会计与税务处理。

（1）发生坏账损失。

借：坏账准备　　400 000

　　贷：应收账款　　400 000

（2）收回已冲销的应收款项。

借：应收账款　　200 000

　　贷：坏账准备　　200 000

借：银行存款　　200 000

　　贷：应收账款　　200 000

（3）年末计提坏账准备。

借：资产减值损失　　100 000

　　贷：坏账准备　　100 000

（4）税务处理。

发生坏账损失40万元，税法规定可以在税前扣除。会计上冲减坏账准备，应调减应纳税所得额40万元。

收回已冲销的应收款项20万元，会计上增加坏账准备余额。但按税法规定应作为其他收入缴纳企业所得税，应调增应纳税所得额20万元。

计提的坏账准备不得在税前扣除，应调增应纳税所得额10万元。

以上共计应调整所得额为：10−40+20=−10（万元）；

2020年应交企业所得税为：（100−10）×25%=22.5（万元）。

（5）所得税会计处理。

2020年12月31日，企业应收账款的账面价值为：

3 000–（50+10–40+20）=2 960（万元），计税基础为3 000万元，应保留的递延所得税资产余额为：（3 000–2 960）×25%=10（万元）。“递延所得税”科目年初余额为12.5万元，应转回递延所得税资产：12.5–10=2.50（万元）。

借：所得税费用　　250 000

　贷：递延所得税资产　　25 000

　　　应交税费——应交所得税　　225 000

3. 2021年的会计与税务处理。

（1）发生坏账损失。

借：坏账准备　　250 000

　贷：应收账款　　25 000

（2）年末计提坏账准备。

借：资产减值损失　　50 000

　贷：坏账准备　　50 000

（3）税务处理。

2021年，计提的坏账准备应调增应纳税所得额5万元；发生坏账损失25万元，税法规定可以税前扣除，应调减应纳税所得额25万元。

2021年应交所得税为：（100+5–25）×25%=20（万元）。

（4）所得税会计处理。

2021年末，企业应收账款的账面价值为：4 000–（50+10–40+20+5–25）=3 980（万元），计税基础为4 000万元，应保留的递延所得税资产余额为：20×25%=5（万元）。“递延所得税资产”科目年初余额为10万元，应转回5万元。

借：所得税费用　　250 000

　贷：递延所得税资产　　50 000

　　　应交税费——应交所得税　　200 000

8. 注意事项

企业计提各类资产减值准备后，会导致计提当期、减值准备转回、有关资产计提折旧或摊销、资产报废及处置等的税会差异，企业在填报纳税申报表时，应区分不同情况处理。

企业计提坏账准备、存货跌价准备、理赔费用准备金、固定资产减值准备等不允许税前扣除的各类资产减值准备金时，填报在《纳税调整项目明细表》（A105000）第33行“资产减值准备金”，计提减值准备金时应予以调增应纳税所得额，因价值恢复等原因转回的资产减值准备金应予以冲回调减应纳税所得额。

对于经国务院财政、税务主管部门核准的可税前扣除的准备金，主要是金融、保险、证券期货、中小企业融资担保机构等特定行业可以税前扣除的准备金，在表A105000第39行“特殊行业减值准备金”进行调整。

企业因计提各类资产减值准备会导致有关资产的账面价值和计税基础产生差异进而

影响相应资产折旧、摊销的税前扣除，由此而产生的纳税调整事项需要在《资产折旧、摊销情况及纳税调整明细表》（A105080）中进行填报。

企业在处置、清理报废计提了各类减值准备的资产时，由于有关资产的账面价值和计税基础不同，相应的损失金额也不相同，对应的纳税调整在《资产损失税前扣除及纳税调整明细表》（A105090）进行填报。如果为资产处置收益，由于企业所得税年度纳税申报表没有为此设计专门的附表和行次，此时可以填报在《纳税调整项目明细表》（A105000）第11行“一、收入类调整项目——其他”。

企业收回已冲销的应收款项，会计上增加坏账准备，但按税法规定应作为其他收入缴纳企业所得税，同样由于企业所得税年度申报表没有为此设计明确的行次，此时可以填报在《纳税调整项目明细表》（A105000）第11行“一、收入类调整项目——其他”中。

（三）理赔费用准备金

理赔费用准备金，是指保险人为非寿险保险事故已发生尚未结案的赔案可能发生的律师费、诉讼费、损失检验费、相关理赔人员薪酬等理赔查勘费用提取的准备金。从这些费用的性质上看，应该在实际发生时税前扣除，不应该通过计提准备金的方式税前扣除。因此，保险公司在会计上计提的理赔费用准备金，也应在表A105000第33行进行纳税调整。

（四）持有待售资产的减值准备

1.会计处理

企业初始计量或在资产负债表日重新计量持有待售的非流动资产或处置组时，其账面价值高于公允价值减去出售费用后的净额的，应当将账面价值减记至公允价值减去出售费用后的净额，减记的金额确认为资产减值损失，计入当期损益，同时计提持有待售资产减值准备。

借：资产减值损失

　贷：持有待售资产减值准备

后续资产负债表日，持有待售的非流动资产或处置组中的资产减值转回的，按允许转回的金额：

借：持有待售资产减值准备

　贷：资产减值损失

2.税务处理

应调整应纳税所得额=持有待售资产减值准备科目年末余额－年初余额

若结果大于零，应调增应纳税所得额；反之，则应调减应纳税所得额。

三、非流动资产减值准备的会计处理与纳税调整

根据《企业会计准则第8号——资产减值》（以下简称资产减值准则）的规定，资

产减值，是指资产的可收回金额低于其账面价值。该准则中的资产，除特别规定外，包括单项资产和资产组。固定资产、无形资产、长期股权投资、采用成本模式计量的投资性房地产、商誉等长期资产减值损失一经确认，在以后会计期间不得转回。

（一）固定资产减值准备

1. 会计处理

资产负债表日，企业根据资产减值准则确定固定资产发生减值的，按应减记的金额，计提减值准备。会计处理为：

借：资产减值损失

　贷：固定资产减值准备

固定资产减值准备不得转回，处置固定资产时，应同时结转已计提的固定资产减值准备。会计处理为：

借：固定资产清理

　　累计折旧

　　固定资产减值准备

　贷：固定资产

已计提减值准备的固定资产在计提折旧时，应当按照该项固定资产的账面价值（即固定资产原价减去累计折旧和已计提的减值准备，下同），以及尚可使用年限重新计算确定折旧率和折旧额。

因计提固定资产减值准备而调整固定资产折旧率和折旧额时，对未计提固定资产减值准备前已计提的累计折旧不做调整。

2. 税务处理

固定资产账面价值，是指固定资产初始计量金额（或会计成本）减去已提折旧和减值准备后的价值；固定资产计税基础，是指固定资产初始计税基础减去已税前扣除的折旧额。

由于固定资产折旧和减值准备的差异，导致固定资产账面价值与计税基础不一致，从而产生应纳税暂时性差异或可抵扣暂时性差异。从开始折旧的年度（会计与税法开始折旧的时间一致）起，到固定资产处置的年度止，纳税调增总额与纳税调减总额的金额是相等的。

固定资产减值准备不得转回，处置固定资产时一并结转。已计提减值准备的固定资产按账面价值（账面价值=固定资产原价－累计折旧－固定资产减值准备）计提折旧。

（二）投资性房地产减值准备

采用成本模式进行后续计量的投资性房地产发生减值的，应设置“投资性房地产减值准备”科目核算，其会计及税务处理方法参照固定资产减值的处理。

采用公允价值模式进行后续计量的投资性房地产，不提减值准备、不提折旧等。

（三）无形资产减值准备

1.会计处理

根据无形资产准则确定无形资产发生减值的，按应减记的金额计提减值准备。会计处理为：

借：资产减值损失

　贷：无形资产减值准备

无形资产减值准备不得转回，处置无形资产时，应同时结转已计提的无形资产减值准备。会计处理为：

借：银行存款

　累计摊销

　无形资产减值准备

　贷：无形资产

　　资产处置损益

2.税务处理

（1）使用寿命有限的无形资产。

使用寿命有限的无形资产的后续计量，其影响损益的因素有两个：一是摊销；二是减值准备。

已经计提减值准备的无形资产，在计算摊销额时应扣除减值准备的金额。由于无形资产减值准备不得在税前扣除，因此，无形资产的计税基础不得剔除减值准备。

无形资产账面价值=无形资产初始计量金额－累计摊销－无形资产减值准备

无形资产计税基础净值=无形资产初始计税基础－按税法规定计算的累计摊销额

处置无形资产时，按无形资产计税基础净值计算扣除。

（2）使用寿命不确定的无形资产。

按照无形资产准则的规定，对于使用寿命不确定的无形资产，在持有期间内不需要摊销，需要计提减值准备的，相应计提减值准备。税法规定，使用寿命不确定的无形资产，采用直线法摊销，摊销年限一般不得少于10年。因此，在税法摊销期内：

无形资产账面价值=无形资产初始计量金额－无形资产减值准备

无形资产计税基础净值=无形资产初始计税基础－按税法规定扣除的累计摊销额

处置无形资产时，按无形资产计税基础净值计算扣除。

（四）商誉的减值准备

1.会计处理

对于非同一控制下企业合并中取得的商誉价值，应设置“商誉”科目核算。商誉发生减值的，应在“商誉”科目设置“减值准备”明细科目进行核算，也可以单独设置“商誉减值准备”科目进行核算。

企业应按企业合并准则确定的商誉价值，借记“商誉”科目，贷记有关科目。资产负债表日，企业根据资产减值准则确定商誉发生减值的，按应减记的金额计提减值准备。会计处理为：

借：资产减值损失

　贷：商誉减值准备

公司清算时，按账面价值结转。会计处理为：

借：清算损益

　　商誉减值准备

　贷：商誉

2. 税务处理

《企业所得税法实施条例》第六十七条第四款规定：“外购商誉的支出，在企业整体转让或者清算时，准予扣除。”

清算所得中允许扣除的商誉，是指商誉的计税基础（不得扣除减值准备）。

依据《企业所得税法实施条例》第十一条的规定，清算所得=全部资产可变现价值或交易价格-全部资产计税基础净值-清算费用以及相关税费-弥补亏损。

这里所称允许扣除的资产计税基础净值包括商誉的计税基础（不得扣除减值准备）。

因此，本期计提的商誉减值准备应当调增所得，计算清算所得时，调减所得。

对于非同一控制下的控股合并形成的商誉，构成长期股权投资的会计成本，而没有在个别会计报表中单独反映。由于外购长期股权投资的计税基础是以取得该项投资发生的实际支出确定的，因此长期股权投资的计税基础包含商誉投资成本，在持有期间不得扣除，处置长期股权投资时，商誉作为长期股权投资计税基础的一部分，一并扣除。

（五）长期股权投资减值准备

1. 会计处理

资产负债表日，企业根据《企业会计准则第8号——资产减值》或《企业会计准则第22号——金融工具确认和计量》确定长期股权投资发生减值的，按应减记的金额计提减值准备。

借：资产减值损失

　贷：长期股权投资减值准备

处置长期股权投资时，应同时结转已计提的长期股权投资减值准备。

借：银行存款

　　长期股权投资减值准备

　贷：长期股权投资

　　　投资收益

2. 税务处理

长期股权投资的计税基础不因计提减值准备而减少，企业计提的长期股权投资减值准备，应当调增应纳税所得。实际处置该项股权时仍按计税基础扣除。

例外的情况是法定资产损失。根据《财政部 国家税务总局关于企业资产损失税前扣除政策的通知》(财税〔2009〕57号)第六条的规定，企业的股权投资符合下列条件之一的，减除可收回金额后确认的无法收回的股权投资，可以作为股权投资损失在计算应纳税所得额时扣除：

(1)被投资方依法宣告破产、关闭、解散、被撤销，或者被依法注销、吊销营业执照的；

(2)被投资方财务状况严重恶化，累计发生巨额亏损，已连续停止经营3年以上，且无重新恢复经营改组计划的；

(3)对被投资方不具有控制权，投资期限届满或者投资期限已超过10年，其被投资单位因连续3年经营亏损导致资不抵债的；

(4)被投资方财务状况严重恶化，累计发生巨额亏损，已完成清算或清算期超过3年以上的；

(5)国务院财政，税务主管部门规定的其他条件。

依据《企业资产损失所得税税前扣除管理办法》第四条、《国家税务总局关于企业所得税资产损失资料留存备查有关事项的公告》(国家税务总局公告2018年第15号)的规定，上述法定资产损失，企业虽未实际处置、转让上述资产，允许在会计上已作损失处理(即一次性提足减值准备)的年度申报扣除。企业需将下列资料留存备查；

(1)股权投资计税基础证明材料；

(2)被投资企业破产公告、破产清偿文件；

(3)工商行政管理部门注销、吊销被投资单位营业执照文件；

(4)政府有关部门对被投资单位的行政处理决定文件；

(5)被投资企业终止经营、停止交易的法律或其他证明文件；

(6)被投资企业资产处置方案、成交及入账材料；

(7)企业法定代表人、主要负责人和财务负责人签章证实有关权益投资性损失的书面申明；

(8)会计核算资料等其他相关证据材料。

被投资企业依法宣告破产、关闭、解散或撤销、吊销营业执照、停止生产经营活动、失踪等，应出具资产清偿证明或者遗产清偿证明。上述事项超过三年以上且未能完成清算的，应出具被投资企业破产、关闭、解散或撤销、吊销等的证明以及不能清算的原因说明。

长期股权投资发生上述情形，应扣除按税法规定计算的预计可收回金额后，再确认发生的资产损失。

本期应确认资产损失=长期股权投资计税基础-预计可收回金额

纳税调整方法如下：

(1)长期股权投资发生实质性损害的年度，根据可以税前扣除的财产损失直接做纳税调减处理。

（2）长期股权投资处置（指被投资单位清算）的年度，按税法规定计算实际财产损失额=长期股权投资计税基础-取得的清算分配额-责任及保险赔款。如果实际损失金额与原已申报扣除的预计损失数额有差异，两者的差额须做纳税调整。如果实际损失金额大于原已申报扣除的预计损失额，调减应纳税所得额；反之，则应调增应纳税所得额。

（3）由于长期股权投资账面价值与计税基础的差异，导致长期股权投资处置损益与股权转让所得（或损失）金额不同。在以会计利润为基础的纳税申报表体系中，必须将“投资收益（股权处置损益）”科目的金额从利润总额中剔除，否则会导致重复扣除。

四、准备金纳税调整的申报

（一）纳税调整项目明细表相关项目填报

准备金纳税调整涉及的主要表单是《纳税调整项目明细表》（A105000）第33行“（二）资产减值准备金”、第34行“（三）资产损失（填写A105090）”以及第39行“（三）特殊行业准备金”等（如表13-3所示）。

表13-3 A105000 纳税调整项目明细表

行次	项　　目	账载金额	税收金额	调增金额	调减金额
		1	2	3	4
1	一、收入类调整项目（2+3+…+8+10+11）	*	*		
11	（九）其他				
12	二、扣除类调整项目（13+14+…+24+26+27+28+29+30）	*	*		
31	三、资产类调整项目（32+33+34+35）	*	*		
32	（一）资产折旧、摊销（填写A105080）				
33	（二）资产减值准备金		*		
34	（三）资产损失（填写A105090）				
35	（四）其他				
36	四、特殊事项调整项目（37+38+…+43）	*	*		
37	（一）企业重组及递延纳税事项（填写A105100）				
38	（二）政策性搬迁（填写A105110）	*	*		
39	（三）特殊行业准备金（39.1+39.2+39.4+39.5+39.6+39.7）	*	*		

续表

行次	项　　目	账载金额	税收金额	调增金额	调减金额
		1	2	3	4
39.1	1. 保险公司保险保障基金				
39.2	2. 保险公司准备金				
39.3	其中：已发生未报案未决赔款准备金				
39.4	3. 证券行业准备金				
39.5	4. 期货行业准备金				
39.6	5. 中小企业融资（信用）担保机构准备金				
39.7	6. 金融企业、小额贷款公司准备金（填写 A105120）	*	*		
40	（四）房地产开发企业特定业务计算的纳税调整额（填写 A105010）	*			
41	（五）合伙企业法人合伙人应分得的应纳税所得额				
42	（六）发行永续债利息支出				
43	（七）其他	*	*		
44	五、特别纳税调整应税所得	*	*		
45	六、其他	*	*		
46	合计（1+12+31+36+44+45）	*	*		

（二）资产减值准备金纳税调整的填报

表A105000第33行反映的是不允许税前扣除的资产减值准备金税会差异的纳税调整。而允许税前扣除的特殊行业准备金，如金融保险企业、中小企业融资（信用）担保机构、证券行业等的准备金在表A105000第39行“（三）特殊行业准备金”和表A105120“金融企业、小额贷款公司准备金（填写A105120）”中填报。而且，表A105000第33行仅调整持有期间（提取、价值转回等）的资产减值准备金税会差异，涉及资产处置损失的，填报表《资产损失税前扣除及纳税调整明细表》（A105090）和表A105000第34行“（三）资产损失（填写A105090）”反映。通常提取资产减值准备金时调增应纳税所得额，转回时调减应纳税所得额。由于短期资产发生减值后如果价值又恢复的，会计上冲回准备金，会导致利润增加，而税法不认可，故应调减应纳税所得额。

第二节　保险行业准备金税会差异与纳税调整

《纳税调整项目明细表》（A105000）第39行“（三）特殊行业准备金”，填报按规定允许税前扣除的金融企业、保险公司、证券等特殊行业准备金纳税调整情况。对存货跌价准备等不允许税前扣除的资产减值准备金，直接填报到表A105000第33行“资产减值准备金”，不在本行反映。

一、保险保障基金

（一）保险保障基金的财务处理

保险保障基金，是指按照《中华人民共和国保险法》和《保险保障基金管理办法》（保监会、财政部、人民银行令2008年第2号）规定缴纳形成的，在规定情形下用于救助保单持有人、保单受让公司或者处置保险业风险的非政府性行业风险救助基金。

保险保障基金分为财产保险保障基金和人身保险保障基金。财产保险保障基金由财产保险公司缴纳形成。人身保险保障基金由人身保险公司缴纳形成。设立国有独资的中国保险保障基金有限责任公司（简称保险保障基金公司），依法负责保险保障基金的筹集、管理和使用。保险保障基金公司应当对财产保险保障基金和人身保险保障基金分账管理、分别使用。

保险保障基金的来源包括：①境内保险公司依法缴纳的保险保障基金；②保险保障基金公司依法从破产保险公司清算财产中获得的受偿收入；③捐赠；④上述资金的投资收益；⑤其他合法收入。

根据《保险保障基金管理办法》的规定，保险公司应当按照下列规定，对经营的财产保险业务或者人身保险业务缴纳保险保障基金，缴纳保险保障基金的保险业务纳入保险保障基金救助范围：

（1）非投资型财产保险按照保费收入的0.8%缴纳，投资型财产保险，有保证收益的，按照业务收入的0.08%缴纳，无保证收益的，按照业务收入的0.05%缴纳；

（2）有保证收益的人寿保险按照业务收入的0.15%缴纳，无保证收益的人寿保险按照业务收入的0.05%缴纳；

（3）短期健康保险按照保费收入的0.8%缴纳，长期健康保险按照保费收入的0.15%缴纳；

（4）非投资型意外伤害保险按照保费收入的0.8%缴纳，投资型意外伤害保险，有保证收益的，按照业务收入的0.08%缴纳，无保证收益的，按照业务收入的0.05%缴纳。

这里所称业务收入，是指投保人按照保险合同约定，为购买相应的保险产品支付给保险公司的全部金额。

保险公司应当及时、足额将保险保障基金缴纳到保险保障基金公司的专门账户，有下列情形之一的，可以暂停缴纳：

（1）财产保险公司的保险保障基金余额达到公司总资产6%的；

（2）人身保险公司的保险保障基金余额达到公司总资产1%的。

保险公司的保险保障基金余额减少或者总资产增加，其保险保障基金余额占总资产比例不能满足上述要求的，应当自动恢复缴纳保险保障基金。保险保障基金公司应当对每一保险公司缴纳的保险保障基金及其变动情况进行单独核算。保险公司的保险保障基金余额，是指该公司累计缴纳的保险保障基金金额加上分摊的投资收益，扣除各项分摊的费用支出和使用额以后的金额。

根据《保险保障基金管理办法》第二十五条的规定，下列业务不属于保险保障基金的救助范围，不缴纳保险保障基金：

（1）保险公司承保的境外直接保险业务；

（2）保险公司的再保险分入业务；

（3）由国务院确定的国家财政承担最终风险的政策性保险业务；

（4）保险公司从事的企业年金受托人、账户管理人等企业年金管理业务；

（5）中国保监会[1]会同有关部门认定的其他不属于保险保障基金救助范围的业务。

（二）保险保障基金的税前扣除

较早的政策包括《财政部 国家税务总局关于保险公司准备金支出企业所得税税前扣除有关政策问题的通知》（财税〔2012〕45号，执行时间为2011年1月1日至2015年12月31日）和《财政部 国家税务总局关于保险公司准备金支出企业所得税税前扣除有关政策问题的通知》〔财税〔2016〕114号，执行时间为2016年1月1日至2020年12月31日）。根据《财政部 税务总局关于延长部分税收优惠政策执行期限的公告》（财政部、税务总局公告2021年第6号）的规定，政策到期的继续执行。该通知第一条规定，保险公司按下列规定缴纳的保险保障基金，准予据实税前扣除：

（1）非投资型财产保险业务，不得超过保费收入的0.8%；投资型财产保险业务，有保证收益的，不得超过业务收入的0.08%，无保证收益的，不得超过业务收入的0.05%。

（2）有保证收益的人寿保险业务，不得超过业务收入的0.15%；无保证收益的人寿保险业务，不得超过业务收入的0.05%。

（3）短期健康保险业务，不得超过保费收入的0.8%；长期健康保险业务，不得超过保费收入的0.15%。

（4）非投资型意外伤害保险业务，不得超过保费收入的0.8%；投资型意外伤害保险业务，有保证收益的，不得超过业务收入的0.08%，无保证收益的，不得超过业务收

[1] 现为银保监会。

入的0.05%。

保费收入，是指投保人按照保险合同约定，向保险公司支付的保险费。业务收入，是指投保人按照保险合同约定，为购买相应的保险产品支付给保险公司的全部金额。非投资型财产保险业务，是指仅具有保险保障功能而不具有投资理财功能的财产保险业务。投资型财产保险业务，是指兼具有保险保障与投资理财功能的财产保险业务。有保证收益，是指保险产品在投资收益方面提供固定收益或最低收益保障。无保证收益，是指保险产品在投资收益方面不提供收益保证，投保人承担全部投资风险。

延续执行财税〔2016〕114号文件第二条的规定，保险公司有下列情形之一的，其缴纳的保险保障基金不得在税前扣除：

（1）财产保险公司的保险保障基金余额达到公司总资产6%的。

（2）人身保险公司的保险保障基金余额达到公司总资产1%的。

（三）特殊行业准备金的税前扣除

企业会计上计提的准备金根据税前扣除规定的不同可分为两类：一类是不允许税前扣除的准备金，如坏账准备、固定资产减值准备、存货跌价准备、无形资产减值准备、长期股权投资减值准备、在建工程减值准备等根据企业会计准则的规定提取的准备金；另一类是允许税前扣除的准备金，如金融保险业、证券行业、小额贷款公司以及中小企业融资（信用）担保机构等按财政部和国家税务总局的规定允许税前扣除的特殊行业准备金。

对于不允许税前扣除的准备金的税会差异，直接在表A105000第33行“资产减值准备金”中填报。表A105000第33行反映持有期间（提取、价值转回等）的资产减值准备金纳税调整情况。如涉及资产处置发生的损失，则填报附表A105090《资产损失税前扣除及纳税调整明细表》反映。对于不允许税前扣除的准备金，处理的基本原则是计提准备金时要调增应纳税所得额，转回时调减应纳税所得额，实际发生损失且符合《企业资产损失所得税税前扣除管理办法》规定的，如果未在当期损益中列支而是冲减已计提的准备金余额的，也应调减应纳税所得额，如果实际发生的损失已在损益中列支且符合该办法规定条件的，则允许扣除，不调整应纳税所得额。

对于金融保险类、中小企业融资（信用）担保机构、证券业等特殊行业允许税前按规定扣除的准备金，纳税调整的基本原则是：

（1）会计上计入当年度损益的提取数如果大于税法允许扣除数，要调增应纳税所得额。相反，则要调减应纳税所得额；

（2）按税法规定公式计算的提取数如为负数时，也要调增应纳税所得额；

（3）实际发生的损失在相关准备金账户借方列支，且大于已经在税前扣除的准备金余额的（含当年税法允许提取数），其差额要调减应纳税所得额；小于等于已经在税前扣除的准备金余额的（含当年税法允许提取数），对实际发生的损失部分不做任何调整，这一点与坏账准备的处理不同。

二、责任准备金

（一）未到期责任准备金的会计处理

企业（保险）应设置“6501 提取未到期责任准备金”和“2601 未到期责任准备金”科目，核算企业（保险）提取的非寿险原保险合同未到期责任准备金和再保险合同分保未到期责任准备金。

未到期责任准备金的主要账务处理如下：

（1）企业在确认原保费收入、分保费收入的当期，应按保险精算确定的未到期责任准备金，借记“提取未到期责任准备金”科目，贷记“未到期责任准备金”科目。

（2）资产负债表日，应按保险精算重新计算确定的未到期责任准备金与已确认的未到期责任准备金的差额，借记“未到期责任准备金”科目，贷记“提取未到期责任准备金”科目。

（3）原保险合同提前解除的，应按相关未到期责任准备金余额，借记“未到期责任准备金”科目，贷记“提取未到期责任准备金”科目。

（4）在确认非寿险原保险合同保费收入的当期，按相关再保险合同约定计算确定的相关应收分保未到期责任准备金金额，借记“应收分保合同准备金”科目，贷记“提取未到期责任准备金”科目。

资产负债表日，调整原保险合同未到期责任准备金余额的，按相关再保险合同约定计算确定的应收分保未到期责任准备金的调整金额，借记“提取未到期责任准备金”科目，贷记“应收分保合同准备金”科目。

（二）保险责任准备金的会计处理

保险公司应该设置“提取保险责任准备金”和“保险责任准备金”科目，核算企业（保险）提取的原保险合同保险责任准备金，包括未决赔款准备金、寿险责任准备金、长期健康险责任准备金。再保险接受人提取的再保险合同保险责任准备金，也在上述科目核算。企业（保险）也可以单独设置“未决赔款准备金”、“寿险责任准备金”、“长期健康险责任准备金”和“提取未决赔款准备金”、“提取寿险责任准备金”、“提取长期健康险责任准备金”等科目。

保险责任准备金的主要账务处理如下：

（1）企业确认寿险保费收入，应按保险精算确定的寿险责任准备金、长期健康险责任准备金，借记“提取保险责任准备金”科目，贷记“保险责任准备金”科目。

投保人发生非寿险保险合同约定的保险事故当期，企业应按保险精算确定的未决赔款准备金，借记“提取保险责任准备金”科目，贷记“保险责任准备金”科目。

对保险责任准备金进行充足性测试，应按补提的保险责任准备金，借记“提取保险责任准备金”科目，贷记“保险责任准备金”科目。

（2）原保险合同保险人确定支付赔付款项金额或实际发生理赔费用的当期，应按冲减的相应保险责任准备金余额，借记“保险责任准备金”科目，贷记“提取保险责任准备金”科目。

再保险接受人收到分保业务账单的当期，应按分保保险责任准备金的相应冲减金额，借记“保险责任准备金”科目，贷记“提取保险责任准备金”科目。

（3）寿险原保险合同提前解除的，应按相关寿险责任准备金、长期健康险责任准备金余额，借记“保险责任准备金”科目，贷记“提取保险责任准备金”科目。

（三）责任准备金的税前扣除

延续执行财税〔2016〕114号文件第三条的规定，保险公司按国务院财政部门的相关规定提取的未到期责任准备金、寿险责任准备金、长期健康险责任准备金、已发生已报案未决赔款准备金和已发生未报案未决赔款准备金，准予在税前扣除。

1. 责任准备金

未到期责任准备金、寿险责任准备金、长期健康险责任准备金依据经中国银保监会核准任职资格的精算师或出具专项审计报告的中介机构确定的金额提取。

未到期责任准备金，是指保险人为尚未终止的非寿险保险责任提取的准备金。

寿险责任准备金，是指保险人为尚未终止的人寿保险责任提取的准备金。

长期健康险责任准备金，是指保险人为尚未终止的长期健康保险责任提取的准备金。

2. 未决赔款准备金

已发生已报案未决赔款准备金，按最高不超过当期已经提出的保险赔款或者给付金额的100%提取；已发生未报案未决赔款准备金按不超过当年实际赔款支出额的8%提取。

已发生已报案未决赔款准备金，是指保险人为非寿险保险事故已经发生并已向保险人提出索赔、尚未结案的赔案提取的准备金。

已发生未报案未决赔款准备金，是指保险人为非寿险保险事故已经发生、尚未向保险人提出索赔的赔案提取的准备金。

三、农业保险大灾风险准备金

（一）会计处理

1. 科目设置

根据《农业保险大灾风险准备金会计处理规定》（财会〔2014〕12号文件印发）的规定，保险机构应当设置下列会计科目，对农业保险大灾风险准备金（包括保费准备金和利润准备金，以下简称大灾准备金）进行会计核算：

（1）在损益类科目中设置“6505提取保费准备金”科目，核算保险机构按规定当期从农业保险保费收入中提取的保费准备金。该科目应按种植业、养殖业、森林等大类险种进行明细核算。

（2）在负债类科目中设置“2605保费准备金”科目，核算保险机构按规定从农业保险保费收入中提取，并按规定使用和转回的保费准备金。该科目应按种植业、养殖业、森林等大类险种进行明细核算。

（3）在所有者权益类科目中设置“4105大灾风险利润准备”科目，核算保险机构按规定从净利润中提取，并按规定使用和转回的利润准备金，以及大灾准备金资金运用形成的收益。

（4）在“利润分配”科目下设置“提取利润准备”明细科目，核算保险机构按规定从当期净利润中提取的利润准备金。在“利润分配”科目下设置“大灾准备金投资收益”明细科目，核算保险机构以大灾准备金所对应的资金用于投资等所产生的收益。

2. 会计处理

期末，保险机构按照各类农业保险当期实现的自留保费（即保险业务收入减去分出保费的净额）和规定的保费准备金计提比例计算应提取的保费准备金，借记“提取保费准备金”科目，贷记“保费准备金”科目。

期末，保险机构总部在依法提取法定公积金、一般风险准备金后，按规定从年度净利润中提取的利润准备金，借记“利润分配——提取利润准备”科目，贷记“大灾风险利润准备”科目。

保险机构按规定以大灾准备金所对应的资金用于投资等所产生的收益，借记“应收利息”“应收股利”等科目，贷记“投资收益”等科目；同时，借记“利润分配——大灾准备金投资收益”科目，贷记“大灾风险利润准备”科目。

保险机构在确定支付赔付款项金额或实际发生理赔费用的当期，按照应赔付或实际赔付的金额，借记“赔付支出”科目，贷记“应付赔付款”“银行存款”等科目；按规定以大灾准备金用于弥补农业大灾风险损失时，按弥补的金额依次冲减“保费准备金”“大灾风险利润准备”科目，借记“保费准备金”、“大灾风险利润准备”科目，贷记“提取保费准备金”“利润分配——提取利润准备”科目。

保险机构不再经营农业保险的，将以前年度计提的保费准备金的余额逐年转回损益时，按转回的金额，借记“保费准备金”科目，贷记“提取保费准备金”科目；将利润准备金的余额转入一般风险准备时，按转回的金额，借记“大灾风险利润准备”科目，贷记“一般风险准备”科目。

（二）税前扣除

延续执行财税〔2016〕114号文件第四条的规定，保险公司经营财政给予保费补贴的农业保险，按不超过财政部门规定的农业保险大灾风险准备金（简称大灾准备金）计提比例，计提的大灾准备金，准予在企业所得税前据实扣除。具体计算公式如下：

$$\text{本年度扣除的大灾准备金} = \text{本年度保费收入} \times \text{规定比例} - \text{上年度已在税前扣除的大灾准备金结存余额}$$

按上述公式计算的数额如为负数，应调增当年应纳税所得额。

财政给予保费补贴的农业保险，是指各级财政按照中央财政农业保险保费补贴政策规定给予保费补贴的种植业、养殖业、林业等农业保险。

规定比例，是指按照《农业保险大灾风险准备金管理办法》（财金〔2013〕129号文件印发）确定的计提比例。

根据《农业保险大灾风险准备金管理办法》第八条的规定，保险机构计提保费准备金的比例，由保险机构按照《农业保险大灾风险准备金计提比例表》（如表13-4所示）规定的区间范围，在听取省级财政等有关部门意见的基础上，结合农业灾害风险水平、风险损失数据、农业保险经营状况等因素合理确定。

计提比例一旦确定，原则上应当保持3年以上有效。期间，如因特殊情况须调整计提比例，应当由保险机构总部商相关省级财政部门同意后，自下一年度进行调整。

根据《农业保险大灾风险准备金管理办法》的规定，结合各地区种植业、养殖业、森林等农业保险工作情况，依据相关经验数据和保险精算原理，保险机构应当按照农业保险保费收入的一定比例计提保费准备金，具体比例区间如下：

表13-4　农业保险大灾风险准备金计提比例表

序　号	地　区	保费准备金计提比例区间		
		种植业保险	养殖业保险	森林保险
1	北京	6%~8%	3%~4%	4%~6%
2	天津	2%~4%	3%~4%	4%~6%
3	河北	4%~6%	2%~3%	4%~6%
4	山西	4%~6%	3%~4%	6%~8%
5	内蒙古	6%~8%	2%~3%	8%~10%
6	辽宁	6%~8%	3%~4%	6%~8%
7	吉林	6%~8%	3%~4%	8%~10%
8	黑龙江	6%~8%	2%~3%	8%~10%
9	上海	4%~6%	1%~2%	4%~6%
10	江苏	2%~4%	2%~3%	4%~6%
11	浙江	4%~6%	3%~4%	8%~10%
12	安徽	6%~8%	2%~3%	4%~6%
13	福建	4%~6%	3%~4%	8%~10%
14	江西	6%~8%	2%~3%	8%~10%

续表

序　　号	地　　区	保费准备金计提比例区间		
		种植业保险	养殖业保险	森林保险
15	山东	6%~8%	3%~4%	6%~8%
16	河南	4%~6%	3%~4%	4%~6%
17	湖北	6%~8%	3%~4%	6%~8%
18	湖南	6%~8%	2%~3%	8%~10%
19	广东	4%~6%	3%~4%	6%~8%
20	广西	4%~6%	3%~4%	8%~10%
21	海南	6%~8%	3%~4%	8%~10%
22	重庆	2%~4%	2%~3%	6%~8%
23	四川	4%~6%	2%~3%	6%~8%
24	贵州	6%~8%	3%~4%	8%~10%
25	云南	6%~8%	3%~4%	8%~10%
26	西藏	4%~6%	1%~2%	6%~8%
27	陕西	6%~8%	3%~4%	6%~8%
28	甘肃	2%~4%	1%~2%	6%~8%
29	青海	6%~8%	2%~3%	6%~8%
30	宁夏	2%~4%	1%~2%	4%~6%
31	新疆	6%~8%	1%~2%	6%~8%

根据《农业保险大灾风险准备金管理办法》第十条的规定，保险机构经营农业保险实现年度及累计承保盈利，且满足以下条件的，其总部应当在依法提取法定公积金、一般（风险）准备金后，从年度净利润中计提利润准备金，计提标准为超额承保利润的75%（如不足超额承保利润的75%，则全额计提），不得将其用于分红、转增资本：

（1）保险机构农业保险的整体承保利润率超过其自身财产险业务承保利润率，且农业保险综合赔付率低于70%；

（2）专业农业保险机构的整体承保利润率超过其自身与财产险行业承保利润率的均值，且其综合赔付率低于70%；

（3）前两款中，保险机构自身财产险业务承保利润率、专业农业保险机构自身与财产险行业承保利润率的均值为负的，按照其近3年的均值（如近3年均值为负或不足3年则按0确定），计算应当计提的利润准备金。

其中，财产险行业综合赔付率以行业监管部门发布数据为准，保险机构综合赔付率以经审计的数据为准。

四、保险赔款、给付的扣除

延续执行财税〔2016〕114号文件第五条的规定，保险公司实际发生的各种保险赔款、给付，应首先冲抵按规定提取的准备金，不足冲抵部分，准予在当年税前扣除。

第三节　证券行业准备金税会差异与纳税调整

一、证券交易所风险基金

证券交易所风险基金，是指用于弥补证券交易所重大经济损失，防范与证券交易所业务活动有关的重大风险事故，以保证证券交易活动正常进行而设立的专项基金。

（一）财务处理

根据《证券交易所风险基金管理暂行办法》（证监发〔2000〕22号文件印发，2016年修订）第三条的规定，证券交易所风险基金来源包括：

（1）按证券交易所收取交易经手费的20%提取，作为风险基金单独列账；

（2）按证券交易所收取席位年费的10%提取，作为风险基金单独列账；

（3）按证券交易所收取会员费10%的比例一次性提取，作为风险基金单独列账；

（4）按该办法施行之日新股申购冻结资金利差账面余额的15%，一次性提取；

（5）对违规会员的罚款、罚息收入。

该基金应当以专户方式全部存入国有商业银行，存款利息全部转入基金专户。每一个财政年度终了，本基金净资产达到或超过十亿元后，下一年度不再根据该办法第三条第（1）、（2）项规定［即上述（1）、（2）项］提取资金。每一个财政年度终了，该基金净资产不足十亿元，下一年度应按上述（1）、（2）项规定继续提取资金。

中国证券监督管理委员会会同财政部可以根据市场风险情况，适当调整基金规模、资金提取和交纳方式、比例。

（二）税前扣除

根据《财政部 国家税务总局关于证券行业准备金支出企业所得税税前扣除有关政策问题的通知》（财税〔2012〕11号，已废止）和《财政部 国家税务总局关于证券行业准备金支出企业所得税税前扣除有关政策问题的通知》（财税〔2017〕23号）第一条“证券类准备金”的规定，2020年12月31月前，上海、深圳证券交易所依据《证券交易所风险基金管理暂行办法》的有关规定，按证券交易所收取交易经手费的20%、会员年费的10%提取的证券交易所风险基金，在各基金净资产不超过10亿元的额度内，准予在企业所得税税前扣除。根据财政部、税务总局公告2021年6号的规定，该政策到期后继续执行。

二、证券结算风险基金

证券结算风险基金，是指用于垫付或者弥补因违约交收、技术故障、操作失误、不可抗力造成的证券登记结算机构的损失而设立的专项基金。

（一）财务处理

根据《证券结算风险基金管理办法》（证监发〔2006〕65号文件发布）第三条的规定，证券结算风险基金来源如下：

（1）按证券登记结算机构业务收入、收益的百分之二十分别提取；

（2）结算参与人按人民币普通股和基金成交金额的十万分之三、国债现货成交金额的十万分之一、1天期国债回购成交额的千万分之五、2天期国债回购成交额的千万分之十、3天期国债回购成交额的千万分之十五、4天期国债回购成交额的千万分之二十、7天期国债回购成交额的千万分之五十、14天期国债回购成交额的十万分之一、28天期国债回购成交额的十万分之二、91天期国债回购成交额的十万分之六、182天期国债回购成交额的十万分之十二逐日交纳。

证监会会同财政部可以根据市场风险情况，适当调整基金规模、资金提取和交纳方式、比例。每一财政年度终了，该基金净资产达到或超过30亿元后，下一年度不再根据《证券结算风险基金管理办法》第三条第（1）项规定〔即上述第（1）项〕提取资金，结算参与人不再根据该办法第三条第（2）项规定〔即上述第（2）项〕交纳，但每个结算参与人加入结算系统后按该办法第三条第（2）项交纳资金的时间不得少于一年。

每个财政年度终了，基金净资产不足30亿元，下一年度应按上述第（1）项规定继续提取资金，结算参与人应按上述第（2）项规定继续交纳。

（二）税前扣除

根据财税〔2012〕11号和财税〔2017〕23号文件第一条的规定，2020年12月31日前中国证券登记结算公司所属上海分公司、深圳分公司依据《证券结算风险基金管理办法》的有关规定，按证券登记结算公司业务收入的20%提取的证券结算风险基金，在各基金净资产不超过30亿元的额度内，准予在企业所得税税前扣除。根据财政部、税务总局公告2021年第6号的规定，该政策到期后继续执行。

证券公司依据《证券结算风险基金管理办法》的有关规定，作为结算会员按人民币普通股和基金成交金额的十万分之三、国债现货成交金额的十万分之一、1天期国债回购成交额的千万分之五、2天期国债回购成交额的千万分之十、3天期国债回购成交额的千万分之十五、4天期国债回购成交额的千万分之二十、7天期国债回购成交额的千万分之五十、14天期国债回购成交额的十万分之一、28天期国债回购成交额的十万分之二、91天期国债回购成交额的十万分之六、182天期国债回购成交额的十万分之十二逐日交纳的证券结算风险基金，准予在企业所得税税前扣除。

三、证券投资者保护基金

证券投资者保护基金，是指按照《证券投资者保护基金管理办法》（证监会令第27号）筹集形成的、在防范和处置证券公司风险中用于保护证券投资者利益的资金。设立国有独资的中国证券投资者保护基金有限责任公司，负责基金的筹集、管理和使用。

（一）财务处理

《证券投资者保护基金管理办法》第十二条规定，证券投资者保护基金的来源如下：

（1）上海、深圳证券交易所在风险基金分别达到规定的上限后，交易经手费的20%纳入基金。

（2）所有在中国境内注册的证券公司，按其营业收入的0.5%~5%缴纳基金。

经营管理、运作水平较差、风险较高的证券公司，应当按较高比例缴纳基金。各证券公司的具体缴纳比例由证券投资者保护基金有限责任公司根据证券公司风险状况确定后，报证监会批准，并按年进行调整。证券公司缴纳的基金在其营业成本中列支。

（3）发行股票、可转债等证券时，申购冻结资金的利息收入。

（4）依法向有关责任方追偿所得和从证券公司破产清算中受偿收入。

（5）国内外机构、组织及个人的捐赠。

（6）其他合法收入。

证券公司应当缴纳的基金，按照证券公司佣金收入的一定比例预先提取，并由中国证券登记结算有限责任公司（简称结算公司）代扣代收。证券公司应在年度审计结束后，根据其审计后的收入和事先核定的比例确定需要缴纳的基金金额，并及时向基金公司申报清缴。

不从事证券经纪业务的证券公司，应在每季后10个工作日内按该季营业收入和事先核定的比例预缴。每年度审计结束后，确定年度需要缴纳的基金金额并及时向基金公司申报清缴。

结算公司、证券交易所应于每季后10个工作日内，将证券发行申购冻结资金利息收入及交易经手费中应纳入基金的部分划入基金公司指定的账户。

（二）税前扣除

根据财税〔2012〕11号和财税〔2017〕23号文件第一条的规定，2020年12月31日前，上海、深圳证券交易所依据《证券投资者保护基金管理办法》（证监会令第27号、第124号）的有关规定，在风险基金分别达到规定的上限后，按交易经手费的20%缴纳的证券投资者保护基金，准予在企业所得税税前扣除。根据财政部、税务总局公告2021年第6号的规定，该政策到期后继续执行。

证券公司依据《证券投资者保护基金管理办法》的有关规定，按其营业收入0.5%~5%缴纳的证券投资者保护基金，准予在企业所得税税前扣除。

第四节　期货行业准备金税会差异与纳税调整

一、期货交易所风险准备金

（一）财务处理

根据《商品期货交易财务管理暂行规定》（财商字〔1997〕44号文件印发）第十五条的规定，期货交易所应当按向会员收取手续费收入（含向会员优惠减收部分）20%的比例，从管理费用中提取风险准备金。但风险准备金余额达到期货交易所法定注册资本10倍时，不再提取。风险准备金属于期货交易所资本损失备抵资金，必须单独核算，以货币资金形态专户存储，专门用于弥补风险损失，不得挪作它用。

由于期货市场剧变或不可抗力事故等原因导致不能收回的各项债权损失，经会计师事务所审计，由期货交易所理事会批准，应以风险准备金进行弥补。累计的风险准备金余额不足以弥补的，应以以后期间按规定计提的风险准备金进行弥补。期货交易所实行风险准备金制度后，不再计提坏账准备金。

（二）税前扣除

根据财税〔2012〕11号和财税〔2017〕23号文件第二条的规定，2020年12月31日前，大连商品交易所、郑州商品交易所和中国金融期货交易所依据《期货交易管理条例》、《期货交易所管理办法》和《商品期货交易财务管理暂行规定》的有关规定，上海期货交易所依据《期货交易管理条例》、《期货交易所管理办法》和《关于调整上海期货交易所风险准备金规模的批复》（证监函〔2009〕407号）的有关规定，分别按向会员收取手续费收入的20%计提的风险准备金，在风险准备金余额达到有关规定的额度内，准予在企业所得税税前扣除。根据财政部、税务总局公告2021年第6号的规定，该政策到期后继续执行。

二、期货公司风险准备金

（一）财务处理

根据财商字〔1997〕44号文件第三十四条的规定，期货经纪机构可按代理手续费收入减去应付期货交易所手续费后的净收入的5%提取交易损失准备金，计入营业费用。但交易损失准备金达到相当于期货经纪机构注册资本的10倍时，不再提取。交易损失准备金作为期货经纪机构的一项长期负债，应单独核算，专门用于抵补期货经纪机构按规定自行承担的交易损失（即应当自行承担的，对自身管理不严、错单交易等造成的客户交易损失，同时，要按内部经济责任制度追究有关当事人的责任），以及按规定确认的坏账损失（指对于客户因破产或者死亡，以其破产财产或者遗产清偿后，仍然不能收回的应收账款，或者因客户逾期未偿付超过3年仍然不能收回的应收账款，作为坏账损失）。交易损失准备金不足以弥补的损失，计作本期损益。期货经纪机构依法进行清算时，交易损失准备金按前款规定弥补损失后仍有剩余的，列入清算财产处理。实行交易损失准备金制度之后，期货经纪机构不再计提坏账准备金。

（二）税前扣除

根据财税〔2012〕11号和财税〔2017〕23号文件第二条的规定，2020年12月31日前，期货公司依据《期货公司管理办法》和《商品期货交易财务管理暂行规定》的有关规定，从其收取的交易手续费收入减去应付期货交易所手续费后的净收入的5%提取的期货公司风险准备金，准予在企业所得税税前扣除。根据财政部、税务总局公告2021年第6号的规定，该政策到期后继续执行。

三、期货投资者保障基金

期货投资者保障基金（以下简称保障基金）是在期货公司严重违法违规或者风险控制不力等导致保证金出现缺口，可能严重危及社会稳定和期货市场安全时，补偿投资者保证金损失的专项基金。

（一）财务处理

根据《期货投资者保障基金管理暂行办法》第九条的规定，期货投资者保障基金的启动资金由期货交易所从其积累的风险准备金中按照截至2006年12月31日风险准备金账户总额的15%缴纳形成。期货投资者保障基金的后续资金来源包括：

（1）期货交易所按其向期货公司会员收取的交易手续费的百分之三缴纳；

（2）期货公司从其收取的交易手续费中按照代理交易额的千万分之五至十的比例缴纳；

（3）保障基金管理机构追偿或者接受的其他合法财产。

对于因财务状况恶化、风险控制不力等存在较高风险的期货公司，应当按照较高比例缴纳保障基金，各期货公司的具体缴纳比例由中国证监会根据期货公司风险状况确定。期货交易所、期货公司缴纳的保障基金在其营业成本中列支。期货交易所、期货公司应当按季度缴纳后续资金。

有下列情形之一的，经中国证监会、财政部批准，期货交易所、期货公司可以暂停缴纳保障基金：

（1）保障基金总额达到8亿元人民币；

（2）期货交易所、期货公司遭受重大突发市场风险或者不可抗力。

保障基金的规模、缴纳比例和缴纳方式，由中国证监会根据期货市场发展状况、市场风险水平等情况调整确定。

鼓励保障基金来源多元化，保障基金可以接受社会捐赠和其他合法财产。保障基金产生的利息以及运用所产生的各种收益等孳息归属保障基金。

（二）税前扣除

根据财税〔2012〕11号和财税〔2017〕23号文件第二条的规定，2020年12月31日前，上海期货交易所、大连商品交易所、郑州商品交易所和中国金融期货交易所依据《期货投资者保障基金管理办法》和《关于明确期货投资者保障基金缴纳比例有关事项的规定》（证监会、财政部公告〔2016〕26号）的有关规定，按其向期货公司会员收取的交易手续费的2%（2016年12月8日前按3%）缴纳的期货投资者保障基金，在基金总额达到有关规定的额度内，准予在企业所得税税前扣除。根据财政部、税务总局公告2021年第6号的规定，该政策到期后继续执行。

期货公司依据《期货投资者保障基金管理办法》和《关于明确期货投资者保障基金缴纳比例有关事项的规定》的有关规定，从其收取的交易手续费中按照代理交易额的亿分之五至亿分之十的比例（2016年12月8日前按千万分之五至千万分之十的比例）缴纳的期货投资者保障基金，在基金总额达到有关规定的额度内，准予在企业所得税税前扣除。

需要说明的是，上述证券类准备金和期货类准备金如发生清算、退还，应按规定补征企业所得税。

四、上海国际能源交易中心风险准备金和期货投资者保障基金

根据《财政部 税务总局关于上海国际能源交易中心有关风险准备金和期货投资者保障基金支出企业所得税税前扣除政策问题的通知》（财税〔2019〕32号）的规定，2019年1月1日至2020年12月31日，上海国际能源交易中心股份有限公司（以下称上海国际能源交易中心）依据《期货交易管理条例》、《期货交易所管理办法》和《商品期货交易财务管理暂行规定》的有关规定，按其向会员收取手续费收入的20%计提的风险准备金，在风险准备金余额达到有关规定的额度内，准予在企业所得税税前扣除。根据财政部、税务总局公告2021年第6号的规定，该政策到期后继续执行。

上海国际能源交易中心依据《期货投资者保障基金管理办法》和《关于明确期货投资者保障基金缴纳比例有关事项的规定》的有关规定，按其向期货公司会员收取的交易手续费的2%缴纳的期货投资者保障基金，在基金总额达到有关规定的额度内，准予在

企业所得税税前扣除。

上述准备金如发生清算、退还，应按规定补征企业所得税。

上海国际能源交易中心于2018年3月上市交易后提取的符合该通知规定的风险准备金和期货投资者保障基金，可按该通知规定执行。

第五节　贷款损失准备金税会差异与纳税调整

一、贷款损失准备金

（一）贷款风险分类

根据《金融企业财务规则》第十二条的规定，金融企业应当定期或者至少于每年年终对各类资产进行评价，按照规定进行风险分类，对可收回金额低于账面价值的部分，按照国家有关规定计提资产减值准备。

《贷款风险分类指引》（银监发〔2007〕54号，适用于各类商业银行、农村合作银行、村镇银行、贷款公司和农村信用社，政策性银行和经银监会批准经营信贷业务的其他金融机构可参照该指引建立各自的分类制度）第五条规定，商业银行应按照该指引，至少将贷款划分为正常、关注、次级、可疑和损失五类，后三类合称为不良贷款。

正常：借款人能够履行合同，没有足够理由怀疑贷款本息不能按时足额偿还。关注：尽管借款人目前有能力偿还贷款本息，但存在一些可能对偿还产生不利影响的因素。次级：借款人的还款能力出现明显问题，完全依靠其正常营业收入无法足额偿还贷款本息，即使执行担保，也可能会造成一定损失。可疑：借款人无法足额偿还贷款本息，即使执行担保，也肯定要造成较大损失。损失：在采取所有可能的措施或一切必要的法律程序之后，本息仍然无法收回，或只能收回极少部分。

对零售贷款如自然人和小企业贷款主要采取脱期法，依据贷款逾期时间长短直接划分风险类别。对农户、农村微型企业贷款可同时结合信用等级、担保情况等进行风险分类。

商业银行应在贷款分类的基础上，根据有关规定及时足额计提贷款损失准备，核销贷款损失。

（二）资产减值准备和一般准备

《金融企业准备金计提管理办法》（财金〔2012〕20号）第三条规定，该办法所称准备金，又称拨备，是指金融企业对承担风险和损失的金融资产计提的准备金，包括资产减值准备和一般准备。资产减值准备，是指金融企业对债权、股权等金融资产（不包括以公允价值计量并且其变动计入当期损益的金融资产）进行合理估计和判断，对其预计未来现金流量现值低于账面价值部分计提的，计入金融企业成本的，用于弥补资产损失的准备金。一般准备，是指金融企业运用动态拨备原理，采用内部模型法或标准法计算风险资产的潜在风险估计值后，扣减已计提的资产减值准备，从净利润中计提的、用于部分弥补尚未识别的可能性损失的准备金。

金融企业应当在资产负债表日对各项资产进行检查，分析判断资产是否发生减值，并根据谨慎性原则，计提资产减值准备。对发放贷款和垫款，至少应当按季进行分析，计提贷款损失准备。

金融企业应当于每年年度终了对承担风险和损失的资产计提一般准备。一般准备由金融企业总行（总公司）统一计提和管理。一般准备余额原则上不得低于风险资产期末余额的1.5%。

（三）应计提准备的资产范围

根据《金融企业准备金计提管理办法》第四条的规定，金融企业承担风险和损失的资产应计提准备金，具体包括发放贷款和垫款、可供出售类金融资产、持有至到期投资、长期股权投资、存放同业、拆出资金、抵债资产、其他应收款项等。

对由金融企业转贷并承担对外还款责任的国外贷款，包括国际金融组织贷款、外国买方信贷、外国政府贷款、日本国际协力银行不附条件贷款和外国政府混合贷款等资产，应当计提准备金。金融企业不承担风险的委托贷款、购买的国债等资产，不计提准备金。

（四）准备金的提取

根据《金融企业准备金计提管理办法》的规定，金融企业不采用内部模型法的，应当根据标准法计算潜在风险估计值，按潜在风险估计值与资产减值准备的差额，对风险资产计提一般准备。其中，信贷资产根据金融监管部门的有关规定进行风险分类，标准风险系数暂定为：正常类1.5%，关注类3%，次级类30%，可疑类60%，损失类100%；对于其他风险资产可参照信贷资产进行风险分类，采用的标准风险系数不得低于上述信贷资产标准风险系数。

金融企业对非信贷资产未实施风险分类的，可按非信贷资产余额的1%~1.5%计提一般准备。

标准法潜在风险估计值计算公式：

$$\text{潜在风险估计值}=\text{正常类风险资产}\times 1.5\%+\text{关注类风险资产}\times 3\%+\text{次级类风险资产}\times 30\%+\text{可疑类风险资产}\times 60\%+\text{损失类风险资产}\times 100\%$$

此外，根据《银行贷款损失准备计提指引》（银发〔2002〕98号）的规定，贷款损失准备包括一般准备、专项准备和特种准备。一般准备是根据全部贷款余额的一定比例计提的、用于弥补尚未识别的可能性损失的准备；专项准备是指根据《贷款风险分类指导原则》，对贷款进行风险分类后，按每笔贷款损失的程度计提的用于弥补专项损失的准备。特种准备指针对某一国家、地区、行业或某一类贷款风险计提的准备。银行应按季计提一般准备，一般准备年末余额应不低于年末贷款余额的1%。银行提取的一般准备，在计算银行的资本充足率时，按《巴塞尔协议》的有关原则，纳入银行附属资本。银行可参照以下比例按季计提专项准备：

对于关注类贷款，计提比例为2%；

对于次级类贷款，计提比例为25%；

对于可疑类贷款，计提比例为50%；

对于损失类贷款，计提比例为100%。

其中，次级和可疑类贷款的损失准备，计提比例可以上下浮动20%。

特种准备由银行根据不同类别（如国别、行业）贷款的特殊风险情况、风险损失概率及历史经验，自行确定按季计提比例。

（五）财务处理

1. 一般准备的处理

根据《金融企业准备金计提管理办法》的规定，金融企业按规定计提的一般准备作为利润分配处理，一般准备是所有者权益的组成部分。金融企业履行公司治理程序，并报经同级财政部门备案后，可用一般准备弥补亏损，但不得用于分红。因特殊原因，经履行公司治理程序，并报经同级财政部门备案后，金融企业可将一般准备转为未分配利润。

2. 资产减值准备的处理

金融企业计提的相关资产减值准备计入当期损益。已计提资产减值准备的资产质量提高时，应在已计提的资产减值准备范围内转回，增加当期损益。

对符合条件的资产损失经批准核销后，冲减已计提的相关资产减值准备。对经批准核销的表内应收利息，已纳入损益核算的，无论其本金或利息是否已逾期，均作冲减利息收入处理。

已核销的资产损失，以后又收回的，其核销的相关资产减值准备予以转回。已核销的资产收回金额超过本金的部分，计入利息收入等。转回的资产减值准备作增加当期损益处理。

3. 贷款损失准备的会计处理

企业（银行）应设置“贷款损失准备”科目，核算企业（银行）贷款的减值准备。计提贷款损失准备的资产包括贴现资产、拆出资金、客户贷款、银团贷款、贸易融资、协议透支、信用卡透支、转贷款和垫款等。企业（保险）的保户质押贷款计提的减值准备，也在该科目核算。企业（典当）的质押贷款、抵押贷款计提的减值准备，也在该科目核算。企业委托银行或其他金融机构向其他单位贷出的款项计提的减值准备，可将该科目改为“1304委托贷款损失准备”科目。

贷款损失准备的主要账务处理为：资产负债表日，贷款发生减值的，按应减记的金额，借记“资产减值损失”科目，贷记“贷款损失准备”科目。对于确实无法收回的各项贷款，按管理权限报经批准后转销各项贷款，借记“贷款损失准备”科目，贷记“贷款”“贴现资产”“拆出资金”等科目。已计提贷款损失准备的贷款价值以后又得以恢复，应在原已计提的贷款损失准备金额内，按恢复增加的金额，借记“贷款损失准备”科目，贷记“资产减值损失”科目。该科目期末贷方余额，反映企业已计提但尚未转销的贷款损失准备。

（六）贷款损失准备金的税前扣除

《财政部 税务总局关于金融企业贷款损失准备金企业所得税税前扣除有关政策的公告》（财政部、税务总局公告2019年第86号，执行时间为2019年1月1日至2023年12月31日）就政策性银行、商业银行、财务公司、城乡信用社和金融租赁公司等金融企业提取的贷款损失准备金的企业所得税税前扣除政策做出如下规定：

1.准予税前提取贷款损失准备金的贷款资产范围

准予税前提取贷款损失准备金的贷款资产范围包括：

（1）贷款（含抵押、质押、保证、信用等贷款）；

（2）银行卡透支、贴现、信用垫款（含银行承兑汇票垫款、信用证垫款、担保垫款等）、进出口押汇、同业拆出、应收融资租赁款等具有贷款特征的风险资产；

（3）由金融企业转贷并承担对外还款责任的国外贷款，包括国际金融组织贷款、外国买方信贷、外国政府贷款、日本国际协力银行不附条件贷款和外国政府混合贷款等资产。

2.计算公式

金融企业准予当年税前扣除的贷款损失准备金计算公式如下：

$$\text{准予当年税前扣除的贷款损失准备金}=\text{本年末准予提取贷款损失准备金的贷款资产余额}\times 1\%-\text{截至上年末已在税前扣除的贷款损失准备金的余额}$$

金融企业按上述公式计算的数额如为负数，应当相应调增当年应纳税所得额。

3.不得提取贷款损失准备的资产范围

金融企业的委托贷款、代理贷款、国债投资、应收股利、上交央行准备金以及金融企业剥离的债权和股权、应收财政贴息、央行款项等不承担风险和损失的资产，以及除财政部、税务总局公告2019年第86号第一条列举资产之外的其他风险资产，不得提取贷款损失准备金在税前扣除。

4.发生贷款损失的处理

金融企业发生的符合条件的贷款损失，应先冲减已在税前扣除的贷款损失准备金，不足冲减部分可据实在计算当年应纳税所得额时扣除。

金融企业涉农贷款和中小企业贷款损失准备金的税前扣除政策，凡按照《财政部 税务总局关于金融企业涉农贷款和中小企业贷款损失准备金税前扣除有关政策的公告》（财政部、税务总局公告2019年第85号，执行时间为2019年1月1日至2023年12月31日）的规定执行的，不再适用上述的规定。

（七）案例分析

对金融保险业、中小企业融资（信用）担保机构提取的准备金，会计和税法都有相关规定。税前扣除的基本原则是，当年按规定提取的允许在税前扣除的金额为“年末符合规定的资产或收入 × 规定的比例”，但同时必须将截至上年末已在税前扣除的准备金的余额转回，并入当年应纳税所得额缴纳企业所得税。计算公式为：

$$\text{本年末准予提取准备金的资产余额（或收入）} \times \text{比例} - \text{截至上年末已在税前扣除的准备金余额}$$

如果计算的结果是负数，要调增应纳税所得额。

对已经实际发生的符合规定条件的实际损失，应先冲减已在税前扣除的准备金，不足冲减部分可据实在计算当年应纳税所得额时扣除。这里的“已在税前扣除的准备金”并不是仅指上年末的已经在税前扣除的准备金的结余额，而是包含当年全年提取已经在税前扣除的准备金。如果当年既发生了实际损失，又提取了准备金，应是先考虑提取，后考虑实际发生的损失。

根据规定，金融企业准予当年税前扣除的贷款损失准备计算公式为：

$$\text{准予当年税前扣除的贷款损失准备} = \text{本年末准予提取贷款损失准备的贷款资产余额} \times 1\% - \text{截至上年末已在税前扣除的贷款损失准备余额}$$

金融企业按上述公式计算的数额如为负数，应当相应调增当年应纳税所得额。

案例13–3　甲商业银行2019年末会计账面贷款损失准备金余额为11 000万元，当年已在税前扣除的贷款损失准备金余额为5 000万元。假设实际贷款损失均可以在企业所得税税前扣除。

2020年末账面允许提取准备金的贷款资产余额为650 000万元，当年会计上计提贷款损失准备3 000万元，实际发生贷款损失2 000万元；

2021年末账面贷款资产余额为730 000万元，当年会计上计提贷款损失准备4000万元，实际发生贷款损失3 000万元。

要求：进行相关的财税处理和纳税调整。

解析：

1.2020年的处理。

（1）会计处理。

计提贷款损失准备3 000万元时：

借：资产减值损失	30 000 000	
贷：贷款损失准备		30 000 000

核销贷款2 000万元时：

借：贷款损失准备	20 000 000	
贷：贷款		20 000 000

2020年底会计账面准备金余额为：11 000+3 000–2 000=12 000（万元）。

（2）税务处理。

2020年贷款损失2 000万元冲减已在税前扣除的贷款损失准备后的余额为：5 000–2 000=3 000（万元）；

准予税前扣除的贷款损失准备为：650 000×1%–3 000=3 500（万元）；

2020年末企业所得税贷款损失准备余额为6 500万元。

2. 2021年的处理。

（1）会计处理。

2021年，计提贷款损失准备4 000万元时：

借：资产减值损失　　40 000 000

　贷：贷款损失准备　　40 000 000

核销贷款损失3 000万元时：

借：贷款损失准备　　30 000 000

　贷：贷款　　30 000 000

2021年底会计账面准备金余额为：12 000+4 000–3 000=13 000（万元）。

（2）税务处理。

2021年发生贷款损失3 000万元冲减已在税前扣除的贷款损失准备后余额为：6 500–3 000=3 500（万元）；

准予税前扣除的贷款损失准备为：730 000×1%–3 500=3 800（万元）；

2021年末贷款损失准备余额为7 300万元。

二、涉农贷款和中小企业贷款损失准备金

（一）涉农贷款和中小企业贷款范围

涉农贷款，是指《涉农贷款专项统计制度》（银发〔2007〕246号文件发布）统计的农户贷款和农村企业及各类组织贷款。

1. 农户贷款

农户贷款，是指金融企业发放给农户的所有贷款。农户贷款的判定应以贷款发放时的承贷主体是否属于农户为准。农户，是指长期（一年以上）居住在乡镇（不包括城关镇）行政管理区域内的住户，还包括长期居住在城关镇所辖行政村范围内的住户和户口不在本地而在本地居住一年以上的住户，国有农场的职工和农村个体工商户。位于乡镇（不包括城关镇）行政管理区域内和在城关镇所辖行政村范围内的国有经济的机关、团体、学校、企事业单位的集体户；有本地户口，但举家外出谋生一年以上的住户，无论是否保留承包耕地均不属于农户。农户以户为统计单位，既可以从事农业生产经营，也可以从事非农业生产经营。

2. 农村企业及各类组织贷款

农村企业及各类组织贷款，是指金融企业发放给注册地位于农村区域的企业及各类组织的所有贷款。农村区域，是指除地级及以上城市的城市行政区及其市辖建制镇之外的区域。

3. 中小企业贷款

中小企业贷款，是指金融企业对年销售额和资产总额均不超过2亿元的企业的贷款。

这里的中小企业标准没有行业的区分。

（二）税前扣除与纳税调整

根据财政部、税务总局公告2019年第85号的规定，金融企业根据《贷款风险分类指引》（银监发〔2007〕54号），对其涉农贷款和中小企业贷款进行风险分类后，按照以下比例计提的贷款损失准备金，准予在计算应纳税所得额时扣除：

（1）关注类贷款，计提比例为2%；

（2）次级类贷款，计提比例为25%；

（3）可疑类贷款，计提比例为50%；

（4）损失类贷款，计提比例为100%。

金融企业发生的符合条件的涉农贷款和中小企业贷款损失，应先冲减已在税前扣除的贷款损失准备金，不足冲减部分可据实在计算应纳税所得额时扣除。

金融企业涉农贷款和中小企业贷款损失准备金的税前扣除政策，凡按照财政部、税务总局公告2019年第85号规定执行的，不再适用财政部、税务总局公告2019年第86号按1%计提的相关规定。

金融企业有一般贷款、涉农贷款及中小企业贷款时，可以有两种处理方式：一是就其全部贷款余额按1%的比例计提贷款损失准备金在税前扣除。二是将所有贷款划分为两类：一类为涉农贷款和中小企业贷款；另一类为其他贷款。对其中的涉农贷款和中小企业贷款，按照财政部、税务总局公告2019年第85号的规定，根据其风险程度的不同，分别对关注类贷款、次级类贷款、可疑类贷款、损失类贷款计提2%、25%、50%和100%的贷款损失准备金，对涉农贷款和中小企业贷款中的正常类贷款，不得计提贷款损失准备金；对其他贷款按1%的比例计提贷款损失准备金在税前扣除。

三、一般（风险）准备

企业应设置“一般风险准备”科目，核算企业（金融）按规定从净利润中提取的一般风险准备。企业提取的一般风险准备，借记“利润分配——提取一般风险准备”科目，贷记“一般风险准备”科目。用一般风险准备弥补亏损，借记“一般风险准备”科目，贷记“利润分配——一般风险准备补亏”科目。该科目期末贷方余额，反映企业的一般风险准备。

根据《金融企业财务规则》第四十四条的规定，金融企业本年实现净利润（减弥补亏损），应当按照提取法定盈余公积金、提取一般（风险）准备金、向投资者分配利润的顺序进行分配。法律、行政法规另有规定的从其规定。从事银行业务的，应当于每年年终根据承担风险和损失的资产余额的一定比例提取一般准备金，用于弥补尚未识别的可能性损失；从事其他业务的，应当按照国家有关规定从本年实现净利润中提取风险准备金，用于补偿风险损失。

《金融企业财务规则——实施指南》规定，从事银行业务的金融企业，应于每年年度终了根据承担风险和损失的资产余额的一定比例提取一般准备金，用于弥补尚未识别的可能性损失。一般准备金的计提比例由金融企业综合考虑其所面临的风险状况等因素确定，原则上一般准备金余额不低于风险资产期末余额的1%。从事保险业务的金融企业，应按本年实现净利润的10%提取总准备金，用于巨灾风险的补偿，不得用于分红、转增资本。从事证券业务的金融企业，应按本年实现净利润的10%提取交易风险准备金，用于弥补证券交易的损失，不得用于分红、转增资本。从事期货经纪业务的金融企业，应按本年实现净利润的10%提取风险准备金，用于风险的补偿，不得用于分红、转增资本。从事信托投资业务的金融企业，应按本年实现净利润的5%提取信托赔偿准备金，用于弥补亏损，不得用于分红、转增资本。信托赔偿准备金累计总额达到公司注册资本的20%时，可不再提取。主营担保业务的企业，应按本年实现净利润的10%提取一般风险准备金，用于弥补亏损，不得用于分红、转增资本。从事基金管理业务的金融企业，应按本年实现净利润的1%提取风险准备金，用于弥补亏损，不得用于分红、转增资本。从事金融租赁业务的金融企业，应按本年实现净利润的1%提取一般风险准备金，用于弥补亏损，不得用于分红、转增资本。属于财务公司性质的金融企业，应按本年实现净利润的1%提取一般风险准备金，用于弥补亏损，不得用于分红、转增资本。

四、小额贷款公司贷款损失准备金

根据《财政部 税务总局关于小额贷款公司有关税收政策的通知》（财税〔2017〕48号）第三条和《财政部 税务总局关于延续实施普惠金融有关税收优惠政策的公告》（财政部、税务总局公告2020年第22号）的规定，自2017年1月1日至2023年12月31日，对经省级金融管理部门（金融办、局等）批准成立的小额贷款公司按年末贷款余额的1%计提的贷款损失准备金准予在企业所得税税前扣除。具体政策口径参照《财政部 国家税务总局关于金融企业贷款损失准备金企业所得税税前扣除有关政策的通知》（财税〔2015〕9号，已废止）执行。

五、贷款损失准备金及纳税调整明细表

《贷款损失准备金及纳税调整明细表》（A105120，见表13-5）适用于发生贷款损失准备金的金融企业、小额贷款公司纳税人填报。纳税人根据企业所得税法及其实施条例、财政部、税务总局公告2019年第86号，财政部、税务总局公告2019年第85号，财政部、税务总局公告2020年第22号等相关规定，以及国家统一企业会计制度，填报贷款损失准备金会计处理、税收规定及纳税调整情况。只要会计上发生贷款损失准备金，不论是否纳税调整，均需填报。

表13-5　A105120 贷款损失准备金及纳税调整明细表

行次	项　目	账载金额				税收金额						纳税调整金额
		上年末贷款资产余额	本年末贷款资产余额	上年末贷款损失准备金余额	本年末贷款损失准备金余额	上年末准予提取贷款损失准备金的贷款资产余额	本年末准予提取贷款损失准备金的贷款资产余额	计提比例	按本年年末准予提取贷款损失准备金的贷款资产余额与计提比例计算的准备金额	截至上年末已在税前扣除的贷款损失准备金的余额	准予当年税前扣除的贷款损失准备金	
		1	2	3	4	5	6	7	8（6×7）	9	10（4与8的孰小值-9）	11（4-3-10）
1	一、金融企业（2+3）							*				
2	（一）贷款损失准备金			*	*			1%		*	*	*
3	（二）涉农和中小企业贷款损失准备金			*	*			*		*	*	*
4	其中：关注类贷款			*	*			2%		*	*	*
5	次级类贷款			*	*			25%		*	*	*
6	可疑类贷款			*	*			50%		*	*	*
7	损失类贷款			*	*			100%		*	*	*
8	二、小额贷款公司							1%				
9	三、其他											
10	合计（1+8+9）							*				

六、贷款损失准备金的税会差异分析与案例

（一）贷款损失准备金税会差异分析

通常情况下，贷款损失准备会计与税法的差异主要体现在以下三个方面：

（1）企业在计提贷款损失准备时，会计上依据《企业会计准则》和风险资产的实际情况进行计提，而税收上统一按照贷款余额的1%计提，两者的金额并不相同。

（2）企业实际发生损失时，会计上冲销贷款损失准备，税务上在办理纳税申报后，可以在计算企业应纳税所得额时扣除。

（3）企业收回已转销的贷款，会计上增加贷款损失准备，但按税法规定应作为其他收入，并入应纳税所得额缴纳企业所得税。

（二）纳税调整方法

贷款损失准备的税会差异纳税调整有逐项调整法和综合调整法两种。

1.逐项调整法

即按照上述会计与税法的差异进行逐项调整。企业当期同时发生计提准备金、贷款损失和收回已转销的贷款时，一要就会计上的计提数额与税法允许计提金额进行比较、差额视情况进行纳税调整；二要就实际发生的贷款损失进行调整，因符合规定的贷款损失可以在税前扣除，但会计上并未直接计入当期损益，应进行纳税调减；三要就收回已转销的贷款进行调整，因会计上未直接计入当期损益，但按照税法规定要作为其他收入，并入应纳税所得额纳税，所以应进行纳税调增。

2.综合调整法

综合调整法下，按照公式计算纳税调整额的方法。

$$\text{本期按税收规定增提的贷款损失准备金额}=\text{期末风险资产余额}\times1\%-\left(\text{期初风险资产余额}\times1\%-\text{本期允许税前扣除的实际发生的贷款损失}+\text{本期收回已核销的贷款}\right)$$

上述公式综合考虑到了贷款损失准备的计提、发生贷款损失以及收回已核销的贷款。可以参照该公式进行纳税调整，即企业按照该公式计算准予当年税前扣除的贷款损失准备金，然后与会计账面计提数额进行比较，再进行相应的纳税调整。

（三）贷款损失准备金纳税调整案例

案例13–4 A公司是一家2019年年初新成立的村镇银行，2019—2021年有关贷款损失准备计提与转销情况如下：

（1）2019年末，会计和税收上可以计提贷款损失准备的贷款资产余额相同，均为10 000万元，会计上当年计提贷款损失准备200万元；

（2）2020年末，贷款资产余额为30 000万元，当年会计上计提贷款损失准备400万

元，发生贷款损失250万元，收回已核销的贷款100万元。

（3）2021年末，贷款资产余额为50 000万元，当年会计上计提贷款损失准备250万元，发生贷款损失300万元，收回以前年度核销的贷款100万元。

为简化计算，假设所发放的贷款均不涉及农户和中小企业。所发生的贷款损失已办理了纳税申报手续，不考虑发生减值的贷款的利息收入对贷款损失准备金的调整，无其他调整项目。

要求：进行相关的纳税调整。

解析：

（一）按逐项调整法进行纳税调整。

1. 2019年的会计与税务处理。

（1）2019年，计提贷款损失准备200万元，同时将“贷款——本金、利息调整”科目余额转入“贷款（已减值）”科目。

借：贷款减值损失　　2 000 000

　贷：贷款损失准备　　2 000 000

同时，

借：贷款——已减值

　贷：贷款——本金

（2）税务处理。

2019年，可以计提贷款损失准备的贷款资产余额为10 000万元。

准予当年税前扣除的贷款损失准备金=本年年末准予提取贷款损失准备金的贷款资产余额×1%–截至上年年末已在税前扣除的贷款损失准备金的余额=10 000×1%=100（万元）；

会计上计提200万元，因此，应调增应纳税所得额100万元。

（3）填报表A105120与A105000如表13–6、表13–7所示。

2. 2020年的会计与税务处理。

（1）计提贷款损失准备400万元。

借：资产减值损失　　4 000 000

　贷：贷款损失准备　　4 000 000

（2）发生贷款损失250万元。

借：贷款损失准备　　2 500 000

　贷：贷款　　2 500 000

（3）收回已核销的贷款100万元。

借：贷款——已减值　　1 000 000

　贷：贷款损失准备　　1 000 000

借：吸收存款　　1 000 000

　贷：贷款——已减值　　1 000 000

表13-6　A105120 贷款损失准备金及纳税调整明细表

金额单位：万元

行次	项　目	账载金额				税收金额						纳税调整金额
		上年末贷款资产余额	本年末贷款资产余额	上年末贷款损失准备金余额	本年末贷款损失准备金余额	上年末准予提取贷款损失准备金的贷款资产余额	本年末准予提取贷款损失准备金的贷款资产余额	计提比例	按本年年末准予提取贷款损失准备金的贷款资产余额与计提比例计算的准备金额	截至上年末已在税前扣除的贷款损失准备金的余额	准予当年税前扣除的贷款损失准备金	
		1	2	3	4	5	6	7	8（6×7）	9	10（4与8的孰小值-9）	11（4-3-10）
1	一、金融企业（2+3）	0	10 000	0	200	0	10 000	*	100	0	100	100
2	（一）贷款损失准备金	0	10 000	*	*	0	10 000	1%	100	*	*	*
3	（二）涉农和中小企业贷款损失准备金			*	*			*		*	*	*
4	其中：关注类贷款			*	*			2%		*	*	*
5	次级类贷款			*	*			25%		*	*	*
6	可疑类贷款			*	*			50%		*	*	*
7	损失类贷款			*	*			100%		*	*	*
8	二、小额贷款公司							1%				
9	三、其他											
10	合计（1+8+9）	0	10 000	0	200	0	10 000	*	100	0	100	100

表13-7　A105000纳税调整项目明细表（部分）

单位：万元

行次	项　　目	账载金额	税收金额	调增金额	调减金额
		1	2	3	4
1	一、收入类调整项目（2+3+…+8+10+11）	*	*		
12	二、扣除类调整项目（13+14+…+24+26+27+28+29+30）	*	*		
31	三、资产类调整项目（32+33+34+35）	*	*		
36	四、特殊事项调整项目（37+38+…+43）	*	*		
37	（一）企业重组及递延纳税事项（填写A105100）				
38	（二）政策性搬迁（填写A105110）	*	*		
39	（三）特殊行业准备金（39.1+39.2+39.4+39.5+39.6+39.7）	*	*		
39.1	1. 保险公司保险保障基金				
39.2	2. 保险公司准备金				
39.3	其中：已发生未报案未决赔款准备金				
39.4	3. 证券行业准备金				
39.5	4. 期货行业准备金				
39.6	5. 中小企业融资（信用）担保机构准备金				
39.7	6. 金融企业、小额贷款公司准备金（填写A105120）	*	*	100	
46	合计（1+12+31+36+44+45）	*	*	100	

（4）税务处理。

①提取准备金的纳税调整。

2020年，准予当年税前扣除的贷款损失准备金为：

本年年末准予提取贷款损失准备金的贷款资产余期额×1%-截至上年年末已在税前扣除的贷款损失准备金的余额=30 000×1%-100=200（万元）；

会计上计提400万元。因此，应调增应纳税所得额200万元。

②发生贷款损失的纳税调整。

2020年发生贷款损失250万元，会计上冲减准备金，未直接影响损益，但按税法规定可以在税前扣除。因此，应调减应纳税所得额250万元。

③收回核销贷款损失的纳税调整。

2020年，收回已核销的贷款损失100万元，会计上增加准备金，未直接影响损益，但按税法规定应作为收入。因此，应调增应纳税所得额100万元。

2020年，共应纳税调整=200-250+100=50（万元）。

（5）填报纳税申报表A105120、A105090、A105000（见表13-8、表13-9、表13-10）。

表13-8 A105120 贷款损失准备金及纳税调整明细表

金额单位：万元

行次	项目	账载金额				税收金额						纳税调整金额
		上年末贷款资产余额	本年末贷款资产余额	上年末贷款损失准备金余额	本年末贷款损失准备金余额	上年末准予提取贷款损失准备金的贷款资产余额	本年末准予提取贷款损失准备金的贷款资产余额	计提比例	按本年年末准予提取贷款损失准备金的贷款资产余额与计提比例计算的准备金额	截至上年末已在税前扣除的贷款损失准备金的余额	准予当年税前扣除的贷款损失准备金	
		1	2	3	4	5	6	7	8（6×7）	9	10（4与8的孰小值-9）	11（4-3-10）
1	一、金融企业（2+3）	10 000	30 000	200	400	10 000	30 000	*	300	100	200	100
2	（一）贷款损失准备金	10 000	30 000	*	*	10 000	30 000	1%	300	*	*	*
3	（二）涉农和中小企业贷款损失准备金			*	*			*		*	*	*
4	其中：关注类贷款			*	*			2%		*	*	*
5	次级类贷款			*	*			25%		*	*	*
6	可疑类贷款			*	*			50%		*	*	*
7	损失类贷款			*	*			100%		*	*	*
8	二、小额贷款公司							1%				
9	三、其他											
10	合计（1+8+9）	10 000	30 000	200	400	10 000	30 000	*	300	100	200	100

表13-9　A105090 资产损失税前扣除及纳税调整明细表

行次	项　目	资产损失直接计入本年损益金额	资产损失准备金核销金额	资产处置收入	赔偿收入	资产计税基础	资产损失的税收金额	纳税调整金额
		1	2	3	4	5	6（5-3-4）	7
16	八、债权性投资损失（17+23）	0	250	0	0	250	250	250
17	（一）金融企业债权性投资损失（18+22）	0	250	0	0	250	250	250
18	1. 贷款损失	0	250	0	0	250	250	250
19	其中：符合条件的涉农和中小企业贷款损失							
20	其中：单户贷款余额 300 万（含）以下的贷款损失							
21	单户贷款余额 300 万元至 1 000 万元（含）的贷款损失							
22	2. 其他债权性投资损失							
23	（二）非金融企业债权性投资损失							
24	九、股权（权益）性投资损失							
25	其中：股权转让损失							
26	十、通过各种交易场所、市场买卖债券、股票、期货、基金以及金融衍生产品等发生的损失							
27	十一、打包出售资产损失							
28	十二、其他资产损失							
29	合计（1+2+5+7+9+12+14+16+23+25+26+27+28）	0	250	0	0	250	250	250
30	其中：分支机构留存备查的资产损失							

表13-10　A105000纳税调整项目明细表（部分）

单位：万元

行次	项　　目	账载金额	税收金额	调增金额	调减金额
		1	2	3	4
1	一、收入类调整项目（2+3+…+8+10+11）	*	*	100	
11	（九）其他	0	100	100	
12	二、扣除类调整项目（13+14+…+24+26+27+28+29+30）	*	*		
31	三、资产类调整项目（32+33+34+35）	*	*		
32	（一）资产折旧、摊销（填写A105080）				
33	（二）资产减值准备金		*		
34	（三）资产损失（填写A105090）	0	250		250
35	（四）其他				
36	四、特殊事项调整项目（37+38+…+43）	*	*		
37	（一）企业重组及递延纳税事项（填写A105100）				
38	（二）政策性搬迁（填写A105110）	*	*		
39	（三）特殊行业准备金（39.1+39.2+39.4+39.5+39.6+39.7）	*	*		
39.1	1. 保险公司保险保障基金				
39.2	2. 保险公司准备金				
39.3	其中：已发生未报案未决赔款准备金				
39.4	3. 证券行业准备金				
39.5	4. 期货行业准备金				
39.6	5. 中小企业融资（信用）担保机构准备金				
39.7	6. 金融企业、小额贷款公司准备金（填写A105120）	*	*	200	
46	合计（1+12+31+36+44+45）	*	*	300	250

3. 2021年的会计与税务处理。

（1）2021年计提贷款损失准备250万元。

借：资产减值损失　　2 500 000

　贷：贷款损失准备　　2 500 000

（2）发生贷款损失300万元。

借：贷款损失准备　　3 000 000

　贷：贷款——已减值　　3 000 000

（3）收回以前年度核销的贷款100万元。

借：贷款——已减值　　1 000 000

　贷：贷款损失准备　　1 000 000

借：吸收存款　　1 000 000

　贷：贷款——已减值　　1 000 000

（4）税务处理。

①2021年准予当年税前扣除的贷款损失准备金=本年年末准予提取贷款损失准备金的贷款资产余额×1%–截至上年年末已在税前扣除的贷款损失准备金的余额=50 000×1%–300=200（万元）；会计上计提250万元。因此，应调增应纳税所得额50万元。

②2021年，发生贷款损失300万元，会计上冲减贷款损失准备，而未计入当年损益，但按税法规定可以在税前扣除。因此，应调减应纳税所得额300万元。

③2021年，收回以前年度核销的贷款损失100万元，会计上未计入当期损益，但按税法规定应计入收入总额缴纳企业所得税。因此，应调增应纳税所得额100万元。

2021年，共应纳税调整=50–300+100=–150（万元）。

（5）填报申报表的A105120、A105090、A105000（见表13–11、表13–12、表13–13）。

（二）综合调整法。

1. 2019年的税务处理。

与上述逐项调整法相同，应调增应纳税所得额100万元。

2. 2020年的税务处理。

本年准予税前扣除的贷款损失准备金=本年年末准予提取贷款损失准备金的贷款资产余额×1%–（上年年末准予提取贷款损失准备金的贷款资产余额×1%–实际发生可以税前扣除的贷款损失+本期收回已核销的贷款=30 000×1%–（100–250+100）=350（万元）；

会计上计提400万元；

因此，应调增应纳税所得额50万元。

填报申报表A105120、A105090、A105000（见表13–14、表13–15、表13–16）。

3. 2021年的税务处理。

本年准予税前扣除的贷款损失准备金=本年年末准予提取贷款损失准备金的贷款资产余额×1%–（上年年末准予提取贷款损失准备金的贷款资产余额×1%–实际发生可以税前扣除的贷款损失+本期收回已核销的贷款）=50 000×1%–（300–300+100）=400（万元）；

会计上计提250万元；

因此，应调减应纳税所得额150万元。

填报申报表A105120、A105090、A105000（见表13–17至表13–19）。

表13-11 A105120贷款损失准备金及纳税调整明细表

金额单位：万元

行次	项目	账载金额				税收金额						纳税调整金额
		上年末贷款资产余额	本年末贷款资产余额	上年末贷款损失准备金余额	本年末贷款损失准备金余额	上年末准予提取贷款损失准备金的贷款资产余额	本年末准予提取贷款损失准备金的贷款资产余额	计提比例	按本年年末准予提取贷款损失准备金的贷款资产余额与计提比例计算的准备金额	截至上年末已在税前扣除的贷款损失准备金的余额	准予当年税前扣除的贷款损失准备金	
		1	2	3	4	5	6	7	8（6×7）	9	10（4与8的孰小值-9）	11（4-3-10）
1	一、金融企业（2+3）	30 000	50 000	400	250	30 000	50 000	*	500	300	-50	
2	（一）贷款损失准备金	30 000	50 000	*	*	30 000	50 000	1%	500	*	*	*
3	（二）涉农和中小企业贷款损失准备金			*	*			*		*	*	*
4	其中：关注类贷款			*	*			2%		*	*	*
5	次级类贷款			*	*			25%		*	*	*
6	可疑类贷款			*	*			50%		*	*	*
7	损失类贷款			*	*			100%		*	*	*
8	二、小额贷款公司							1%				
9	三、其他											
10	合计（1+8+9）	30 000	50 000	400	250	30 000	50 000	*	500	300	-50	

表13-12　A105090 资产损失税前扣除及纳税调整明细表（部分）

单位：万元

行次	项　目	资产损失直接计入本年损益金额	资产损失准备金核销金额	资产处置收入	赔偿收入	资产计税基础	资产损失的税收金额	纳税调整金额
		1	2	3	4	5	6（5-3-4）	7
16	八、债权性投资损失（17+23）	0	300	0	0	300	300	300
17	（一）金融企业债权性投资损失（18+22）	0	300	0	0	300	300	300
18	1. 贷款损失	0	300	0	0	300	300	300
19	其中：符合条件的涉农和中小企业贷款损失							
20	其中：单户贷款余额300万（含）以下的贷款损失							
21	单户贷款余额300万元至1 000万元（含）的贷款损失							
22	2. 其他债权性投资损失							
23	（二）非金融企业债权性投资损失							
24	九、股权（权益）性投资损失							
25	其中：股权转让损失							
26	十、通过各种交易场所、市场买卖债券、股票、期货、基金以及金融衍生产品等发生的损失							
27	十一、打包出售资产损失							
28	十二、其他资产损失							
29	合计（1+2+5+7+9+12+14+16+23+25+26+27+28）	0	300	0	0	300	300	300
30	其中：分支机构留存备查的资产损失							

表13-13　A105000 纳税调整项目明细表（部分）

单位：万元

行次	项　目	账载金额	税收金额	调增金额	调减金额
		1	2	3	4
1	一、收入类调整项目（2+3+…+8+10+11）	*	*	100	
11	（九）其他	0	100	100	
12	二、扣除类调整项目（13+14+…+24+26+27+28+29+30）	*	*		
31	三、资产类调整项目（32+33+34+35）	*	*		
32	（一）资产折旧、摊销（填写 A105080）				
33	（二）资产减值准备金		*		
34	（三）资产损失（填写 A105090）	0	300		300
35	（四）其他				
36	四、特殊事项调整项目（37+38+…+43）	*	*		
37	（一）企业重组及递延纳税事项（填写 A105100）				
38	（二）政策性搬迁（填写 A105110）	*	*		
39	（三）特殊行业准备金（39.1+39.2+39.4+39.5+39.6+39.7）	*	*		
39.1	1. 保险公司保险保障基金				
39.2	2. 保险公司准备金				
39.3	其中：已发生未报案未决赔款准备金				
39.4	3. 证券行业准备金				
39.5	4. 期货行业准备金				
39.6	5. 中小企业融资（信用）担保机构准备金				
39.7	6. 金融企业、小额贷款公司准备金（填写 A105120）	*	*	50	
46	合计（1+12+31+36+44+45）	*	*	150	300

表13-14　A105120 贷款损失准备金及纳税调整明细表

单位：万元

行次	项　目	账载金额				税收金额						纳税调整金额
		上年末贷款资产余额	本年末贷款资产余额	上年末贷款损失准备金余额	本年末贷款损失准备金余额	上年末准予提取贷款损失准备金的贷款资产余额	本年末准予提取贷款损失准备金的贷款资产余额	计提比例	按本年年末准予提取贷款损失准备金的贷款资产余额与计提比例计算的准备金额	截至上年末已在税前扣除的贷款损失准备金的余额	准予当年税前扣除的贷款损失准备金	
		1	2	3	4	5	6	7	8（6×7）	9	10（4与8的孰小值-9）	11（4-3-10）
1	一、金融企业（2+3）							*				
2	（一）贷款损失准备金			*	*			1%		*	*	*
3	（二）涉农和中小企业贷款损失准备金			*	*			*		*	*	*
4	其中：关注类贷款			*	*			2%		*	*	*
5	次级类贷款			*	*			25%		*	*	*
6	可疑类贷款			*	*			50%		*	*	*
7	损失类贷款			*	*			100%		*	*	*
8	二、小额贷款公司							1%				
9	三、其他											
10	合计（1+8+9）							*				

表13-15　A105090 资产损失税前扣除及纳税调整明细表（部分）

行次	项　目	资产损失直接计入本年损益金额	资产损失准备金核销金额	资产处置收入	赔偿收入	资产计税基础	资产损失的税收金额	纳税调整金额
		1	2	3	4	5	6（5-3-4）	7
16	八、债权性投资损失（17+23）							
17	（一）金融企业债权性投资损失（18+22）							
18	1. 贷款损失							
19	其中：符合条件的涉农和中小企业贷款损失							
20	其中：单户贷款余额300万（含）以下的贷款损失							
21	单户贷款余额300万元至1 000万元（含）的贷款损失							
22	2. 其他债权性投资损失							
23	（二）非金融企业债权性投资损失							
24	九、股权（权益）性投资损失							
25	其中：股权转让损失							
26	十、通过各种交易场所、市场买卖债券、股票、期货、基金以及金融衍生产品等发生的损失							
27	十一、打包出售资产损失							
28	十二、其他资产损失							
29	合计（1+2+5+7+9+12+14+16+23+25+26+27+28）							
30	其中：分支机构留存备查的资产损失							

表13-16　A105000 纳税调整项目明细表（部分）

行次	项　目	账载金额	税收金额	调增金额	调减金额
		1	2	3	4
1	一、收入类调整项目（2+3+…+8+10+11）	*	*		
11	（九）其他				
12	二、扣除类调整项目（13+14+…+24+26+27+28+29+30）	*	*		
31	三、资产类调整项目（32+33+34+35）	*	*		
32	（一）资产折旧、摊销（填写 A105080）				
33	（二）资产减值准备金		*		
34	（三）资产损失（填写 A105090）				
35	（四）其他				
36	四、特殊事项调整项目（37+38+…+43）	*	*		
37	（一）企业重组及递延纳税事项（填写A105100）				
38	（二）政策性搬迁（填写 A105110）	*	*		
39	（三）特殊行业准备金（39.1+39.2+39.4+39.5+39.6+39.7）	*	*		
39.1	1. 保险公司保险保障基金				
39.2	2. 保险公司准备金				
39.3	其中：已发生未报案未决赔款准备金				
39.4	3. 证券行业准备金				
39.5	4. 期货行业准备金				
39.6	5. 中小企业融资（信用）担保机构准备金				
39.7	6. 金融企业、小额贷款公司准备金（填写 A105120）	*	*		50
46	合计（1+12+31+36+44+45）	*	*		50

表13-17　A105120 贷款损失准备金及纳税调整明细表

单位：万元

行次	项　目	账载金额				税收金额						纳税调整金额
		上年末贷款资产余额	本年末贷款资产余额	上年末贷款损失准备金余额	本年末贷款损失准备金余额	上年末准予提取贷款损失准备金的贷款资产余额	本年末准予提取贷款损失准备金的贷款资产余额	计提比例	按本年年末准予提取贷款损失准备金的贷款资产余额与计提比例计算的准备金额	截至上年末已在税前扣除的贷款损失准备金的余额	准予当年税前扣除的贷款损失准备金	
		1	2	3	4	5	6	7	8（6×7）	9	10（4与8的孰小值−9）	11（4−3−10）
1	一、金融企业（2+3）							*				
2	（一）贷款损失准备金			*	*			1%		*	*	*
3	（二）涉农和中小企业贷款损失准备金			*	*			*		*	*	*
4	其中：关注类贷款			*	*			2%		*	*	*
5	次级类贷款			*	*			25%		*	*	*
6	可疑类贷款			*	*			50%		*	*	*
7	损失类贷款			*	*			100%		*	*	*
8	二、小额贷款公司							1%				
9	三、其他											
10	合计（1+8+9）							*				

表13-18 A105090资产损失税前扣除及纳税调整明细表（部分）

行次	项目	资产损失直接计入本年损益金额	资产损失准备金核销金额	资产处置收入	赔偿收入	资产计税基础	资产损失的税收金额	纳税调整金额
		1	2	3	4	5	6（5-3-4）	7
16	八、债权性投资损失（17+23）							
17	（一）金融企业债权性投资损失（18+22）							
18	1. 贷款损失							
19	其中：符合条件的涉农和中小企业贷款损失							
20	其中：单户贷款余额300万（含）以下的贷款损失							
21	单户贷款余额300万元至1 000万元（含）的贷款损失							
22	2. 其他债权性投资损失							
23	（二）非金融企业债权性投资损失							
24	九、股权（权益）性投资损失							
25	其中：股权转让损失							
26	十、通过各种交易场所、市场买卖债券、股票、期货、基金以及金融衍生产品等发生的损失							
27	十一、打包出售资产损失							
28	十二、其他资产损失							
29	合计（1+2+5+7+9+12+14+16+23+25+26+27+28）							
30	其中：分支机构留存备查的资产损失							

表13-19　A105000 纳税调整项目明细表（部分）

行次	项　　目	账载金额	税收金额	调增金额	调减金额
		1	2	3	4
1	一、收入类调整项目（2+3+…+8+10+11）	*	*		
11	（九）其他				
12	二、扣除类调整项目（13+14+…+24+26+27+28+29+30）	*	*		
31	三、资产类调整项目（32+33+34+35）	*	*		
32	（一）资产折旧、摊销（填写 A105080）				
33	（二）资产减值准备金		*		
34	（三）资产损失（填写 A105090）				
35	（四）其他				
36	四、特殊事项调整项目（37+38+…+43）	*	*		
37	（一）企业重组及递延纳税事项（填写 A105100）				
38	（二）政策性搬迁（填写 A105110）	*	*		
39	（三）特殊行业准备金（39.1+39.2+39.4+39.5+39.6+39.7）	*	*		
39.1	1. 保险公司保险保障基金				
39.2	2. 保险公司准备金				
39.3	其中：已发生未报案未决赔款准备金				
39.4	3. 证券行业准备金				
39.5	4. 期货行业准备金				
39.6	5. 中小企业融资（信用）担保机构准备金				
39.7	6. 金融企业、小额贷款公司准备金（填写 A105120）	*	*		
46	合计（1+12+31+36+44+45）	*	*		

综上所述，无论采取哪种方法进行纳税调整，其每年最终的调整结果（金额）是相同的，只是调整的项目和纳税申报表的填报存在差别，企业可以自行选择合适的方法进行纳税调整。

第六节 中小企业融资（信用）担保机构准备金

一、财务处理

根据《融资性担保公司管理暂行办法》（银监会等七部委令2010年第3号）的规定，融资性担保公司应当按照当年担保费收入的50%提取未到期责任准备金，并按不低于当年年末担保责任余额1%的比例提取担保赔偿准备金。担保赔偿准备金累计达到当年担保责任余额10%的，实行差额提取。差额提取办法和担保赔偿准备金的使用管理办法由监管部门另行制定。融资性担保公司应当对担保责任实行风险分类管理，准确计量担保责任风险。

二、税前扣除

中小企业融资（信用）担保机构，是指以中小企业为服务对象的融资（信用）担保机构。较早的政策包括《财政部 国家税务总局关于中小企业信用担保机构有关准备金企业所得税税前扣除政策的通知》（财税〔2012〕25号，执行时间为2011年1月1日至2015年12月31日）、《财政部 国家税务总局关于中小企业融资（信用）担保机构有关准备金企业所得税税前扣除政策的通知》（财税〔2017〕22号，执行时间为2016年1月1日至2020年12月31日）。根据《财政部 税务总局关于延长部分税收优惠政策执行期限的公告》（财政部 税务总局公告2021年第6号）的规定，政策执行期限延长至2023年12月31日）。关于中小企业融资（信用）担保机构有关准备金企业所得税税前扣除政策，规定如下：

（一）担保赔偿准备

符合条件的中小企业融资（信用）担保机构按照不超过当年年末担保责任余额1%的比例计提的担保赔偿准备，允许在企业所得税税前扣除，同时将上年度计提的担保赔偿准备余额转为当期收入。

（二）未到期责任准备

符合条件的中小企业融资（信用）担保机构按照不超过当年担保费收入50%的比例计提的未到期责任准备，允许在企业所得税税前扣除，同时将上年度计提的未到期责任准备余额转为当期收入。

（三）中小企业融资（信用）担保机构应满足的条件

符合条件的中小企业融资（信用）担保机构，必须同时满足以下条件：

（1）符合《融资性担保公司管理暂行办法》（银监会等七部委令2010年第3号）相关规定，并具有融资性担保机构监管部门颁发的经营许可证；

（2）以中小企业为主要服务对象，当年中小企业信用担保业务和再担保业务发生额占当年信用担保业务发生总额的70%以上（上述收入不包括信用评级、咨询、培训等收入）；

（3）中小企业融资担保业务的平均年担保费率不超过银行同期贷款基准利率的50%；

（4）财政、税务部门规定的其他条件。

（四）代偿损失的税前扣除

中小企业融资（信用）担保机构实际发生的代偿损失，符合税收法律法规关于资产损失税前扣除政策规定的，应冲减已在税前扣除的担保赔偿准备，不足冲减部分据实在企业所得税税前扣除。

三、案例解析

案例13–5 甲公司是一家以中小企业为服务对象的符合条件的中小企业融资（信用）担保机构，成立于2020年1月。2020年末计提的担保赔偿准备金余额为120万元，未到期责任准备金余额为200万元。

2021年末担保责任余额为20 000万元，该公司财务上按2%新增计提担保赔偿准备400万元；当年实现担保费收入480万元，按50%比例新增计提未到期责任准备金240万元。2021年末，账面担保赔偿准备金余额为520万元，未到期责任准备金余额为440万元。

要求：进行相关的财税处理与纳税调整。

解析：

（1）担保赔偿准备。

财税〔2017〕22号文件的规定，符合条件的中小企业融资（信用）担保机构按照不超过当年年末担保责任余额1%的比例计提的担保赔偿准备，允许在企业所得税税前扣除，同时将上年度计提的担保赔偿准备余额转为当期收入。因而，2021年允许税前扣除的担保赔偿准备为：20 000×1%–120=80（万元），会计上计提400万元，超过税前允许扣除金额的320万元，应进行纳税调增处理。

（2）未到期责任准备。

根据财税〔2017〕22号文件的规定，符合条件的中小企业融资（信用）担保机构按照不超过当年担保费收入50%的比例计提的未到期责任准备，允许在企业所得税税前扣除，同时将上年度计提的未到期责任准备余额转为当期收入。因而，当年允许税前扣除的未到期责任准备为：480×50%–200=40（万元），会计上计提240万元超过税前允许扣除的金额200万元，应进行纳税调增处理。

纳税调整的具体填报见表13–20。

表13-20　A105000 纳税调整项目明细表（部分）

单位：万元

行次	项　　目	账载金额	税收金额	调增金额	调减金额
		1	2	3	4
1	一、收入类调整项目（2+3+…+8+10+11）	*	*		
11	（九）其他				
12	二、扣除类调整项目（13+14+…+24+26+27+28+29+30）	*	*		
31	三、资产类调整项目（32+33+34+35）	*	*		
32	（一）资产折旧、摊销（填写 A105080）				
33	（二）资产减值准备金		*		
34	（三）资产损失（填写 A105090）				
35	（四）其他				
36	四、特殊事项调整项目（37+38+…+43）	*	*		
37	（一）企业重组及递延纳税事项（填写 A105100）				
38	（二）政策性搬迁（填写 A105110）	*	*		
39	（三）特殊行业准备金（39.1+39.2+39.4+39.5+39.6+39.7）	*	*		
39.1	1. 保险公司保险保障基金				
39.2	2. 保险公司准备金				
39.3	其中：已发生未报案未决赔款准备金				
39.4	3. 证券行业准备金				
39.5	4. 期货行业准备金				
39.6	5. 中小企业融资（信用）担保机构准备金	640	120		520
39.7	6. 金融企业、小额贷款公司准备金（填写 A105120）	*	*		
46	合计（1+12+31+36+44+45）	*	*		520

第七节　风险识别与应对

一、资产减值准备、风险准备金税前扣除风险

（一）风险识别

按规定，不符合国务院财政、税务主管部门规定的各项资产减值准备、风险准备等

准备金支出不得税前扣除。企业可能存在计提的不符合税法规定的各类减值准备、风险准备金在税前列支，未做纳税调整的风险。

（二）风险应对

审核“资产减值准备”科目，对当年计提的减值准备进行梳理，对不符合税前扣除的减值准备要进行纳税调整。

二、资产减值准备等税前扣除风险

（一）风险描述

企业会计上确认的资产减值损失，计入当期损益，但并未实际发生损失，由于减值损失税前扣除的税会差异导致企业多列损失，少计企业所得税。

（二）风险应对

分析“资产减值损失”“存货跌价准备”“固定资产减值准备”“长期股权投资减值准备”等科目，查看企业所得税年度纳税申报表附表《资产损失税前 扣除及纳税调整明细表》（A105090），对计提减值损失的类型进行区分，了解企业所得税前扣除的资产减值损失是否已经实际发生，核实对未实际发生在企业所得税年度纳税申报时是否已做纳税调增。

三、超范围计提贷款损失准备金税前扣除风险

（一）风险描述

银行对于不属于税法规定的准予提取贷款损失准备的贷款资产范围的资产，计提了贷款损失准备并在税前扣除，存在少缴纳企业所得税风险。

（二）风险应对

通过约谈询问银行财税（或税务）部门人员，查阅银行的税务管理办法，了解该银行对于贷款损失准备金的计提和调整方法。

查看银行对于不承担风险的资产是否计提了贷款减值准备，并测试其对于上述贷款减值准备是否已在税前扣除。

四、理赔费用准备金税前扣除风险

（一）风险描述

理赔费用准备金是指为尚未结案的赔案可能发生的费用而提取的准备金。其中为直

接发生于具体赔案的专家费、律师费、损失检验费等而提取的是直接理赔费用准备金；为非直接发生于具体赔案的费用而提取的是间接理赔费用准备金。在会计核算上，“理赔费用准备金”为“未决赔款准备金”的下级明细科目，对直接理赔费用准备金，应当采取逐案预估法提取；对间接理赔费用准备金，应采用比较合理的比率分摊法提取。根据税法规定，提取的“理赔费用准备金”不属于税收文件列明的可税前扣除的准备金，但会计上根据谨慎性原则，理赔费用准备金作为成本费用进入当期损益，二者存在差异。因此，保险企业可能存在将计提的“理赔费用准备金”在企业所得税税前扣除，少缴纳企业所得税的风险。

（二）风险应对

审核“提取理赔费用准备金”科目明细账，确定进入当期损益的金额，与企业所得税年度纳税申报表核对是否已做纳税调增。如果当期未做纳税调整，可向前追溯，核查以前年度是否做了纳税调增。

第十四章

亏损结转弥补及其风险识别与应对

Tax Adjustments of

Enterprise

Income Tax

TAXING

企业纳税年度发生的亏损，准予向以后年度结转，用以后年度的所得弥补，但结转年限最长不得超过税法规定的结转弥补年限。本章主要阐述亏损及其结转弥补的相关问题，主要内容如图 14-1 所示。

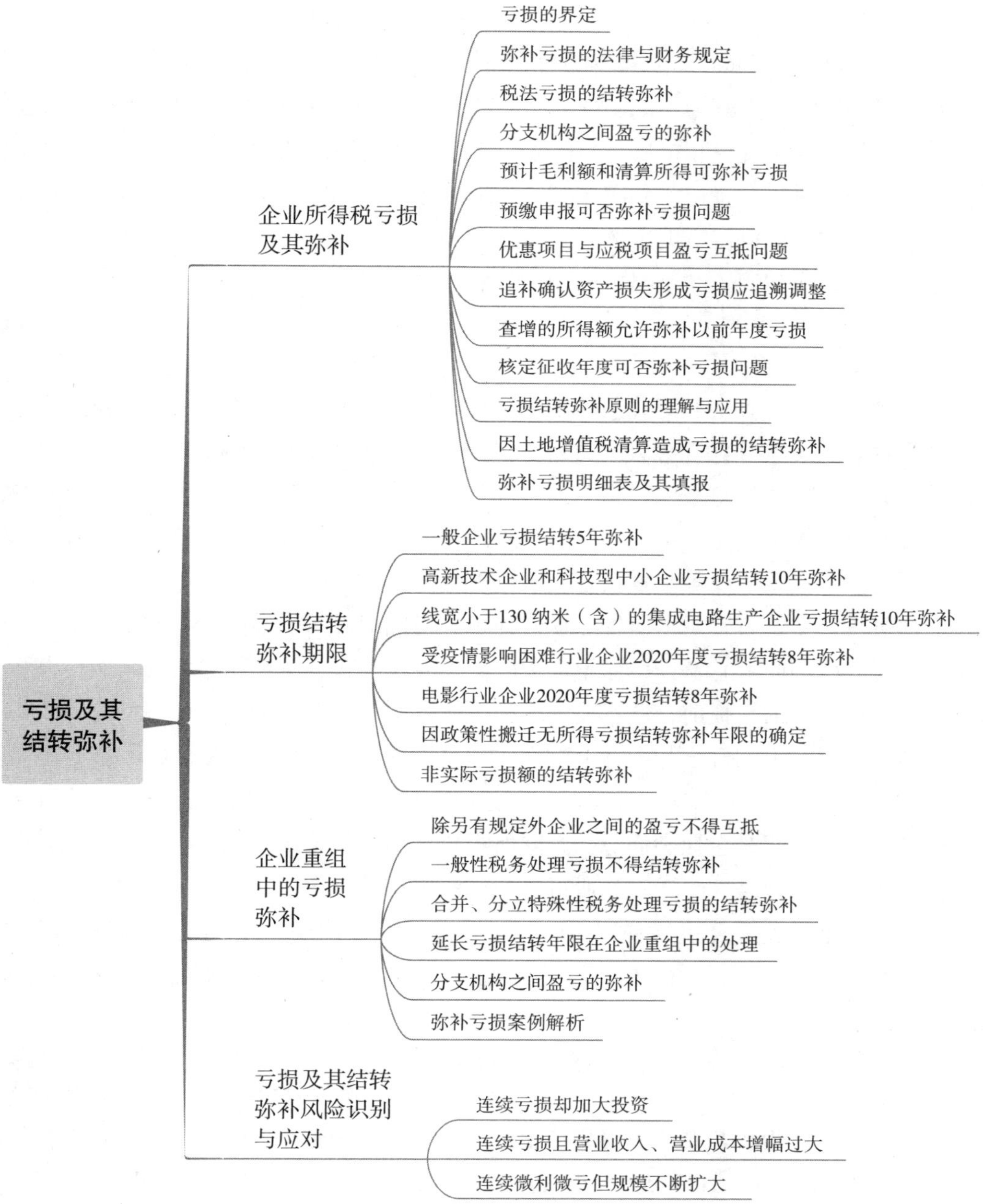

图 14-1　亏损及其结转弥补

第一节　企业所得税亏损及其结转弥补

一、亏损的界定

（一）财务净亏损

企业应设置“本年利润”科目，核算企业当期实现的净利润（或发生的净亏损）。企业期（月）末结转利润时，应将各损益类科目的金额转入该科目，结平各损益类科目。结转后该科目的贷方余额为当期实现的净利润；借方余额为当期发生的净亏损。年度终了，应将本年收入和支出相抵后结出的本年实现的净利润，转入“利润分配”科目，借记“本年利润”科目，贷记“利润分配——未分配利润”科目；如为净亏损则做相反的会计分录。结转后该科目应无余额。

在财务上：净利润（净亏损）=利润总额－所得税费用。

（二）税法亏损

根据《企业所得税法》第五条的规定，企业每一纳税年度的收入总额，减除不征税收入、免税收入、各项扣除以及允许弥补的以前年度亏损后的余额，为应纳税所得额。根据《企业所得税法实施条例》第十条的规定，这里的亏损是指企业依照企业所得税法及其实施条例的规定将每一纳税年度的收入总额减除不征税收入、免税收入和各项扣除后小于零的数额。大于或等于零在企业所得税上都不叫亏损。

由此可见，企业所得税上所称亏损，并不是指应纳税所得额小于零的数额，因为企业每一纳税年度的收入总额，减除不征税收入、免税收入、各项扣除后的余额，在弥补以前年度允许弥补的亏损前，还不能称之为应纳税所得额。

企业所得税法上的亏损与会计上的净亏损也不是同一概念。税法所称亏损，不是企业财务报表中反映的亏损额，而是企业财务报表中的亏损额经按税法规定调整后的金额。会计上的净亏损是企业利润总额减除所得税费用后的余额，是一个税后的概念；企业所得税上的亏损，是一个未扣除所得税费用的税前的概念。

根据《企业所得税年度纳税申报表（A类）》及其填报说明，可结转以后年度弥补的亏损，是指纳税调整后所得小于零的数额。从《企业所得税年度纳税申报表（A类）》表内关系看：

$$\text{纳税调整后所得}=\text{利润总额}-\text{境外所得}+\text{纳税调整增加额}-\text{纳税调整减少额}-\text{免税、减计收入及加计扣除}+\text{境外应税所得抵减境内亏损}$$

纳税调整后所得既是企业所得税法上判断企业盈亏的标志，也是弥补企业以前年度亏损的所得来源。《企业所得税年度纳税申报表（A类）》主表第19行“纳税调整后所得”为负数的，即为可结转以后年度弥补的亏损额。

（三）加计扣除可形成或扩大亏损

《国家税务总局关于企业所得税若干税务事项衔接问题的通知》（国税函〔2009〕98号）第八条“关于技术开发费的加计扣除形成的亏损的处理”明确：企业技术开发费加计扣除部分已形成企业年度亏损，可以用以后年度所得弥补，但结转年限通常最长不得超过5年（符合规定的企业不超过10年或8年）。对安置残疾人员工资加计扣除优惠形成的企业年度亏损，能否用以后年度的所得弥补，到目前为止虽无明文规定，但依据国税函〔2009〕98号文件关于企业研究开发费加计扣除形成亏损的税务处理原则、《企业所得税年度纳税申报表（A类）》主表逻辑关系以及法无明文规定即自由的行政法原理，对安置残疾人员工资加计扣除优惠形成的亏损，应允许用以后规定年限的所得弥补。

从《企业所得税年度纳税申报表（A类）》主表看，上述两项加计扣除是构成纳税调整后所得的减除内容，扣除两项加计扣除后，如果企业当期纳税调整后所得小于零，两项加计扣除优惠均会导致企业年度亏损，以后年度应允许按规定进行弥补。

除加计扣除优惠外，企业所得税免税收入、减计收入优惠同样可以形成或扩大企业的亏损，允许结转以后年度用以后年度的所得弥补。

二、弥补亏损的法律与财务规定

（一）弥补亏损的法律规定

根据《中华人民共和国公司法》（以下简称《公司法》）第一百六十七条的规定，公司分配当年税后利润时，应当提取利润的10%列入公司法定公积金。公司法定公积金累计额为公司注册资本的50%以上的，可以不再提取。

公司的法定公积金不足以弥补以前年度亏损的，在依照前款规定提取法定公积金之前，应当先用当年利润弥补亏损。

公司从税后利润中提取法定公积金后，经股东会或者股东大会决议，还可以从税后利润中提取任意公积金。公司弥补亏损和提取公积金后所余税后利润，有限责任公司依照《公司法》第三十五条的规定分配；股份有限公司按照股东持有的股份比例分配，但股份有限公司章程规定不按持股比例分配的除外。

股东会、股东大会或者董事会违反上述规定，在公司弥补亏损和提取法定公积金之前向股东分配利润的，股东必须将违反规定分配的利润退还公司。公司持有的本公司股份不得分配利润。

（二）弥补亏损的财务规定

《企业财务通则》第四十九条规定，企业发生的年度经营亏损，依照税法的规定弥补。税法规定年限内的税前利润不足弥补的，用以后年度的税后利润弥补，或者经投资者审议后用盈余公积弥补。《企业财务通则》第五十一条还规定，企业弥补以前年度亏损和提取盈余公积后，当年没有可供分配的利润时，不得向投资者分配利润，但法律、行政法规另有规定的除外。

三、税法亏损的结转弥补

（一）税法亏损的结转弥补

基于会计主体持续经营假设，企业所得税法一般都规定对企业发生的年度亏损予以结转弥补。由于纳税人除了法律规定应当终止外，其生产、经营活动是在经营期限内的一个循环过程，它的收入、成本、费用以及利润也应该按该经营期来确定，这样才能全面、真实地反映纳税人全部经营期内的最终经营成果和财务状况。

同时，为了及时向财务报告使用者提供有关企业财务状况、经营成果和现金流量的信息，会计上将持续经营的生产经营活动划分成连续、相等的期间，据以结算盈亏，按期编报财务报告，即会计分期假设。与此相对应，为了保障税收收入的及时入库，税法也规定，纳税人须以一个公历年度作为纳税年度，因此，企业应纳税所得额的计算也被人为的划分为一年一段，某纳税年度内的收入、成本、费用及利润核算也是不完全的。

因此，《企业所得税法》第十八条规定，企业纳税年度发生的亏损，准予向以后年度结转，用以后年度的所得弥补，但结转年限最长不得超过五年。另有规定的除外。

企业所得税规定亏损向后结转的年限为5年（特殊情况下为10年或8年），一方面有利于从税收的角度督促企业改善经营管理，尽快扭亏增盈；另一方面也有利于防止企业通过虚报虚增亏损并无限期向后结转以侵蚀国家税收利益。

（二）筹办期间不确定为亏损年度

《国家税务总局关于贯彻落实企业所得税法若干税收问题的通知》（国税函〔2010〕79号）第七条“企业筹办期间不计算为亏损年度问题”明确，企业自开始生产经营的年度，为开始计算企业损益的年度。企业从事生产经营之前进行筹办活动期间发生筹办费用支出，不得计算为当期的亏损，应按照国税函〔2009〕98号文件第九条规定（即企业所得税法中开（筹）办费未明确列作长期待摊费用，企业可以在开始经营之日的当年一次性扣除，也可以按照企业所得税法有关长期待摊费用的处理规定处理，但一经选定，不得改变）执行。

四、预计毛利额和清算所得可弥补亏损

（一）预计毛利额可弥补亏损

根据《房地产开发经营业务企业所得税处理办法》（国税发〔2009〕31号文件印发）第九条的规定，企业销售未完工开发产品取得的收入，应先按预计计税毛利率分季（或月）计算出预计毛利额，计入当期应纳税所得额。开发产品完工后，企业应及时结算其计税成本并计算此前销售收入的实际毛利额，同时将其实际毛利额与其对应的预计毛利

额之间的差额，计入当年度企业本项目与其他项目合并计算的应纳税所得额。

《企业所得税年度纳税申报表（A类）》及其填报说明明确，从事房地产开发经营业务的纳税人，销售未完工开发产品按规定计算的预计毛利额，应计入纳税调整增加额，构成纳税调整后所得的一部分，自然既能抵补企业当年的亏损，也能用于弥补企业以前年度允许弥补的亏损额。

（二）清算所得可弥补以前年度亏损

根据《财政部 国家税务总局关于企业清算业务企业所得税处理若干问题的通知》（财税〔2009〕60号）的规定，企业的清算所得同样可以用于弥补以前年度的亏损。

五、预缴申报可否弥补亏损问题

（一）按实际利润额预缴的可弥补亏损

根据《国家税务总局关于发布〈中华人民共和国企业所得税月（季）度预缴纳税申报表（A类）〉的公告》（国家税务总局公告2021年第3号）的规定，《中华人民共和国企业所得税月（季）度预缴纳税申报表（A类）》（A200000）第10行"实际利润额"=第3行"利润总额"+第4行"特定业务计算的应纳税所得额"–第5行"减：不征税收入"–第6行"减：资产加速折旧、摊销（扣除）调减额"–第7行"减：免税收入、减计收入、加计扣除"–第8行"减：所得减免"–第9行"减：弥补以前年度亏损"。

由此可知，企业按实际利润额预缴企业所得税时，允许弥补以前年度亏损。

（二）按其他方式预缴的不可弥补亏损

根据《中华人民共和国企业所得税月（季）度预缴纳税申报表（A类）》（A200000）填报说明，该表第10行"实际利润额"，预缴方式为"按照上一纳税年度应纳税所得额平均额预缴"的纳税人，填报按照上一纳税年度应纳税所得额平均额计算的本年累计金额。

因而，纳税人按照上一纳税年度应纳税所得额平均额预缴或按照税务机关确定的其他方法预缴企业所得税时，不得弥补以前年度亏损。

六、优惠项目与应税项目盈亏互抵问题

自2015年1月1日起，根据《国家税务总局关于发布〈中华人民共和国企业所得税年度纳税申报表（A类，2014年版）〉的公告》（国家税务总局公告2014年第63号）的规定，《国家税务总局关于印发〈中华人民共和国企业所得税年度纳税申报表〉的通知》（国税发〔2008〕101号）、《国家税务总局关于〈中华人民共和国企业所得税年度纳税申报表〉的补充通知》（国税函〔2008〕1081号）、《国家税务总局关于企业所得税年度纳税申报口径问题的公告》（国家税务总局公告2011年第29号）、《国家税务总局关于做好2009年度企业所得税汇算清缴工作的通知》（国税函〔2010〕148号）废止。

根据最新企业所得税年度纳税申报表的设计，允许企业取得的免税收入、减计收入以及减征、免征所得额项目，弥补当期及以前年度应税项目亏损。

在2014年12月31日以前，《国家税务总局关于做好2009年度企业所得税汇算清缴工作的通知》（国税函〔2010〕148号，自2015年1月1日起废止）明确税收优惠填报口径为：对企业取得的免税收入、减计收入以及减征、免征所得额项目，不得弥补当期及以前年度应税项目亏损；当期形成亏损的减征、免征所得额项目，也不得用当期和以后纳税年度应税项目所得抵补。国税发〔2008〕101号和国税函〔2008〕1081号（自2015年1月1日起废止）文件印发的2008年版《企业所得税纳税申报表》及其填报说明也表明，企业的免税收入、减计收入以及减征、免征所得额项目均计入纳税调整减少额，不包括在纳税调整后所得中。

七、追补确认资产损失形成亏损应追溯调整

根据《企业资产损失所得税税前扣除管理办法》（国家税务总局公告2011年第25号发布）第六条的规定，企业以前年度发生的资产损失未能在当年税前扣除的，可以按照该办法的规定，向税务机关说明并进行申报扣除。其中，属于实际资产损失，准予追补至该项损失发生年度扣除，属于法定资产损失，应在申报年度扣除。企业因以前年度实际资产损失未在税前扣除而多缴的企业所得税税款，可在追补确认年度企业所得税应纳税款中予以抵扣，不足抵扣的，向以后年度递延抵扣。企业实际资产损失发生年度扣除追补确认的损失后出现亏损的，应先调整资产损失发生年度的亏损额，再按弥补亏损的原则计算以后年度多缴的企业所得税税款，并进行相应的税务处理。

八、查增的所得额允许弥补以前年度亏损

税务机关检查调增的企业应纳税所得额弥补以前年度亏损问题，《国家税务总局关于查增应纳税所得额弥补以前年度亏损处理问题的公告》（国家税务总局公告2010年第20号）规定，根据《企业所得税法》第五条的规定，税务机关对企业以前年度纳税情况进行检查时调增的应纳税所得额，凡企业以前年度发生亏损、且该亏损属于企业所得税法规定允许弥补的，应允许调增的应纳税所得额弥补该亏损。弥补该亏损后仍有余额的，按照《企业所得税法》规定计算缴纳企业所得税。对检查调增的应纳税所得额应根据其情节，依照税收征收管理法有关规定进行处理或处罚。根据《企业所得税法》精神，上述可以弥补的亏损，限于查增应纳税所得额所在年度之前年度未弥补的亏损，对于以后年度的亏损不得弥补。

九、核定征收年度可否弥补亏损问题

核定征收企业所得税的纳税人，税务机关应根据纳税人具体情况，核定应税所得率

或者核定应纳所得税额。根据《企业所得税核定征收办法（试行）》（国税发〔2008〕30号）第六条的规定，采用应税所得率方式核定征收企业所得税的，应纳所得税额计算公式如下：

应纳所得税额＝应纳税所得额 × 适用税率

应纳税所得额＝应税收入额 × 应税所得率

或　　应纳税所得额＝成本（费用）支出额/（1－应税所得率）× 应税所得率

这里的“应税收入额”等于收入总额减去不征税收入和免税收入后的余额。用公式表示为：

应税收入额＝收入总额－不征税收入－免税收入

其中，收入总额为企业以货币形式和非货币形式从各种来源取得的收入。

由此可见，无论是核定应税所得率还是核定应纳所得税额征收企业所得税，均不存在弥补以前年度亏损问题。

另外，从企业所得税纳税申报表看，《中华人民共和国企业所得税月（季）度预缴和年度纳税申报表（B类，2018年版）（B100000）》（国家税务总局公告2019年第3号印发）明确，采用应税所得率方式核定征收企业所得税的，应纳税所得额的计算依据是应税收入额或成本费用总额，均不考虑弥补以前年度亏损问题。

由此可见，查账征收企业改为核定征收企业所得税后，核定征收年度不得弥补以前查账征收年度形成尚未弥补的亏损。

十、亏损结转弥补原则的理解与应用

纳税人弥补以前年度亏损时，应按照“先到期亏损先弥补、同时到期亏损先发生的先弥补”的原则处理。

（一）先到期亏损先弥补

例如，甲公司是受疫情影响较大的困难行业企业，2020年发生亏损10万元（结转弥补年限为10年），截至2025年还未弥补，2021年又发生亏损10万元（结转弥补年限为5年），截至2025年还未弥补。2026年，该企业盈利10万元，应先弥补2020年的亏损，还是先弥补2021年发生的亏损呢？

根据“先到期亏损先弥补”原则，由于2021年发生的亏损先到期，因此应先弥补2021年的亏损。2020年发生的亏损10万元，应继续结转至以后年度弥补。

（二）同时到期亏损先发生的先弥补

（承上例）假设甲公司2023年亏损10万元，且截至2027年还未弥补，2020年剩余的未弥补亏损截至2027年也还未弥补。该企业2028年盈利10万元，应先弥补2020年发生的亏损，还是先弥补2023年发生的亏损呢？

甲企业2020年发生的亏损弥补年限是8年，即2028年到期，而2023年发生的亏损弥补年限是5年，也是2028年到期。根据“同时到期亏损先发生的先弥补”原则，应先弥补2020年发生的亏损10万元，2023年发生的亏损10万元，由于已超过亏损结转弥补年限，不能再结转弥补。

十一、因土地增值税清算造成亏损的结转弥补

（一）因土地增值税清算造成亏损的处理

《国家税务总局关于房地产开发企业土地增值税清算涉及企业所得税退税有关问题的公告》（国家税务总局公告2016年第81号）的规定，企业按规定对开发项目进行土地增值税清算后，当年企业所得税汇算清缴出现亏损且有其他后续开发项目的，该亏损应按照税法规定向以后年度结转，用以后年度所得弥补。后续开发项目，是指正在开发以及中标的项目。企业按规定对开发项目进行土地增值税清算后，当年企业所得税汇算清缴出现亏损，且没有后续开发项目的，可以按照规定，计算出该项目由于土地增值税原因导致的项目开发各年度多缴企业所得税税款，并申请退税。

根据上述规定，土地增值税清算造成的亏损，向以后年度结转弥补期限不受五年限制。

（二）土地增值税清算导致亏损的处理案例

案例14-1 甲房地产开发企业2017年1月开始开发A房地产项目，2020年9月项目全部竣工并销售完毕，10月进行土地增值税清算后补缴土地增值税500万元。2020年度汇算清缴扣除清算补缴的土地增值税后出现亏损400万元。企业没有后续开发项目，拟申请退税。项目各年度销售及缴税情况等相关数据如表14-1所示。

表14-1　项目各年销售及缴税情况

单位：万元

项目	2018年	2019年	2020年	合计
税前扣除的预缴土地增值税	240	300	60	600
项目销售收入	12 000	15 000	3 000	30 000
应纳税所得额	180	1 240	-400	1 020
已缴企业所得税	45	310	0	355

要求：分析说明退税额的计算。

解析：

由于土地增值税清算导致各年度多缴企业所得税的计算，如表14-2、表14-3所示。

表 14-2 房地产开发企业由于土地增值税清算导致多缴企业所得税的处理

<table>
<tr><th></th><th>情形</th><th>企业所得税处理</th></tr>
<tr><td rowspan="2">房地产开发企业按规定对开发项目进行土地增值税清算后，当年企业所得税汇算清缴出现亏损</td><td>有后续开发项目</td><td>该亏损应按照税法规定向以后年度结转，用以后年度所得弥补。后续开发项目，是指正在开发以及中标的项目。</td></tr>
<tr><td>没有后续开发项目的</td><td>可以按照以下方法，计算出该项目由于土地增值税原因导致的项目开发各年度多缴企业所得税税款，并申请退税。
1. 计算各年度应分摊的土地增值税
该项目缴纳的土地增值税总额，应按照该项目开发各年度实现的项目销售收入占整个项目销售收入总额的比例，在项目开发各年度进行分摊。
公式：各年度应分摊的土地增值税 = 土地增值税总额 ×（项目年度销售收入 ÷ 整个项目销售收入总额）
2. 计算应补充扣除的土地增值税
该项目开发各年度应分摊的土地增值税减去该年度已经在企业所得税税前扣除的土地增值税后，余额属于当年应补充扣除的土地增值税。
3. 调整应纳税所得额及税额
企业应调整当年度的应纳税所得额，并按规定计算当年度应退的企业所得税税款；当年度已缴纳的企业所得税税款不足退税的，应作为亏损向以后年度结转，并调整以后年度的应纳税所得额。</td></tr>
</table>

表 14-3 应退企业所得税的计算

单位：万元

项 目	2018 年	2019 年	2020 年	合计
项目销售收入	12 000	15 000	3 000	30 000
原应纳税所得额	180	1 240	–400	1 020
已缴纳企业所得税	45	310	0	
缴纳土地增值税	240	300	560（预缴 60+ 清算补 500）	1 100
应分摊土地增值税	440（1 100×（12 000÷30 000））	550（1 100×（15 000÷30 000））	110（1 100×（3 000÷30 000））	1 100
应补扣的土地增值税	200	250（550–300）	–450	
调整后应纳税所得额	–20	970（1 240–250–20）	50	
应退企业所得税	50（200×25%）	67.5（（250+20）×25%））	–	
实退企业所得税	45	67.5	–	
应补企业所得税	–	–	50×25%=12.5	
累计退税额	–	–	100（45+67.5–12.5）	

十二、弥补亏损明细表及其填报

《企业所得税弥补亏损明细表》（A106000，如表 14–4 所示）适用于发生弥补亏损、亏损结转等事项的纳税人填报。

表14-4　A106000 企业所得税弥补亏损明细表

行次	项　目	年度	当年境内所得额	分立转出的亏损额	合并、分立转入的亏损额			弥补亏损企业类型	当年亏损额	当年待弥补的亏损额	用本年度所得额弥补的以前年度亏损额		当年可结转以后年度弥补的亏损额
					可弥补年限5年	可弥补年限8年	可弥补年限10年				使用境内所得弥补	使用境外所得弥补	
		1	2	3	4	5	6	7	8	9	10	11	12
1	前十年度												
2	前九年度												
3	前八年度												
4	前七年度												
5	前六年度												
6	前五年度												
7	前四年度												
8	前三年度												
9	前二年度												
10	前一年度												
11	本年度												
12	可结转以后年度弥补的亏损额合计												

弥补亏损企业类型代码表见表14–5。

表14–5　弥补亏损企业类型代码表

代　码	类　型
100	一般企业
200	符合条件的高新技术企业
300	符合条件的科技型中小企业
400	线宽小于130纳米（含）的集成电路生产企业
500	受疫情影响困难行业企业
600	电影行业企业

第二节　亏损结转弥补期限

一、一般企业亏损结转5年弥补

除另有规定外，根据《企业所得税法》第十八条的规定，企业纳税年度发生的亏损，准予向以后年度结转，用以后年度的所得弥补，但结转年限最长不得超过5年。

二、高新技术企业和科技型中小企业亏损结转10年弥补

根据《财政部 税务总局关于延长高新技术企业和科技型中小企业亏损结转年限的通知》（财税〔2018〕76号）的规定，自2018年1月1日起，当年具备高新技术企业或科技型中小企业资格（以下统称资格）的企业，其具备资格年度之前5个年度发生的尚未弥补完的亏损，准予结转以后年度弥补，最长结转年限由5年延长至10年。

高新技术企业，是指按照《科技部 财政部 国家税务总局关于修订印发〈高新技术企业认定管理办法〉的通知》（国科发火〔2016〕32号）规定认定的高新技术企业；科技型中小企业，是指按照《科技部 财政部 国家税务总局关于印发〈科技型中小企业评价办法〉的通知》（国科发政〔2017〕115号）规定取得科技型中小企业登记编号的企业。

三、线宽小于130纳米（含）的集成电路生产企业亏损结转10年弥补

根据《财政部 税务总局 发展改革委 工业和信息化部关于促进集成电路产业和软件产业高质量发展企业所得税政策的公告》（财政部、税务总局、发展改革委、工业和信息化部公告2020年第45号）第二条的规定，自2020年1月1日起，国家鼓励的线宽小于130

纳米（含）的集成电路生产企业，属于国家鼓励的集成电路生产企业清单年度之前5个纳税年度发生的尚未弥补完的亏损，准予向以后年度结转，总结转年限最长不得超过10年。

四、受疫情影响困难行业企业2020年度亏损结转8年弥补

根据《财政部 税务总局关于支持新型冠状病毒感染的肺炎疫情防控有关税收政策的公告》（财政部 税务总局公告2020年第8号）第四条的规定，受疫情影响较大的困难行业企业2020年度发生的亏损，最长结转年限由5年延长至8年。

困难行业企业，包括交通运输、餐饮、住宿、旅游（指旅行社及相关服务、游览景区管理两类）四大类，具体判断标准按照现行《国民经济行业分类》执行。困难行业企业2020年度主营业务收入须占收入总额（剔除不征税收入和投资收益）的50%以上。

五、电影行业企业2020年度亏损结转8年弥补

根据《财政部 税务总局关于电影等行业税费支持政策的公告》（财政部 税务总局公告2020年第25号）第二条的规定，对电影行业企业2020年度发生的亏损，最长结转年限由5年延长至8年。

电影行业企业限于电影制作、发行和放映等企业，不包括通过互联网、电信网、广播电视网等信息网络传播电影的企业。

亏损弥补期限规定如图14-2所示。

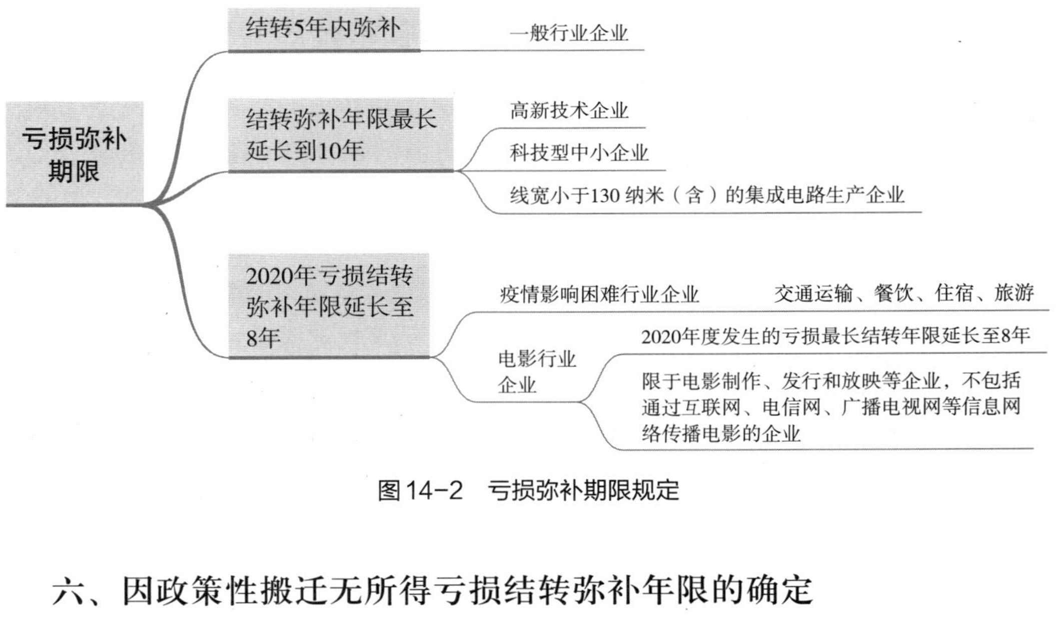

图14-2 亏损弥补期限规定

六、因政策性搬迁无所得亏损结转弥补年限的确定

根据《企业政策性搬迁所得税管理办法》（国家税务总局公告2012年第40号发布）第二十一条的规定，企业以前年度发生尚未弥补的亏损，凡企业由于搬迁停止生产经营无所

得的，从搬迁年度次年起，至搬迁完成年度前一年度止，可作为停止生产经营活动年度，从法定亏损结转弥补年限中减除；企业边搬迁、边生产的，其亏损结转年度应连续计算。

七、非实际亏损额可无限期结转弥补

根据《企业境外所得税收抵免操作指南》（国家税务总局公告2010年第1号发布）的规定，企业在同一纳税年度的境内外所得加总为正数的，其境外分支机构发生的亏损，由于特定结转弥补的限制而发生的未予弥补的部分（称为非实际亏损额），今后在该分支机构的结转弥补期限不受5年期限制。即：

（1）如果企业当期境内外所得盈利额与亏损额加总后和为零或正数，则其当年度境外分支机构的非实际亏损额可无限期向后结转弥补；

（2）如果企业当期境内外所得盈利额与亏损额加总后和为负数，则以境外分支机构的亏损额超过企业盈利额部分的实际亏损额，按规定的期限进行亏损弥补，未超过企业盈利额部分的非实际亏损额仍可无限期向后结转弥补。

第三节　企业重组中的亏损弥补

根据企业亏损结转弥补年限的不同，企业所得税年度纳税申报表将企业分为：一般企业、符合条件的高新技术企业、符合条件的科技型中小企业、线宽小于130纳米（含）的集成电路生产企业、受疫情影响困难行业企业和电影行业企业，适用不同的亏损弥补年限规定。

一、除另有规定外企业之间的盈亏不得互抵

由于《企业所得税法》属于法人所得税制，除另有规定外，境内企业之间、境内与境外企业之间、境外企业之间的盈亏不得互抵。根据现行规定，这里的“另有规定”是指企业合并、分立适用特殊性税务处理亏损的承续弥补。

二、合并、分立适用一般性税务处理亏损不得结转弥补

根据《财政部 国家税务总局关于企业重组业务企业所得税处理若干问题的通知》（财税〔2009〕59号）和《企业重组业务企业所得税管理办法》（国家税务总局公告2010年第4号发布）的规定，适用一般性税务处理的，被合并企业的亏损不得在合并企业结转弥补；企业分立相关企业的亏损不得相互结转弥补。

三、合并、分立适用特殊性税务处理亏损的结转弥补

根据财税〔2009〕59号文件和《企业重组业务企业所得税管理办法》等规定，企业重组适用特殊性税务处理的，被合并企业合并前的相关所得税事项，由合并企业承继，其中，可由合并企业弥补的被合并企业的亏损限额=被合并企业净资产公允价值 × 截至合并业务发生当年年末国家发行的最长期限的国债利率。

这是在税法规定的剩余亏损结转年限内，每年可由合并企业弥补的被合并企业亏损的限额。

被分立企业已分立出去的资产相应的所得税事项由分立企业承继，其中，被分立企业未超过法定弥补期限的亏损额可按分立资产占全部资产的比例进行分配，由分立企业继续弥补。

四、延长亏损结转弥补年限在企业重组中的处理

（一）延长高新技术企业和科技型中小企业亏损结转年限政策

符合财税〔2018〕76号文件第一条规定延长亏损结转弥补年限条件的高新技术企业和科技型中小企业，在企业所得税预缴和汇算清缴时，自行计算亏损结转弥补年限，并填写相关纳税申报表。

（二）具备资格年度之前5个年度尚未弥补亏损的界定

根据《国家税务总局关于延长高新技术企业和科技型中小企业亏损结转弥补年限有关企业所得税处理问题的公告》（国家税务总局公告2018年第45号）第一条的规定，财税〔2018〕76号文件第一条所称当年具备高新技术企业或科技型中小企业资格（以下统称“资格”）的企业，其具备资格年度之前5个年度发生的尚未弥补完的亏损，是指当年具备资格的企业，其前5个年度无论是否具备资格，所发生的尚未弥补完的亏损。

2021年具备资格的企业，无论2016—2020年是否具备资格，其2016—2020年发生的尚未弥补完的亏损，均准予结转以后年度弥补，最长结转年限为10年。2021年以后年度具备资格的企业，依此类推，进行亏损结转弥补税务处理。

例如，甲企业，2020年具备高新技术企业资格，2015年亏损300万元，2016年亏损200万元，2017年亏损100万元，2018年所得为0，2019年所得200万元，2020年所得50万元。按照规定，无论该企业在2015—2019年期间是否具备高新技术企业资格，2015年亏损300万元，用2019年所得200万元、2020年所得50万元弥补后，如果2021—2025年有所得仍可继续弥补；2016年企业亏损200万元，依次用2021—2026年所得弥补；2017年企业亏损100万元，依次用2022—2027年所得弥补。

（承上例）该企业2021年起不具备高新技术企业资格，2021年亏损100万元。其之前2015年至2020年尚未弥补完的亏损的最长结转年限仍为10年并不受影响。如果该企

业在2026年之前任一年度中重新具备资格，按照规定，2021年亏损100万元准予向以后10年结转弥补，即准予依次用2022—2031年所得弥补。如果到2026年还不具备资格，按照规定，2021年亏损100万元只准予向以后5年结转弥补，即依次用2022—2026年所得弥补，尚未弥补完的亏损，不允许用2027—2031年所得弥补。

（三）具备资格年度的确定方法

目前，高新技术企业和科技型中小企业资格采取不同的管理方法。高新技术企业经过认定后，取得的高新技术企业证书有效期3年；而科技型中小企业每年评价后，符合条件的赋予其科技型中小企业入库登记编号。为此，国家税务总局公告2018年第45号第二条分别规定了二者具备资格年度的确定方法。

1. 高新技术企业资格年度确定方法

高新技术企业证书注明了发证时间和有效期，为保证企业最大限度享受政策红利，国家税务总局公告2018年第45号明确，高新技术企业按照其取得的高新技术企业证书注明的有效期所属年度，确定其具备资格年度。例如，甲高新技术企业，证书注明发证时间为2020年9月17日，有效期3年。根据规定，2020年、2021年、2022年、2023年为具备资格年度。

2. 科技型中小企业资格年度确定方法

科技型中小企业仅有入库登记编号注明的年度，且需在每年3月底前进行评价。为此，国家税务总局公告2018年第45号明确，科技型中小企业按照其取得的科技型中小企业入库登记编号注明的年度，确定其具备资格的年度。例如，某科技型中小企业，2020年5月取得入库登记编号，编号注明的年度为2020年。根据规定，2020年为具备资格年度。

（四）企业重组亏损结转弥补年限的确定

根据国家税务总局公告2018年第45号第三条的规定，企业发生符合特殊性税务处理规定的合并或分立重组事项的，其尚未弥补完的亏损，按照财税〔2009〕59号文件和该公告有关规定进行税务处理：

（1）合并企业承继被合并企业尚未弥补完的亏损的结转年限，按照被合并企业的亏损结转年限确定；

（2）分立企业承继被分立企业尚未弥补完的亏损的结转年限，按照被分立企业的亏损结转年限确定；

（3）合并企业或分立企业具备资格的，其承继被合并企业或被分立企业尚未弥补完的亏损的结转年限，按照财税〔2018〕76号文件第一条和该公告第一条规定处理。

1. 适用特殊性税务处理的企业合并亏损结转弥补年限的确定

财税〔2009〕59号文件规定，企业合并适用特殊性税务处理的，被合并企业合并前的相关所得税事项由合并企业承继。为此，国家税务总局公告2018年第45号第三条第（一）项、第（三）项规定，合并企业承继被合并企业尚未弥补完的亏损的结转年限，按照被合并企业的亏损结转年限确定；合并企业具备资格的，其承继被合并企业尚未弥补完的亏损的结转年限，按照财税〔2018〕76号文件第一条和该公告第一条规定处理。

例如，2020年A企业吸收合并B企业，适用企业所得税特殊性税务处理规定。其中，A企业不具备资格，其尚未弥补完的2018年亏损，准予向以后5年结转弥补。B企业具备资格，其尚未弥补完的2018年亏损，准予向以后10年结转弥补。吸收合并后A企业尚未弥补完的2018年亏损，包括合并前A企业尚未弥补完的亏损和B企业尚未弥补完的亏损，按照规定应当分别处理，即合并后A企业尚未弥补完的2018年亏损，其中合并前A企业尚未弥补完的亏损，只准予用2020—2023年的所得弥补；合并前B企业尚未弥补完的亏损，按照财税〔2009〕59号文件第六条第（四）项有关规定计算后，准予用2020—2028年的所得弥补。如合并后A企业2020年具备资格，合并后A企业尚未弥补完的2018年亏损，包括合并前A企业尚未弥补完的亏损和B企业尚未弥补完的亏损，均准予用2020—2028年的所得弥补。

2.适用特殊性税务处理的企业分立亏损结转弥补年限

财税〔2009〕59号文件规定，企业分立适用特殊性税务处理的，被分立企业未超过法定弥补期限的亏损额，由分立企业继续弥补。为此，国家税务总局公告2018年第45号第三条第（二）项、第（三）项规定，分立企业承继被分立企业尚未弥补完的亏损的结转年限，按照被分立企业的亏损结转年限确定；分立企业具备资格的，其承继被分立企业尚未弥补完的亏损的结转年限，按照财税〔2018〕76号文件第1条和该公告第1条规定处理。

例如，2020年A企业分立新设B企业和C企业，适用特殊性税务处理规定。其中，A企业具备资格，其尚未弥补完的2018年亏损，准予向以后10年结转弥补。分立新设的B企业和C企业分别承继A企业尚未弥补完的2018年亏损。按照规定，分立后B企业和C企业分别承继A企业尚未弥补完的2018年亏损，按照财税〔2009〕59号文件第六条第（五）项有关规定计算后，无论分立后B企业和C企业是否具备资格，均准予用2020—2028年的所得弥补。

五、分支机构之间盈亏的弥补

（一）同一国家（地区）内分支机构之间的盈亏可以互抵

由于《企业所得税法》采用法人所得税制，因此企业在汇总缴纳企业所得税时，境内各分支机构之间的盈亏允许互抵，境外同一国家（地区）分支机构之间的盈亏也允许互抵，但境外不同国家（地区）分支机构之间的盈亏不得互抵，境内与境外分支机构之间的盈亏除另有规定外一般也不得互抵。

（二）境外营业机构的亏损不得抵减境内营业机构的盈利

《企业所得税法》第十七条规定，企业在汇总计算缴纳企业所得税时，其境外营业机构的亏损不得抵减境内营业机构的盈利。与此不同的是，企业境外营业机构的应税所得可以用于弥补境内营业机构的亏损。

根据《财政部 国家税务总局关于企业境外所得税收抵免有关问题的通知》（财税〔2009〕125号）的规定，在汇总计算境外应纳税所得额时，企业在境外同一国家（地区）

设立不具有独立纳税地位的分支机构，按照《企业所得税法》及其实施条例的有关规定计算的亏损，不得抵减其境内或他国（地区）的应纳税所得额，但可以用同一国家（地区）其他项目或以后年度的所得按规定弥补。

（三）境外营业机构的盈利可以抵减境内亏损

根据《企业所得税法》的规定，境外营业机构的亏损不得抵减境内营业机构的盈利。但企业境外营业机构的盈利可以用于弥补境内营业机构的亏损。因而，在进行企业所得税年度纳税申报时，对已计入利润总额的境外应税所得应先从利润总额中扣除，再用境外应税所得抵减境内亏损（纳税人也可以放弃用境外应税所得抵减境内亏损，或选择用部分境外所得抵减部分境内亏损），最后就其余额按《企业所得税法》规定的限额抵免法计算补税。

《企业境外所得税收抵免操作指南》进一步明确，若企业境内所得为亏损，境外所得为盈利，且企业已使用同期境外盈利全部或部分弥补了境内亏损，则境内已用境外盈利弥补的亏损不得再用以后年度境内盈利重复弥补。如果企业境内所得为亏损，境外盈利分别来自多个国家，则弥补境内亏损时，企业可以自行选择弥补境内亏损的境外所得来源国家（地区）顺序。

是否用境外所得抵减境内亏损是纳税人的选择权，纳税人可以选择用境外所得抵减境内亏损，也可以选择不用境外所得抵减境内亏损。如选择用境外所得抵减境内亏损的，既可以用境外所得抵减境内当年亏损，也可以抵减境内以前所度的亏损。

（四）境外分支机构的亏损弥补

根据财税〔2009〕125号文件的规定，在汇总计算境外应纳税所得额时，企业在境外同一国家（地区）设立不具有独立纳税地位的分支机构，按照《企业所得税法》及其实施条例的有关规定计算的亏损，不得抵减其境内或他国（地区）的应纳税所得额，但可以用同一国家（地区）其他项目或以后年度的所得按规定弥补。

《企业境外所得税收抵免操作指南》进一步明确，企业在同一纳税年度的境内外所得加总为正数的，其境外分支机构发生的亏损，由于上述结转弥补的限制（不得用境外亏损抵减境内盈利）而发生的未予弥补的部分（称为非实际亏损额），今后在该分支机构的结转弥补期限不受5年（或8年、10年）期限制。即：

（1）如果企业当期境内外所得盈利额与亏损额加总后和为零或正数，则其当年度境外分支机构的非实际亏损额可无限期向后结转弥补；

（2）如果企业当期境内外所得盈利额与亏损额加总后和为负数，则以境外分支机构的亏损额超过企业境内盈利额部分的实际亏损额，按企业所得税法规定的期限（5年、8年、10年）进行亏损弥补，未超过企业盈利额部分的非实际亏损额仍可无限期向后结转弥补。

（五）境内分支机构的亏损弥补

根据《跨省市总分机构企业所得税分配及预算管理办法》（财预〔2012〕40号发布）

和《跨地区经营汇总纳税企业所得税征收管理办法》(国家税务总局公告2012年第57号发布)等规定，居民企业在中国境内跨地区(指跨省、自治区、直辖市和计划单列市)设立不具有法人资格分支机构的，该居民企业为跨地区经营汇总纳税企业，汇总纳税企业实行“统一计算、分级管理、就地预缴、汇总清算、财政调库”的企业所得税征收管理办法。统一计算，是指总机构统一计算包括汇总纳税企业所属各个不具有法人资格分支机构在内的全部应纳税所得额、应纳税额。汇总纳税企业在统一计算应纳税所得额时，实际上已将境内总、分支机构的盈亏互抵。

(六)法人合伙人不得用合伙企业亏损抵减其盈利

合伙企业的合伙人是法人和其他组织的，合伙人在计算缴纳企业所得税时，不得用合伙企业的亏损抵减其盈利。

六、弥补亏损案例解析

(一)不涉及重组亏损弥补填报示例

案例14-2 A企业为高新技术企业，2019年9月取得高新技术企业证书，2019—2022年具备高新技术企业资格。2014年亏损300万元，2015年亏损200万元，2016年亏损100万元，2017年所得为0，2018年所得200万元，2019年所得50万元，2020年所得100万元(详见表14-6)。

表14-6 各年所得情况表

单位：万元

年份	年所得	弥补亏损企业类型	可弥补亏损年度
2014	-300	一般企业	2015—2024
2015	-200		2016—2025
2016	-100		2017—2026
2017	0		
2018	200		
2019	50	符合条件的高新技术企业	
2020	100		

要求：填报A企业2019年度与2020年度的《企业所得税弥补亏损明细表》(A106000)。

解析：

《企业所得税弥补亏损明细表》(A106000)第1列与第2列，从第11行到第1行依次填报，第11行第2列“当年境内所得额”填报表A100000第19-20行金额。其他列次建议从第1行到第12行依次填报。具体填报如表14-7、表14-8所示。

表14-7　A106000　企业所得税弥补亏损明细表（2019年）

单位：元

行次	项　目	年度	当年境内所得额	分立转出的亏损额	合并、分立转入的亏损额		弥补亏损企业类型	当年亏损额	当年待弥补的亏损额	用本年度所得额弥补的以前年度亏损额		当年可结转以后年度弥补的亏损额
					可弥补年限5年	可弥补年限10年				使用境内所得弥补	使用境外所得弥补	
		1	2	3	4	5	6	7	8	9	10	11
1	前十年度											
2	前九年度											
3	前八年度											
4	前七年度											
5	前六年度											
6	前五年度	2014	−3 000 000	0	0	0	100	−3 000 000	−1 000 000	500 000	0	500 000
7	前四年度	2015	−2 000 000	0	0	0	100	−2 000 000	−2 000 000	0	0	2 000 000
8	前三年度	2016	−1 000 000	0	0	0	100	−1 000 000	−1 000 000	0	0	1 000 000
9	前二年度	2017	0	0	0	0	100	0	0	0	0	0
10	前一年度	2018	2 000 000	0	0	0	100	0	0	0	0	0
11	本年度	2019	500 000	0	0	0	200	0	0	−500 000	0	0
12	可结转以后年度弥补的亏损额合计											3 500 000

表14-8　A106000企业所得税弥补亏损明细表（2020年）

金额单位：元

行次	项　目	年度	当年境内所得额	分立转出的亏损额	合并、分立转入的亏损额			弥补亏损企业类型	当年亏损额	当年待弥补的亏损额	用本年度所得额弥补的以前年度亏损额		当年可结转以后年度弥补的亏损额
					可弥补年限5年	可弥补年限8年	可弥补年限10年				使用境内所得弥补	使用境外所得弥补	
		1	2	3	4	5	6	7	8	9	10	11	12
1	前十年度												
2	前九年度												
3	前八年度												
4	前七年度												
5	前六年度	2014	−3 000 000	0	0		0	100	−3 000 000	−500 000	500 000	0	0
6	前五年度	2015	−2 000 000	0	0		0	100	−2 000 000	−2 000 000	500 000	0	1 500 000
7	前四年度	2016	−1 000 000	0	0		0	100	−1 000 000	−1 000 000	0	0	1 000 000
8	前三年度	2017	0	0	0		0	100	0	0			0
9	前二年度	2018	200	0	0		0	100	0	0			0
10	前一年度	2019	50	0	0		0	200	0	0			0
11	本年度	2020	100	0	0		0	100	0	0	1 000 000	0	0
12	可结转以后年度弥补的亏损额合计												2 500 000

（二）涉及重组亏损弥补填报示例

案例14-3　2020年A企业吸收合并B企业，A企业2019年、2020年均不具备高新技术企业和科技型中小企业资格，B企业2019年、2020年具备高新技术企业资格。

根据规定，合并后，B企业每年可由A企业弥补的亏损限额=被合并企业净资产公允价值×截至合并业务发生当年年末国家发行的最长期限的国债利率，假设限额为150万元。

A企业2014—2020年度境内所得、用于弥补亏损的境外所得、B企业境内所得如表14-9所示。

表14-9　各年所得情况表

单位：万元

<table>
<tr><th rowspan="2">年份</th><th colspan="4">合并企业A</th><th colspan="3">被合并企业B</th></tr>
<tr><th>境内所得</th><th>用于弥补亏损的境外所得</th><th>企业类型</th><th>可弥补亏损年度</th><th>未弥补的亏损</th><th>企业类型</th><th>可弥补亏损年度</th></tr>
<tr><td>2014</td><td>–300</td><td>0</td><td rowspan="7">一般企业</td><td>2015—2019</td><td>–100</td><td></td><td>2015—2024</td></tr>
<tr><td>2015</td><td>–200</td><td>0</td><td>2016—2020</td><td>–100</td><td></td><td>2016—2025</td></tr>
<tr><td>2016</td><td>–100</td><td>0</td><td>2017—2021</td><td>–100</td><td></td><td>2017—2026</td></tr>
<tr><td>2017</td><td>0</td><td>0</td><td></td><td>–100</td><td></td><td>2018—2027</td></tr>
<tr><td>2018</td><td>200</td><td>0</td><td></td><td>0</td><td></td><td></td></tr>
<tr><td>2019</td><td>50</td><td>0</td><td></td><td>0</td><td rowspan="2">高新技术企业</td><td></td></tr>
<tr><td>2020</td><td>350</td><td>30</td><td></td><td>0</td><td></td></tr>
</table>

要求：说明A企业亏损弥补情况，并完成A企业亏损弥补相关报表的填报。

解析：

（1）A企业2014年的亏损300万元用2018年所得200万元和2019年所得50万元弥补后，仍有50万元未弥补，因已满5年，因此该部分亏损不得继续用后续年度所得弥补。

（2）根据“先到期亏损先弥补、同时到期亏损先发生的先弥补”的原则，B企业转入的2014年的亏损到期年度为2024年，而A企业2015、2016年亏损的到期年度分别为2020年、2021年，因此A企业2020年的境内所得350万元应先依次弥补A企业2015年亏损200万元和2016年亏损100万元，剩余50万元境内所得，再弥补合并转入的B企业亏损。

（3）剩余50万元境内所得弥补B企业2014年转入亏损（100万元），可选择再用A企业2020年境外所得30万元弥补B企业2014年转入亏损（100万）。弥补后，B企业2014、2015、2016、2017年分别剩余20万元、100万元、100万元、100万元的亏损待弥补。

填列完成的相关报表见表14-10、表14-11。

表14-10　A106000 企业所得税弥补亏损明细表（2019年）

金额单位：元

行次	项　目	年度	当年境内所得额	分立转出的亏损额	合并、分立转入的亏损额		弥补亏损企业类型	当年亏损额	当年待弥补的亏损额	用本年度所得额弥补的以前年度亏损额		当年可结转以后年度弥补的亏损额
					可弥补年限5年	可弥补年限10年				使用境内所得弥补	使用境外所得弥补	
		1	2	3	4	5	6	7	8	9	10	11
1	前十年度											
2	前九年度											
3	前八年度											
4	前七年度											
5	前六年度											
6	前五年度	2014	–3 000 000	0	0	0	100	–3 000 000	–1 000 000	500 000	0	0
7	前四年度	2015	–2 000 000	0	0	0	100	–2 000 000	–2 000 000	0	0	2 000 000
8	前三年度	2016	–1 000 000	0	0	0	100	–1 000 000	–1 000 000	0	0	1 000 000
9	前二年度	2017	0	0	0	0	100	0	0	0	0	0
10	前一年度	2018	2 000 000	0	0	0	100	0	0	0	0	0
11	本年度	2019	500 000	0	0	0	100	0	0	500 000	0	0
12	可结转以后年度弥补的亏损额合计											3 000 000

表14-11　A106000 企业所得税弥补亏损明细表

（2020年）

金额单位：元

行次	项　目	年度	当年境内所得额	分立转出的亏损额	合并、分立转入的亏损额			弥补亏损企业类型	当年亏损额	当年待弥补的亏损额	用本年度所得额弥补的以前年度亏损额		当年可结转以后年度弥补的亏损额
					可弥补年限5年	可弥补年限8年	可弥补年限10年				使用境内所得弥补	使用境外所得弥补	
		1	2	3	4	5	6	7	8	9	10	11	12
1	前十年度												
2	前九年度												
3	前八年度												
4	前七年度												
5	前六年度	2014	−3 000 000	0	0		−1 000 000	100	−4 000 000	−1 000 000	500 000 ③	300 000 ④	200 000
6	前五年度	2015	−2 000 000	0	0		−1 000 000	100	−3 000 000	−3 000 000	2 000 000 ①	0	1 000 000
7	前四年度	2016	−1 000 000	0	0		−1 000 000	100	−2 000 000	−2 000 000	1 000 000 ②	0	1 000 000
8	前三年度	2017	0	0	0		−1 000 000	100	−1 000 000	−1 000 000	0	0	1 000 000
9	前二年度	2018	2 000 000	0	0		0	100	0	0	0	0	0
10	前一年度	2019	500 000	0	0		0	100	0	0	0	0	0
11	本年度	2020	3 500 000	0					0	0	3 500 000	300 000	0
12	可结转以后年度弥补的亏损额合计												3 200 000

第四节　风险识别与应对

一、连续亏损却加大投资

（一）风险识别与描述

连续三年纳税调整后所得＜0却连续3年大幅增加投资，实收资本与资本公积当年度与前3年度相比增加金额大于500万元。

企业连续数年亏损，可能存在企业亏损不实，少申报企业所得税风险。

（二）风险应对

充分利用风险管理系统开展全面的分析工作，结合金税三期综合征管软件中的纳税人信息，根据企业近三年纳税调整后所得和实收资本与资本公积之和增幅进行分析，可能存在多转成本、多列费用或少计收入的风险。

该项目应对主要包括以下内容：

—核查企业基础登记信息和认定信息的准确性。

—核实企业的收入确认是否及时、准确、完整，审阅企业的存货账、仓库账、送货单据、销售合同等，看是否存在收入未按规定确认、未及时确认等情况；审阅企业所得税年度纳税申报表附表——关联关系表、关联交易汇总表等，确认企业是否存在关联交易；关联交易是否符合独立交易原则、是否准备同期资料、是否签订成本分摊协议等；不符合独立交易原则的，是否影响总体税负；影响总体税负的是否已做特别纳税调整。

—核实企业是否按规定准确归集并结转成本，是否存在随意调节成本、多转成本的情况。

—核实大额费用，审阅记账凭证及相关附件，审核是否符合企业所得税法的相关规定。对于大额资产损失，是否已按规定进行申报，损失是否符合企业所得税税前扣除的相关规定。

—存在少缴纳税款情形的，通知纳税人补缴并按规定加收滞纳金。存在调增应纳税所得额但不需要补税的，通知纳税人更正申报。

二、连续亏损且营业收入与营业成本增幅过大

（一）风险识别与描述

（1）连续三年纳税调整后所得＜0，营业收入3年平均增幅大于10%，营业成本3年平均增幅大于20%。

（2）连续三年纳税调整后所得＜0且（当年营业收入增长率＞10%或当年固定资产

原值增长率＞10%）存续期超过5年。

企业出现连续亏损，营业收入、营业成本增幅过大，可能存在多转成本、多列费用或少计收入的风险。

（二）风险应对

充分利用风险管理系统开展全面的分析工作，结合金税三期综合征管软件中的纳税人信息，根据企业近三年纳税调整后所得和营业收入、营业成本进行分析，确定是否存在多转成本、多列费用或少计收入的风险。

该项目应对主要包括以下内容：

—核查企业基础登记信息和认定信息的准确性。

—核实企业的收入确认是否及时、准确、完整，审阅企业的存货账、仓库账、送货单据、销售合同等，看是否存在收入未按规定确认、未及时确认等情况；审阅企业所得税年度纳税申报表附表——关联关系表、关联交易汇总表等，确认企业是否存在关联交易；关联交易是否符合独立交易原则、是否准备同期资料、是否签订成本分摊协议等；不符合独立交易原则的，是否影响总体税负；影响总体税负的是否已做特别纳税调整。

—核实企业是否按规定准确归集并结转成本，是否存在随意调节成本、多转成本的情况。

—核实大额费用，审阅记账凭证及相关附件，审核是否符合企业所得税法的相关规定。对大额资产损失，是否已按规定进行申报、损失是否符合企业所得税税前扣除的相关规定。

—存在少缴纳税款情形的，通知纳税人补缴并按规定加收滞纳金。存在调增应纳税所得额但不需要补税的，通知纳税人更正申报。

三、连续微利微亏但规模不断扩大

（一）风险识别与描述

连续三年平均应税所得率≤0.1%，且连续三年资产总额年均增长率≥10%。

可能存在少缴企业所得税的风险。

（二）风险应对

充分利用风险管理系统开展全面的分析工作，结合金税三期综合征管软件中的纳税人信息，根据企业近三年纳税调整后所得和资产总额增幅进行分析，确定是否存在多转成本、多列费用或少计收入的风险。

该项目应对主要包括以下内容：

—核查企业基础登记信息和认定信息的准确性。

—营业收入审核：（1）检查企业往来类、权益类等账户，对长期挂账不作处理的账项进行重点核实，检查是否存在收入记入往来账，不及时确认收入的情况。（2）对季末、年末收入发生骤减的企业，采取盘存法核实企业存货进销存实际情况，结合货币资金增减的时间，确认有无延迟收入入账时间的问题；（3）通过收入与成本配比性检查，对长期挂往来科目预收性质的收入逐项核实，并通过审阅合同或协议，按照结算方式核查有无未及时确认收入的问题；（4）抽查部分收入业务的原始凭证，与主营业务收入明细账相核对，核实已实现的收入，并检查是否已经如数入账；（5）将“产成品”“库存商品”等明细账与仓库保管账相核对，抽查仓库出库凭证、开票时间、数量、金额、去向等，核实企业是否有隐匿收入的情况；（6）核实各种费用的消耗定额、单位成本各项目之间的配比系数，确认某一时期、某一项目的比例关系，对比例异常变动的项目，运用控制计算法等方法，查明是否存在成本、收入均不入账，体外循环的问题；（7）获取产品价格目表，抽查售价是否符合价格政策，并注意销售给关联方或关系密切的重要客户的产品价格；（8）审核库存商品明细账的发出栏记录，检查其对应账户的正确性。

—审核生产成本——直接材料、生产成本——直接人工、制造费用、低值易耗品、包装物摊销、库存商品、营业成本结转等营业成本，看其是否正确、合理。

—税金及附加审核：按规定的税率，分项计算、复核本期应纳增值税、消费税、城市维护建设税、资源税、土地增值税和教育费附加等，检查会计处理是否正确。

—其他业务利润审核：审核是否有漏计其他业务收入的情况或通过往来账少计其他业务收入。重点审核有无将其他收入转入“其他应收款”“应付职工薪酬——职工福利费”“盈余公积”科目；审核有无将其他业务收入隐匿或私分。在取得其他业务收入时，不通过“其他业务收入”科目核算，而是将收入直接冲减成本费用类账户。抽查大额其他业务收支项目，注意其他业务支出与其他业务收入的配比情况，有无有意多转少转或漏转其他业务支出情况。

—营业外收支审核：审核财产转让、包装物押金收入、罚款收入、财产溢余收入、确实无法支付的应付账款等应属于营业外收入项目，是否存在不及时结转账务，长期挂“其他应付款”“应付账款”等往来账户。有无将营业外收入直接转入税后利润，或账外处理，或直接抵付支出，少反映或不反映应税收入的情况，审核时应注意账户的对应关系，审核有无异常的转账凭证。核对有关凭证和账簿，特别应注意固定资产盘盈、盘亏、毁损价值的真实性；罚没收支的真实性、正确性；有无利用计提固定资产、在建工程减值准备来调节利润现象；确认无法支付的欠款和非正常损失等是否履行审批手续等。

—存在少缴纳税款情形的，通知纳税人补缴并按规定加收滞纳金。存在调增应纳税所得额但不需要补税的，通知纳税人更正申报。

第十五章

税前扣除凭证及其风险识别与应对

Tax Adjustments of Enterprise Income Tax

TAXING

2008年，《企业所得税法》及其实施条例统一并规范了税前扣除范围和标准，但是未对税前扣除凭证做出系统规定和具体解释，征管实践中主要依据《中华人民共和国税收征收管理法》及其实施细则、《发票管理办法》及其实施细则以及国家税务总局制定的税收规范性文件执行，存在管理规定较为分散、征纳双方认识存在分歧等情况。为了加强企业所得税税前扣除凭证（以下简称“税前扣除凭证”）管理，规范税收执法，优化营商环境，国家税务总局制定发布了《企业所得税税前扣除凭证管理办法》（国家税务总局公告2018年第28号），自2018年7月1日起施行，适用于居民企业和非居民企业。

本章主要内容如图15-1所示。

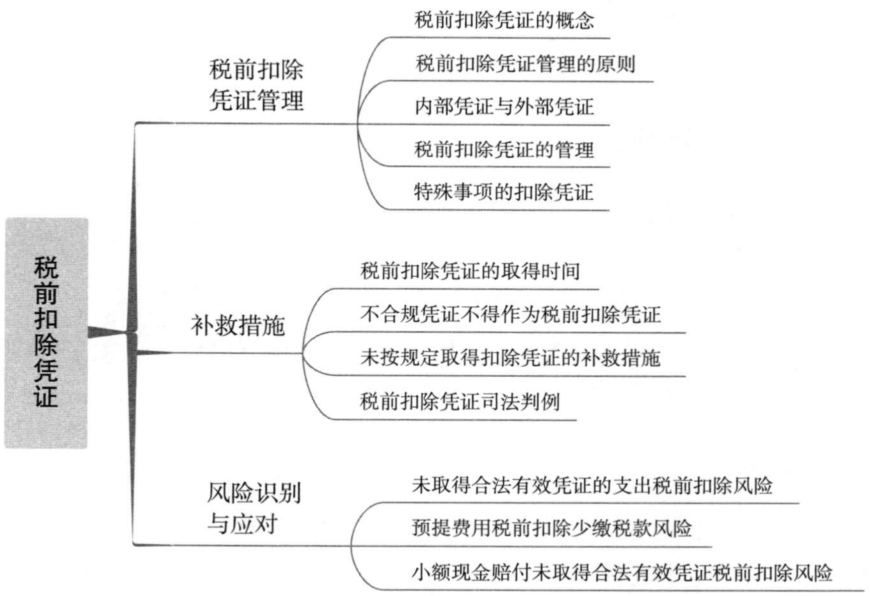

图15-1　税前扣除凭证

第一节　税前扣除凭证管理

一、税前扣除凭证的概念

企业发生支出，应取得税前扣除凭证，作为计算企业所得税应纳税所得额时扣除相关支出的依据。

税前扣除凭证，是指企业在计算企业所得税应纳税所得额时，证明与取得收入有关的、合理的支出实际发生，并据以税前扣除的各类凭证。发票只是税前扣除凭证的一种。发票，是指在购销商品、提供或者接受服务以及从事其他经营活动中，开具、收取的收付款凭证。

企业应将与税前扣除凭证相关的资料，包括合同协议、支出依据、付款凭证等留存备查，以证实税前扣除凭证的真实性。

二、税前扣除凭证管理的原则

税前扣除凭证在管理中遵循真实性、合法性、关联性原则。真实性是指税前扣除凭证反映的经济业务真实，且支出已经实际发生；合法性是指税前扣除凭证的形式、来源符合国家法律、法规等相关规定；关联性是指税前扣除凭证与其反映的支出相关联且有证明力。

三、内部凭证与外部凭证

税前扣除凭证按照来源分为内部凭证和外部凭证。

（一）内部凭证

内部凭证是指企业自制用于成本、费用、损失和其他支出核算的会计原始凭证。内部凭证的填制和使用应当符合国家会计法律、法规等相关规定。

（二）外部凭证

外部凭证是指企业发生经营活动和其他事项时，从其他单位、个人取得的用于证明其支出发生的凭证，包括但不限于发票（包括纸质发票和电子发票）、财政票据、完税凭证、收款凭证、分割单等。

企业的很多支出还需要内部凭证与外部凭证联合佐证，方可证实其真实性。比如，企业资产计提折旧，不仅需要购置资产时的发票等外部凭证，还需资产折旧明细核算凭证等内部凭证。

四、税前扣除凭证的管理

（一）应税项目的税前扣除凭证

根据《企业所得税税前扣除凭证管理办法》第九条的规定，企业在境内发生的支出项目属于增值税应税项目（以下简称“应税项目”）的，对方为已办理税务登记的增值税纳税人，其支出以发票（包括按照规定由税务机关代开的发票）作为税前扣除凭证；对方为依法无须办理税务登记的单位或者从事小额零星经营业务的个人，其支出以税务机关代开的发票或者收款凭证及内部凭证作为税前扣除凭证，收款凭证应载明收款单位名称、个人姓名及身份证号、支出项目、收款金额等相关信息。

国家税务总局对应税项目开具发票另有规定的，以规定的发票或者票据作为税前扣除凭证。

1.小额零星经营业务的判断标准

小额零星经营业务的判断标准是个人从事应税项目经营业务的销售额不超过增值税相关政策规定的起征点。根据《增值税暂行条例实施细则》的规定，增值税起征点的幅度规定如下：

（1）销售货物的，为月销售额5 000~20 000元；

（2）销售应税劳务的，为月销售额5 000~20 000元；

（3）按次纳税的，为每次（日）销售额300~500元。

较早的政策是：

（1）《财政部 国家税务总局关于延续小微企业增值税政策的通知》（财税〔2017〕76号）规定，自2018年1月1日至2018年12月31日，继续对月销售额2万元（含本数）至3万元的增值税小规模纳税人，免征增值税。

（2）《财政部 税务总局关于实施小微企业普惠性税收减免政策的通知》（财税〔2019〕13号）规定，自2019年1月1日至2021年12月31日止，对月销售额10万元以下（含本数）的增值税小规模纳税人，免征增值税。

《财政部 税务总局关于明确增值税小规模纳税人免征增值税政策的公告》（财政部 税务总局公告2021年第11号）规定，自2021年4月1日至2022年12月31日，对月销售额15万元以下（含本数）的增值税小规模纳税人，免征增值税。

2.发票开具要求

根据《发票管理办法》的规定，销售商品、提供服务以及从事其他经营活动的单位和个人，对外发生经营业务收取款项，收款方应当向付款方开具发票；特殊情况下，由付款方向收款方开具发票。所有单位和从事生产、经营活动的个人在购买商品、接受服务以及从事其他经营活动支付款项，应当向收款方取得发票。取得发票时，不得要求变更品名和金额。不符合规定的发票，不得作为财务报销凭证，任何单位和个人有权拒收。开具发票应当按照规定的时限、顺序、栏目，全部联次一次性如实开具，并加盖发票专用章。

任何单位和个人不得有下列虚开发票行为：

（1）为他人、为自己开具与实际经营业务情况不符的发票；

（2）让他人为自己开具与实际经营业务情况不符的发票；

（3）介绍他人开具与实际经营业务情况不符的发票。

根据《国家税务总局关于增值税发票开具有关问题的公告》（国家税务总局公告

2017年第16号）的规定，自2017年7月1日起，购买方为企业的，索取增值税普通发票时，应向销售方提供纳税人识别号或统一社会信用代码；销售方为其开具增值税普通发票时，应在“购买方纳税人识别号”栏填写购买方的纳税人识别号或统一社会信用代码。不符合规定的发票，不得作为税收凭证。销售方开具增值税发票时，发票内容应按照实际销售情况如实开具，不得根据购买方要求填开与实际交易不符的内容。销售方开具发票时，通过销售平台系统与增值税发票税控系统后台对接，导入相关信息开票的，系统导入的开票数据内容应与实际交易相符，如不相符应及时修改完善销售平台系统。

（二）非应税项目的税前扣除凭证

根据《企业所得税税前扣除凭证管理办法》第十条的规定，企业在境内发生的支出项目不属于应税项目的，对方为单位的，以对方开具的发票以外的其他外部凭证作为税前扣除凭证；对方为个人的，以内部凭证作为税前扣除凭证。

企业在境内发生的支出项目虽不属于应税项目，但按税务总局规定可以开具发票的，可以发票作为税前扣除凭证。可开具普通发票的未发生销售行为不征税项目如表15-1所示。

表15-1　未发生销售行为的不征税项目

合并编码	货物和劳务名称	商品和服务分类简称	说明
600	未发生销售行为的不征税项目	不征税项目	用于纳税人收取款项但未发生销售货物、服务、无形资产或不动产情形
601	预付卡销售和充值	预付卡销售	
602	销售自行开发的房地产项目预收款	房地产预收款	
603*	已申报缴纳营业税未开票补开票	补开营业税发票	在地税机关已申报营业税未开具发票的，补开增值税普通发票
604	代收印花税	代收印花税	非税务机关等其他单位为税务机关代收的印花税
605	代收车船税	代收车船税	代收车船税
606	融资性售后回租承租方出售资产	融资性售后回租承租方出售资产	
607	资产重组涉及的不动产	资产重组涉及的不动产	
608	资产重组涉及的土地使用权	资产重组涉及的土地使用权	
609	代理进口免税货物货款	代理进口免税货物货款	
610	有奖发票奖金支付	有奖发票奖金	
611	不征税自来水	不征税自来水	
612	建筑服务预收款	建筑服务预收款	

* 全面营改增及国地税机构合并后，此项业务基本不涉及。

（三）从境外购进货物或劳务的税前扣除凭证

根据《企业所得税税前扣除凭证管理办法》第十一条的规定，企业从境外购进货物或者劳务发生的支出，以对方开具的发票或者具有发票性质的收款凭证、相关税费缴纳凭证作为税前扣除凭证。

税前扣除凭证的管理，可列表说明如下（见表15–2）。

表15–2　税前扣除凭证管理

境内/外支出	是否应税项目	对方类型	税前扣除凭证
境内发生的支出项目	属于增值税应税项目	已办理税务登记的增值税纳税人	其支出以发票作为税前扣除凭证
		依法无须办理税务登记的单位	以税务机关代开的发票或者收款凭证及内部凭证作为税前扣除凭证
		从事小额零星经营业务的个人	
		国家税务总局对应税项目开具发票另有规定的	以规定的发票或者票据作为税前扣除凭证
境内发生的支出项目	不属于应税项目	对方为单位的	以对方开具的发票以外的其他外部凭证作为税前扣除凭证
		对方为个人的	以内部凭证作为税前扣除凭证
		按国家税务总局规定可以开具发票的	可以发票作为税前扣除凭证
从境外购进货物或劳务发生的支出	以对方开具的发票或者具有发票性质的收款凭证、相关税费缴纳凭证作为税前扣除凭证		

五、特殊事项的扣除凭证

（一）共同接受劳务分摊的扣除凭证

企业与其他企业（包括关联企业）、个人在境内共同接受应纳增值税劳务（以下简称“应税劳务”）发生的支出，采取分摊方式的，应当按照独立交易原则进行分摊，企业以发票和分割单作为税前扣除凭证，共同接受应税劳务的其他企业以企业开具的分割单作为税前扣除凭证。

企业与其他企业、个人在境内共同接受非应税劳务发生的支出，采取分摊方式的，企业以发票外的其他外部凭证和分割单作为税前扣除凭证，共同接受非应税劳务的其他企业以企业开具的分割单作为税前扣除凭证。

（二）租用资产发生费用的扣除凭证

企业租用（包括企业作为单一承租方租用）办公、生产用房等资产发生的水、电、燃气、冷气、暖气、通信线路、有线电视、网络等费用，出租方作为应税项目开具发票的，企业以发票作为税前扣除凭证；出租方采取分摊方式的，企业以出租方开具的其他外部凭证作为税前扣除凭证。

第二节　补救措施

一、税前扣除凭证的取得时间

根据《企业所得税税前扣除凭证管理办法》第六条的规定，企业应在当年度企业所得税法规定的汇算清缴期结束前取得税前扣除凭证。

根据《国家税务总局关于明确中外合作办学等若干增值税征管问题的公告》（国家税务总局公告2018年第42号）第七条的规定，纳税人2016年5月1日前发生的营业税涉税业务，包括已经申报缴纳营业税或补缴营业税的业务，需要补开发票的，可以开具增值税普通发票。纳税人应完整保留相关资料备查。

二、不合规凭证不得作为税前扣除凭证

根据《企业所得税税前扣除凭证管理办法》第十二条的规定，企业取得私自印制、伪造、变造、作废、开票方非法取得、虚开、填写不规范等不符合规定的发票（以下简称“不合规发票”），以及取得不符合国家法律、法规等相关规定的其他外部凭证（以下简称“不合规其他外部凭证”），不得作为税前扣除凭证。

根据《国家税务总局关于全面推开营业税改征增值税试点有关税收征收管理事项的公告》（国家税务总局公告2016年第23号）的规定，提供建筑服务，纳税人自行开具或者税务机关代开增值税发票时，应在发票的备注栏注明建筑服务发生地县（市、区）名称及项目名称。根据《国家税务总局关于营改增后土地增值税若干征管规定的公告》（国家税务总局公告2016年第70号）第五条“关于营改增后建筑安装工程费支出的发票确认问题”的规定，营改增后，土地增值税纳税人接受建筑安装服务取得的增值税发票，应按照国家税务总局公告2016年第23号规定，在发票的备注栏注明建筑服务发生地县（市、区）名称及项目名称，否则不得计入土地增值税扣除项目金额。

三、未按规定取得扣除凭证的补救措施

（一）汇算清缴期内的补救措施

根据《企业所得税税前扣除凭证管理办法》第十三条的规定，企业应当取得而未取

得发票、其他外部凭证或者取得不合规发票、不合规其他外部凭证的，若支出真实且已实际发生，应当在当年度汇算清缴期结束前，要求对方补开、换开发票、其他外部凭证。补开、换开后的发票、其他外部凭证符合规定的，可以作为税前扣除凭证。

根据《企业所得税税前扣除凭证管理办法》第十四条的规定，企业在补开、换开发票、其他外部凭证过程中，因对方注销、撤销、依法被吊销营业执照、被税务机关认定为非正常户等特殊原因无法补开、换开发票、其他外部凭证的，可凭以下资料证实支出真实性后，其支出允许税前扣除：

（1）无法补开、换开发票、其他外部凭证原因的证明资料（包括工商注销、机构撤销、列入非正常经营户、破产公告等证明资料）；

（2）相关业务活动的合同或者协议；

（3）采用非现金方式支付的付款凭证；

（4）货物运输的证明资料；

（5）货物入库、出库内部凭证；

（6）企业会计核算记录以及其他资料。

上述第（1）项至第（3）项为必备资料。

汇算清缴期内的补救措施可列表说明如下（见表15-3）。

表15-3

<table>
<tr><th>情形</th><th colspan="3">补救措施</th><th>处理</th></tr>
<tr><td rowspan="3">应当取得而未取得发票、其他外部凭证或者取得不合规发票、不合规其他外部凭证的</td><td colspan="2">支出不真实或未实际发生</td><td></td><td>不得税前扣除</td></tr>
<tr><td rowspan="2">支出真实且已实际发生</td><td>应当在当年度汇算清缴期结束前，要求对方补开、换开发票、其他外部凭证</td><td>补开、换开后的发票、其他外部凭证符合规定的</td><td>可以作为税前扣除凭证</td></tr>
<tr><td>在补开、换开发票、其他外部凭证过程中，因对方注销、撤销、依法被吊销营业执照、被税务机关认定为非正常户等特殊原因无法补开、换开发票、其他外部凭证的</td><td>可凭规定资料证实支出真实性后</td><td>其支出允许税前扣除</td></tr>
</table>

（二）税务机关发现后的补救措施

根据《企业所得税税前扣除凭证管理办法》第十五条的规定，汇算清缴期结束后，税务机关发现企业应当取得而未取得发票、其他外部凭证或者取得不合规发票、不合规其他外部凭证并且告知企业的，企业应当自被告知之日起60日内补开、换开符合规定的发票、其他外部凭证。其中，因对方特殊原因无法补开、换开发票、其他外部凭证的，企业应当按照该办法第十四条的规定，自被告知之日起60日内提供可以证实其支出真实性的相关资料。

汇算清缴期结束后，税务机关检查发现后的补救措施可列表说明如下（见表15-4）。

表15-4

情形	补救措施	无法补救的支出不得扣除
汇算清缴期结束后，税务机关发现企业应当取得而未取得发票、其他外部凭证或者取得不合规发票、不合规其他外部凭证并且告知企业的	企业应当自被告知之日起60日内补开、换开符合规定的发票、其他外部凭证。其中，因对方特殊原因无法补开、换开发票、其他外部凭证的，企业应当按照规定，自被告知之日起60日内提供可以证实其支出真实性的相关资料	企业在规定的期限内未能补开、换开符合规定的发票、其他外部凭证，并且未能按照规定提供相关资料证实其支出真实性的，相应支出不得在发生年度税前扣除

（三）汇算清缴期结束后企业的补救措施

根据《企业所得税税前扣除凭证管理办法》第十七条的规定，除发生该办法第十五条规定的情形外，企业以前年度应当取得而未取得发票、其他外部凭证，且相应支出在该年度没有税前扣除的，在以后年度取得符合规定的发票、其他外部凭证或者按照该办法第十四条的规定提供可以证实其支出真实性的相关资料，相应支出可以追补至该支出发生年度税前扣除，但追补年限不得超过五年。

（四）未能补救的支出不得税前扣除

根据《企业所得税税前扣除凭证管理办法》第十六条的规定，企业在规定的期限未能补开、换开符合规定的发票、其他外部凭证，并且未能按照该办法第十四条的规定提供相关资料证实其支出真实性的，相应支出不得在发生年度税前扣除。

第三节　风险识别与应对

一、未取得合法有效凭证的支出税前扣除风险

（一）风险描述

企业发生支出，未按企业所得税相关规定，取得税前扣除凭证，作为计算企业所得税应纳税所得额时扣除相关支出的依据。

可能存在业务招待费、差旅费、会议费等项目未取得真实、合法、有效的凭证而税前扣除，且未做纳税调整，少缴企业所得税的风险。

（二）风险应对

分析企业的申报数据和财务报表，查看“管理费用”“销售费用”科目下是否有业务招待费、差旅费、会议费等，并追查至原始凭证，核实原始凭证是否真实合法，是否

存在扣除凭证不符合规定而未做纳税调整的情况。

二、预提费用税前扣除少缴税款风险

（一）风险描述

（1）企业设置预提费用科目，税前列支已经计提但未实际发生的预估房租、水电费及预提的清算预估的土地增值税等费用。

（2）年末应付工资贷方有余额，在汇算清缴期结束后仍未发放，未做纳税调增处理。

若出现上述情况，则企业可能存在少缴税款风险。

（二）风险应对

核查企业“销售费用”“管理费用”“应付职工薪酬”“预提费用”“应交税费——土地增值税”等科目是否有年末余额，对汇缴结束后未取得有效凭证的费用是否进行了纳税调整。

上年计提的工资，经核实如果在汇算清缴期内实际发放的可以税前扣除，如果在汇算清缴期后发放的应核查《企业所得税年度纳税申报表》附列资料相对应的栏次，看是否进行了应纳税所得额调整处理。

三、小额现金赔付未取得合法有效凭证税前扣除风险

（一）风险描述

按照保监会《保险小额理赔服务指引（试行）》规定，财产保险公司对车辆损失金额2 000元以下的，根据与消费者确认的损失情况，可减免汽车维修发票直接赔付给消费者（代领赔款的除外）。寿险公司对个人医疗保险小额理赔时减免索赔单证和意外事故证明。

由于税法规定税前扣除的成本费用应具有合法有效凭据，因此，保险公司的小额现金赔付业务存在既无法取得合法有效凭据又不能证明其业务真实性而直接进行税前扣除的风险。

（二）风险应对

审核“赔付支出”科目中金额低于2 000元的车险、低于3 000元的个人医疗保险的原始凭证，核实企业是否取得与该笔理赔业务相关、合法有效凭证税前扣除。